Klaus Müller
unter Mitarbeit von Saskia Wendel

Philosophische Grundfragen der Theologie

Münsteraner Einführungen
– Theologie –

Band 4

LIT

Klaus Müller
unter Mitarbeit von Saskia Wendel

Philosophische Grundfragen der Theologie

Eine propädeutische Enzyklopädie mit Quellentexten

LIT

Die Deutsche Bibliothek – CIP-Einheitsaufnahme

Müller, Klaus
Philosophische Grundfragen der Theologie : Eine propädeutische Enzyklopädie mit Quellentexten / Klaus Müller unter Mitarbeit von Saskia Wendel.
– Münster : Lit, 2000
　(Münsteraner Einführungen - Theologie ; 4.)
　ISBN 3-8258-3635-5

NE: GT

© Lit Verlag Münster – Hamburg – London
　Grevener Str. 179　48159 Münster　Tel. 0251–23 50 91　Fax 0251–23 19 72

HANSJÜRGEN VERWEYEN

gewidmet

zu Dank und Ermutigung

Vorwort

Keine Frage, die vorliegende philosophische Propädeutik geht mehrfach von Voraussetzungen aus, die derzeit nicht allgemein geteilt werden:
(a) Sie ist auf die Durcharbeitung derjenigen philosophischen Grundfragen angelegt, die aufbrechen, wo vernunftgeleitet nach Gott gefragt und von Gott geredet wird; längst nicht alle derzeit vertretenen theologischen Ansätze anerkennen, daß sie unter einer philosophischen Rechenschaftspflicht stehen.
(b) In gewissem Sinne riskant ist der Umfang des Anspruchs, den die nachfolgenden Gedankengänge erheben: Der Terminus "Enzyklopädie" im Untertitel insinuiert mit Absicht eine Art Vollständigkeit zumindest in dem Sinn, daß sich die angestellten Überlegungen auf stimmige Weise zu einem Ganzen runden (ohne daß damit behauptet sein soll, es könnten nicht noch andere Perspektiven und Zugriffe einbezogen werden). Ein solches Vorhaben impliziert natürlich ein Stück Generalismus und den Verzicht darauf, in jedem Punkt der Ausführungen originell zu sein. Unbeschadet der hoch zu schätzenden Lehr- und Forschungsfreiheit akademisch Lehrender halte ich für Theologie generell und für die philosophische Propädeutik speziell die Wiederentdeckung eines generalistischen Moments für unabdingbar. Daß sich daraus als Pendant wie von selbst Umrisse einer partiell curricularen Strukturierung von Themenfeldern ergeben, erscheint mir im Blick auf die interfakultäre wie internationale Anschlußfähigkeit von Studienleistungen als ein überfälliges Desiderat.
(c) Das schließt notwendig ein, daß sich ein solcher enzyklopädischer Durchgang durch philosophische Grundfragen der Theologie nicht auf die Abschilderung historischer Reflexionsbestände beschränkt, sondern seinerseits von einer begründet gewählten systematischen Konstruktionslinie her entworfen wird. Wo diese im vorliegenden Fall gezogen wird – nämlich im Horizont einer sprachphilosophisch modifizierten Subjektphilosophie – und warum dies dort geschieht, gehört seinerseits in das Themenspektrum, das es abzuarbeiten gilt.
Die verknappte Darstellung aus Thesen, argumentativen Leitlinien, Quellentexten, Kurzinterpretationen und gelegentlichen Corollaria erklärt sich nicht nur aus der Absicht, vor allem den Hörerinnen und Hörern an der Münsteraner Katholisch-Theologischen Fakultät ein Begleitbuch für den Systematik-Zyklus im Fach Philosophische Grundfragen der Theologie zur Verfügung zu stellen. Sie versteht sich gleichermaßen aus der Intention, unmittelbar Selbstdenken zu provozieren. Ineins damit ermöglicht die Umfangsbeschränkung, daß der Zusammenhang der einzelnen Teilbereiche pointiert zur Geltung kommt. Darin unterscheidet sich diese Propädeutik am markantesten von den bisher vorliegenden Bänden der von Ludger Honnefelder und Gerhard Krieger herausgegebenen.[1]

---

[1] Vgl. HONNEFELDER, Ludger – KRIEGER, Gerhard (Hgg.): Philosophische Propädeutik. Bd. 1. Sprache und Erkenntnis. Paderborn u.a. 1994. Bd. 2. Ethik. 1996. Bd. 3: Metaphysik und

Sofern die historische Perspektive ins Spiel kommt, wird meist einer systematischen Abfolge der Positionen gegenüber einer chronologischen wie der in der "Einführung in die Philosophie. Für Studierende der Theologie" von Christofer Frey[2] der Vorzug gegeben; gegenüber der einschlägigen Monographie von Wolfhart Pannenberg[3] räumt die vorliegende Enzyklopädie auch der mittelalterlichen wie der Philosophie der Gegenwart angemessenen Platz ein.

Daß auf der Titelei ausdrücklich die "Mitarbeit von Saskia Wendel" vermerkt ist, hat seinen Anlaß darin, daß Wiss. Ass. Dr. Wendel auf der Basis eines umfänglichen Konvoluts von Manuskripten meiner Vorlesungen das Grundgerüst des vorliegenden Buches erarbeitet und durch kritische Fragen manche Klärung beigetragen hat, wofür ich ihr – wie für die Fachgespräche – herzlich danke. Den Inhalt wie die in Druckgestalt vorliegenden Formulierungen habe ich ausschließlich allein zu verantworten. Dank schulde ich auch anderen: WHK Axel Heinrich für intensive Quellenrecherchen, WHK Andreas Deeken, den SHKs Tobias Kampmann, Liborius Lumma und Julia Schmenk für das Engagement bei der Fertigstellung der Druckvorlagen. Frau Regine Krause ist auf Vorschlag ihres Chefs, Kollegen Klemens Richter, ohne zu zögern für Korrekturarbeiten eingesprungen; beiden ein herzliches Dankeschön für die akademische Nachbarschaftshilfe. Dank auch den Klarissenschwestern am Dom zu Münster für genaue Lektüre.

Daß am Gesagten das eine der Kritik fähig, das andere der Kritik bedürftig sein wird, erklärt sich aus der verhandelten Sache selbst:

"Glaubst du, der höchste Gedanke des größten Menschen auf Erden
Käme dem göttlichen bei, welchem er selber entsprang?"[4]

Münster, im März 2000
Klaus Müller

Ontologie. 2000. Vgl. auch die Rezensionen von FRITSCH, Matthias zu Bd. 1 in ThRv 93 (1997). 60-61; von HEINRICH, Axel zu Bd. 2 in ThRv 94 (1998). 22-25.

[2] Vgl. FREY, Christofer: Einführung in die Philosophie. Für Studierende der Theologie. Waltrop 1999.

[3] Vgl. PANNENBERG, Wolfhart: Theologie und Philosophie. Ihr Verhältnis im Lichte ihrer gemeinsamen Geschichte. Göttingen 1996. – Vgl. auch die Rezension von MÜLLER, Klaus in ThRv 93 (1997). 231-235.

[4] HEBBEL, Friedrich: Gedichte II Aus dem Nachlaß 1857-1863. In: Ders.: Sämtliche Werke. Bd. 6. Historisch-kritische Ausgabe besorgt von Richard Maria Werner. Berlin ²1904. 453.

Inhaltsverzeichnis

0.	Zur Einstimmung	1
0.1	Protreptik	1
0.2	Philosophie und Theologie – eine komlexe Beziehung (Zugleich eine erste Begegnung mit philosophischen Grundentscheidungen, denen sich Theologie nicht entziehen kann)	6

Teil A: Kritik und Kommunikation

1.	Grundfragen der Erkenntnistheorie	16
1.1	Ist Erkenntnis überhaupt möglich?	17
1.11	Das unvermeidliche Erkenntnispostulat	17
1.12	Infragestellung des Erkenntnispostulats: Skepsis	17
1.13	Strategien zur Naturalisierung von Erkenntnis: Evolutionäre Erkenntnistheorie und Radikaler Konstruktivismus	21
1.2	Epistemische Einstellungen	27
1.21	Wissen	28
1.22	Meinen	30
1.23	Glauben	31
1.24	Mystik	34
1.3	Von der Wahrheit und den Theorien über sie	38
1.31	Die Korrespondenztheorie der Wahrheit	40
1.32	Die Kohärenztheorie der Wahrheit	43
1.33	Die Konsenstheorie der Wahrheit	44
1.34	Das Problem „umfassender" Wahrheitstheorien	45
1.35	Wann wir „wahr" sagen	46
1.4	Der Prozeß der Erkenntnis	49
1.41	Dimensionen	49
1.42	Erkenntnisformen	50

2.	Grundfragen der Sprachphilosophie	54
2.1	Ausfaltungen	54
2.11	Die dialogische Sprachphilosophie	57
2.12	Die hermeneutische Sprachphilosophie	58
2.13	Die analytische Sprachphilosophie	59
2.2	Analogie	63
2.3	Metapher	68
2.4	Sprache als Handlung	70
2.5	Indexikalität	73
3.	Eine neue Aufgabe: Daten-Kritik	76
3.1	Protokoll eines radikalen Begriffswandels	76
3.2	Verdoppelte Realität – virtuelle Wahrheit?	79
3.3	Bytes und Bürger: Politik und Ethik in der Netz-Gesellschaft	80
3.4	Anthropologische Transfigurationen: Der Maschinen-Mensch und seine Maskenspiele	81
3.5	Deus in machina?	81

Teil B: Verstehen, Handeln und die Einheit der Vernunft

0.	Überleitung	85
1.	Grundfragen der Hermeneutik	85
1.1	An den Wurzeln der hermeneutischen Frage	85
1.2	Die geschichtliche Dynamik des hermeneutischen Problems	86
1.3	Allegorie und Literalsinn – eine Siegergeschichte	86
1.4	Die Rehabilitierung des Buchstabens	92
1.5	Hermeneutik als allgemeine Theorie des Verstehens	96
1.6	Verstehen als Existenzial	102
1.7	Von der philosophischen Hermeneutik zur Hermeneutischen Philosophie	104
1.8	Hermeneutik und Theologie	107
1.9	Hermeneutik und Ideologiekritik	109
1.10	Hermeneutik und Postmoderne	111

2.	Grundfragen der Ethik	116
2.1	Spurensuche auf verwachsenem Terrain	116
2.2	Begriffliche Klärungen	117
2.3	Ethik des Glücks: Aristoteles	123
2.31	Vor- und nacharistotelische Varianten antiker Ethik	123
2.32	Das Profil der Aristotelischen Ethik	125
2.4	Kommunitarismus versus Liberalismus	129
2.5	Ethik der Pflicht: Immanuel Kant	133
2.51	Die kopernikanische Wende der praktischen Vernunft	133
2.52	Eine wirkmächtige Kant-Opposition: Der Utilitarismus	138
2.53	Ein gemeinsamer Problemüberhang	138
2.6	Ethik der Nächstheit: Emmanuel Levinas	140
2.7	Diskursethik	143
2.8	Ethik unbedingter Freiheit – ein Vorschlag in kritischem Anschluß an Johann Gottlieb Fichte	145
3.	Grundfragen der Ästhetik	153
3.1	Die Grundschicht des Ästhetischen	153
3.2	Aisthesis, Wahrheit und Ethik	155
3.3	Totalisierte Ästhetik als selbstdementierende Erstphilosophie	162
3.4	Ästhetisierung als Weltverhübschung	168
3.5	Religion und das Ästhetische	168

**Teil C: Das „noch nicht festgestellte Thier"
und die Horizonte seiner Hoffnung**

0.	Überleitung	177
1.	Grundfragen der Anthropologie	177
1.1	Das Problem stellen oder: Vier prekäre Thesen	177

1.11	Ist alles Reden vom Menschen Anthropologie?	177
1.12	Ist philosophische Anthropologie unmöglich?	182
1.13	Anthropologie als Konstanten-Suche?	184
1.14	„Der Mensch" – ein Anthropomorphismus?	185
1.2	Anthropologie – eine Disziplin mit Haken	188
1.3	Subjekt und Person	195
1.4	Von „Leib und Seele" zu „Mind and Brain"	199
1.41	Leib-Seele-Dualismen	199
1.42	Hylemorphismus	201
1.43	Idealistischer Monismus	202
1.44	Materialistischer Monismus	203
1.45	Über die Rehabilitierung einer Frage	204
1.5	Selbsterhaltung als anthropologisches Steuerungsprinzip	210
1.51	Ein Stück Begriffs-Arbeit	210
1.52	Leib-Existenz	212
1.53	Sexualität	213
1.54	Geschichte und Geschichtlichkeit	214
1.55	Sozialität	217
1.6	Eine Konfliktstruktur mit Verweisungsfunktion	219
2.	Grundfragen der Religionsphilosophie	221
2.1	Abgrenzungen	221
2.11	Religionswissenschaft	221
2.12	Religionssoziologie	221
2.13	Religionspsychologie	222
2.14	Religionstheologie	223
2.2	Die Ursprungsmotive der Religionsphilosophie	224
2.21	Ein komplexes Projekt: Aufklärung	225
2.22	Momentaufnahmen an einer Epochenschwelle: Hinweise zum Auf-kommen der Neuzeit	226
2.23	Namen, Texte und Konflikte: Die Sattelzeit der Religionsphilosophie	228

2.3	Grundformen religionskritischer Reflexion	238
2.31	Griechische Aufklärungen	238
2.32	Jüdische Aufklärung	242
2.33	Aufklärerische Momente im Neuen Testament	247
2.4	Nachbilder der Ursprungsmotive: Zur Herausforderung der modernen Religionskritik	249
2.41	Religion als Projektion	250
2.42	Religion als gesellschaftliches Sedativum	251
2.43	Religion als Ressentiment und Kompensation	252
2.44	Religion als Krankheit	256
2.45	Religion als Ausdruck vorwissenschaftlichen Bewußtseins	260
2.5	Philosophische Neubegründungen von Religion im Horizont der Religionskritik	263
2.51	Religion und der Kontrast von Wissensweisen	264
2.52	Religion aus dem Kontrast zu Vernunft und Moral	265
2.53	Religion als Apriori	267
2.54	Religion als Intentionalität	268
2.6	Religion als Herausforderung philosophischer Welt- und Lebensbeschreibung	272
2.61	Der transzendentale Ansatz	273
2.62	Religionsphänomenologie	281

Teil D: Das Ding, das Ganze und der Gott

0.	Überleitung	285
1.	Verwunderlich: Das Seiende als Seiendes	286
1.1	Vorabklärungen zur „Metaphysik" des Aristoteles	287
1.2	Der Zugang zum Seienden, sofern es ist	288
1.3	Was macht ein Seiendes zu dem, was es ist?	289
1.4	Der Gott des Aristoteles	292

| 2. | Die Gestalt „Sokrates" und die Platonische Epoptie | 296 |

| 2.1 | Sokratische „Metaphysik" | 296 |
| 2.2 | Die Logik der Ideenlehre | 298 |

| 3. | Umbauten, Anbauten, Neubauten – das Phänomen der christlichen Metaphysik | 304 |

3.1	Biblische Treibsätze metaphysischer Reflexion	305
3.2	Ein produktiver Umbau der Aristotelischen Ontologie	306
3.3	Sein ist Akt	309
3.4	Die Transzendentalien	311
3.5	Das Universalienproblem	317

| 4. | Analytische Ontologie | 327 |

| 4.1 | Hintergründe einer Wiederentdeckung | 328 |
| 4.2 | Werkstattbesuch – Ontologien von heute | 330 |

| 5. | Die dialektische Struktur des Wirklichen | 339 |

| 5.1 | Die Leitidee Hegels | 339 |
| 5.2 | Natürlich, spekulativ – und zurück | 343 |

| 6. | Die philosophische Frage nach Gott | 351 |

| 6.1 | Philosophisch-theologische Standortbestimmung | 351 |
| 6.2 | Anspruch und Funktion von „Gottesbeweisen" | 354 |

| 7. | Der Gang der klassischen Argumentfiguren | 357 |

7.1	Argumenttypen	358
7.2	Die „quinque viae" des Aquinaten	360
7.3	Das ontologische Argument	364
7.4	Der moralische Gottesbeweis	372

| 8. | Die Wiederkehr der philosophischen Kosmologie | 381 |

| 8.1 | Integrative Metaphysik: Process-Philosophy | 381 |
| 8.2 | Gott, Atome, Gene und Computer | 386 |

9.	Inversionsgestalten philosophischen Gottdenkens	390
9.1	Religiöse Angemessenheit als philosophischer Ausgangspunkt	390
9.2	Induktive Reformulierungen	395
9.3	Rationalität mit verlagerter Beweislast	401
10.	Einspruch! Letztbegründung	405
10.1	Die Fragestellung	405
10.2	Paradigmata erstphilosophischer Letztbegründung	405
10.3	Die Funktion der Letztbegründung im Gottesdiskurs	409

0. Zur Einstimmung

0.1 Protreptik

§ 1 Philosophie kann man nicht lehren und nicht lernen. Es gibt nur ein Verlocken und Verlocktwerden zum Philosophieren in erster Person: Protreptik (προτρέπειν = verlocken, verführen); vgl. den „Protreptikos Logos" des Aristoteles[1] und einen Gutteil der Werke Senecas.[2]

- Anlaß zur Verlockung kann sowohl die größtmögliche Frage, also die nach dem Ganzen der Wirklichkeit und dessen Woher und Wohin sein;
- Aber genauso können banale Alltagsvorkommnisse zum Philosophieren verführen. Vgl. z.B. Kurt Tucholsky:

[1] „Ein Loch ist da, wo etwas nicht ist.
Das Loch ist ein ewiger Kompagnon des Nicht-Lochs: Loch allein kommt nicht vor, so leid es mir tut. Wäre überall etwas, dann gäbe es kein Loch, aber auch keine Philosophie und erst recht keine Religion, als welche aus dem Loch kommt. Die Maus könnte nicht leben ohne es, der Mensch auch nicht: es ist beider letzte Rettung, wenn sie von der Materie bedrängt werden. Loch ist immer gut.
Wenn der Mensch 'Loch' hört, bekommt er Assoziationen: manche denken an Zündloch, manche an Knopfloch, manche an Goebbels [Nota bene: geschrieben 1931; K.M.]
[...]
Das Merkwürdigste an einem Loch ist der Rand. Er gehört noch zum Etwas, sieht aber beständig in das Nichts, eine Grenzwache der Materie. Das Nichts hat keine Grenzwache: während den Molekülen am Rande eines Lochs schwindlig wird, weil sie in das Loch sehen, wird den Molekülen des Lochs... festlig? Dafür gibt es kein Wort. Denn unsre Sprache ist von den Etwas-Leuten gemacht; die LochLeute sprechen ihre eigne.
Das Loch ist statisch; Löcher auf Reisen gibt es nicht. Fast nicht.
Löcher, die sich vermählen, werden Eines, einer der sonderbarsten Vorgänge unter denen, die sich nicht denken lassen. Trenne die Scheidewand zwischen zwei Löchern: gehört dann der rechte Rand zum linken Loch? oder der linke zum rechten? oder jeder zu sich? oder beide zu beiden?...
Wenn ein Loch zugestopft wird: wo bleibt es dann? Drückt es sich seitwärts in die Materie? oder läuft es zu einem andren Loch, um ihm sein Leid zu klagen – wo bleibt das zugestopfte Loch? Niemand weiß das: unser Wissen hat hier eines.
Wo ein Ding ist, kann kein andres sein. Wo schon ein Loch ist: kann da noch ein andres sein?
Und warum gibt es keine halben Löcher –?
Manche Gegenstände werden durch ein einziges Löchlein entwertet; weil an einer Stelle von ihnen etwas nicht ist, gilt nun das ganze übrige nicht mehr. Beispiele: ein Fahrschein [...] und ein Luftballon.

---

[1] Der Protreptikos des Aristoteles. Einl., Übers. und Kommentar von Ingemar Düring. Frankfurt a.M. 1969.
[2] SENECA, Lucius Annaeus: Philosophische Schriften. Lat./Dt. Hrsg. von Manfred Rosenbach. Darmstadt 1969.

Das Ding an sich muß noch gesucht werden; das Loch ist schon an sich. Wer mit einem Bein im Loch stäke und mit dem andern bei uns: der allein wäre wahrhaft weise. Doch soll dies noch keinem gelungen sein. Größenwahnsinnige behaupten, das Loch sei etwas Negatives. Das ist nicht richtig: der Mensch ist ein Nicht-Loch, und das Loch ist das Primäre ... Verzeihen Sie diesen Abschnitt; ich hatte nur zwischen dem vorigen Stück und dem nächsten ein Loch ausfüllen wollen."[3]

Der Text impliziert sechs bemerkenswerte Hinweise zum Aufkommen von Philosophie:

    a) Die Verfassung der Wirklichkeit treibt zum Philosophieren:

        - Dieses besteht wesentlich im ϑεωρεῖν, im alle Aktivität innehaltenden „Schauen", wie sich die Dinge verhalten;

        - auch dort, wo Philosophie „praktische Philosophie" ist, sich also mit Fragen bewußten und rechten Handelns befaßt, tut sie das „theoretisch" im vorausgehenden Sinn;

    b) zwischen Philosophie und Religion besteht ein Verwandtschaftsverhältnis;

    c) Staunen als Urakt der Philosophie:

[2] „Denn Verwunderung war den Menschen jetzt wie vormals der Anfang des Philosophierens, indem sie sich anfangs über das unmittelbar Auffällige verwunderten, dann allmählich fortschritten und auch über Größeres sich in Zweifel einließen, z.B. über die Erscheinungen an dem Mond und der Sonne und den Gestirnen und über die Entstehung des Alls. Wer aber in Zweifel und Verwunderung über eine Sache ist, der glaubt sie nicht zu kennen."[4]

    Wissen und Nichtwissen ineins bilden den Anfang der Philosophie. Alles beginnt mit der Entdeckung von (vermeintlichem) „Wissen" als „Schein". Schon Platons „Theaitetos" handelt davon:

[3] *Sokrates*: Versuche also noch einmal von Anfang an, o Theaitetos, zu sagen, was Erkenntnis ist [...]
Theaitet: [...] Mir [...] scheint, wer etwas erkennt, dasjenige wahrzunehmen, was er erkennt; und wie es mir jetzt erscheint, ist Erkenntnis nichts anderes als Wahrnehmung.
Sokrates: [...] Wohlan, laß uns dieses gemeinschaftlich betrachten, ob es eine rechte Geburt ist oder ein Windei. Wahrnehmung, sagst du, sei Erkenntnis.
Theaitet: Ja.
Sokrates: Und gar keine schlechte Erklärung scheinst du gegeben zu haben von der Erkenntnis, sondern welche auch Protagoras gibt [Protagoras ist einer der prominentesten Sophisten; K.M.]; nur daß er dieses nämliche auf eine etwas andere Weise ausgedrückt hat. Er sagt nämlich, der Mensch sei das Maß aller Dinge, der seienden, wie sie sind, der nichtseienden, wie sie nicht sind. Du hast dies doch gelesen?
Theaitet: Oftmals habe ich es gelesen.

---
[3] TUCHOLSKY, Kurt: Zur soziologischen Psychologie der Löcher. In: Gesammelte Werke Bd. 9, 1931. T.-B.-Ausg. Reinbek bei Hamburg 1985. 152-153.
[4] ARISTOTELES: Metaphysik. I 2 982b. Griech./Dt. In der Übers. von Herrmann Bonitz. Neu bearb., mit Einl. und Kommentar hrsg. von Horst Seidl. 2 Bde. Hamburg ²1982. 13. [Künftig zitiert: ARISTOTELES: Metaphysik.]

Sokrates: Nicht wahr, er meint dies so, daß wie ein jedes Ding mir erscheint, ein solches ist es auch mir, und wie es dir erscheint, ein solches ist es wiederum dir. Ein Mensch aber bist du sowohl als ich.
Theaitet: So meint er es unstreitig.
Sokrates: Wahrscheinlich doch wird ein so weiser Mann nicht Torheiten reden. Laß uns ihm also nachgehen. Wird nicht bisweilen, indem derselbe Wind weht, den einen von uns frieren, den andern nicht? Oder den einen wenig, den andern sehr stark?
Theaitet: Jawohl.
Sokrates: Sollen wir nun in diesem Falle sagen, daß der Wind an und für sich kalt ist oder nicht kalt? Oder sollen wir dem Protagoras glauben, daß er dem Frierenden ein kalter ist, dem Nichtfrierenden nicht?
Theaitet: So wird es wohl sein müssen.
Sokrates: Und so erscheint er doch jedem von beiden?
Theaitet: Freilich.
Sokrates: Dieses Erscheint ist aber eben das Wahrnehmen.
Theaitet: So ist es.
Sokrates: Erscheinung also und Wahrnehmung ist dasselbe in Absicht auf das Warme und alles, was dem ähnlich ist? Denn wie ein jeder es wahrnimmt, so scheint es für ihn auch zu sein.
Theaitet: Das leuchtet ein.
Sokrates: Wahrnehmung ist also wohl immer des Seienden und untrüglich, wenn sie ja Erkenntnis ist.
Theaitet: So scheint es."[5]

>   Das „Scheinen" kann hinsichtlich seines Inhalts falsch sein, dennoch ist es unhintergehbar. Die Revisionsmöglichkeit eines „Scheinens" („mir schien") setzt ein identisches Subjekt voraus.

>   d) Philosophieren als solches ist sprachlich verfaßt, und das hat spezifische Konsequenzen, z.B. die ↗Analogie:

[4] „In manchen Fällen fehlt eine der Bezeichnungen, auf denen die Analogie beruht; nichtsdestoweniger verwendet man den analogen Ausdruck. So heißt z. B. das Ausstreuen von Samen 'säen'; für die Tätigkeit der Sonne hingegen, die ihr Licht ausstreut, gibt es keine spezielle Bezeichnung [Tucholsky würde wahrscheinlich 'sonnen' oder etwas Ähnliches vorschlagen; K.M.]. Doch verhält sich diese Tätigkeit ähnlich zum Sonnenlicht wie das Säen zum Samen; man hat daher gesagt: 'Säend das göttliche Licht' [ein Dichterwort, dessen Herkunft nicht mehr aufklärbar ist]."[6]

>   - In diesem Fall liegt eine Katachrese vor, d.h. „abgeleiteter Gebrauch, der gebräuchlich ist";
>   - die Reflexion der Philosophie auf eigenes Sprechen offenbart eine Gleichzeitigkeit von Überschuß und Armut der Sprache. Vgl. dazu Platons „Parmenides":

---

[5] PLATON: Theaitetos. 151d-152c. In: Ders.: Werke in acht Bänden. Griech./Dt. Bd. 6. Hrsg. von Gunther Eigler. Dt. Übers. von Friedrich Schleiermacher. Darmstadt ²1990. 1-217. Hier 31-33. [Künftig zitiert: PLATON: Theaitetos.]
[6] ARISTOTELES: Poetik 1457b. Griech./Dt. Übers. und hrsg. von Manfred Fuhrmann. Stuttgart 1996. 69. [Künftig zitiert: ARISTOTELES: Poetik.]

[5] „Wohlan, habe Parmenides gesagt, wenn Eins ist, so kann doch wohl das Eins nicht vieles sein? – Wie sollte es wohl! – Weder dürfen also Teile desselben noch darf es selbst ganz sein. – Wie das? – Der Teil ist doch wohl Teil eines Ganzen? – Ja. – Und wie das Ganze? Wäre nicht das, dem kein Teil fehlte, ganz? – Allerdings. – In beiden Fällen also wird das Eins aus Teilen bestehen, wenn es ganz ist und wenn es Teile hat? – Notwendig. – In beiden Fällen also wäre das Eins vieles und nicht eins. – Richtig. – Es soll aber nicht vieles sein, sondern eins. – Das soll es. – Weder also kann das Eins ganz sein noch Teile haben, wenn es eins sein soll. – Freilich nicht.
Wenn es nun gar keinen Teil hat, so hat es doch auch weder Anfang noch Ende noch eine Mitte. Denn dergleichen wären doch schon Teile von ihm. – Richtig. – Gewiß aber sind Anfang und Ende die Grenzen eines jeden. – Wie sonst? – Unbegrenzt also ist das Eins, wenn es weder Anfang noch Ende hat? – Unbegrenzt. – Also auch ohne Gestalt, denn es kann weder rund noch gerade an sich haben. – Wieso? – Rund ist doch wohl das, dessen Enden überall von der Mitte gleich weit abstehen? – Ja. – Gerade aber das, dessen Mitte beiden Enden vorangeht? – So ist es. – Also hätte das Eins Teile und wäre vieles, es möchte nun die gerade Gestalt an sich haben oder die kreisförmige? – Allerdings. – Also ist es weder gerade noch kreisförmig, wenn es doch nicht einmal Teile hat. – Richtig."[7]

Wozu solche Überlegungen? Sind sie leeres Wortgefecht, Ausdruck einer geistigen Krise ihres Urhebers? Ludwig Wittgenstein sagt dazu:

[6] „Die Ergebnisse der Philosophie sind die Entdeckung irgend eines schlichten Unsinns und Beulen, die sich der Verstand beim Anrennen an die Grenze der Sprache geholt hat. Sie, die Beulen, lassen uns den Wert jener Entdeckung erkennen."[8]

Reflexionen wie im „Parmenides" verweisen auf etwas, das anders nicht zum Ausdruck kommen kann. Die konsequente Verfolgung dieser Spur führt zur:

e) Dialektik als Verhältnisbestimmung zwischen zwei radikal gegenüberstehenden und doch engstens zusammengehörenden Momenten (vgl. Platon, Hegel). Grundprobleme, die sich mit dieser Denkfigur erhellen lassen:
- Einheit versus Vielheit
- Vielzahl von Einzeldingen <-> Ordnung
- Ich <-> Anderes
- Unendliches versus Endliches: Wenn es ein Unendliches gibt, wie kann dann „neben" ihm noch etwas (Endliches) sein? Muß nicht notwendig eines ins andere aufgelöst werden? Vgl. die alternativen Optionen:

---

[7] PLATON: Parmenides. 137c-138a. In: Ders.: Werke in acht Bänden. Griech./Dt. Bd. 5. Hrsg. von Gunther Eigler. Dt. Übers. von Friedrich Schleiermacher. Darmstadt ²1990. 195-319. Hier 233. [Künftig zitiert: PLATON: Parmenides.]

[8] WITTGENSTEIN, Ludwig: Philosophische Untersuchungen. I, Nr. 119. In: Ders.: Werkausgabe. Bd. 1. Frankfurt a.M. 1984. 225-580. Hier 301. [Künftig zitiert: WITTGENSTEIN: Philosophische Untersuchungen.]

- Pantheismus bei Baruch de Spinoza (1632-1677)
- Dogmatischer Atheismus bei Ludwig Feuerbach (1804-1872):

[7] „Das Bewußtsein Gottes ist das Selbstbewußtsein des Menschen, die Erkenntnis Gottes die Selbsterkenntnis des Menschen. Aus seinem Gotte erkennst du den Menschen, und hinwiederum aus dem Menschen seinen Gott; beides ist identisch. [...] Gott ist das offenbare Innere, das ausgesprochene Selbst des Menschen, die Religion ist die feierliche Enthüllung der verborgnen Schätze des Menschen, das Eingeständnis seiner innersten Gedanken, das öffentliche Bekenntnis seiner Liebesgeheimnisse."[9]

Wenn Dialektik konsequent durchgeführt (vgl. Hegel) wird: Ist dann das Unendliche notwendig auf das Endliche angewiesen und also in gewissem Sinn um seine Unendlichkeit gebracht? Zur Klärung vgl.:

Corollarium zur Trinitätslehre: Unendliches (Gott) ist nur dann nicht vom Endlichen (Welt) abhängig, wenn die Dialektik ein Moment innerer Begrenzung impliziert: Das ist der Fall, wenn es in Gott selbst bereits ein Von-sich-weggehen und Wieder-zu-sich-kommen gibt (= Lehre von den drei göttlichen Personen); dann kommt Gottes Weltbezug (=Schöpfung) nicht aus Notwendigkeit, sondern aus Gottes Freiheit auf. Das philosophische Gegenstück zu diesem theologischen Begrenzungsmoment der Dialektik:

f) Ironie als philosophisches Grenzmoment: Sie evoziert eine Schwebe der Kommunikationssituation. Offenheit im Gegensatz zur unbedingten Notwendigkeit der Hegelschen Dialektik:

[8] „Was vernünftig ist, das ist wirklich; und was wirklich ist, das ist vernünftig."[10]

Ironie fungiert demgegenüber bereits als Strukturelement der Platonischen Dialektik: Sokrates wird als Ironiker gezeichnet, vgl. Sören Kierkegaard (1813-1855):

[9] „X. Sokrates hat als Erster die Ironie eingeführt."[11]

Textbelege aus Platonischen Dialogen:

[10] „Ich dachte [...] in meiner Einfalt, man müsse die Wahrheit sagen in jedem Stück von dem zu Preisenden; [...] Das war aber, wie es scheint, gar nicht die rechte Weise, etwas zu

---

[9] FEUERBACH, Ludwig: Das Wesen des Christentums. In: Ders.: Gesammelte Werke. Bd. 5. Hrsg. von Werner Schuffenhauer. Berlin 1973. 46.
[10] HEGEL, Georg Wilhelm Friedrich: Grundlinien der Philosophie des Rechts oder Naturrecht und Staatswissenschaft im Grundrisse. In: Ders.: Sämtliche Werke. Bd. 7. Hrsg. von Hermann Glockner. Stuttgart ³1952. 33.
[11] KIERKEGAARD, Sören: Über den Begriff der Ironie. Mit ständiger Rücksicht auf Sokrates. In: Ders.: Gesammelte Werke. Abt. 31. Unter Mitarbeit von Rose Hirsch übersetzt von Emanuel Hirsch. Düsseldorf; Köln 1961. 4.

loben, sondern darin besteht sie, daß man der Sache nur so Vieles und Schönes beilege als möglich, möge es sich nun so verhalten oder nicht."[12]

[11] „Was wohl euch, ihr Athener, meine Ankläger angetan haben, weiß ich nicht: ich meines Teils hätte ja selbst beinahe über sie meiner selbst vergessen; so überredend haben sie gesprochen."[13]

> Ironie bringt die verhandelte Sache in eine Schwebe, die keinen Zweifel läßt, daß die/der so Redende sich gleichwohl der Sache sicher ist, ohne ein definierendes Verfügen über sie zu beanspruchen.

Fazit: Grundmerkmale der Philosophie:
> a) Urakt des Staunens
> b) Akt der Frage und die damit verbundene Differenz von Sein und Schein
> c) zentrale Rolle der Sprache
> d) Entdeckung der Dialektik
> e) Verwandlung von Geltungsansprüchen in Instrumente der Wahrheitsfindung durch die Ironie

0.2 Philosophie und Theologie – eine komplexe Beziehung
(Zugleich eine erste Begegnung mit philosophischen Grundentscheidungen, denen sich Theologie nicht entziehen kann)

Die intensive Auseinandersetzung mit philosophischen Grundfragen der Theologie gehört zum offiziellen Selbstverständnis der Katholischen Theologie:

§ 2 Das Verhältnis von Philosophie und (christlicher) Theologie wird prinzipiell bereits im Neuen Testament und bis heute in zwei Alternativen entfaltet. Die lehramtlich favorisierte Variante, wie sie Thomas von Aquin repräsentiert, bleibt unbefriedigend. Eine konsistente Verhältnisbestimmung muß die Autorität theologischer Vorgaben mit der Autonomie der Vernunft so eng wie möglich vermitteln.

- Das Dekret „Optatam totius" (über die Ausbildung der Priester) des II. Vatikanischen Konzils setzt eine „philosophia perennis" (ein überzeitlich gültiges Gedankenerbe) voraus:

[12] „Durch die ganze Lehrweise wecke man in den Alumnen den Drang, mit methodischer Strenge nach der Wahrheit zu suchen, in sie einzudringen und sie zu beweisen und gleichzeitig

---

[12] PLATON: Symposion 198d. In: Ders.: Werke in acht Bänden. Griech./Dt. Bd. 3. Hrsg. von Gunther Eigler. Dt. Übers. von Friedrich Schleiermacher. Darmstadt ²1990. 209-393. Hier 301. [Künftig zitiert: PLATON: Symposion.]

[13] PLATON: Apologie. 17a. In: Ders.: Werke in acht Bänden. Griech./Dt. Bd. 2. Hrsg. von Gunther Eigler. Dt. Übers. von Friedrich Schleiermacher. Darmstadt ²1990. 1-69. Hier 1. [Künftig zitiert: PLATON: Apologie.]

die Grenzen menschlicher Erkenntnis ehrlich anzuerkennen. Ganz besonders achte man auf den engen Zusammenhang der Philosophie mit den wirklichen Lebensproblemen und den Fragen, die die Studenten innerlich bewegen. Man soll ihnen auch dazu helfen, die Verbindung zu sehen, die zwischen den philosophischen Gedankengängen und den Heilsgeheimnissen besteht, die die Theologie im höheren Licht des Glaubens betrachtet."[14]

Dabei wird Bezug auf Thomas von Aquin genommen:

[13] „[...] mit dem heiligen Thomas als Meister die Heilsgeheimnisse in ihrer Ganzheit spekulativ tiefer [...] durchdringen und ihren Zusammenhang [...] verstehen [...]"[15]

Thomas ist Vorbild zur Beantwortung der Frage,

[14] „wie Glaube und Vernunft sich in der einen Wahrheit treffen."[16]

- Das betont auch bereits die erste Äußerung des Katholischen Lehramts zur Philosophie, die Enzyklika „Aeterni patris" (1879);
- die bislang letzte Wortmeldung in der Sache, die Enzyklika „Fides et ratio" (1998), teilt dem Buchstaben nach diese Position, bezieht aber Züge der alternativen Option Anselms von Canterbury (vgl. unten) mit ein.[17]

Jedoch ist die Verhältnisbestimmung Theologie-Philosophie beim Aquinaten nicht unproblematisch, wie sich auf dem Hintergrund einer systematischen Gesamtskizze zeigt (vgl. unten).

- Überdies bedarf die Verhältnisbestimmung Theologie-Philosophie grundsätzlicher Differenzierungen: Es gibt
  - christliche Theologie:
    - westlich (argumentativer Grundton);
    - östlich (hymnischer Grundton);
  - islamische Theologie (mittlerweile auch mit historisch-kritischem Anspruch);
  - jüdische Theologie meist als subtile ↗Hermeneutik (Kunst der Auslegung) und narrativ (in Geschichten sedimentiert).

§ 3 Im frühen und klassischen griechischen Denken verstehen sich die Philosophen als die „besseren" Theologen, im frühen Christentum ein erheblicher Teil der Theologen als die „besseren" Philosophen, die anderen gehen mit ihrem Glauben in Opposition zur Vernunft.

- Zum Verhältnis zwischen griechischer Religiosität und Philosophie vgl. Aristoteles:

---

[14] ZWEITES VATIKANISCHES KONZIL: Dekret über die Ausbildung der Priester "Optatam totius". Nr. 15. [Künftig zitiert: Optatam totius.]
[15] Optatam totius. Nr. 16.
[16] ZWEITES VATIKANISCHES KONZIL: Erklärung über die christliche Erziehung "Gravissimum educationis". Nr. 10.
[17] Vgl. dazu MÜLLER, Klaus: Der Papst und die Philosophie. Anmerkungen zur Enzyklika "Fides et ratio". HerKorr 53 (1999). 12-17.

[15] „Deshalb ist der Freund der Sagen auch in gewisser Weise ein Philosoph; denn die Sage besteht aus Wunderbarem."[18]
- Ausgangspunkte der griechischen Philosophen:
    - Theo- und Kosmogonien (vgl. etwa Hesiod, um 700 v. Chr.);
    - Orphik: Sinnliche Beschreibungen der Götter treten zurück, religiöse Begriffsbildungen setzen ein;
    - Pherekydes und Akusilaos artikulieren erste Elemente von Physik;
    - Vorsokratiker stellen die Frage nach der ἀρχή (arche):
        - Anaximander (611-546 v. Chr.): ἀρχή ist das ἄπειρον (unendlich);
        - Xenophanes (* ca. 564 v. Chr.) formuliert explizite ↗Religionskritik gegen Anthropomorphismus und Polytheismus;
        - Heraklit (* vor 540 v. Chr.) begreift den göttlichen λόγος als einendes Prinzip hinter allem Wandel; dieser steht in engem Zusammenhang mit der menschlichen Geistesverfassung.
    - Philosophie resultiert im griechischen Denken aus „Theologie": Vgl. das religiöse Selbstverständnis der Philosophie bei Sokrates, ebenso im Neuplatonismus als „alternativer Theologie" zur christlichen Theologie (Plotin, 203-269; Jamblichos + um 330; Proklos, 410-485).

- Zwei Verhältnisbestimmungen zwischen Philosophie und Theologie lassen sich bereits in der christlichen Anfangszeit ausmachen:
    - Die „Paulinische Option":
[16] „Hat Gott nicht die Weisheit der Welt als Torheit entlarvt? Denn da die Welt angesichts der Weisheit Gottes auf dem Weg ihrer Weisheit Gott nicht erkannte, beschloß Gott, alle, die glauben, durch die Torheit der Verkündigung zu retten. Die Juden fordern Zeichen, die Griechen suchen Weisheit. Wir dagegen verkündigen Christus als den Gekreuzigten: für Juden ein empörendes Ärgernis, für Heiden eine Torheit, für die Berufenen aber, Juden wie Griechen, Christus, Gottes Kraft und Gottes Weisheit. Denn das Törichte an Gott ist weiser als die Menschen, und das Schwache an Gott ist stärker als die Menschen."[19]
    - Die Areopagrede des Paulus in Apg 17,16-34 dokumentiert die Erfahrung eines großen Mißerfolgs;
    - Verschärft wird das Verhältnis durch einen Paulusschüler in Kol 2,8:
[17] „Gebt acht, daß euch niemand mit seiner Philosophie und falschen Lehre verführt, die sich nur auf menschliche Überlieferung stützen und sich auf die Elementarmächte der Welt, nicht auf Christus berufen."[20]
    - Demgegenüber knüpft die „Johanneische Option" an „λόγος"-Traditionen an (wie auch Philon, 13 v.-45/50 n. Chr.)

---

[18] ARISTOTELES: Metaphysik I 2 982b.
[19] 1 Kor 1,20b-25.
[20] Kol 2,8.

[18] „Im Anfang war der λόγος,
und der λόγος war bei Gott,
und der λόγος war Gott.
Im Anfang war er bei Gott [...]
Und der λόγος ist Fleisch geworden [...]"[21]

- Johanneische Fortschreibung I:
    - Justin (+165) faßt außerchristliche Wahrheit als „λόγος σπερματικός" (Samenkorn) der christlichen Wahrheit;
    - Klemens von Alexandrien (+ 215) versteht in einer Verknüpfung von Neuplatonismus und christlicher Theologie diese als wahre Philosophie.
- Paulinische Fortschreibung I:
    Tertullian (ca. 160-230) erteilt der Philosophie eine polemische und agressive Absage:

[19] „Was also haben gemeinsam der Philosoph und der Christ, der Schüler Griechenlands und der des Himmels, der Beförderer seines Ruhmes und der seines Heiles, der mit Worten und der mit Taten Wirkende, der Erbauer und der Zerstörer, der Freund und der Feind des Irrtums, der Verfälscher der Wahrheit und ihr Erneuerer und Dolmetsch, ihr Dieb und ihr Wächter?"[22]

[20] „Quid ergo Athenis et Hierosolymis? quid academiae et ecclesiae? quid haereticis et christianis? [...] – Was also haben Athen und Jerusalem miteinander zu schaffen? Was die Akademie mit der Kirche? Die Häretiker mit den Christen? Unsere Unterweisung kommt aus der Säulenhalle Salomos, der ja selbst überliefert hatte, daß man den Herrn in der Einfalt des Herzens suchen müsse. [...] Wir haben nach Jesus Christus keine Neugier nötig, und nach dem Evangelium auch keine Forschung."[23]

- Johanneische Fortschreibung II:
    Augustinus (354-430): Christentum als Vollendung des Platonismus; kämen die Platoniker wieder, so würden sie sagen:

[21] „Dies [sc. das Christentum] ist das Ideal, das wir der Menge nicht zu predigen wagten!"[24]

Vor diesem Hintergrund ensteht die Rede von „Christlicher Philosophie" bei Augustinus:

[22] „Ich beschwöre dich, daß die Philosophie der Heiden nicht ehrenwerter ist, als unsere christliche, die einzig wahre Philosophie, wenn überhaupt das Streben oder die Liebe zur Weisheit mit diesem Namen bezeichnet werden kann."[25]

Paulinische Fortschreibung II:
- Othloh von St. Emmeram (1010-1070) löst eine Kriminalisierung der klassischen Bildung aus;

---

[21] Joh 1,1-2.14.
[22] TERTULLIAN: Apol. 46, 18.
[23] TERTULLIAN: De praesc. haer. 7,9-10.12.
[24] AUGUSTINUS: De ver. rel. 4,6.
[25] AUGUSTINUS: C. Iul. IV, 14, 72.

- Petrus Damiani (1007-1072):

[23] „Wir sind nicht Schüler der Philosophen und Redner, sondern der Fischer [d.h. der Jünger vom See Genesaret; K.M.]!"[26]

- Bernhard von Clairvaux (1091-1153) ficht heftig gegen Petrus Abaelard (1079-1142);
- Blaise Pascal (1623-1662) notiert im sog. „Memorial":

[24] „

†

JAHR DER GNADE 1654

Montag, den 23. November, Tag des heiligen Klemens, Papst und Märtyrer, und anderer im Martyrologium. Vorabend des Tages des heiligen Chrysogonus, Märtyrer, und anderer. Seit ungefähr abends zehneinhalb bis ungefähr eine halbe Stunde nach Mitternacht.

FEUER

'Gott Abrahams, Gott Isaaks, Gott Jakobs', nicht der Philosophen und Gelehrten. Gewißheit, Gewißheit, Empfinden: Freude, Friede.
                                Gott Jesu Christi
Deum meum et Deum vestrum.
'Dein Gott wird mein Gott sein' – Ruth –
Vergessen von der Welt und von allem, außer Gott.
Nur auf den Wegen, die das Evangelium lehrt, ist er zu finden."[27]

- Vgl. dagegen René Descartes (1596-1650):

[25] „Auch darf ich nicht glauben, ich begriffe das Unendliche nicht in einer wahrhaften Vorstellung, sondern nur durch Verneinung des Endlichen, so wie ich Ruhe und Dunkelheit durch Verneinung von Bewegung und Licht begreife. Denn ganz im Gegenteil sehe ich offenbar ein, daß mehr Sachgehalt in der unendlichen Substanz als in der endlichen enthalten ist und daß demnach der Begriff des Unendlichen dem des Endlichen, d.i. der Gottes dem meiner selbst gewissermaßen vorhergeht. Wie sollte ich sonst auch begreifen können, daß ich zweifle, daß ich etwas wünsche, d.i. daß mir etwas mangelt und ich nicht ganz vollkommen bin, wenn gar keine Vorstellung von einem vollkommeneren Wesen in mir wäre, womit ich mich vergleiche und so meine Mängel erkenne?"[28]

- Dagegen wiederum Pascal:

[26] „Das kann ich Descartes nicht verzeihen. Er hätte am liebsten in seiner ganzen Philosophie Gott nicht bemüht; er aber kam doch nicht umhin, ihn der Welt, um sie in Bewegung zu setzen, einen Nasenstüber geben zu lassen; danach hat er nichts mehr mit Gott zu tun."[29]

Pascal setzt Descartes eine „Logik des Herzens" entgegen.

---

[26] Zit. nach HWP 7. Sp. 635.
[27] PASCAL, Blaise: Das Memorial. In: Über die Religion und über einige andere Gegenstände (Pensées). Übertragen und hrsg. von Ewald Wasmuth. Darmstadt ⁹1994. 248-249. Hier 248. [Künftig zitiert: PASCAL: Pensées.]
[28] DESCARTES, René: Meditationes de prima philosophia. III, 24. Lat./Dt. Hrsg. von Lüder Gäbe. Hamburg 1959. [Künftig zitiert: DESCARTES: Meditationes.]
[29] PASCAL: Pensées. Frgm. 77.

Der deutsche Pascal-Übersetzer Ewald Wasmuth kommentiert aufschlußreich:

[27] „Zu verstehen ist hier nichts, zu deuten ist hier nichts, und was den Verstand angeht, so sei ihm mit Pascal geantwortet: zu Boden mit dem Dünkelhaften."[30]

- In dieser Tradition steht auch Martin Heidegger (1889-1976):

[28] „[...] Causa sui. So lautet der sachgerechte Name für den Gott in der Philosophie. Zu diesem Gott kann der Mensch weder beten, noch kann er ihm opfern. Vor der Causa sui kann der Mensch weder aus Scheu ins Knie fallen, noch kann er vor diesem Gott musizieren und tanzen. Demgemäß ist das gott-lose Denken, das den Gott der Philosophie, den Gott als Causa sui preisgeben muß, dem göttlichen Gott vielleicht näher."[31]

§ 4 Die weitreichende Verhältnislosigkeit zwischen Philosophie und Theologie in der Gegenwart ist nur möglich, weil das gegen die genannten Distanzierungen quasi amtlich favorisierte Vermittlungsmodell des Thomas von Aquin nicht leistet, was man von ihm erwartet. Ein alternatives Modell lag schon vor Thomas bereit, konnte sich aber bis heute nicht durchsetzen.

- Der Vermittlungsversuch des Aquinaten war im Kontext seiner soziokulturellen Rahmenbedingungen genial, zeitigte jedoch problematische systematische Folgen. Drei Faktoren sind als Hintergrund für die Verhältnisbestimmung Theologie – Philosophie bei Thomas relevant:

a) Die Dominikaner machen die Straße zum Ort der Theologie und des Predigens;

b) Die Verbreitung des Islam ist eine intellektuelle Herausforderung, denn:

[29] „Jede Wahrheit, von wem auch immer verkündet, kommt vom Heiligen Geist."[32]

c) Die Aristoteles-Renaissance Mitte des 12. Jahrhunderts.

Obwohl Thomas die Einordnung der Theologie in den Aristotelischen Wissenschaftskosmos gelingt, legt er damit zugleich die Basis zu einer späteren „Stockwerk-Theologie":

[30] „Das Heil der Menschen verlangt außer den philosophischen Wissenschaften, die im Bereich der menschlichen Vernunft bleiben, eine Lehre, die auf göttlicher Offenbarung beruht. Zunächst deshalb, weil Gott den Menschen für ein Ziel bestimmt hat, das die Fassungskraft der Vernunft übersteigt. Is 64,4: 'Außer dir hat kein Auge gesehen, was du, o Gott, denen bereitet hast, die dich lieben.' Das Ziel aber muß dem Menschen vorher bekannt sein, wenn er sein Wollen und Handeln darauf einstellen soll. Darum mußten dem Menschen, sollte er sein Heil nicht verfehlen, durch göttliche Offenbarung manche Dinge kund werden, die über die menschliche Vernunft hinausgehen.

Aber auch jene Wahrheiten über Gott, die an sich der menschlichen Vernunft erreichbar sind, mußten dem Menschen geoffenbart werden. Denn die Erforschung dieser Wahrheiten wäre nur

---

[30] WASMUTH, Ewald: Anmerkung zu Seite 248. In: Pascal: Pensées. 485.
[31] HEIDEGGER, Martin: Identität und Differenz. Pfullingen ⁹1990. 64-65.
[32] THOMAS VON AQUIN: In 2. Tim. III, lec. 3. Nr. 126. Vgl. auch: Ambrosiaster: Ad 1 Cor. 12,3. In: CSEL 81(2) 132.

wenigen möglich, würde viel Zeit in Anspruch nehmen und auch dann noch mit viel Irrtum verbunden sein. Und dabei hängt von der Erkenntnis dieser Wahrheiten das Heil des Menschen ab, das in Gott gelegt ist. Sollten die Menschen daher in größerer Zahl und mit größerer Sicherheit das Heil erlangen, so mußte Gott ihnen diese Wahrheiten offenbaren.
So war also neben den philosophischen Wissenschaften, die rein auf der Forschungsarbeit der menschlichen Vernunft beruhen, eine heilige Lehre notwendig, die auf göttlicher Offenbarung gründet."[33]

Glaubens- und Vernunftwahrheiten werden hinsichtlich ihrer Prinzipien getrennt. Das Problem:
- Es gibt keinen Zugang der natürlichen Vernunft zu den zentralen Offenbarungsgehalten (Thomas' Gedanke des „desiderium naturale" – natürliches Verlangen nach dem Übernatürlichen – kaschiert das nur);
- dafür braucht es Zusatzinformationen von außen (will sagen: „von oben").

So wird die Spur für den späteren thomistischen Extrinsezismus gelegt, d.h. ein autoritatives – bisweilen: autoritäres – Grundmuster, das die essentials des christlichen Glaubens einer übernatürlichen (und lehramtlich verwalteten) Instruktion überantwortet.

- Die Alternative knüpft an Justin an: Zentrale Gehalte der christlichen Botschaft sind die Vollgestalt des λόγος der Philosophie, die durch den fleischgewordenen λόγος zu sich selbst gebracht werden. Diese Dialektik von Theologie und Philosophie wird radikal durchgeführt bei Anselm von Canterbury (1033-1109):
- Weil die Vernunft durch die Sünde beeinträchtigt ist, braucht sie Erleuchtung durch das Glaubenslicht (theologische Radikalisierung), aber zugleich gilt:
- Im Prinzip kann die autonome philosophische Vernunft die christlichen Glaubenswahrheiten „remoto Christo" (unter methodischem Absehen von der Christus-Offenbarung) einschließlich der Trinität, der Inkarnation und der Erlösung erreichen (philosophische Radikalisierung);
- faktisch fungiert dabei Gottes befreiende Tat als Möglichkeitsbedingung des Vollzugs menschlicher Vernunft:

---

[33] THOMAS VON AQUIN: S.th. I,1,1c.
Exkurs zur "Summa theologiae" und zum Umgang mit ihr:
Die "Summa de theologia" besteht aus vier Teilen (I, I-II, II-II, III);
diese wiederum gliedern sich in
- quaestiones
    - articuli
        - Eingangsfrage
        - Argumente contra und pro
        - Ausarbeitung der eigentlichen Argumentation im "corpus"
        - Widerlegung bzw. Bestätigung der Gründe pro und contra.

[31] „Ich bekenne, Herr, und sage Dank, daß du in mir dieses Dein Bild geschaffen hast, damit ich, Deiner mich erinnernd, Dich denke, Dich liebe. Aber so sehr ist es durch abnützende Laster zerstört, so sehr ist es durch den Rauch der Sünden geschwärzt, daß es nicht tun kann, wozu es gemacht ist, wenn Du es nicht erneuerst und wiederherstellst. Ich versuche nicht, Herr, deine Tiefe zu durchdringen, denn auf keine Weise stelle ich ihr meinen Verstand gleich; aber mich verlangt, Deine Wahrheit einigermaßen einzusehen, die mein Herz glaubt und liebt. Ich suche ja auch nicht einzusehen, um zu glauben, sondern ich glaube, um einzusehen. Denn auch das glaube ich: wenn ich nicht glaube, werde ich nicht einsehen."[34]

Dieser Nachvollzug des Glaubens in der Vernunft wird bruchlos mit deren Autonomie vermittelt:

[32] „Denn wenn ein Weiser mich seine Weisheit, deren ich vorher nicht kundig war, lehrte, so würde man nicht unpassend sagen, das tue diese seine Weisheit. Aber obwohl meine Weisheit von seiner Weisheit ihr Sein und Weisesein hätte, würde sie dennoch, wenn sie bereits da wäre, nur durch ihre Wesenheit sein und nur durch sich selbst weise sein."[35]

- Das Vermittlungskonzept Anselms wird der Sache nach erst wieder aufgegriffen von
    - Maurice Blondel (1861-1949) und nach dessen „Scheitern" von
    - Karl Rahner (1904-1984) mit „Hörer des Wortes", 1. Aufl.;
        die 2. Aufl. gibt das Konzept faktisch auf (vgl. ↗Religionsphilosophie);
    - Hansjürgen Verweyen (*1936).[36]
- Systematisches Fazit: Es bedarf einer wechselseitigen Vorordnung von Theologie und Philosophie:

§ 5 **Philosophie als Frage nach dem Ganzen der Wirklichkeit kann den Gottesgedanken nicht apriori ausschließen, sofern das Wesen der Philosophie ausmacht, nach dem Seienden als solchem in jeder möglichen Hinsicht, also auch der einer alles Seiende bestimmenden und begründenden Wirklichkeit zu fragen. Umgekehrt stellt Philosophie der Theologie vernunftförmige Kriterien der Rede von Gott.**

- Völlig anders Rudolf Carnaps (1891-1970) Sinnlosigkeitsverdacht gegen die Rede von „Gott".
- Der Kern theologischer Vorgaben für Philosophie: Alles Philosophieren seit Sokrates/Platon geht von „geglaubten", d.h. anerkannten Voraussetzungen aus.

---

[34] ANSELM VON CANTERBURY: Proslogion. Lat./Dt. Ausgabe von Franciscus Salesius Schmitt. Stuttgart-Bad Cannstatt ²1984. 82-85.
[35] ANSELM VON CANTERBURY: Monologion, 44. Lat./Dt. Ausgabe von Franciscus Salesius Schmitt. Stuttgart-Bad Cannstatt 1964. 157.
[36] Vgl. VERWEYEN, Hansjürgen: Gottes letztes Wort. Grundriß der Fundamentaltheologie. Regensburg ³2000.

Philosophie ist Kritik: Scheidung von wahr-falsch, Schein-Sein, was auch impliziert: Sie ist Selbstkritik der Vernunft. Insofern gehört „Umkehr" als Prinzip zu ihrer eigenen Identität, d.h. sie rechnet damit, möglicherweise auch durch theologische Geltungsansprüche zu sich selbst gebracht zu werden.

- Für Anselm war der ↗ontologische Gottesbeweis notwendige Konsequenz dieser Dialektik Philosophie-Theologie.
- Das „Heute" ist vom Erbe Immanuel Kants (1724-1804) und seiner Kritik der herkömmlichen Weise von Metaphysik bestimmt, denn mit ihr

[33] „[...] stürzt sie [sc. die Vernunft] sich in Dunkelheit und Widersprüche, aus welchen sie zwar abnehmen kann, daß irgendwo verborgene Irrtümer zum Grunde liegen müssen, die sie aber nicht entdecken kann, weil die Grundsätze, deren sie sich bedient, da sie über die Grenze aller Erfahrung hinausgehen, keinen Probierstein der Erfahrung mehr anerkennen."[37]

- Zu einer Radikalisierung kommt es bei Friedrich Nietzsche (1844-1900) durch einen Verdacht gegen jeglichen Wahrheitsanspruch:

[34] „Was ist ein Wort? Die Abbildung eines Nervenreizes in Lauten. Von dem Nervenreiz aber weiterzuschliessen auf eine Ursache ausser uns, ist bereits das Resultat einer falschen und unberechtigten Anwendung des Satzes vom Grunde. Wie dürften wir, wenn die Wahrheit bei der Genesis der Sprache, der Gesichtspunkt der Gewissheit bei den Bezeichnungen allein entscheidend gewesen wäre, wie dürften wir doch sagen: der Stein ist hart: als ob uns 'hart' noch sonst bekannt wäre und nicht nur als eine ganz subjektive Reizung!
[...]
Was ist also Wahrheit? Ein bewegliches Heer von Metaphern, Metonymien, Anthropomorphismen, kurz eine Summe von menschlichen Relationen, die, poetisch und rhetorisch gesteigert, übertragen, geschmückt wurden, und die nach langem Gebrauche einem Volke fest, canonisch und verbindlich dünken: die Wahrheiten sind Illusionen, von denen man vergessen hat, dass sie welche sind, Metaphern, die abgenutzt und sinnlich kraftlos geworden sind, Münzen, die ihr Bild verloren haben und nun als Metall, nicht mehr als Münzen in Betracht kommen."[38]

Damit ist eine neue Situation der Philosophie gegeben:
- Ihre Geltungsansprüche sind Hypothesen: In Argumenten werden Möglichkeitsbedingungen offengelegt, ohne ein Urteil darüber zu fällen, daß diese erfüllt sind. Solches Denken in vernünftiger Selbstbegrenzung heißt seit Kant „transzendental".
- Die philosophische Aufgabe besteht darin, den Menschen als möglichen „Hörer des Wortes" zu denken. Ob er sich wirklich so versteht, ist Sache des Glaubens und nicht philosophisch zu erzwingen.

---

[37] KANT, Immanuel: Kritik der reinen Vernunft. Nach der 1. und 2. Orig.-Ausg. hrsg. von Raymund Schmidt. Hamburg ³1990. A VIII. [Künftig zitiert: KANT: Kritik der reinen Vernunft.]
[38] NIETZSCHE, Friedrich: Ueber Wahrheit und Lüge im aussermoralischen Sinne. In: Ders.: Sämtliche Werke. Kritische Studienausgabe. Bd. 1. Hrsg. von Giorgio Colli und Mazzino Montiniari. München; Berlin; New York ²1988. 873-890. Hier 878. 880-881. [Künftig zitiert: NIETZSCHE: KSA.]

Testfragen:

1. Was bringt den Menschen zum Philosophieren? Wie hängen Wissen und Nichtwissen dabei zusammen?
2. Was meint der Begriff des „Scheinens" und was setzt er voraus?
3. Welche Rolle kommt der Sprache im Philosophieren zu und warum bedarf sie der besonderen Beachtung?
4. Was versteht man unter „Dialektik"? Wozu dient sie philosophisch?
5. Was ist „Ironie" und welche Funktion erfüllt sie im Philosophieren?
6. Worin besteht das Spezifikum eines großen Teils der christlichen Theologie?
7. Wie verhalten sich Religion und Philosophie im frühen griechischen Denken?
8. Wie verändert sich das Verhältnis von Philosophie und Theologie durch das Aufkommen des Christentums?
9. In welche Grundalternativen entfaltet sich das Verhältnis Philosophie-Theologie innerchristlich?
10 Welche Vermittlung hat Thomas von Aquin versucht? Wo liegt ihr Problem? Welche Alternative ist durch Anselm von Canterbury vorgezeichnet?
11. Wie läßt sich das Verhältnis von Philosophie und Theologie heute – also nach Kant und Nietzsche – systematisch konsistent skizzieren?

Teil A: Kritik und Kommunikation

1. Grundfragen der Erkenntnistheorie

- Parmenides (*ca. 540 v. Chr.) und Heraklit (ca. 535-465 v. Chr.) werfen die Frage nach der Differenz zwischen wahrer und scheinbarer Erkenntnis auf:
    - Heraklit begreift λόγος als Prinzip wahrer Erkenntnis, bleibt jedoch skeptisch bezüglich der Möglichkeiten menschlicher Erkenntnis:

[35] „Denn menschliche Sinnesart verfügt nicht über Einsichten, wohl aber verfügt göttliche darüber."[39]

- Parmenides faßt sein Konzept in ein Lehrgedicht:

[36] „Junger Mann [...] sei willkommen! Denn nicht ein böses Geschick sandte dich aus, diesen Weg zu gehen – einen Weg nämlich, der fürwahr abseits der üblichen Pfade der Menschen liegt –, sondern göttliche Fügung und Recht. So steht es dir an, alles zu erfahren, einerseits das unerschütterliche Herz der wohlgerundeten Wahrheit und andererseits die Meinungen der Sterblichen, in denen keine wahre Verläßlichkeit wohnt."[40]

- Erkenntnistheorie ist Erkenntnis von Erkenntnis, also reflexiv strukturiert.
- Das Projekt Erkenntnistheorie als systematische Aufklärung des Phänomens Erkenntnis betreiben der Sache nach zuerst René Descartes und Baruch de Spinoza (1632-1677), dann in eminentem Sinn Immanuel Kant (1724-1804). Ca. 1832 taucht der Name „Theorie der Erkenntnis" erstmals auf.

§ 6 Die fundamentalen Aufgaben philosophischer Beschäftigung mit Erkenntnis sind die Frage nach der Möglichkeit von Erkenntnis überhaupt sowie die Frage nach dem Modus des Erkennens.

- Kant stellt die Frage nach den Möglichkeitsbedingungen der Erkenntnis, welche in der Vernunft selbst liegen, um zu einem klaren Konzept von Metaphysik zu kommen:

[37] „Ich nenne alle Erkenntnis transzendental, die sich nicht sowohl mit Gegenständen, sondern mit unserer Erkenntnisart von Gegenständen, insofern diese a priori möglich sein soll, überhaupt beschäftigt."[41]

- Johann Gottlieb Fichte (1762-1814) weitet das Problem aus und fragt nach Gehalt und Form einer Wissenschaft überhaupt, d.h. nach den Möglichkeitsbedingungen von Wissenschaft und Wissen selbst. Seine „Wissenschaftslehre" ist gleichbedeutend mit „Erkenntnistheorie".

---

[39] HERAKLIT: Frgm. 78. Zit nach Kirk, Geoffrey S.; Raven, John E.; Schofield, Malcolm: Die vorsokratischen Philosophen. Einführung, Texte und Kommentare. Ins Dt. übers. von Karlheinz Hülser. Stuttgart; Weimar 1994. Nr. 205. [Künftig zitiert: KRS.]
[40] PARMENIDES: Frgm.1. KRS Nr. 288.
[41] KANT: Kritik der reinen Vernunft. B 25.

1.1 Ist Erkenntnis überhaupt möglich?

1.11 Das unvermeidliche Erkenntnispostulat

§ 7 Es gibt ein unvermeidliches Postulat der Erkenntnis, das als Möglichkeitsbedingung unserer alltäglichen Praxis fungiert, obwohl uns Erkenntnis nur eingeschränkt möglich ist. Wir können nicht *nicht* erkennen.[42] **Trotzdem gibt es auch – mit wohlbestimmtem Recht – in Abstufungen die Gegenposition des Skeptizismus.**

- Der Sache nach wußte das schon Aristoteles:

[38] „[...] wenn zugleich alle Widersprüche über denselben Gegenstand wahr sind, so müßte offenbar alles Eines sein. Denn es würde dasselbe Schiff und Mauer und Mensch sein, wenn man von jedem Dinge etwas bejahend oder verneinend prädizieren kann, wie diejenigen notwendig zugeben müssen, welche der Lehre des Protagoras beistimmen. Denn wenn jemand meint, der Mensch sei kein Schiff, so ist er auch offenbar kein Schiff; also ist er auch ein Schiff, sofern das kontradiktorische Gegenteil wahr ist."[43]

1.12 Infragestellung des Erkenntnis-Postulats: Skepsis

- Die klassische Gegenposition zum Erkenntnispostulat ist der Skeptizismus.
- Gegen den Skeptizismus wird in der Regel der Selbstwiderspruch des Skeptikers gewendet: daß, wenn alle Sätze falsch sind, auch dieser Satz – daß alle Sätze falsch sind – falsch sein muß.
- Radikale Skepsis („Alle Sätze sind falsch") muß als Krankheit des Denkens gelten, außer es handelt sich um den Ausdruck des Protests gegen eingespielte Rationalitätsmuster.
- „Weichere" Formulierungen der Skepsis betreffen Probleme der Erkenntnis:
    - Z.B. Sophisten: Protagoras (ca. 481-411 v. Chr.):

[39] „Von den Göttern vermag ich nichts festzustellen, weder, daß es sie gibt, noch daß es sie nicht gibt, noch, was für eine Gestalt sie haben; denn vieles hindert ein Wissen hierüber: die Dunkelheit der Sache und die Kürze des menschlichen Lebens."[44]

   Wahrheit ist prinzipiell verschlossen.
   - Z.B. Pyrrhon von Elis (ca. 360-270 v. Chr.), überliefert durch Sextus

---

[42] Diese Formulierung lehnt sich an das Diktum P. Watzlawicks an, wir könnten nicht nicht kommunizieren. Vgl. SCHULZ VON THUN, Friedemann: Miteinander reden. Bd. 1. Störungen und Klärungen. Allgemeine Psychologie der Kommunikation. Reinbek bei Hamburg 1992. 34.
[43] ARISTOTELES: Metaphysik. IV 4. 1007b.
[44] PROTAGORAS: Von den Göttern. Frgm. 4. Zit. nach: Die Vorsokratiker. Die Fragmente und Quellenberichte übers. und eingel. von Wilhelm Capelle. Stuttgart 1968. 333.

Empiricus: Gleich-Gültigkeit einander widersprechender Wahrheitsbehauptungen führt zur Enthaltung von Urteilen und damit zur ἀταραξία:
[40] „Denn dem, der behauptet, es gebe etwas Wahres, wird [...] nicht geglaubt, wenn er es ohne Beweis behauptet, und auch, wenn er einen Beweis beibringen will, ist er unglaubwürdig, falls er eingesteht, daß der Beweis falsch ist. Nennt er den Beweis aber wahr, so gerät er in die Diallele, und außerdem wird man dafür, daß er wahr ist, einen Beweis von ihm fordern und für diesen wieder einen und bis ins Unendliche. Es ist jedoch unmöglich, Unendliches zu beweisen. Also ist es auch unmöglich zu erkennen, daß es etwas Wahres gibt."[45]

- Zirkel (= Diallele) bzw. infiniter Regreß als Ergebnis aller Wahrheitsbehauptungen. Daraus folgt:
    - die Fragwürdigkeit aller Versuche, Wahrheit als Übereinstimmung von Erkenntnis und Wirklichkeit zu fassen;
    - der Skeptiker ist der in Wahrheit nach der Wahrheit Suchende;
    - Skepsis ist Reinigungsmittel zur Klärung des Phänomens Erkenntnis.
- Einwände gegen diese Position:
    - Es stellt sich die Frage nach dem Minimum des Realitätsbezugs der Eindrücke;
    - solches Offenhalten der Wahrheitsfrage ist letztlich ein resignativer Akt.
- Gleichwohl bleibt eine funktionale Inanspruchnahme der Skepsis, z.B. bei David Hume (1711-1776): Er übt Kritik an radikaler Skepsis, nutzt aber zugleich Skepsis als Medium der Kritik der Reichweite und Leistung von Erkenntnis.

- Reaktion auf Skepsis: Erkenntnis von Notwendigem orientiert sich an Mathematik als Ideal der Erkenntnis, vgl. etwa Descartes:
[41] „Ich setze also voraus, daß alles, was ich sehe, falsch ist, ich glaube, daß nichts jemals existiert hat, was das trügerische Gedächtnis mir darstellt: ich habe überhaupt keine Sinne; Körper, Gestalt, Ausdehnung, Bewegung und Ort sind nichts als Chimären. Was also bleibt Wahres übrig? Vielleicht nur dies eine, daß nichts gewiß ist.
Aber woher weiß ich denn, daß es nichts anderes als alles bereits Aufgezählte gibt, an dem zu zweifeln auch nicht der geringste Anlaß vorliegt? Gibt es etwa einen Gott, oder wie ich den sonst nennen mag, der mir diese Vorstellungen einflößt? – Weshalb aber sollte ich das annehmen, da ich doch am Ende selbst ihr Urheber sein könnte? Also wäre doch wenigstens ich irgend etwas? Aber – ich habe bereits geleugnet, daß ich irgendeinen Sinn, irgendeinen Körper habe. Doch hier stutze ich: was soll daraus folgen? Bin ich etwa so an den Körper und die Sinne gefesselt, daß ich ohne sie nicht sein kann? Indessen, ich habe mir eingeredet, daß es schlechterdings nichts in der Welt gibt: keinen Himmel, keine Erde, keine denkenden Wesen, keine Körper, also doch auch wohl mich selbst nicht? Keineswegs; sicherlich war ich, wenn ich mir etwas eingeredet habe. – Aber es gibt einen, ich weiß nicht welchen, allmächtigen und höchst verschlagenen Betrüger, der mich geflissentlich stets täuscht. – Nun, wenn er mich täuscht, so ist es also un-

---
[45] SEXTUS EMPIRICUS: Grundriß der pyrrhonischen Skepsis. II, 85. Einl. und Übers. von Malte Hossenfelder. Frankfurt a.M. 1968. 174-175.

zweifelhaft, daß ich bin. Er täusche mich, soviel er kann, niemals wird er doch fertigbringen, daß ich nichts bin, solange ich denke, daß ich etwas sei. Und so komme ich, nachdem ich nun alles mehr als genug hin und her erwogen habe, schließlich zu der Feststellung, daß dieser Satz: 'Ich bin, ich existiere', sooft ich ihn ausspreche oder in Gedanken fasse, notwendig wahr ist."[46]

- Die Evidenz der cogitationes resultiert aus dem methodischen Einsatz der Skepsis: Ohne Skepsis keine Erkenntnis;
- dennoch zerbricht das Ideal perfekter Erkenntnis schnell:
    - Es scheitern die Versuche, Erkenntnis auf perfekte Erkenntnis zurückzuführen;
    - die Naturwissenschaften kommen ohne Begriff perfekter Erkenntnis zu ihren großen Erfolgen. Daraus folgten
- eine neue Kritik am Ideal perfekter Erkenntnis und eine neue Form von Skepsis, die auf Hume basiert:
    - Es ist keine definitive Erkenntnis empirischer Tatsachen möglich, da über empirische Tatsachen nur hypothetische Aussagen möglich sind;
    - auch in Logik und Mathematik gibt es keine Evidenz, da die Richtigkeit einer Beweisführung nur empirisch überprüfbar ist.
        Humes Konsequenz: Es gibt keinerlei perfekte Erkenntnis. Diese Ausschließlichkeit aber läßt sich bestreiten, denn es gibt:
- Eingeschränkte Möglichkeiten perfekter Erkenntnis:
    (1) Analytische Sachverhalte: Perfekte Erkenntnis mindestens der elementaren, jedoch nicht aller analytischen Sachverhalte;
    (2) „cogitationes". Vgl. etwa Wittgensteins Unterschied zwischen Subjekt- und Objektgebrauch von „ich":

[42] „Es gibt zwei Gebräuche des Wortes 'ich' (oder 'mein'), die ich 'Objektgebrauch' und 'Subjektgebrauch' nennen könnte. Hier sind Beispiele von der ersten Art: 'Mein Arm ist gebrochen', 'Ich bin zehn Zentimeter gewachsen', 'Ich habe eine Beule auf meiner Stirn', 'Der Wind zerweht meine Haare'. Und hier Beispiele von der zweiten Art: '*Ich* sehe so-und-so', '*Ich* höre so-und-so', '*Ich* versuche, meinen Arm zu heben', '*Ich* denke, daß es regnen wird', '*Ich* habe Zahnschmerzen'."[47]

[43] „Man kann auf den Unterschied zwischen diesen beiden Kategorien hinweisen [!], indem man sagt: Die Fälle in der ersten Kategorie [also beim Objektgebrauch] machen es erforderlich, daß man eine bestimmte Person erkennt, und in diesen Fällen besteht die Möglichkeit des Irrtums, – oder ich sollte besser sagen: Die Möglichkeit des Irrtums ist vorgesehen."[48]

Perfekte Erkenntnis im Subjektgebrauch von „ich" ist unhintergehbar.

---

[46] DESCARTES: Meditationes. II, 2-3.
[47] WITTGENSTEIN, Ludwig: Das Blaue Buch (1933/34). In: Ders.: Werkausgabe Bd. 5. Frankfurt a.M. 1984. 15-116. Hier 106. [Künftig zitiert: WITTGENSTEIN: Das Blaue Buch.]
[48] WITTGENSTEIN: Das Blaue Buch. 106.

- Fazit:
    a) Es gibt perfekte Erkenntnis, also ist radikale Skepsis logisch unmöglich;
    b) der Bereich perfekter Erkenntnis ist äußerst beschränkt. Daraus folgt ein partielles Recht der Skepsis im Sinn einer Enthaltung von definitiven Wahrheitsbehauptungen;
    c) eine Widerlegung radikaler Skepsis geschieht weder allein durch logisch-mathematische Sätze noch durch elitäre Wahrheiten, sondern durch elementare analytische Sachverhalte und durch den Subjektgebrauch des Personalpronomens der grammatischen ersten Person Singular;
    d) rein formal ansetzende antiskeptische Argumentationen helfen nicht weiter, vgl. dazu Hans-Georg Gadamers (* 1900) These:

[44] „So überzeugend sie [sc. die antiskeptischen Argumentationen] scheinen, so sehr verfehlen sie doch die eigentliche Sache. Man behält recht, wenn man sich ihrer bedient, und doch sprechen sie keine überlegene Einsicht aus, die fruchtbar wäre. Daß die These der Skepsis oder des Relativismus selber wahr sein will und sich insofern selber aufhebt, ist ein unwiderlegliches Argument. Aber wird damit irgend etwas geleistet? Das Reflexionsargument, das sich derart als siegreich erweist, schlägt vielmehr auf den Argumentierenden zurück, indem es den Wahrheitswert der Reflexion suspekt macht. Nicht die Realität der Skepsis oder des alle Wahrheit auflösenden Relativismus wird dadurch getroffen, sondern der Wahrheitsanspruch des formalen Argumentierens überhaupt."[49]

Argumentationen aus elementaren analytischen Sachverhalten und unhintergehbaren Selbstzuschreibungen lassen sich solchermaßen nicht abweisen.

§ 8 In der Auseinandersetzung mit der Skepsis ist der Ausweis von begrenzten Erkenntnisfähigkeiten und Erkenntnisgewißheiten möglich. Die reinigende Funktion der Skepsis macht auf die Fallibilität unserer Erkenntnisannahmen wie auf das für Erkenntnis letztlich nötige Evidenzvertrauen aufmerksam.

Zu letzterem vgl. die „selbst-präsentierenden" („self-presenting") Sachverhalte (Alexius Meinong, 1853-1921) wie cogitationes oder Zahnschmerzen, aber auch etwa das Prinzip Wittgensteins:

[45] „Das Wissen gründet sich am Schluß auf der Anerkennung."[50]
    - Ähnlich auch schon Fichte: Glaube als Element der Gewißheit;
    - genauso zuvor bereits Pascal:

---

[49] GADAMER, Hans-Georg: Hermeneutik I. Wahrheit und Methode. Grundzüge einer philosophischen Hermeneutik. (1960). Tübingen ⁶1990. (= Gesammelte Werke Bd. 1). 350. [Künftig zitiert: GADAMER: Wahrheit I.]

[50] WITTGENSTEIN, Ludwig: Über Gewißheit. Nr. 378. In: Ders.: Werkausgabe Bd. 8. Frankfurt a.M. 1988. 113-257. Hier 194. [Künftig zitiert: WITTGENSTEIN: Über Gewißheit.]

[46] „Die letzte Schlußfolgerung der Vernunft ist, daß sie einsieht, daß es eine Unzahl von Dingen gibt, die ihr Fassungsvermögen übersteigen; sie ist nur schwach, wenn sie nicht bis zu dieser Einsicht gelangt."[51]

Das heißt umgekehrt:

[47] „Wir erkennen die Wahrheit nicht nur durch die Vernunft, sondern auch durch das Herz; in der Weise des letzteren kennen wir die ersten Prinzipien, und vergeblich ist es, daß die urteilende Vernunft, die hieran nicht beteiligt ist, sie zu bekämpfen versucht. Vergeblich bemühen sich die Skeptiker, die keinen andern Gegenstand haben. Wir wissen, daß wir nicht träumen, wie unfähig wir auch immer sein mögen, das durch Vernunftgründe zu beweisen. Diese Unfähigkeit läßt nur auf die Schwäche unserer Vernunft, aber nicht, wie sie vorgeben, auf die Ungewißheit all unserer Kenntnisse schließen. Denn die Erkenntnis der ersten Prinzipien, z.B.: es gibt Raum, Zeit, Bewegung, Zahlen ist ebenso gewiß wie irgendeine, die uns die urteilende Vernunft vermittelt. Und es ist dieses Wissen des Herzens und des Instinkts, auf das sich die Vernunft stützen muß, auf das sie alle Ableitungen gründet."[52]

Daraus folgen von selbst Fragen
- nach „Glauben" als eigener epistemischer Einstellung neben „Wissen" und etwaigen anderen Einstellungen;
- nach Evidenzvertrauen als Voraussetzung von Wissen; das wirft die Frage nach der Differenz von Evidenz und Wahrheit auf, da Evidenz falsch sein kann („mir schien..., aber es war anders"). Was aber ist dann Wahrheit?
- nach Verfahren zur Erkenntnisgewinnung.

Zuvor aber bleibt zu klären, ob sich die bereits aufgewandte und die in Aussicht genommene Mühe überhaupt lohnt, denn es gibt:

1.13 Strategien zur Naturalisierung von Erkenntnis: Evolutionäre Erkenntnistheorie und Radikaler Konstruktivismus

§ 9 Die Evolutionäre Erkenntnistheorie hebt philosophische Erkenntnistheorie in Naturwissenschaft auf, der Radikale Konstruktivismus verabschiedet den Begriff der Erkenntnis durch Überdehnung, indem Kognition mit „Leben" gleichgesetzt wird.

- Willard Van Orman Quine (* 1908) formuliert eine naturalisierte Erkenntnistheorie, die letztere auf empirische Psychologie zurücknimmt. Das macht zwar eine Rechtfertigung von Erkenntnis unmöglich, weil zirkulär – aber genau dies wird in Gestalt eines Holismus ausdrücklich unterstellt, d.h. in einem Gesamt von Sätzen läßt sich jeder Satz durch Anpassung der mit ihm verbundenen Sätze rechtfertigen. Vgl. dazu bereits Otto Neurath:

---

[51] PASCAL: Pensées. Frgm. 267.
[52] PASCAL: Pensées. Frgm. 282.

[48] „Es gibt kein Mittel, um endgültig gesicherte saubere Protokollsätze zum Ausgangspunkt der Wissenschaften zu machen. Es gibt keine tabula rasa. Wie Schiffer sind wir, die ihr Schiff auf offener See umbauen müssen, ohne es jemals in einem Dock zerlegen und aus besten Bestandteilen neu errichten zu können."[53]

> Kritik an Quine: Gedanken sind nur noch innere Geräusche, wenn der Begriff der Richtigkeit eliminiert wird. Das wird einer der Ausgangspunkte einer Wiederentdeckung der Philosophie des Geistes (vgl. ↗Anthropologie) innerhalb der analytischen Philosophie.

- Zum Verständnis der Evolutionären Erkenntnistheorie (EE) vgl. zunächst Kants „Kopernikanische Wende":

[49] „Es ist hiermit ebenso, als mit den ersten Gedanken des Kopernikus bewandt, der, nachdem es mit der Erklärung der Himmelsbewegungen nicht gut fort wollte, wenn er annahm, das ganze Sternenheer drehe sich um den Zuschauer, versuchte, ob es nicht besser gelingen möchte, wenn er den Zuschauer sich drehen, und dagegen die Sterne in Ruhe ließ. In der Metaphysik kann man nun, was die Anschauung der Gegenstände betrifft, es auf ähnliche Weise versuchen."[54]

- Insofern repräsentiert die EE eine vorkantische Position: Erkenntnisstrukturen als Resultat dessen, was überlebensnotwendig ist. Vgl. Gerhard Vollmer:

[50] „Woher kommen die subjektiven Erkenntnisstrukturen? (Sie sind Ergebnisse der biologischen Evolution).

Warum sind sie bei allen Menschen (nahezu) gleich? (Weil sie teilweise genetisch bedingt sind und vererbt werden, dabei aber eine statistische Streuung wie jedes andere genetische Merkmal aufweisen.)

Warum passen die subjektiven Strukturen (der Erkenntnis) auf die objektiven Strukturen (der realen Welt) und stimmen sogar teilweise damit überein? (Weil wir die Evolution sonst nicht überlebt hätten.)

Warum ist menschliche Erkenntnis nicht ideal? (Weil biologische Anpassung nie ideal ist.)

Wie weit reicht menschliche Erkenntnis? (Sie ist zunächst einmal überlebensadäquat; d.h., soweit sie genetisch bedingt ist (Wahrnehmung und unmittelbare Erfahrung), paßt sie auf die Welt der mittleren Dimensionen, auf den Mesokosmos [...]; sie kann aber aus diesem uns umgebenden Mesokosmos hinausführen und tut das vor allem als wissenschaftliche Erkenntnis [...].

Ist objektive Erkenntnis möglich? (Ja, wahrscheinlich existiert sie sogar.)

Gibt es Grenzen für die menschliche Erkenntnis? (Ja; selbst wenn wir objektives Wissen erlangt hätten, könnten wir doch seiner Wahrheit oder Objektivität nie absolut sicher sein. Alle Erkenntnis ist hypothetisch.)

Gibt es apriorisches Wissen über die Welt? (Wenn 'a priori' bedeutet 'unabhängig von aller individuellen Erfahrung', ja; wenn es dagegen bedeutet 'unabhängig von jeglicher Erfahrung', nein; wenn es darüber hinaus bedeutet 'absolut wahr', nein)."[55]

Das impliziert drei Voraussetzungen:

---

[53] NEURATH, Otto: Protokoll-Sätze. In: Erkenntnis 3 (1932/33). 204-214. Hier 206.
[54] KANT: Kritik der reinen Vernunft. B XVI-XVII.
[55] VOLLMER, Gerhard: Mesokosmos und objektive Erkenntnis – Über Probleme, die von der evolutionären Erkenntnistheorie gelöst werden. In: Lorenz, Konrad – Wuketits, Franz M. (Hgg.): Die Evolution des Denkens. München; Zürich 1993. 29-91. Hier 45.

a) Evolutionstheorie als Grundlagentheorie der Biologie;
b) eine materialistische Einstellung;
c) einen erkenntnistheoretischen Realismus.
- Alle drei Voraussetzungen bedürfen der Kritik:
   a) Probleme mit der Evolutionstheorie:
      -Die Evolutionstheorie ist keine vollständige Erkenntnistheorie, denn sie macht wohl eine Beschreibung, aber keine Begründung von Erkenntnis möglich, da keine Ableitung von Normen aus Tatsachen möglich ist.
      - Wie soll sich ein Standpunkt außerhalb der Vernunft einnehmen lassen? Vgl. Rupert Riedl:

[51] „[...] das Problem der Vernunft [ist] aus dem Innern der bloßen Vernunft prinzipiell nicht zu lösen [...]. Und gerade diese Hoffnungslosigkeit macht dem Biologen Hoffnung; denn er besitzt jenen Standpunkt, der es ermöglicht, die Vernunft von außen her zu begründen. Dies ist die evolutionäre Erkenntnistheorie."[56]

[52] „Wir beziehen damit zur Erforschung des Erkenntnisprozesses einen Standpunkt außerhalb unseres eigenen Erkenntnisvorgangs; einen biologisch objektiv beschreibenden."[57]

   Eines der wichtigsten Resultate der EE resultiert aus einem Zirkel: Wissen um die Wirklichkeit ist bereits vorausgesetzt, wenn von „Passung" zwischen Wirklichkeit und Erkenntnisinstrumentar die Rede ist.

   b) Probleme mit dem Materialismus:
      - gegen Makro-Reduktion (Psychisches = äußeres Verhalten) spricht der Fall des (Theater)Spiels bzw. der Rolle;
      - gegen Mikro-Reduktion (Psychisch-Mentales = neurologische Phänomene) spricht, daß Schmerzen und Überzeugungen nicht einfach Gehirnzustände sind;
      - „Eliminativer Materialismus" erschöpft sich in der Erwartung, daß aufgrund neuer wissenschaftlicher Resultate das gängige mental-psychologische Vokabular verschwindet; das ist so kontraintuitiv wie argumentativ ungesichert.

   c) Probleme mit dem Realismus:
      - EE geht von einem projektiven Erkenntnismodell aus: „Welt" wird durch den Erkenntnisapparat konstruiert. Aber:
         - Wie sind Repräsentationen überhaupt verfaßt?
         - Reines Gegebensein von Repräsentationen reicht nicht;

---

[56] RIEDL, Rupert: Biologie der Erkenntnis. Stammesgeschichtliche Grundlagen der Vernunft. Unter Mitarbeit von Robert Kaspar. Mit 60 Abb. von Smoky Riedl. Berlin; Hamburg ³1981. 23. [Künftig zitiert: RIEDL: Biologie.]
[57] RIEDL: Biologie. 37.

- jede Repräsentationstheorie endet doppelt in einem infiniten Regreß:
    - Repräsentationen können nur durch Repräsentationen erkannt werden und auch diese wieder nur durch Repräsentationen usw.;
    - Repräsentationen sind „Bilder", die den Gegenständen entsprechen; aber auch die Entsprechung kann nur durch ein Bild von dieser erkannt werden und die Entsprechung zwischen der Entsprechung und dem Bild von ihr wiederum durch ein Bild von ersterer usw.
- Wie kann die nach eigenem Verständnis realistische (= unproblematischer Zugang zur Außenwelt) EE überhaupt repräsentationstheoretisch (= Außenweltbezug ist vermittelt) argumentieren?

- Das Grundsatzproblem stellt sich unbeschadet biologischer Faktoren im Erkenntnisprozeß:
    - Ist Erkennen überhaupt ein Überlebensvorteil?
    - Zum Überleben reicht auch ein funktionierendes Reiz-Reaktions-Schema.

Also kann Erkenntnis nicht exklusiv naturwissenschaftlich erklärt werden. Dennoch gibt es ein im Vergleich zur EE verschärftes Konzept:

- Radikaler Konstruktivismus (RK):
    - Repräsentativ: Humberto Maturana, Francisco Varela, Paul Watzlawick:
    - Als Wurzel fungiert der „Kritische Realismus":
        - Wirklichkeit ist reduziert auf das, was in naturwissenschaftlichen Theorien vorkommt;
        - Erfahrung hat keine Relevanz;
        - entsprechend wird das Subjekt als Träger von Erfahrung/Erkenntnis eliminiert.
            Vgl. dazu schon Demokrits (*zwischen 460 und 457 v. Chr.) Problembewußtsein:

[53] „Unglückseliger Verstand, von uns [sc. den Sinnen] nimmst du deine Beweise und streckst uns damit nieder? Dieses Niederstrecken ist dein eigener Fall."[58]

- Im RK wird aus dem Problem Verstand versus Sinneseindrücke eine subjektlose Selbstbezüglichkeit von Erkenntnis:
    - Die Denkordnung ist ein Selektionsprodukt der Naturordnung.
- Dabei wird nicht nur das Subjekt eliminiert, sondern auch die Außenwelt: Alles Erleben ist durch neuronale Prozesse determiniert:

---

[58] DEMOKRIT: Fr. 125. KRS Nr. 552.

[54] „Wenn alles, was in einem lebenden System stattfindet, durch dessen Struktur spezifiziert ist, und wenn ein lebendes System sich nur in Zuständen der Autopoiese befinden kann, weil es sonst zerfiele (und aufhörte, ein lebendes System zu sein), dann ist das Phänomen der Kognition, das dem Beobachter als erfolgreiches Verhalten in einem Medium erscheint, in Wirklichkeit die Realisierung der Autopoiese des lebenden Systems in diesem Medium. Für ein lebendes System bedeutet Leben Kognition, und sein kognitiver Bereich ist deckungsgleich mit dem Bereich seiner autopoietisch möglichen Zustände."[59]

Für den RK gilt:
- Erkenntnis ist Autopoiese (= Selbsterhaltung eines geschlossenen Systems);
- Wahrnehmung ist die Wirklichkeit des Gehirns und der Ablauf seiner Prozesse.

- Kritik:
a) Das Problem des Verhältnisses Erkenntnisstruktur – Außenwelt wird nicht gelöst, sondern wegen der Geschlossenheitsthese noch radikaler aufgeworfen;
b) Kommunikation ist wegen der Geschlossenheit und der unübersetzbaren Selbstreferenz unmöglich;
c) Für RK gilt: Leben ist Kognition. Jedoch: Erkennen schließt Bewußtsein und Intentionalität ein, sofern Erkenntnis nicht mit Verhalten(sdisposition) identisch sein kann und ohne Intentionalität (Bezug auf Erkanntes) im Regreß enden muß (vgl. oben).
Beides wird aber vom RK ausgeschlossen.

- Fazit:
a) EE und RK operieren mit einer Umdefinierung des Erkenntnisbegriffs und enden dabei in Zirkeln und infiniten Regressen;
b) das Phänomen Erkenntnis widersetzt sich offenkundig den Versuchen seiner Naturalisierung. Was aber macht dann seine Irreduzibilität aus?

Testfragen:

1. *Worin bestehen die fundamentalen Aufgaben der Erkenntnistheorie?*
2. *In welche neue Dimension tritt die Erkenntnistheorie durch Kant?*
3. *Was versteht man unter dem „unvermeidlichen Erkenntnispostulat"?*
4. *Wie kann dieses Postulat in Frage gestellt werden? Was folgt daraus?*
5. *Welche Formen von Skepsis lassen sich unterscheiden?*
6. *Welchen Sinn und welche Funktionen kann eine skeptische Einstellung haben?*

---

[59] MATURANA, Humberto: Kognition. In: Schmidt, Siegfried J. (Hg.): Der Diskurs des radikalen Konstruktivismus. Frankfurt a.M. [4]1991. 89-118. Hier 100f.

7. Was läßt sich durch den Einsatz eines radikalen methodischen Zweifels (vgl. Descartes) erkenntnistheoretisch gewinnen?
8. Gibt es perfekte Erkenntnis? In welchem Umfang tritt eine solche auf?
9. Worin liegt das Problem rein formal geführter antiskeptischer Argumentationen?
10. Worin hat alles Wissen sein letztes Fundament?
11. Was versteht man unter „Naturalisierung" von Erkenntnis und mit welchen Strategien wird eine solche zu erreichen gesucht?
12. Was ist „Evolutionäre Erkenntnistheorie"? Von welchen Voraussetzungen geht diese Position aus? Wo liegen ihre Probleme?
13. Welche Grundoperation bestimmt den „Radikalen Konstruktivismus"? Was folgt aus dieser Position?

1.2 Epistemische Einstellungen

§ 10 Epistemische Einstellungen sind erkenntnisbezogene Weisen der Stellungnahme zu einem Sachverhalt. Seit Platon werden drei Einstellungen unterschieden – Wissen, Meinen, Glauben –, ohne daß bis heute eine präzise Klärung der Gemeinsamkeiten und Unterschiede gelungen wäre. Überdies gibt es Motive, eine weitere Einstellung – Mystik – anzunehmen.

- Platon gewinnt durch zwei Gegenüberstellungen drei erkenntnistheoretische Grundbegriffe:
    - Gegenüberstellung I:

[55] „Dies also wissen wir zur Genüge, und wenn wir es von noch soviel Seiten betrachteten, daß das vollkommen Seiende auch vollkommen erkennbar ist, das auf keine Weise Seiende auch ganz und gar unerkennbar.
Vollkommen zur Genüge.
Wohl. Wenn sich aber etwas so verhält, daß es ist und auch nicht ist, würde es dann nicht in der Mitte liegen zwischen dem rein Seienden und dem ganz und gar nicht Seienden?
In der Mitte.
Nun bezog sich doch Erkenntnis auf das Seiende, Unkenntnis aber notwendig auf das Nichtseiende. Für das zwischen beiden also ist etwas zu suchen zwischen der Unkenntnis und der Erkenntnis, wenn es etwas solches gibt.
Allerdings.
Sagen wir nun, daß etwas auch 'doxa' [Meinung; Vorstellung] ist?
Wie sollten wir nicht?
Als ein von der 'episteme' [Wissen] verschiedenes Vermögen oder als dasselbe?
Als ein verschiedenes.
Für etwas anderes also ist die Vorstellung geordnet und für etwas anderes das Wissen, jedes von beiden nach seinem ihm eigentümlichen Vermögen."[60]

    In der Differenz Wissen – Meinen/Vorstellen wird Letzteres als Mitte zwischen Erkenntnis und Unkenntnis bestimmt:

[56] „daß die Vorstellung dunkler zwar ist als die Einsicht, aber heller als die Unkenntnis."[61]

- Gegenüberstellung II:

[57] „*Sokrates*: So komm denn, laß uns auch dies überlegen: Du sagst doch bisweilen, man habe etwas gelernt?
Gorgias: O ja.
Sokrates: Auch, man habe etwas geglaubt?
Gorgias: Ich gewiß.
Sokrates: Dünkt dich dies nun einerlei, gelernt haben und geglaubt? Erlerntes Wissen und 'pistis' [Glauben]? Oder verschieden?
Gorgias: Ich, o Sokrates, meine, es ist verschieden.
Sokrates: Und gar recht meinst du. Du kannst es aber hieraus erkennen. Wenn dich jemand

---

[60] PLATON: Politeia. 477a-b. In: Ders.: Werke in acht Bänden. Griech./Dt. Bd. 4. Hrsg. von Gunther Eigler. Dt. Übers. von Friedrich Schleiermacher. Darmstadt ²1990. 454-457. [Künftig zitiert: PLATON: Politeia.]
[61] PLATON: Politeia. 478c.

fragte: Gibt es wohl einen falschen Glauben und einen wahren? Das würdest du bejahen, denke ich?
Gorgias: Ja.
Sokrates: Wie? Auch eine falsche Erkenntnis und eine wahre?
Gorgias: Keineswegs.
Sokrates: Offenbar also ist nicht beides einerlei.
Gorgias: Du hast recht.
Sokrates: Doch aber sind sowohl die Wissenden überredet als die Glaubenden.
Gorgias: So ist es.
Sokrates: Willst du also, wir sollen zwei Arten der Überredung setzen, die eine, welche Glauben hervorbringt ohne Wissen, die andere aber, welche Erkenntnis?
Gorgias: Allerdings."[62]

Damit ist die Differenz Wissen – Glauben etabliert. So ergeben sich als epistemische Einstellungen: Wissen – Meinen – Glauben.

1.21 Wissen

- Eine erste Klärung läßt sich durch eine Analyse des alltäglichen Gebrauchs von „wissen" gewinnen:
   - Der Ausdruck ist kein terminus technicus und wird vielfältig analog gebraucht:
      a) „wissen" bezeichnet eine intellektuelle Fähigkeit der Zustimmung zu einem Satz oder Sachverhalt:

[58] „Die Grammatik des Wortes 'wissen' ist offenbar eng verwandt der Grammatik der Worte 'können', 'imstande sein'. Aber auch eng verwandt der des Wortes 'verstehen'. (Eine Technik 'beherrschen'.)"[63]

   b) „wissen" ist ein psychologischer Ausdruck und fällt damit unter die Ausdrücke mit einem Unterschied zwischen ↗Subjekt- Objektgebrauch;
   c) „wissen" ist ein vorwiegend propositionaler Ausdruck und leitet als solcher Behauptungen ein;
   d) „wissen" ist ein logischer Ausdruck; als gewußt wird bezeichnet, was als wahr gilt;
   e) im Verhältnis von „wissen" und „erkennen" ist Erkennen als Übergang vom Nichtwissen zum Wissen zu bestimmen.
- Aus vorstehenden Beobachtungen lassen sich die Grundbestimmungen der epistemischen Einstellung „wissen" gewinnen:
   - „wissen" ist eine Relation zwischen Personen und Sachverhalten;

---

[62] PLATON: Gorgias. 454 c-e. In: Ders.: Werke in acht Bänden. Griech./Dt. Bd. 2. Hrsg. von Gunther Eigler. Dt. Übers. von Friedrich Schleiermacher. Darmstadt ²1990. 269-503. Hier 293-295. [Künftig zitiert: PLATON: Gorgias.]
[63] WITTGENSTEIN: Philosophische Untersuchungen. I, 150.

- „a weiß (nicht), daß p" setzt die Realität von p voraus;
- Wissen der Realität von p impliziert auch ein Wissen dieses Wissens;
- Wissen von p impliziert ein Glauben von p, dabei rekurriert „wissen" auf eine Instanz, die über die das „Glauben" tragende Überzeugung hinausgeht:
- Dieses „Mehr" des Wissens läßt sich so fassen: a weiß, daß p, wenn a nicht nur davon überzeugt, daß p, sondern wenn p wahr ist. Aber: Wahre Überzeugung ist auch ohne Wissen möglich. Vgl. das Beispiel des Richters bei Platon:

[59] „*Sokrates*: Wenn also Richter, so wie es sich gehört, überredet worden sind in bezug auf etwas, das nur, wer es selbst gesehen hat, wissen kann, sonst aber keiner, so haben sie dieses, nach dem bloßen Gehör urteilend, vermöge einer richtigen Vorstellung, aber ohne Erkenntnis abgeurteilt, so jedoch, daß die Überredung richtig gewesen, wenn sie nämlich als Richter gut geurteilt haben?
Theaitet: So ist es allerdings.
Sokrates: Nicht aber, o Freund, könnte jemals, wenn richtige Vorstellung und Erkenntnis einerlei wären, auch der beste Richter und Gerichtshof etwas richtig vorstellen ohne Erkenntnis. Nun aber scheint beides verschieden zu sein."[64]

- Folge: Der Wissensbegriff muß hinsichtlich seiner Komponente des Wahrseins genauer bestimmt werden. Vgl. dazu die Lösung, die Platon erwähnt, aber selbst ablehnt:

[60] „*Theaitet*: Was ich auch schon einen sagen gehört und es nur vergessen habe, mich aber dessen jetzt wieder erinnere. Er sagte nämlich, die mit ihrer Erklärung verbundene richtige Vorstellung wäre Erkenntnis, die unerklärbare dagegen läge außerhalb der Erkenntnis. Und wovon es keine Erklärung gebe, das sei auch nicht erkennbar, und so benannte er dies auch, wovon es aber eine gebe, das sei erkennbar."[65]

- Daraus folgte als Definition der epistemischen Einstellung „Wissen": Wissen ist eine Überzeugung, die wahr und begründet ist.
- Vier Varianten des Begründetseins sind zu unterscheiden:
   a) Korrektheit;
   b) Evidenz;
   c) Kompetenz;
   d) korrekte Anwendung einer bestimmten Methode.
   Jedoch leisten diese Varianten nur Modifikationen, aber keine sicherere Bestimmung des Begründetseins.
- Folge: Das Kriterium des Begründetseins trägt zur Bestimmung von „wissen" nichts bei. Die Bestimmung „Wissen ist wahre Überzeugung" läßt sich epistemisch nicht überbieten. Wodurch ist „wissen" dann aber von „meinen" unterschieden?

---

[64] PLATON: Theiatetos. 201 b-c.
[65] PLATON: Theaitetos. 201 c-d.

1.22 Meinen

- Platon bietet eine scheinbar glatte Lösung:

[61] „*Sokrates*: [...] auch die richtigen Vorstellungen sind eine schöne Sache, solange sie bleiben, und bewirken alles Gute; lange Zeit aber pflegen sie nicht zu bleiben, sondern gehen davon aus der Seele des Menschen, so daß sie doch nicht viel wert sind, bis man sie bindet durch Aufweisen ihrer Begründung [...] Nachdem sie aber gebunden werden, werden sie zuerst Erkenntnisse und dann auch bleibend. Und deshalb nun ist die Erkenntnis höher zu schätzen als die richtige Vorstellung, und es unterscheidet sich eben durch das Gebundensein die Erkenntnis von der richtigen Vorstellung."[66]

Während Menon zustimmt –

[62] „*Menon*: Beim Zeus, Sokrates, so etwas muß es auch sein" –

verweist Sokrates auf die Problematik dieser Bestimmung von „wissen" und „meinen":

[63] „*Sokrates*: Wiewohl ich auch dies keineswegs sage, als wüßte ich es, sondern ich vermute es nur. Daß aber richtige Vorstellung und Erkenntnis etwas Verschiedenes sind, dies glaube ich nicht nur zu vermuten; sondern wenn ich irgend etwas behaupten möchte zu wissen, und nur von Wenigem möchte ich dies behaupten, so würde ich dies eine hierher setzen unter das, was ich weiß."[67]

- Die Unzulänglichkeit des Begründungsgedankens für die Bestimmung von „wissen" macht die Bestimmung von „meinen" problematisch, desgleichen, daß Wahrheit und Gewißheit zwar notwendige, aber nicht hinreichende Bedingungen von Wissen sind. Daraus folgt:

- Meinen ist Hoffen auf Treffen der Wahrheit ohne Gewißheit.
    - Damit ist ein Moment anfänglicher Sicherheit notwendig, d.h. Wahrheit und Gewißheit sind nicht völlig ausgeschaltet;
    - obwohl sich das Moment der Begründetheit weitgehend als Differenzkriterium durchgesetzt hat, trägt es für die Sache nichts aus, weil es schon im Fall von „Wissen" nicht weiterführt (n.b. Platons Ablehnung!);
    Vgl. dazu auszugsweise die berüchtigten „Gettier"-Fälle:

[64] „Angenommen, daß Smith und Jones sich um eine bestimmte Stelle beworben haben. Und weiter angenommen, daß Smith starke Anhaltspunkte für die folgende Konjunktion [= Verknüpfung zweier Aussagen zu einer neuen Aussage] hat:

(d) Jones ist der Mann, der die Stelle bekommen wird, und Jones hat zehn Münzen in seiner Hosentasche.

Smiths Anhaltspunkte für (d) könnten sein, daß der Chef der Firma ihm versichert hat, daß Jones am Ende ausgewählt wird, und daß er, Smith, vor zehn Minuten die Münzen in Jones' (sic!) Hosentasche gezählt hat. Aussage (d) läßt als Folgerung den Schluß zu:

(e) Der Mann, der die Stelle bekommen wird, hat zehn Münzen in seiner Hosentasche.

---

[66] PLATON: Menon. 97e-98a. In: Ders.: Werke in acht Bänden. Griech./Dt. Bd. 2. Hrsg. von Gunther Eigler. Dt. Übers. von Friedrich Schleiermacher. Darmstadt ²1990. 505-599. Hier 591. [Künftig zitiert: PLATON: Menon.]
[67] PLATON: Menon. 98a-b.

Nehmen wir an, daß Smith die Folgebeziehung von (d) nach (e) sieht und (e) aufgrund von Aussage (d), für die er starke Anhaltspunkte hat, akzeptiert. In diesem Fall ist Smith eindeutig berechtigt zu glauben, daß (e) wahr ist.
Aber man stelle sich weiter vor, daß nicht Jones, sondern Smith selbst, ohne es zu wissen, die Stelle bekommt, und außerdem, daß Smith selbst, ohne es zu wissen, zehn Münzen in seiner Hosentasche hat. Aussage (e) ist dann wahr, aber Aussage (d), aus der Smith (e) abgeleitet hat, ist falsch. In unserem Beispiel sind also alle folgenden [Aussagen] wahr:
(I) (e) ist wahr,
(II) Smith glaubt, daß (e) wahr ist, und
(III) Smith ist berechtigt zu glauben, daß (e) wahr ist.
Aber es ist genauso klar, daß Smith nicht weiß, daß (e) wahr ist; denn (e) ist wahr aufgrund der Anzahl der Münzen in Smiths Hosentasche, wobei Smith [gar] nicht weiß, wieviele Münzen in Smiths Hosentasche sind, und seine Annahme auf das Zählen der Münzen in Jones' Hosentasche gründet, von dem er fälschlicherweise annimmt, er sei der Mann, der die Stelle bekommt."[68]

- Wenn die Korrektheit fundierender Gründe für Wissensansprüche nicht reicht, folgt daraus ein infiniter Regreß fundierender Gründe, der nur durch Anerkennung wahrer Überzeugungen als hinreichende Bedingung für Wissen zu stoppen ist.
- Auch Wissen und Gewißheit reichen nicht für die Bestimmung der Differenz von „Wissen" und „Meinen".

- Die Differenz Wissen – Meinen läßt sich am ehesten über den Sprachgebrauch der einschlägigen Ausdrücke fassen. Vgl.:
(1) „Ich weiß, daß p, aber ich bin nicht sicher, daß p" ist unsinnig;
(2) „Ich meine, daß p, aber ich bin nicht sicher, daß p" ist korrekt;
(3) „Ich habe immer gewußt, daß p" = Ausdruck für erwiesene Gerechtfertigtheit;
(4) „Ich habe immer geglaubt, daß p" = Ausdruck für erwiesenen Irrtum.

1.23 Glauben

- Alltagssprachlich gilt: „glauben" ist soviel wie „meinen" (Unschärfen eingeschlossen);
- erkenntnistheoretisch ist „glauben" ein Grundbegriff der epistemischen, doxastischen Logik und impliziert
 - die höchste mit ihm verbindbare Gewißheitsstufe („überzeugt sein, daß");
 - eine rationale Verfassung (wer glaubt, daß p, und q ist logische Folge von p, der glaubt auch, daß q).
Glauben qua Überzeugtsein impliziert unhintergehbare Gewißheit.

---

[68] GETTIER, Edmund L.: Is justified true belief knowledge? In: Analysis 23 (1963). 121-123.

- Die Differenz Wissen-Glauben läßt sich ebensowenig wie diejenige von Wissen-Meinen über den Begründungsgedanken fassen. Auch Evidenzwissen kommt ohne Rekurs auf Gründe aus. Vgl. etwa Aristoteles:

[65] „[...M]an muß ja den Anfangsannahmen, entweder allen oder doch einigen, mehr *Glauben schenken* [πιστεύειν] als dem Schlußergebnis."[69]

- Gleichzeitig sind Gründe für „glauben" nicht irrelevant. Die spezifische Begründungsform wird in den drei für „glauben" möglichen grammatischen Konstruktionen faßbar:

        (1) „Ich glaube, daß ich die Prüfung bestehen werde."
        (2) „Ich glaube meinem Freund Peter."
        (3a) „Ich glaube an den Erfolg bei der Prüfung."
        (3b) „Ich glaube an Gott."

- (1) und (3a) unterscheiden sich in der Bedeutung nicht
- (2) und (3b) verhalten sich komplex:

(2) ist Ausdruck eines Vertrauensverhältnisses: Der Dativ artikuliert eine dialogische Begründung von „glauben":
(4) „Ich glaube, daß mein Freund Peter die Wahrheit sagt"
ist nicht äquivalent mit
(5) „Ich glaube meinem Freund Peter, daß er die Wahrheit sagt".
(3b): Glaube an Gott ist Ausdruck von Gottvertrauen, nicht einfach Glaube an Gottes Existenz und darum mehr als
(6) „Ich glaube, daß es Gott gibt".
Vgl. den biblischen Fall von Glaube an die Existenz Gottes ohne Gottvertrauen:

[66] „Der Herr sprach noch einmal zu Ahas; er sagte: Erbitte dir vom Herrn, deinem Gott, ein Zeichen, sei es von unten, aus der Unterwelt, oder von oben, aus der Höhe. Ahas antwortete: Ich will um nichts bitten und den Herrn nicht auf die Probe stellen. Da sagte Jesaja: Hört her, ihr vom Haus David! Genügt es euch nicht, Menschen zu belästigen? Müßt ihr auch noch meinen Gott belästigen?"[70]

    Umgekehrt gibt es auch Gottvertrauen trotz erdrückender Indizien, die gegen einen Glauben an Gottes Existenz sprechen. Vgl. Jossel Rackover:

[67] „Da zuckte ein Blitz auf und erschlug die Frau. Da kam ein Sturmwind und wirbelte sein Kind ins Meer. Allein, elend, hinausgeworfen wie ein Stein, nackt und barfuß, vom Sturm gepeitscht, von Donnern und Blitzen geschreckt, die Haare zerzaust und die Hände zu Gott erhoben, ist der Jude seinen Weg weitergegangen auf die wüste Felseninsel und hat sich so an

---

[69] ARISTOTELES: Zweite Analytik I,2 72a. In: Ders.: Organon Band 3/4. Griech./Dt. Hrsg., übers., mit Einl. und Anm. versehen von Hans Günter Zekl. Darmstadt 1998. 309-523. Hier 318. [Hervorhebung und Übers. K.M.]
[70] Jes 7,10-13.

Gott gewandt: 'Gott Israels', sagte er, 'ich bin hierher geflohen, daß ich Dir ungestört dienen kann: um Deine Gebote zu tun und Deinen Namen zu heiligen. Du aber tust alles, daß ich nicht an dich glauben soll. Wenn Du aber meinen solltest, daß es Dir gelingen wird, mich mit diesen Versuchungen vom richtigen Weg abzubringen, ruf' ich Dir zu, mein Gott und Gott meiner Eltern, daß es Dir alles nicht helfen wird. Magst Du mich auch beleidigen, magst Du mich auch züchtigen, magst Du mir auch wegnehmen das Teuerste und Beste, das ich habe auf der Welt, und mich zu Tode peinigen – ich werde immer an Dich glauben. Ich werde Dich immer liebhaben – Dir selbst zum Trotz.'
[Und jetzt Rackover selbst:] Und das sind auch meine letzten Worte an Dich, mein zorniger Gott: Es wird Dir gar nichts nützen! Du hast alles getan, daß ich an Dir irre werde, daß ich nicht an Dich glaube. Ich sterbe aber gerade so, wie ich gelebt habe, als unbeirrbar an Dich Glaubender. [...]
Höre Israel! Der Herr ist unser Gott, der Herr ist Einer!"[71]

(3b) und (6) implizieren einander nicht wechselseitig, d.h.: Es gibt ein Vertrauens- und Überschußmoment von „glauben" im Vergleich zu „glauben an". Daraus folgt:

- Glaube ist ein Phänomen sui generis, das sich nicht am Wissensbegriff messen läßt. Vgl. dazu schon Thomas von Aquin:
[68] „Der Glaube kann sich gar nicht auf etwas beziehen, das man sieht [...]; und auch was bewiesen werden kann, gehört nicht zum Glauben."[72]
 - Glaube ist weder kraft Evidenz selbst einleuchtend noch durch Argumente überprüfbar, jedoch auch kein Akt der Willkür;
 - geglaubt wird aufgrund der Glaubwürdigkeit eines Zeugnisses;
  - letztere untersteht kritischer Prüfung auf Vernunftgemäßheit und schließt Subjektivität einschließlich Freiheit in ihren Motivationsgrund ein;
  - dem korrespondieren Motive biblischen Glaubensverständnisses:
[69] „Glaubt ihr nicht, so bleibt ihr nicht."[73]
[70] „Warum habt ihr solche Angst? Habt ihr noch keinen Glauben?"[74]

- Auf diesem Hintergrund ergibt sich auch Erhellendes zum theologischen Gebrauch von „glauben": Schon vor Augustinus wird Glaube zu einer Propädeutik (Vorschule) des Erkennens. Augustinus selbst vertritt die Dialektik:
[71] „Wer aber durch richtigen Vernunftgebrauch schon erkennt, was er bis dahin nur glaubte, der ist offenbar dem vorzuziehen, welcher den Glaubensinhalt erst zu verstehen begehrt. Wer

---

[71] KOLITZ, Zvi: Jossel Rakovers Wendung zu Gott. Jidd./Dt. Aus dem Jidd. von Paul Badde. Phonetisch transkribiert von Arno Lustiger. Berlin ³1997. 49-51. – Mittlerweile als literarische Fiktion identifiziert; was dem Erzählten freilich nicht die Valenz nimmt. Vgl. dazu WACHINGER, Lorenz: Die "Verbergung des Antlitzes". In: Orien. 63 (1998). 241-243.
[72] THOMAS VON AQUIN: In Sent. II, d. 24, q. 2, a.1.
[73] Jes 7,9.
[74] Mk 4,40.

aber darnach [sic!] nicht einmal Verlangen trägt und meint, man brauche dasjenige nur zu glauben, was man auch verstehen sollte, der weiß nicht, wozu der Glaube dienlich ist."[75]

Anselm von Canterbury schreibt diese Position modifiziert aus: „Fides quaerens intellectum" (Glaube, der Einsicht sucht) und zugleich die christliche Offenbarung bis in ihre Spitzensätze (Inkarnation, Trinität, Erlösung) als „rationes necessariae" (notwendige Vernunftwahrheiten) einsichtig zu machen sucht.

- Formal gefaßt: Wissen wurzelt in Anerkennungsakten;
    - Es gibt ein „Glaubens"-Apriori in den Wissenschaften wie in der Philosophie;
    - Theologie beansprucht Wissenschaftlichkeit nicht anders als andere Wissenschaften;
    - (geglaubter) Ausgangspunkt der Theologie ist eine alles bestimmende und begründende Wirklichkeit, die „Gott" genannt wird;
    - andere Wissenschaften haben zu ihrem Ausgangspunkt Teilwirklichkeiten, die einerseits den Ausgangspunkt der Theologie beständig herausfordern, andererseits herausgefordert sind, ihren Ausgangspunkt qua Teilwirklichkeit wenigstens probeweise ins Verhältnis zum Gedanken einer alles bestimmenden und begründenden Wirklichkeit zu setzen;
    - zumindest Philosophie als Disziplin, die das Seiende als Seiendes in allen seinen möglichen Hinsichten zu bedenken behauptet, kann sich dieser Aufgabe nicht entziehen;[76]
    - die kirchliche Bindung der Theologie drängt letztere in keine Sonderrolle, analoge Konditionen kennen alle anderen Disziplinen auch [vgl. dazu systematisch den „Paradigma"-Begriff Thomas S. Kuhns (1922-1996)].

1.24 Mystik

- Etymologische Spuren:
    - „μύειν" (die Augen schließen);
    - „μυέειν" (in Mysterien einweihen);
    - „μυστικος" (geheimnisvoll, dunkel).
- Bei Klemens von Alexandrien (+ 215) und Origenes (+ 254) tritt die erkenntnistheoretische Dimension des Begriffs in den Vordergrund:

---

[75] AUGUSTINUS: Brief 120. In: Ders.: Ausgewählte Schriften Bd. 7. Übers. von Theodor Kranzfelder. Kempten 1878. 500-519. Hier 507f.
[76] Vgl. dazu: MÜLLER, Klaus: Über das rechte Verhältnis von Philosophie und Theologie. Josef Pieper im Kontext einer neu entfachten Debatte. In: Fechtrup, Hermann – Schulze, Friedbert – Sternberg, Thomas (Hgg.): Die Wahrheit und das Gute. Münster 1999. 75-93.

- Exegetisch: Die Wahrheit kann nur *eine* sein und steht als ganze in der Bibel, d.h. scheinbar fehlende Wahrheiten verbergen sich hinter scheinbar dunklen Passagen; deren „mystischer Sinn" muß erschlossen werden (↗Hermeneutik);
- systematisch: Gläubige Existenz steht im Spannungsbogen zwischen πίστις (Glaube) und γνῶσις (Erkenntnis; Schau).

- Pseudo-Dionysius Areopagita (wirkend um 500) versteht mystisches Erkennen als Erheben über alles Wesen und alle Erkenntnis, vollzogen wesentlich durch Verneinung und Schweigen. Vgl. Nikolaus v. Kues (1401-1461):

[72] „Gott ist nur jenseits des Zusammenfallens der Gegensätze. In ihm fallen das Große und Kleine, das Viel und das Wenig zusammen. Und das ist die mystische Theologie."[77]

- Widerspruch gegen Mystik als Weise von Erkennen regt sich bei Kant und bei Nietzsche:

[73] „Wenn Skepsis und Sehnsucht sich begatten, entsteht die Mystik."[78]

- Zu einer Rehabilitierung der Mystik kommt es in der Romantik und im 20. Jahrhundert:
    - Karl Jaspers (1883-1969): Der Subjekt-Objekt-Gegensatz wird im mystischen Erleben aufgehoben;
    - Ernst Bloch (1885-1977) versteht das Einswerden von Subjekt und Objekt als Antizipation der Utopie:

[74] „Die christliche Mystik vor allem ist Versenkung ohne alles schäumende Außersichsein, eben die Art von Versenkung, die dem tiefsten Nähe-Affekt in Gestalt einer Subjektausschüttung in Gott, einer Gottausschüttung ins Subjekt entsprechen sollte. [...] Ledigwerden von seinem individuellen Sosein wie von der Vielheit aller Dinge, dies Verlassen von allem gilt als der Hauptweg zum Finden von allem, das ist: zum Finden der Einheit des Wesens mit dem wahren Selbst. [...] Keine Andersheit mehr, das ist schließlich die riesig antizipierende Illusion aller Mystiker gewesen, jedoch ein phantasma utopicissime fundatum."[79]

Jaspers und Bloch formulieren die Grundstruktur der Mystik in erkenntnistheoretischen Basiskategorien der Subjekt-Objekt-Differenz und ihrer Aufhebung. Bestätigung erfahren sie durch:
- Meister Eckhart (1260-1328):

[75] „Got und ich wir sint ein."[80]

Ein einheitliches Ganzes wird in Grenzsprache artikuliert: Paradoxa, Tautologien, Wortspiele substituieren ein Schweigen.

---

[77] NICOLAUS CUSANUS: Randbemerkung zum Albert-Kommentar zur „Mystischen Theologie". In: Baur, Ludwig: Cusanus-Texte III/1, Sitzungsber. Heidelb. Akad. der Wiss., Phil.-hist. Kl. 1940/41. Abh. 4. Nr. 589. 112.
[78] NIETZSCHE, Friedrich: Nachgelassene Fragmente 1882-1884. In: KSA 10. 86.
[79] BLOCH, Ernst: Das Prinzip Hoffnung. In: Ders.: Gesamtausgabe. Bd. 5(2). Frankfurt a.M. 1959. 1535-1537.
[80] MEISTER ECKHART: Predigt 6. In: Ders.: Deutsche Werke I. Hrsg. und übers. von Josef Quint. Stuttgart 1958. 97-115. Hier 113.

- Mystik als epistemische Einstellung ist konstitutiv verbunden mit einer epochal bestimmten Weise des Philosophierens: Die „Deutsche Mystik" hat ihre zentralen Wurzeln bei Albertus Magnus (ca. 1200-1280):

[76] „Der Philosoph besitzt die Gewißheit der Beweisführung, auf die er sich stützt, während sich der Theologe auf die erste Wahrheit an sich und nicht auf rationale Argumente stützt, auch wenn dies nicht heißt, daß er über diese nicht verfüge; und daher staunt der Theologe, nicht aber der Philosoph."[81]

    Für Albert gilt:
- Wahres Wesen des Menschen ist seine Vernunfttätigkeit;
- diese ist das Bild Gottes und des Universums;
    damit sichert er die Universalität und kommunikative Kompetenz der Vernunft;
- autonome Vernunfttätigkeit bewirkt Gottähnlichkeit;
    - daraus resultiert eine intensive Nähe zwischen Göttlichem und Menschlichem unter den Bedingungen der Autonomie;
    - deren spekulative Ausfaltung geschieht in der „Deutschen Mystik":

- Nähe von Gott und Mensch wird fast als Identität gedacht, jedoch:
    - als Identität in der Differenz aufgrund von Autonomie:
    Dazu bedarf es spezifischer Gedanken- und Sprachformen:
        - Identität in Zusammenziehung von Gott und Mensch in einem grammatischen Subjekt;
        - Differenz, indem Gott nicht-gegenständlich, als Nichts gedacht wird (sprachlich: Paradoxa etc.).
- Mystik hat mit Freiheitsbewußtsein, Autonomie zu tun; sie sucht

[77] „[...] den Gott, der ihr in den spezifischen religiösen Vorstellungen der Gemeinschaft entgegentritt, in der sie sich entwickelt, aus einem Objekt des Wissens und der Dogmatik zu einer neuen und lebendigen Erfahrung zu machen."[82]

Das geschieht durch

[78] „Aufschmelzung des heiligen Textes und die Entdeckung neuer Dimensionen an ihm."[83]

Fazit:
Unbeschadet der Nicht-Auflösbarkeit des Problems der epistemischen Einstellungen ist dieses engstens mit dem Problem des Wahrheitsbegriffs verknüpft.

---

[81] ALBERTUS MAGNUS: Sup. Eth. X 16. (Kübel 775).
[82] SCHOLEM, Gershom: Die jüdische Mystik in ihren Hauptströmungen. Frankfurt a.M. ⁵1993. 11.
[83] SCHOLEM, Gershom: Zur Kabbala und ihrer Symbolik. Zürich 1960. 21.

Testfragen:

1. Welche epistemischen Einstellungen lassen sich unterscheiden?
2. Was versteht man unter „wissen"? Wo liegen die Probleme einer Definition des Wissens?
3. Wie läßt sich der Begriff des Meinens umschreiben? Wie läßt sich die Differenz zwischen Wissen und Meinen am ehesten zur Geltung bringen?
4. Was wird philosophisch unter „glauben" verstanden?
5. Inwiefern gibt es auch in der Philosophie ein „Glaubens-Apriori"?
6. Was spricht dafür, auch „Mystik" zu den epistemischen Einstellungen zu rechnen?
7. Was gehört zum Spezifischen des mystischen Erlebens in epistemischer Hinsicht? In welchen Formen äußert sich mystisches Erkennen vorwiegend?

1.3 Von der Wahrheit und den Theorien über sie

- Die Wahrheitsfrage stellt größte Herausforderungen:
[79] „[Jesus:] Ich bin dazu geboren und in die Welt gekommen, daß ich für die Wahrheit Zeugnis ablege. Jeder, der aus der Wahrheit ist, hört auf meine Stimme." [Darauf Pilatus:] „Was ist Wahrheit?"[84]
War das eine ironische Frage? Voltaire:
[80] „Es ist traurig für das Menschengeschlecht, daß Pilatus wegging, ohne die Antwort abzuwarten; wir möchten doch wissen, was das ist, die Wahrheit. Pilatus war zu wenig neugierig."[85]
Um Probleme mit der Wahrheit weiß schon Platons Höhlengleichnis:
[81] „[Sokrates zu Glaukon:] Vergleiche dir unsere Natur in bezug auf Bildung und Unbildung folgendem Zustande. Sieh nämlich Menschen wie in einer unterirdischen, höhlenartigen Wohnung, die einen gegen das Licht geöffneten Zugang längs der ganzen Höhle hat. In dieser seien sie von Kindheit an gefesselt an Hals und Schenkeln, so daß sie auf demselben Fleck bleiben und auch nur nach vornhin sehen, den Kopf aber herumzudrehen der Fessel wegen nicht vermögend sind. Licht aber haben sie von einem Feuer, welches von oben und von ferne her hinter ihnen brennt. Zwischen dem Feuer und den Gefangenen geht obenher ein Weg, längs diesem sieh eine Mauer aufgeführt, wie die Schranken, welche die Gaukler vor den Zuschauern sich erbauten, über welche herüber sie ihre Kunststücke zeigen.
Ich sehe, sagte er.
Sieh nun längs dieser Mauer Menschen allerlei Gefäße tragen, die über die Mauer herüberragen, und Bildsäulen und andere steinerne und hölzerne Bilder und von allerlei Arbeit; einige, wie natürlich, reden dabei, andere schweigen.
Ein gar wunderliches Bild, sprach er, stellst du dar und wunderliche Gefangene.
Uns ganz ähnliche, entgegnete ich. Denn zuerst, meinst du wohl, daß dergleichen Menschen von sich selbst und voneinander etwas anderes zu sehen bekommen als die Schatten, welche das Feuer auf die ihnen gegenüberstehende Wand der Höhle wirft?
Wie sollten sie, sprach er, wenn sie gezwungen sind, zeitlebens den Kopf unbeweglich zu halten!
Und von dem Vorübergetragenen nicht eben dieses?
Was sonst?
Wenn sie nun miteinander reden könnten, glaubst du nicht, daß sie auch pflegen würden, dieses Vorhandene zu benennen, was sie sähen?
Notwendig.
Und wie, wenn ihr Kerker auch einen Widerhall hätte von drüben her, meinst du, wenn einer von den Vorübergehenden spräche, sie würden denken, etwas anderes rede als der eben vorübergehende Schatten?
Nein, beim Zeus, sagte er.
Auf keine Weise also können diese irgend etwas anderes für das Wahre halten als die Schatten jener Kunstwerke?
Ganz unmöglich.
Nun betrachte auch, sprach ich, die Lösung und Heilung von ihren Banden und ihrem Unver-

---

[84] Joh 18,37-38.
[85] Zit. nach MAUTHNER, Fritz: Wörterbuch der Philosophie. Neue Beiträge zu einer Kritik der Sprache. 3. Bd. Nachdr. Wien; Köln; Weimar 1997. 383. [Übers. K. M.] [Künftig zitiert: MAUTHNER: Wörterbuch.]

stande, wie es damit natürlich stehen würde, wenn ihnen folgendes begegnete. Wenn einer entfesselt wäre und gezwungen würde, sogleich aufzustehen, den Hals herumzudrehen, zu gehen und gegen das Licht zu sehen und, indem er das täte, immer Schmerzen hätte und wegen des flimmernden Glanzes nicht recht vermöchte, jene Dinge zu erkennen, wovon er vorher die Schatten sah, was meinst du wohl, würde er sagen, wenn ihm einer versicherte, damals habe er lauter Nichtiges gesehen, jetzt aber, dem Seienden näher und zu dem mehr Seienden gewendet, sähe er richtiger, und, ihm jedes Vorübergehende zeigend, ihn fragte und zu antworten zwänge, was es sei? Meinst du nicht, er werde ganz verwirrt sein und glauben, was er damals gesehen, sei doch wirklicher als was ihm jetzt gezeigt werde?
Bei weitem, antwortete er.
Und wenn man ihn gar in das Licht selbst zu sehen nötigte, würden ihm wohl die Augen schmerzen und er würde fliehen und zu jenem zurückkehren, was er anzusehen imstande ist, fest überzeugt, dies sei weit gewisser als das zuletzt Gezeigte?
Allerdings.
Und, sprach ich, wenn ihn einer mit Gewalt von dort durch den unwegsamen und steilen Aufgang schleppte und nicht losließe, bis er ihn an das Licht der Sonne gebracht hätte, wird er nicht viel Schmerzen haben und sich gar ungern schleppen lassen? Und wenn er nun an das Licht kommt und die Augen voll Strahlen hat, wird er nichts sehen können von dem, was ihm nun für das wahre gegeben wird.
Freilich nicht, sagte er, wenigstens nicht sogleich.
Gewöhnung also, meine ich, wird er nötig haben, um das Obere zu sehen. Und zuerst würde er Schatten am leichtesten erkennen, hernach die Bilder der Menschen und der anderen Dinge im Wasser und dann erst sie selbst [...]
Wie sollte er nicht!
[...]
Und wie, wenn er nun seiner ersten Wohnung gedenkt und der dortigen Weisheit und der damaligen Mitgefangenen, meinst du nicht, er werde sich selbst glücklich preisen über die Veränderung, jene aber beklagen?
Ganz gewiß.
[...]
Auch das bedenke noch, sprach ich. Wenn ein solcher nun wieder hinunterstiege und sich auf denselben Schemel setzte, würden ihm die Augen nicht ganz voll Dunkelheit sein, da er so plötzlich von der Sonne herkommt?
Ganz gewiß.
Und wenn er wieder in der Begutachtung jener Schatten wetteifern sollte mit denen, die immer dort gefangen gewesen, während es ihm noch vor den Augen flimmert, ehe er sie wieder dazu einrichtet, und das möchte keine kleine Zeit seines Aufenthalts dauern, würde man ihn nicht auslachen und von ihm sagen, er sei mit verdorbenen Augen von oben zurückgekommen und es lohne nicht, daß man versuche hinaufzukommen; sondern man müsse jeden, der sie lösen und hinaufbringen wollte, wenn man seiner nur habhaft werden und ihn umbringen könnte, auch wirklich umbringen?
So sprächen sie ganz gewiß, sagte er."[86]

> Wahrheit wird nicht freiwillig gesucht, sondern in einem schmerzhaften Prozeß: „Wahrheit hat es schwer". Weitere Zeugen:

---

[86] PLATON: Politeia. 514a-517a.

- Aristoteles:

[82] „Vielleicht ist nun aber die Ursache der Schwierigkeit, die ja von zweifacher Art sein kann, nicht in den Dingen, sondern in uns selbst; wie sich nämlich die Augen der Eulen gegen das Tageslicht verhalten, so verhält sich die Vernunft unserer Seele zu dem, was seiner Natur nach unter allem am offenbarsten ist."[87]

- Kant:

[83] „Was ist Wahrheit? Die Namenerklärung der Wahrheit, daß sie nämlich die Übereinstimmung der Erkenntnis mit ihrem Gegenstande sei, wird hier geschenkt, und vorausgesetzt; man verlangt aber zu wissen, welches das allgemeine und sichere Kriterium der Wahrheit einer jeden Erkenntnis sei.

Es ist schon ein großer und nötiger Beweis der Klugheit oder Einsicht, zu wissen, was man vernünftigerweise fragen solle. Denn, wenn die Frage an sich ungereimt ist, und unnötige Antworten verlangt, so hat sie, außer der Beschämung dessen, der sie aufwirft, bisweilen noch den Nachteil, den unbehutsamen Anhörer derselben zu ungereimten Antworten zu verleiten, und den belachenswerten Anblick zu geben, daß einer (wie die Alten sagten) den Bock melkt, der andere ein Sieb unterhält.

Wenn Wahrheit in der Übereinstimmung einer Erkenntnis mit ihrem Gegenstande besteht, so muß dadurch dieser Gegenstand von anderen unterschieden werden; denn eine Erkenntnis ist falsch, wenn sie mit dem Gegenstande, worauf sie bezogen wird, nicht übereinstimmt, ob sie gleich etwas enthält, was wohl von anderen Gegenständen gelten könnte. Nun würde ein allgemeines Kriterium der Wahrheit dasjenige sein, welches von allen Erkenntnissen, ohne Unterschied ihrer Gegenstände gültig wäre. Es ist aber klar, daß, da man bei demselben von allem Inhalt der Erkenntnis (Beziehung auf ihr Objekt) abstrahiert, und Wahrheit gerade diesen Inhalt angeht, es ganz unmöglich und ungereimt sei, nach einem Merkmale der Wahrheit dieses Inhalts der Erkenntnisse zu fragen, und daß also ein hinreichendes, und doch zugleich allgemeines Kennzeichen der Wahrheit unmöglich angegeben werden könne. Da wir oben schon den Inhalt einer Erkenntnis die Materie derselben genannt haben, so wird man sagen müssen: von der Wahrheit der Erkenntnis der Materie nach läßt sich kein allgemeines Kennzeichen verlangen, weil es in sich selbst widersprechend ist."[88]

Das impliziert die Denkfigur der Korrespondenz zwischen sprachlichen Ausdrücken bzw. Gedanken und Wirklichkeit, d.h. eine ganz bestimmte Wahrheitstheorie, nämlich:

1.31 Die Korrespondenztheorie der Wahrheit

§ 11 Entgegen ihrer intuitiven Plausibilität endet die Auffassung von Wahrheit als Entsprechung zwischen Ding und Intellekt in einem vitiösen Zirkel und einem infiniten Regreß – es sei denn, der mit „Entsprechung" gemeinte Wirklichkeitsbezug wird anders verstanden als das, was gemeinhin „Entsprechung" bedeutet.

---

[87] ARISTOTELES: Metaphysik. II 993b.
[88] KANT: Kritik der reinen Vernunft. A 58-59, B 82-83.

- Die klassische Version der Korrespondenztheorie findet sich bei Thomas von Aquin:

[84] „Jede Erkenntnis geschieht durch Anpassung (assimilatio) des Erkennenden an das erkannte Ding, so daß die Anpassung Ursache der Erkenntnis genannt wird – so wie z.B. das Sehen dadurch eine Farbe erkennt, daß es durch die Art der Farbe dazu disponiert wird. Das erste Verhältnis des Seienden zum Intellekt besteht also darin, daß das Seiende dem Intellekt entspricht. Diese Entsprechung wird Angleichung der Sache und des Intellekts genannt (adaequatio rei et intellectus) und darin besteht formal der Sinngehalt des Wahren. Das also ist es, was das Wahrsein noch zum Seienden hinzufügt: die Gleichförmigkeit (conformitas) oder Angleichung eines Dinges und des Intellekts. [...] So also geht das Seiendsein eines Dings dem Sinngehalt der Wahrheit voraus, aber die Erkenntnis ist eine gewisse Wirkung der Wahrheit."[89]

- „adaequatio rei et intellectus" (Übereinstimmung von Sache und Intellekt) lautet die Kernformel der Korrespondenztheorie;
- zur Feststellung der adaequatio (von außen) müßte bereits Wahrheit in Anspruch genommen werden: Zirkel;
- konkret ließe sich eine adaequatio nur durch eine adaequatio der adaequatio und diese durch eine adaequatio der adaequatio der adaequatio feststellen: infiniter Regreß;
- Bewußtsein für diese Probleme zeigt schon Thomas von Aquin:

[85] „Da nämlich die Wahrheit des Verstandes eine Angleichung von Verstand und Sache ist, insofern der Verstand 'von dem, was ist, sagt, daß es ist, und von dem, was nicht ist, daß es nicht ist', gehört die Wahrheit im Bereich des Verstandes zu dem, was der Verstand sagt, nicht aber zu der Tätigkeit, durch die er es sagt. Es ist nämlich zur Wahrheit des Verstandes nicht erforderlich, daß das Erkennen selbst sich der Sache angleicht, da das Ding bisweilen materiell ist, das Erkennen dagegen immateriell. Das aber, was der Verstand im Erkennen sagt und erkennt, muß der Sache angeglichen sein, so nämlich, daß es sich in der Sache so verhält, wie der Verstand sagt."[90]

- Jedoch: Kann adaequatio „Wahrheit" aufklären?
- Klar ist nur: Wirklichkeitsbezug fungiert irgendwie als Kriterium.

- Eine radikale Klärung des Wirklichkeitsbezugs erfolgt durch Alfred Tarski (1902-1983):

[86] „'es schneit' ist ein wahrer Satz dann und nur dann, wenn es schneit."[91]

[87] „x ist eine wahre Aussage dann und nur dann, wenn p"[92];

das ist die „W-Konvention"; diese ist auch so formulierbar:

[88] „Ein Satz ist wahr genau dann, wenn der Sachverhalt besteht, den er ausdrückt."[93]

---

[89] THOMAS VON AQUIN: De ver. 1, 1 c.
[90] THOMAS VON AQUIN: Summa contra Gentiles. I, LIX. Dt.: Summe gegen die Heiden. Hrsg. und übers. von Karl Albert – Paulus Engelhardt unter Mitarbeit von Leo Dümpelmann. Bd. 1. Darmstadt 1974. 221. [Künftig zitiert: THOMAS VON AQUIN: ScG.]
[91] TARSKI, Alfred: Der Wahrheitsbegriff in den formalisierten Sprachen. In: Berka, Karel – Kreiser, Lothar (Hgg.): Logik-Texte. Kommentierte Auswahl zur Geschichte der modernen Logik. Darmstadt ³1983. 445-546. Hier 451. [Künftig zitiert: TARSKI: Wahrheitsbegriff.]
[92] TARSKI: Wahrheitsbegriff. 450.

- Der Wirklichkeitsbezug liegt in den Sätzen selbst;
- Bedingung der Wahrheit eines Satzes ist das Bestehen des durch ihn ausgedrückten Sachverhalts;
- Tarskis Klärungen erweisen sich dennoch als unzureichend, daher gibt es eine
- alternative Klärung, die die intuitive Kraft der adaequatio-Formel wahrt:
  - Sie geht aus von der Bipolarität des an der adaequatio orientierten Wahrheitsbegriffs:
    - Wahrheit hat zu tun mit einem Geltungsanspruch;
    - Wahrheit hat damit zu tun, wie sich eine Sache selbst offenbar verhält:
      - „p ist wahr" impliziert einen Geltungsanspruch, dem Haltbarkeit eignet (sonst bestünde kein Unterschied zu „p soll sein");
        Haltbarkeit stützt sich auf Gründe und ist diskursiv einlösbar;
      - der Anspruch „... ist wahr" wird für den Sachverhalt erhoben, den die Aussage „p" ausdrückt. Wahrsein hängt vom Bestehen des betreffenden Sachverhalts ab, dies wiederum davon, wie es um die in Frage stehende Sache steht.
- Vgl. L. B. Puntels Bestimmung von Wahrheit:

[89] „Der Sachverhalt ist die Sache, wie sie gemeint ist, das Ausgesagte, während sich von dieser Ebene noch die Sache selbst abhebt. Das Eigentümliche der Wahrheit ist nun gerade darin zu sehen, daß sie diese Differenz, die sie voraussetzt, wieder aufhebt. Wahrheit besagt gerade, daß Sachverhalt und Sache selbst zur Deckung gelangen, ein Identisches darstellen."[94]

Den Geltungsanspruch der Wahrheit erheben heißt eine Sache als sie selbst offenbar machen:

[90] „Wahrheit meint die sich im Modus (= in der Dimension) eines diskursiv-einlösbaren Geltungsanspruchs artikulierende Offenbarkeit der Sache selbst."[95]

Über den Zug der diskursiven Einlösbarkeit des Geltungsanspruchs der Wahrheit kommen von selbst die Eckpunkte der Kohärenztheorie und der Konsenstheorie ins Spiel:

---

[93] KUTSCHERA, Franz von: Grundfragen der Erkenntnistheorie. Berlin; New York 1981. 46.
[94] PUNTEL, Lorenz Bruno: Art. Wahrheit. In: HphG 6. 1649-1668. Hier 1657. [Künftig zitiert: PUNTEL: Wahrheit]
[95] PUNTEL: Wahrheit. 1658.

1.32 Die Kohärenztheorie der Wahrheit

- Die Idee ein Kohärenztheorie der Wahrheit geht auf Gottfried Wilhelm Leibniz (1646-1716) zurück: Im Kontext von Problemen der Prognostik spricht er von einer Verbindung und Ordnung von Gegenständen, die als solche schon Wahrheit verbürgt.
- Seit den 70er Jahren wird die Kohärenztheorie vor allem durch Nicholas Rescher (*1928) ausgestaltet.

§ 12 Bei der Kohärenztheorie der Wahrheit handelt es sich um ein zwar hilfreiches, aber nur begrenzt wirksames Modell von signifikant konservativem Zuschnitt.

- Wahrheit und Falschheit eines Satzes innerhalb einer Theorie hängen von der Vereinbarkeit mit anderen Sätzen derselben Theorie ab. Daraus resultieren zwei Wahrheitskriterien:
   - Wenn zwei zu ein- und derselben Theorie gehörige Aussagen einander widersprechen, muß mindestens eine davon falsch sein;
   - um zu entscheiden, welche von beiden falsch ist, braucht es ein weiteres Kriterium:
      Wahr ist der Satz, der sich mit den unaufgebbaren und der größeren Zahl wichtiger Teile einer Theorie vereinbaren läßt.
- Probleme:
   - Die Theorie hat einen konservativen Grundzug; Innovationen haben es schwer;
   - sie funktioniert bloß theorieimmanent; der Fall mehrerer inkompatibler Theorien für einen Wirklichkeitsbereich überfordert die Kohärenztheorie;
   - es gibt keine kohärenztheoretische Rechtfertigungsmöglichkeit der Grundlagen einer Theorie, diese sind nur noch per Konsens legitimierbar (↗Konsenstheorie).

- Dennoch: Kohärenz ist ein konstitutiver Zug von Wahrheit, der in Korrespondenztheorie unterbelichtet bleibt.
   - Zugleich ist ihr Verständnis als logische Vereinbarkeit von Sätzen defizitär (auch eine umgrenzte Menge von unsinnigen Sätzen kann zusammenpassen; vgl. etwa Texte von K. Valentin).
   - Philosophisch relevant ist Kohärenz als Stimmigkeit im Ganzen eines Sprachsystems zu verstehen, sofern damit ein Moment von Wirklichkeitsbezug ins Spiel kommt (es gibt für jemanden das, was es im Horizont seiner/ihrer Sprache gibt).
      Zu dieser translogischen Kohärenz vgl. klassisch Wittgenstein:

[91] „Betrachte z.B. einmal die Vorgänge, die wir 'Spiele' nennen. Ich meine Brettspiele, Kartenspiele, Ballspiele, Kampfspiele, usw. Was ist allen diesen gemeinsam? – Sag nicht: 'Es *muß* ihnen etwas gemeinsam sein, sonst hießen sie nicht >Spiele<' – sondern *schau*, ob ihnen allen etwas gemeinsam ist. – Denn wenn du sie anschaust, wirst du zwar nicht etwas sehen, was *allen* gemeinsam wäre, aber du wirst Ähnlichkeiten, Verwandtschaften, sehen, und zwar eine ganze Reihe. Wie gesagt: denk nicht, sondern schau!
[...]
Und das Ergebnis dieser Betrachtung lautet nun: Wir sehen ein kompliziertes Netz von Ähnlichkeiten, die einander übergreifen und kreuzen. Ähnlichkeiten im Großen und Kleinen.
Ich kann diese Ähnlichkeiten nicht besser charakterisieren als durch das Wort 'Familienähnlichkeiten'; denn so übergreifen und kreuzen sich die verschiedenen Ähnlichkeiten, die zwischen den Gliedern einer Familie bestehen: Wuchs, Gesichtszüge, Augenfarbe, Gang, Temperament, etc. etc. – Und ich werde sagen: die 'Spiele' bilden eine Familie."[96]

Diese Kohärenz der „Familienähnlichkeit" wurzelt in Konsensen über Sprachgebräuche. Die Kohärenztheorie führt aus sich auf:

1.33 Die Konsenstheorie der Wahrheit

§ 13 Der einfache Grundgedanke der Konsenstheorie der Wahrheit: Jemandes Erkenntnis ist nicht unabhängig davon, daß auch andere erkennen und entsprechende Geltungsansprüche erheben.

- Solche Geltungsansprüche werden – sofern das ausdrücklich nötig wird – im Diskurs eingelöst. Wahr ist, worüber auf diese prozedurale Weise ein Konsens erzielt wird.
- Die Konsenstheorie steht und fällt mit mehreren Voraussetzungen:
    - Wahrhaftigkeit der Diskursteilnehmerinnen und -teilnehmer zueinander;
    - Überzeugung, selbst einen Wahrheitsanspruch zu erheben;
    - Qualität eines Arguments, nicht Machtansprüche sind Geltungskriterium;
    - Konsens ist Resultat der Zustimmung zum stärksten aufgebotenen Argument;
    - die Zustimmung muß frei, also ausschließlich aus Vernunftgründen erfolgen.

[92] „Wahrheitsfragen ergeben sich erst, wenn die in Handlungszusammenhängen naiv unterstellten Geltungsansprüche problematisiert werden. In Diskursen, in denen hypothetische Geltungsansprüche überprüft werden, sind deshalb Äußerungen über die Wahrheit von Aussagen nicht redundant.
[...]
In Handlungszusammenhängen informieren Behauptungen über Gegenstände der Erfahrung, in Diskursen stehen Aussagen über Tatsachen zur Diskussion. Wahrheitsfragen stellen sich daher im Hinblick nicht sowohl auf die innerweltlichen Korrelate handlungsbezogener Kognition, als vielmehr auf Tatsachen, die erfahrungsfreien und handlungsentlasteten Diskursen zugeordnet sind. Darüber, ob Sachverhalte der Fall oder nicht der Fall sind, entscheidet nicht die Evidenz

---
[96] WITTGENSTEIN: Philosophische Untersuchungen. I, 66-67.

von Erfahrungen, sondern der Gang von Argumentationen. Die Idee der Wahrheit läßt sich nur mit Bezugnahme auf die diskursive Einlösung von Geltungsansprüchen entfalten."[97]

Für Jürgen Habermas (*1929) fungiert diese konsensuelle Wahrheitstheorie als Legitimationsverfahren in pluralistischen Gesellschaften: Was die freie Zustimmung der Betroffenen erhält, hat als wahr zu gelten. Daraus ergibt sich von selbst das:

- Problem: Wahrheit und Geltung decken sich. Dagegen stehen:
    - Faktische und historische Unwahrheit von konsensuell generierten bzw. gestützten Geltungsansprüchen (z.B. Nazi-Ideologie);
    - auch die Konsenstheorie ist abkünftig: Ob eine Konvention gegeben ist, kann nicht durch Rekurs auf eine Konvention entschieden werden (infiniter Regreß!), wie überhaupt ein Satz nicht deswegen als wahr gilt, weil über ihn eine Konvention zustande kommt, sondern deswegen die Konvention entsteht, weil der Satz für wahr gehalten wird.

1.34 Das Problem „umfassender" Wahrheitstheorien

§ 14 Alle drei Wahrheitstheorie-Typen sind belangvoll, lassen sich aber nicht zu einer Hypertheorie verbinden – woraus sich nahelegt, das Wahrheitsproblem insgesamt auf bescheidenerem Niveau anzusiedeln und über eine sprachanalytische Klärung des Gebrauchs von „wahr" zu verorten (vgl. 1.35).

- Korrespondenz, Kohärenz, Konsens sind Verdichtungszentren der Wahrheitsproblematik, die sich jedoch nicht zu einem systematischen Ausgleich bringen lassen. Gleichwohl gibt es Versuche umfassender Wahrheitstheorien. Die ambitionierteste stammt von:

Charles Sanders Peirce (1839-1914): Der Grundgedanke des wesentlich auf ihn zurückgehenden Pragmatismus: Wahrheit resultiert aus einer für den Umgang mit Wirklichkeit hilfreichen Meinungsbildung innerhalb einer Gemeinschaft handelnder Subjekte.
- Kohärenz und Konsens sind dabei berücksichtigt, jedoch
- keine Korrespondenz, denn die Frage nach dem Verhältnis zur Wirklichkeit ist eliminiert (das obige „hilfreich" besagt über diese gar nichts!):

[93] „Die Meinung, der nach schicksalhafter Bestimmung jeder letztlich zustimmen muß, der forscht, ist das, was wir unter Wahrheit verstehen und das in dieser Meinung dargestellte Objekt ist das Reale. So würde ich Realität erklären."[98]

---
[97] HABERMAS, Jürgen: Wahrheitstheorien. In: Helmut Fahrenbach (Hg.): Wirklichkeit und Reflexion. (FS W. Schulz). Pfullingen 1973. 211-265. Hier 218.
[98] PEIRCE, Charles Sanders: Über die Klarheit unserer Gedanken. Hrsg., eingel. u. übers. von

- Was aber besagt eine als asymptotische Annäherung verstandene Wahrheit überhaupt?
- Ist ein Relativismus auch in ersten und letzten Fragen meiner Existenz überhaupt möglich?
- Faktisch ist „Wahrheit" im Pragmatismus kein Thema, aber genau das könnte weiterführen. Zur relativen Belanglosigkeit von Wahrheitstheorien bezüglich ihres systematischen Anspruchs vgl. bereits Fritz Mauthner:

[94] „Was ist Wahrheit? Un mot abstrait jedenfalls, und zwar ein abstraktes Substantivum. Nun haben wir gelernt, daß schon in der Wirklichkeitswelt nur Eigenschaften existieren, nicht die Dinge außer und über ihren Eigenschaften; daß die Dinge, die Substantive einzig und allein in ihren Eigenschaften existieren und nicht zum zweitenmale neben ihren Eigenschaften. Es ist trotzdem lobenswerte sprachliche Ökonomie, wenn die gemeinsame Ursache der Merkmale oder Eigenschaften durch ein substantivisches Wort zusammengefaßt wird, wenn wir die gemeinsame Ursache gewisser Empfindungen (rund, schwer, süß, duftend usw.), Apfel nennen. Unökonomisch aber ist es in den meisten Fällen, wenn wir Empfindungen unseres Innenlebens, wie schön, groß, heilig, wahr usw. durch Anhängen eines Suffixes zu einem Substantiv machen, das in rhetorischen Stilübungen ganz gut klingt, sich aber von dem adjektivischen Merkmale in nichts unterscheidet. [...] Die Wahrheit gehört zu den Personifikationen."[99]

Das legt statt der Frage nach dem Wesen von Wahrheit eine Sprachgebrauchsanalyse von „wahr" nahe:

1.35 Wann wir „wahr" sagen[100]

- Drei elementare Gebrauchsweisen von „wahr" lassen sich unterscheiden:
  a) „wahr" im Sinn von „echt", „genuin" (kennzeichnet charakteristische Merkmale);
  b) „wahr" im Sinn von „verläßlich", „aufrichtig" (kennzeichnet Handeln, Verhalten);
  c) „wahr" im Sinn von „richtig", „gut", „genau", „ja" (kennzeichnet Behauptungen, Urteile, Gedanken, Wahrnehmungen etc.).
- Jedenfalls wird „wahr" analog (↗Analogie), d.h. auf vielfache Weise gebraucht; zentrale Gebrauchsform ist die letztgenannte (etymologisch war es wohl die erste).
- Durchschnittlich wird „wahr" eher selten gebraucht, in der Regel, um
  - eine Absicht, Behauptung besonders zu empfehlen;

Klaus Oehler. Frankfurt a.M. 1968. 87f.
[99] MAUTHNER: Wörterbuch Bd. 3. 384f.
[100] Vgl. dazu HUBER, Carlo: Critica del sapere. 5ª ristampa. Roma 1997. 52-61. [Künftig zitiert: HUBER: Critica del sapere.]

- auf Negation oder Zweifel bezüglich einer Behauptung zu antworten;
- eine Behauptung prophylaktisch (gegen Negation oder Zweifel) zu stärken;
- einer Behauptung (z.B. vor Gericht) Gewicht zu verleihen.
- Formal gefaßt: „wahr" ist ein
  - ästimativer (einschätzender) Term;
  - metalinguistischer Term;
  - oppositorischer Term („wahr"–„falsch").

- Von daher läßt sich auch gut das Ziel aller Erkenntnistheorie bestimmen: Es geht nicht um Begründung der objektiven Gültigkeit von Erkenntnis überhaupt, denn diese ist immer schon vorausgesetzt, damit es so etwas wie Wissen überhaupt geben kann:
[95] „Angenommen [...], es gäbe ein Kriterium, das zur Auflösung des Problems dienen könnte. Dieses Kriterium würde entweder selbst eine Erkenntnis sein, oder nicht. – Nehmen wir an, das fragliche Kriterium sei eine Erkenntnis. Dann gehörte es gerade dem Bereiche des Problematischen an, über dessen Gültigkeit erst durch die Erkenntnistheorie entschieden werden soll. Das Kriterium, das zur Auflösung des Problems dienen soll, kann also keine Erkenntnis sein. – Nehmen wir also an, das Kriterium sei nicht eine Erkenntnis. Es müßte dann, um zur Auflösung des Problems dienen zu können, bekannt sein; d.h. es müßte selbst Gegenstand der Erkenntnis werden können. Ob aber diese Erkenntnis, deren Gegenstand das fragliche Kriterium ist, eine gültige ist, müßte entschieden sein, damit das Kriterium anwendbar ist. Zu dieser Entscheidung müßte aber das Kriterium schon angewendet werden. – Eine Begründung der objektiven Gültigkeit der Erkenntnis ist also unmöglich."[101]

Erkenntnistheorie ist Aufklärung des Erkenntnisvermögens von innen, nicht Beweis, daß es überhaupt Erkenntnis gibt; letztes Fundament bleiben Überzeugungen.

Testfragen:

1. *Welches Grundproblem thematisiert Platon bezüglich der Wahrheitsthematik im „Höhlengleichnis"? Welche systematische Denkfigur entwickelt er dabei?*
2. *Wie lautet der begriffliche Kern der Korrespondenztheorie der Wahrheit? Wo steckt das zentrale Problem? Wie äußert es sich?*
3. *Woraus resultiert die intuitive Kraft der adaequatio-Formel? Hilft sie weiter?*
4. *Was leistet A. Tarskis „W-Konvention" in der Wahrheitsfrage?*
5. *Welcher Grundgedanke leitet die Kohärenztheorie der Wahrheit? Welche Kriterien impliziert dieser?*
6. *Welche Hypotheken belasten die Kohärenztheorie?*

---

[101] NELSON, Leonard: Über das sogenannte Erkenntnisproblem. Göttingen 1908. 444.

7. Was muß unter „Kohärenz" verstanden werden, wenn sich ein wahrheitstheoretischer Teilgewinn einstellen soll?
8. Auf welche Voraussetzungen stützt sich die Konsenstheorie der Wahrheit?
9. Worin besteht die große Schwäche der Konsenstheorie?
10. Lassen sich die genannten Theorien zu einer umfassenden Wahrheitstheorie verknüpfen?
11. Was resultiert aus einer pragmatischen Konzeption umfassender Wahrheitstheorie?
12. Gesetzt, eine vollständig zufriedenstellende Wahrheitstheorie wäre nicht möglich: Welcher Ausweg bliebe dann für ein philosophisches Umgehen mit der Wahrheitsfrage?
13. Was resultiert aus dem Problem der Wahrheitstheorien für den Status der Erkenntnistheorie als solcher?

1.4 Der Prozeß der Erkenntnis[102]

§ 15 Bei Erkenntnis handelt es sich um einen pluridimensionalen Handlungsvollzug des erkennenden Subjekts, wobei diese Auffassung gegen traditionell starke Alternativpositionen (Platonismus und Empirismus) verteidigt werden muß.

1.41 Dimensionen

- Bereiche menschlicher Existenz, die von „Erkenntnis" tangiert sind:
    - Erkenntnis ist eine reale Eigenschaft des erkennenden Subjekts;
    - Erkenntnis ist ein reales Werden des erkennenden Subjekts;
    - Erkenntnis ist bewußt, das bedeutet:
    - Erkennen ist Erkennen von etwas;
        - Erkennen des Erkenntnisgegenstands impliziert ein Bewußtsein meiner selbst, jedoch ist das erkennende Subjekt dabei kein Objekt seiner selbst;
    - Erkennen ist intentional (Erkenntnis ist immer Erkenntnis von etwas als etwas);
    - Erkennen ist strukturiert verfaßt; wir erkennen etwas als etwas nie einfach, sondern immer in Verknüpfung mit anderem (das gilt für den Bereich des Denkens und der Wahrnehmung und läßt sich besonders gut an dem mit beiden eng verbundenen, aber nicht ineinsfallenden Bereich der Sprache zeigen):

[96] „Man kann für eine *große* Klasse von Fällen der Benützung des Wortes 'Bedeutung' – wenn auch nicht für *alle* Fälle seiner Benützung – dieses Wort so erklären: Die Bedeutung eines Wortes ist sein Gebrauch in der Sprache."[103]

    - Erkennen wurzelt im Kontext von Sprach-, Denk- und Wahrnehmungsfeldern;
    - Sprache bzw. „Sprachspiele" sind Horizont der Erkenntnis:

[97] „Wieviele Arten der Sätze gibt es aber? Etwa Behauptung, Frage und Befehl? – Es gibt *unzählige* solcher Arten: unzählige verschiedene Arten der Verwendung all dessen, was wir 'Zeichen', 'Worte', 'Sätze' nennen. Und diese Mannigfaltigkeit ist nichts Festes, ein für allemal Gegebenes: sondern neue Typen der Sprache, neue Sprachspiele, wie wir sagen können, entstehen und andere veralten und werden vergessen. [...]
Das Wort 'Sprach*spiel*' soll hier hervorheben, daß das Sprechen der Sprache ein Teil ist einer Tätigkeit, oder einer Lebensform.
Führe dir die Mannigfaltigkeit der Sprachspiele an diesen Beispielen, und anderen, vor Augen:
Befehlen, und nach Befehlen handeln -
Beschreiben eines Gegenstands nach dem Aussehen, oder nach Messungen -
Herstellen eines Gegenstandes nach einer Beschreibung (Zeichnung) -

---

[102] Vgl. dazu HUBER: Critica del sapere. 199-391.
[103] WITTGENSTEIN: Philosophische Untersuchungen. I, 43.

Berichten eines Hergangs -
Über den Hergang Vermutungen anstellen -
Eine Hypothese aufstellen und prüfen -
Darstellen der Ergebnisse eines Experiments durch Tabellen und Diagramme -
Eine Geschichte erfinden; und lesen -
Theater spielen -
Reigen singen -
Rätsel raten -
Einen Witz machen; erzählen -
Ein angewandtes Rechenexempel lösen -
Aus einer Sprache in die andere übersetzen -
Bitten, Danken, Fluchen, Grüßen, Beten."[104]

- Ähnlich wie Sprachspiele bilden Begriffe Horizonte; deren letzten bildet für das Denken das Seiende als Seiendes.

- Desgleichen fungieren Raum und Zeit als letzte Horizonte für Wahrnehmung:

[98] „Der Raum ist eine notwendige Vorstellung, a priori, die allen äußeren Anschauungen zum Grunde liegt. Man kann sich niemals eine Vorstellung davon machen, daß kein Raum sei, ob man sich gleich ganz wohl denken kann, daß keine Gegenstände darin angetroffen werden. Er wird also als die Bedingung der Möglichkeit der Erscheinungen, und nicht als eine von ihnen abhängige Bestimmung angesehen, und ist eine Vorstellung apriori, die notwendiger Weise äußeren Erscheinungen zum Grunde liegt."[105]

Das Ich steht im Zentrum der Raum-/Zeit-Erfahrung:

[99] „In dir, mein Geist, messe ich die Zeiten [...]. Der Eindruck, der von den Erscheinungen bei ihrem Vorüberziehen in dir erzeugt wird und dir zurückbleibt, wenn die Erscheinungen vorüber sind, der ist es, den ich messe als etwas Gegenwärtiges, nicht das, was da, den Eindruck erzeugend, vorüberging [...]."[106]

Sprache, Leiblichkeit und Geschichte sind fundamentale und unbegrenzte Horizonte menschlichen Erkennens;

- sie sind darum prinzipiell auch für die Begegnung mit Unbegrenztem geeignet;
- das Subjekt ist dabei aktiv beteiligt.

1.42 Erkenntnisformen

- Gemäß den vorausgehenden Überlegungen handelt es sich bei Erkenntnis als Resultat von Erkenntnisvorgängen um ein Produkt menschlichen Handelns.
- Die radikale Gegenposition formuliert Platon: Erkenntnis ist Wiedererinnerung an angeborenes Wissen:

---

[104] WITTGENSTEIN: Philosophische Untersuchungen. I, 23.
[105] KANT: Kritik der reinen Vernunft. B 38-39.
[106] AUGUSTINUS, Aurelius: Confessiones. XI, 27, 36. Lat./Dt. Eingel., übers. und erläutert von Joseph Bernhart. München ⁴1980. 661.

[100] „Wie nun die Seele unsterblich ist und oftmals geboren und, was hier ist und in der Unterwelt, alles erblickt hat, so ist auch nichts, was sie nicht hätte in Erfahrung gebracht, so daß nicht zu verwundern ist, wenn sie auch von der Tugend und allem anderen vermag, sich dessen zu erinnern, was sie ja auch früher gewußt hat. Denn da die ganze Natur unter sich verwandt ist und die Seele alles in Erfahrung gebracht hat, so hindert nichts, daß, wer nur an ein einziges erinnert wird, was bei den Menschen lernen heißt, alles übrige selbst auffinde, wenn er nur tapfer ist und nicht ermüdet im Suchen. Denn das Suchen und Lernen ist demnach ganz und gar Erinnerung [anamnesis]."[107]

Ähnlich denken auch Descartes und Noam Chomsky (* 1928).

- Eine weitere Alternative zu Erkenntnis als Handeln vertreten John Locke (1632-1704) und David Hume (1711-1776). Sie verstehen Erkennen als einfaches Abbilden der Realität und markieren damit die Position des klassischen Empirismus. (Ein Zug davon geht auch in den „Tractatus logico-philosophicus" L. Wittgensteins ein). Im Hintergrund steht die Platon-kritische Überzeugung des Aristoteles, daß Erkenntnis mit Erfahrung zu tun hat. Klassisch formuliert Kant:

[101] „Daß alle unsere Erkenntnis mit der Erfahrung anfange, daran ist gar kein Zweifel; denn wodurch sollte das Erkenntnisvermögen sonst zur Ausübung erweckt werden, geschähe es nicht durch Gegenstände, die unsere Sinne rühren und teils von selbst Vorstellungen bewirken, teils unsere Verstandestätigkeit in Bewegung bringen, diese zu vergleichen, sie zu verknüpfen oder zu trennen, und so den rohen Stoff sinnlicher Eindrücke zu einer Erkenntnis der Gegenstände zu verarbeiten, die Erfahrung heißt? Der Zeit nach geht also keine Erkenntnis in uns vor der Erfahrung vorher, und mit dieser fängt alle an.
Wenn aber gleich alle unsere Erkenntnis mit der Erfahrung anhebt, so entspringt sie darum doch nicht eben alle aus der Erfahrung. Denn es könnte wohl sein, daß selbst unsere Erfahrungserkenntnis ein Zusammengesetztes aus dem sei, was wir durch Eindrücke empfangen, und dem, was unser eigenes Erkenntnisvermögen [...] aus sich selbst hergibt [...]."[108]

- In Differenz zur Kantischen Verbindung von Erfahrung und Aktivität besetzen die Empiristen die radikale Gegenposition zu Platon. Locke:

[102] „Nehmen wir also an, der Geist sei [...] ein unbeschriebenes Blatt, ohne alle Schriftzeichen, frei von allen Ideen; wie werden ihm diese dann zugeführt? [...] Ich antworte darauf mit einem einzigen Worte: aus der *Erfahrung*. Auf sie gründet sich unsere ganze Erkenntnis, von ihr leitet sie sich schließlich her. Unsere Beobachtung, die entweder auf äußere sinnlich wahrnehmbare Objekte gerichtet ist oder auf innere Operationen des Geistes, die wir wahrnehmen oder über die wir nachdenken, liefern unserem Verstand das gesamte Material des Denkens."[109]

- Einwände gegen den Empirismus:
    - Die Strukturalität der Erkenntnis: Einzelnes wird nur in Kontexten erfaßt (vgl. oben);

---

[107] PLATON: Menon. 81c-d.
[108] KANT: Kritik der reinen Vernunft B1.
[109] LOCKE, John: Versuch über den menschlichen Verstand. II, I, 2. Nach der Übers. von Carl Winkler. Bd. 1. Hamburg o.J. 107f.

- er ermöglicht keinen Zugang zur Erfahrungsunabhängigkeit mathematischer Erkenntnis;
- die Nicht-Koinzidenz von Erfahrung und Erkenntnis zeigt sich unmittelbar an den grundlegenden Erkenntnisformen:
    - Begriffsbildung (nach Thomas v. Aquin): Ausgehend von der Sinneswahrnehmung erfolgt die Begriffsbildung (a) durch den „sensus communis" des Subjekts, der zunächst zum „phantasma" führt, und (b) durch die Abstraktion. Allerdings greift dieses Modell nur für empirisch Wahrnehmbares. Eine von der empirischen nicht völlig verschieden gedachte nicht-empirische Begriffsbildung läßt sich nur (mit Kant) über im menschlichen Erkenntnisvermögen liegende – untereinander wohlgeordnete – Strukturen („Kategorien") konzipieren. Um diese Geordnetheit von Begriffen weiß bereits Aristoteles. Der Gedanke ist durch einige seiner Kommentatoren klassisch geworden: „arbor porphyriana":

[103]

„Substanz
körperlich   unkörperlich
Körper
beseelt   unbeseelt
beseelter Körper
sinnlich   nicht-sinnlich
Lebewesen
vernünftig   nicht-vernünftig
vernünftiges Lebewesen
sterblich   unsterblich
Mensch
Platon   Vergil."[110]

- Urteilssetzung als Verknüpfung zweier Begriffe im Urteil; Verknüpfungen sind:
    - extensional: Individuelle Objekte, die unter einen Begriff subsumiert werden;
    - intensional: Eigenschaften, die einem Objekt zugeschrieben werden;

- Schlußfolgerungen: Verknüpfung von Urteilen nach Regeln. Damit ist das Gebiet der Logik betreten. Elementare Beispiele, die spontan etwas von der Komplexität des Gebiets verraten (ohne auf nicht-klassische Formen von Logik überhaupt einzugehen):

---

[110] BOETHIUS: In Porph. Comm. III. MPL 64, c. 103 c/d.

[104]
    Alle Tiere sind Lebewesen.
    Alle Pferde sind Tiere.

    Alle Pferde sind Lebewesen.

- Beispiel für ein logisch korrektes Argument mit einer falschen Prämisse:
[105]
    Alle Menschen sind sterblich.
    Alle Esel sind Menschen.

    Alle Esel sind sterblich.

- Beispiel. für ein unkorrektes Argument trotz richtiger Prämissen und Konklusion:
[106]
    Alle Menschen sind sterblich.
    Alle Philosophen sind sterblich.

    Alle Philosophen sind Menschen.

- Die Gültigkeit eines Arguments resultiert ausschließlich aus der Beziehung zwischen Prämissen und Konklusion, nicht aus ihrer Wahrheit.

Testfragen:

1. *Welche Dimensionen lassen sich im Erkenntnisprozeß unterscheiden?*
2. *Wie ist Erkennen mit Sprache, Denken und Wahrnehmung vernetzt?*
3. *Unter welchen Horizonten entfaltet sich menschliches Erkennen? Was zeichnet diese Horizonte aus?*
4. *Welche grundsätzlichen Alternativen tun sich zur Bestimmung der Erkenntnisformen auf?*
5. *Wie wird der Prozeß der Begriffsbildung klassisch beschrieben?*
6. *Was geschieht im Urteilen?*
7. *Worauf ist bei Schlußfolgerungen zu achten? Was macht ihre Gültigkeit aus?*

2. Grundfragen der Sprachphilosophie

§ 16 Sprachphilosophie gibt es seit Beginn des Philosophierens, sofern Letzteres nicht zuletzt als Sprachkritik entstanden ist. Bereits durch Platon werden die Themen intoniert, die bis heute als Achsen der Sprachphilosophie fungieren.

- Wittgenstein faßt den Zusammenhang von Philosophie und Sprachkritik so:
[107] „Die Sprache verkleidet den Gedanken. Und zwar so, daß man nach der äußeren Form des Kleides nicht auf die Form des bekleideten Gedankens schließen kann; weil die äußere Form des Kleides nach ganz anderen Zwecken gebildet ist als danach, die Form des Körpers erkennen zu lassen."[111]

2.1 Ausfaltungen

- Die elementare klassische Frage hat Platon aufgeworfen und mit ihr nicht zuletzt eine bis heute andauernde Diskussion um seine sogenannte „Ungeschriebene Lehre" ausgelöst. Ist Sprache möglicherweise von ihrem Wesen her entstellende Mitteilung?
[108] „Wenn ich [...] die Ansicht gehabt hätte, es [sc. Platons Lehre] könne für weite Kreise hinreichend geschrieben und gesagt werden, was hätte ich dann Herrlicheres tun können in meinem Leben, als dies niederzuschreiben zum großen Nutzen für die Menschen und allen die wahre Natur ans Licht zu ziehen? Doch ich meine, daß für die Menschen ein Versuch damit in der beschriebenen Art nicht gut wäre, außer für einige wenige, die es jedoch auch selbst nach wenigen Hinweisen herausfinden können. Alle übrigen würden sich entweder mit unaufrichtiger Geringschätzung aufblasen und damit der Sache nicht gerecht werden oder mit der hohen, eitlen Hoffnung, sie hätten irgend etwas Erhabenes gelernt."[112]

- Die bis heute als Achsen der Sprachphilosophie fungierenden Grundthemen werden im Dialog „Kratylos" mit der Frage intoniert, ob Wörter natürliche Zeichen für Gedanken und die damit gemeinten Dinge oder menschliche Festsetzung sind. Geklärt werden müssen also:
  - Das Verhältnis Wort – Gedanke;
  - das Verhältnis Wort – Sache;
  - der Zeichencharakter der Sprache.

- Die Frage Natürlichkeit versus Konventionalität der Sprache hat Aristoteles im Sinn der letzteren, also der Arbitrarität sprachlicher Ausdrücke entschieden:

---

[111] WITTGENSTEIN: Tractatus logico-philosophicus. Nr. 4.002. In: Werkausgabe Bd. 1. Frankfurt a.M. 1984. 7-83. Hier 25. [Künftig zitiert: WITTGENSTEIN: Tractatus.]
[112] PLATON: Siebenter Brief. 341d-e. In: Ders.: Werke in acht Bänden. Griech./Dt. Bd. 5. Hrsg. von Gunther Eigler. Dt. Übers. von Friedrich Schleiermacher und Dietrich Kurz. Darmstadt ²1990. 366-443. Hier 415.

[109] „Es sind also die Laute, zu denen die Stimme gebildet wird, Zeichen der in der Seele hervorgerufenen Vorstellungen, und die Schrift ist wieder Zeichen der Laute. Und wie nicht alle dieselbe Schrift haben, so sind auch die Laute nicht bei allen dieselben. Was aber durch beide an erster Stelle angezeigt wird, die einfachen seelischen Vorstellungen, sind bei allen Menschen dieselben, und ebenso sind es die Dinge, deren Abbilder die Vorstellungen sind. [...] Das Nomen also ist ein Laut, der konventionell etwas bedeutet, ohne eine Zeit einzuschließen, und ohne daß ein Teil von ihm eine Bedeutung für sich hat."[113]

- Ähnliche Wirkungsgeschichte machen sprachphilosophische Reflexionen der Stoa zur Differenz zwischen äußerer Gestalt eines Zeichens und seiner Bedeutung.

- Die sprachphilosophischen Leistungen der Griechen finden ihr lateinisches Pendant vor allem in Augustinus, der bisweilen als größter „Semiotiker" (Zeichentheoretiker) der Antike firmiert.

- Das Verhältnis Sprache – Denken wird (stoisch) als Verhältnis von äußerem und innerem Wort bestimmt, als Zeugen und Gebären gefaßt und von daher mit dem christlichen Grundgedanken des Hervorgangs des WORTES aus dem VATER ineins gesehen. Zugleich kehrt Augustinus das Verhältnis von Sprachphänomen und christlicher Parallele in kausaler Absicht um: Sprache verdankt ihre Struktur der inkarnatorischen Vorzeichnung.

- Das Verhältnis Sprache – Sache dirigiert das Bildwort „Licht": Denken bedeutet ein Sehen des Lichts, das den Dingen eingeschaffen ist. „Sagen" ist dementsprechend ein Zur-Erscheinung-Bringen dieses Lichts.

- Brisant ist Augustinus' Begriff des Zeichens: Diesem wird lediglich erinnernde bzw. anregende Funktion zugeschrieben. Die ganze Wahrheit, die mit Christus, dem „inneren Meister", identisch ist, wohnt bereits im Menschen und braucht – sozusagen – nur noch geweckt zu werden. Das weckt prekäre Fragen.
    - Theologisch: Wozu braucht es dann noch eine Offenbarung?
    - Philosophisch: Ist Sprache mehr als ein Hilfskonstrukt?

- Thomas von Aquin faßt gegen den als fraglose Autorität anerkannten Augustinus Sprache als Ausdruck der Sachhaltigkeit eines Seienden selbst:
[110] „Die Formen der Naturdinge gibt es zwar zuvor schon in der Materie, aber nicht wie einige wollen, in Wirklichkeit, sondern nur der Möglichkeit nach [das geht natürlich gegen die Platoniker, also auch Augustinus; K.M.]. Von hier aus werden sie durch die nächstliegende, äußere Wirkkraft verwirklicht und nicht allein durch die erste Wirkkraft [das geht gegen Avicenna, der behauptet hatte, exklusiv ein transzendenter intellectus agens verwirkliche die Formen in den konkreten Dingen; K.M.].
[...]

---

[113] ARISTOTELES: Peri herm. 16a. In: Ders.: Kategorien, Lehre vom Satz (Organon I/II) mit der Einleitung des Porphyrius in die Kategorien. Übers., mit Einl. und erklärenden Anm. von Eugen Rolfes. Ndr. Hamburg 1974. 89-120. Hier 97.

Ähnlich verhält es sich auch mit der Aneignung von Wissenschaft, welche in uns in bestimmter Weise keimhaft angelegt ist, nämlich in Form ursprünglicher Inhalte des Verstandes, die sofort im Lichte des 'tätigen Verstandes' mittels der von den sinnenfälligen Dingen abstrahierten Formen erfaßt werden. Dabei kann es sich sowohl um Urteile handeln, nämlich Axiome bzw. selbstevidente Grundsätze, als auch um Begriffe wie 'Seiendes', 'Eines' und dergleichen, welche der Verstand insgesamt sogleich erfaßt. In derartigen, allgemeinen Prinzipien ist alles weitere gleichsam wie im Kein schon einbeschlossen. Gelangt der menschliche Geist aufgrund derartiger allgemeiner Erkenntnis zur wirklichen Erkenntnis von Besonderem, das zuvor schon im allgemeinen und gleichsam der Möglichkeit nach erkannt wurde, so heißt dies, daß man Wissen erwirbt."[114]

- Durch den Ansatz des Aquinaten
    - wird gegen Augustinus' faktische Inkommunikabilitätstheorie die Möglichkeit von Kommunikation wieder denkbar;
    - rückt Sprache als gesprochene und damit die Möglichkeit ihrer logischen Analyse wieder in den Blick; Thomas selbst ist daran nur indirekt beteiligt.
- Zur Durchführung kommen entsprechende Analysen
    - in den Modisten-Traktaten: Vgl. Martinus de Dacia, Johannes Dacus, Boethius de Dacia, Thomas von Erfurt, Michael von Marbaix;
    - in den Suppositionstraktaten;
    - im ↗Universalienstreit:
        - Da die aristotelisch-thomanische Lösung – das Universale ist Produkt der Vernunft mit Fundament in der Realität – instabil war, setzt sich letztlich
        - der Nominalismus durch: das Universale ist Funktion der Vernunft. Eine der Folgen:

- Sprache wird von metaphysischen und theologischen Hintergründen abgekoppelt, es erwacht intensives Interesse am empirischen Sprechen und der Rhetorik (in der Renaissance). Spätere klassische Ausprägungen dieser Perspektive:
    - Johann Georg Hamann (1730-1788), Johann Gottfried Herder (1744-1803), Wilhelm von Humboldt (1767-1835): Sprache ist geschichtliches und soziales Phänomen als intellektueller und emotionaler Ausdruck.

- Erneut wird Sprachphilosophie Anfang des 20. Jahrhunderts als Kritik der vorausgehenden großen Systemphilosophien (bes. Fichte, Schelling, Hegel)

---

[114] THOMAS VON AQUIN: De ver. q 11 (De mag.) a1 c/D. In: Ders.: Über den Lehrer – De magistro. Quaestiones disputatae de veritate, quaestio XI; Summa theologiae, ps. I, quaestio 117, art. 1. Lat./Dt. Hrsg., übers. und kommentiert von G. Jüssen – G. Krieger – J.H.J. Schneider. Hamburg 1988. 17.

zentral und schließlich in ganz verschiedenen Ausprägungen zur Basisdisziplin der Philosophie überhaupt:

§ 17 Systematisch gesehen entfaltet sich die zeitgenössische Sprachphilosophie in einer stark religiös-theologisch fundierten dialogischen Perspektive, als hermeneutisches Philosophieren und als (heute in ihren Verzweigungen kaum mehr zu überblickende) Sprachanalytik.

2.11 Die dialogische Sprachphilosophie

- Die Dialog-Philosophie geht aus einer Verbindung von deutscher Philosophie und Judentum hervor.
- Hermann Cohen (1842-1918) bestimmt das Verhältnis Gott – Mensch als Korrelation zwischen durch Vergebung handelndem Gott und wegen der Dialektik seiner Vernunft vergebungsbedürftigem Menschen.

[111] „Das Wesen Gottes ließe sich nicht in seiner Vollendung begrifflich erkennen, wenn nicht die Sündenvergebung seine [sc. Gottes] eigentliche Leistung wäre."[115]

Besonders bedeutend dabei: Das Wort als Gebot und Gebet, das anders als Aussagesätze notwendig im Raum von Ich und Du bleibt.

- Franz Rosenzweig (1886-1929) konkretisiert Cohens Korrelation und ihre sprachliche Manifestation biblisch und kommt dabei zur Theorie einer Konstitution des Subjekts aus seiner Unvertretbarkeit bei der Umkehr; durch Gebot und Gebet kommt es zur Konstitution der Gemeinschaft, deren Aufgabe diese Sprachhandlungen sind:

[112] „Mein Ich entsteht im Du. Mit dem Du-sagen begreife ich, daß der Andre kein 'Ding' ist, sondern 'wie ich!'"[116]

- Fast zeitgleiche dialogphilosophische Einsichten stammen von Ferdinand Ebner (1882-1931); Martin Buber (1878-1965) macht die Dialogphilosophie geradezu populär, trägt ihr aber auch ein Problem ein. Rosenzweig hatte in einer Hohelied-Auslegung mit Hinweis auf die Häufigkeit von „ich"/„du" und von Imperativen in diesem alttestamentlichen Buch die Symmetrie von Ich und Du zur Geltung gebracht:

[113] „Und wie nur aus dem Munde des Liebenden dieser Imperativ kommen kann, aus diesem Munde aber auch kein andrer Imperativ als dieser, so ist nun das Ich des Sprechers, das Stammwort des ganzen Offenbarungsdialogs, auch das Siegel, das, jedem Wort aufgedrückt,

---

[115] COHEN, Hermann: Religion der Vernunft aus den Quellen des Judentums. Nachdr. Wiesbaden 1986. 243.

[116] Franz ROSENZWEIG an Eugen Rosenstock-Huessy. Zit. nach MAYER, Reinhold: Zur jüdischen Religionsphilosophie. In: Halder, Alois – Kienzler, Klaus – Müller, Joseph (Hgg.): Religionsphilosophie heute. Chancen und Bedeutung in Philosophie und Theologie. Düsseldorf 1988. 186-194. Hier 193.

das einzelne Gebot als Gebot der Liebe kennzeichnet. Das 'Ich der Ewige', dies Ich, mit dem als dem großen, die eigene Verborgenheit verneinenden Nein des verborgenen Gottes die Offenbarung anhebt, begleitet sie durch alle einzelnen Gebote hindurch."[117]

 Bei Buber entsteht eine problematische Asymmetrie von Du und Ich zugunsten des Ersteren, so daß der Eindruck entsteht, das Ich resultiere aus dem Du.

2.12 Die hermeneutische Sprachphilosophie

- ↗Hermeneutik ist Kunst der Auslegung, Deutung sprachlicher Äußerungen und anderer kommunikativer Phänomene und deswegen eng mit Sprachphilosophie verknüpft. Besonders wichtig:
 - Martin Heidegger (1889-1976):
  - In „Sein und Zeit" wird Sprache als Existenzial gefaßt;
  - später firmiert Sprache als eigenständige Größe mit Bezug auf das „Sein":

[114] „Wir bedenken das Wesen des Handelns noch lange nicht entschieden genug. Man kennt das Handeln nur als das Bewirken einer Wirkung. Deren Wirklichkeit wird nach ihrem Nutzen geschätzt. Aber das Wesen des Handelns ist das Vollbringen. Vollbringen heißt: etwas in die Fülle seines Wesens entfalten, in diese hervorgeleiten, producere. Vollbringbar ist deshalb eigentlich nur das, was schon ist. Was jedoch vor allem 'ist', ist das Sein. Das Denken vollbringt den Bezug des Seins zum Wesen des Menschen. Es macht und bewirkt diesen Bezug nicht. Das Denken bringt ihn nur als das, was ihm selbst vom Sein übergeben ist, dem Sein dar. Dieses Darbringen besteht darin, daß im Denken das Sein zur Sprache kommt. Die Sprache ist das Haus des Seins. In ihrer Behausung wohnt der Mensch. Die Denkenden und Dichtenden sind die Wächter dieser Behausung. Ihr Wachen ist das Vollbringen der Offenbarkeit des Seins, insofern sie diese durch ihr Sagen zur Sprache bringen und in der Sprache aufbewahren."[118]

 Dieses Verständnis von Sprache richtet sich gegen einen Primat instrumenteller Vernunft zugunsten nicht methodisch erzeugter, sondern vernommener Wahrheit.

[115] „Sprache ist lichtend-verbergende Ankunft des Seins selbst."[119]

 Das wichtige Anliegen gleitet dem späteren Heidegger partiell ins Elitäre und Esoterische.

- Heideggers Schüler Hans-Georg Gadamer (*1900) rehabilitiert den nichtinstrumentellen sprachlichen Weltbezug des Menschen systematisch bis zu einer (↗)Hermeneutischen Philosophie, die ihr Zentrum in einem Primat

---

[117] ROSENZWEIG, Franz: Der Stern der Erlösung. In: Ders.: Der Mensch und sein Werk. Gesammelte Schriften Bd. 2. Haag 1976. 198.
[118] HEIDEGGER, Martin: Brief über den Humanismus. (1949). In: Ders.: Wegmarken. Frankfurt a.M. 1976. (GA; 9). 313-364. Hier 313. [Künftig zitiert: HEIDEGGER: Humanismus.]
[119] HEIDEGGER: Humanismus. 326.

der Sprache vor der Erkenntnis hat:

[116] „Daß die Sprache eine Mitte ist, in der sich Ich und Welt zusammenschließen oder besser: in ihrer ursprünglichen Zusammengehörigkeit darstellen, hatte unsere Überlegungen geleitet... In allen analysierten Fällen, sowohl in der Sprache des Gesprächs wie in der Dichtung als auch in der Auslegung, zeigte sich die spekulative Struktur der Sprache, nicht Abbildung eines fix Gegebenen zu sein, sondern ein Zur-Sprache-kommen, in dem ein Ganzes von Sinn sich ansagt. Wir waren gerade dadurch in die Nähe der antiken Dialektik geraten, weil auch in ihr keine methodische Aktivität des Subjekts, sondern ein Tun der Sache selbst vorlag, das das Denken 'erleidet'. Dieses Tun der Sache selbst ist die eigentliche spekulative Bewegung, die den Sprechenden ergreift. Wir haben ihren subjektiven Reflex im Sprechen aufgesucht. Wir erkennen jetzt, daß diese Wendung vom Tun der Sache selbst, vom Zur-Sprache-kommen des Sinns, auf eine universal-ontologische Struktur hinweist, nämlich auf die Grundverfassung von allem, auf das sich überhaupt Verstehen richten kann. Sein, das verstanden werden kann, ist Sprache."[120]

Die Fruchtbarkeit des Ansatzes wird durch ihren Preis (bes. die Folgen für den Subjektbegriff) konterkariert (vgl. ↗Hermeneutik).

2.13 Die analytische Sprachphilosophie

- Der Name bezeichnet heute keine Richtung, sondern einen Arbeitsstil, der sich durch Klarheit methodischer Verfahren und argumentativen Standard auszeichnet („semantic ascent"):
- Zwei Stränge sind zu unterscheiden:

    a) Idealsprachlicher Ansatz: Für ihn stehen Bertrand Russell (1872-1970), später Wittgensteins „Tractatus";

    b) normalsprachlicher Ansatz: Ihn begründen George E. Moore (1873-1958), später Wittgensteins „Philosophische Untersuchungen"; Gilbert Ryle (1900-1976), John L. Austin (1911-1960), Peter F. Strawson (*1919) sind prominente Vertreter. Wichtige Entwicklungsschritte stellen

        (1) die ↗Sprechakt-Analyse;

        (2) die Handlungstheorie;

        (3) zuletzt John Searles (*1932) „mentalistische Wende" vor dem Hintergrund der in den 60er Jahren einsetzenden Rehabilitierung von Subjektivität und Selbstbewußtsein (↗Anthropologie) dar.

- Gegen den originär religionskritischen Zug der Analytischen Philosophie eignet dem Religiösen bei Wittgenstein von Anbeginn Bedeutung:

---

[120] GADAMER: Wahrheit I. 478.

[117] „6.432 *Wie* die Welt ist, ist für das Höhere vollkommen gleichgültig. Gott offenbart sich nicht *in* der Welt. [...]
6.522   Es gibt allerdings Unaussprechliches. Dies *zeigt* sich, es ist das Mystische. [...]
7   Wovon man nicht sprechen kann, darüber muß man schweigen."[121]
Gemeint ist ein „Sich Zeigen" von etwas, das kein Element der Welt der Dinge ist, die der Fall sind: Ethisches, Religiöses, Ästhetisches, Philosophisches:

[118] „[...W]as ich mit ihnen erreichen wollte, war ja gerade, über die Welt hinauszugehen, und das heißt auch: über die sinnvolle Sprache hinaus [...]. Was sie [sc. diese Sprache] sagt, fügt unserem Wissen in keinem Sinn etwas hinzu. Aber sie ist ein Dokument einer Tendenz im Menschen, die hochzuachten ich nicht umhin kann und über die ich mich um keinen Preis lustig machen möchte."[122]

So artikuliert Wittgenstein Transzendentes, also auch Religiöses.

- Einen völlig anderen Weg geht die nachfolgende Phase des „Logischen Empirismus": Ihm ergibt sich die Sinnlosigkeit ethischer, metaphysischer, religiöser, ästhetischer Sätze aus ihrem emotivem, also nicht-deskriptivem Sinn; vgl. bes. Alfred J. Ayer (1910-1989) und seine Anwendung des Verifikationsprinzips auf religiöses Sprechen.

- Mit J. Wisdom (1904-1993) setzt (auf Wittgensteinschem Hintergrund) eine Rückkehr der Religionsphilosophie in die Analytik ein:
  - Entdeckt wird die wirklichkeitsdeutende Funktion religiöser Sprache und die Herkunft ihrer Grammatik aus ihrem spezifischen Sprachgebrauch,
  - besonders auch die Frage nach Sinn und Bedeutung religiöser Rede im Verbund mit derjenigen nach Begründung und Rationalität religiöser Einstellungen.

  Das geschieht zunächst in Gestalt der Frage nach der Falsifizierbarkeit religiöser Aussagen (Veränderungen des Allmachtsgedankens, Bestreitung der Existenz des Übels in der Welt, Begründung für die Zulassung des Bösen in der Welt durch Gott – etwa „Free Will Defence") –, wobei solchermaßen die Kognitivität religiöser Sätze durch ihre faktische Falsifikation erkauft wird. Diese Logik entlarvt:

- Anthony Flews (*1923) „Tod der 1000 Qualifikationen":

[119] „Zwei Forscher stoßen im Urwald auf eine Lichtung, auf der viele Blumen, aber auch viel Unkraut wächst – ein Bild für das Gute und das Übel in der Welt. Der eine sagt, es müsse einen Gärtner geben, der dieses Stück Land pflegt, der andere bezweifelt das. Um die Frage zu entscheiden, bauen sie ihre Zelte auf und halten Wache, bekommen aber nie einen Gärtner zu Gesicht. Der erste Forscher meint nun, es müsse ein unsichtbarer Gärtner sein. Man baut also elektrische Zäune und schafft Bluthunde an, aber nichts deutet auf einen Eindringling hin. Trotzdem bleibt er bei seiner These. Er nimmt nun einen körperlosen Gärtner an, der immun ist gegen

---

[121] WITTGENSTEIN: Tractatus. Nr. 6.432, 6.522, 7.
[122] WITTGENSTEIN, Ludwig: Ethik. In: Geheime Tagebücher 1914-1916. Wien ²1991. 77-86. Hier 86.

elektrische Schocks und keinen Geruch hat, den Bluthunde entdecken könnten. Der Skeptiker verzweifelt. Wodurch, fragt er, unterscheidet sich diese Hypothese des unsichtbaren, körperlosen, in jeder Hinsicht ungreifbaren Gärtners noch von der gar keines Gärtners?"[123]

Doch es gibt Einwände gegen das Falsifikationsprinzip und sein empiristisches Sinnkriterium:
- Ausgeschlossen werden durch es auch kognitiv sinnvolle Aussagen;
- Maßstab der Überprüfung sind Sätze mit nicht-religiösem Inhalt;
- die kognitive Bedeutung eines Satzes hängt nicht notwendig an seiner Überprüfbarkeit;
- ein Satz kann an sich unüberprüfbar, aber innerhalb eines Systems falsifizierbar sein.

- John Hick (*1922) macht auf eine Asymmetrie zwischen Verifikation und Falsifikation aufmerksam:
- Es gibt auch die eschatologische Möglichkeit von Verifikation;
- Gegner betonen die Relevanz der Gegenwart unter Rekurs auf das Phänomen religiöser Erfahrung;
klar ist nur, daß Letzteres als Produkt komplexer Interpretation und Wahrnehmungsverarbeitung zu begreifen ist.

- Aus dieser Diskussionslage legt sich ein Verzicht auf den Anspruch sowohl einer an empirischer Verifikation wie an empirischer Falsifikation bemessenen spezifischen Kognitivität religiöser Aussagen nahe.
- Schon Wittgenstein meint bezüglich des kognitivitätskritischen Zugs des verifikationistischen Ansatzes:
[120] „Für einen Fehler ist das einfach zu enorm."[124]
- Austin: Einschlägige sprachliche Äußerungen sind nicht-propositional, also mit Bezug auf ihre Sprecher(innen), den Adressatenkreis und die Äußerungssituation pragmatisch als expressiv, emotiv und konativ (der Ausdrucks-, Gefühls- und Beschreibungsebene zugehörig) und zu verstehen und hinsichtlich ihrer praktischen Wirksamkeit zu analysieren, was mit einem intensiven Rekurs auf den narrativ-poetischen Charakter religiöser Überlieferungen einhergeht.
- Ähnlich verhält es sich mit der Auffassung religiöser Rede als neuer Gesamtschau der Wirklichkeit und neuer Orientierung in ihr sowie dem Rekurs auf die
- performative Funktion religiöser Rede, die darauf abhebt, daß wir sprechend nicht nur reden, sondern zugleich auch handeln.

---

[123] Paraphrasierendes Zitat in KUTSCHERA, Franz von: Vernunft und Glaube. Berlin; New York 1990. 63.
[124] WITTGENSTEIN, Ludwig: Vorlesungen und Gespräche über Ästhetik, Psychologie und Religion. Hrsg. von Cyril Barret. Dt. von Eberhard Bubser. Göttingen ²1971. 98f.

All diese Voten zielen in Richtung einer Kognitivität, die sich von der alltäglichen unterscheidet. Indizien für deren Profil lassen sich ausmachen
- in der zeitgenössischen Wiederaufnahme klassischer Argumente für die Existenz Gottes (↗Gotteslehre);
- in der Weise, wie sich Züge analytischen Philosophierens für eine Bearbeitung des philosophisch-theologischen Endlosproblems der ↗Analogie eignen.

Testfragen:

1. *Warum gehört zur Philosophie konstitutiv ein Stück Sprachkritik?*
2. *Welche Grundthemen beschäftigen die Sprachphilosophie seit Anbeginn?*
3. *Welche Begriffe prägen die Augustinische Semiotik? Welche theologische Bedeutung eignet dieser?*
4. *Wie und wodurch wird die Sprachphilosophie zur Basisdisziplin der Philosophie?*
5. *Aus welchen Entdeckungen wird die dialogische Sprachphilosophie entwickelt? Wo liegt ihr Problem?*
6. *Wie faßt die hermeneutische Sprachphilosophie Sprache auf, welchen philosophischen Stellenwert gewinnt letztere dadurch? Wo liegt das Problem?*
7. *Aus welchen Motiven kommt die Analytische Sprachphilosophie auf, wie verzweigt sie sich? Hat sie auch theologische Relevanz?*
8. *Warum kann religiöse Sprache weder mit dem Verifikations- noch mit dem Falsifikationskriterium als sinnlos identifiziert werden? Welchen „Sinn" hat religiöses Sprechen?*

2.2 Analogie[125]

§ 18 Bei der Analogie handelt es sich um das aus vielfältigen Quellen gespeiste und nur schwer zu einem Resultat zu bringende Problem, wie sich menschliche Sprache für das Reden zu und über Gott eignet.

- Analogie ist ein ursprünglich mathematischer Begriff komplexen Inhalts. Es gibt die:

- arithmetische Analogie: Gleichheit von Differenzen (z.B. 10-6 = 6-2);
- geometrische Analogie: Gleichheit von durch Teilung konstituierten Verhältnissen (z.B. 8:4 = 4:2);
- harmonische Analogie: Verbindung von arithmethischer und geometrischer Analogie (z.B. 6:4 = 4:3).

Analogie definiert Verhältnisse, in denen über Differenzen eine Einheit geschaffen werden soll bei gleichzeitiger Wahrung der Differenz – und eben daraus resultiert auch ihre theologische Bedeutung, die sich ohne Rekurs auf die philosophische nicht begreifen läßt.

- Philosophische Bedeutung der Analogie bei Platon:

[121] „Das Gewordene muß aber körperlich, sichtbar und betastbar sein. Nun dürfte wohl nichts je ohne Feuer sichtbar noch ohne etwas Festes betastbar werden, fest aber nicht ohne Erde. Daher schuf Gott, als er den Körper des Alls zusammenzusetzen begann, ihn aus Feuer und Erde. [Und jetzt kommt Analogie ins Spiel; K.M.] Daß sich zwei Bestandteile allein ohne einen dritten wohl verbinden, ist nicht möglich; denn ein bestimmtes Band in der Mitte muß die Verbindung zwischen beiden schaffen. Das schönste aller Bänder aber ist das, welches sich selbst und das Verbundene, soweit möglich, zu einem macht. Das aber vermag ihrer Natur nach am besten die Analogie zu bewirken."[126]

Neben solcher Ingebrauchnahme der dreigliedrigen geometrischen Analogie für die Erklärung des Verhältnisses der Weltelemente rekurriert Platon auch auf die viergliedrige Proportion, und zwar im „Höhlengleichnis" (Politeia 509d-511e), um die Entsprechungen zwischen Sein und Werdewelt, zwischen Verstehen und Meinen zu artikulieren; zugleich finden sich in der „Politeia" Spuren von Analogie als Verhältnisähnlichkeit (gegenüber Verhältnisgleichheit).

- Aristoteles hebt besonders auf die sprachliche Leistung der Analogie ab:

[122] „Eine Metapher ist die Übertragung eines Wortes (das somit in uneigentlicher Bedeutung verwendet wird), und zwar entweder von der Gattung auf die Art oder von der Art auf die Gat-

---

[125] Vgl. zum folgenden: MÜLLER, Klaus: Thomas von Aquins Theorie und Praxis der Analogie. Der Streit um das rechte Vorurteil und die Analyse einer aufschlußreichen Diskrepanz in der „Summa theologiae". Frankfurt a.M.; Bern; New York 1983. DERS.: Homiletik. Ein Handbuch für kritische Zeiten. Regensburg 1994. 83-108.
[126] PLATON: Timaios. 31b-c. In: Ders.: Werke in acht Bänden. Griech./Dt. Hrsg. von Gunther Eigler. Übers. von Hieronymus Müller und Friedrich Schleiermacher. Darmstadt ²1990. 1-209. 41. [Künftig zitiert: PLATON: Timaios.]

tung, oder von einer Art auf eine andere, oder nach den Regeln der Analogie [...].
Unter einer Analogie verstehe ich eine Beziehung, in der sich die zweite Größe zur ersten ähnlich verhält wie die vierte zur dritten. Dann verwendet der Dichter statt der zweiten Größe die vierte oder statt der vierten die zweite [...]. So verhält sich z.B. eine Schale ähnlich zu Dionysos wie ein Schild zu Ares; der Dichter nennt also die Schale 'Schild des Dionysos' und den Schild 'Schale des Ares'. Oder: das Alter verhält sich zum Leben, wie der Abend zum Tag; der Dichter nennt also den Abend 'Alter des Tages', oder, wie Empedokles, das Alter 'Abend des Lebens' oder 'Sonnenuntergang des Lebens'."[127]

Analogie meint hier die Artikulation art- und gattungsübergreifender bzw. kategorienübergreifender Ähnlichkeiten in Rückbindung an sachliche Gründe:

[123] „Das Seiende wird in mehrfacher Bedeutung ausgesagt, aber immer in Beziehung auf Eines und auf eine einzige Natur und nicht nach bloßer Namensgleichheit; sondern wie alles, was gesund genannt wird, auf Gesundheit hin ausgesagt wird, indem es dieselbe nämlich erhält oder hervorbringt, oder ein Zeichen derselben, oder sie aufzunehmen fähig ist, und wie etwas ärztlich heißt in Beziehung auf die Arzneikunde, entweder weil es die Arzneikunde besitzt oder zu ihr wohl befähigt oder ein Werk derselben ist; und wie wir dasselbe beim Gebrauch der übrigen Wörter finden werden: ebenso wird auch das Seiende zwar in vielfachen Bedeutungen ausgesagt, aber doch alles in Beziehung auf ein Prinzip."[128]

Damit kommt es zu einer Zweigleisigkeit des Themas:
- Analogie als Verhältnis von Verhältnissen (= proportionalitas);
- Analogie als zweigliedriges Verhältnis (= proportio im Sinn des Sagens „auf Eines hin"); die damit einhergehende Konzentration auf ontologische Beziehungen arbeitet jener Metaphysizierung der Analogiethematik vor, die in der Folge deren genuin sprachliche Dimension überblendet. Besonders markant spiegelt sich das im Umgang mit den einschlägigen Beiträgen des Aquinaten.

- Thomas von Aquin kennt verschiedene Theorievarianten:
    - „De principiis naturae": Analogie liegt zwischen Univokation und Äquivokation, sie übergreift definitorisch Nicht-Identisches, setzt aber Ähnlichkeiten zwischen Dingen voraus, die mit demselben Ausdruck bezeichnet werden. Das reicht bis in die Metaphysik, betrifft also auch deren Zentralbegriff „Sein", den Thomas schon früh neu faßt (↗Metaphysik), was sich folgerichtig in einander ablösenden, aber nicht zur Deckung zu bringenden Analogiekonzepten niederschlägt:

    - Der „Sentenzenkommentar" kennt drei Analogien:
        - Analogie nur dem Begriff, nicht dem Sein nach;
        - Analogie dem Sein, nicht dem Begriff nach;
        - Analogie dem Sein und dem Begriff nach.

    - In „De Veritate" wird (nach einem Vorlauf bereits in einem späteren Teil

---

[127] ARISTOTELES: Poetik. 21, 1457 b.
[128] ARISTOTELES: Metaphysik. IV 2. 1003a – 1003b.

des Sentenzenkommentars) die Unterscheidung proportio – proportionalitas zentral:

[124] „Weder univok noch äquivok wird der Ausdruck 'Wissen' für Gott und für uns verwendet, sondern analog, was nichts anderes bedeutet als: gemäß einem Verhältnis. Die Übereinstimmung gemäß einem Verhältnis kann doppelt sein: demgemäß gibt es eine doppelte Gemeinsamkeit der Analogie.
Es gibt nämlich eine Übereinstimmung zwischen dem, was zueinander ein Verhältnis hat, weil dazwischen ein bestimmter Abstand oder eine andere Beziehung zueinander besteht, wie im Fall des Zweiers gegenüber der Einheit, weil er deren Doppeltes ist. Es gibt aber auch eine Übereinstimmung zweier miteinander, zwischen denen kein Verhältnis besteht, sondern vielmehr eine Ähnlichkeit zweier Verhältnisse zueinander. Wie der Sechser mit dem Vierer darin übereinkommt, daß, wie der Sechser das doppelte vom Dreier, der Vierer das doppelte vom Zweier ist. Die erste Übereinstimmung ist die der Proportion, die zweite die der Proportionalität [...].
Weil in dem, was auf die erste Weise analog gesagt wird, eine bestimmte Beziehung zwischen denen bestehen muß, die etwas durch Analogie gemeinsam haben, ist es unmöglich, auf diese Weise der Analogie etwas von Gott und der Kreatur zu sagen, weil keine Kreatur eine Beziehung zu Gott derart hat, daß durch sie die göttliche Vollkommenheit bestimmt werden könnte. Aber in der anderen Weise der Analogie gibt es keine bestimmte Beziehung zwischen denen, denen durch Analogie etwas gemeinsam ist; und darum hindert nichts, daß auf diese Weise irgendein Name analog von Gott und der Kreatur ausgesagt werde."[129]

Diese Position ist wirkungsgeschichtlich dadurch bedeutsam geworden, daß sie für eine schulmäßige Schematisierung (die es *so* bei Thomas nicht gibt) sozusagen Pate stand, nämlich eine aus der Dreiheit von analogia proportionis, attributionis und proportionalitatis abgeleitete Vierteilung:
- analogia attributionis intrinseca,
- analogia attributionis extrinseca,
- analogia proportionalitatis propria,
- analogia proportionalis impropria (= metaphorica).

- In der „Summa contra gentiles" und der „Summa theologiae" begegnen nur noch zwei Analogiearten:
  - der Bezug von Vielem auf Eines;
  - die schlechthinnige Vorordnung des einen Gliedes einer Beziehung vor dem anderen, die natürlich besonders für die sprachliche Bewältigung des Verhältnisses zwischen Gott und den Kreaturen geeignet ist:

[125] „Über Gott und die Kreaturen werde analog gesprochen, e]ntweder weil Viele ein Verhältnis zu Einem haben [...], oder weil Eines ein Verhältnis zum Anderen hat, wie 'gesund' von der Medizin und vom Lebewesen gesagt wird, sofern die Medizin die Ursache der Gesundheit im Lebewesen ist. Und auf diese Weise werden einige Namen von Gott und den Kreaturen analog ausgesagt, und nicht rein äquivok noch univok. Wir können Gott nämlich nur von den Kreaturen her benennen, wie schon ausgeführt. Und so wird, was über Gott und die Kreaturen ausgesagt wird, demgemäß ausgesagt, daß eine bestimmte Hinordnung der Kreaturen auf Gott

---

[129] THOMAS VON AQUIN: De ver. q2 a11 c.

besteht, wie auf das Prinzip und die Ursache, in der alle Vollkommenheiten der Dinge auf herausragende Weise vorausexistieren."[130]

- Thomas notiert eine aufschlußreiche Asymmetrie:
  - Er kennt ein sprachlich-kausales Gefälle „Kreaturen – Gott" (wir benennen Gott mit Prädikaten aus der kreatürlichen Sphäre, d.h. metaphorisch);
  - jedoch wird dieses überkreuzt von dem ontologisch-kausalen Gefälle „Gott – Kreatur" in dem Sinn, daß manche Prädikate auf ihn essential (also vor jedem Verursachen, d.h. in hervorragender Weise; analog) zutreffen.

Aber eben (und das wird wenig beachtet) nur manche! Welche, das ergibt sich aus einer Analyse von:

- Thomas' Sprachpraxis und ihrer Bedeutung für die Analogiefrage. Sie folgt bestimmten Gesetzmäßigkeiten; die wichtigsten:
  - Das Prinzip der Ähnlichkeit: Die Bedeutung eines Ausdrucks wird bei Präsenz der Ausgangsbedeutung erweitert;
  - das Prinzip der Differenzierung: Bedeutungen werden durch Unterscheidung und Klassifikation verschiedener Aspekte eingeschränkt;
  - einbezogen werden Bedeutungsanalysen, Grammatikreflexionen, die Sprache-Sprecher-Beziehung; nach heutiger Diktion betreibt Thomas praktische Semiotik (im Sinn einer Verbindung von Semantik, Syntaktik und Pragmatik). Beispiel:

[126] „Wer es recht bedenkt, wird finden, daß das Wort 'Hervorgang' [processio] unter denen, die sich auf jedweden Ursprung beziehen, das verbreitetste ist. Denn wir gebrauchen es, um jeden möglichen Ursprung zu bezeichnen; wie die Linie aus dem Punkt hervorgeht, der Strahl aus der Sonne, der Fluß aus der Quelle und ähnlich in allem anderen. Daher kann aus jedem anderen, das sich auf einen Ursprung bezieht, geschlossen werden, daß der Heilige Geist aus dem Sohn hervorgeht."[131]

Dieses Verfahren deckt sich verblüffend mit dem, was Wittgenstein „Familienähnlichkeit" nennt:

[127] „Betrachte z.B. einmal die Vorgänge, die wir 'Spiele' nennen. Ich meine Brettspiele, Kartenspiele, Ballspiel, Kampfspiele usw. Was ist allen diesen gemeinsam? – Sag nicht: 'Es muß ihnen etwas gemeinsam sein, sonst hießen sie nicht ›Spiele‹' – sondern schau, ob ihnen allen etwas gemeinsam ist. – Denn, wenn du sie anschaust, wirst du zwar nicht etwas sehen, was allen gemeinsam wäre, aber du wirst Ähnlichkeiten, Verwandtschaften, sehen, und zwar eine ganze Reihe. Wie gesagt: denk nicht, sondern schau!
[...]
Und das Ergebnis dieser Betrachtung lautet nun: Wir sehen ein kompliziertes Netz von Ähnlichkeiten, die einander übergreifen und kreuzen. Ähnlichkeiten im Großen und im Kleinen.
Ich kann diese Ähnlichkeiten nicht besser charakterisieren als durch das Wort 'Familienähnlichkeiten'; denn so übergreifen und kreuzen sich die verschiedenen Ähnlichkeiten, die zwischen den Gliedern einer Familie bestehen: Wuchs, Gesichtszüge, Augenfarbe, Gang, Temperament, etc. etc. – Und ich werde sagen: die 'Spiele' bilden eine Familie.

---

[130] THOMAS VON AQUIN: S.th. I, 13, 5 c.
[131] THOMAS VON AQUIN: S.th. I, 36, 2 c.

Und ebenso bilden z.B. die Zahlenarten eine Familie. [...] Und wir dehnen unseren Begriff der Zahl aus, wie wir beim Spinnen eines Fadens Faser an Faser drehen. Und die Stärke des Fadens liegt nicht darin, daß irgend eine Faser durch seine ganze Länge läuft, sondern darin, daß viele Fasern einander übergreifen.
[...]
[Der Umfang eines Begriffs ist nicht durch eine Grenze abgeschlossen.] Was ist noch ein Spiel und was ist keines mehr? Kannst du die Grenzen angeben? Nein. Du kannst welche ziehen: denn es sind noch keine gezogen [...]. Wie gesagt, wir können – für einen besonderen Zweck – eine Grenze ziehen. Machen wir dadurch den Begriff erst brauchbar? Durchaus nicht! Es sei denn für diesen besonderen Zweck."[132]

- Fazit:
    a) Analogie läßt sich nicht ohne, aber auch nicht allein mit ontologischen Kategorien reflektieren;
    b) Theoriebildung ist für Analogie sekundär;
    c) unübertroffen bis heute artikuliert den heißen Kern der Sache die auf dem IV. Laterankonzil gefundene Formel:
[128] „[...] zwischen dem Schöpfer und dem Geschöpf kann man keine so große Ähnlichkeit feststellen, daß zwischen ihnen keine noch größere Unähnlichkeit festzustellen wäre."[133]

    Diese Dialektik von Ähnlichkeit und Unähnlichkeit im Sprachgebrauch wirft zwangsläufig die Frage auf, warum es sich – wie Aristoteles und Thomas behaupten – bei der Metapher um ein Grenzphänomen der Analogie handle, sofern Aristoteles selbst genau die gleiche Dialektik zum Spezifikum der Metapher erklärt. Handelt es sich bei letzterer etwa ganz im Gegenteil um die Grundform übertragenden Sprechens?

---

[132] WITTGENSTEIN: Philosophische Untersuchungen. I, 66-69. 324-326.
[133] DH 806. („DH" = Denzinger-Hünermann: Enchiridion symbolorum.../ Kompendium der Glaubensbekenntnisse...; bis vor wenigen Jahren noch zitiert als „DS"= Denzinger-Schönmetzer [nur lat. Text]; daneben mit anderer Zählung eine Auswahlausgabe in deutscher Übers. von Neuner-Roos, zit. als „NR"; obiger Text dort unter Nr. 280).

2.3 Metapher

§ 19 Entgegen traditioneller Marginalisierung einerseits und dem Trend unüberschaubar gewordener Diskussionen der Gegenwart andererseits läßt sich metaphorisches Reden als in geglückter Mischung von Fremdem und Vertrautem wurzelnde Elementarform menschlichen Sprechens über die Welt und über Gott auffassen.

- Aristoteles begreift die Metapher als Wort, das auf einen anderen Sachverhalt als den im herrschenden Sprachgebrauch von ihm bezeichneten übertragen wird. Das impliziert:
    - Abweichung vom herrschenden Sprachgebrauch („eigentliches Wort");
    - Metapher ist ein „uneigentliches Wort", das jedoch (anders als ein Fremdwort) allgemein akzeptiert wird:

[129] „Da es aber nun Nomina und Verba sind, aus denen die Rede besteht, und die Nomina so viele Arten haben, wie es in der Poetik untersucht wurde, so muß man von diesen die fremdartigen, die zusammengesetzten und die neugebildeten Wörter nur in geringem Umfang und in seltenen Fällen gebrauchen [...]. Das allgemein gebräuchliche und eigentliche Wort aber und die Metapher dürfen als einzige für die Ausdrucksweise der Prosarede gebraucht werden. Ein Zeichen dafür ist, daß alle Menschen nur diese allein gebrauchen; denn alle gebrauchen in der Unterredung Metaphern, eigentliche und herrschende Ausdrücke."[134]

- Metaphern leisten Verständigung, weil sie Übertragungsregeln folgen:
    - von der Gattung auf die Art;
    - von der Art auf die Gattung;
    - von der Art auf die Art;
    - durch Entsprechung im Sinn der Proportionalität.
- Gründe für metaphorisches Sprechen:
    - Das Fehlen einer eigentlichen Bezeichnung (Metapher ist notwendig);
    - ästhetischer Grund:

[130] „Die vollkommene sprachliche Form ist klar und zugleich nicht banal. Die sprachliche Form ist am klarsten, wenn sie aus lauter herrschenden Wörtern besteht; aber dann ist sie banal [...]. Die sprachliche Form ist erhaben und vermeidet das Gewöhnliche, wenn sie fremdartige Ausdrücke verwendet. Als fremdartig bezeichne ich das Fremdwort, die Metapher, die Erweiterung und überhaupt alles, was nicht üblicher Ausdruck ist."[135]

- Diese Wirkung des Fremden erklärt Aristoteles anthropologisch: Entlegenes (Fremdes) wird bewundert und Bewundernswertes ist angenehm;
- das dafür nötige naturhafte Ineinander von Fremdheit und Vertrautheit hängt an zwei Bedingungen seitens der Sprechenden:
    - Metaphern müssen entdeckt werden;

---

[134] ARISTOTELES: Rhetorik III, 1404b 26-35. Übers., mit einer Bibliogr., Erl. und einem Nachwort von Franz G. Sieveke. München ⁴1993. 170.
[135] ARISTOTELES: Poetik. 1458a, 19-24.

- Metaphern müssen glücken; vgl. etwa M. Buber:

[131] „Von allem vermag man zu lernen, sagte einmal der Rabbi von Sadagora zu seinen Chassidim, alles vermag uns zu lehren. Nicht bloß alles, was Gott geschaffen hat, auch alles, was der Mensch gemacht hat, vermag uns zu lehren." „Was können wir", fragte ein Chassid zweifelnd, „von der Eisenbahn lernen?" – „Daß man um eines Augenblicks willen alles versäumen kann." – „Und vom Telegraphen?" – „Daß jedes Wort gezählt und angerechnet wird." – „Und vom Telephon?" – „Daß man dort hört, was wir hier reden."[136]

- Glückt metaphorisches Sprechen, so führt es
  - zu einer sprachlichen Erweiterung des Seinshorizontes beim Sprecher;
  - zu spielerischem Wissensgewinn (also einem angenehmen Lernprozeß) beim Hörer.

- Dennoch qualifiziert Aristoteles die Metapher gerade wegen ihres Ansprechendseins zur „uneigentlichen" Redeweise. Einwände:
  - Der Primat der Aussagefunktion der Sprache (gegenüber der Anredefunktion) wird unbegründet vorausgesetzt;
  - es gibt Fälle, in denen notwendigerweise metaphorisch gesprochen werden muß: „Katachrese" (abgeleiteter Gebrauch, der gebräuchlich ist). Von ihr her entpuppen sich Aussagen als Sekundärprodukte ursprünglich metaphorischer Rede. Vgl. Jean Paul (1763-1825): Sprache ist ein Wörterbuch erblaßter Metaphern.[137] Das Innovationspotential von Metaphern erlaubt das Wagnis von Aussagen ins Unerkundete. Vgl. Eichendorff:

[132]
„Schläft ein Lied in allen Dingen.
Die da träumen fort und fort,
Und die Welt hebt an zu singen,
Triffst du nur das Zauberwort."[138]

- Selbst das Sprechen über Metaphern geht nur metaphorisch – und erst recht religiöses Sprechen, sofern dieses konstitutiv von Übertragung welthafter Wörter auf Jenseitiges lebt. Darum gilt:

[133] „*Gott* ist ein sinnvolles Wort nur im Zusammenhang metaphorischer Rede."[139]

- „Gott" ist ein radikal fremder Sachverhalt, da er in radikaler Differenz zur Welt steht;
- Vertrautheit trotz dieser Differenz läßt sich nur durch metaphorisches Er-

---

[136] BUBER, Martin: Die Erzählungen der Chassidim. Zürich 1949. 514.
[137] Vgl. PAUL, Jean: Vorschule der Ästhetik §50. In: Ders.: Werke in zwölf Bänden. Bd. 9. Hrsg. von Norbert Miller. München; Wien 1975. 7-456. Hier 184.
[138] EICHENDORFF, Joseph von: Wünschelruthe. In: Ders.: Sämtliche Werke. Bd. I,1. Hrsg. von Harry Fröhlich und Ursula Regener. Stuttgart; Berlin; Köln 1993. 121.
[139] JÜNGEL, Eberhard: Metaphorische Wahrheit. Erwägungen zur theologischen Relevanz der Metapher als Beitrag zur Hermeneutik einer narrativen Theologie. In: Entsprechungen: Gott – Wahrheit – Mensch. Theologische Erörterungen. München 1980. 103-157. Hier 144.

zählen herstellen, was sich ohne einen infiniten Regreß letztlich nur durch ein transitives Zur-Sprache-Kommen Gottes (= theologisch: „Offenbarung") und die Erzählung davon denken läßt.
- Christlich ist das Jesus-Ereignis Kriterium aller theologischen Metapherbildung:
    - Die Bibel ist ein Netzwerk von Metaphern, die man als so geglückt empfunden hat, daß sie als normative Anleitung zu geglückter Gottesrede überliefert werden;
    - die substantielle Metaphorik der Bibel erklärt den durchgehenden und unbedingten Anredecharakter der Bibel;
    - Jesus als der Christus ist christlich Metapher Gottes schlechthin, an der alle Verkündigungssprache Maß zu nehmen hat.

2.4 Sprache als Handlung

§ 20 Redend kommunizieren wir nicht nur das Gesagte samt manch Ungesagtem, sondern interagieren wir in einem komplexen Regelwerk mit anderen bis hin zur Schaffung neuer Wirklichkeit durch den Redeakt.

- Trotz des Primats der Anrede in religiöser Sprache (vgl. oben) kennt diese auch die Aussage-Form:
[134] „Seid stets bereit, jedem Rede und Antwort zu stehen, der nach dem Grund der Hoffnung fragt, die euch erfüllt".[140]
    Rechenschaft über Gründe geschieht durch Übersetzung metaphorischer in diskursive Wahrheit. Verknüpft sind beide in der „performativ-propositionalen Doppelstruktur" der Sprache. In dieser wurzelt die
- Sprechakt-Theorie (John L. Austin/John R. Searle). Der leitende Gedanke:
    - Die Differenz zwischen Intention und Inhalt einer Äußerung;
    - weil die Intention verschieden interpretiert werden und sich erfüllen oder nicht erfüllen kann, ergibt sich letztlich ein Dreierschema:
        - lokutionärer Akt als Deskription;
        - illokutionärer Akt als Ausdruck der Intention;
        - perlokutionärer Akt als Erfolg der Intention.
        Eine spezielle Gruppe bilden „explizit performative Äußerungen", durch deren sprachliche Äußerung ipso facto das eintrifft, was sie sagen:
[135] „'Ja (sc. ich nehme die hier anwesende XY zur Frau)' als Äußerung im Laufe einer standesamtlichen Trauung.
'Ich taufe dieses Schiff auf den Namen ›Queen Elizabeth‹' als Äußerung beim Wurf der Flasche gegen den Schiffsrumpf [...].

---

[140] 1Petr 3,15.

Jeder würde sagen, daß ich mit diesen Äußerungen etwas Bestimmtes tue (natürlich nur unter passenden Umständen); dabei ist klar, daß ich mit ihnen nicht beschreibe, was ich tue, oder feststelle, daß ich etwas tue; den Satz äußern heißt: es tun. Keine der angeführten Äußerungen ist wahr oder falsch; ich stelle das als offenkundig fest und begründe es nicht. Eine Begründung ist genauso unnötig wie dafür, daß 'verflixt' weder wahr noch falsch ist. Möglicherweise dient die Äußerung jemandem zur Information; aber das ist etwas ganz anderes. Das Schiff taufen heißt (unter passenden Umständen) die Worte 'Ich taufe' usw. äußern. Wenn ich vor dem Standesbeamten oder am Altar sage 'Ja', dann berichte ich nicht, daß ich die Ehe schließe; ich schließe sie."[141]

- Wie ein Ausdruck funktioniert, bedingen Konventionen;
- durch Nicht-Einhaltung der Konventionen mißlingen Sprechakte. Es gibt:
  - die leere Berufung auf Konventionen;
  - die Fehlanwendung von Konventionen;
  - die Trübung des Verfahrens;
  - die Lücke in der Prozedur bei Ausfall eines Elements des Sprechaktes;
  - die Unredlichkeit und Inkonsequenz.

  Zusammengenommen heißt das: Sprechend bewegen wir uns in einem komplexen Netzwerk von Regeln und handeln dadurch zugleich.

- Die Sprechakttheorie besitzt mehrfach unmittelbar theologische Relevanz, besonders:
  - Im Sakramentenverständnis kann über den Performativitätsbegriff das Zusammenspiel von Wort und Sache geklärt werden. Vgl. hierzu schon Thomas von Aquin:

[136] „[...D]iese Rede hat die Kraft, die Wandlung des Brotes in den Leib Christi zu wirken. Darum verhält sie sich zu den anderen Redeweisen, welche nur bezeichnende und nicht bewirkende Kraft haben, wie der Begriff des praktischen Verstandes, der das Ding bewirkt, zum Begriff unseres theoretischen Verstandes, der von den Dingen her gewonnen ist [...]. Wie darum der Begriff des praktischen Verstandes das begriffene Ding nicht voraussetzt, sondern es bewirkt, so setzt auch die Wahrheit dieser Redeweise das bezeichnete Ding nicht voraus, sondern bewirkt es."[142]

- In der Gleichnisforschung: Gleichnisse sind Handlungen, die treffen wollen, etwa:

[137] „In einer Stadt lebten einst zwei Männer; der eine war reich, der andere arm. Der Reiche besaß sehr viele Schafe und Rinder, der Arme aber besaß nichts außer einem einzigen kleinen Lamm, das er gekauft hatte. Er zog es auf, und es wurde bei ihm zusammen mit seinen Kindern groß. Es aß von seinem Stück Brot, und es trank aus seinem Becher, in seinem Schoß lag es und war für ihn wie eine Tochter. Da kam ein Besucher zu dem reichen Mann, und er brachte es nicht über sich, eines von seinen Schafen oder Rindern zu nehmen, um es für den zuzubereiten,

---

[141] AUSTIN, John L.: Zur Theorie der Sprechakte. (How to do things with Words). Dt. Bearbeitung von Eike v. Savigny. Stuttgart ²1979. 29.
[142] THOMAS VON AQUIN: S. th. III, 78, 5 c.

der zu ihm gekommen war. Darum nahm er dem Armen das Lamm weg und bereitete es für den Mann zu, der zu ihm gekommen war.
Da geriet David in heftigen Zorn über den Mann und sagte zu Natan: So wahr der Herr lebt: Der Mann, der das getan hat, verdient den Tod. Das Lamm soll er vierfach ersetzen, weil er das getan und kein Mitleid gehabt hat. Da sagte Natan zu David: Du selber bist der Mann – [und konfrontiert ihn mit seiner Untat]. Darauf sagte David zu Natan: Ich habe gegen den Herrn gesündigt. Natan antwortete David: der Herr hat dir deine Sünde vergeben [...]."[143]

Dabei handelt es sich um die Inszenierung eines Dramas:
- Exposition;
- sich steigernde Spannung;
- aus Illokution wird Perlokution, die zur Rettung aus der Sünde führt.
- Performative Kraft gewinnen Gleichnisse durch Ausmalung (Natan) oder Verfremdung (Jesus; vgl. etwa das „unmoralische" Gleichnis vom betrügerischen Verwalter Lk 16,1-8), beide sind Verfahren der Verdichtung. Das erinnert an

- Zusammenhänge mit der Poesie:
- Platon hatte Poesie schroff abgelehnt: Sie sei Appell an unstete Emotionalität, so daß
[138] „[...] die Nachbildnerei überhaupt, wie sie in großer Ferne von der Wahrheit ihr Werk zustande bringt, so auch mit dem von der Vernunft Fernen in uns ihren Verkehr hat und sich mit diesem zu nichts Gesundem und Wahrem befreundet."[144]
- Dagegen meint Kant:
[139] „Der Dichter kündigt bloß ein unterhaltendes Spiel mit Ideen an, und es kommt doch so viel für den Verstand heraus, als ob er bloß dessen Geschäft zu treiben die Absicht gehabt hätte. Die Verbindung und Harmonie beider Erkenntnisvermögen, der Sinnlichkeit und des Verstandes, die einander zwar nicht entbehren können, aber doch auch ohne Zwang und wechselseitigen Abbruch sich nicht wohl vereinigen lassen, muß unabsichtlich zu sein, und sich von selbst so zu fügen scheinen; sonst ist es nicht schöne Kunst."[145]
- Für Schiller, Hölderlin, Schelling, Hegel, Heidegger bestehen engste Zusammenhänge zwischen Poesie und Philosophie.

Sprache ist nicht ohne, aber auch nicht allein durch Poesie begreifbar.

- Bislang ging es nur um generelle Termini (Allgemeinbegriffe); es gibt auch singuläre (auf ein Ding bezogene) Termini:
- definite Kennzeichnungen;
- demonstrativ identifizierende Ausdrücke;

---

[143] 2 Sam 12,1-7. 13.
[144] PLATON: Politeia. 603a-b. Vgl. 598d- 608b.
[145] KANT: Kritik der Urteilskraft. §51. A 203, B 205-206. In: Ders: Werke in zehn Bänden. Bd. 8. Hrsg. von Wilhelm Weischedel. Darmstadt 1975. 233-620. Hier 423. [Künftig zitiert: KANT: Kritik der Urteilskraft.]

- die Kombination aus beidem;
- Eigennamen.
- Indexicals/Indikatoren stehen in der Mitte zwischen singulären und generellen Termini – und sind von beachtlicher theologischer Relevanz:

2.5 Indexikalität

§ 21 Die scheinbar trivialen Indexicals – räumliche, zeitliche und personale Pronomina – ermöglichen einen überraschenden Zugang zu einigen fundamentalen philosophischen Problemen und reichen überdies bis in den Bereich der Religionstheorie und der Theologie.

- Indexicals sind für verschiedene referentielle Aufgaben einsetzbar, jedoch ohne Bezugsvorgabe; darunter fallen:
    - Demonstrativpronomina;
    - Personalpronomina.
- Aus der Funktionsweise sind Wesenszüge der Indexicals erschließbar:
    - Kontextbezogenheit;
    - enge, jedoch nicht symmetrische Verknüpfung: Es gibt eine Zentralität des Ich-Gebrauchs.
- Die philosophische Relevanz des „ich"-Indexicals:
    - Eine Elimination des „ich"-Indexicals versucht Willard Van Orman Quine (*1908);[146]
    - Ernst Tugendhat (*1930) verfolgt das Programm einer Parallelisierung von „ich"- und „er"-Rede zum Zweck der Intersubjektivierung des „ich"-Gebrauchs, um das Ich zum Produkt kommunikativer Prozesse zu machen. Gerade gegen Tugendhat läßt sich aber zeigen:[147]
        - Das „ich"-Indexical ist irreduzibel;
        - der „ich"-Gebrauch hängt engstens mit ↗Selbstbewußtsein zusammen.
    - Vom „ich"-Indexical her erschließt sich die Doppelung unseres Weltverhältnisses (↗Anthropologie):
        - Singularität meiner Weltbeziehung versus
        - Einzelheit innerhalb der Welt, treffend auf den Punkt gebracht von John Updike:

---

[146] QUINE, Willard van Orman: Word and Object. Cambridge (Mass.) 1960. Dt.: Wort und Gegenstand. Übersetzt von Joachim Schulte. Stuttgart 1980. Kap. 6.
[147] Vgl. dazu HENRICH, Dieter: Noch einmal in Zirkeln. Eine Kritik von Ernst Tugendhats semantischer Erklärung von Selbstbewußtsein. In: Bellut, Clemens – Müller-Schöll, Ulrich (Hgg.): Mensch und Moderne. Beiträge zur philosophischen Anthropologie und Gesellschaftskritik (FS Helmut Fahrenbach). Würzburg 1989. 93-132.

[140] „Milliarden Bewußtseine sickern wie Treibsand die Geschichte voll, und jedes einzelne ist der Mittelpunkt des Universums. Was können wir im Angesicht dieser undenkbaren Wahrheit anderes tun als schreien oder Zuflucht suchen bei Gott?"[148]

- Über diesen Antagonismus von Einmaligkeit und Einzelnsein führt die Indexikalitätsproblematik mehrspurig in die Thematik
   - der ↗Religionsphilosophie (Grundformen der Religionen).
   - der ↗Philosophischen Gotteslehre (Gott-Mensch-Verhältnis)

Hector-Neri Castañeda (1924-1991) hat die Unhintergehbarkeit der Quasi-Indikatoren (Indexicals der indirekten Rede) entdeckt :

[141] „(1) Der Herausgeber der *Psyche* weiß, daß er* /selbst/ ein Millionär ist."
„(2) Der Herausgeber von *Psyche* weiß, daß der Herausgeber von *Psyche* ein Millionär ist."[149]

- (1) und (2) sind nicht bedeutungsgleich, denn Satz (1) impliziert nicht logisch Satz (2) und umgekehrt. Also ist die Selbstzuschreibung unhintergehbar, die in indirekter Rede einem anderen zugeschrieben wird;
- Indexicals sind unübertragbar und ephemer bzw. kommunikabel zugleich;
- das „ich"-Indexical markiert eine Autonomie des Ich, die nicht einmal ein allmächtiges, allwissendes Wesen hintergehen kann – ohne daß diese Autonomie gegen das allmächtige Wesen eingeklagt werden müßte;

> das ist ein Paradefall von nicht nur methodischer, sondern konzeptioneller Zusammengehörigkeit von Sprachphilosophie und Theologie:

[142] „Das Wesen ist in der Grammatik ausgesprochen."[150]

[143] „Welche Art von Gegenstand etwas ist, sagt die Grammatik. (Theologie als Grammatik.)"[151]

Auf verblüffende Weise bestätigt sich beides an den sogenannten „Neuen Medien".

Testfragen:

1. Woher kommt der Begriff der Analogie und welche Funktionen erfüllt er bei Platon und Aristoteles? Zu welcher systematischen Grundunterscheidung kommt es dabei bereits?

---

[148] UPDIKE, John: Selbst-Bewußtsein. Erinnerungen. Dt. von Maria Carlsson. Reinbek b. Hamburg 1990. 59.
[149] CASTANEDA, Hector-Neri: Er: Zur Logik des Selbstbewußtseins. Ratio 8 (1966). 117-142. Hier 121.
[150] WITTGENSTEIN: Philosophische Untersuchungen. I, 371.
[151] WITTGENSTEIN: Philosophische Untersuchungen. I, 373.

2. *Mit welchen Theorievarianten sucht Thomas von Aquin das Analogieproblem zu fassen? Warum kommt er dabei zu keiner befriedigenden Lösung?*
3. *Wie läßt sich das Analogieproblem am Leitfaden des Aquinaten dennoch lösen? Was besagt diese Möglichkeit über Analogie-Theorien als solche?*
4. *Wie verhalten sich Metapher und Analogie zu einander?*
5. *Warum sprechen wir häufig metaphorisch und was geschieht dabei?*
6. *Was leisten Metaphern wissenschaftlich, was speziell theologisch?*
7. *Warum kann von Gott ausschließlich metaphorisch gesprochen werden?*
8. *Inwiefern ist Sprechen Handeln?*
9. *Was versteht man unter der „performativ-propositionalen Doppelstruktur" der Sprache?*
10. *Welche verschiedenen Sprechakte kennt die Sprechakttheorie? Wie werden diese beschrieben, welchen Regeln folgen sie?*
11. *In welchen Zusammenhängen wird die Sprechakttheorie theologisch relevant?*
12. *Inwiefern ist Poesie auch philosophisch von Bedeutung?*
13. *Was versteht man unter Indexikalität und Indexicals? Welche Funktion haben letztere?*
14. *Welchem internen Strukturgesetz folgt der Gebrauch der Indexicals?*
15. *Inwiefern kommt auch den Indexicals theologisch grundlegende Bedeutung zu?*

3. Eine neue Aufgabe: Daten-Kritik

§ 22 Die Telemediatisierung verändert die menschliche Selbst- und Weltbeschreibung mit weitreichenden erkenntnistheoretischen, ontologischen, ethischen, anthropologischen und selbst religionsphilosophischen Konsequenzen.

- Mit der Verbreitung der „Neuen Medien" bahnt sich ein neues philosophisches Paradigma an:
    - Es gab ein Projekt Vernunft-Kritik (Wende 18./19. Jahrhundert);
    - es gab ein Projekt Sprach-Kritik – „linguistic turn" – (Wende 19./20. Jh.):

[144] „Sein, das verstanden werden kann, ist Sprache."[152]

Dieses Ineinander von Sprache (Zeichen) und Sein setzt sich durch die Telemediatisierung radikalisiert und beschleunigt fort; darum braucht es philosophisch
- ein Projekt Daten-Kritik (Wende 20./21. Jh.).

Erste Eindrücke der Aufgabe vermittelt ein:

3.1 Protokoll eines radikalen Begriffswandels

- Bislang selbstverständliche Phänomene und ihre Begriffe wandeln sich:
    - Der Textbegriff:
        - Hypertexte generieren eine empirische Interaktivität zwischen Leser/in, Text und Autor/in;
        - die Grenze zwischen Bild und Schrift verschwimmt;
        - die Verbilderung von Kommunikation geht einher mit der Möglichkeit des Verlusts von Sprach- und Differenzierungskompetenz bis hin zum „Sekundären Analphabeten(tum)":

[145] „Er hat es gut; denn er leidet nicht an dem Gedächtnisschwund, an dem er leidet; daß er über keinen Eigensinn verfügt, erleichtert ihn; daß er sich auf nichts konzentrieren kann, weiß er zu schätzen; daß er nicht weiß und nicht versteht, was mit ihm geschieht, hält er für einen Vorzug. Er ist mobil. Er ist anpassungsfähig. Er verfügt über ein beträchtliches Durchsetzungsvermögen [...]. Zu seinem Wohlbefinden trägt bei, daß der sekundäre Analphabet keine Ahnung davon hat, daß er ein sekundärer Analphabet ist. Er hält sich für wohlinformiert, kann Gebrauchsanweisungen, Piktogramme und Schecks entziffern und bewegt sich in einer Umwelt, die ihn hermetisch gegen jede Anfechtung seines Bewußtseins abschottet. Daß er an seiner Umgebung scheitert, ist undenkbar. Sie hat ihn ja hervorgebracht und ausgebildet, um ihren störungsfreien Fortbestand zu garantieren. Der sekundäre Analphabet ist das Produkt einer neuen Phase der Industrialisierung."[153]

---

[152] GADAMER: Wahrheit I. 478.
[153] Zit. nach KAUFMANN, Franz-Xaver – METZ, Johann Baptist: Zukunftsfähigkeit. Suchbewegungen im Christentum. Freiburg-Basel-Wien 1987.132-133.

- „ezine-Publikationen":
  - Es besteht die Möglichkeit der permanenten Veränderung;
  - bei „Work in progress" vor den Augen der kommentierenden und kritisierenden Weltöffentlichkeit einschließlich der Reaktionen der Autor/innen wird man mit „Ciceronischen" Konsequenzen rechnen müssen:

[146] „So richte auch ich, wenn ich darangehe, bei einem ungewissen, problematischen Fall auf die Richter einzuwirken, mein ganzes Sinnen und Trachten auf das Ziel, daß ich mit möglichst feiner Witterung erspüre, was sie denken, was sie glauben, was sie erwarten, was sie wünschen und in welche Richtung sie wohl durch die Rede am leichtesten zu lenken sind. Wenn sie mir nun entgegenkommen und, wie ich vorhin sagte, schon von sich aus dazu neigen und tendieren, wozu ich sie bewegen will, ja dann ergreife ich die Chance und setze meine Segel in der Richtung, aus der sich die Brise zeigt."[154]

- Informationsbegriff:
  - Der Zugang zu Informationen wird konstitutiv über ökonomische Parameter gesteuert;
  - die Speicherung von Informationen in Gestalt eines technischen Gedächtnisses führt zu einer neuen Form von Traditionsbildung.
- Kommunikationsbegriff:
  - Antike und Mittelalter verstehen Kommunikation als participatio, also communicatio als Teilhabe an vorausgesetztem Gemeinsamen;
  - die Moderne begreift Kommunikation als Herstellung von Gemeinsamkeit;
  - die „Neuen Medien" vollziehen scheinbar eine Rückkehr zum Teilhabe-Gedanken, wenn man das World Wide Web als einen einzigen riesigen Hypertext auffaßt;
  - zugleich zerbricht die ursprüngliche Kontextualisierung von Kommunikation, die bereits mit dem Radio und Telefon einsetzte, endgültig;
  - die Einforderung kommunikationstechnischer Interaktivität bereits 1932 macht Bert Brecht zum Internet-Avantgardisten:

[147] „Durch immer fortgesetzte, nie aufhörende Vorschläge zur besseren Verwendung der Apparate im Interesse der Allgemeinheit haben wir die gesellschaftliche Basis dieser Apparate zu erschüttern, ihre Verwendung im Interesse der wenigen zu diskreditieren."[155]

[148] „Der Rundfunk wäre der denkbar großartigste Kommunikationsapparat des öffentlichen Lebens, ein ungeheures Kanalsystem, d. h., er wäre es, wenn er es verstünde, nicht nur auszusenden, sondern auch zu empfangen, also den Zuhörer nicht nur hören, sondern auch sprechen zu machen und ihn nicht zu isolieren, sondern ihn in Beziehung zu setzen. Der Rundfunk

---

[154] CICERO, Marcus Tullius: De oratore. II, 186f. Lat./Dt. Übers. von Harald Merklin. Stuttgart ²1976. 323.
[155] BRECHT, Bertolt: Der Rundfunk als Kommunikationsapparat. In: Ders.: Werke. Bd. 21. Berlin; Weimar 1992. 552-557. Hier 557. [Künftig zitiert: BRECHT: Rundfunk.]

müßte demnach aus dem Lieferantentum herausgehen und den Hörer als Lieferanten organisieren."[156]

- De facto entsteht durch die Neuen Medien ein neuer Kommunikationsbegriff, in dem sich Teilhabe und Herstellung des Gemeinsamen untrennbar mischen und von räumlich-zeitlichen Kopräsenzen maximal unabhängig machen.

- Eine vergleichbare Verschleifung erzeugen die Neuen Medien hinsichtlich des Verhältnisses von Mündlichkeit und Schriftlichkeit:
  - Im WWW wird mit Schriftzeichen so kommuniziert, wie das ansonsten mündlich geschieht, ohne daß dem die herkömmliche Persistenz schriftlicher Informationen eignete;
  - schon Platon war entschiedener Schrift-Skeptiker:

[149] „[Sokrates:] Ich habe also gehört, zu Naukratis in Ägypten sei einer von den dortigen alten Göttern gewesen, dem auch der Vogel, welcher Ibis heißt, geheiligt war, er selbst aber, der Gott, habe Theuth geheißen. Dieser habe zuerst Zahl und Rechnung erfunden, dann die Meßkunst und die Sternkunde, ferner das Brett- und Würfelspiel, und so auch die Buchstaben. Als König von ganz Ägypten habe damals Thamus geherrscht in der großen Stadt des oberen Landes, welche die Hellenen das ägyptische Theben nennen, den Gott selbst aber Ammon. Zu dem sei Theuth gegangen, habe ihm seine Künste gewiesen und begehrt, sie möchten den anderen Ägyptern mitgeteilt werden. Jener fragte, was doch eine jede für Nutzen gewähre, und je nachdem ihm, was Theuth darüber vorbrachte, richtig oder unrichtig dünkte, tadelte er oder lobte. Vieles nun soll Thamus dem Theuth über jede Kunst dafür und dawider gesagt haben, was weitläufig wäre alles anzuführen. Als er aber an die Buchstaben gekommen, habe Theuth gesagt: 'Diese Kunst, o König, wird die Ägypter weiser machen und gedächtnisreicher, denn als ein Mittel für den Verstand und das Gedächtnis ist sie erfunden!' Jener aber habe erwidert: 'O kunstreichster Theuth, einer versteht, was zu den Künsten gehört, ans Licht zu gebären; ein anderer zu beurteilen, wieviel Schaden und Vorteil sie denen bringen, die sie gebrauchen werden. So hast auch du jetzt als Vater der Buchstaben aus Liebe das Gegenteil dessen gesagt, was sie bewirken. Denn diese Erfindung wird den Lernenden [...] vielmehr Vergessenheit einflößen aus Vernachlässigung des Gedächtnisses, weil sie im Vertrauen auf die Schrift sich nur von außen vermittels fremder Zeichen, nicht aber innerlich sich selbst und unmittelbar erinnern werden. Nicht also für das Gedächtnis, sondern nur für die Erinnerung hast du ein Mittel erfunden. Und von der Weisheit bringst du deinen Lehrlingen nur den Schein bei, nicht die Sache selbst."[157]

Zu vermuten steht eine Verschärfung des Platonischen Problems durch mündliche Schriftlichkeit bzw. schriftliche Mündlichkeit der Neuen Medien im Sinn einer fundamentalen Exteriorisierung des Subjekts.

---

[156] BRECHT: Rundfunk. 553.
[157] PLATON: Phaidros 274c-275 a. In: Ders.: Werke in acht Bänden. Griech./Dt. Bd. 5. Hrsg. von Gunther Eigler. Übers. von Friedrich Schleiermacher und Dietrich Kurz. Darmstadt ²1990. 1-193. Hier 175-177. [Künftig zitiert: PLATON: Phaidros.]

3.2 Verdoppelte Realität – virtuelle Wahrheit?[158]

- Ontologische und epistemologische Grundbegriffe werden durch die Neuen Medien grundlegend verwandelt:
  - Virtualität:
    - „virtualitas" als mögliche Wirklichkeit wirft die Frage nach Sein und Schein neu auf. Gegenüber der „gefrorenen" Ontologie eines Parmenides und der modalen Ontologie eines Aristoteles entsteht durch die Neuen Medien eine „fluktuierende" Ontologie der Virtualität: Was „virtuelle Realität" gegenüber „realer Realität" bedeutet, ist unklar – und soll das nach Auskunft von Cyber-Philosophen auch sein:

[150] „Es gibt keine 'virtuelle Realität', weil es 'die eigentliche Wirklichkeit' nicht gibt, gegen die jene sich abgrenzen müßte. Das eben bedeutet nichts anderes, als daß sich das Virtuelle zumindest nicht auf dem Weg einer kategorischen Abgrenzung gegen das Reale verstehen läßt. Damit aber führt die Beschäftigung mit dem ontologischen Status des Cyberspace dazu, bereits die Frage nach seinem Sein oder Nicht-Sein *anders* zu verstehen – nicht als die Suche nach einer abschließenden Antwort, sondern als Aufforderung, sie *als* Frage anzunehmen. Die Pointe ist die Betonung [...]. Die Frage nach dem Sein oder Nicht-Sein anzunehmen heißt, die Spannung, die in ihr steckt, auszuhalten. Dies von ihren Besuchern zu verlangen, ist das vielleicht entscheidende Potential, durch welches die virtuelle Realität [...] zu einer ontologischen Herausforderung werden kann. Der Weg, der sich an dieser Stelle öffnet, ist gekennzeichnet durch eine gewisse Unentschiedenheit – mehr noch, durch eine entschiedene Verteidigung der Unentscheidbarkeit solch vertrackter Probleme wie 'Sein' oder 'Wahrheit' oder 'Wirklichkeit' usw."[159]

  - Wahrheit wird zum unentscheidbaren Problem:
    - Das gilt bereits für die empirische Wahrheitsfrage im Fall des Beweiswerts von Fotos;
    - die Differenz Realität-Fiktion entgleist überdies ab einer gewissen Input-Quantität unter bestimmten temporalen Voraussetzungen. Das wußte schon Baruch de Spinoza (1632-1677):

[151] „Er [sc. der Verstand] bildet positive Vorstellungen früher als negative Vorstellungen."[160]

---

[158] Vgl. dazu: MÜLLER, Klaus: Verdoppelte Realität – virtuelle Wahrheit. Philosophische Erwägungen zu den neuen Medien. In: Die politische Meinung 43 (1998). 59-70. – DERS.: Computer machen Leute. Philosophie, Neue Medien und Cyber-Religion. Renovatio 54 (1998). 12-17. – DERS.: Das 21. Jahrhundert hat längst begonnen. Philosophisch-theologische Beobachtungen zur Cyber-Kultur. In: Ebertz, Michael – Zwick, Reinhold (Hgg.): Jüngste Tage. Die Gegenwart der Apokalyptik. Freiburg – Basel – Wien 1999. 379-401.
[159] MÜNKER, Stefan: Was heißt eigentlich 'virtuelle Realität'? Ein philosophischer Kommentar zum neuesten Versuch der Verdopplung der Welt. In: Münker, Stefan – Roesler, Alexander (Hg.): Mythos Internet. Frankfurt a.M. 1997. 108-127. Hier 118.
[160] SPINOZA, Baruch de: Tractatus de intellectus emendatione 108. Hrsg. von Konrad Blumenstock. In: Ders.: Opera. Bd. 2. Darmstadt ³1980. 81.

Erst muß geglaubt, dann kann gezweifelt bzw. negiert werden; dieser Zweischritt funktioniert nicht mehr ab einer gewissen Datendichte.

- Wenn folglich ontologische Intuitionen von der Qualität, Quantität und Geschwindigkeit der Daten-Inputs dirigiert werden, stellt sich von selbst die Frage nach der gesellschaftlichen und politischen Bedingtheit von Ontologie:

3.3 Bytes und Bürger: Politik und Ethik in der Netz-Gesellschaft

- Neue Medien und Politik/Gesellschaft beeinflussen sich wechselseitig.
- Das zunächst gepriesene Ideal unmittelbarer Demokratie („Daten-Autobahn"; „Elektronisches Rathaus") geht mit der Gefahr des Durchgriffs von Emotionen, Klischees, Gruppeninteressen etc. einher.
- Äußerst komplex gestaltet sich die Frage nach dem Verhältnis zwischen Internet und Öffentlichkeit versus Privatheit. Die damit aufkommende sozialphilosophische Debatte läßt sich gut auf dem Hintergrund von Jürgen Habermas' (*1929) „Strukturwandel der Öffentlichkeit" (1962) lesen. Dort werden drei Merkmale von „Öffentlichkeit" genannt:
    - Gleichheit der am Diskurs sich Beteiligenden;
    - alles kann Gegenstand des Diskurses werden;
    - Unabgeschlossenheit des Systems.
- Dem scheint das Internet exakt zu entsprechen:
    - Gleichheit der Nutzenden;
    - alles kann Thema werden;
    - Unabgeschlossenheit des Netzes.
- Aber:
    - Es gibt keine Gleichheit der Netznutzer, da diese gebunden ist an
        - Wohlstand;
        - gute Englischkenntnisse;
        - Kenntnisse im Programmieren:
            Längst hat eine – von der Kommerzialisierung des WWW forcierte – Klassenbildung zwischen Netz-Nutzern und Nicht-Nutzern eingesetzt („Kogitariat").
- Auch außerhalb des Netzes kann alles Thema werden, jedoch läßt sich der Legalitätsvorbehalt im Netz ungleich leichter unterlaufen – was zwangsläufig die Debatte um „demokratische Zensur" heraufbeschwört. Doch führt diese nicht weiter, weil die Differenz zwischen privater und öffentlicher Kommunikation im Netz verschwimmt.
- Unabgeschlossenheit gibt es im WWW nicht nur seitens der Sender, son-

dern als Offenheit im Sinn des „gläsernen Nutzers" auch auf der Rezipientenseite.
- Neue Medien heben Öffentlichkeit auf, anstatt sie zu garantieren. Auf die Überfülle an Information, die sie bieten, läßt sich dreifach reagieren:
  - durch rezipientenseitige Anpassung, die auf die Scheidung von authentischen und unseriösen Datenquellen keinen Wert mehr legt;
  - durch Resignation, der hinsichtlich der Inhalte alles gleichgültig ist, was zu erhöhter Aufmerksamkeit auf die formale Seite der Informationen führt und Extremes sowie Paranoides bevorzugt;
  - durch Reduktion über Informationsknoten, wobei diese aber in den Neuen Medien die Form selbstreferentieller Endlosschleifen gewinnen, die letztlich zu einem Tunnelblick und damit zur Aufhebung von Öffentlichkeit führen.

3.4 Anthropologische Transfigurationen: Der Maschinen-Mensch und seine Maskenspiele

- Die Neuen Medien stellen das alte Problem der Identität auf neue, beinahe triviale Weise: Durch die Neuen Medien kann sich jede/r eine Online-Identität zusammenbauen.
- Offenkundig besonders attraktiv ist im Internet das Spiel mit sexuellen Identitäten und die damit einhergehende Aufhebung der Geschlechtlichkeit ins Semiotische.
- Die damit thematisierte Verflüssigung von Identität überhaupt gibt zugleich einen Wink hinsichtlich der Hintergrundtheoreme der Cyber-Philosophie, nämlich prominente Positionen ↗postmodernen Denkens,
  - besonders Michel Foucault (1926-1984) mit der These vom Ende des „Menschen";
  - Jean-François Lyotard (1929-1998) mit der These vom Ende der großen Erzählungen von Sinn und Sein.

3.5 Deus in machina?

- Die Protagonisten der Cyber-Szene verstehen sich nicht primär als technische, sondern als spirituelle Avantgarde. Das schließt einige aggressive Thesen ein:
  - Eine manichäistische Abwertung des Leibes gegenüber PC-hard- und software; der menschliche Leib („wetware") muß technisch überwunden werden:

[152] „Dieser Primatenkörper, der sich in den letzten vier Millionen Jahren nicht verändert hat, kann mit den Visionen unseres Geistes nicht Schritt halten. Unser Geist ist draußen im Universum, greift nach den Sternen und nach der Unsterblichkeit, und diese armseligen, schlampigen Körper fesseln uns hier unten an den Dschungel."[161]

Bezeichnend ist die in diesem Kontext erfolgende Berufung auf Nietzsche:

[153] „Alle Wesen bisher schufen Etwas über sich hinaus: und ihr wollt die Ebbe dieser grossen Fluth sein und lieber noch zum Thiere zurückgehn, als den Menschen überwinden?"[162]

- Traditionelle Religion (namentlich das Christentum) ist eine entropische (also einem definitiven Tod zuarbeitende) Kraft, die der posthumanen Gesellschaft entgegensteht.

- Cyber-Theologie als Gegenprogramm setzt folglich anthropologisch an, mithin in äußerst seltsamer Fortsetzung der von Karl Rahner (1904-1984) wesentlich initiierten „anthropologischen Wende" der Theologie, gemäß der adäquate Rede von Gott als Rede von der Verfassung des Menschen einzusetzen hat.

- Das Internet wird als Ort der Transformation (des Menschen) in Immaterielles begriffen; darin impliziert begegnet der Gedanke eines übermenschlichen Kollektiv-Intellekts:

- Vgl. aber schon Averroes' (1126-1198) Gedanke eines intellectus agens als transhumaner Instanz, an der menschliches Erkennen partizipiert – mit allen Folgen für den Begriff des Individuums.

Nicht umsonst hat sich Thomas von Aquin mit dem Problem intensiv auseinandergesetzt.[163]

- Der Kern der Cyber-Theologie hängt am Gedanken einer Vernetzung aller mit allen, durch die es zu einer spirituellen Realität („Netz") komme, die mit dem Reich Gottes (einschließlich einer linearen Todesüberwindung als Prolongation und Konservation der mentalen Existenz) – „Bewußtsein ins Netz laden" – ineinsfalle:

[154] „Dagegen definiert Struktur-Identität das Wesen einer Person, sagen wir, meiner Person durch die *Struktur* und den *Prozeß*, die in meinem Kopf und Körper vorkommen, aber nicht durch das Substrat, in dem sich dieser Prozeß manifestiert. Bleibt der Prozeß erhalten, so bleibe auch ich erhalten; der Rest ist Sülze."[164]

In diesem Zusammenhang spielt Pierre Teilhard de Chardin (1881-1955) mit seinen Thesen von einem qualitativen Sprung innerhalb der Materie

---

[161] Futurist FM 2030. Zit. nach FREYERMUTH, Gundolf S.: Cyberland. Eine Führung durch den High-tech-Underground. Berlin 1996. 212. [Künftig zitiert: FREYERMUTH: Cyberland.]

[162] NIETZSCHE, Friedrich: Also sprach Zarathustra. Dritte Vorrede. In: KSA 4. 14.

[163] Vgl. THOMAS VON AQUIN: De intellectu et intelligibili. Opuscula varia Bd. 2. In: Ders. Opera omnia Bd. 28. Hrsg. von Stanislaus Eduard Fretté. Paris 1875. 170-172.

[164] MORAVEC, Hans: Mind Children. The Future of Robot and Human Intelligence. Cambridge (Mass.) 1988. Dt.: Mind Children. Der Wettlauf zwischen menschlicher und künstlicher Intelligenz. Hamburg 1990. 163.

und der Teleologie allen Geschehens (Omega-Punkt „Christus") die Rolle des zentralen Inspirators:

[155] „Um den inneren Konflikt zu lösen, der die angeborene Hinfälligkeit der Planeten dem auf ihrer Oberfläche durch das planetisierte Leben entwickelten Irreversibilitätsbedürfnis entgegenstellt, genügt es nicht, das Gespenst des Todes zu verhüllen oder zurückzuschieben, es geht vielmehr darum, es von der Wurzel her aus unserem Gesichtsfeld zu vertreiben.
Wird uns nicht gerade das durch die Idee ermöglicht [...], daß es nach vorn oder, genauer im Herzen des entlang seiner Achse der Komplexität verlängerten Universums ein göttliches Zentrum der Konvergenz gibt: bezeichnen wir es, um nichts zu präjudizieren und um seine synthetisierende und personalisierende Funktion zu betonen, als den Punkt Omega. Nehmen wir an, daß von diesem universellen Zentrum, von diesem Punkt Omega, dauernd Strahlen ausgehen, die bisher nur von denen wahrgenommen wurden, die wir die mystischen Menschen nennen. Stellen wir uns nun vor: da die mystische Empfänglichkeit oder Durchlässigkeit der menschlichen Schicht mit der Planetisation zunimmt, werde die Wahrnehmung des Punktes Omega allgemein, so daß sie die Erde zur selben Zeit psychisch erwärmt wie letztere physisch erkaltet. Wird es so nicht denkbar, daß die Menschheit am Zielpunkt ihrer Zusammenziehung und Totalisation in sich selbst einen kritischen Punkt der Reifung erreicht, an deren Ende sie, während sie die Erde und die Sterne langsam zu der verblassenden Masse der ursprünglichen Energie zurückkehren läßt, sich psychisch von dem Planeten löst, um sich mit dem Punkt Omega, der einzigen irreversiblen Essenz der Dinge, zu verbinden. Ein äußerlich einem Tod gleichendes Phänomen, vielleicht: in Wirklichkeit aber eine einfache Metamorphose und Zugang zur höchsten Synthese."[165]

- Mindestens als Arbeitshypothese kann auf dem Hintergrund der bisherigen Cyber-Szene behauptet werden, daß die Telemediatisierung mit dem Aufkommen einer neuen und hinsichtlich ihrer Form noch nicht dagewesenen Weltreligion einhergeht:
- Der Extropianismus folgt ersichtlich der apersonal-monistischen Grundstruktur östlicher Religionen mit Alleinheit als Ziel;
- er tut dies jedoch mittels „westlicher" instrumenteller Vernunft, tendiert also zu einer westlich-östlichen Synthese (was nicht neu ist, vgl. die Monismen Hegels und Whiteheads, ↗Ontologie; Philosophische Gotteslehre) und erhebt einschlägige Ansprüche, die zur Prüfung herausfordern:

[156] „'Extropianismus ist die erste neue Philosophie nach dem Scheitern der traditionellen Denksysteme am Ende dieses Jahrhunderts. [...] Wir entwickeln die erste systematische Philosophie für das nächste Millennium. Wir sind die neue Aufklärung'."[166]

> *Testfragen:*
>
> 1. *Warum stellt sich die völlig neue Aufgabe einer philosophischen Datenkritik?*
> 2. *Wie verändern sich Grundbegriffe der Kommunikationstheorie durch die „Neuen Medien"?*

---

[165] TEILHARD DE CHARDIN, Pierre: Die Zukunft des Menschen. Olten; Freiburg i. Br. 1963. 163-164.
[166] Max MORE im Gespräch; wiedergegeben in: FREYERMUTH: Cyberland. 253.

3. *Welchen klassischen philosophischen Fragen bezüglich Kommunikation tauchen durch die „Neuen Medien" in neuem Gewand wieder auf?*
4. *Welche Veränderungen erfahren epistemologische und ontologische Fragestellungen durch die „Neuen Medien"?*
5. *Inwiefern erzeugen die „Neuen Medien" neue sozialphilosophische und ethische Herausforderungen?*
6. *Ändert sich auch „der Mensch" selbst durch die „Neuen Medien"? Wenn ja, inwiefern?*
7. *Wie kommt es zu einer Cyber-Theologie und was intendiert diese?*
8. *Welche religionsphilosophischen Postulate und Intuitionen gehen mit der Cyber-Theologie einher? Welche Herausforderungen ergehen seitens dieser an eine christliche Theologie?*

Teil B: Verstehen, Handeln und die Einheit der Vernunft

0. Überleitung

- Christliche Theologie definiert sich als Rede davon, daß Gott geredet hat, und von dem, was er geredet hat. Was aber bedeutet: „Gott redet"?
    - „bedeuten" kommt von „deuten";
    - „Hermeneutik" = Lehre vom „Deuten" und Kunst der Auslegung;
    - Theologie = wesentlich Hermeneutik (aber nicht nur, vgl. ↗Erstphilosophie).

- In enger Verbindung mit Hermeneutik steht „Ethik" als philosophische Rede vom rechten Handeln.
    - Für F.D.E. Schleiermacher (1768-1834) gründet dieser Zusammenhang darin, daß Sinnunterstellung bei der Auslegung fremder Äußerung zweierlei impliziert:
        - Respekt vor der Individualität;
        - Gemeinschaftsstiftung durch Vertrauensvorschuß;
    - Es gibt auch einen systematischen Grund: Richtiges Handeln ist ohne ein Minimum an richtigem Verstehen nicht möglich.

- Nach dem Durchgang durch Hermeneutik und Ethik als den Bereich der praktischen Vernunft stellt sich Frage von deren Zusammenhang mit der theoretischen Vernunft, also nach der Einheit der letzteren, die ihre Antwort im Horizont der Ästhetik im Sinn einer philosophischen Wahrnehmungslehre findet.

1. Grundfragen der Hermeneutik

§ 23 In der Phase ihres Aufkommens zeichnet Hermeneutik eine enge Verbindung zur Sphäre des Religiösen aus, in der zugleich bereits die radikale geschichtliche Dynamik greifbar wird, die den Gang der Hermeneutik bis heute als einzigen philosophischen Traktat (völlig anders etwa als die „statische" Ethik) durchherrscht.

1.1 An den Wurzeln der hermeneutischen Frage

- „Hermeneutik" kommt von Ἑρμῆς = Götterbote, Dolmetsch. Zuständigkeiten:
    - Kommen, Gehen, Geburt, Tod;

- Handel (Analogie: „Il Santo", d.h. Hl. Antonius von Padua!);
- Hilfe, Orientierung;
- „Der bei den Hermen":
    - Wegweiser, Schutz vor Irrtum, Erinnerer;
    - Phallus-Symbolik: Sinnbild für „Dasein" gegen „Nichtsein";
        - Metaphysisch-Religiös: Ordnung ist stärker als das Chaos;
        - Hermes ist der Gott des Zieles.
    - Ikonographisch wurde Hermes in christlicher Rezeption zum „Guten Hirten", der ältesten bekannten Christusdarstellung.

- Bereits der Ursprung der Hermeneutik läßt so
    - eine konstitutive Verbindung von Religion und Hermeneutik und
    - eine geschichtliche Dynamik in Entfaltung der Hermeneutik erkennen.

1.2 Die geschichtliche Dynamik des hermeneutischen Problems

Hermeneutik gewinnt im Lauf in ihrer Geschichte mehrfach einen radikal gewandelten Stellenwert dadurch, daß es an ganz bestimmten Zeitschwellen zu einem signifikanten Bemühen um Verstehen und dessen reflexive Klärung kommt. Solche Zeitschwellen sind:
- Griechische Klassik   - Frühjudentum
- aufkommendes Christentum   - Spätantike
- Wende Mittelalter-Neuzeit - Umbruch von der deutschen
                               Klassik zum 19. Jahrhundert.
- 20. Jh./Gegenwart (bes. auch theol. in konfessioneller Differenz)
    - Das Grundmotiv hinter allen Schüben: Krisen des jeweils bislang Geltenden in Philosophie, Theologie und Gesellschaft.
    - Von daher entfaltet sich der folgende Durchgang durch die Hermeneutik als epochenweise Krisendiagnostik in systematischer Absicht:

1.3 Allegorie und Literalsinn – eine Siegergeschichte

§ 24 **Das erste hermeneutische Großparadigma – das christliche – speist sich aus griechischen und jüdischen Quellen, entwickelt als sein Hauptinstrumentar die Lehre vom mehrfachen Schriftsinn und nimmt dieses schließlich auf eine Weise in Gebrauch, die diese Hermeneutik nach eineinhalb Jahrtausenden Erfolg kollabieren läßt.**

- Die erste hermeneutikrelevante Krise repräsentiert die Sophistik. Sie nimmt fundamentale Bedeutungs- und Normenverschiebungen vor:
    - λόγος: aus „Vernunft" wird individuelles „Wort", „Meinung":
  [1] „Über jede Sache gibt es zwei einander entgegengesetzte Meinungen [δύο λόγοι]."[1]
  [2] „Es gilt die schwächere Meinung [λόγον] zur stärkeren zu machen."[2]
    - φύσις: aus „Weltbeschaffenheit" wird Natur (vs.Gesetz);
    - νόμος: aus Unverfüglichkeit (wie λόγος) wird Konvention;
    - Beispiel für die Normenkrise: Das Ehe-Verständnis bei Homer(ca. 8. Jh.) und bei Antiphon (480-411).

- Solche radikale Veränderungen sind nur durch hermeneutische Technik möglich, nämlich die „Allegorie": Irgendwie Zusammenhang mit bisher Geltendem herstellen – und doch etwas anderes meinen, z.B.:
    - Homerische Götterkämpfe gedeutet als Widerstreit kosmischer Elemente oder Widerstreit moralischer Prinzipien;
    - Äußeres Geschehen gedeutet als Vorgang im Menschen (= anthropologische Allegorese).

- Die zweite Krise markiert der Talmud (Mischna und Gemara):
    - Zuerst mündliche Tradition der Tora, dann:
    - Verschriftlichung, aber weiter auch mündliche Tradition (Krise I: 587 v. Chr.);
    - Aufzeichnung auch der „mündlichen Tora" (Krise II: 70 n. Chr.).
    - Diese jüdische Hermeneutik kennt keine Allegorie; die hebräische Sprache eröffnet ganz andere Weisen der Deutung:
        - Keine Vokale, also sind Varianten der Wortidentifikation möglich;
        - keine Interpunktion, folglich gibt es Varianten des Wort- und Satzendes: ein Buch = zugleich viele Bücher;
        - Gematrie (z.B. Mt 1: „DVD" 4-6-4 = 14 = Davidszahl):
  [3] „Im ganzen sind es also von Abraham bis David vierzehn Generationen, von David bis zur Babylonischen Gefangenschaft vierzehn Generationen und von der Babylonischen Gefangenschaft bis zu Christus vierzehn Generationen."[3]
        - Notarikon: Wortaufspaltung;
        - Anagrammatik: Buchstaben eines Wortes bilden Anfangsbuchstaben der Wörter eines Satzes; oder: Anfangsbuchstaben der Wörter eines Satzes bilden ein Wort;
        - Zeruf: Buchstabenumstellung.

---

[1] DK 80 B 6a.
[2] DK 80 B 6b.
[3] Mt 1,17.

- Diese Talmudische Hermeneutik
    - gibt den Lesenden zu denken;
    - bleibt immer auf literaler Ebene (gegen Allegorese);
    - impliziert eine Philosophie der Subjektivität, weil dem Subjekt die entscheidende Rolle im Deutungsprozeß zufällt.
- Jedoch gibt es Analoges auch in der christlichen Spiritualität des Mittelalters: Abecedarien, Namensteppiche, Florilegien (die an „Konkrete Poesie" à la Ernst Jandl erinnern).

- Mit der dritten Krise entsteht die christliche Hermeneutik.
    - Vorlauf: Philon v. Alexandria (ca. 25 v. - 50 n. Chr.) führt die literale und allegorische Schriftdeutung zusammen.
    - Das Christentum als „neuer Weg" vgl. Apg 22,4) steht (als jüdische Sekte) nicht nur seitens des Judentums, sondern auch des Griechischen Denkens unter Druck.
    - Eine besondere Rolle spielt dabei der Gedanke des Allgemeinen gegenüber dem des Einzelnen, wie später Nietzsche in unübertrefflicher Schärfe notierte:

[4] „Dass Jeder als 'unsterbliche Seele' mit Jedem gleichen Rang hat, dass in der Gesammtheit aller Wesen das 'Heil' jedes Einzelnen eine ewige Wichtigkeit in Anspruch nehmen darf, daß kleine Mucker und Dreiviertels-Verrückte sich einbilden dürfen, dass um ihretwillen die Gesetze der Natur beständig durchbrochen werden – eine solche Steigerung jeder Art Selbstsucht ins Unendliche, ins Unverschämte kann man nicht mit genug Verachtung brandmarken. Und doch verdankt das Christenthum dieser erbarmungswürdigen Schmeichelei vor der Personal-Eitelkeit seinen Sieg, – gerade alles Missrathene, Aufständisch-Gesinnte, Schlechtweggekommene, den ganzen Auswurf und Aushub der Menschheit hat es damit zu sich überredet."[4]

Bei E. M. Cioran (1911-1995) läßt sich Ähnliches lesen:

[5] „Die Inkarnation ist die gefährlichste Schmeichelei, die uns zuteil wurde. Sie hat uns ein maßloses Statut verliehen, das in keinem Verhältnis zu dem steht, was wir sind. Indem es die menschliche Anekdote zur Würde des kosmischen Dramas erhebt, hat es uns über unsere Bedeutungslosigkeit hinweggetäuscht, hat es uns in die Illusion, in einen krankhaften Optimismus gestürzt [...]"[5]

- An dieser Demarkationslinie kämpfte das Christentum, als es den Raum kultureller Öffentlichkeit betrat – damals schneidend thematisiert vom Philosophen Kelsos (2. Jh. n. Chr.):

[6] „Anführer der Entstehung der Christen aber ist Jesus gewesen; er hat vor ganz wenigen Jahren diese Lehre eingeführt, von den Christen angesehen als der Gottessohn. Sein verderbliches Wort hat diese Menschen betrogen, freilich bei seinem [Achtung! K.M.] idiotischen Charakter und seinem Mangel an Vernunftgründen fast nur unter Unwissenden Macht gewon-

---

[4] NIETZSCHE, Friedrich: Der Antichrist. In: KSA 6. 165-254. Hier 217.
[5] CIORAN, Emile M.: Die verfehlte Schöpfung. Frankfurt a.M. ²1981. 33. [Künftig zitiert: CIORAN: Schöpfung.]

nen, wenn es schon immer auch etliche masvolle [sic!], fromme, verständige und zu allegorischen Deutungen geschickte Leute unter ihnen gibt."[6]

- Zu Letztgenannten gehört an prominentester Stelle Origenes (185-254): Auf dem Hintergrund der Annahme eines Zusammenhangs zwischen AT und NT und dem erkenntnistheoretischen Gedanken der notwendigen Einheit aller Wahrheit formuliert er erstmals formale Grundsätze einer Hermeneutik:
  - Die Bibel ist an vielen Stellen buchstäblich,
  - an allen Stellen geistlich zu verstehen.

  Folge: Es gibt einen doppelten Schriftsinn (theoretisch einen dreifachen):

[7] „Der uns richtig erscheinende Weg zum Umgang mit den Schriften und zum Verständnis ihres Sinnes ist folgender; er läßt sich in den Schriftworten selber aufspüren. Bei Salomo finden wir in den Sprüchen folgende Anordnung über die aufgezeichneten göttlichen Lehren (vgl. Spr. 22,20f. LXX): 'Und du schreibe sie dreifach in deinen Rat und deine Erkenntnis, damit du denen, die dich fragen, Worte der Wahrheit antworten kannst.' Dreifach also muß man sich die Sinne der heiligen Schriften in die Seele schreiben: Der Einfältige soll von dem 'Fleische' der Schrift erbaut werden – so nennen wir die auf der Hand liegende Auffassung –, der ein Stück weit Fortgeschrittene von ihrer 'Seele', und der Vollkommene – der denen gleicht, von denen der Apostel sagt (1 Kor 2,6f.): 'Weisheit aber reden wir unter den Vollkommenen, aber nicht die Weisheit dieser Weltzeit und nicht die der vergänglichen Herrscher dieser Weltzeit, sondern wir reden Gottes Weisheit im Geheimnis, die verborgene, die Gott vor den Weltzeiten zu unserer Herrlichkeit vorherbestimmt hat' – erbaut sich aus 'dem geistlichen Gesetz', 'das den Schatten der zukünftigen Güter enthält' (vgl. Röm 7,14; Hebr 10,1). Wie nämlich der Mensch aus Leib, Seele und Geist besteht, ebenso auch die Schrift, die Gott nach seinem Plan zur Rettung der Menschen gegeben hat."[7]

- Augustinus (354-430) ist in besonderer Weise für die weitere Karriere der Lehre vom mehrfachen Schriftsinn verantwortlich: Im Zusammenhang des „Tyconius"-Konflikts schreibt er in Buch III von „De doctrina christiana" eine bis ins späte Mittelalter maßgebende Hermeneutik:
  - Eigentliche Redeweise liegt vor, wo es um Glaubens- und Sittenlehren geht;
  - bildlich gesprochen wird, wo Widersprüche zu unserem sittlichen Empfinden (z.B. Polygamie der Stammväter, „grausamer Gott" etc.) auftreten;
  - offenkundig handelt es sich im eine Entschärfungsstrategie am Maßstab von Augustinus' Zeitbewußtsein. Doch welchem Maßstab untersteht dieses seinerseits – und welchem wiederum dessen Maß-

---

[6] CELSUS: Gegen die Christen. Aus dem Griech. von Th. Keim. Mit Beiträgen von F.W. Korff und E. Fuhrmann. München 1991. 70-71.
[7] ORIGENES: Peri Archon IV 2, 4. Dt: Ders.: Vier Bücher von den Prinzipien. Hrsg., übers., mit krit. und erläut. Anm. versehen von Herwig Görgemanns und Heinrich Kapp. Darmstadt 1976. (WdF 24). 709-711.

stab und so in infinitum (Fragen, die erst in der Gegenwart diskutiert werden).
- Die Karriere der Lehre vom vierfachen Schriftsinn führte zu etlichen Versuchen einer Systematisierung. Eine besonders wirkmächtige überliefert Augustinus de Dacia (13. Jahrhundert):

[8] „Littera gesta docet, quid credas allegoria, moralis quid agas, quo tendas anagogia."[8] [Der Buchstabe lehrt dich die Ereignisse, die Allegorie, was du glauben sollst, der moralische Sinn sagt dir, was du tun sollst, und der anagogische Sinn, wohin du streben sollst.]

Vgl. etwa die Applikation auf das Beispiel „Jerusalem":
- literarisch: Stadt in Judäa;
- allegorisch: Kirche als Ort der Gottesgegenwart,
- moralisch: Seele als Ort des Gewissensrufes;
- anagogisch: himmlisches Jerusalem als eschatologisches Ziel.

- Eine Renaissance der hermeneutischen Praxis des mehrfachen Schriftsinnes in psychologischer Wendung (durchaus in Koinzidenz mit Origenes) findet sich in der Schriftauslegung E. Drewermanns (*1940); der Konflikt um sie ist im wesentlichen einer zwischen „alter" und „neuer" Hermeneutik mit verquere Frontverläufen: Drewermann kämpft auf Seiten der „alten" (Beweis: Obiger Merksatz taucht – in verzwickter Funktion – im „Katechismus der Katholischen Kirche" von 1993 auf).

- Wo und wie die Hermeneutik des mehrfachen Schriftsinns an ihre Grenzen kommt, läßt sich besonders gut an „Kirchen-Bildern" exemplifizieren. Schon im NT gibt es ca. 80 Bilder für Kirche; in der Väterzeit kommt es zur Metaphern-Explosion mit besonderer Funktion des Bildworts „Schiff". Auch die mit ihm verbundenen hermeneutischen Meisterleistungen können in Ambivalenz gezogen werden, z.B.:
- Ideologischer Gebrauch etwa in den „Pseudo-Klementinen":

[9] „Die Fahrgäste sollen also wohlgeordnet und ruhig auf ihren Plätzen sitzen, damit sie nicht durch Herumlaufen Erschütterung oder Schlagseite verursachen."[9]

Vgl. auch „Apostolische Konstitutionen":

[10] „aufgrund ihrer Vorsorge sollen (bezogen auf das Presbyterium des Kirchenschiffes) im andern Teil (des Baues) die Laien sitzen, in aller Ruhe und Ordnung, und die Frauen sollen getrennt davon sitzen, auch sie, und Schweigen bewahren."[10]

---

[8] Zit. nach DOHMEN, Christoph: Vom vielfachen Schriftsinn – Möglichkeiten und Grenzen neuerer Zugänge zu biblischen Texten. In: Sternberg, Thomas (Hg.): Neue Formen der Schriftauslegung? Freiburg; Basel; Wien 1992. 13-74. Hier 17.
[9] Zit. nach VOGT, Hermann-Josef: Bildworte der Bibel bei den Kirchenvätern. In: Ders.: Bilder der frühen Kirche. München 1993. 9-59. Hier 30. [Künftig zitiert: VOGT: Bildworte.]
[10] VOGT: Bildworte. 33.

- Umkippen ins Lächerliche durch allegorische Bild-Ausbeutung, so bei Honorius Augustodunensis († gg. Mitte des 12. Jh.):

[11] „[...] Die Augen dieses Hauptes [sc. Christus] sind die Propheten, die die Zukunft vorausgesehen haben, es sind auch die Apostel, die die anderen vom Weg der Sünde zum Licht der Gerechtigkeit zurückgeführt haben. Die Ohren sind die Gehorsamen. Die Nase sind die Abweichler. Der Schleim, der durch die Nase ausgestoßen wird, sind die Häretiker, die durch das Gericht über die Abweichler vom Kopf Christi ausgeschneuzt werden. Der Mund sind die Gelehrten, die Zähne sind die Exegeten, die Hände die Verteidiger der Kirche. Die Füße sind die Bauern, die die Kirche nähren. Der Mist, der aus dem Bauch des Schweines entströmt, sind die unreinen und wollüstigen Altardiener und die übrigen Lasterhaften in der Kirche, die den Bauch der Mutter Kirche belasten [...]."[11]

- Werden Einzelzüge des Bildworts extrapoliert, kommt es nicht nur zur Eisegese, sondern zum Zusammenbruch der hermeneutischen Leistung der Allegorie; die massenhafte Überschreitung dieser Grenzlinie führt zum Ende des Paradigmas vom mehrfachen Schriftsinn und zur Heraufkunft der nachfolgenden Hermeneutik-Form.

Testfragen:

1. *Was macht den Grundsinn von Hermeneutik aus? Inwiefern steht dieser in einem unmittelbaren Zusammenhang mit Ethik?*
2. *Was läßt sich bereits etymologisch über den Sinn von Hermeneutik ermitteln?*
3. *Woher rührt die ursprüngliche konstitutive Verbindung von Hermeneutik und Religion bzw. Theologie?*
4. *Inwiefern handelt es sich bei Hermeneutik um einen Krisenphänomen? In welchen epochalen Situationen kommt das signifikant zur Geltung?*
5. *Welche Hermeneutik entwickelt die Sophistik, welche bestimmt die Traditionen der hebräischen Bibel? Mit welchen Instrumentarien arbeiten sie?*
6. *Wie werden die beiden vorausgehend genannten Hermeneutiken in der frühen christlichen Hermeneutik zusammengeführt?*
7. *Unter welchen Bedingungen wird die Lehre vom doppelten Schriftsinn entwickelt? Welche Funktionen hat sie theoretisch und praktisch zu erfüllen?*
8. *Welche Dimensionen gewinnt diese christliche Hermeneutik in ihrer Systematisierung zum vierfachen Schriftsinn? Wird sie auch heute noch beansprucht?*
9. *Wo liegen die Grenzen allegorischer Hermeneutik? Was geschieht, wenn diese Grenzen mißachtet werden?*

---

[11] HONORIUS AUGUSTODUNENSIS: Elucidarium I, 27. PL 172. Sp. 1109-1176. Hier 1128f. [Übers. Tobias Kampmann].

1.4 Die Rehabilitierung des Buchstabens

§ 25 Reformatorisch wird gegen die Überdrehung der Allegorese machtvoll der Primat des Literalsinns eingefordert – mit der Folge entsprechender Konflikte. Der Versuch, diese zu entschärfen bzw. zu vermeiden, leitet die neuzeitliche Hermeneutik auf ein rationalistisch-skeptisches Gleis, das seinerseits zu einer Reaktion in Gestalt einer (pietistischen) Hermeneutik des Herzens führt. Das spannungsreiche Nebeneinander beider Stränge bereitet den Boden für die erste allgemeine Theorie der Auslegung.

- Gewiß handelt es sich bei der Reformation hermeneutisch um einen Umbruch größten Umfangs, und dennoch gibt es einschlägiges Problembewußtsein schon vorher. Schon Thomas von Aquin war der Überzeugung: Der Literalsinn ist Kriterium aller Auslegung; mehrfacher Schriftsinn entsteht

[12] „[...] nicht dadurch, daß dasselbe Wort die verschiedensten Bedeutungen hat, sondern dadurch, daß die durch dieses Wort bezeichneten Dinge selbst wieder Zeichen und Sinnbilder sein können für andere Dinge. Also kann daraus gar keine Verwirrung folgen, da jeder mögliche Sinn in einem einzigen gründet, nämlich im Wortsinn. Und nur der Wortsinn kann zur Grundlage des Beweises genommen werden, nicht aber etwa der allegorische. [...] Das tut der Heiligen Schrift in keiner Weise Eintrag, weil unter dem geistigen Sinn keine einzige glaubensnotwendige Wahrheit enthalten ist, die nicht anderswo in der Heiligen Schrift im Wortsinn klar und deutlich überliefert würde."[12]

Gerade weil sich diese Position aber nicht durchgesetzt hat, kommt es letztlich zum hermeneutischen crash der Reformation.

- Das neues Paradigma lautet: „Sola scriptura" – die Schrift genügt sich selbst.
  - Erkämpft in Auseinandersetzung mit dem Konzil v. Trient (1545-1563), das auf der Auslegung am Leitfaden der kirchlichen Tradition besteht. Vgl. den Text vom 8.4.1546:

[13] „Das hochheilige ökumenische und allgemeine Konzil von Trient, im heiligen Geiste rechtmäßig versammelt, ... sich immerdar das Ziel vor Augen haltend, daß nach Aufhebung der Irrtümer des Evangeliums Reinheit selbst in der Kirche bewahrt werde, das, einst durch die Propheten in den heiligen Schriften verheißen, unser Herr Jesus Christus, der Sohn Gottes, zuerst mit eigenem Munde verkündete und danach durch seine Apostel als Quelle aller heilsamen Wahrheit und Sittenlehre jedem Geschöpf predigen ließ; und erkennend, daß diese Wahrheit und Lehre in geschriebenen Büchern und ungeschriebenen Überlieferungen enthalten sind, die, von den Aposteln aus dem Munde Christi selbst empfangen oder von den Aposteln selbst auf Diktat des Heiligen Geistes gleichsam von Hand zu Hand weitergegeben, bis auf uns gekommen sind, folgt dem Beispiel der rechtgläubigen Väter und nimmt an und verehrt mit dem gleichen Gefühl der Dankbarkeit und der gleichen Ehrfurcht alle Bücher sowohl des Alten als auch des Neuen Testaments, da der eine Gott Urheber von beiden ist, sowie die Überlieferungen, sowohl die, welche zum Glauben, als auch die, welche zu den Sitten gehören

---

[12] THOMAS VON AQUIN: S.th. I, 1, 10 ad 1.

– als entweder wörtlich von Christus oder vom Heiligen Geiste diktiert und in beständiger Folge in der katholischen Kirche bewahrt."[13]

[14] „Wer aber diese Bücher nicht vollständig mit allen ihren Teilen, wie sie in der katholischen Kirche gelesen zu werden pflegen und in der alten lateinischen Vulgata-Ausgabe enthalten sind, als heilig und kanonisch anerkennt und die vorher erwähnten Überlieferungen wissentlich und absichtlich verachtet: der sei mit dem Anathema [wörtlich: mit der Verfluchung] belegt."[14]

- Erster Vertreter des neuen Paradigmas ist Matthias Flacius (1520-1575) mit seinem „Clavis Scripturae sacrae"; dessen essentials:
    - Philologische Interpretation;
    - Schrift muß als Ganzes gelesen werden, die Einzelstellen sind von der Totalität her zu verstehen:

[15] „Diese haben die Heilige Schrift nämlich sehr selten gelesen, und auch wenn sie sie gelesen haben, so haben sie nur Sinngehalte nach ihrem Gutdünken herausgepflückt und diese außerdem nach ihrem Belieben miteinander in Verbindung gebracht. Nicht anders pflücken auch spielende Mädchen nach ihrem Gefallen Blumen auf den Wiesen, und dann flechten sie daraus Kränze oder irgend etwas anderes nach ihrem Geschmack. So haben auch jene es also nach ihrem Belieben dahin gebracht, indem sie mit der Heiligen Schrift ihr Spiel trieben, daß sie, wenn auch mit den puren Worten der Schrift, doch ihre eigenen, nicht die Sinngehalte der Schrift, zu einem Flickwerk machten. Diesen traurigsten und verderblichsten Schaden muß man unter dem unzähligen anderen Unheil, was dort noch gewütet hat, sehr sorgfältig beobachten."[15]

Hier mischen sich Bemühung um Auslegung und Polemik gegen anders Interpretierende. Aus Hermeneutik wird Sprengstoff, der in den Religionskriegen explodiert.

- Eine Fortentwicklung der Hermeneutik kann nur darin bestehen, den Primat des Buchstabens zu bewahren, ohne jedoch Konflikte zu erzeugen.

- Den entscheidenden Anstoß zu einem solchen Projekt gibt Baruch de Spinoza (1632-1677) mit seiner Forderung nach der Verknüpfung von Freiheit, Frieden und Frömmigkeit, wie sie gleich im Titel seines einschlägigen Werkes steht:

[16] „Theologisch-Politischer Trakat, enthaltend einige Abhandlungen, in denen gezeigt wird, daß die Freiheit zu philosophieren nicht nur unbeschadet der Frömmigkeit und des Friedens im Staat zugestanden werden kann, sondern daß sie nur zugleich mit dem Frieden im Staat und mit der Frömmigkeit selbst aufgehoben werden kann."[16]

---

[13] DH 1501.
[14] DH 1504.
[15] MATTHIAS FLACIUS ILLYRICUS: Anweisungen, wie man die Heilige Schrift lesen soll, die wir nach unserem Urteil gesammelt oder ausgedacht haben. Zit. nach: Gadamer, Hans-Georg – Boehm, Gottfried (Hgg.): Seminar: Philosophische Hermeneutik. Frankfurt a.M. 1976. 43-52. Hier 52. [Künftig zitiert: GADAMER: Seminar 1976.]
[16] SPINOZA, Baruch de: Tractatus Theologico-Polititicus. In: Ders.: Werke. Bd. 1. Lat./Dt. Hrsg. von Günter Gawlick und Friedrich Niewöhner. Darmstadt 1979. 3. [Künftig zitiert: SPINOZA: Tractatus.]

- Freier Vernunftgebrauch fungiert als Voraussetzung eines religiös und politisch geordneten Gemeinwesens.
- Die damit verbundene Fundamentalität der Freiheit kann nur hermeneutisch in Wirklichkeit übersetzt werden:

[17] „Ich habe mich oft darüber gewundert, daß Leute, die sich rühmen, die christliche Religion zu bekennen, also Liebe, Freude, Frieden, Mäßigung und Treue gegen jedermann, dennoch in der feindseligsten Weise miteinander streiten und täglich den bittersten Haß gegeneinander auslassen, so daß man ihren Glauben leichter hieran als an jenen Tugenden erkennt. Schon lange ist es so weit gekommen, daß man jeden, ob Christ, Türke, Jude oder Heide, nur an seiner äußeren Erscheinung und an seinem Kult erkennen kann [...] Im übrigen ist der Lebenswandel bei allen der gleiche. [...]
Hätten sie auch nur ein Fünkchen göttlichen Lichtes, so wären sie nicht so unsinnig vor Hochmut, sondern würden Gott verständiger zu verehren lernen und sich anstatt wie jetzt durch Haß vielmehr durch Liebe vor den anderen auszeichnen; auch würden sie die Andersdenkenden nicht so feindselig verfolgen, sondern sie bemitleiden, wenn ihnen wirklich um deren Heil und nicht um ihr eigenes Glück zu tun wäre."[17]

- Die Dignität der Schrift („Wahrheit und Göttlichkeit") erweist sich für Spinoza in ihrer Begegnung mit der Vernunft. Rationalität wird ein hermeneutisches Kriterium:

[18] „Da ich bei mit bedachte, daß das natürliche Licht nicht bloß geringgeschätzt, sondern von vielen geradezu als Quelle der Gottlosigkeit verdammt wird, daß menschliche Erdichtung für göttliche Lehre gehalten, Leichtgläubigkeit als Glaube geschätzt wird, daß die Streitigkeiten der Philosophen in Kirche und Staat mit aller Leidenschaftlichkeit geführt werden und daß wütender Haß und Zwist, durch welche die Menschen leicht zu Empörungen verleitet werden, und noch vieles andere, dessen Aufzählung hier zu weit führen würde, davon die Folge ist, so habe ich mir fest vorgenommen, die Schrift [Achtung! K.M.] von neuem mit unbefangenem und freiem Geist zu prüfen und nichts von ihr anzunehmen oder als ihre Lehre gelten zu lassen, was ich nicht mit voller Klarheit ihr selbst entnehmen könnte."[18]

[19] „Weil ferner die Sinnesart der Menschen sehr verschieden ist und dem einen diese, dem anderen jene Ansicht mehr zusagt und diesen zur Andacht stimmt, was jenen zum Lachen bringt, so schließe ich daraus in Verbindung mit dem oben Gesagten [über Vernunft und Offenbarung], daß jedem die Freiheit des Urteils und die Möglichkeit, die Grundlagen seines Glaubens nach seinem Sinne auszulegen, gelassen werden muß und daß der Glaube eines jeden, ob er fromm oder gottlos, einzig nach seinen Werken zu beurteilen ist. Nur so werden alle von ganzem Herzen und freien Sinnes Gott gehorchen können, und nur so werden Gerechtigkeit und Liebe von allen hochgehalten werden."[19]

- Verstehen besteht im Erschließen von Bedeutungen des Sprachgebrauchs; die Wahrheitsfrage wird dahingestellt, also eine skeptische Position bezogen:

[20] „Dunkel oder klar nenne ich Aussprüche, je nachdem ihr Sinn aus dem Zusammenhang leicht oder schwer zu ermitteln ist, aber nicht insofern ihre Wahrheit leicht oder schwer mit der Vernunft zu erfassen ist; denn bloß um den Sinn der Rede, nicht um ihre Wahrheit handelt

---

[17] SPINOZA: Tractatus. 13-15.
[18] SPINOZA: Tractatus. 15-17.
[19] SPINOZA: Tractatus. 19-21.

es sich. Ja, man muß sich vor allem hüten, solange der Sinn der Schrift in Frage steht, daß man sich nicht durch eigene Erwägungen, soweit sie auf den Prinzipien natürlicher Erkenntnis beruhen (ganz zu schweigen von den Vorurteilen), dazu verleiten läßt, den wahren Sinn einer Stelle mit der Wahrheit ihres Inhalts zu verwechseln. Der Sinn ist bloß aus dem Sprachgebrauch zu ermitteln oder aus solchen Erwägungen, die nur die Schrift als Grundlage anerkennen."[20]

- Statt verschiedene Schriftsinne aus dem einen Buchstaben herauszuholen, geht es darum, verschiedene Auslegungen in dem einen Buchstaben unterbringen. Spinozas Fazit:

[21] „Ich halte diese Schwierigkeiten für so groß, daß ich kein Bedenken trage zu behaupten: bei den meisten Stellen kennen wir den Sinn der Schrift entweder gar nicht oder vermuten nur aufs Geratewohl, ohne Gewißheit."[21]

- Damit sind die Spuren für die weitere Fortentwicklung der Hermeneutik gelegt. Spinozas „rationalistische" Hermeneutik provoziert eine „Hermeneutik des Herzens"; diese konkretisiert sich als:
  - Pietistische Schriftauslegung, die ihr Zentrum in einer Koinzidenz von Auslegung und Anwendung hat (applicatio) und reflexiv einer Lehre von den Affekten zur Geltung kommt:
    - Affektive und emotionale Situation des Sprechers müssen in die Auslegung einbezogen werden (↗Performativität):

[22] „[…] affectus ironicus, ja, ja, Glück auf den Weg, der Herr sei mit euch, ihr sollt lange warten, bis ich mit diesen conditionibus in euren discessum willigen und euch dimittieren werde. Da flossen die Worte aus einem affectu ironico, und haben also einen ganz anderen sensum."[22]
- Affekte selbst gehören auch zur Botschaft:

[23] „Denn wir müssen nicht nur von den Worten, sondern auch von den Affekten der heiligen Männer zu profitieren suchen [die Frauen vergißt auch er; K.M.], und müssen daher die Schrift auch um deswillen lesen, damit unsere unordentlichen und bösen Affekte emendiert und unser Herz mit guten und heiligen Affekten erfüllt werde."[23]

- Das durch und nach Spinoza entstehende Nebeneinander von rationalistischer und pietistischer Hermeneutik führt zu Reibung und entsprechender Spannung, die sich
  - bisweilen eruptiv entlädt (so z.B. auch im Fall Drewermann)

---

[20] SPINOZA: Tractatus. 235-237.
[21] SPINOZA: Tractatus. 261.
[22] RAMBACH, Johann Jacob: Erläuterung über seine eigenen *Institutiones Hermeneuticae Sacrae* (1723). Zit. nach: GADAMER: Seminar 1976. 62-68. Hier 63. [Künftig zitiert: RAMBACH: Erläuterung.]
[23] RAMBACH: Erläuterung. 66.

- oder den weiteren Antrieb der geschichtlichen Dynamik in der Entfaltung der Hermeneutik speist und so zum Aufkommen der ersten universalen Hermeneutik im modernen und wissenschaftlichen Sinn führt:

1.5 Hermeneutik als allgemeine Theorie des Verstehens

§ 26 Zu einer für alle Geisteswissenschaften relevanten Theorie der Auslegung kommt es durch die Verschränkung von rationalistischer und pietistischer Hermeneutik, der sich gleichermaßen das Interesse an der Aufklärung der Ermöglichungsbedingungen von Erkenntnis wie der Gedanke der Geschichtlichkeit der Vernunft verbinden.

Initiator des neuen Paradigmas ist F.D.E. Schleiermacher (1768-1834), dem universale wissenschaftliche Kompetenz und Wirkung zuerkannt werden muß. Durch ihn wird Hermeneutik im Sinn rechter theologischer Auslegung allgemeine (für alle Geisteswissenschaften) relevante Hermeneutik, die theologische zu deren Unterfall.

- Das zentrale Programm: Historisch-kritische und pietistische Hermeutik müssen sich gegenseitig durchdringen:

[24] „Wie jede Rede eine zwiefache Beziehung hat, auf die Gesamtheit der Sprache und auf das gesamte Denken ihres Urhebers: so besteht auch alles Verstehen aus den zwei Momenten, die Rede zu verstehen als herausgenommen aus der Sprache, und sie zu verstehen als Tatsache im Denkenden."[24]

Damit sind zwei Basis-Parameter der Hermeneutik Schleiermachers benannt:
- „Grammatische Auslegung";
- „Psychologische Auslegung".
- Die Tiefenstruktur dieses Ansatzes wird bestimmt durch
    - das Interesse an der transzendentalen Analyse im Sinn einer Aufklärung der Bedingung der Möglichkeit von Erkenntnis überhaupt (Kantisches Motiv);
    - den Gedanken der Geschichtlichkeit der Rationalität (Spinozistisches Motiv).
- Aus beidem zusammen resultiert Schleiermachers Dreh- und Angelpunkt:

---

[24] SCHLEIERMACHER, Friedrich Daniel Ernst: Hermeneutik und Kritik. Mit einem Anhang sprachphilosophischer Texte Schleiermachers. Hrsg. und eingel. von Manfred Frank. Frankfurt a.M. 1977. 77. [Künftig zitiert: SCHLEIERMACHER: Hermeneutik.]

- Die Geschichtsbedingtheit der Vernunft und des Verstehens wird faßbar im Raum der Sprache, speziell des Gesprächs als des konkreten Leitfadens der Hermeneutik Schleiermachers.
- Daraus wiederum ergeben sich die Eckdaten des Konzepts:
  - Das Verhältnis Sprache als Universum versus individueller Sprecher:

[25] „Hiernach ist jeder Mensch auf der einen Seite ein Ort, in welchem sich eine gegebene Sprache auf eine eigentümliche Weise gestaltet, und seine Rede ist nur zu verstehen aus der Totalität der Sprache. Dann aber ist er auch ein sich stetig entwickelnder Geist, und seine Rede ist nur als eine Tatsache von diesem im Zusammenhang mit den übrigen."[25]

- Konkrete Rede ist nur verständlich aus der Totalität der Sprache, aber gleichzeitig gestaltet die konkrete Rede auch diese Totalität;
- „grammatische" und „psychologische" Dimension sind „unendlich".

- Der divinatorische Akt als Sinn-Rekonstruktion einer Äußerung aus eigener Sprachkompetenz in schritthaltender Spontaneität; Quellformel der Auslegungskunst:

[26] „[...] und diese ist 'das geschichtliche und divinatorische (profetische) objektive und subjektive Nachkonstruieren der gegebenen Rede'.
Objektiv geschichtlich heißt einsehen, wie sich die Rede in der Gesamtheit der Sprache und das in ihr eingeschlossene Wissen als ein Erzeugnis der Sprache verhält. *Objektv divinatorisch* heißt ahnden, wie die Rede selbst ein Entwicklungspunkt für die Sprache werden wird [...].
Subjektiv geschichtlich heißt wissen, wie die Rede als Tatsache im Gemüt gegeben ist, *subjektiv divinatorisch* heißt ahnden, wie die darin enthaltenen Gedanken noch weiter in dem Redenden und auf ihn fortwirken werden [...]. Die Aufgabe ist auch so auszudrücken, 'die Rede zuerst ebensogut und dann besser zu verstehen als ihr Urheber'."[26]

- Die „comparative" Methode als Einbezug des Allgemeinen mittels Vergleich:

[27] „Die divinatorische ist die, welche, indem man sich selbst gleichsam in den andern verwandelt, das Individuelle unmittelbar aufzufassen sucht. Die komparative setzt erst den zu Verstehenden als ein Allgemeines und findet dann das Eigentümliche, indem mit andern unter demselben Allgemeinen Befaßten verglichen wird."[27]

- Nur in der untrennbaren Verbindung von comparativer Methode und divinatorischen Akt kommt es zur nur wechselseitigen Durchdringung von Allgemeinem und Besonderem.
- Komparation umgreift mehrere Ebenen:
  - den Vergleich von sprachlichen Gebrauchsfällen;
  - innerhalb eines Werkes wird das Einzelne aus dem Ganzen verstanden;

---

[25] SCHLEIERMACHER: Hermeneutik. 78.
[26] SCHLEIERMACHER: Hermeneutik. 93-94.
[27] SCHLEIERMACHER: Hermeneutik. 169.

- die Schriften eines Autors sind vom Ganzen des Sprachschatzes und seiner Epoche her auszulegen.

- Die Gedanken „Ganzes-Teil", „Universum-Einzelner" und „Einfühlung" zugleich bilden den Hintergrund für Schleiermachers Auffassung von Religion (Religionsphilosophie und Ethik sind die Felder seiner eigentlichen philosophischen Leistung):
    - Unterschieden werden drei Grunddimensionen der Vernunft, die alle denselben Gegenstand – das Verhältnis von Universum und Mensch – haben:
        - Metaphysik betrifft die Perspektive des Denkens;
        - Moral betrifft die Perspektive des Handelns;
        - Religion betrifft die Perspektive von Anschauung und Gefühl
    - Religion = „Sinn und Geschmack fürs Unendliche"[28];
        = „Anschauung des Universums"[29];
        = Antwort des Menschen auf Anstoß durch Unendliches.
    - Religion wird nicht als Bezug auf etwas zur Realität Hinzukommendes begriffen, sondern als Sehweise, die Gegebenes *als* über das Gegebene hinausreichend versteht;
        - Damit gewinnt Religion den Charakter eines genuin hermeneutischen Phänomens.
    - Exemplarisch analysieren läßt sich dieses Konzept am religiösen Grundvollzug des Symbolgebrauchs:

§ 27 Schleiermachers grammatisch-psychologische Auslegung antizipiert in etwa ein heutigen Standards entsprechendes Symbolverständnis und öffnet zugleich den Blick für den autonomen Charakter symbolischer Kommunikation – was freilich nicht möglich gewesen wäre, wenn sich nicht bei Schleiermacher eine Überschreitung der textuellen Ebene hermeneutischen Geschehens fände.

- Zwei Dimensionen sind im Symbolbegriff auseinanderzuhalten:
    - συμβάλλειν „zusammenwerfen";
    - συμβάλλεσθαι „im Geist zusammenbringen, erschließen, erraten, deuten".

Intersubjektive Konvention und subjektive Sinngabe verbinden sich.

- Symbol bringt Nichtanschauliches angemessen anschaulich zur Geltung:

---

[28] SCHLEIERMACHER, Friedrich Daniel Ernst: Über die Religion. Reden an die Geb̈ildeten unter ihren Verächtern. In der Ausgabe von Rudolf Otto. Göttingen [7]1991. 51. [Künftig zitiert: SCHLEIERMACHER: Religion.]
[29] SCHLEIERMACHER: Religion. 69.

- Ein Zeichen verweist auf etwas anderes;
- Symbol
    - verweist auf anderes, das sich nicht auf gleiche Weise wahrnehmen läßt wie das Zeichen selbst;
    - verweist so, daß im Verweisenden das, worauf verwiesen wird, gegenwärtig ist; das „Zwischen" ist Raum des Symbols.
- Die Redewendung „bloß symbolisch" insinuiert, der symbolische Ausdruck bleibe hinter der Leistung von Begriffen zurück. Dagegen spricht, daß trotz massenhafter verbaler Kommunikation das Bedürfnis nach symbolischer Kommunikation zunimmt. Daraus folgt:
    - Symbole = Mitteilungsform sui generis;
    - ihre Verständigungsleistung ist nicht an verbaler Kommunikation meßbar.
- Die elementare Bedeutung des Symbolischen für den Bereich der Religion liegt auf der Hand, unterliegt aber ihrerseits geschicht-lichen Bedingungen, zu denen heute auch die Kommerzialisierung des Symbolischen – mit der Folge seiner Aushöhlung – gehört.
- Echte Symbole zeichnen sich durch die Weiträumigkeit ihrer Auslegungsleistung hinsichtlich der Grunddimensionen menschlichen Daseins aus; vgl. etwa den innerbiblischen, interreligiösen und interkulturellen Reichtum des biblischen Symbols der Schlange (vgl. Gen 3,1) bzw. des Behemot (vgl. Ijob 40, 15-24) bzw. des Leviatan (vgl. Jes 27,1; Ps 74,14; 104,26) in seiner Ausspannung von Num 21,1-9 bis Joh 3,14 sowie zahllose Märchen und jiddische Überlieferungen selbst jüngster Zeit.

- Solche divinatorische wie comparative Symbolauslegung überschreitet die Ebene der Textualität:
    - Das ist bereits bei Schleiermacher angelegt:
[28] „Ja, ich muß noch einmal darauf zurückkommen, daß die Hermeneutik auch nicht lediglich auf schriftstellerische Produktionen zu beschränken ist; denn ich ergreife mich sehr oft mitten im vertraulichen Gespräch auf hermeneutischen Operationen, wenn ich mich mit einem gewöhnlichen Grade des Verstehens nicht begnüge, sondern zu erforschen suche, wie sich wohl in dem Freunde der Übergang von einem Gedanken zum andern gemacht habe, oder wenn ich nachspüre, mit welchen Ansichten, Urteilen und Bestrebungen es wohl zusammenhängt, daß er sich über einen besprochenen Gegenstand grade so und nicht anders ausdrückt."[30]
    - Konsequent durchgeführt wird dieser Überschritt bei J.G. Droysen (1808-1884) und W. Dilthey (1833-1911):

---

[30] SCHLEIERMACHER, Friedrich Daniel Ernst: Über den Begriff der Hermeneutik mit Bezug auf F.A. Wolfs Andeutungen und Asts Lehrbuch. Zit. nach: GADAMER: Seminar 1976. 131-165. Hier 136-137.

- Die Gesamtheit von Sinn wird nicht nur aus Texten, sondern aus allen Spuren vergangenen Lebens erhoben.
- Dilthey zielt mit seiner Kritik der historischen Vernunft auf eine strenge Grundlegung der Geisteswissenschaften. Dabei spielt das Modell der Autobiographie im Sinne von Konstruktion und Produktion eine zentrale Rolle:

[29] „Die Selbstbiographie ist die höchste und am meisten instruktive Form, in welcher uns das Verstehen des Lebens entgegentritt. Hier ist ein Lebenslauf das Äußere, sinnlich Erscheinende, von welchem aus das Verstehen zu dem vorandringt, was diesen Lebenslauf innerhalb eines bestimmten Milieus hervorgebracht hat [...] Derselbe Mensch, der den Zusammenhang in der Geschichte seines Lebens sucht, hat in all dem, was er als Werte seines Lebens gefühlt, als Zwecke desselben realisiert, als Lebensplan entworfen hat, was er rückblickend als seine Entwicklung, vorwärtsblickend als die Gestaltung seines Lebens und dessen höchstes Gut erfaßt hat – in alledem hat er schon einen Zusammenhang seines Lebens unter verschiedenen Gesichtspunkten gebildet, der nun jetzt ausgesprochen werden soll. Er hat in der Erinnerung die Momente seines Lebens, die er als bedeutsam erfuhr, herausgehoben und akzentuiert und die anderen in Vergessenheit versinken lassen. Die Täuschungen des Momentes über dessen Bedeutung hat dann die Zukunft ihm berichtigt."[31]

- Dabei kommt es natürlich zu einer Verflüchtigung des ursprünglichen normativen Zuges der Hermeneutik.
- Um dies nicht in Willkür führen zu lassen, also ein Moment der Objektivität zu bewahren, rekurriert Dilthey (allerdings sehr fragmentarisch) auf den überindividuellen Vernunftsinn, wie er sich in Kultur, Kunst und Religion sedimentiert.
- Aus dieser unbefriedigenden Offenheit resultiert zwangsläufig eine neue Drehung in geschichtlicher Dynamik, die sich bei Dilthey selbst schon anbahnt:

- Verstehen wird als Vollzug des Lebens aufgefaßt und damit umgekehrt zugleich Leben *als* Verstehen:

[30] „Wir verhalten uns gegenüber dem Leben, dem eigenen so gut als dem fremden, verstehend."[32]

Testfragen:

1. Inwiefern hat die Mißachtung eines bereits durch Thomas von Aquin formulierten hermeneutischen Prinzips mit zum Aufkommen eines neuen Paradigmas beigetragen?

---

[31] DILTHEY, Wilhelm: Entwürfe zur Kritik der historischen Vernunft. Zit. nach: Gadamer: Seminar 1976. 189-220. Hier 198-199. [Künftig zitiert: DILTHEY: Entwürfe.]
[32] DILTHEY: Entwürfe 195.

2. *Wo sind die ausschlaggebenden Faktoren für die anti-allegorische Rehabilitierung des Buchstabens zu suchen?*
3. *Was ist die kritische Absicht des neuen Prinzips „Sola scriptura"?*
4. *Inwiefern kann gesagt werden, daß sich im Ringen um die rechte Schriftauslegung Hermeneutik in Sprengstoff wandelt?*
5. *Wer versucht als erster, einen Ausweg zu formulieren, der auch philosophisch konsistent ist? Welches Kriterium wird dafür in Anspruch genommen?*
6. *Welche Gegenbewegung provoziert die rationalistische Hermeneutik? Was macht den Kern des alternativen Konzepts aus? Wozu führt dieses Nebeneinander?*
7. *Welche Grundlinien bestimmen Schleiermachers Hermeneutik? Was macht ihre Tiefenstruktur aus? Welchen Angelpunkt erhält sie dadurch? Welche systematischen Eckdaten einer allgemeinen Theorie des Verstehens resultieren daraus?*
8. *Wie verknüpfen sich bei Schleiermacher Hermeneutik, Religionsphilosophie und Subjekttheorie?*
9. *Inwiefern antizipiert Schleiermachers Hermeneutik ein Symbolverständnis nach heutigem Standard? Was ist ein Symbol?*
10. *Wie wird nach Schleiermacher in der Hermeneutik die Ebene der Textualität überschritten und eine Kritik der historischen Vernunft als Grundlegung der Geisteswissenschaften entwickelt?*

1.6 Verstehen als Existenzial

§ 28 An die Stelle von Verstehen als Auslegung von etwas (Text; Lebensspur) als etwas tritt Verstehen als konstitutiver Grundvollzug menschlichen Daseins in der Welt, der gelingen oder aber sich vertun kann.

Zu dieser grundstürzenden Verwandlung der hermeneutischen Frage kommt es durch M. Heidegger (1889-1976) auf dem Hintergrund mehrerer Entwicklungsschritte:
- Heidegger entdeckt früh den „originalen" Aristoteles;
- Aristoteles gibt keine Antworten auf wichtige Fragen des Theologiestudenten Heidegger;
- christliche Gedanken (z.B. Luther) stoßen Heidegger auf Grenzen des griechischen Denkens;
- das läßt ihn einen radikalen denkerischen Neueinsatz unter Bezug auf zwei philosophische Herausforderungen suchen; bei letzteren handelt es sich um:
  - die Seinsfrage im Horizont der Geschichtlichkeit (vgl. Dilthey);
  - die methodische Orientierung an der „Phänomenologie" (vgl. Edmund Husserl, 1859-1938).
- Vor diesem Hintergrund formuliert er die These von der Seinsvergessenheit der abendländischen Philosophie: Diese habe Sein als Vorhandensein, also als ein Seiendes gedacht und damit die „ontologische Differenz" zwischen Sein und Seiendem verdeckt:
  - Alternativ zu dieser Vorhandenheit kann Sein nur als Nicht-Vorhandenes, also als mögliches oder künftiges gedacht und damit neu im Horizont der Zeit zur Frage gebracht werden:

[31] „Haben wir heute eine Antwort auf die Frage nach dem, was wir mit dem Wort 'seiend' eigentlich meinen? Keineswegs. Und so gilt es denn, *die Frage nach dem Sinn von Sein* erneut zu stellen. Sind wir denn heute auch nur in der Verlegenheit, den Ausdruck 'Sein' nicht zu verstehen? Keineswegs. Und so gilt es denn vordem, allererst wieder ein Verständnis für den Sinn dieser Frage zu wecken. Die konkrete Ausarbeitung der Frage nach dem Sinn von 'Sein' ist die Absicht der folgenden Abhandlung. Die Interpretation der *Zeit* als des möglichen Horizontes eines jeden Seinsverständnisses überhaupt ist ihr vorläufiges Ziel."[33]

- Gegen ein verfügendes Vorhandenheitsdenken wird so ein alternatives Selbstverständnis des Menschen grundgelegt:

---

[33] HEIDEGGER, Martin: Sein und Zeit. Unv. Text mit Randbemerkungen des Autors aus dem „Hüttenexemplar". Hrsg. von Friedrich-Wilhelm von Herrmann. Frankfurt a.M. 1997. (GA; 2). 1. [Künftig zitiert: HEIDEGGER: Sein und Zeit.]

- Der Mensch muß sich auf Möglichkeiten hin entwerfen, die ihm
  geschichtlich zugespielt werden; daher rührt seine „Geworfenheit"
  ins „In-der-Welt-Sein":

[32] „Diesen [...] Seinscharakter des Daseins, dieses 'Daß es ist' nennen wir die *Geworfenheit* dieses Seienden in sein Da, so zwar, daß es als In-der-Welt-Sein das Da ist. Der Ausdruck Geworfenheit soll die *Faktizität der Überantwortung* andeuten."[34]

- In der Logik solchen Verfügtseins des Daseins spricht Heidegger
  - statt von „Subjekt" von „Dasein",
  - statt von „Bewußtsein" von „Sorge".

- Der Entwurfscharakter des Daseins konkretisiert sich als „Verstehen"
  und „Auslegung": Verstehen ist ein „Existenzial" (wie auch „Geworfenheit").
- Damit ist Hermeneutik nicht mehr ein Verstehen von etwas, sondern
  Selbstauslegung des Daseins:

[33] „Das im Verstehen als Existenzial Gekonnte ist kein Was, sondern das Sein als Existieren. Im Verstehen liegt existenzial die Seinsart des Daseins als Sein-können. Dasein ist nicht ein Vorhandenes, das als Zugabe noch besitzt, etwas zu können, sondern es ist primär Möglichsein. Dasein ist je das, was es sein kann und wie es seine Möglichkeit ist."[35]

- „Jemand versteht etwas" meint: Jemand kann etwas, ist einer Sache gewachsen.
- Möglichkeit wird damit das ursprünglichste Existenzial des Daseins; kraft des Verstehens versteht sich das Dasein auf Existieren.
- Die Möglichkeit des Verkennens und faktischen Verkannthabens können wegen der Geworfenheit eintreten.
- Dieses Verstehen ist nicht statisch, sondern wegen seiner existenzialen Verfassung selbst Seinkönnen:

[34] „Das Verstehen ist, als Entwerfen, die Seinsart des Daseins, in der es seine Möglichkeiten als Möglichkeiten ist."[36]

- Auslegung wird darum so gefaßt:

[35] „In der Auslegung wird das Verstehen nicht etwas anderes, sondern es selbst. Auslegung gründet existenzial im Verstehen, und nicht entsteht dieses durch jene. Die Auslegung ist nicht die Kenntnisnahme des Verstandenen, sondern die Ausarbeitung der im Verstehen entworfenen Möglichkeiten."[37]

- Auslegung ist Herauslegung der
  - Bedeutung, die etwas durch die Bewandtnis, die es
    hat, schon besitzt; Bedeutung hat „Etwas als Etwas"
    (hermeneutisches „als"):

---

[34] HEIDEGGER: Sein und Zeit. 180.
[35] HEIDEGGER: Sein und Zeit. 190-191.
[36] HEIDEGGER: Sein und Zeit. 193.
[37] HEIDEGGER: Sein und Zeit. 197.

[36] „Das umsichtig auf sein Um-zu Auseinandergelegte als solches, das ausdrücklich Verstandene, hat die Struktur des Etwas als Etwas."[38]

- Auslegung geschieht in Vorhabe, Vorsicht und Vorgriff:

[37] „Die Auslegung gründet in einer *Vorsicht*, die das in Vorhabe Genommene auf eine bestimmte Auslegbarkeit hin 'anschneidet'."[39]

- Daher ist Auslegung nie voraussetzungslos, sondern folgt einer konstitutiven Zirkelstruktur:

[38] „Auslegung ist nie ein voraussetzungsloses Erfassen eines Vorgegebenen."[40]

- Der Zirkel sichert die Möglichkeit ursprünglichsten Erkennens:

[39] „[...] in diesem Zirkel ein vitiosum sehen und nach Wegen Ausschau halten, ihn zu vermeiden, ja ihn auch nur als unvermeidliche Unvollkommenheit 'empfinden', heißt das Verstehen von Grund auf mißverstehen."[41]

- Das bedeutet: Die Differenz zwischen naturwissenschaftlicher und historischer Erkenntnis ist relativ; auch wissenschaftliche Ergebnisse haben eine existentielle Dimension;
- daraus entwickelt sich die radikale Wissenschafts- und Kulturkritik des späten Heidegger: Technische Errungenschaften etc. als „Ge-Stell", das den Sinn von Sein verstellt; der Philosophie sei darum die Vorbereitung des „Ereignisses" im Sinn einer vom Sein selbst „zu-geschickten" „Lichtung des Seins" aufgegeben, die eng zusammenhängt mit dem einzig noch retten könnenden Kommen eines „Gottes".[42]

- Unbeschadet der Fraglichkeit dieser Schlußwendungen legt Heidegger mit seiner Suspension der Differenz zwischen wissenschaftlich-objektivem und auslegendem Erkennen die Spuren für den Weg:

1.7 Von der philosophischen Hermeneutik zur Hermeneutischen Philosophie

§ 29 In Orientierung am Beispiel der Begegnung mit einem Kunstwerk entwickelt sich ein Begriff von Verstehen, der das verstehende Subjekt bis

---

[38] HEIDEGGER: Sein und Zeit. 198.
[39] HEIDEGGER: Sein und Zeit. 199-200.
[40] HEIDEGGER: Sein und Zeit. 200.
[41] HEIDEGGER: Sein und Zeit. 203.
[42] Vgl. das Interview mit Martin HEIDEGGER in: Der Spiegel 30 (1976). Heft 23. 193-219. Hier 193.

an den Rand des Verschwindens marginalisiert, dafür das zu Verstehende – primär in Gestalt von Tradition – um so mehr in den Vordergrund rückt.

- Protagonist dieser neuerlichen Volte in der geschichtlichen Dynamik der Hermeneutik ist H.-G. Gadamer (*1900), besonders mit seinem Klassiker "Wahrheit und Methode". Dessen primäre Stoßrichtung gilt der These:
  - Wahrheit ist nicht nur durch methodische Verfahren, sondern ebenso
  - durch den Prozeß auslegenden Verstehens zu gewinnen, und bei Letzterem handelt es sich um die ursprüngliche Form von Wahrheitsgewinn:

[40] „Es ist ein Geschehen und hat die geschichtliche Bedingtheit eines solchen Geschehens, die es selber niemals voll zu objektivieren vermag. Wer das realisiert, erkennt eine neue philosophische Aufgabe, die die Fragestellung der traditionellen Methodenlehre der Geisteswissenschaften überschreitet. Es geht nicht um eine neue Methodenlehre, sondern um eine Einfügung der wissenschaftlichen Verfahren in den fortgehenden Prozeß der Verständigung der Menschheit mit sich selbst. Das ist die Aufgabe, die in 'Wahrheit und Methode' in Angriff genommen worden ist."[43]

Auslegung vollzieht sich analog zu dem, was in der Begegnung mit einem Kunstwerk geschieht: Auslegung hat mit dem zu tun, was die Sprache mit uns macht.

- Hermeneutik hat für Gadamer mit der universalen Verständigung der Menschheit mit sich selbst zu tun, d.h. er ergänzt Heideggers Ek-sistieren auf Zukunft um Ek-sistieren auf Vergangenheit hin:
  - Vorhabe, Vorsicht, Vorgriff sind je schon bestimmt von Überlieferung;
  - die Geschichte gehört nicht uns, sondern wir gehören der Geschichte:

[41] „Das Verstehen ist selber nicht so sehr als eine Handlung der Subjektivität zu denken, sondern als Einrücken in ein Überlieferungsgeschehen, in dem sich Vergangenheit und Gegenwart beständig vermitteln."[44]

- Daraus lassen sich unschwer die systematischen Grundbegriffe der Gadamerschen Hermeneutik ableiten:
  - Vorurteil
  - Hermeneutischer Zirkel:

[42] „Die Antizipation von Sinn, die unser Verständnis eines Textes leitet, [...] bestimmt sich aus der Gemeinsamkeit, die uns mit der Überlieferung verbindet."[45]

  - Zeitenabstand; allerdings gehen mit diesem Begriff drei Probleme einher:
    - Er steht für eine als solche nicht mehr reflektierte hermeneutische Naivität;

---

[43] GADAMER, Hans-Georg: Einführung. In: Ders.: Seminar 1976. 7-40. Hier 39.
[44] GADAMER: Wahrheit. 295.
[45] GADAMER: Wahrheit. 298.

- statt um ein Besser-Verstehen soll es nur noch um ein Anders-Verstehen gehen:

[43] „Es genügt zu sagen, daß man anders versteht, wenn man überhaupt versteht."[46]

- Das hat neben skeptischen Konsequenzen ein Verschwinden des Subjekts zur Folge:

[44] „Die Selbstbesinnung des Individuums ist nur ein Flackern im geschlossenen Stromkreis des geschichtlichen Lebens."[47]

- Wirkungsgeschichte als remake des alten theologischen Themas „Tradition und Traditionen".
- Horizontverschmelzung: Die verschiedenen Horizonte

[45] „[...] insgesamt bilden den einen großen, von innen her beweglichen Horizont, der über die Grenzen des Gegenwärtigen hinaus die Geschichtstiefe unseres Selbstbewußtseins umfaßt."[48]

- Dahinter verbirgt sich das für Gadamer schlechthin zentrale hermeneutische Problem der applicatio („Was bedeutet das für mich?").
- Suggestiver hat das W. Schapp mit der Metapher der „Verstrickung" buchstäblich auf den Begriff gebracht. Vgl. auch L. Harig:

[46] „[...] der Mensch ist nicht nur ein erzählendes Wesen, sondern der Mensch ist auch ein erzähltes Wesen: Indem von ihm erzählt wird, wird er eigentlich erst Mensch. Wenn man vom Menschen und seinen Bedingungen [...] in dieser Welt nicht erzählt, dann existiert er gar nicht. Er erscheint erst, wenn jemand kommt und seine Geschichte erzählt."[49]

- Narrativ stellt sich das notwendige Ineinander von Gleichzeitigkeit (Horizontverschmelzung) und Differenz (Zeitabstand) von selbst ein.

- Noch vor den weiteren Ausfaltungen des durch Heidegger und Gadamer Angelegten ist ein Blick auf das Verhältnis von Hermeneutik und Theologie nötig, sofern es in der Begegnung zwischen beiden Bereichen nicht nur zu markanten Selbstverständigungen der Theologie kommt, sondern gleichzeitig zu einem eigenständigen Schritt im Fortgang der geschichtlichen Dynamik des hermeneutischen Problems.

---

[46] GADAMER: Wahrheit. 302.
[47] GADAMER: Wahrheit. 281.
[48] GADAMER: Wahrheit. 309.
[49] Zit. nach Süddeutsche Zeitung. Nr. 199. Vom 29./30.8.1992. 131.

1.8 Hermeneutik und Theologie

§ 30 Hinsichtlich der Hermeneutik werden Heidegger und Gadamer konfessionell in markanter Differenz rezitiert: Der (Ex/Krypto)Katholik Heidegger primär evangelisch mit dem Resultat einer konfliktträchtigen theologischen Position, der Protestant Gadamer primär katholisch auf eine Weise, die ihn bis zur unmittelbaren Gegenwart zum katholischen Hausphilosophen macht, ohne daß die Hypotheken dieser Bezugnahme bis heute zureichend reflektiert worden wären.

- Die theologische Rezeption moderner Hermeneutik erfolgt in markant konfessioneller und zugleich temporaler Differenz:
    - Protestantische Theologie interessiert sich hermeneutisch primär für Heidegger;
    - katholische Theologie interessiert sich – viel später – hermeneutisch primär für Gadamer (ontologisch/metaphysisch fasziniert sie Heidegger ungleich mehr).

- Obwohl es sich bei der Mehrheit moderner Hermeneutiker von Herkunft um protestantische Theologen handelt, wird Hermeneutik erst spät systematisches Thema der Theologie:
    - Es entsteht eine „Neue Hermeneutik" als eigene Richtung der protestantischen Theologie: Federführend:
        - Rudolf Bultmann (1884-1976) mit seiner „existenzialen Hermeneutik", die im „Entmythologisierungsprogramm" kulminiert. Letzterem geht es um den Vorrang eines an der Sache orientierten Vorverständnisses:

[47] „Die Fragestellung aber erwächst aus einem Interesse, das im Leben des Fragenden begründet ist, und es ist die Voraussetzung aller verstehenden Interpretation, daß dieses Interesse auch in irgendeiner Weise in den zu interpretierenden Texten lebendig ist und die Kommunikation zwischen Text und Ausleger stiftet. [...] [Daraus folgt kritisch gegen Schleiermacher und Dilthey:]
Statt der Reflexion auf die Individualität von Autor und Ausleger, auf ihre Seelenvorgänge und auf die Genialität oder Kongenialität des Auslegers bedarf es der Besinnung auf die einfache Tatsache, daß Voraussetzung des Verstehens das Lebensverhältnis des Interpreten zu der Sache ist, die im Text – direkt oder indirekt – zu Worte kommt."[50]

- Daraus läßt sich eine Klärung oder Bewußtwerdung meines „Lebensverhältnisses" gewinnen. Es geht dabei um:
    - Teilnehmendes Verstehen wie in Werken der Dichtung. Diese

---

[50] BULTMANN, Rudolf: Das Problem der Hermeneutik. (1950). In: Ders.: Glauben und Verstehen 2. Tübingen ⁶1993. 211- 235. Hier 217. [Künftig zitiert: BULTMANN: Hermeneutik.]

[48] „[...] erschließen solchem teilnehmenden Verstehen das menschliche Sein in seinen Möglichkeiten als den eigenen Möglichkeiten des Verstehenden."⁵¹

- So verhält es sich auch und besonders hinsichtlich der Bibel. Deren wissenschaftliche Auslegung

[49] „[...] findet ihr Woraufhin in der Frage nach dem in der Schrift zum Ausdruck kommenden Verständnis der menschlichen Existenz."⁵²

- Das dafür nötige Pendant ist ein angemessener Begriff menschlichen Daseins (Heidegger!).
- Probleme:
  - Die enge Verknüpfung zwischen der Auslegung und einem bestimmten philosophischen Konzept.
  - Beschränkt sich die „Sache" des biblischen Textes auf die Eigentlichkeit menschlichen Seins? Und wie läßt sich in diesem Konzept existenzialanalytisch nicht vorweg Erschließbares – etwa die Auferstehung Jesu – denken? Besonders hieran entzündet sich Kritik. Karl Barth (1886-1968) initiiert eine:

- Kritische Fortschreibung der „Neuen Hermeneutik" durch Ernst Fuchs und Gerhard Ebeling als Vermittlungsversuch zwischen:
  - Barth, der dem Wort Gottes gegenüber nur entweder Gehorsam oder Verwerfung kennt;
  - Bultmann, der in Gefahr steht, die historische Dimension der Überlieferung zu verlieren: Bewahrt seine Differenzierung zwischen Sache und deren zeit- bzw. kulturbedingtem Ausdruck existenzialanalytisch mehr als sie hinsichtlich der Darstellungsform (z.B. Wunder, Engel, Auferstehung) abstößt?

[50] „Jesus ist ins Kerygma hinein auferstanden."⁵³

Diese „Entmythologisierungsdebatte" springt über auf die

- Katholische Hermeneutik-Diskussion:
  - Zunächst gab es keine katholischen Hermeneutiker im neuzeitlichen Sinn; das belegt, wie tief der katholische Boykott gegen die philosophische Moderne durchgegriffen hat.
  - Allerdings gab es dennoch katholische Bemühungen um Hermeneutik, aber in spezifisch katholischer Form. Die wichtigsten:
    - Die dogmatische Konstitution „Dei Filius" des Vaticanum I;

---

⁵¹ BULTMANN: Hermeneutik. 221.
⁵² BULTMANN: Hermeneutik. 232.
⁵³ Vgl. BULTMANN, Rudolf: Das Verhältnis der urchristlichen Christusbotschaft zum historischen Jesus. Heidelberg ⁴1965. 27. [Künftig zitiert: BULTMANN: Verhältnis.]

- Einzelentscheidungen der Bibelkommission;
- Enzykliken, besonders „Divino afflante spiritu" von Pius XII. (1943);
- die dogmatische Konstitution „Dei Verbum" des Vaticanum II;
- die Erklärung der Bibelkommission „Die Interpretation der Bibel in der Kirche" (1993);
- die Enzyklika „Fides et ratio" von Johannes-Paul II. (1998).
- Zu vermerken ist auch eine eigenartige katholische Rezeption moderner Hermeneutik.
- Ab 1964 in der Atmosphäre des „aggiornamento" („Ver-Heutigung") kommt es zu einer Rezeption von Gadamers „Wahrheit und Methode", jedoch primär im Blick auf Gadamers Rehabilitierung von „Autorität" und „Tradition" (also katholisch immer schon wichtige Themen):

[51] „Mein eigentlicher Anspruch aber war und ist ein philosophischer: Nicht was wir tun, nicht, was wir tun sollten, sondern was über unser Wollen und Tun hinaus mit uns geschieht, steht in Frage."[54]

- Gegen die „68"er-Bewegung wird so mit Gadamer eine Verteidigung der Tradition möglich.
- Dem schließen sich Versuche an, mit Berufung auf Gadamer die ausstehende Moderne-Diskussion zu überspringen. So kommt es zu Koalitionen zwischen katholischen Theologen (z.B. J. Ratzinger) und Repräsentanten der Postmoderne.[55]

1.9 Hermeneutik und Ideologiekritik

§ 31 Die Hermeneutik des Einverständnisses muß um eine Hermeneutik des Verdachts ergänzt werden, um das Verhältnis von Tradition und Vernunft angemessen zu bestimmen. Gleichzeitig sind die Grenzen der Übertragbarkeit des dazu in Anspruch genommenen Modells der Psychoanalyse zu beachten.

---

[54] GADAMER, Hans-Georg: Hermeneutik II. Wahrheit und Methode. Ergänzungen und Register. Tübingen 1993. (GW; 2). 438. [Künftig zitiert: GADAMER: Wahrheit II.]
[55] Vgl. dazu: MÜLLER, Klaus: Wieviel Vernunft braucht der Glaube? Erwägungen zur Begründungsproblematik. In: Ders. (Hg.) unter konzeptioneller Mitarbeit von Gerhard Larcher: Fundamentaltheologie – Fluchtlinien und gegenwärtige Herausforderungen. Regensburg 1998. 77-100. – DERS.: Das etwas andere Subjekt. Der blinde Fleck der Postmoderne. In: ZKTh 120 (1998). 137-163.

- Weil sich auch falsche Vorurteile durchsetzen können, bedarf die Hermeneutik des Einverständnisses (Gadamer) der Ergänzung durch eine Hermeneutik des Verdachts (vgl. bes. Jürgen Habermas [*1929]).
- Daß es sich bei der Debatte um Hermeneutik und Ideologiekritik nicht einfach um ein Mißverständnis handelte (wie bisweilen behauptet), belegen besonders deutlich beschädigte Traditionen im Bereich katholischer Theologie. Beispiele:
    - Verhältnis Judentum-Christentum (z.B. „Abba"; „Neues Volk Gottes");
    - Frauen in der Schriftauslegung:
        - Weibliche Züge im Gottesbild? Beispiel: Die Rede der Weisheit:

[52] „[...] als er die Fundamente der Erde abmaß, da war ich als geliebtes Kind bei ihm. Ich war seine Freude Tag für Tag und spielte vor ihm allezeit. Ich spielte auf seinem Erdenrund, und meine Freude war es, bei den Menschen zu sein."[56]

    - Semantische Marginalisierung (inklusive/exklusive Titel)

- Das Interesse der Ideologiekritik richtet sich auf das Verhältnis von Tradition und Vernunft:
    - Tradition ist nichts Naturwüchsiges, sondern wird per Reflexion angeeignet:

[53] „Autorität und Erkenntnis konvergieren nicht. Gewiß ist Erkenntnis in faktischer Überlieferung verwurzelt; sie bleibt an kontingente Bedingungen gebunden. Aber Reflexion arbeitet sich an der Faktizität der überlieferten Normen nicht spurlos ab. Sie ist zur Nachträglichkeit verurteilt, aber im Rückblick entfaltet sie rückwirkende Kraft. Wir können uns auf die verinnerlichten Normen erst zurückbeugen, nachdem wir unter äußerlich imponierter Gewalt zunächst blind ihnen zu folgen gelernt haben."[57]

    - Daraus ergeben sich als Ziel und Methode der Ideologiekritik:
        - die Aufdeckung von sozialer Macht und Gewalt in Sprache;
        - die Orientierung am Modell der Psychoanalyse mit dem Ziel
            - der Emanzipation;
            - der herrschaftsfreien Kommunikation.

- Allerdings gibt es nur ein begrenztes Recht für die Übertragung des Modells „Therapeut-Klient" auf die hermeneutische Situation. Gadamer fragt:

[54] „Gegenüber welcher Selbstinterpretation des gesellschaftlichen Bewußtseins – und alle Sitte ist eine solche – ist das Hinterfragen und Hintergehen am Platze, etwa im revolutionären Veränderungswillen, und gegenüber welcher nicht?"[58]

    - Woraus legitimiert sich das ideologiekritische Hinterfragen und was legt seine Grenzen fest?
    - Gadamer: Es ist immer möglich, daß die anderen im Recht sind.

---

[56] Spr 8,30-31.
[57] HABERMAS, Jürgen: Zu Gadamers „Wahrheit und Methode". In: Habermas, Jürgen – Henrich, Dieter – Taubes, Jacob (Hgg.): Hermeneutik und Ideologiekritik. Frankfurt a. M. 1971. 45-56. Hier 50.
[58] GADAMER: Wahrheit II. 269.

- Neben dieser wissenschaftstheoretischen Funktion der Psychologie für die Hermeneutik gibt es aber auch eine eigene Wirkungsgeschichte der Psychologie in der Hermeneutik von komplexer theologischer Relevanz. Dazu gehören:
  - Die „Es"- und „Überich"-Problematik;
  - die Entwicklungspsychologie;
  - der Einbezug der Psyche der/des Auslegenden („folk psychology"; Alltagstheorien) als hermeneutischer Faktor (nicht Verpsychologisierung anderer, z.B. biblischer Gestalten);
  - die Psychopathologie;
  - die „Historische Psychologie" (z.B. inkompatible Begriffe von „Subjekt" oder „Faktum" zwischen heutigem Verständnis und ihrem biblischen Vorkommen.

    Formal gefaßt: Kritische Hermeneutik impliziert synchron und diachron Psychologie.

- Trotz wechselseitiger partieller Rezeption von Gadamer und Habermas bleibt bei ersterem ein Problemüberhang: Die Anerkennung von Autorität erfolgt bei ihm letztlich aus Einsicht der Vernunft in eigene Endlichkeit.
  Aber reicht das als Schutz gegen Autoritarismus und Willkür?
  [55] „Zugegeben, daß Autorität in unzähligen Formen von Herrschaftsordnungen dogmatische Gewalt ausübt, von der Ordnung der Erziehung über die Befehlsordnung von Heer und Verwaltung bis zu der Machthierarchie politischer Gewalten oder von Heilsträgern. Aber dies Bild des der Autorität erwiesenen Gehorsams kann niemals zeigen, warum das alles Ordnungen sind, und nicht die Unordnung handfester Gewaltübung. Es scheint mir zwingend, wenn ich für die wirklichen Autoritätsverhältnisse Anerkennung bestimmend finde. [...] Was aber soll dogmatische Anerkennung sein, wenn nicht dies, daß der Autorität eine Überlegenheit an Erkenntnis zugebilligt wird und daß man deshalb glaubt, daß sie recht hat. Nur darauf 'beruht' sie Sie herrscht also, weil sie 'frei' anerkannt wird. Es ist kein blinder Gehorsam, der auf sie hört."[59]

- Zugleich gibt es Anfragen an Gadamer, die so radikal sind, daß sie ihm Habermas (trotz obiger Kritik) zum Verbündeten machen:

1.10 Hermeneutik und Postmoderne

§ 32 Gadamers Konzeption läßt sich als gewisse Antizipation postmoderner Positionen lesen, wird aber zugleich von diesen einer Halbherzigkeit geziehen, sofern sie die radikale Anerkennung der Andersheit des Anderen schuldig bleibe.

---

[59] GADAMER: Wahrheit II. 244.

- Der Terminus „postmodern" stammt ursprünglich aus Literatur-, dann Architekturdebatten; heute fungiert er
    - philosophisch als Sammelname für Kritik am okzidentalen Vernunftbegriff;
    - kulturell als Etikett für einen umfassenden Oberflächen-Pluralismus.

- Statt *einer* Wahrheit, *einer* Sprache, *einer* Geschichte gilt es, vielen Wahrheiten, vielen Sprachen, vielen Geschichten ihr Recht einzuräumen.
    - Vernunftvollzüge und Handlungssequenzen sind Spiele. Daraus resultiert ein unmittelbarer Zusammenhang mit Gadamer, sofern auch er auf den Spielbegriff (gegen den Vorrang des Subjekts) rekurriert.
    - Jedoch wird postmodern an Gadamer kritisiert, daß hinter dem Willen zum Verstehen immer noch die alte Einheitsideologie wirke und der Zwangscharakter als Dialog maskiert sei.
    - Dagegen gelte es, die Anerkennung der Andersheit des anderen zu leisten. Vgl. Ram Adhar Mall:

[56] „Eine postmoderne Hermeneutik hat der Versuchung zu widerstehen, aus vielen Sinnen einen Sinn, aus vielen Geschichten eine Geschichte, aus vielen Welten eine Welt, aus vielen Kulturen eine Kultur, aus vielen Religionen eine Religion, aus vielen Wahrheiten eine Wahrheit herstellen zu wollen. Sie will nicht den anderen die eine Vernunft erschließen, sondern selbst der Vernunft der anderen gegenüber aufgeschlossen sein."[60]

- Die Aporie solcher postmodernen Hermeneutik: Sie bestreitet kommunikative Vernunft, aber will sich verständigen (vgl. besonders J. F. Lyotard und J. Derrida).
- Gadamers Replik:
    - Es gehe nicht um Besitzergreifung des anderen;
    - Verstehen gewinne nur Teilhabewahrheit;
    - ein letztgültiges Wort oder Zeichen gebe es nicht.
        Der Einwand der postmodernen Hermeneutik ist damit kaum überzeugend pariert.
- Zwei Gegenproben für Gadamers Postmoderne-„Verstrickung":

§ 33 Markant deutlich wird das Profil der Gadamerschen Hermeneutik hinsichtlich seiner Grenzen im Blick auf die an der Schriftlichkeit orientierte Hermeneutik P. Ricœurs und auf Versuche postmoderner Theologien.

- P. Ricœur (*1913) hat seine Hermeneutik am Paradigma des geschriebenen Textes entfaltet:

---

[60] MALL, Ram Adhar: Philosophie im Vergleich der Kulturen. Interkulturelle Philosophie – eine neue Orientierung. Darmstadt 1995. 92.

- Durch Verschriftlichung wird nicht das Diskursereignis, sondern der Bedeutungsgehalt des Textes festgehalten.
- Die Verschriftlichung erwirkt die Geistigkeit des Diskurses, macht ihn unabhängig vom Urheber und der Aktivität des hermeneutischen Subjekts.
- Die Verschriftlichung entbindet den Diskurs von der Situativität:

[57] „Nur im Schreiben, in der Befreiung des Geschriebenen nicht nur von seinem Autor, sondern auch von der Enge der dialogischen Situation, enthüllt sich die Bedeutung des Diskurses als eines Entwurfs der Welt."[61]

- Durch die Verschriftlichung hat der Diskurs keinen bestimmten Adressaten mehr.

Daraus resultieren:
- eine Objektivität des Textes;
- der Text als möglicher Gegenstand von Erklärungen;
- der methodische klare Einbezug von Einzelwissenschaften;
- die Wahrung der Subjekt-Rolle, ohne in Subjektivismus zu fallen:

[58] „Wenn wir [...] die Sprache der romantizistischen Hermeneutik, die von der Überwindung der Distanz, vom Zu-eigen-Machen, von der Annäherung des Entfernten, Fremden spricht, beibehalten wollen, kann das nur möglich sein, wenn wir ein wichtiges Korrektiv einführen. Das, was wir uns zu eigen machen – was wir uns aneignen [ein Grundwort Gadamers! K.M.] –, ist nicht eine fremde Erfahrung, sondern es ist ein Ergebnis unserer Bemühung, eine in den Bezügen des Textes angedeutete Welt ins Bewußtsein zu heben."[62]

Verstehen ist also nicht nur Vernehmen, sondern auch (Re)Konstruktion (Rezeptionsästhetik). Verstehend entwerfen wir die für uns und die Mitbetroffenen richtigen (!) Welten: ↗Ethik.

- Das Projekt postmoderner Theologien
  - geht mit Subjekt-Verabschiedungen einher;
  - intendiert eine konsequente Pluralisierung von Geltungsansprüchen, so exemplarisch bei D. Tracy (*1939):
    - Alles Fremde und Andere ist als gleichberechtigt zuzulassen, besonders die Überlieferungen anderer Religionen;
    - statt um Gewißheit geht es um relative Angemessenheit.

[59] „Theologen können niemals Anspruch auf Gewißheit erheben, sondern bestenfalls auf eine nur versuchte relative Angemessenheit. Denn sie können eben nicht jener Pluralität und Ambiguität, von denen jeglicher Diskurs betroffen ist, entrinnen. Sie versuchen sich ein Bild von einer glaubhaften Hoffnung zu machen, indem sie kritisch alle religiösen Ansprüche auf letzte Hoffnung prüfen. Wie die Werdegänge von Mahatma Gandhi und Martin Luther King

---

[61] RICŒUR, Paul: Der Text als Modell: hermeneutisches Verstehen. In: Gadamer, Hans-Georg – Boehm, Gottfried (Hgg.): Seminar: Die Hermeneutik und die Wissenschaften. Frankfurt a.M. 1978. (Stw 238). 83-117. Hier 91. [Künftig zitiert: RICŒUR: Text.]
[62] RICŒUR: Text. 113.

jr. zeigen, können Theologen bestenfalls uns allen helfen, neue Aktionsformen zu entdecken, die in ethischer, politischer und religiöser Hinsicht Widerstandshandlungen gegen den Status quo sind. Sie glauben, daß Hoffnung von der einen Wirklichkeit zugesprochen wird, die als letzte von Grund auf anders und verschieden sein muß, wie auch immer man diese Wirklichkeit nennt – Leere, der Eine, Gott, Sosein."[63]

- Aber: Die Flüssigkeit von Dialogen sagt nichts über ihren kommunikativen Wert.
- Voraussetzungen wirklicher Kommunikation sind:
    - Zu erkennen zu geben, wo ich stehe;
    - ein vernunftgeleitetes verbindliches Überzeugtsein von meiner Position;
    - dafür ist ein Begriff letztgültigen Sinnes nötig;
- nur unter dieser Voraussetzung kann ich mich Fremden wirklich stellen.
- Daraus ergeben sich als ethische Herausforderung:
    - Wahrhaftigkeit als Bedingung der Möglichkeit von Kommunikation;
    - eine wirkliche Ernstnahme des Anspruchs des anderen ist nur möglich, wenn ich selbst von meiner Position durch und durch überzeugt bin.
- Formal: Hermeneutik ist gerade wegen der geforderten radikalen Offenheit auf ein Unbedingtheitsmoment in der je eigenen Überzeugung angewiesen.
- Eine konsequent postmoderne Hermeneutik kann nicht mehr überzeugen, nur noch überreden.

Testfragen:

1. *Wodurch und unter welchen Bedingungen verwandelt Heidegger der hermeneutische Frage radikal?*
2. *Was meint: „Verstehen ist ein Existenzial"? Was bedeutet Hermeneutik unter dieser Voraussetzung? Wie geschieht Auslegung im existenzialontologischen Sinn?*
3. *Was versteht man unter „hermeneutischem Zirkel"? Welche Funktion erfüllt dieser? Welche wissenschaftstheoretischen Konsequenzen setzt dieser Gedanke frei?*
4. *An welchem Paradigma orientiert Gadamer seine hermeneutische Philosophie? In welchem Sinn erweitert Gadamer dabei Heideggers Konzeption des Verstehens als Existenzial?*

---

[63] TRACY, David: Theologie als Gespräch. Eine postmoderne Hermeneutik. Mit einer Einführung von Werner G. Jeanrond. Mainz 1993. 124.

5. *Welche hermeneutischen Grundbegriffe gewinnt Gadamer vor diesem Hintergrund?*
6. *Welche Rezeptionen erfährt die moderne Hermeneutik seitens der Theologie? Welche Debatten werden dabei in den beiden großen christlichen Konfessionen geführt? Welches besondere Interesse entwickelt die katholische Theologie an Gadamer; warum ist dies der Fall?*
7. *Welcher Ergänzung bedarf die Gadamersche Hermeneutik und warum? Was leistet Ideologiekritik in diesem Zusammenhang, an welchem Modell orientiert sie sich dabei, wo liegen die Grenzen dieser kritischen Strategie?*
8. *In welchen Formen entfaltet Psychologie eine eigene Wirkungsgeschichte in der modernen Hermeneutik?*
9. *Wodurch bereitet namentlich Gadamers Hermeneutik den Boden für das Aufkommen und die Rezeption postmoderner Philosophien?*
10. *Welchem Programm folgen postmoderne Konzeptionen? Was macht in ihnen nach eigenem Verständnis das „post" aus? Ist ihr Selbstverständnis konsistent?*
11. *Welches hermeneutische Korrekturmodell läßt sich über den Einbezug der Dimension der Schriftlichkeit gewinnen?*
12. *Welche Intentionen verfolgen postmoderne Theologien? Wo liegt ihre Schwäche?*

2. Grundfragen der Ethik

2.1 Spurensuche auf verwachsenem Terrain

§ 34 Gegen den Zerfall der philosophischen Ethik in unübersichtlich viele „Bindestrich"-Ethiken bedarf es der Wiedergewinnung einer systematischen Perspektive durch eine Integration der Tiefenparadigmen ethischer Reflexion.

- Sarkastisch brachte schon Robert Musil (1880-1942) das Problem der vielen Ethiken ins Wort (Antwort des Bibliothekars der Staatsbibliothek an General Stumm auf die Frage, wie man so viele Bücher kennen könne):

[60] „Wie ich ihn nicht gleich loslasse, richtet er sich plötzlich auf, er ist förmlich aus seinen schwankenden Hosen herausgewachsen, und sagt mit einer Stimme, die jedes Wort bedeutungsvoll gedehnt hat, als ob er jetzt das Geheimnis dieser Wände aussprechen müßte: 'Herr General', sagt er, 'Sie wollen wissen, wieso ich jedes Buch kenne? Das kann ich Ihnen nun allerdings sagen: Weil ich keines lese!'"[64]

- An sich nimmt das Problem der Ethik so einfach aus, wie I. Kant (1724-1804) es formulierte:

[61] „1) Was kann ich wissen? –
    2) Was soll ich tun?
    3) Was darf ich hoffen?
    4) Was ist der Mensch?

Die erste Frage beantwortet die Metaphysik, die zweite die Moral, die dritte die Religion, und die vierte die Anthropologie. Im Grunde könnte man aber alles dieses zur Anthropologie rechnen, weil sich die drei ersten Fragen auf die letzte beziehen."[65]

- Trotzdem ist die Lage unübersichtlich:
    - Seit je gibt es religiöse und philosophische Ethiken.
    - Moderne philosophische Ethik gewann ihre Autorität durch die systematische Entfaltung ihrer Gedankenfolgen aus *einem* Angelpunkt.
    - Nach dem Zerfall der großen Systeme (bes. nach dem Ersten Weltkrieg) entwickelt sich
        - Ethik als empirische Analyse der Sitten;
        - Ethik als Analyse ethischen Sprechens.
    Was aber macht Richtigkeit/Falschheit des Handelns aus?
    - Zu einem neuerlichen Zusammenbruch kommt es durch die Erfahrungen des Zweiten Weltkriegs. Jetzt wird Halt gesucht in

---

[64] MUSIL, Robert: Der Mann ohne Eigenschaften. Bd. 1. Hrsg. von Adolf Frisé. Neu durchges. und verb. Ausgabe von 1978. Reinbek b. Hamburg 1981. Kap. 100. 462. [Künftig zitiert: MUSIL: Mann ohne Eigenschaften.]

[65] KANT, Immanuel: Logik. A 25. In: Ders.: Werke in zehn Bänden. Bd. 5. Hrsg. von Wilhelm Weischedel. Darmstadt 1975. 417-582. Hier 448. [Künftig zitiert: KANT: Logik.]

- Religiosität, Kultur, Atheismus;
- der philosophischen Tradition; so kommt es zu
    - einer Renaissance der „Praktischen Philosophie";
    - „angewandter Ethik" (Wirtschafts-, Medizin-, Politik- etc. Ethik; „Bindestrich"-Ethiken).
- Dieser Partikularismus reicht in der Komplexität der Welt zur Orientierung nicht mehr. Eine Wiedergewinnung systematischer Perspektiven ist meist nur noch in team work möglich. Vgl. Nicholas Rescher (*1928):

[62] „Und so zeigt sich die Philosophie am Ende des Jahrhunderts in einem ganz anderen Gewand. Einmal mehr sind ihre Interessen und Bestrebungen traditionalistisch und systematisch: wieder ist sie damit beschäftigt, die klassischen großen Fragen der traditionellen Philosophie in einer detaillierten, umfassenden und systematischen Art und Weise zu untersuchen. Sie ist jedoch nicht länger ein intellektuelles Unterfangen vom Typus 'großer Denker, großes System', wie es uns aus der klassischen Tradition geläufig ist. Auf der Tagesordnung steht nun die spontane und lokale Zusammenarbeit Vieler, die sich distributiv großen und komplexen Projekten zuwenden. Und in jedem Bereich der Philosophie ist eine Literatur von unermeßlichem Ausmaß und unermeßlicher Komplexität entstanden, deren Beherrschung jenseits der Auffassungsgabe eines einzelnen liegt."[66]

- Dennoch finden sich in den ethischen Diskursen einige strukturelle Konstanten:

[63] „In der Ethik gibt es, abgesehen von Verbesserungen der Darstellung, keinen Fortschritt – es sei denn eine wachsende Anerkennung der Pluralität von Grundhaltungen."[67]

- Im Fundament der Ansätze zeigt sich oft eine Konvergenz auf einige wenige – im Grunde auf zwei – Denkformen, nämlich auf
    - Gedanken im Anschluß an Aristoteles
    - Gedanken im Anschluß an Kant
- Beide Paradigmen sind nicht einfach Gegenmodelle, sondern implizieren wechselseitig wichtige Elemente – was wie von selbst die Frage ihrer systematischen Vermittlung aufwirft. Zuvor aber braucht es

2.2 Begriffliche Klärungen

- „Ethik" kommt von ἦϑος: „gewohnter Ort des Wohnens, Gewohnheit, Sitte, Brauch";
- Heute steht „Ethik"
    - für Gesamt menschlicher Handlungsleitung;
    - für die Wissenschaft von Handlungsprinzipien.

---

[66] RESCHER, Nicholas: Philosophie am Ende des Jahrhunderts. In: DZPh 43 (1995). 775-787. Hier 787.
[67] WOLF, Jean-Claude: Grundpositionen der neuzeitlichen Ethik. In: Hastedt, Heiner – Martens, Ekkehard (Hgg.): Ethik. Ein Grundkurs. Reinbek b. Hamburg 1994. 82-113. Hier 82.

- Besser – weil präziser – wäre die Sprachregelung:
    - Wissenschaftliche Disziplin = Ethik;
    - Regeln des Handelns und Verhaltens = Moral.

- „Deskriptive" oder „empirische" Ethik leistet die Beschreibung und Erklärung moralischer Regeln.
- „Normative Ethik" leistet die kritische Prüfung von Sitten und die Begründung von Normen.
- „Metaethik" umfaßt als Aufgaben
    - das Sinnproblem (Analyse moralischer und ethischer Diskurse);
    - das Begründungsproblem (Rechtfertigung von Handeln und von ethischen Theorien).
    Beispiel: Analyse der Wertsprache, etwa „gut" als beschreibend (deskriptiv) vs. empfehlend (präskriptiv). Vgl. Richard M. Hare (*1919):

[64] „Moralische Sätze weisen nicht die semantische Struktur 'Ā p*' assertorischer Sätze, sondern die Form '!*p*' präskriptiver Äußerungen auf."[68]

Im moralischen Sprechen greifen beide Funktionen ineinander.

[65] „Wir erregen uns über Fragen der Güte von Menschen, weil wir Menschen sind; wenn wir also ein Urteil akzeptieren, daß jemandes Handlung gut unter Umständen von einer bestimmten Art ist, dann akzeptieren wir damit das Urteil, daß es gut wäre, wenn wir – unter ähnlichen Umständen – ähnlich handeln würden. Und da wir uns in einer ähnlichen Lage befinden könnten, liegt uns die Frage am Herzen."[69]

Für Hare kommt dem empfehlenden Gebrauch eine Priorität zu,
    - weil die Bedeutung dabei über verschiedene Objekte hinweg konstant bleibt;
    - weil die bewertende Bedeutung die beschreibende zu verändern vermag (z.B. Auto bezüglich Hubraum, Verbrauch, Outfit).

- „Nichtkognitivistische Theorien" fassen Normen als Befehl, Wunsch, Gefühlsausdruck auf, nicht als Behauptungssätze. Vgl. Alfred J. Ayer (1910-1989):

[66] „Das Vorhandensein eines ethischen Symbols in einer Proposition fügt ihrem tatsächlichen Inhalt nichts hinzu. Wenn ich daher zu jemand sage 'Du tatest Unrecht, als du das Geld stahlst', dann sage ich nicht mehr aus, als ob ich einfach gesagt hätte, 'Du stahlst das Geld'. Indem ich hinzufüge, daß diese Handlung unrecht war, mache ich über sie keine weitere Aussage. Ich zeige damit nur meine moralische Mißbilligung dieser Handlung. Es ist so, als ob ich 'Du stahlst das Geld' in einem besonderen Tonfall des Entsetzens gesagt, oder unter Hinzufügung einiger besonderer Ausrufezeichen geschrieben hätte. Der Tonfall oder die

---

[68] HOFMANN-RIEDINGER, Monika: Metaethik. In: Pieper, Annemarie (Hg.): Geschichte der neueren Ethik. Bd. 2: Gegenwart. Tübingen; Basel 1992. 55-81. Hier 59.
[69] HARE, Richard M.: Die Sprache der Moral. (1952). Frankfurt a.M. 1972. 177.

Ausrufezeichen fügen der Bedeutung des Satzes nichts hinzu. Sie dienen nur dem Hinweis, daß sein Ausdruck von gewissen Gefühlen des Sprechers begleitet wird."[70]

- Folge: Normen können weder wahr noch falsch sein, also gibt es keine normative Ethik, d.h. die Bemühung um ein sittliches Leben ist sinnlos, weil man in moralischen Urteilen immer nur der eigenen Einstellung begegnet.
- Ähnlich bei der dezisionistischen Version des Non-Kognitivismus, demgemäß moralische Urteile in – nur bedingt vernunftfähigen – Entscheidungen gründen. Vgl. Max Weber (1864-1920):

[67] „Je nach der letzten Stellungnahme ist für den Einzelnen das eine der Teufel und das andere der Gott, und der Einzelne hat sich zu entscheiden, welches für ihn der Gott und welches der Teufel ist."[71]

- „Kognitivistische Theorien" stimmen nicht-kognitivistischen Positionen in Vielem zu, fassen aber normative Aussagen auch als Behauptungen und verstehen gerade dies als für Ethik zentral. Alle nachfolgenden Alternativen sind als kognitivistisch zu qualifizieren:

- „Naturalistische Theorien" suchen das Phänomen der Moral auf andere Phänomene zurückzuführen, z.B.
  - biologische Reduktion: „Gut ist, was der Art-Erhaltung dient";
  - theologische Reduktion: „Gut ist, was Gott will".

  Dabei handelt es sich je um einen „naturalistischen Fehlschluß". Dieses von G.E. Moore (1873-1958) – nicht sonderlich präzise formulierte Argument geht auf das sogenannte „Humesche Gesetz" zurück, das sich von folgender Textpassage herleitet:

[68] „In jedem Moralsystem, das mir bisher vorkam, habe ich immer bemerkt, daß der Verfasser eine Zeitlang in der gewöhnlichen Betrachtungsweise vorgeht, das Dasein Gottes feststellt oder Beobachtungen über menschliche Dinge vorbringt. Plötzlich werde ich damit überrascht, daß mir anstatt der üblichen Verbindungen von Worten mit 'ist' und 'ist nicht' kein Satz mehr begegnet, in dem nicht ein 'sollte' oder 'sollte nicht' sich fände. Dieser Wechsel vollzieht sich unmerklich; aber er ist von größter Wichtigkeit. Dies *sollte* oder *sollte nicht* drückt eine neue Beziehung oder Behauptung aus, muß also notwendigerweise beachtet und erklärt werden. Gleichzeitig muß ein Grund angegeben werden für etwas, das sonst ganz unbegreiflich scheint, nämlich dafür, wie diese neue Beziehung zurückgeführt werden kann auf andere, die von ihr ganz verschieden sind."[72]

Naturalismen können nicht allgemein, sondern nur mit Bezug auf jede einzelne Variante widerlegt werden.

---

[70] AYER, Alfred J.: Sprache, Wahrheit und Logik. (1936). Stuttgart 1970. 141.
[71] WEBER, Max: Wissenschaft als Beruf. (1919). In: Ders.: Gesammelte Aufsätze zur Wissenschaftslehre. Hrsg. von Johannes Winckelmann. Tübingen ⁴1973. 582-613. Hier 604.
[72] HUME, David: A Treatise of Human Nature III,1,1. Dt.: Ein Traktat über die menschliche Natur. Bd. 2. Übers. mit Anm. und Register versehen von Theodor Lipps; mit neuer Einf. und Bibliogr. hrsg. von Reinhard Brandt. Hamburg 1978. 211.

- „Nicht-naturalistische oder intuitionistische Theorien" gehen von einem genuinen Werterleben aus, das nicht auf andere Vollzüge rückführbar ist:
Vgl. G.E. Moore:

[69] „Wenn ich gefragt werde 'Was ist gut?', so lautet meine Antwort, daß gut gut ist, und damit ist die Sache erledigt. Oder wenn man mich fragt 'Wie ist gut zu definieren?', so ist meine Antwort, daß es nicht definiert werden kann, und mehr ist nicht darüber zu sagen."[73]

- In enger Nähe dazu bewegt sich der Gedanke des Wertfühlens (vgl. Max Scheler [1874-1928]). Die dabei von Scheler unterstellte Dichotomie von Wertbereich und Wirklichkeit ist kein Implikat des intuitionistischen Ansatzes. Vgl:
    - Das Phänomen Werterfahrung ist (nach Franz von Kutschera [*1932]) vergleichbar der Erfahrung „roter Gegenstand":

[70] „Werterfahrungen sind Erfahrungen des Inhalts, daß Dinge schön oder daß Handlungen gut sind."[74]

    - Werterfahrung = alltäglich;
    - Propensitäten (Hinneigungen) sind nicht nur subjektiv, weil:
        - Propensitäten auch unabhängig von Gegenstandserfahrungen auftreten, anläßlich bestimmter Gegenstände oder Situationen eintreten oder überhaupt erst durch bestimmte Erfahrungen ausgebildet werden;
        - Ereignisse wertmäßig klassifiziert werden können, ohne daß sie unmittelbar erlebt werden. Vgl. Epikur (341-270 v. Chr.):

[71] „Der Tod ist für uns ein Nichts, denn was der Auflösung verfiel, besitzt keine Empfindung mehr. Was aber keine Empfindung mehr hat, das kümmert uns nicht."[75]

        - Propensitäten auch von den Folgen einer Tat oder eines Ereignisses mitbestimmt sind.
- Das damit ausgewiesene Moment der Unabhängigkeit der Werturteile vom aktuellen Wertempfinden wirft zumindest die Frage nach der Konstitution der Wertqualität eines Objekt/Ereignisses durch dieses selbst auf. Indizien:
    - Begegnungen mit einem Kunstwerk oder Augenzeugenschaft einer Lebensrettung;
    - Viele Prädikate bezeichnen zugleich Werteigenschaften und natürliche Eigenschaften („sonnig" vs. „regnerisch" etc.);
    - Intersubjektive Übereinstimmung in Werturteilen;

---

[73] MOORE, George E.: Principia Ethica. (1903). Stuttgart 1970. § 6. 36.
[74] KUTSCHERA, Franz von: Grundlagen der Ethik. Berlin; New York 1982. 228. [Künftig zitiert: KUTSCHERA: Ethik.]
[75] EPIKUR: Philosophie der Freude. Eine Auswahl aus seinen Schriften übers., erl. und eingel. von Johannes Mewaldt. Stuttgart 1960. 51.

- auch objektive Werturteile sind nicht an unmittelbares Werterleben gebunden (z.B. medizinische Untersuchung).

Die intuitionistische Position fundiert normative Aussagen in einem Zwischen jenseits von Subjektivismus und diesseits von Objektivismus.

- Subjektivistische Theorien" kennen Werturteile ausschließlich auf der Basis subjektiver Einstellungen; sie bilden die wichtigste Untergruppe naturalistischer Ansätze und können sowohl egoistisch als auch altruistisch (inklusive „egoistischem Altruismus") sein.

- „Objektivistische Theorien" begreifen Moralität von Handlungen und Situationen als völlig unabhängig von subjektiven Empfindungen. Als paradigmatische Ausprägungen begegnen:

- „Deontologische Theorien" (von τὸ δέον, das Erforderliche, die Pflicht).
    - Eine Handlung ist sittlich geboten, wenn sie in sich gut ist, unabhängig vom Resultat; das macht sie gesellschaftstheoretisch attraktiv. Vgl. das „Schwarzfahrerproblem":
[72] „In einer Stadt sei nach einer längeren Dürreperiode das Wasser knapp geworden. Damit die Wasserversorgung nicht zusammenbricht, kommen die Einwohner überein, Wasser ausschließlich zum Trinken, Kochen und Waschen zu verwenden. Würde sich nun ein Einwohner bei seinem Handeln nur an dessen Konsequenzen orientieren, so könnte er wie folgt argumentieren: Sparen die anderen mit Wasser, so entsteht keine Gefahr für die Wasserversorgung, wenn ich meinen Rasen sprenge, der es dringend nötig hat. Sparen die anderen dagegen nicht, so nützt es auch nichts, wenn ich spare. Es ist also erlaubt, daß ich meinen Rasen sprenge."[76]
    - Probleme des deontologischen Ansatzes:
        - das Generalisierungspostulat (Beispiel „Feuerwehr": Müssen alle, die zu einem brennenden Haus kommen, mit Löscharbeiten beginnen?);
        - die Pflichtenkollision; diese bildete auch das Rückgrat für *den* alternativen Ansatz:

- „Teleologische Theorien" (von τέλος, Ziel).
    - Der Wert einer Handlung ergibt sich aus Wert ihrer Ziele (z.B. Gerechtfertigkeit einer Lüge, um jemanden zu schützen etc.). Dagegen wendet etwa J.G. Fichte (1762-1814) aus deontologischer Perspektive ein:
[73] „Wer Böses thun will, damit Gutes daraus komme, ist ein Gottloser. In einer moralischen Weltregierung kann aus dem Bösen nie Gutes folgen, und so gewiss du an die erstere glaubst,

---
[76] KUTSCHERA: Ethik. 69.

ist es dir unmöglich, das letztere zu denken. – Du darfst nicht lügen, und wenn die Welt darüber in Trümmer zerfallen sollte."[77]

- Sofern Handlungsfolgen erfahrungsgemäß schnell der Kontrolle der Handelnden entgleiten können, gibt es auch:

- „Intentionalistische Theorien" (von „intentio", Absicht):
  - Sie bemessen den Wert einer Handlung nicht am Ergebnis, sondern an der leitenden Absicht.
  - Probleme des intentionalistischen Ansatzes:
    - Eine „gute Absicht" kann nicht gute Folgen ersetzen;
    - Normen im Sinn von Absichten gewinnen keine wirksame Verbindlichkeit.

Testfragen:

1. Wodurch ist trotz einfacher Fragestellung die Diskussionslage in der zeitgenössischen philosophischen Ethik unübersichtlich geworden? Welche Gegenindikation ist angezeigt? Was entdecken jene, die sich an diese Aufgabe machen?
2. Welche hauptsächlichen ethischen Theorieformen lassen sich unterscheiden? Was kennzeichnet sie jeweils?
3. Als was werden Normen in nicht-kognivistischen Theorien aufgefaßt?
4. Was versteht man unter „naturalistischem Fehlschluß"? Wie kann dieser widerlegt werden?

---

[77] FICHTE, Johann Gottlob: Über den Grund unseres Glaubens an eine göttliche Weltregierung. In: Ders.: Fichtes Werke. Bd. 5 (Zur Religionsphilosophie). Hrsg. von Immanuel Hermann Fichte. Nachdr. Berlin 1971. 175-189. 185f. [Künftig zitiert: FICHTE: Grund unseres Glaubens.]

2.3 Ethik des Glücks: Aristoteles

§ 35 Die Aristotelische Ethik läßt sich in erster Annäherung durch einen Vergleich mit den alternativen antiken Konzeptionen der Machtethik (Sophisten), Lustethik (Epikureismus), Gleichheitsethik (Stoa) und Objektivitätsethik (Platon) fassen.

- Aristoteles (384-322 v. Chr.) selbst betont die zentrale Rolle des Sokrates für seine Ethik:

[74] „Nun beschäftigte sich damals Sokrates mit den sittlichen Tugenden und suchte zuerst über sie allgemeine Begriffe aufzustellen; denn unter den Physikern hatte Demokritos diesen Gegenstand eben nur berührt und von dem Warmen und Kalten eine Art von Definition gegeben; vor diesem aber hatten sich die Pythagoreer nur mit einigen wenigen Gegenständen beschäftigt, deren Begriffe sie auf die Zahlen zurückführten, z.B. was die Reife oder das Gerechte oder die Ehre ist; jener aber frage [sic!] mit gutem Grund nach dem Was."[78]

2.31 Vor- und nacharistotelische Varianten antiker Ethik

- Elemente vorphilosophischer Ethik finden sich
  - in den Traditionen Homers, Hesiods und der Orphiker; vgl. etwa Archilochos (ca. 7. Jahrh.):

[75] „Das Herz eines jeden erwärmt sich an anderem."[79]
  - in den Ratschlägen der „Sieben Weisen":

[76] - Thales: „Erkenne dich selbst!"
  - Solon: „Nichts zu sehr."
  - Pittakos: „Erkenne den passenden Augenblick!"
  - Kleobulos: „Maß ist das Beste."
  - Periander: „Alles ist Übung."
  - Chilon: „Bürgschaft, - schon ist Unheil da."
  - Bias: „Die Meisten sind schlecht."[80]

  Dabei handelt es sich noch um konkrete Weisungen ohne systematischen Anspruch.

- Durch die Krise der Polis (6. Jahrh. v.Chr.) entsteht die sophistische Traditionskritik, die ethisch in Richtung Relativismus tendiert.
  - Vgl. Protagoras (480-410 v. Chr.):

[77] „Und so schillert das Gute und wandelt sich immer wieder; ja einiges ist wiederum für die Wurzeln des Baumes gut, für die Zweige aber schädlich, wie zum Beispiel der Mist, um

---

[78] ARISTOTELES: Metaphysik. XIII, 4. 1078 b.
[79] ARCHILOCHOS: Fr. 41 d.
[80] Zit. nach: Leben und Meinungen der Sieben Weisen. Griech./Lat./Dt. Hrsg., übers. und erl. von Bruno Snell. München ³1952. 13.

die Wurzeln gelegt, allen Pflanzen heilsam ist, wolltest du ihn aber auf die Triebe oder auf die jungen Zweige legen, so würde alles verderben."[81]

- Vgl. auch Antiphon (ca. 480-411):

[78] „Die Gerechtigkeit besteht darin, daß man Gesetz und Brauch in dem Staat, in dem man als Bürger lebt, nicht übertritt. Am vorteilhaftesten wird sich dabei der einzelne Mensch zur Gerechtigkeit stellen, wenn er in Anwesenheit von Zeugen Gesetz und Brauch hochhält, ohne solche dagegen die Gebote der Natur. Denn die Forderungen von Natur [sic!] und Brauch sind willkürlich auferlegt, die Gebote der Natur dagegen beruhen auf Notwendigkeit. Denn die Forderungen von Gesetz und Brauch sind vereinbart, nicht natürlich geworden, die Gebote der Natur aber sind natürlich geworden, nicht vereinbart. Wenn man nun bei der Übertretung von Gesetz und Brauch von denen, welche die Vereinbarung getroffen haben, unbemerkt bleibt, ist man von Schande und Strafe frei, andernfalls nicht. Vergewaltigt man dagegen die mit der Natur verwachsenen Gesetze über das mögliche Maß hinaus, so ist das Unheil um nichts geringer, wenn es auch kein Mensch merkt, und um nichts größer, auch wenn es alle Welt sieht. Denn der Schaden erwächst nicht aus der Meinung, sondern aus der Wirklichkeit... Das Nützliche, das Gesetz und Brauch als solches bestimmt hat [sic!], ist eine Fessel der Natur, dasjenige aber, das aus der Natur kommt, beruht auf Freiheit [...]. Es ist das, was der Natur zuträglich ist, lustvoll; was aber Gesetz und Brauch bestimmt, ist, sofern es Unlust erregt, wider die Natur und also schädlich."[82]

- Formal gefaßt: Konstruktionsprinzipien philosophischer Ethik sind:
    - die Rationalität;
    - der Begriff der Natur (gegenüber dem der Konvention);
    - der Begriff des Zieles.

- Horizonte der Aristotelischen Ethik:
    - Die Lust-Ethik, die klassisch erst nach Aristoteles bei Epikur (342/41-271/70 v. Chr.) ausgebildet wird:

[79] „[...E]ine von Irrtum sich freihaltende Betrachtung dieser Dinge weiß jedes Wählen und jedes Meiden in die richtige Beziehung zu setzen zu unserer körperlichen Gesundheit und zur ungestörten Seelenruhe; denn das ist das Ziel des glückseligen Lebens. Liegt doch allen unseren Handlungen die Absicht zugrunde, weder Schmerz zu empfinden noch außer Fassung zu geraten. Haben wir es einmal aber dahin gebracht, dann glätten sich die Wogen; es legt sich jeder Seelensturm, denn der Mensch braucht sich dann nicht mehr umzusehen nach etwas, was ihm noch mangelt, braucht nicht mehr zu suchen nach etwas anderem, das dem Wohlbefinden seiner Seele und seines Körpers zur Vollendung verhilft."[83]

---

[81] PLATON: Protagoras. 334 a-b. In: Ders.: Werke in acht Bänden. Griech./Dt. Bd. 1. Bearb. von Heinz Hofmann. Übers. von Friedrich D. E. Schleiermacher. Darmstadt ²1990. 83-217. Hier 147. [Künftig zitiert: PLATON: Protagoras.]

[82] ANTIPHON: Über die Wahrheit. III, Fragm. A Col 1, 2 und 4. In: Antiphon – Kritias – Anonymus Iamblichi. Studienausgabe ausgewählter Texte. Hrsg. von Basilius A Kyrkos. Ioannina 1988. 46-48. Dt.: Günther Bien: Grundpositionen der antiken Ethik. In: Hastedt, Heiner – Martens, Ekkehard (Hgg.): Ethik. Ein Grundkurs. Reinbek ²1996. 50-81. Hier 56-57.

[83] DIOGENES LAERTIUS: Leben und Meinung berühmter Philosophen. Übers. von Otto Apelt. Neu hrsg. und mit Vorw., Einl. und neuen Anm. versehen von Klaus Reich. Hamburg ²1967. 128.

- Die Macht-Ethik, besonders in der Sophistik vertreten; natürliche Stärke bzw. Schwäche bilden das Kriterium für „erlaubt – nicht erlaubt".
- Die Ethik der Gleichheit aller Menschen, fundiert in der Vernunftbegabtheit und selbstbewußten Stellung des Menschen im Kosmos.
- Die Ethik des objektiv Guten, die Platon konzipiert; im Ausgang von der Analyse einer gebräuchlichen Redeweise entwickelt Platon unter dem Vorzeichen des Wissenscharakters richtigen Tuns (der Tugend) eine geradezu mathematische Ethik:

[80] [Sokrates zu Protagoras]:
„Du weißt aber doch, daß die meisten Menschen mir und dir nicht glauben, sondern sie sagen, daß viele, welche das Bessere sehr gut erkennen, es doch nicht tun wollen, obgleich sie könnten, sondern etwas anderes tun. Und so viele ich gefragt habe, was doch die Ursache wäre hiervon, haben mir alle gesagt [jetzt kommt die Redeweise; K.M.], von der Lust überwunden oder der Unlust oder von irgendeinem unter den Dingen, deren ich vorhin erwähnte, bezwungen, täten die das, die es tun."[84]

Selbst Hedonisten müssen sich – wollen sie solche sein – auf der Ebene des Wissens bewegen:

[81] „[...W]elche andere Schätzung gibt es denn für Lust gegen Unlust als den Überschuß oder das Untermaß der einen gegen die andere [...]. Denn wenn du Angenehmes gegen Angenehmes wägst, mußt du immer das Mehrere und Größere nehmen, wenn Unangenehmes gegen Unangenehmes, das Kleinere und Geringere; wenn aber Angenehmes, mußt du, wenn das Unangenehme vom Angenehmen übertroffen wird, es sei nun das Nähere vom Entfernteren oder das Entferntere vom Näheren, die Handlung verrichten, darin sich dieses Verhältnis findet; wird aber in einer das Angenehme vom Unangenehmen übertroffen, die mußt du nicht verrichten."[85]

Richtiges Handeln hängt an der angemessenen Einschätzung von Überschuß, Untermaß und Gleichheit, also an messender (mathematischer) Erkenntnis, weshalb der Tugend als individueller wie politischer Lebensgestaltungskompetenz strenger Wissenscharakter eignet.

2.32 Das Profil der Aristotelischen Ethik

§ 36 Aristoteles konzipiert eine teleologisch auf Glückseligkeit justierte Ethik, die sich in praktischer Hinsicht an einem Tugendstreben orientiert, für das der Begriff der μεσότης (Mitte) leitend ist.

- Aristoteles besetzt eine systematische Position zwischen Sophisten und Platon:

---

[84] PLATON: Protagoras. 352 d-e.
[85] PLATON: Protagoras. 356 a-c.

[82] „Das Wollen [...] geht auf das Ziel, wie wir sagten; die einen meinen, es ginge auf das Gute, die andern, es ginge auf das scheinbare Gute. Jene nun, die sagen, daß das Gewollte das Gute sei, kommen dazu, anzunehmen, daß dasjenige gar nicht gewollt sei, was einer auf Grund einer unrichtigen Wahl will; denn wenn es gewollt wäre, wäre es auch gut; es traf sich aber, daß es schlecht war. Wer aber wiederum sagt, daß das jeweils erscheinende Gute das Gewollte sei, der sagt, daß das Gewollte nicht ein von Natur Gewolltes sei, sondern nur für jeden Einzelnen, was ihm so scheint. Jedem scheint wieder anderes gut zu sein, und je nachdem sogar Entgegengesetztes."[86]

Beides kann nicht einfach nebeneinanderstehen. Darum sucht Aristoteles nach einer Vermittlungsfigur, und die macht das Spezifische seiner Position aus:

[83] „Für den Edlen ist das Gute das in Wahrheit Gute, für den Gemeinen das Zufällige, so wie auch bei Körpern für die gut disponierten dasjenige gesund ist, was in Wahrheit so ist [hier kommt die Objektivität ins Spiel; K.M.], für die kränklichen dagegen anderes, und ebenso auch beim Bitteren, Süßen, Warmen, Schweren usw. Denn der Edle beurteilt jedes Einzelne richtig, und in jedem Einzelnen erscheint ihm die Wahrheit. Denn für jede Verfassung gibt es ein eigenes Schönes und Angenehmes, und vielleicht zeichnet sich der Edle gerade dadurch am meisten aus, daß er in jedem Einzelnen die Wahrheit erkennt, da er gewissermaßen Richtschnur und Maß dafür ist. Die Leute dagegen scheinen sich durch die Lust täuschen zu lassen. Denn sie ist nicht gut und scheint doch so."[87]

- Ausgearbeitet findet sich die Position des Stagiriten am prägnantesten in der „Nikomachische(n) Ethik"; andere erhaltene einschlägige Texte sind die „Eudemische Ethik" und die „Magna moralia".

- Grundlinien Aristotelischer Ethik:
   a) Ethischen Diskursen eignet begrenzte Präzision:
[84] „Da wir nun über solche Dinge und unter solchen Voraussetzungen reden, müssen wir damit zufrieden sein, in groben Umrissen das Richtige anzudeuten; und wenn wir nur über das zumeist Vorkommende reden und von solchem ausgehen, so werden auch die Schlußfolgerungen dieser Art sein.
Auf dieselbe Weise hat nun aber auch der Hörer das Gesagte aufzunehmen. Denn es kennzeichnet den Gebildeten, in den einzelnen Gebieten nur so viel Präzision zu verlangen, als es die Natur des Gegenstandes zuläßt."[88]

   b) Ethik ist Teil der Politik als Inbegriff aller praktischen Wissenschaften und der angesehensten Fähigkeiten.
   c) Oberstes praktisches Gut ist das Ziel aller Ethik, nämlich Glückseligkeit; diese besteht darin „gut zu leben" im Sinn von „sittlicher Lebensführung" *und* „gut zu leben wissen":

---

[86] ARISTOTELES: Nikomachische Ethik. III 6, 1113 a 16-25. Eingeleitet und übertragen von Olof Gigon. Zürich 1951. (= Bd. 3 der Werke des Aristoteles). [Künftig zitiert: ARISTOTELES: Nikomachische Ethik.]
[87] ARISTOTELES: Nikomachische Ethik. III 6, 1113 a 25—b 2.
[88] ARISTOTELES: Nikomachische Ethik. I, 1, 1094 b 19-22.

[85] „Im Namen stimmen wohl die meisten überein. Ευδαιμονια [in etwa zu übersetzen mit „Glück" oder „Glückseligkeit"; K.M.] nennen es die Leute und die Gebildeten, und sie setzen das Gut-Leben und das Sich-gut-Verhalten gleich mit dem Glückseligsein. Was aber die Glückseligkeit sei, darüber streiten sie, und die Leute sind nicht derselben Meinung wie die Weisen."[89]

    d) Was aber für jemanden Glückseligkeit ist, hängt mit seiner/ihrer jeweiligen Lebensform zusammen. Wenn der Mensch im Erkennen des Ewigen und des Praktischen sein Wesen vollzieht,

[86] „dann ist das Gute für den Menschen die Tätigkeit der Seele auf Grund ihrer besonderen Befähigung, und wenn es mehrere solche Befähigungen gibt, nach der besten und vollkommensten; und dies auch noch ein volles Leben hindurch. Denn eine Schwalbe und ein einziger Tag machen noch keinen Frühling; so macht auch ein einziger Tag oder eine kurze Zeit niemanden glücklich und selig."[90]

    e) Die gekonnte (d.h. von Tugend angeleitete) Ausübung der menschlichen Verfaßtheit als Vernunftwesen ist das um seiner selbst willen erstrebte Ziel, dem sich alles andere Streben einschreibt.

[87] „Was hindert also, jenen glückselig zu nennen, der gemäß der vollkommenen Tugend tätig und mit äußeren Gütern hinlänglich versehen ist, nicht eine beliebige Zeit hindurch, sondern durch ein ganzes Leben? Oder muß man beifügen, daß er auch in Zukunft so leben und dementsprechend sterben müsse, da ja die Zukunft uns verborgen ist, wir aber in jeder Hinsicht die Glückseligkeit als das Ziel und das Vollkommene ansetzen? Wenn es so ist, dann werden wir unter den Lebenden jene glückselig nennen, denen das Genannte zukommt und zukommen wird, glückselig freilich, als Menschen."[91]

    f) Von daher verstehen sich die Bezeichnungen der Aristotelischen Ethik als „teleologisch", „eudaimonistisch", „Strebens-, Tugend-Ethik".

    g) Zentral ist dabei der Begriff der μεσότης (Mitte): Tugend vermeidet ein Zuviel wie ein Zuwenig:

[88] „Da es nun drei Zustände gibt, zwei Schlechtigkeiten je aus Übermaß oder Mangel und eine Tugend, die der Mitte, so stehen in gewisser Weise alle zu allen im Gegensatz. Denn die Extreme stehen zueinander und zur Mitte im Gegensatz und die Mitte zu den Extremen. Wie nämlich das Gleiche gegenüber dem Geringeren größer ist, gegenüber dem Größeren aber geringer, so haben auch die mittleren Haltungen gegenüber den mangelhaften ein Übermaß, und gegenüber den übermäßigen zeigen sie einen Mangel in den Leidenschaften und Handlungen.
[...]
So stoßen denn die Extreme jeweils die Mitte ab zum anderen Extrem, und den Tapfern nennt der Feige tollkühn, der Tollkühne feige und beim anderen dementsprechend."[92]

    h) Durch diesen Begriff der Mitte kommt es zu einer Neufassung des Begriffs der Gerechtigkeit. Zu unterscheiden sind:
        - die gesetzliche Gerechtigkeit;

---

[89] ARISTOTELES: Nikomachische Ethik. I, 2, 1095a 17-20.
[90] ARISTOTELES: Nikomachische Ethik. I, 6, 1098a 16-20.
[91] ARISTOTELES: Nikomachische Ethik. I, 11, 1101a 14-20.
[92] ARISTOTELES: Nikomachische Ethik. II, 8, 1108b 11-26.

- die besondere Gerechtigkeit.

[89] „Von der besonderen Gerechtigkeit nun und dem ihr entsprechenden Gerechten betrifft die eine Art die Zuteilung von Ehre, Geld und den anderen Dingen, die unter die Mitglieder einer Gemeinschaft aufgeteilt werden können; denn hier kann der eine ungleich oder gleich viel erhalten wie der andere. Die andere Art ordnet den vertraglichen Verkehr. Diese hat wiederum zwei Teile. Denn von den Verträgen sind die einen freiwillig, die anderen unfreiwillig."[93]

- Das Zentrum dieses Gerechtigkeitsdiskurses bildet die Proportionalität:

[90] „Da nun der Ungerechte und das Ungerechte ungleich sind, so gibt es offenbar ein Mittleres zwischen dem ungleichen. Dies ist das Gleiche. Denn wo immer beim Handeln es ein Mehr oder Weniger gibt, gibt es auch ein Gleiches. Ist nun das Ungerechte ungleich, so wird das Gerechte gleich sein. Davon sind auch ohne Beweis alle überzeugt.
Wenn außerdem das Gleiche eine Mitte ist, so wird wohl auch das Gerechte eine Mitte sein. Das Gleiche befindet sich nun bei mindestens zwei Dingen. Also muß das Gerechte eine Mitte sein, ein Gleiches, bezogen auf etwas und für bestimmte Partner und, sofern es eine Mitte ist, zwischen bestimmten Dingen (d.h. dem Mehr oder Weniger); endlich, sofern es gleich ist, von zweien, und sofern gerecht, für bestimmte Menschen.
Das Gerechte setzt also mindestens vier Elemente voraus: die Menschen, für die es gerecht ist, sind zwei, und die Sachen, auf die es sich bezieht, sind ebenfalls zwei. Und zwar ist die Gleichheit dieselbe, für die und in was sie vorhanden ist. [...]
Das Gerechte ist also etwas Proportionales. [...] Proportionalität ist eine Gleichheit der Verhältnisse und verlangt mindestens vier Glieder."[94]

- Daraus lassen sich vernünftig begründete Lösungsverfahren für Verteilungs- und Ausgleichsprobleme gewinnen, und zwar:

(1) Die distributive Gerechtigkeit; Gleiche erhalten Gleiches, Ungleiche Ungleiches im Verhältnis zu jeweiliger Würde oder Leistung.

(2) Die kommutative Gerechtigkeit:

[91] „So ist auf Grund einer Abmachung das Geld der Vertreter des Bedürfnisses geworden. Darum trägt es auch den Namen νόμισμα [deutsch: Geld, von νόμος, Gesetz, Festlegung; K.M.], weil es nicht von Natur, sondern durch das Herkommen gilt, und weil es bei uns steht, es zu verändern und wertlos zu machen."[95]

(3) Die regulative oder korrektive Gerechtigkeit zur Wiederherstellung einer verlorenen μεσότης:

[92] „Darum nimmt man auch beim Streite seine Zuflucht zum Richter. Zu ihm gehen, bedeutet zur Gerechtigkeit zu gehen. Denn der Richter soll so etwas wie eine beseelte Gerechtigkeit sein, und man sucht einen maßvollen Richter, und einige nennen sie ′Mittelsmänner′, als würden sie die Gerechtigkeit treffen, wenn sie die Mitte treffen. So ist also das Gerechte ein Mittleres wie auch der Richter. Der Richter stellt die Gleichheit her: wie wenn eine Linie in ungleiche Teile zerschnitten wäre, nimmt er vom größeren Teile dasjenige weg, was über die

---

[93] ARISTOTELES: Nikomachische Ethik. V, 5, 1130b-1131a 3.
[94] ARISTOTELES: Nikomachische Ethik. V, 6, 1131a 10-33.
[95] ARISTOTELES: Nikomachische Ethik. V, 8, 1133a 29-30.

Hälfte hinausgeht, und fügt es dem kleineren Teile zu. Ist aber das Ganze in zwei gleiche Teile geteilt, so sagt man, jeder habe das Seinige, wenn sie beide die Hälfte erhalten haben."[96]

> (4) Die Epikie als Bestimmung der Billigkeit durch Einzelfall-Entscheid unter Zurückstellung des allgemeinen Gesetzes, ohne daß dadurch Letzteres diskreditiert würde.

[93] „Die Schwierigkeit kommt daher, daß das Billige zwar ein Recht ist, aber nicht dem Gesetz nach, sondern als eine Korrektur des gesetzlich Gerechten. Die Ursache ist, daß jedes Gesetz allgemein ist, in einigen Dingen aber in allgemeiner Weise nicht korrekt gesprochen werden kann. Wo man nun allgemein reden muß, es aber nicht angemessen tun kann, da berücksichtigt das Gesetz die Mehrzahl der Fälle, ohne über diesen Mangel im unklaren zu sein. Dennoch geht es richtig vor. Denn der Fehler liegt weder im Gesetz noch beim Gesetzgeber, sondern in der Natur der Sache. Die Materie des Handelns ist nämlich von vornherein von dieser Art.[...]
Daher ist das Billige ein Recht und besser als ein gewisses Recht, nicht als das Recht im allgemeinen, sondern als der Mangel, der entsteht, weil das Gesetz allgemein spricht."[97]

- Am Fall der Epikie wird besonders gut greifbar, wie sich bei Aristoteles Aufmerksamkeit auf
    - Handlungsumstände *und*
    - situationsunabhängige Allgemeingültigkeit verweben.

- Zu letztgenanntem Faktor in Spannung stehen die seit längerem anhaltenden Tendenzen einer „Re-Aristotelisierung" der Ethik, wie sie sich vor allem niederschlägt in den Debatten:

2.4 Kommunitarismus versus Liberalismus

§ 37 Der Kommunitarismus sucht die Wurzeln von Normen in dem, was eine bestimmte Vergemeinschaftung verbindet, in kritischer Absetzung vom Liberalismus, dem primär Allgemeinverbindliches als normativ gilt.

- „Kommunitarismus" ist ein Titel für divergierende Positionen ohne
    - gemeinsame Grundthese, sondern
    - mit Interessen-Überlappungen (als „Feindbild" fungiert der amerikanische Liberalismus)
- Zentraler Gegenstand der Kritik: John Rawls' (*1921) „Theorie der Gerechtigkeit". Diese stützt sich im wesentlichen auf zwei Grundsätze:
    a) Prinzip der Gleichheit:
[94] „Jedermann soll gleiches Recht auf das umfangreichste System gleicher Grundfreiheiten haben, das mit dem gleichen System für alle anderen verträglich ist."[98]

---

[96] ARISTOTELES: Nikomachische Ethik. V, 7, 1132a 19-28.
[97] ARISTOTELES: Nikomachische Ethik. V, 14, 1137b 11-25.

b) Differenz- oder Unterschiedsprinzip:
[95] „Soziale und wirtschaftliche Ungleichheiten sind so zu gestalten, daß (a) vernünftigerweise zu erwarten ist, daß sie zu jedermanns Vorteil dienen, und (b) sie mit Positionen und Ämtern verbunden sind, die jedem offen stehen."[99]
> Soziale Unterschiede sind gerechtfertigt, wenn die in der Gesellschaft am schlechtesten Gestellten daraus größten Nutzen ziehen (Maximin-Kriterium). Daraus resultiert die Bestimmung der Gerechtigkeit als Fairness.

- Die kommunitaristische Kritik am Liberalismus erstreckt sich im wesentlichen in vier Richtungen:
    (1) Kritik am Gewicht des Individuums gegenüber Institutionen durch M. Sandel: Das Selbstverständnis des Subjekts resultiere aus mit anderen geteilten gemeinsamen Werten; das aber konterkariert längst der in konkreten Vergemeinschaftungen übliche Pluralismus. Dennoch gibt Sandel damit einen wichtigen Hinweis auf die
    (2) Wiederentdeckung der Normativität des Üblichen (Aristoteles/Hegel), deren Rehabilitierung sich Sandels Lehrer Charles Taylor zum Anliegen macht: Gegen den Verdacht situativer Willkür kann dabei nur eine tiefe Verwurzelung des Sittlichen in der Welt- und Selbsterfahrung des Menschen helfen. Gelungenes Leben resultiert demgemäß aus
    - einer Kultur der Innerlichkeit;
    - einer Wertschätzung des gewöhnlichen Lebens (bibl. Spiritualität);
    - Natur als Quelle der Moral
        - Taylor trägt zur Vermittlung von Liberalismus und Wertbindung bei: Liberale Demokratie braucht für ihr Funktionieren gewisse gemeinsame Werte, was den Liberalen insofern einleuchtet, als Rawls in Modifikation der eigenen Position das historisch situierte Aufkommen der Gerechtigkeitsfrage herausstellt.
    - Ähnlich denkt die Gruppe um Robert Bellah die Vermittlung von Individuum und demokratischen Strukturen.
    - Vergleichbar auch die Bemühungen Amitai Etzionis „Jenseits des Egoismus-Prinzips" „Die faire Gesellschaft" aus der „Entdeckung des Gemeinwesens" (alles Buchtitel) zu konzipieren.
    Diesen Vermittlungspositionen gegenüber gibt es aber auch

---

[98] RAWLS, John: Eine Theorie der Gerechtigkeit. Deutsch v. Hermann Vetter. Frankfurt a. M. 1979. 81. [Künftig zitiert: RAWLS: Gerechtigkeit.]
[99] RAWLS: Gerechtigkeit. 81.

(3) Kommunitarismus als radikale Kritik der Moderne, so etwa seitens Alasdair MacIntyres: Moderne wird dabei beschrieben als Geschichte des Niedergangs:
- Entscheidender Vorwurf: Universalismus ist gar nicht universal, sondern selbst nur als partikuläre Tradition aufgekommen.
- Dem „Verlust der Tugend" muß ein erneuertes Christentum entgegengestellt werden.

Demgegenüber gibt es aber auch

(4) Kommunitarismus in weitgehender Kompatibilität mit der Moderne, vertreten vor allem durch Michael Walzer: Er entwickelt Gesellschaftskritik und einen Gerechtigkeitsbegriff von den biblischen Propheten her. Das geschieht durch:
- „Kritik von innen";
- Fortschreibung der Tradition durch Konkretfall-Anwendung;
- den Gedanken „komplexe Gleichheit", der an Aristoteles' proportionale Gerechtigkeit erinnert.

- Formale Tendenz der Diskussion: Gesellschaft als Vertragsschluß-Resultat und Gemeinschaft als über geteilte Werte integriertes Sozialwesen sind nicht mehr einfach entgegengesetzt:
- Rawls kontextualisiert den Universalismus;
- Walzer denkt kommunitaristisch mit verallgemeinerungsfähigem Einschlag.

Ersteres scheint leichter möglich zu sein als Letzteres.

- Das Grundproblem des Kommunitarismus besteht darin, die Grenzen der eigenen Gemeinschaft zu überschreiten. Zumindest latent drohen ihm:
- die Gefahr des Stammes-Denkens (keine Sicherung gegen Nationalismus-Gefahr);
- eine funktionalistische Inanspruchnahme von Religion (Religion als gesellschaftliches Bindemittel).

- Die Stärke von Rawls' Position:
- Die Idee der Person und der Sozialität und
- das Prinzip der Vernünftigkeit und Rationalität

sind nicht deswegen moralisch belangvoll, weil sich eine Gemeinschaft (nämlich die demokratische Gesellschaft) über sie geeinigt hat, sondern sie sind:
- Ideen und Prinzipien der Praktischen Vernunft. Deren Aufklärung leistet in besonderer Weise die ↗Ethik Kants.

Testfragen:

1. Welche Konstruktionsprinzipien bestimmen philosophische Ethiken seit Anfang des okzidentalen Denkens?
2. Welchen Alternativen gegenüber gewinnt die Aristotelische Ethik ihr spezifisches Profil? Was macht jeweils das Merkmal dieser alternativen Konzeptionen aus?
3. Wie ordnet Aristoteles seine Ethik ins Gesamt der Philosophie ein? Welchen epistemologischen Status schreibt er ihr zu? Was ist ihr Ziel?
4. Mit welchem Mittel erarbeitet der Stagirite eine Neubestimmung des Begriffs der Gerechtigkeit?
5. Inwiefern sind der Aristotelischen Ethik – systematisch gesehen – auch Kantische Züge eingeschrieben?
6. Was versteht man unter „Kommunitarismus"? Wogegen richtet sich dieser ethische Ansatz? Welche Motive tauchen unter diesem Titel auf? Was macht diese attraktiv?
7. Worin bestehen die Schwächen der einflußreichen kommunitaristischen Konzepte? Was macht das Grundproblem dieses Ansatzes aus? Inwiefern kann man von einer gewissen Re-Aristotelisierung des ethischen Diskurses im Kommunitarismus sprechen?

2.5 Ethik der Pflicht: Immanuel Kant

§ 38 Kant begründet und entfaltet eine Ethik der Autonomie, dergemäß die Vernunft sich frei an das in ihr selbst vorfindliche Sittengesetz – den „kategorischen Imperativ" – bindet und darin ihre eigene Vernünftigkeit bewahrheitet.

- Die gängigen Etiketten für die Ethik Kants heißen „deontologisch", „Pflicht"-, „Willens"-, „Sollens"-Ethik.
- Aristotelische Züge bei Kant (etwa der Ausschluß einer theologischen Begründung und die Bedeutung von Tugenden) und Kantische Züge bei Aristoteles (etwa der Begriff des Verpflichtenden und universalistische Intuitionen) verbieten eine plane Gegenüberstellung beider.

2.51 Die kopernikanische Wende der praktischen Vernunft

- In der „Kritik der reinen Vernunft" werden die Grenzen der theoretischen Vernunft in Absicht der Etablierung einer wissenschaftlichen Metaphysik ausgelotet.
- Genau dieses Programm setzt Kant hinsichtlich der Ethik (Moral) fort. Eine Allgemeinverbindlichkeit moralischer Normen läßt sich nur dadurch erweisen, daß geklärt wird
    - ob es Allgemeinverbindliches gibt;
    - von wo sich ein solcher Anspruch herleiten läßt.
        Positive Antworten schließen eine Kritik des ethischen Skeptizismus wie des ethischen Empirismus ein.
- Zur Ausarbeitung kommt Kants ethisches Programm besonders in:
    - „Grundlegung zur Metaphysik der Sitten" (1785);
    - „Kritik der praktischen Vernunft" (1788);
    - „Metaphysik der Sitten" (1797).

- Kants „Kopernikanische Wendung" in der Erkenntnistheorie: Die Objektivität der Erkenntnis verdankt sich nicht einer Eigenschaft des Dings, sondern resultiert aus dem Erkenntnisapparat, sofern die Erkenntnisbedingungen der Dinge mit deren Auftrittsbedingungen identisch sind (↗Erkenntnistheorie).
- Auch die Objektivität moralischer Forderungen – wenn es erstere gibt – ist im Subjekt gegründet, d.h. eine philosophisch gesicherte Moral muß von der Autonomie des Subjekts her konzipiert werden. Sofern „autonom sein" soviel wie „frei sein" bedeutet, stellen sich zwei Grundfragen:
    - Gibt es Freiheit wirklich?

- Wie stellt sich das unbedingte Gesetz dar, auf das Freiheit sich selbst verpflichtet?
- Zum Ausgangspunkt nimmt Kant das Phänomen des Handelns gegen eigene Neigungen („Galgen-Beispiel"):

[96] „Setzet, daß jemand von seiner wollüstigen Neigung vorgibt, sie sei, wenn ihm der beliebte Gegenstand und die Gelegenheit dazu vorkämen, für ihn ganz unwiderstehlich: ob, wenn ein Galgen vor dem Hause, da er diese Gelegenheit trifft, aufgerichtet wäre, um ihn sogleich nach genossener Wollust daran zu knüpfen, er alsdenn nicht seine Neigung bezwingen würde. Man darf nicht lange raten, was er antworten würde. Fragt ihn aber, ob, wenn sein Fürst ihm, unter Androhung derselben unverzögerten Todesstrafe, zumutete, ein falsches Zeugnis wider einen ehrlichen Mann, den er gerne unter scheinbaren Vorwänden verderben möchte, abzulegen, ob er da, so groß auch seine Liebe zum Leben sein mag, sie wohl zu überwinden für möglich halte. Ob er es tun würde, oder nicht, wird er vielleicht sich nicht getrauen zu versichern; daß es ihm aber möglich sei, muß er ohne Bedenken einräumen. Er urteilet also, daß er etwas kann, darum, weil er sich bewußt ist, daß er es soll, und erkennt in sich die Freiheit, die ihm sonst ohne das moralische Gesetz unbekannt geblieben wäre."[100]

- An den Beispiel wird für Kant klar:
    - Es gibt eine evidente Erfahrung unbedingten Sollens;
    - an diesem Sollen wird erfahrbar, daß es Freiheit gibt;
    - unbedingtes Sollen ist durch und durch vernunftbestimmt.
- Folge:
    - Vernünftig Handelnde begegnen notwendig dem Sittengesetz, d.h. das unbedingte Sollen liegt in der Vernunft selbst und ist darum durch Vernunft-Analyse explikabel:

[97] „[D]aß alle sittliche Begriffe völlig a priori [also erfahrungsunabhängig; K.M.] in der Vernunft ihren Sitz und Ursprung haben, und dieses zwar in der gemeinsten Menschenvernunft eben sowohl, als der im höchsten Maße spekulativen; daß sie von keinem empirischen und darum bloß zufälligen Erkenntnisse abstrahiert werden können; daß in dieser Reinigkeit ihres Ursprungs eben ihre Würde liege, um uns zu obersten praktischen Prinzipien zu dienen; daß man jedesmal so viel, als man Empirisches hinzu tut, so viel auch ihrem echten Einflusse und dem uneingeschränkten Werte der Handlungen entziehe [...]."[101]

Wenn dies wirklich zutrifft, ist das Problem der Universalität gelöst.

- Die Durchführung des Programms hängt daran, daß der praktischen (d.h. auf Handeln bezogenen) Vernunft apriorisch Strukturen zugeschrieben werden können. Kant setzt ein mit folgender metaethischen definitorischen Operation:
    - Im strengsten Sinn gut ist nur ein guter Wille:

---

[100] KANT, Immanuel: Kritik der praktischen Vernunft. A 54. In: Ders.: Werke in zehn Bänden. Bd. 6. Hrsg. von Wilhelm Weischedel. Darmstadt 1983. 103-302. Hier 140. [Künftig zitiert: KANT: Kritik der praktischen Vernunft.]

[101] KANT, Immanuel: Grundlegung zur Metaphysik der Sitten. BA 34. In: Ders.: Werke in zehn Bänden. Bd. 6. Hrsg. von Wilhelm Weischedel. Darmstadt 1983. 11-102. Hier 39-40. [Künftig zitiert: KANT: Grundlegung.]

[98] „Es ist überall nichts in der Welt, ja überhaupt auch außer derselben zu denken möglich, was ohne Einschränkung für gut könnte gehalten werden, als allein ein guter Wille. [...]
Der gute Wille ist nicht durch das, was er bewirkt oder ausrichtet, nicht durch seine Tauglichkeit zu Erreichung irgend eines vorgesetzten Zweckes, sondern allein durch das Wollen, d.i. an sich gut, und, für sich selbst betrachtet, ohne Vergleich weit höher zu schätzen, als alles, was durch ihn zu Gunsten irgend einer Neigung, ja wenn man will, der Summe aller Neigungen, nur immer zustande gebracht werden könnte."[102]

Wille hat dabei nichts mit Willkür zu tun, sondern meint nichts anderes als auf Handeln gerichtete Vernunft. Die nähere Bestimmung des so verstandenen guten Willens leistet:

- Der Begriff der Pflicht:

[99] „Um aber den Begriff eines an sich selbst hochzuschätzenden und ohne weitere Absicht guten Willens, so wie er schon dem natürlichen gesunden Verstande beiwohnet und nicht so wohl gelehret als vielmehr nur aufgeklärt zu werden bedarf, [...] wollen wir den Begriff der Pflicht vor uns nehmen, der den eines guten Willens, obzwar unter gewissen subjektiven Einschränkungen und Hindernissen, enthält, die aber doch, weit gefehlt, daß sie ihn verstecken und unkenntlich machen sollten, ihn vielmehr durch Abstechung heben und desto heller hervorscheinen lassen."[103]

- Pflicht ist Erfahrung des moralisch Guten als Imperativ;
- Wirkliche Pflichterfüllung geschieht nur, wenn die Pflicht rein wegen ihrer Anerkennung erfüllt wird (nicht einmal Mitgefühl reicht dafür, geschweige denn Nachteilsvermeidung aus Eigeninteresse):

[100] „Pflicht ist die Notwendigkeit einer Handlung aus Achtung fürs Gesetz. Zum Objekte als Wirkung meiner vorhabenden Handlung kann ich zwar Neigung haben, aber niemals Achtung, eben darum, weil sie bloß eine Wirkung und nicht Tätigkeit eines Willens ist. [...] Nur das, was bloß als Grund, niemals aber als Wirkung mit meinem Willen verknüpft ist [...], mithin das bloße Gesetz für sich kann ein Gegenstand der Achtung und hiermit ein Gebot sein. Nun soll eine Handlung aus Pflicht den Einfluß der Neigung und mit ihr jeden Gegenstand des Willens ganz absondern, also bleibt nichts für den Willen übrig, was ihn bestimmen könne, als objektiv das Gesetz und subjektiv reine Achtung für dieses praktische Gesetz, mithin die Maxime, einem solchen Gesetze selbst mit Abbruch aller meiner Neigungen Folge zu leisten."[104]

- Der Hauptvorwurf gegen Kants Ethik lautet auf „Gesinnungsethik" (Max Scheler [1874-1928], Max Weber). Das Konzept sei unzureichend, weil
  - es ihm nur um ein gutes Gewissen des Handelnden gehe;
  - ihm gelebte und erlebte Realität gleichgültig bleibe.

Dem ist entgegenzuhalten:

---

[102] KANT: Grundlegung. BA 1. 3.
[103] KANT: Grundlegung. BA 8.
[104] KANT: Grundlegung. BA 14-15.

- Guter Wille besteht bei Kant nicht aus dem bloßen Wunsch nach dem Guten, sondern umfaßt auch die zu seiner Realisierung nötigen Mittel;
- Kant benennt ein Kriterium für objektives Gutsein des guten Willens: den „Kategorischen Imperativ"
- Kategorischer Imperativ ist das Sollen,
    - dessen sich praktische Vernunft kraft ihrer selbst bewußt und
    - dem sie, wenn sie sie selbst sein will, nicht *nicht* folgen kann („kategorisch" meint: ohne Möglichkeit der Ausnahme).

[101] „Da ich den Willen aller Antriebe beraubt habe, die ihm aus der Befolgung irgend eines Gesetzes entspringen könnten, so bleibt nichts als die allgemeine Gesetzmäßigkeit der Handlungen überhaupt übrig, welche allein dem Willen zum Prinzip dienen soll, d.i. ich soll niemals anders verfahren, als so, daß ich auch wollen könne, meine Maxime solle ein allgemeines Gesetz werden. Hier ist nun die bloße Gesetzmäßigkeit überhaupt (ohne irgend ein auf gewisse Handlungen bestimmtes Gesetz zum Grunde zu legen) das, was dem Willen zum Prinzip dient, und ihm auch dazu dienen muß, wenn Pflicht nicht überall ein leerer Wahn und chimärischer Begriff sein soll; hiermit stimmt die gemeine Menschenvernunft in ihrer praktischen Beurteilung auch vollkommen überein und hat das gedachte Prinzip jederzeit vor Augen."[105]

Wichtig: Es geht Kant um die Verallgemeinerbarkeit von Maximen, d.h. Handlungsgrundsätzen, nicht um diejenige konkreter moralischer Regeln.

- Die Wollbarkeit macht die moralische Qualität einer Maxime aus und hängt im Fall der vollkommenen moralischen Pflichten (Beispiel: Notlüge) streng, im Fall der unvollkommenen moralischen Pflichten (Beispiel: Begabung) implizit von der widerspruchsfreien Denkbarkeit der Maxime ab.

- Formen des Kategorischen Imperativs:
    - formuliert vom formalen Begriff der Natur der Dinge her:

[102] „handle so, als ob die Maxime deiner Handlung durch deinen Willen zum allgemeinen Naturgesetze werden sollte."[106]

    - formuliert im Blick auf den Zusammenhang von Wollbarkeit und Denkbarkeit:

[103] „Man muß wollen können, daß eine Maxime unserer Handlung ein allgemeines Gesetz werde: dies ist der Kanon der moralischen Beurteilung derselben überhaupt."[107]

    - formuliert in materialer Hinsicht mit Blick auf die Selbstzwecklichkeit des Vernunftwesens (also des Menschen), ohne die Moral unmöglich wäre, sofern die Vernunft nie zu einem obersten praktischen Prinzip käme:

---

[105] KANT: Grundlegung. BA 17.
[106] KANT: Grundlegung. BA 52.
[107] KANT: Grundlegung. BA 57.

[104] „Handle so, daß du die Menschheit sowohl in deiner Person, als in der Person eines jeden andern jederzeit zugleich als Zweck, niemals bloß als Mittel brauchest."[108]

- formuliert hinsichtlich der vom Kategorischen Imperativ implizierten Intersubjektivität wechselseitiger gesetzlicher Verbindung:

[105] „[...E]ine vollständige Bestimmung aller Maximen durch jene Formel, nämlich: daß alle Maximen aus eigener Gesetzgebung zu einem möglichen Reiche der Zwecke, als einem Reiche der Natur, zusammenstimmen sollen."[109]

- Die widerspruchslose Woll- und Denkbarkeit der Maximen trägt Kants Konzept gern den Vorwurf des Rigorismus ein. Dem widerspricht jedoch:
  - daß sich der Kategorische Imperativ auf Maximen bezieht und damit dem konkreten Handeln ein Spielraum offenbleibt;
  - daß Kants Ethik sich radikal vom Standpunkt des Subjekts her entfaltet und ihr von daher notwendig der Widerstand gegen egoistische Attitüden angelegen sein muß (und nicht – wie bisweilen unterstellt – die Idee, andere zu Opfern eigener moralischer Überzeugungen zu machen).

- Nach der Benennung des letzten Maßstabs moralischen Handelns mit dem Kategorischen Imperativ läßt sich die weitere Frage stellen, wie denn ein Kategorischer Imperativ möglich sei.[110] Die Antwort ist an sich einfach:
  - Voraussetzung des Kategorischen Imperativs ist die Autonomie der Vernunft;
  - deren Voraussetzung wiederum ist, daß es so etwas wie Freiheit gibt, deren Existenz sich auf keine Weise beweisen läßt, obwohl es sie geben muß, wenn Moral und Moralität keine Illusion sein sollen (insofern ist das Bewußtsein des Sittengesetzes Indiz für die Existenz von Freiheit).
  - Autonomie als letzter Ermöglichungsgrund moralischen Handelns wird dabei so bestimmt:

[106] „Autonomie des Willens ist die Beschaffenheit des Willens, dadurch derselbe ihm selbst (unabhängig von aller Beschaffenheit der Gegenstände des Wollens) ein Gesetz ist. Das Prinzip der Autonomie ist also: nicht anders zu wählen als so, daß die Maximen seiner Wahl in demselben Wollen zugleich als allgemeines Gesetz mit begriffen sein."[111]

- Unbedingte moralische Verpflichtungen lassen sich für Kant nur aus der Innenperspektive des handelnden Subjekts rechtfertigen. Seinen konkreten Niederschlag findet das im Überschreiten empirischer und sinnenhafter

---

[108] KANT: Grundlegung. BA 66-67.
[109] KANT: Grundlegung. BA 80.
[110] Vgl. KANT: Grundlegung. BA 110.
[111] KANT: Grundlegung. BA 87.

Existenzbedingungen durch Selbstbindung der Vernunft an das objektive Sittengesetz.

- Neben den schon erwähnten Einwänden (die nahezu gänzlich zu zerstreuen waren) sieht sich Kants anspruchsvolle Ethik folgendem Einspruch ausgesetzt:

2.52 Eine wirkmächtige Kant-Opposition: Der Utilitarismus

§ 39 Die Attraktivität des Utilitarismus resultiert aus seiner Verbindung von Rationalität und Empirie; der Ausfall elementarer Fragen der Ethik machen ihn schwach.

- Der Utilitarismus (lat. „utilis" = nützlich) ist besonders im angelsächsischen Raum virulent geworden. Systematische Entfaltung fand die Position durch J. Bentham (1748-1832), J. St. Mill (1806-1873) und H. Sidgwick (1838-1900).
- Sein Erfolg erklärt sich nicht zuletzt daraus, daß er gut auf praktische Probleme (politisch, sozial) anwendbar ist.
- Das Verhältnis zu Kant ist ein doppeltes. Der Utilitarismus
    - strebt nach rationaler Normenbegründung (wie Kant),
    - bezieht aber eine empirische Dimension ein (gegen Kant).
- Das Rückgrat des Utilitarismus bildet das Prinzip der Nützlichkeit: Sittlich geboten ist das, dessen Folgen für das Glück aller Betroffenen optimal ist:
    - Entscheidend sind also die Konsequenzen;
    - „Glück" ist nicht vom einzelnen abhängig, sondern vom Maß an Freude, die eine Handlung allen Betroffenen bringt.
- Das Problem des Utilitarismus: Fundamentale Fragen der Ethik bleiben unbeantwortet oder ungestellt, z.B.
    - kommen in dem Konzept keine Grundrechte vor, die auch im Konflikt mit dem Wohlergehen anderer in Geltung bleiben, d.h.:
    - die Frage der Gerechtigkeit kommt nur sehr defizient zur Geltung;
    - utilitaristisch gibt es nur Pflichten von Menschen gegeneinander, nicht sich selbst gegenüber;
    - die Universalität des Ansatzes bleibt pragmatisch.
- Allerdings verbindet Kant und die Utilitaristen:

2.53 Ein gemeinsamer Problemüberhang

- Keine der beiden Konzeptionen kommt zu einer wirklich letzten Begründung des ethischen Anspruchs:
    - Der Utilitarismus wirft dieses Problem im strengen Sinn gar nicht auf;

- Kant kommt nicht weiter als zum Sittengesetz qua „Faktum der Vernunft".
- Hat dieses Defizit Kants mit der Logik seines Ansatzes beim Subjekt zu tun?
- Wenn das zuträfe, dann müßte sich eine letzte Begründung des sittlichen Anspruchs durch den radikal gegenteiligen Ansatz, also den Ansatz beim Anderen gewinnen lassen.
- Eine solche Analyse läßt sich unschwer anstellen, sofern genau dieser Ansatz ausgearbeitet vorliegt.

Testfragen:

1. *Aus welchen Bezeichnungen läßt sich eine erste Charakteristik der Kantischen Ethik gewinnen? Gehören zu ihr auch aristotelisierende Züge?*
2. *Gegen welche Positionen schreibt Kant sein kritizistisches Programm auch im Bereich der praktischen Vernunft fort?*
3. *Wo muß eine Objektivität moralischer Forderungen – wenn es sie gibt – gründen und wo setzt Kant mit dem entsprechenden Argumentationsprogramm an?*
4. *Was bedeutet „Sollen" und was wird durch die Sollenserfahrung erschlossen? Was umschreibt der Begriff der Pflicht?*
5. *Welcher hauptsächliche Vorwurf wird häufig gegen Kants Ethik erhoben? Trifft er zu? Wenn nein, warum nicht?*
6. *Was meint „kategorischer Imperativ"? Wie lautet er in seinen verschiedenen Formulierungsvarianten?*
7. *Welche Opposition gegen Kant konnte sich besonders wirkmächtig entfalten? Welchem Prinzip folgt diese Opposition? Wo steckt ihre entscheidende Schwachstelle?*
8. *Inwiefern belastet Kants Ethik und zugleich die vorausgehend genannte Opposition ein gemeinsamer Problemüberhang? Welche grundsätzliche Alternative legt sich von ihm her nahe?*

2.6 Ethik der Nächstheit: Emmanuel Levinas

§ 40 Bereits der Anblick des anderen nimmt mich in Pflicht, für ihn Verantwortung zu tragen. Moralisch handelt, wer sich vom anderen in Geiselhaft nehmen und in seinem Lebensgang stören läßt.

- Emmanuel Levinas (1906-1995)
    - leistet bereits durch Sprache Widerstand gegen abendländische Denkmuster;
    - sein Denken ist tief geprägt durch Erfahrung der Shoa;
    - er nimmt starke Motive biblischer-jüdischer Tradition in die philosophische Reflexion auf;
    - biblische Texte werden als philosophische Texte eigenen Rechts angesehen (nicht als Illustrationen zu philosophischen Gedanken).

- Levinas' Diagnose des Grundproblems der westlichen Philosophie:
    - Alles, was es gibt, ist immer das Andere des Subjekts, folglich wird alles – auch die anderen – Objekt.
    - Wo bleibt dabei aber die Andersheit des anderen?
- Levinas' Alternative nimmt ihren Ausgang von einer fundamentalen Alterität:
    - Bereits der Anblick des anderen nimmt mich unbedingt in Pflicht.
    - Die moralische Frage lautet nicht „Wer ist mein Nächster?", sondern „Wem bin ich der Nächste?"

[107] „Warum betrifft mich der Andere? [...] Bin ich der Hüter meines Bruders? – diese Fragen haben nur Sinn, wenn man bereits zur Voraussetzung gemacht hat, daß das Ich sich nur um sich sorgt, nur Sorge ist um sich selbst. Unter dieser Annahme bleibt es in der Tat unverständlich, daß das absolute Außerhalb-meiner – der Andere – mich betrifft. Doch hat in der 'Vorgeschichte' des für sich gesetzten Ich eine Verantwortung das Wort. Das Sich ist von Grund auf Geisel, früher als es Ego ist, schon vor den ersten Ursachen. Es geht für das Sich, in seinem Sein, nicht darum zu sein. Jenseits von Egoismus und Altruismus geht es um die Religiosität des Sich.
Die Conditio der Geiselschaft ist der Grund dafür, daß in der Welt Mitleid, Anteilnahme, Verzeihen und Nähe möglich sind. [...] Die Unbedingung der Geisel ist nicht der Grenzfall der Solidarität, sondern die Bedingung jeglicher Solidarität."[112]

- Moralisch handelt, wer sich vom Anderen als Geisel nehmen läßt.
    Daraus resultiert eine fundamentale Asymmetrie zwischen „Ich" und dem „Anderen" zugunsten des Letzteren. Was das für beide Seiten bedeutet, wird gut an einer (dem Frühwerk zugehörigen) Analyse der Zeit deutlich:

---

[112] LEVINAS, Emmanuel: Jenseits des Seins oder anders als Sein geschieht. Aus dem Französischen übers. v. Thomas Wiemer. Freiburg; München 1992. 260-261.

- Das Phänomen des Todes macht evident:

[108] „Die Tatsache, daß er [sc. der Tod] jede Gegenwart flieht, rührt nicht von unserer Flucht vor dem Tode und von einer unverzeihlichen Ablenkung in der letzten Stunde her, sondern von der Tatsache, daß der Tod *unergreifbar* ist, daß er das Ende der Mannhaftigkeit und des Heroismus des Subjekts markiert. Das Jetzt, das ist der Sachverhalt, daß ich Herr bin, Herr des Möglichen. Herr, das Mögliche zu ergreifen. Der Tod ist niemals jetzt. Wenn der Tod da ist, bin ich nicht mehr da, nicht weil ich nichts bin, sondern weil ich nicht imstande bin zu ergreifen."[113]

- Menschliches Dasein ist prinzipiell dem Unterbrochenwerden ausgesetzt,
- im Tod geht das Subjekt sich selbst verloren:

[109] „Was entscheidend ist im Nahen des Todes, ist dies, daß wir von einem bestimmten Moment an *nicht mehr können können*; genau darin verliert das Subjekt seine eigentliche Herrschaft als Subjekt.
Dieses Ende der Herrschaft zeigt an, daß wir das Sein auf eine solche Weise übernommen haben, daß uns ein Ereignis zustoßen kann, das wir nicht mehr übernehmen, nicht einmal auf die Weise, wie wir es, ständig durch die empirische Welt überflutet, durch das Sehen übernehmen."[114]

- Durch das Sterbenmüssen ist eine Bresche in den Panzer der Autonomie des Subjekts geschlagen, durch die es vom anderen in Anspruch genommen und radikal überwältigt werden kann.
- Dennoch kommt es durch den Tod zu keiner Auslöschung des Subjekts, sofern es den Gehalt der Todeserfahrung zu Lebzeiten vorwegnehmen und damit den Tod in nicht-verfügender Weise übernehmen kann. Genau dies ist möglich in der Begegnung mit dem Anderen:

[110] „Diese Situation, in der das Ereignis einem Subjekt widerfährt, das es nicht übernimmt, einem Subjekt, das hinsichtlich dieses Ereignisses nichts können kann, in der es jedoch gleichwohl auf eine bestimmte Weise diesem Ereignis gegenübersteht, diese Situation ist das Verhältnis zu *dem* anderen, das Von-Angesicht-zu-Angesicht mit dem anderen, die Begegnung mit dem Antlitz, das zugleich den anderen gibt und entzieht. Das 'übernommene' andere – das ist *der* andere."[115]

In Einzelschritten expliziert bedeutet das:
- An sich geht das Subjekt im Augenblick des Todes sich verloren;
- durch Antizipation dieser Todeserfahrung in Gestalt unbedingten Verfügenlassens des anderen über mich kann der Subjektverlust vermieden werden;
- damit werde ich in der Zuwendung zum anderen der Vernichtung durch den Tod entrissen;

---

[113] LEVINAS, Emmanuel: Die Zeit und der Andere. Übers. und mit einem Nachwort versehen v. Ludwig Wenzler. Hamburg 1984. 44-45. [Künftig zitiert: LEVINAS: Zeit.]
[114] LEVINAS: Zeit. 47.
[115] LEVINAS: Zeit. 50.

- durch das Beanspruchtwerden seitens des anderen trete ich in eine Beziehung zum Unbedingten und werde dadurch der Vernichtungsmacht des eigenen Sterbens entrissen:
  - Die dem anderen übereignete („geopferte") Zeit ist meinem Tod entzogen, d.h.:
  - Die Andersheit des anderen befreit das Subjekt aus der Endlichkeit.

- Unbeschadet der damit neu eröffneten Dimension bleiben Anfragen:
  - Ist Levinas' Begriff des okzidentalen Subjekts korrekt? Ist dieses *konstitutiv* egoistisch, selbstmächtig, gewalttätig? Dagegen spricht:
  - Das neuzeitliche Subjekt weiß um die Notwendigkeit seiner Selbsterhaltung (und erhalten muß sich nur, was nicht über sich verfügt; ↗Anthropologie);
  - Die biblischen Wurzeln des Subjektgedankens bleiben unbedacht.

- Wie resultiert aus dem Anblick des Anderen die moralische Verpflichtung? Wie kann ein Sollen aus dem Sein expliziert werden? Levinas' diesbezüglich letztes Wort:
[111] „Aber die Epiphanie des Anderen trägt ein eigenes Bedeuten bei sich [...]. Der Andere [...] bedeutet durch sich selbst."[116]

- Resultat: Der Ansatz beim Anderen endet wie Kants Ansatz beim Subjekt: bei einem Faktum. Daraus folgt offenkundig:
  - Eine letzte Begründung des sittlichen Anspruchs ist weder vom Subjekt noch vom Anderen her möglich.
  - Ist eine solche Begründung darum aus dem Zwischen-Raum zwischen beiden gewinnbar?
    Dieser intersubjektive Raum wird am besten faßbar durch die gemeinsame Sprache der Subjekte. Der entsprechende ethische Ansatz heißt:

---

[116] LEVINAS, Emmanuel: Die Spur des Anderen. In: Ders.: Die Spur des Anderen. Untersuchungen zur Phänomenologie und Sozialphilosophie. Übers., hrsg. und eingeleitet v. Wolfgang Nikolaus Koewani. Freiburg; München 1983. 209-235. Hier 220-221.

2.7 Diskursethik

§ 41 Diskursethisch wird die Fundierung sittlicher Normen in unhintergehbaren Voraussetzungen argumentativer Kommunikation gesucht und ihre Explikation an der Idee einer idealen Kommunikationsgemeinschaft orientiert.

- Die Diskursethik wurde grundgelegt und primär entfaltet durch
    - Karl-Otto Apel (*1922) (Rahmenprojekt: Transzendentalpragmatik als neue Erst-Philosophie; ↗Letztbegründung) und seinen Schüler Wolfgang Kuhlmann (*1939);
    - Jürgen Habermas (*1929) (Rahmenprojekt: Kritische Fortführung der unvollendeten Moderne).

- Die Diskursethik steuert ein an sich einfacher Grundgedanke:
    - Unbedingt verbindlich ist, was argumentative Kommunikations-Akte als gültig voraussetzen:
[112] „Diejenigen Präsuppositionen des Argumentierens können als letztbegründete Prinzipien angesehen werden, die ohne performativen Selbstwiderspruch nicht bestritten und eben deshalb auch nicht ohne Zirkel (petitio principii) logisch begründet werden können."[117]
- Als formales Fundament fungiert dabei die performativ-propositionale Doppelstruktur der Sprache: daß man, indem man etwas sagt, zugleich auch etwas tut, was möglicherweise zum Gesagten in Widerspruch steht (↗Sprachphilosophie).
- Jeder argumentative Sprechakt impliziert vier Geltungsansprüche:
    - auf Wahrheit;
    - auf Wahrhaftigkeit;
    - auf normative Richtigkeit;
    - auf Verständlichkeit der Aussage.
- Damit Diskurspartner diese Ansprüche gegeneinander erheben können, ist vorausgesetzt:
    - Argumente werden ernstgenommen; das stärkere Argument zählt;
    - alle rational gestützten Ansprüche aller Glieder der Kommunikationsgemeinschaft, auch künftiger, zählen;
    - eigene Ansprüche können ausschließlich durch Argumente gerechtfertigt werden;
    - Diskurspartner unterstellen sich wechselseitig Wahrhaftigkeit.
- Erfüllt sind diese Voraussetzungen nur in einer idealen Kommunikationsgemeinschaft.

---

[117] APEL, Karl-Otto: Die Herausforderung der totalen Vernunftkritik und das Programm einer philosophischen Theorie der Rationalitätstypen. In: Concordia 11 (1987). 2-23. Hier 6.

- Reale Kommunikationsgemeinschaften bleiben dahinter zurück;
- darum braucht es neben der „Prinzipien-Ebene A" einen „Teil B" als Verantwortungsethik;
- alles Handeln muß auf Realisierung der idealen Kommunikationsgemeinschaft zielen.
- Die Idee der idealen Kommunikationsgemeinschaft ist beeinflußt durch:
  - das Motiv des sokratischen Dialogs;
  - das Ideal der christlichen Urgemeinde;
  - das Motiv der Verwirklichung „in the long run" (Ch. S. Peirce).
    - Mit letzterem kommt ein utopischer Zug ins Konzept der „idealen Kommunikationsgemeinschaft".
    - Dieses ist auch Anlaß von Attacken rechtskonservativer Philosophie: Eine Ethik mit utopischen Zügen führe ziemlich direkt in den Terrorismus.
    - Apel hält dagegen: Ohne Utopie der idealen Kommunikationsgemeinschaft gibt es keine ethische Universalität und verkommt Kommunikation zur Strategie, auch wenn der herrschaftsfreie Diskurs nach außen wie innen des institutionellen Schutzes bedarf:

[113] „Politisch-historisch und juristisch [...] liegt ein revolutionärer Schritt mit langfristiger Wirkung darin, daß ein Rechtsstaat als Institution sich eine meta-institutionelle Instanz der diskursiven Legitimität und Kritik leistet und diese selbst schützt und garantiert."[118]

- Probleme der Diskursethik:
  - Von den Kritikern dennoch richtig gesehen wurde, daß es im „B-Teil" der Diskursethik eine Lücke gibt:
    - Auf dem Weg zur idealen Kommunikationsgemeinschaft ist u.U. strategisches Handeln nötig;
    - Vorwurf von rechts: Dadurch werde die Legitimation von Terror möglich (Lenin, Stalin);
    - Apel setzt dem nur ein (schwaches) geschichts-philosophisches Prinzip entgegen: Was Gesellschaft auf diesem Weg schon errungen hat, darf sie nicht aufgeben.
      Das aber bedeutet: Aus dem Sein wird ein Sollen abgeleitet („naturalistischer Fehlschluß").
  - Ein weiteres Problem ergibt sich aus einem Defekt am Begriff der „idealen Kommunikationsgemeinschaft":

---

[118] APEL, Karl-Otto: Ist die Ethik der idealen Kommunikationsgemeinschaft eine Utopie? Zum Verhältnis von Ethik, Utopie und Utopiekritik. In: Voßkamp, Wilhelm (Hg.): Utopieforschung. Interdisziplinäre Studien zur neuzeitlichen Utopie. Bd. 1. Stuttgart 1982. 325-355. Hier 348.

- Den Gedanken durchherrscht ein Pathos der Versöhnung, doch wo bleiben Schuld und Tod?
- Antizipiert wird nicht eine wirkliche, sondern nur eine vorgestellte Zukunft, doch:
    - für diese Vorstellung hat die reale Kommunikationsgemeinschaft die Funktion eines Modells;
    - das führt zu einer Umkehrung des Verhältnisses von realer und idealer Kommunikationsgemeinschaft: Sinnvolle Antizipation unterstellt die Wahrheitsfähigkeit realer Konsensbildung (und ist damit normativ gesehen überflüssig).
- Das Folgeproblem: Wahr ist nicht etwas, weil darüber ein Konsens zustande kommt – sondern umgekehrt, d.h.:
- Nicht die Kommunikationsgemeinschaft kann die Begründungsleistung sittlichen Anspruchs tragen, sondern das Subjekt im Diskurs muß mit seinen Urteilen praktischer Vernunft dafür aufkommen.

- Resultat:
    - Der Weggang vom Subjekt (Kant) in den
    - Raum des Anderen (Levinas) und von dort in die
    - Intersubjektivität (Diskursethik)
        - führt geradewegs zum Subjekt zurück;
        - keine der drei Positionen leistet eine letzte Begründung.
- Wird eine solche Begründung möglich durch ein Ineinanderschieben aller drei Konzepte? Auch ein solches komplexes Modell liegt im Ansatz vor und soll weitergehend expliziert werden:

2.8 Ethik unbedingter Freiheit –
ein Vorschlag in kritischem Anschluß an Johann Gottlieb Fichte

§ 42 Aus fichteanischen Ressourcen läßt sich ein Ethik-Konzept formulieren, das in strenger Orientierung am Freiheitsgedanken den alten Antagonismus von Teleologie und Deontologie unterläuft und dabei zur Aufklärung von Grundfragen der Subjekttheorie wie der philosophischen Theologie beiträgt.

- Fichte setzt ethisch wie Kant beim unbedingten Sollen an.
- Sein Programm: Mit Kantischen Mitteln gegen Kant über Kant hinaus.
- Sein Ziel: Eine letzte Begründung des unbedingten Sollens aus dem Gedanken der Freiheit.
- Durchführung:

- Das Subjekt muß seine Freiheit radikal realisieren,
- Freiheit muß dazu als inneres Moment wirklicher Selbständigkeit („Selbsttätigkeit") begriffen werden;
- das Sollen muß sich notwendig aus der Wesensverfassung des Subjekts ergeben;
- der Ursprung des Sollens wird durch eine Selbstbeschreibung des freien Subjekts freigelegt;
- erschlossen wird das unhintergehbare Sollen in mehreren Anläufen (in der Abfolge der Varianten der „Wissenschaftslehre").

- Erster Weg: Wirkliche Freiheit geht nur aus einer schlechthin unbedingten Tätigkeit, einer Tätigkeit um der Tätigkeit willen hervor.
- Eine solche repräsentiert Selbstbewußtsein: Indem es sich dem Nicht-Ich gegenübersetzt, weiß sich das Ich zugleich als Subjekt, das weiß, wie als Objekt, das gewußt wird – unterläuft also die Subjekt-Objekt-Differenz.
- Das aber ist nur auf dem Hintergrund einer ursprünglicheren Einheit des Bewußtseins möglich, der transzendentalen Instanz, die Fichte mißverständlich „absolutes Ich" nennt. Vgl. etwa Schopenhauer:

[114] „Fichtes Tätigkeit um der Tätigkeit willen ... ist zu exemplifizieren durch Einen, der herumspringt und sich mit der Ferse in den Hintern schlägt."[119]

Oder vgl. – aus der Gegenwart – H. und G. Böhme:

[115] „Es ist die Imagination des Ich als einzig und absolut: wäre es nicht Fichte, wäre es Wahnsinn. Die Irrenärzte der Zeit [...] erzählen fortlaufend von Kranken, die sich für Gott, Jesus, Ludwig XIV. oder das Universum halten. Hier aber: Wahnsinn als Philosophie."[120]

- Zu der Gefahr, das „absolute Ich" als Gottesbegriff bzw. Gottesersatz mißzuverstehen, trägt Fichte selbst bei mit Formulierungen wie:

[116] „Alles vernunftlose [sic!] sich zu unterwerfen, frei und nach seinem eigenen Gesetze es zu beherrschen, ist lezter [sic!] Endzweck des Menschen; welcher lezte Endzweck völlig unerreichbar ist und ewig unerreichbar bleiben muß, wenn der Mensch nicht aufhören soll, Mensch zu seyn, und wenn er nicht Gott werden soll."[121]

---

[119] SCHOPENHAUER an Ch. Frauenstädt. 26. März 1854. Zit. nach: Dietzsch, Steffen (Hg.): Philosophen beschimpfen Philosophen. Die kategorische Impertinenz seit Kant. Leipzig ²1996. 41.

[120] BÖHME, Hartmut – BÖHME, Gernot: Das Andere der Vernunft. Zur Entwicklung von Rationalitätsstrukturen am Beispiel Kants. Frankfurt a.M. 1983. 126. Vgl. 123-136.

[121] FICHTE, Johann Gottlieb: Einige Vorlesungen über die Bestimmung des Gelehrten, 1794. In: Fichtes Werke. Bd. 6 (Zur Politik und Moral). Hrsg. v. Immanuel Hermann Fichte. Nachdr. Berlin 1971. 289-346. Hier 299-300. [Künftig zitiert: FICHTE: Bestimmung des Gelehrten.]

- In besonderer Weise geschieht dies durch die Identifikation von „moralischer Ordnung" und „Gott", mit der Fichte den „Atheismusstreit" (↗Religionsphilosophie) auslöst:

[117] „Ich finde mich frei von allem Einflusse der Sinnenwelt, absolut thätig in mir selbst und durch mich selbst; sonach, als eine über alles Sinnliche erhabene Macht. Diese Freiheit aber ist nicht unbestimmt; sie hat ihren Zweck: nur erhält sie denselben nicht von aussen, sondern sie setzt sich ihn durch sich selbst. Ich selbst und mein nothwendiger Zweck sind das Uebersinnliche.

An dieser Freiheit und dieser Bestimmung derselben kann ich nicht zweifeln, ohne mich selbst aufzugeben.

[...]

Dass ich soll und was ich soll, ist das erste, unmittelbarste. Dies bedarf keiner weiteren Erklärung, Rechtfertigung, Autorisation; es ist für sich bekannt und für sich wahr.

[...]

Jene lebendige und wirkende moralische Ordnung ist selbst Gott; wir bedürfen keines anderen Gottes und können keinen anderen fassen."[122]

- Damit kann es keine Wirklichkeit Gottes außerhalb des Selbstbewußtseins geben;
- klassische Gottesprädikate wie Persönlichkeit und Bewußtsein müssen abgestoßen werden.

Fichte zahlt den Preis des damit verbundenen Konflikts, weil sich damit die Möglichkeit auftut, die Aporie des ersten Wegs zu einer Letztbegründung des Sollens aufzusprengen, die darin besteht, daß er die Erfüllung des Sollens aufgrund der menschlichen Verfassung für unerreichbar hält; die Identifikation von Gott und Sittengesetz hebt diesen Widerspruch (zum genannten Preis) auf.

- Zweiter Weg: Fichte hält das im Atheismusstreit entdeckte Lösungspotential fest, befreit es aber von der theologischen Hypothek, indem er
    - statt vom absoluten Ich vom absoluten Sein ausgeht.
    - Anlaß: Die Differenz von Bewußtsein und Bewußtem setzt immer einen Vorgriff auf Unbedingtes voraus (z.B.: Eine Grenze ist nur als Grenze erkennbar, wenn ich über sie hinaus bin, und dabei muß ich auf ein Letztes stoßen, um nicht in einen infiniten Regreß zu geraten, in dem der Gedanke „zerdacht" wird).
    - Dieses Unbedingte ist denknotwendig, muß aber nicht existieren.
    - Wenn es dieses Unbedingte, Absolute gäbe: Wie kann es dann noch anderes, etwa Gegenstände des Bewußtseins, aber auch dieses Bewußtsein selbst geben?
    - Das ist nur möglich, wenn

---

[122] FICHTE: Grund unseres Glaubens. 181. 183. 186.

- dieses Andere Äußerung des Absoluten so ist,
- daß durch es keine Beeinträchtigung des Absoluten geschieht.
    Das ist dann der Fall, wenn jenes Andere Bild des Absoluten ist (im Sinn eines transzendentalen Bildbegriffs: „radikal nichts mehr für sich sein").
- Nur so entsteht kein Widerspruch zwischen dem Erkennen und seinem notwendigen Vorgriff auf ein Absolutes.
- Nur wenn kein solcher Widerspruch auftritt, dann ist das Subjekt auch wirklich frei.
- Gibt es „neben" dem absoluten Sein überhaupt etwas, kann es sich nur um eine Äußerung des Absoluten („Sollen") handeln, und die wiederum äußert nicht irgend etwas, sondern kann nur Aufforderung zur Freiheit sein, also Aufforderung, Bild des Absoluten zu werden. Folge:
- Wenn Freiheit Bild des Absoluten wird:
    - ist sie aufgehoben im Sinn von „nichts mehr für sich" und
    - aufgehoben im Sinn von „aufbewahrt", d.h.:
- Indem das Ich Bild des Absoluten wird,
    - wird es Erscheinung des Absoluten und
    - gewinnt es Anteil an dessen Wesen, d.h. wird es unverlierbar.
- Resultat:
    - Menschliche Freiheit als absolute und absolutes Sein sind versöhnt;
    - das Phänomen des Normativen ist unhintergehbar begründet.

- Offene Frage: Wie läßt sich eine Rückkehr von dieser ausgesprochen spekulativen Ebene auf diejenige der konkreten Moralität denken?
    - Fichte selbst bietet diesbezüglich keine stabile Lösung;
    - in Anlehnung an Fichte und seine Intersubjektivitätstheorie läßt sich eine Lösung andenken:
        - Ausgangsfrage: Wie kommen (die in der Selbstbewußtseinsanalyse erschlossenen Momente) Ich und Nicht-Ich zu jener Einheit, die im erkennenden Vorgriff auf das eine Unbedingte immer schon gesetzt ist?
[118] „Der höchste Trieb im Menschen ist [...] der Trieb nach Identität [...]. Allen Begriffen, die in seinem Ich liegen, soll im Nicht-Ich ein Ausdruck, ein Gegenbild gegeben werden."[123]
        - Der Absurdität, im Vorgriff auf unbedingte Einheit immer nur Differenz (Nicht-Ich) zu produzieren, läßt sich nur entgehen, wenn

---

[123] FICHTE: Bestimmung des Gelehrten. 304.

das Verhältnis von Ich und Nicht-Ich als Konkretisierung des Bildverhältnisses zwischen absolutem Sein und endlicher Freiheit gefaßt wird, d.h.:
- Indem sich ichhafte Subjekte frei einander wechselseitig zum Bild machen, kann aus der Differenz der vielen Einzelnen jene Einheit wirklich werden, auf die jeder einzelne kraft Vernunftform ausgerichtet ist.
- Dem korrespondiert Fichtes Intersubjektivitätstheorie: Subjekte sind transzendentalgenetisch konstituiert durch wechselseitige Anerkennung, d.h. durch die Aufforderung, sie selbst zu sein.
  - Im Auffordern und Anerkennen des anderen als anderen realisieren Subjekte ihr Bildwerden als Höchstmaß ihres Wirklichseinkönnens und darin ihre konkrete Freiheit.
- Diese Weise seiner Konstitution verstrickt das Subjekt in Geschichte und Gesellschaft und das in ihnen sedimentierte Normative, so daß es nach der Richtigkeit der ihm angesonnen Normen fragen muß. Die Antwort liegt bereits aus der Selbstbewußtseinsanalyse vor: Alles Sollen resultiert aus der Bestimmung des Endlichen, Bild des Absoluten zu sein. Systematisch gewendet:
- Indem sich Subjekte wechselseitig zum Bild füreinander machen, bringen sie das Absolute zur Erscheinung.
- Absolutes kommt in seinem Anspruch zur Geltung, *indem* konkrete Subjekte radikal füreinander da sind.
- Die Verständigungskraft der Konzeption wird gut faßbar, wenn man sie als reflexiven Nachvollzug der christlichen Einheit von Gottes- und Nächstenliebe liest:

[119] „Das erste ist: Höre, Israel, der Herr, unser Gott, ist der einzige Herr. Darum sollst du den Herrn, deinen Gott, lieben mit ganzem Herzen und ganzer Seele, mit all deinen Gedanken und all deiner Kraft. Als zweites kommt hinzu: Du sollst deinen Nächsten lieben wie dich selbst. Kein anderes Gebot ist größer als diese beiden."[124]

In ähnlicher Stoßrichtung bindet das Doppelgleichnis Mt 25,31-46 das endzeitliche Bestehen des Menschen vor Gott konstitutiv an seine Menschlichkeit gegenüber seinesgleichen.

- Ein gravierender Einwand gegen eine an Fichte orientierte Ethik stammt von Friedrich Wilhelm Joseph Schelling (1775-1854): Fichtes Denken treibe

---

[124] Mk 12,29-31.

[120] „ein das Leben untergrabendes und aushöhlendes Moralisieren der ganzen Welt, [...] ein rohes Anpreisen der Sittlichkeit und der Sittenlehre als des einzig Reellen im Leben und in der Wissenschaft."[125]

In der Tat gibt es Fichte-Passagen, die sich so anhören:

[121] „Unsere Welt ist das versinnlichte Materiale unserer Pflicht; dies ist das eigentliche Reelle in den Dingen, der wahre Grundstoff aller Erscheinung."[126]

Eine stärkere Herausarbeitung der unhintergehbaren Ichhaftigkeit der Subjektinstanz (zumal mit sprachanalytischen Mitteln) wehrte dieser Tendenz und profilierte zugleich:

- Die systematische Leistung Fichtes:
    - Er bietet eine Letztbegründung des Sollens (also mehr als Intuitionismus und Dezisionismus);
    - sucht keinen Übergang vom Sein zum Sollen (vermeidet also einen naturalistischen Fehlschluß);
    - erblickt im Erfüllen des Sollens das Telos der Freiheit (unterläuft also die Differenz deontologisch – teleologisch).

Fichtes Konzeption verdiente den Namen „Integrative Ethik", jedoch ist dieser bereits besetzt:

- Die „Integrative Ethik" von H. Krämer (* 1929) beansprucht,
    - wichtige Züge des Aristotelischen und des Kantischen Paradigmas unter Führung des ersteren bei Ausklammerung von dessen teleologischer Dimension zu verschränken;
    - ins Zentrum rückt dabei der Begriff des Könnens als Vermittlung des antiken Glücks- und des neuzeitlichen Freiheitsbegriffs.

Dies geht aber mit erheblichen Verschiebungen einher:

[122] „Moralisches Verhalten ist definiert durch Leistungen, die vom Eigeninteresse nicht abgedeckt werden und insofern überschießen. Ein solcher unabgegoltener, auch nicht durch die Aussicht auf künftige Entschädigung aufgefangener Überschuß ist für das moralische Sollen und Verhalten konstitutiv. Die moralische Forderung ist daher nötigend. Sie nimmt dabei zwischen Gewalt und Zwang einerseits und dem Eigenwollen andererseits eine irreduzible mittlere Position ein. [...] Die moralische Forderung bedarf daher des sozialen Außen- und Gegenhalts: Sie wird von Anderen, Dritten und zuletzt der Societät an uns herangetragen. Moral ist daher wesentlich sozionom und für den Geforderten heteronom und in diesem Sinne als externalistisch verfaßt zu betrachten."[127]

---

[125] SCHELLING, Friedrich Wilhelm Joseph: Darlegung des wahren Verhältnisses der Naturphilosophie zu der verbesserten Fichteschen Lehre. Eine Erläuterungsschrift der ersten (1806). In: Ders.: Werke. 3. Hauptbd. Unv. Nachdr. d. Münchener Jubiläumsdruckes 1927. München 1958. 595-720. Hier 613.
[126] FICHTE: Grund unseres Glaubens. 185.
[127] KRÄMER, Hans: Integrative Ethik. Frankfurt a.M. 1992. 42-43.

- Das Konzept bleibt hinter Fichte zurück, sofern das Sollen als konstitutiv heteronom bestimmt wird.
- Verzicht auf eine religiöse oder metaphysische Fundierung – was Krämer seinem Entwurf zugute hält – hat auch schon Fichte geleistet: Seine Ethik wird einzig aus dem Gedanken unbedingter Freiheit entfaltet.

- Seine volle Fruchtbarkeit entfaltet ein Ethikkonzept wie das vorstehend in Orientierung an Fichte skizzierte erst im Verbund mit einer
  - philosophischen Anthropologie, die die Defizite Fichtes (etwa bezüglich der Dimension des Materiellen) vermeidet, und
  - einer Religionsphilosophie, die das schon von der Ethik beanspruchte Verhältnis „Endliches-Absolutes" vollständig ausmißt.

- Dem zuvor bleibt aber noch nach der Einheit der soeben durchgearbeiteten Dimension der praktischen Vernunft (Hermeneutik; Ethik) mit derjenigen der zuvor traktierten theoretischen Vernunft (Erkenntnistheorie, Sprachphilosophie, Datenkritik) zu fragen. Das geschieht unter dem – vorderhand gewiß irritierenden – Titel der Ästhetik.

Testfragen:

1. *Woraus schöpft das Denken Ethik Levinas'? Welche fundamentale Kritik formuliert es gegen die Grundbegriffe des okzidentalen Denkens, speziell diejenigen der Neuzeit?*
2. *Auf welche Weise sucht Levinas eine radikale Alternative zu dem von ihm kritisierten Denken zu etablieren? Welche Rolle spielt dabei der Begriff der Andersheit? Auf welche Weise sucht Levinas diesen Begriff im Rahmen einer Zeitanalyse über eine Phänomenologie des Todes zu sichern?*
3. *Inwiefern muß sich Levinas kritische Anfragen hinsichtlich des von ihm unterstellten Subjektbegriffs gefallen lassen?*
4. *Worin zeigt sich ein strukturell ähnlicher Problemüberhang wie in der Ethik Kants? Welche weitere Alternative legt das zwangsläufig nahe?*
5. *Welchem Grundgedanken folgt die Diskursethik? Auf welche Geltungsansprüche stützt sie sich? Von welchen Voraussetzungen geht sie aus?*
6. *Welche Probleme treten bei der Erfüllung dieser Voraussetzungen nicht nur faktisch, sondern systematisch auf? Wie suchen die Diskursethiker die Probleme zu bewältigen.*
7. *Woraus speist sich die Idee der idealen Kommunikationsgemeinschaft? Woran leidet dieses Konstrukt? Welche Funktion wird ihm angesonnen? Kann es sie erfüllen? Wenn ja, wie? Wenn nein, warum nicht?*

8. *Inwiefern treten Probleme bereits auf der Ebene des Begriffs der idealen Kommunikationsgemeinschaft auf? Wodurch ließen sich diese Probleme beheben? Was folgt aus dieser Lösung?*
9. *Wie ließen sich die Problemüberhänge bei Kant, Levinas und in der Diskursethik so bewältigen, daß daraus eine Ethik unbedingter Freiheit resultiert?*
10. *Inwiefern hat Fichte zu einem solchen Versuch Substantielles beizusteuern? Welche Mißverständnisse beschwört er dabei herauf? Welche Alternative bietet er in der späten Phase seines Denkens auf?*
11. *Welche Rolle spielt dabei ein transzendentaler Begriff des Bildes? Welche epistemologischen, freiheitstheoretischen und theologischen Konsequenzen hängen an diesem Begriff?*
12. *Inwiefern kann das, was Fichte dabei immer noch offenläßt, in Orientierung am christlichen Doppelgebot der Gottes- und Nächstenliebe aus Fichtes eigenen Ressourcen konstruiert werden?*
13. *Inwiefern läßt sich von Fichte her unbeschadet der immer noch möglichen kritischen Einsprüche ein Konzept gewinnen, dem der Titel „integrative Ethik" mehr gebührt als dem Konzept, das zeitgenössisch unter diesem Etikett firmiert?*

3. Grundfragen der Ästhetik

§ 43 Ästhetik beschäftigt sich nicht einfach mit dem Phänomen der Kunst und dem Begriff des Schönen aus philosophischer Perspektive. Weit prinzipieller wird unter diesem Titel das Problem der Einheit theoretischer und praktischer Vernunft ausgetragen.

3.1 Die Grundschicht des Ästhetischen

- In der Ursprungsphase der Philosophie hat Ästhetik keinen guten Ruf. Platon fällt ein antiästhetisches Verdikt, weil die Künstler nur Schein und Trug (also das Gegenteil von Wahrheit) erzeugen.
   - Gleichwohl gesteht er zu:

[123] „Dennoch sei ihr [sc. der Dichtkunst] gesagt, daß wir ja, wenn nur die der Lust dienende Dichtung und Nachbildnerei etwas anzuführen weiß, weshalb auch ihr ein Platz zukomme in einem wohlverwalteten Staate, sie mit Freuden aufnehmen würden, da wir es uns bewußt sind, wie auch wir von ihr angezogen werden.
[...]
[S]olange sie aber ihre Verteidigung nicht zustande bringt, wollen wir, indem wir ihr zuhören, mit dieser Rede und diesem Zauberspruch uns selbst besprechen, aus Furcht, wieder in jene kindische und gemeine Liebe zurückzufallen, und wollen als sicher annehmen, daß man sich um diese Dichtkunst nicht ernsthaft bemühen dürfe [...]."[128]

- Überdies bezeichnet sich Platon in der Politeia selbst als Maler (also Künstler)[129] und will sein Werk als Poesie gelesen werden.

Aus beidem resultiert eine philosophische Relevanz des Ästhetischen über das Kunstschaffen hinaus.

- Erste Klärungen leistet der Begründer der Ästhetik als philosophischer Disziplin: Alexander Gottlieb Baumgarten (1714-1762). Ihm geht es um Ästhetik als allgemeiner Lehre von der sinnlichen Erkenntnis als eigenständiger Disziplin neben der Logik, d.h.: Ästhetik gehört für Baumgarten in einen erkenntnistheoretischen Zusammenhang. Ihr Ziel:
   - Vervollkommnung der Erkenntnis durch Ausbildung des systematischen Wahrnehmens;
   - Erkenntnis vor allem des Individuellen und Konkreten gegenüber der Abstraktheit der Logik;
   - das Recht der sinnfälligen Empfindung von Welt und Natur gegenüber deren Objektivierung im kopernikanischen Denken.

   Diese Vermittlungen zwischen Sinnlichkeit und Vernunft, Abstraktion und Individuum, Empfindung und Begriff machen die Bedeu-

---

[128] PLATON: Politeia X. 607c-608a.
[129] Vgl. PLATON: Politeia V. 472d-e.

tung Baumgartens aus. Durch sie wird die Ästhetik einige Zeit nach Baumgarten zur philosophischen Spitzendisziplin. Paradigmatisch:

- „Ältestes Systemprogramm des deutschen Idealismus":
[124] „Ich bin nun überzeugt, daß der höchste Akt der Vernunft, der, in dem sie alle Ideen umfaßt, ein ästhetischer Akt ist und daß *Wahrheit und Güte nur in der Schönheit* verschwistert sind. Der Philosoph muß ebensoviel ästhetische Kraft besitzen als der Dichter. Die Menschen ohne ästhetischen Sinn sind Buchstabenphilosophen. Die Philosophie des Geistes ist eine ästhetische Philosophie.
[...]
Zu gleicher Zeit hören wir so oft, der große Haufen müsse eine *sinnliche Religion* haben. Nicht nur der große Haufen, auch der Philosoph bedarf ihrer. Monotheismus der Vernunft und des Herzens, Polytheismus der Einbildungskraft und der Kunst, dies ist's, was wir bedürfen. Zuerst werde ich hier von einer Idee sprechen, die, soviel ich weiß, noch in keines Menschen Sinn gekommen ist – wir müssen eine neue Mythologie haben, diese Mythologie aber muß im Dienste der Ideen stehen, sie muß eine Mythologie der *Vernunft* werden.
Ehe wir die Ideen ästhetisch, d.h. mythologisch machen, haben sie für das *Volk* kein Interesse; und umgekehrt, ehe die Mythologie vernünftig ist, muß sich der Philosoph ihrer schämen. So müssen endlich Aufgeklärte und Unaufgeklärte sich die Hand reichen, die Mythologie muß philosophisch werden und das Volk vernünftig, und die Philosophie muß mythologisch werden, um die Philosophen sinnlich zu machen. Dann herrscht ewige Einheit unter uns. [...] Dann herrscht allgemeine Freiheit und Gleichheit der Geister!"[130]

Das Systemprogramm wird beinahe pathetisch vom Gedanken der Einheit durchherrscht. Der Hintergrund:

- Zur philosophischen Spitzendisziplin wird die Ästhetik unter dem Druck der Lücken, die Kant in seinem Denken gelassen hatte. Sie betreffen:
    - das Verhältnis von Anschauung und Denken, besonders die Quelle für die Einheit beider Vermögen;
    - das Verhältnis zwischen bzw. die Einheit von theoretischer und praktischer Vernunft;
    - das Verhältnis von Subjekt und Objekt (beide Begriffe bleiben unbestimmt).
    Dieses Verhältnisproblem ist zugleich mit einer theologischen Herausforderung verquickt:
    - Nach der Metaphysikkritik stellt sich neu die Frage nach einem angemessenen Gedanken des Absoluten;
    - die letztgenannte Lücke läßt sich nur durch ein radikal von Erfahrung und Erscheinung unabhängiges („absolutes") Wissen unter-

---

[130] Das älteste Systemprogramm des deutschen Idealismus. In: HEGEL, Georg Friedrich Wilhelm: Werke in 20 Bänden. (Theorie Werkausgabe). Bd. 1: Frühe Schriften. Frankfurt a.M. 1971. 234-236. Hier 235-236. [Künftig zitiert: HEGEL: Systemprogramm.]

laufen, das seinerseits „nach" Kant nur im Subjekt gesucht werden kann.

Wie verhalten sich beide Absolutheitsgedanken zueinander? Gleiten sie ineinander? Sind sie identisch?
- Die fundamentalste der genannten Lücken ist die an zweiter Stelle genannte, sofern das Innovative an Kants Denken in der Verlagerung der großen Fragen der Philosophie – namentlich der Gottesfrage – von der theoretischen in die praktische Philosophie ausmacht.

- Das Verhältnis von theoretischer und praktischer Vernunft ist das Gravitationszentrum des „Ältesten Systemprogramms":
[125] „Zuletzt die Idee, die alle [sc. Ideen; K.M.] vereinigt, die Idee der *Schönheit* [...] [und dann folgt der Satz, den ich vorhin schon einmal zitierte]. Ich bin nun überzeugt, daß der höchste Akt der Vernunft, der, in dem sie alle Ideen umfaßt, ein ästhetischer Akt ist und daß *Wahrheit und Güte nur in der Schönheit* verschwistert sind."[131]
Erkenntnistheorie und Ethik sind in der Ästhetik zur Einheit gebracht.

- Eine erste Durchführung erfuhr diese These durch Friedrich Wilhelm Joseph Schelling (1775-1854):
  - In der Dimension der Kunst kommt es zu einem Bestimmtwerden des Subjekts durch etwas Theoretisches, nämlich das Betrachten dessen, was mich beansprucht;
  - Im ästhetischen Ereignis wird Subjektives als Objektives erlebt (weil sich Faszination nicht erzeugen läßt) und umgekehrt (weil das Erleben nicht begrifflich einholbar ist);

Allerdings leistet Schelling noch nicht eine systematische Aufklärung der Einheit von theoretischer und praktischer Vernunft im Sinn einer gemeinsamen Verwurzelung in der Ästhetik im ursprünglichen Sinn von Wahrnehmung und Empfindung. Genau dies aber ist möglich:

3.2 Aisthesis, Wahrheit und Ethik

§ 44 Mit Kantischen Mitteln über Kant hinausgehend läßt sich zeigen, daß und wie Erkenntnis und Handeln – theoretische und praktische Vernunft – ästhetisch verwurzelt sind.

- Ansetzen kann die vorstehende These nicht erst in der „Kritik der Urteilskraft", sondern bereits bei Kants „transzendentale[r] Ästhetik" in der „Kritik der reinen Vernunft":

---
[131] HEGEL: Systemprogramm. 235.

[126] „Was sind nun Raum und Zeit? Sind es wirkliche Wesen? Sind es zwar nur Bestimmungen, oder auch Verhältnisse der Dinge, aber doch solche, welche ihnen auch an sich zukommen würden, wenn sie auch nicht angeschaut würden, oder sind sie solche, die nur an der Form der Anschauung allein haften, und mithin an der subjektiven Beschaffenheit unseres Gemüts, ohne welche diese Prädikate gar keinem Dinge beigelegt werden können? Um uns hierüber zu belehren, wollen wir zuerst *den Begriff des Raumes erörtern*. [...]
1) Der Raum ist kein empirischer Begriff, der von äußeren Erfahrungen abgezogen worden. Denn damit gewisse Empfindungen auf etwas außer mich bezogen werden (d.i. auf etwas in einem andern Orte des Raumes, als darinnen ich mich befinde), imgleichen damit ich sie als außer *und neben* einander, mithin nicht bloß verschieden, sondern als in verschiedenen Orten vorstellen könne, dazu muß die Vorstellung des Raumes schon zum Grunde liegen. Demnach kann die Vorstellung des Raumes nicht aus den Verhältnissen der äußern Erscheinung durch Erfahrung erborgt sein, sondern diese äußere Erfahrung ist selbst nur durch gedachte Vorstellung allererst möglich.
2) Der Raum ist eine notwendige Vorstellung, a priori, die allen äußeren Anschauungen zum Grunde liegt. Man kann sich niemals eine Vorstellung davon machen, daß kein Raum sei, ob man sich gleich ganz wohl denken kann, daß keine Gegenstände darin angetroffen werden. Er wird also als die Bedingung der Möglichkeit der Erscheinungen, und nicht als eine von ihnen abhängende Bestimmung angesehen, und ist eine Vorstellung a priori, die notwendiger Weise äußeren Erscheinungen zum Grunde liegt."[132]

- Erkenntnis hat ihre Wurzeln in der Aisthesis (Wahrnehmung); aber:
- Sinnlich Wahrgenommenes wird zugleich durch das Subjekt konstituiert, d.h. es handelt sich um Gemachtes, also Poetisch-Fiktionales im buchstäblichen Sinn:

[127] „Wir behaupten also die empirische Realität des Raumes (in Ansehung aller möglichen äußeren Erfahrung), ob zwar die transzendentale Idealität desselben, d.i. daß er nichts sei, so bald wir die Bedingung der Möglichkeit aller Erfahrung weglassen, und ihn als etwas, was den Dingen an sich selbst zum Grunde liegt, annehmen."[133]

Die kopernikanisch gewendete Erkenntnistheorie Kants ist ästhetisch fundiert. Dieser Zug wird bewahrt und fortgeschrieben in:

- Kants „Kritik der Urteilskraft": Ästhetische Lust wird bestimmt als Folge der Harmonie der Erkenntnisvermögen, womit das Geschmacksurteil zur Elementarform von Erkenntnisurteilen avanciert:

[128] „Die subjektive allgemeine Mitteilbarkeit der Vorstellungsart in einem Geschmacksurteile, da sie, ohne einen bestimmten Begriff vorauszusetzen, Statt finden soll, kann nichts anders als der Gemütszustand in dem freien Spiele der Einbildungskraft und des Verstandes (sofern sie unter einander, wie es zu einem Erkenntnisse überhaupt erforderlich ist, zusammen stimmen) sein, indem wir uns bewußt sind, daß dieses zum Erkenntnis überhaupt schickliche subjektive Verhältnis eben so wohl für jedermann gelten und folglich allgemein mitteilbar

---

[132] KANT: Kritik der reinen Vernunft. A23-24, B37-39.
[133] KANT: Kritik der reinen Vernunft. A28, B44.

sein müsse, als es eine jede bestimmte Erkenntnis ist, die doch immer auf jenem Verhältnis als subjektiver Bedingung beruht."[134]

Jedes Urteil impliziert ein Moment der Harmonie von Sinnlichkeit und ein Begriffsinstrumentar, das seinerseits nur ästhetisch zur Geltung kommt. Insofern gibt es ein ästhetisches Kernmoment von Erkenntnis (theoretischer Vernunft).

- Vergleichbar kommt praktische Vernunft bzw. Ethik aus dem Ästhetischen auf – und zwar durchaus gegen Platons einschlägige Verhältnisbestimmung:
[129] „Um es nur zu euch zu sagen, denn ihr werdet mich doch nicht anzeigen bei den Tragödiendichtern und den übrigen Darstellenden insgesamt, mir scheint dergleichen alles ein Verderb zu sein für die Seelen der Zuhörer, soweit sie nicht das Heilmittel besitzen, daß sie wissen, wie sich die Dinge in der Wirklichkeit verhalten."[135]

Gegen diese Fassung des Ästhetischen als sittlicher Gefahr (vgl. christlich auch den „Maria-Magdalena-Komplex") lassen sich für das Hervorgehen der Ethik aus der Ästhetik zwei Formstrukturen des Ästhetischen namhaft machen:

- Wahrnehmung zielt auf das Erkennen sinnlicher Qualitäten; Empfindung ist mit Lust/Unlust verknüpft.
  - Empfindung hat mit Unmittelbarkeit im Blick auf Zuträglich- bzw. Abträglichsein zu tun;
  - Wahrnehmen tendiert auf „reines" Wahrnehmen qua Wahrnehmung im Vollsinn.
  - Empfindung wird in die gleiche Drift gezogen: hin zu „reiner" (d.h. weniger vitaler, lust-, interessengeleiteter) Empfindung in Gestalt reflexiver Lust qua Wohlgefallen gegenüber Mißfallen. Kant spricht von „Reflexions-Geschmack".
  - Gemäß klassischer Ästhetik *soll* Empfindung auf Wahrnehmung hin überschritten werden bzw. gilt Reflexions-Geschmack als *erstrebenswerter* als sinnliche Empfindung.
    - Darin bringt sich ein ethisches Moment („soll"; „erstrebenswert") zur Geltung;
    - präsent ist dieses Moment aber auch zuvor schon im empfindungsmäßigen Reagieren, das auf Selbsterhaltung und damit rechte Lebensführung zielt.
    - Letzteres tun auch Tiere, d.h. umgekehrt: Das Auseinandertreten von unmittelbarem Empfinden und Lebensförderung und damit die

---

[134] KANT: Kritik der Urteilskraft. A29, B29.
[135] PLATON: Politeia. X. 595b.

innere Dynamik des Ästhetischen hängt mit dem Spezifikum des Menschen zusammen. Worin besteht dieses? Aristoteles:

[130] „Der Mensch ist aber das einzige Lebewesen, das Sprache besitzt. Die Stimme zeigt Schmerz und Lust an und ist darum auch den andern Lebewesen eigen (denn bis zu diesem Punkte ist ihre Natur gelangt, daß sie Schmerz und Lust wahrnehmen und dies einander anzeigen können); die Sprache dagegen dient dazu, das Nützliche und Schädliche mitzuteilen und so auch das Gerechte und Ungerechte. Dies ist nämlich im Gegensatz zu den andern Lebewesen dem Menschen eigentümlich, daß er allein die Wahrnehmung des Guten und Schlechten, des Gerechten und Ungerechten und so weiter besitzt. Die Gemeinschaft in diesen Dingen schafft das Haus und den Staat."[136]

- Aristoteles verbindet die Überwindung des Reiz-Reaktions-Schemas mit der Sprachfähigkeit;
- durch Sprache kommt es zum Überstieg von der unmittelbar-vitalen aisthesis zur „höheren Ebene" des Ethischen (u.a. qua Ermöglichungsbedingung von Familie und Staatswesen).
- Nur durch den Überstieg von der vitalen Aisthesis zum reinen Wahrnehmen und zum Reflexions-Geschmack wird der Mensch ein Mensch, d.h. die interne Dynamik des Ästhetischen ist anthropologisch fundiert.
- Gegen das ursprünglich intendierte Eigenrecht des Sinnlichen wandelt sich Ästhetik solchermaßen in eine Domestizierung der Sinne. Drastisch greifbar wird das an
- Friedrich Schiller (1759-1805), dessen Ästhetik auf eine völlige Unterwerfung des Sinnlichen im Sinn des Reflexions-Geschmacks tendiert:

[131] „Durch die ästhetische Gemütsstimmung wird [...] die Selbsttätigkeit der Vernunft schon auf dem Felde der Sinnlichkeit eröffnet, die Macht der Empfindung schon innerhalb ihrer eigenen Grenzen gebrochen und der physische Mensch so weit veredelt, daß nunmehr der geistige sich Gesetzen der Freiheit aus demselben bloß zu entwickeln braucht. Der Schritt von dem ästhetischen Zustand zu dem logischen und moralischen (von der Schönheit zur Wahrheit und zur Pflicht) ist daher unendlich leichter, als der Schritt von dem physischen Zustande zu dem ästhetischen (von dem bloßen blinden Leben zur Form) war. Jenen Schritt kann der Mensch durch seine bloße Freiheit vollbringen, da er sich bloß zu nehmen, und nicht zu geben, bloß seine zu Natur vereinzeln, nicht zu erweitern braucht; der ästhetisch gestimmte Mensch wird allgemeingültig urteilen und allgemeingültig handeln, sobald er es wollen wird. Den Schritt von der rohen Materie zur Schönheit, wo eine ganz neue Tätigkeit in ihm eröffnet werden soll, muß die Natur ihm erleichtern, und sein Wille kann über eine Stimmung nichts gebieten, die ja dem Willen selbst erst das Dasein gibt. Um den ästhetischen Menschen zur Einsicht und großen Gesinnungen zu führen, darf man ihm weiter nichts als wichtige Anlässe geben; um von dem sinnlichen Menschen eben das zu erhalten, muß man erst seine Natur verändern. Bei jenem braucht es oft nichts als die Aufforderung einer erhabenen Situation (die am unmittelbarsten auf das Willensvermögen wirkt), um ihn zum Held und zum Weisen zu machen; diesen muß man erst unter einen andern Himmel versetzen.

---

[136] ARISTOTELES: Politik 1253a 9-18. Übers. und hrsg. von Olof Gigon. Zürich 1973. 49. [Künftig zitiert: ARISTOTELES: Politik.]

Es gehört also zu den wichtigsten Aufgaben der Kultur, den Menschen auch schon in seinem bloß physischen Leben der Form zu unterwerfen und ihn, soweit das Reich der Schönheit nur immer reichen kann, ästhetisch zu machen, weil nur aus dem ästhetischen, nicht aber aus dem physischen Zustande der moralische sich entwickeln kann."[137]

- Die Passage enthält ein summary der klassischen Ästhetik und ihrer ethischen Dimension:
    - Physisches Leben weiß nichts von Schönheit, Wahrheit, Moral;
    - Kunst macht Sinnliches durchsichtig auf die Präsenz von Geist und Sinn in Materie;
    - durch die ästhetische Gestimmtheit wird die unmittelbar-vitale Empfindung innerhalb ihrer eigenen Grenzen „gebrochen"(!);
    - Gestimmtheit wird erlitten, zugleich wird durch die Brechung des Reiz-Reaktions-Schemas der Wille als freier ermöglicht;
    - für den Schritt von der ästhetischen Gestimmtheit zu Wahrheit und Pflicht bzw. Erkenntnistheorie und Ethik reicht auf der Basis des Vorausgehenden eine „erhabene Situation".
- Damit aber zielt für Schiller Ästhetik nicht mehr auf vervollkommnete Sinneswahrnehmung, sondern auf Überwindung des Sinnlichen:

[132] „[Das sind] die zwei Fundamentalgesetze der sinnlich-vernünftigen Natur. Das erste dringt auf absolute *Realität*: er [sc. der Mensch] soll alles zur Welt machen, was bloß Form ist, und alle seine Anlagen zur Erscheinung bringen: das zweite dringt auf absolute *Formalität*: er soll alles in sich vertilgen, was bloß Welt ist, und Übereinstimmung in alle seine Veränderungen bringen; mit andern Worten: er soll alles Innere veräußern und alles Äußere formen."[138]

- Somit ergibt sich ein ambivalenter Befund:
    - Ästhetisches geht von Anfang an mit einem Überstiegsmotiv im Sinn eines ethischen Moments einher;
    - die konsequente Auszeichnung dieser Tendenz führt zur faktischen Ausblendung des genuin Ästhetischen, ist also autodestruktiv.

- Damit stellt sich die Frage nach ein alternativen Verhältnisbestimmung von Ästhetik und Ethik, also einer zweiten Formstruktur, die die genannte Aporie umgeht. Eine Antwort läßt sich mit Bezug auf Theodor W. Adorno (1903-1969) entwickeln:
    - Im Vollzug künstlerischen Schaffens streicht sich Naturbeherrschung selbst durch, und so kann das ursprünglich Natürliche, das Individuelle zum Vorschein kommen (schon damit beginnt das Ethische).

---

[137] SCHILLER, Friedrich: Über die ästhetische Erziehung des Menschen in einer Reihe von Briefen. 23. Brief. In: Ders.: Sämtliche Werke. Bd. 5. Darmstadt ⁹1993. 641-645. Hier 642-643. [Künftig zitiert: SCHILLER: Ästhetische Erziehung.]
[138] SCHILLER: Ästhetische Erziehung. 11. Brief. 601-603. Hier 603.

- Ausgangspunkt ist dabei eine Kritik an der traditionellen Philosophie als begrifflichem („be-greifend") Denken, durch das alles nur vermittelt zur Darstellung kommt.
- In negativer Dialektik soll die begriffliche Vermittlung aufgehoben werden, damit sich das radikale Individuelle, das „Nicht-Identische" zeigen kann.
- Letzteres ist nur in der Begegnung mit einem Kunstwerk möglich; Ästhetik verkörpert eine nicht-begreifende Philosophie:

[133] „Unverhüllt ist das Wahre der diskursiven Erkenntnis, aber dafür hat sie es nicht; die Erkenntnis, welche Kunst ist, hat es, aber als ein ihr Inkommensurables."[139]

- Die Wahrheit des Kunstwerks liegt in der begrifflichen Unbestimmtheit bzw. Individualität seines Materials: Dessen Zusammenstellung („rationale Konstruktion") durch den Künstler schlägt den Betrachter so in Bann, daß er sich über das Material nicht mehr begreifend „hermacht", so daß dieses unvermittelt begegnet.
- Nichtidentisches Philosophieren kann nur auf die Möglichkeit solcher Begegnung mit dem Nichtidentischen verweisen.

- Das Verhältnis von Ethik und Ästhetik bestimmt Adorno zunächst traditionell im Sinn eine Autonomie beider:

[134] „Radikale Moderne wahrt die Immanenz der Kunst, bei Strafe ihrer Selbstaufhebung, derart, daß Gesellschaft einzig verdunkelt wie in den Träumen in sie eingelassen wird, denen man die Kunstwerke von je verglich. Nichts Gesellschaftliches in der Kunst ist es unmittelbar, auch nicht wo sie es ambitioniert. [...] Soweit von Kunstwerken eine gesellschaftliche Funktion sich prädizieren läßt, ist es ihre Funktionslosigkeit. Sie verkörpern durch ihre Differenz von der verhexten Wirklichkeit negativ einen Stand, in dem was ist, an die rechte Stelle käme, an seine eigene"[140]

- Durch seine Verweigerung direkter Relevanz erhebt das Kunstwerk kraft des Werkcharakters – als für sich stehendes – in Gestalt indirekter Relevanz Einspruch gegen gesellschaftliche Zusammenhänge:

[135] „Indem sie [sc. die Kunst] sich als Eigenes in sich kristallisiert, anstatt bestehenden gesellschaftlichen Normen zu willfahren und als 'gesellschaftlich nützlich' sich zu qualifizieren, kritisiert sie die Gesellschaft, durch ihr bloßes Dasein [...]. Nichts Reines, nach seinem immanenten Gesetz Durchgebildetes, das nicht wortlos Kritik übte, die Erniedrigung durch einen Zustand denunzierte, der auf die totale Tauschgesellschaft sich hinbewegt: in ihr ist alles nur für anderes. Das Asoziale der Kunst ist bestimmte Negation der bestimmten Gesellschaft."[141]

---

[139] ADORNO, Theodor Wiesengrund: Ästhetische Theorie. In: Ders.: Schriften. Bd. 7. Hrsg. v. Rolf Tiedemann unter Mitarbeit von Gretel Adorno, Susan Buck-Morss und Klaus Schultz. Frankfurt a.M. ⁶1996. 191. [Künftig zitiert: ADORNO: Ästhetische Theorie.]
[140] ADORNO: Ästhetische Theorie. 336-337.
[141] ADORNO: Ästhetische Theorie. 335.

- Einerseits handelt es sich bis zu diesem Punkt bei Adorno um eine Parallele zur klassischen Ästhetik (Primat der Form; Freiheit aus Überschreitung des Sinnlich-Vitalen), andererseits durchschaut er die Ambivalenz klassischer Ästhetik, die Vergewaltigung des Sinnlichen durch die Form:

[136] „Freilich ist der Vergeistigung der Kunst ein trüber Bodensatz beigemischt. Wann immer sie in der Konkretion des ästhetischen Gefüges nicht ausgetragen wird, etabliert sich das entbundene Geistige als Stoffschicht zweiten Grades. Pointert gegen das sensuelle Moment, kehrt Vergeistigung sich vielfach blind gegen dessen eigene Differenzierung, ein selber Geistiges, und wird abstrakt. In ihren Frühzeiten ist Vergeistigung von einem Hang zur Primitivität begleitet und neigt, gegenüber der sinnlichen Kultur, zum Barbarischen [...]. Vergeistigung in der Kunst hat die Probe zu bestehen, ob sie darüber sich zu erheben, die unterdrückte Differenzierung wiederzuerlangen weiß; sonst artet sie aus in die Gewalttat des Geistes."[142]

Mannigfaltigkeit, Konkretheit und Individualität des Sinnlichen sind eine Form eigener Dignität, d.h. zur Ästhetik gehört als ethisches Implikat die Anerkennung des Verschiedenen und Andersartigen.

[137] „Ästhetische Einheit empfängt ihre Dignität durchs Mannigfaltige selbst. Sie läßt dem Heterogenen Gerechtigkeit widerfahren. [...] Wie sehr ästhetische Einheit ihrerseits Funktion des Mannigfaltigen ist, zeigt sich daran, daß Gebilde, die, aus abstrakter Feindschaft gegen Einheit, sich in die Mannigfaltigkeit aufzulösen trachten, einbüßen, wodurch das Unterschiedene zum Unterschiedenen überhaupt wird. Werke des absoluten Wechsels, der Vielheit ohne Bezug auf Eines, werden eben dadurch undifferenziert, monoton, ein Einerlei."[143]

Gerechtigkeit gegenüber dem Individuellen, Konkreten, Differenten ist die zweite Formstruktur des Ästhetischen, die ins Ethische führt.

- Resümee:
  - Es gibt einen dem Ästhetischen eingeschriebenen Imperativ zur Überschreitung des Sinnlich-Vitalen;
  - es gibt im Ästhetischen genauso einen Imperativ der Gerechtigkeit für das Individuelle.
- Wahrheit und Moral, Erkenntnistheorie und Ethik gehen aus dem gemeinsamen Feld der Aisthesis hervor.

Diese Fundamentalität des Ästhetischen hat mittlerweile eine ganz eigene – und eigenartige – Wirkungsgeschichte entfaltet:

---

[142] ADORNO: Ästhetische Theorie. 143.
[143] ADORNO: Ästhetische Theorie. 285.

3.3 Totalisierte Ästhetik als selbstdementierende Erstphilosophie

§ 45 Wo Ästhetik in den Rang einer philosophischen Letztinstanz – anders formuliert: einer „Ersten Philosophie" – rückt, erfüllt sie die ihr angesonnene Aufgabe dergestalt, daß sie deren Erfüllbarkeit dementiert.

- Kurze Klärung zum Begriff der Erstphilosophie als Ausgriff auf einen unhintergehbaren Gedanken (vgl. ↗Letztbegründung):
  - Aristoteles formuliert im Horizont des Seinsgedankens das Prinzip, daß etwas nicht zugleich und unter derselben Rücksicht sein und nicht sein kann.
  - Augustinus faßt eine Vorform des transzendentallogischen Arguments:
[138] „Si enim fallor, sum [Wenn ich mich täusche, bin ich]."[144]
  - Descartes' „cogito, ergo sum"[145] schreibt diesen Gedanken unter gewandelten Bedingungen zu einer bewußtseinstheoretischen Letztbegründung fort.
  - Karl-Otto Apel (*1922) entwickelt die Transzendentalpragmatik (u.a.) als sprachphilosophisch fundiertes drittes Paradigma „Erster Philosophie".

- Ästhetik rückt in eine erstphilosophische Funktion erstmals ein bei:
  - Friedrich Nietzsche (1844-1900). Ähnlich wie im Fall des Subjektgedankens radikalisiert er die Kantische Einsicht in den ästhetische Wurzel des Erkennens zu einem Anthropomorphismusverdacht gegen Wahrheit überhaupt: Diese sei subjektiver, physiologischer Reflex auf sinnliches Erleben, entspringe also einem ästhetischen Vorgang:
[139] „Ein Nervenreiz zuerst übertragen in ein Bild! erste [sic!] Metapher. Das Bild wieder nachgeformt in einem Laut! Zweite Metapher. Und jedesmal vollständiges Ueberspringen der Sphäre, mitten hinein in eine ganz andere und neue. [...] Wir glauben von den Dingen selbst zu wissen, wenn wir von Bäumen, Farben, Schnee und Blumen reden und besitzen doch nichts als Metaphern der Dinge, die den ursprünglichen Wesenheiten ganz und gar nicht entsprechen."[146]
    Das Gefühl der Wahrheit entsteht, weil der Mensch sich als künstlerisch Schaffenden vergißt. Dabei kühlt sich das Metaphorische zum Begrifflichen ab. Also sei dessen Festigkeit nur Illusion:
[140] „Man darf hier den Menschen wohl bewundern als ein gewaltiges Baugenie, dem auf beweglichen Fundamenten und gleichsam auf fliessendem Wasser das Aufthürmen eines unendlich complicirten Begriffsdomes gelingt; freilich, um auf solchen Fundamenten Halt zu

---

[144] AUGUSTINUS: De Civitate Dei XI, 26 (CCL XLVIII, 345).
[145] DESCARTES, Rene: Pricipia philosophiae I,7. In: Oeuvres de Descartes. Bd. 8,1. Hrsg. v. Charles Adam und Paul Tannery. Paris 1964. 7. [Künftig zitiert: DESCARTES: Principia.]
[146] NIETZSCHE, Friedrich: Ueber Wahrheit und Lüge im aussermoralischen Sinne. KSA 1. 873-890. Hier 879. [Künftig zitiert: NIETZSCHE: Ueber Wahrheit und Lüge.]

finden, muss es ein Bau, wie aus Spinnefäden sein, so zart, um von der Welle mit fortgetragen, so fest, um nicht von dem Winde auseinander geblasen zu werden. Als Baugenie erhebt sich solcher Maassen der Mensch weit über die Biene: diese baut aus Wachs, das sie aus der Natur zusammenholt, er aus dem weit zarteren Stoffe der Begriffe, die er erst aus sich fabriciren muss. Er ist hier sehr zu bewundern – aber nur nicht wegen seines Triebes zur Wahrheit, zum reinen Erkennen der Dinge."[147]

Wahrheit und Wirklichkeit sind ästhetische Produkte.

- Der Gestus der Ästhetisierung findet sich – zum Teil überraschend – auch in anderen Bereichen der Philosophie,
    - etwa der Wissenschaftstheorie, für die es keinen sicheren Boden von Erkenntnis geben kann:
        - Vgl. etwa die Schiffer-Metapher (↗Erkenntnistheorie) bei Otto Neurath (1882-1945) und ihre Rezeption bzw. Fortschreibung durch
        - W.V.O. Quine (*1908) und Hilary Putnam (*1926), aber auch
        - die fallibilistische Wissenschaftstheorie Sir Karl Poppers (1902-1994);
    - der (↗)Hermeneutik Hans-Georg Gadamer, die ganz vom Paradigma des ästhetischen Ereignisses her konzipiert ist;
- der Wissenschaftshistorik: Thomas S. Kuhn (1922-1997) sieht den primär durch außerwissenschaftliche Faktoren verursachten Paradigmenwechsel von ästhetisierenden Motiven bestimmt (z.B. gesteigerter Wahrnehmung); Wissen und Wirklichkeit werden entkoppelt.
    - Kuhns Analogie zwischen Wissenschaft und Ästhetik wird in neueren Ansätzen kausal interpretiert, d.h. wissenschaftliche Revolutionen werden auf Veränderungen im ästhetischen Kanon zurückgeführt.
- Dieser Zug zur Ästhetisierung greift auch in die Wissenschaftspraxis über, d.h. bahnbrechende Entdeckungen hängen konstitutiv von ästhetischen Potenzialen ab (vgl. Niels Bohr, Albert Einstein, Werner Heisenberg, James Watson):

[141] „Der Unterschied zwischen Wissenschaft und Dichtung ist dabei, immer mehr zu verschwinden. Und ins Positive gewendet: Was ein Theoretiker des Universums über die Welt sagt, könnte vom Publikum nach denselben Kriterien beurteilt werden wie das, was ein Schriftsteller ersinnt."[148]

- In der postanalytischen Philosophie Richard Rortys (*1931) werden Sprachen, Theorien, Wissenschaften als kulturelle Artefakte (etwa Gedichten vergleichbar) aufgefaßt; Philosophie habe lediglich den Dialog

---

[147] NIETZSCHE: Ueber Wahrheit und Lüge. 882.
[148] FISCHER, Ernst Peter.: Das Schöne und das Biest. Ästhetische Momente in der Wissenschaft. München 1997. 267-268.

zwischen diversen Beschreibungen in Gang zu halten (und verabschiedet sich damit von Begründungsansprüchen).

- Mittlerweile ist von einem „aesthetic turn" oder einer „Protoästhetik" (Wolfgang Welsch) im Sinn einer ästhetischen Erstphilosophie die Rede:

[142] „Man wird dies nicht mit einem 'ästhetischen Fundamentalismus' verwechseln wollen. Es handelt sich offenbar um dessen Gegenteil: um die Verabschiedung eines jeglichen Fundamentalismus. Denn eine ästhetisch konturierte 'Erste Philosophie' verabschiedet nicht nur die traditionelle Besetzung, sondern sie durchstößt zugleich die Form einer 'Ersten Philosophie'. Wenn sie 'Erste Philosophie' ist – dann nicht mehr in der Weise einer 'Ersten Philosophie'. Sie hat nicht mehr den Status einer Grundwissenschaft, die man autonom entwickeln kann, um aus ihr Antworten auf alle nachfolgenden Fragen abzuleiten. Die Ästhetik bildet keinen Fundus und stellt kein Fundament bereit. Gerade das kennzeichnet diesen Paradigmenwechsel, diesen *aesthetic turn*."[149]

Elementarstrukturen der Welt- und Selbstbeschreibung werden in eine „schwebende" Verfassung, d.h. einen Status jenseits von rational und irrational gebracht. Welsch beruft sich dafür auf Wittgenstein:

[143] „341. [D]ie *Fragen*, die wir stellen, und unsere *Zweifel* beruhen darauf, daß gewisse Sätze vom Zweifel ausgenommen sind, gleichsam die Angeln, in welchen jene sich bewegen.

342. D.h. es gehört zur Logik unserer wissenschaftlichen Untersuchungen, daß Gewisses *in der Tat* nicht angezweifelt wird.

343. Es ist aber damit nicht so, daß wir eben nicht alles untersuchen *können* und uns daher notgedrungen mit der Annahme zufriedenstellen müssen. Wenn ich will, daß die Türe sich drehe, müssen die Angeln feststehen.

344. Mein *Leben* besteht darin, daß ich mich mit manchem zufriedengeben."[150]

Welsch folgert: Begründungsoperationen können nur relativ, fragil, schwankend ausfallen, eine rationale Entscheidung für die eine oder andere Türangel gebe es nicht, nur eine ästhetische Operation. Nochmals Wittgenstein:

[144] „Auf Kausalitätsgesetze beziehen sich die Physiker im Vorwort, später ist von ihnen nie wieder die Rede. Aus der Kausalität können die Physiker ihre Axiome nicht ableiten, aber sie glauben, daß es irgendwann vielleicht möglich ist. Daran ist zwar nichts Besonderes, aber in Wirklichkeit vertreten sie diese Auffassung der Kausalität nicht einmal im Traume. In einer anderen Weise jedoch ist die Kausalität die Grundlage ihres Tuns. Sie ist eigentlich eine Beschreibung ihres Untersuchungsstils. Für den Physiker steht die Kausalität für einen Denkstil. Man vergleiche damit das Postulat eines Schöpfers in der Religion. In einem gewissen Sinne scheint es eine Erklärung zu sein, doch in einem anderen Sinne erklärt es gar nichts. Denken wir zum Vergleich an einen Handwerker, der einem Stück mit einer spindelförmigen Verzierung den letzten Schliff gibt, wobei er der Spindel entweder einen Knauf aufsetzen oder sie spitz zulaufen lassen kann. So steht es auch mit der Schöpfung: Gott, das ist der eine Stil,

---

[149] WELSCH, Wolfgang: Ästhetische Grundzüge im gegenwärtigen Denken. In: Ders.: Grenzgänge der Ästhetik. Stuttgart 1996. 62-105. Hier 97.
[150] WITTGENSTEIN, Ludwig: Über Gewißheit. In: Ders.: Werkausgabe. Bd. 8. Frankfurt a.M. 1984. 113-257. Hier Nr. 341-344. 186-187.

der Nebelfleck ist der andere. Der Stil schafft uns Befriedigung, aber der eine Stil ist nicht rationaler als der andere. Was man so über die Wissenschaft sagt, hat mit dem Fortschritt der Wissenschaft nichts zu tun, sondern es bildet einen Stil, und der verschafft Befriedigung. Mit dem Gebrauch des Wortes 'rational' steht es ähnlich."[151]

- Diese Position kommt Theologen entgegen, die ihrem Diskurs damit ein Recht im Chor der Weltbeschreibungen eingeräumt sehen.
- Philosophen sehen sich von Begründungsfragen entlastet.
    - Der Preis: Eine Ästhetisierung der Epistemologie stuft die Relevanz der Rationalität herab, ähnlich wie Hans Alberts (*1921) „Münchhausen-Trilemma", demgemäß jeder Begründungsversuch in den Regreß, den Zirkel oder zu einem dogmatischen Abbruch führt.
- Wo kommt dieser Prozeß der Relativierung zum Stehen, oder mündet er in die Preisgabe des Rationalitätsbegriffs? Dem kann nur ein rationales Kriterium für Rationalität widerstehen.
- Anders gewendet: Aus der Tatsache, daß es nur Wirklichkeit-unter-Beschreibung gibt, folgt nicht, daß es nur Beschreibungen gibt. Vgl. Hilary Putnam:

[145] „[...W]arum sollte die Tatsache, daß eine beschreibungsunabhängige Beschreibung der Realität nicht möglich ist, zu der Annahme führen, es gebe nichts außer Beschreibungen? Schließlich gilt auch nach unseren eigenen Beschreibungen, daß das Wort 'Quark' etwas völlig anderes ist als ein Quark."[152]

Daraus folgt: Die radikale Durchästhetisierung der Epistemologie mündet in einen inkonsistenten Irrealismus. Sowenig wir uns mit unseren Beschreibungen nur auf Selbstproduziertes beziehen, sowenig müssen – ja können – wir bewußtseins-unabhängige Fakten und ästhetische bzw. begriffliche Operationen auseinanderhalten:

[146] „Was wir über die Welt sagen, reflektiert unsere begrifflichen Entscheidungen und unsere Interessen, aber die Wahrheit oder Falschheit unserer Äußerungen wird nicht einfach durch unsere begrifflichen Entscheidungen und unsere Interessen bestimmt."[153]

- Entscheidend also: Manche Interessen (und ästhetische Stilpräferenzen) sind vernünftiger als andere; die Vernünftigkeit bzw. Stimmigkeit des Urteils hängt dabei von der jeweiligen Situation ab.
- „Stimmigkeit" spielt ein normatives Moment ein. Woher kommt diese in die Lebewelt eingewebte Normativität? Sie entspringt einem Wissen der Vernunft um Vernünftigsein und Stimmigkeit, das

---

[151] WITTGENSTEIN, Ludwig: Vorlesungen 1930-1935. Übers. von Joachim Schulte. Frankfurt a.M. 1984. 123-124.
[152] PUTNAM, Hilary: Für eine Erneuerung der Philosophie. Aus dem Engl. übers. von Joachim Schulte. Stuttgart 1997. 158. [Künftig zitiert: PUTNAM: Erneuerung.]
[153] PUTNAM: Erneuerung. 81.

mit dem Auftreten von Vernunft konstitutiv – also auch präreflexiv – mitgegeben ist.

- Nur unter dieser Voraussetzung wird auch Putnams Kritik an der Postmoderne begreifbar:
  - Jacques Derridas (*1930) These von der Kritikbedürftigkeit des Logozentrismus findet durchaus Putnams Zustimmung, aber nur zusammen mit Richard Bernsteins (*1932) Anfrage, die sich auf Derridas eigene (mit Blick auf die Nazi-Rezeption Nietzsches formulierte) These stützt, daß man doch nicht alles Beliebige verfälschen könne. Bernstein:
  [147] „[...I]ch stelle die Frage, ob der Unterzeichner dieser Texte [sc. J. Derrida] eine gewisse Verantwortung dafür trägt, wie sie aufgenommen werden. Sofern der Wunsch zu schreiben 'der Wunsch ist, ein Programm oder eine Matrix mit der größten potentiellen Mannigfaltigkeit, Unentscheidbarkeit, Mehrstimmigkeit usw. zu vervollkommnen, so daß etwas jedesmal, wenn es wiederkehrt, so verschieden sein wird wie möglich', fragt es sich, ob der Unterzeichner nicht eine gewisse 'Verantwortung' trägt für die divergierenden und unvereinbaren Weisen, in denen die Texte gelesen und gehört werden. Man mag sich fragen, 'wie und warum' es so ist, daß die von J.D. unterzeichneten Texte als nihilistische, obskurantistische, zügellose Logorrhö gelesen (oder gehört) werden können und (wie ich geltend gemacht habe) zugleich als leidenschaftliche, politische, subversive und engagierte Texte, die für die Differánce und das unumstößlich Andere Platz schaffen wollen. Was haben die Texte Derridas an sich, das diese doppelte Lesart gestattet, ja geradezu herausfordert?"[154]
    - Das Problem der Ambivalenz solcher Texte rührt aus der Denuntiation der Rationalität als Repression;
    - daraus resultiert – bei aller ästhetischen Dimension des Erkennens – die Notwendigkeit eines normativen Implikates der Vernunftleistung.
- Strukturell Gleiches gilt für den Bereich der praktischen Vernunft, exemplarisch abzulesen an:
  - Jean-François Lyotard (1929-1998) mit seinem Projekt einer nichtmetaphysischen Ethik.
    - Im Sinn der negativen (indirekten) Darstellung einer Vernunftidee (Kants „Analogie") soll das Ethische im Ästhetischen und durch das Ästhetische symbolisiert werden.
    - Als Analogans fungiert das Gefühl des Erhabenen qua Gefühl von Lust und Unlust bzw. Schrecken: Im Einbruch des „Ereignisses" wird das ästhetische Ich zerstört und damit seine Autonomie zerbrochen.

---

[154] BERNSTEIN, Richard: Serious Play: The Ethical-Political Horizon of Jacques Derrida. The Journal of Speculative Philosophy 1 (1987). H.2. 93-117. Hier 111. Zit. nach PUTNAM: Erneuerung. 170.

- Daraus folgt eine Asymmetrie zwischen Ästhetik und Ethik, durch die das Subjekt in eine Heteronomie gezwungen wird. Lyotard spricht von „infantia" qua unbedingter Empfänglichkeit:

[148] „In dem Stammbaum der sogenannten 'Gemütsvermögen' ist die Erzeugerin – ebenso wie der Erzeuger – eine 'Empfindung', ein Zustand des Gefühls der Lust und Unlust. Doch der Vater ist zufrieden und die Mutter unglücklich. Das erhabene Kind wird gefühlsmäßig widersprüchlich, kontradiktorisch sein: Schmerz und Wohlgefallen. Denn in der Genealogie der sogenannten 'Erkenntnis'-Vermögen [...] kommen die Erzeuger aus zwei fremden Familien. Sie ist 'Urteilskraft', er 'Vernunft'. Sie ist Künstlerin, er Moralist. Sie 'reflektiert', er 'bestimmt'. Das (väterliche) Moralgesetz entschließt sich [...] und bestimmt [...] das Handeln des Geistes. Die Vernunft will gute Kinder, fordert die Erzeugung gerechter Moralmaximen. Doch die Mutter – die freie, reflektierende Einbildungskraft – kann nur Formen entfalten, ohne vorherige Regel und ohne bekanntes oder erkennbares Ziel. [...] Das Erhabene ist das Kind der unglückseligen Begegnung von Idee und Form. Unglückselig, weil sich diese Idee so wenig konzessionsbereit, das Gesetz (der Vater) so autoritär, so bedingungslos, die Rücksicht, die es fordert, so ausschließlich zeigt, daß es diesem Vater egal ist, ob er mit der Einbildungskraft zu irgendeiner Übereinkunft kommt, und sei es durch eine köstliche Rivalität. Er treibt die Formen auseinander, bzw. die Formen spreizen sich, zerreißen sich, werden übermäßig in seiner Gegenwart. Er befruchtet die den Formen hingegebene Jungfrau, ohne Rücksicht auf ihre Gunst. Er fordert nur Rücksicht für sich selbst, für das Gesetz und seine Realisierung. Er braucht keine schöne Natur. Er benötigt unbedingt eine vergewaltigte, überwundene, erschöpfte Einbildungskraft. Sie stirbt bei der Geburt des Erhabenen. Sie glaubt zu sterben. [...] Das Erhabene benötigt die Gewalt, das 'Wackere'. [...] Die Einbildungskraft muß vergewaltigt werden, weil die Freude, das Gesetz zu sehen, oder beinahe zu sehen, nur durch ihren Schmerz, vermittelst ihrer Vergewaltigung erlangt wird."[155]

Solches Gewaltpotential aus dem Mund von jemand, der sonst gegen die Gewaltpotentiale der überkommenen philosophischen Begriffe zu Felde zieht, erklärt sich nur noch aus der – gegen ihre eigenen Vernunftstrukturen noch wirksamen – Verblendungskraft einer radikalisierten Ästhetik.

- Das bedeutet auch: Ästhetisches ist nicht harmlos. Insofern muß gerade die scheinbar harmloseste Form der Ästhetisierung gesteigertes Interesse finden.

---

[155] LYOTARD, Jean-François: Das Interesse des Erhabenen. In: Pries, Christine (Hg.): Das Erhabene. Zwischen Grenzerfahrung und Größenwahn. Weinheim 1989. 91-118. Hier 108-109.

3.4 Ästhetisierung als Weltverhübschung

§ 46 In einer Ästhetisierungsoffensive ohne historische Parallele wird zeitgenössisch alles weg-„gehübscht", was den Yuppie-Idealen Jugend, Schönheit, Fitness und Fortschritt widerspricht und damit an Vergänglichkeit, Versagen und Unverrechenbares erinnert.

- Oberflächenästhetisierung
    - hat konstitutiv mit konsumptivem Genuß und darum auch ökonomischen Strategien zu tun;
    - hat längst auch die Form des somatischen wie psychischen Selbst-Stylings angenommen.
- Der damit einhergehende Realitätsverlust und die Verblendungsmacht solchermaßen – vor allem auch durch die „Neuen Medien" (↗Datenkritik) – ästhetisch konfigurierten Wirklichkeit führen die Oberflächenästhetisierung mit der vorausgehend analysierten epistemologischen Tiefenästhetisierung zusammen.
- Widerstanden kann dem nur werden durch Momente im Feld des Ästhetischen selbst, die sich der Verhübschung verweigern. Das scheint besonders eine Funktion religiöser Traditionen zu sein:
    - Beispiele: Klage, Kleiderzerreißen, Todesgedächtnis, Aschenkreuz etc.; hat das mit dem Humanitätspotential – und Wahrheitspotential – der Religionen zu tun?
    - Trifft das zu, so folgt daraus: Verhübschung wird unumgänglich, wo religiöse Ressourcen außer Geltung kommen. Umgekehrt gilt aber auch:
- Nicht-verhübschende Ästhetik geht konstitutiv mit einer religiösen Konnotation einher.

3.5 Religion und das Ästhetische

§ 47 Im Raum der Religion ist das ästhetisch Schöne untrennbar verbunden mit dem verstörend Unschönen. Im Begriff „Kerygma" begegnen beide Dimensionen als vermittelte.

- Zum Begriff κήρυγμα:
[149] „K[erygma] ist [...] die aktuelle Verkündigung des Wortes Gottes in der Kirche durch den von Gott in der Kirche legitimierten, bezeugenden Verkünder, derart, daß dieses Wort, in der Kraft des Geistes vom Verkünder in Glaube, Hoffnung und Liebe gesagt, als evangelisches Angebot des Heils und als verpflichtende und richtende Macht das Gesagte (in dem sich Gott selbst dem Menschen zusagt) selbst anwesen läßt in jener Aktualität, die die Heilsgeschichte in Christo Jesu nach Anfang und Ende je in ihrer Weise 'jetzt' Gegenwart sein läßt,

und daß vom Hörer im selben Geist das Gesagte und Gehörte als im Wort Ereignis geworden glaubend und liebend angenommen werden kann."[156]

Der entscheidende Zug am Kerygma: Die Herstellung von Gleichzeitigkeit:

[150] „Und die Menschen waren sehr betroffen von seiner Lehre; denn er lehrte sie wie einer, der (göttliche) Vollmacht hat [...]."[157]

[151] „Als sie das hörten, traf es sie mitten ins Herz [...]."[158]

- Diese biblischen Notizen fixieren ästhetische Prozesse.
- Wie verhalten sich dabei Kerygma und Historie, Dogmatik und Exegese?
  - Das ist der heiße Kern des Konflikts um Eugen Drewermann Ende der 80er bis Mitte der 90er Jahre.
  - Eine Generation früher entzündete sich der Streit an Rudolf Bultmann: Für ihn wird die historische Rückfrage überflüssig, da das Jesus-Geschehen erst im Wort der Verkündigung zum Heils-Geschehen wird (eine ästhetische Position!). Spitzensatz: Jesus ist ins Kerygma auferstanden.[159]

    Dieser Satz kann nicht einfach falsch sein, sofern das Zeugnis der Apostel und Apostelinnen die Osterbotschaft mitkonstituiert.

- Worin aber besteht der Mehrwert des Zeugnisses über das historische Geschehen?
- Bultmann rekurriert dafür auf den durch einen Glaubensentscheid befolgten Ruf zur Eigentlichkeit;
- Alternativen, für die das Zeugnis in einer Evidenz „der Sache" gründet, die nicht im historischen Faktum aufgeht, und die damit auf eine Denkfigur diesseits der Subjekt-Objekt-Spaltung (also eine ästhetische Position) orientiert sind und auf diese Weise Bultmann gleichermaßen bestätigen wie kritisieren:
  - Hans Urs von Balthasar (1905-1988) nimmt den Ausgangspunkt seiner theologischen Ästhetik („Herrlichkeit") beim Transzendentale (↗Ontologie) „schön". Nachgezeichnet werden soll das Aufleuchten – und Übersehenwerden – des Wunderbaren der göttlichen Liebe. In einem scheinbar unbedeutendem Spätwerk wird der Sinn dieses Projekts exemplarisch greifbar:

---

[156] RAHNER, Karl: Art. Kerygma II. Systematisch. In: LThK² Bd. 6. Freiburg i.Br. 1961. Sp. 125-126. Hier 125.
[157] Mk 1,22.
[158] Apg 2,37.
[159] Vgl. BULTMANN: Verhältnis. 27.

[152] „Welches Zeichen tat Jona, als er der Stadt Ninive den Untergang ankündigte? Sicher kein Schau-Wunder, aber es muß doch eine unbegreifliche Kraft in seiner Verkündigung gelegen haben, daß die ganze Stadt bis zum König hinauf ihm glaubte. Eine Qualität seines Wortes, [Achtung! K.M.] in ihm selbst liegend, aber [nochmals Achtung! K.M.] übergreifend auf die Herzen der Zuhörer [da geschieht die Überwindung der Subjekt-Objekt-Spaltung; K.M.]. [...] 'Kein anderes Zeichen', sagt Jesus. Es ist, als wische er damit alle Heilungen und Teufelsaustreibungen, alle Brotvermehrungen und Sturmberuhigungen weg, als gälten alle diese 'Werke' nicht als gültige Zeichen, und er beschränke sich, wo es um die letzte Entscheidung geht, auf sich selbst, der das Zeichensein des Jona übertrifft. Er überbietet es durch seine eigene Unscheinbarkeit ('bis zum Tod am Kreuz' Phil 2,8) in das dreitägige Weilen im Schoß der Erde hinein. Die Zeichenfordernden erhalten nichts als die Qualität des (menschgewordenen göttlichen) Wortes in seiner erniedrigten Alltagsgestalt. Diese und nur diese ist glaubhaft, jedes Prunkzeichen wäre unglaubwürdig und würde auf eine widergöttliche Macht verweisen (Apk 13,3f., 13-15)."[160]

Jesu Sterben wird als Gestalt seiner lebenskonstituierenden Bedeutsamkeit und damit der Auferstehung begriffen (insofern ist Jesus tatsächlich ins Kerygma hinein auferstanden).

- Der zweite Gewährsmann für die Alternative zu Bultmann ist Hansjürgen Verweyen mit seiner Auslegung zu Mk 15,39:

[153] „Als der Hauptmann, der Jesus gegenüberstand, ihn [Achtung!; K.M.] auf diese Weise sterben sah, sagte er: Wahrhaftig, dieser Mensch war Gottes Sohn."[161]

Solche Emergenz von Gestaltwahrnehmung ist ein genuin ästhetisches Geschehen. Vgl. dazu auch Hugo von Hoffmansthal:

[154] „Wer nicht gestalten kann, schleppt den Prozeß der Begriffe von einer Instanz zur andern. [...] Die Gestalt erledigt das Problem, sie beantwortet das Unbeantwortbare."[162]

- „Gestalt" ist ein ästhetischer Grundbegriff (kann also nicht weiter bestimmt werden). Die verbale Fassung „gestalten" steht für einen Prozeß, der im Ausgang von begrenztem Material an diesem einen unverrechenbaren Überschuß zur Geltung bringt.
- Verbal resultiert daraus geglückte Verkündigung. Sie zeichnet aus, ins Weite der Unbegreiflichkeit Gottes und seiner unverbrauchbaren Transzendenz[163] zu führen; das Gegenteil bringt sich in Ideologie und Kitsch zur Geltung. An der Wirkung hat Gestalt ihr kritisches Kriterium.

---

[160] BALTHASAR, Hans Urs von: Du hast Worte ewigen Lebens. Schriftbetrachtungen. Einsiedeln; Trier 1989. 17-18.
[161] Mk 15,39. Vgl. dazu VERWEYEN: Gottes letztes Wort. Grundriß der Fundamentaltheologie. Regensburg ³2000. 351-356.
[162] HOFMANNSTHAL, Hugo von: Reden und Aufsätze II. Frankfurt a.M. 1986. 97. 198.
[163] Vgl. RAHNER, Karl: Die unverbrauchbare Tranzendenz Gottes und unsere Sorge um die Zukunft. In: Ders.: Schriften zur Theologie. Bd. XIV. In Sorge um die Kirche. Berarb. von Paul Imhof SJ. Zürich; Einsiedeln; Köln 1980. 405-421.

Das läßt sich – gleichsam zur Gegenprobe – an den kitschigen Passagen in Drewermanns Werken ablesen und an dem Autoritarismus, der sich – je später, je mehr – in v. Balthasars Werk Bahn bricht.

- „Gestalt" umfaßt christlich auch „Ungestalt", also Leid, nicht nur, weil auch das zum Leben gehört, sondern weil sich dergestalt die innerste Mitte Gottes mitteilt:

[155] „Er hatte keine schöne und edle Gestalt, so daß wir ihn anschauen mochten. Er sah nicht so aus, daß wir Gefallen fanden an ihm. Er wurde verachtet und von den Menschen gemieden, ein Mann voller Schmerzen, mit Krankheit vertraut"[164]

- Die Tradition der „deformitas Christi", der als Sprachform die „sermo humilis" korrespondiert, ist der denkbar schärfste Einspruch gegen den Verhübschungstrieb.

- Insofern gehört zu christlicher Verkündigung notwendig eine antiästhetische Attitüde als Kronzeugenschaft für das Ganze der Wirklichkeit einschließlich des an ihr Erlösungsbedürftigen.

- Die Dialektik von Herrlichkeit und Schrecken wird unüberbietbar im auferstandenen Gekreuzigten sichtbar. Ihre kerygmatische Aufgipfelung findet sie im „Sonnengesang" des Franziskus:

[156] „Du höchster, mächtigster, guter Herr,
Dir sind die Lieder des Lobes, Ruhm
und Ehre und jeglicher Dank geweiht;
Dir nur gebühren sie, Höchster,
und keiner der Menschen ist würdig,
Dich nur zu nennen.

Gelobt seist Du, Herr,
mit allen Wesen, die Du geschaffen,
der edlen Herrin vor allem,
Schwester Sonne,
die uns den Tag heraufführt und Licht
mit ihren Strahlen, die Schöne,
spendet;
gar prächtig in mächtigem Glanze:
Dein Gleichnis ist sie, Erhabener.

Gelobt seist Du, Herr,
durch Bruder Mond und die Sterne.
Durch dich sie funkeln am
Himmelsbogen
und leuchten köstlich und schön.

Gelobt seist Du, Herr,
durch Bruder Wind

---

[164] Jes 53,2-3.

und Luft und Wolke und Wetter,
die sanft oder streng,
nach Deinem Willen,
die Wesen leiten, die durch Dich sind.

Gelobt seist Du, Herr,
durch Schwester Quelle:
Wie ist sie nütze in ihrer Demut,
wie köstlich und keusch!

Gelobt seist Du, Herr,
durch Bruder Feuer,
durch den Du zur Nacht uns leuchtest.
Schön und freundlich ist er
am wohligen Herde,
mächtig als lodernder Brand.

Gelobt seist Du, Herr,
durch unsere Schwester,
die Mutter Erde,
die gütig und stark uns trägt
und mancherlei Frucht uns bietet
mit farbigen Blumen und Matten.

Gelobt seist Du, Herr, durch die,
so vergeben um Deiner Liebe willen
und Pein und Trübsal geduldig tragen.
Selig, die's überwinden in Frieden:
Du, Höchster, wirst sie belohnen.

Gelobt seist Du, Herr,
durch unsern Bruder, den
leiblichen Tod; ihm kann
kein lebender Mensch entrinnen.
Wehe denen, die sterben
in schweren Sünden!
Selig, die er in Deinem heiligsten
Willen findet!
Denn sie versehrt nicht
der zweite Tod.

Lobet und preiset den Herrn!
Danket und dient Ihm
in großer Demut!"[165]

---

[165] Zit. nach: Gebet für junge Christen. Hg. v. Informationszentrum Berufe der Kirche (o.J.).

Der mitten im Leid angestimmte Gesang auf Gottes Güte, der zugleich das Herrlichste (die Schöpfung) mit dem Schrecklichsten (Tod und Sünde) verbindet, ist das erste wichtige Werk italienischer Poesie.

- Im Christentum liegt durch den Inkarnationsgedanken eine Beziehung sui generis zum Ästhetischen vor – durchaus in Spannung zu den vom „Bilderverbot" (↗Religionsphilosophie) und vom Primat des Hörens bestimmten alttestamentlichen Traditionen:
227 mal findet sich im NT das Wort δόξα (und verwandte); das Johannes-Evangelium hat eine ästhetische Achse:
[157] „Und das Wort ist Fleisch geworden
und hat unter uns gewohnt,
und wir haben seine Herrlichkeit gesehen,
die Herrlichkeit des einzigen Sohnes vom Vater,
voll Gnade und Wahrheit [wörtlicher: voll Charme und Treue]."[166]
[158] „Als Judas [beim Abendmahl] hinausgegangen war, sagte Jesus: Jetzt ist der Menschensohn verherrlicht, und Gott ist in ihm verherrlicht"[167]

- Das Christentum ist – unbeschadet mehrerer antisinnlicher Revolten (Ikonoklasmus, Calvinismus, Französische Revolution) – eine von Wesen ästhetische Religion – wodurch auch das Ästhetische seinerseits einen Gewichtszuwachs erfährt. Vgl. etwa die Erwägungen Karl Barths (1886-1968), des Erzgegners des (ästhetischen) Prinzips der Analogie, zur Schönheit Gottes:
[159] „Der Begriff, der sich hier in unmittelbarer Nähe befindet und der zur Bezeichnung des uns noch fehlenden Momentes des Begriffs der Herrlichkeit legitim und dienlich sein dürfte, ist der Begriff der *Schönheit*. Dürfen und müssen wir sagen, daß Gott schön ist, dann sagen wir eben damit, *wie* er erleuchtet, überführt, überzeugt. Wir bezeichnen dann nicht bloß die nackte Tatsache seiner Offenbarung und auch nicht bloß deren Gewalt als solche, sondern die Form und Gestalt, in der sie Tatsache ist und Gewalt hat. Wir sagen dann: Gott hat jene für sich selbst sprechende, jene gewinnende und überwindende Überlegenheit und Anziehungskraft eben darin, daß er schön ist – göttlich, in seiner ihm und ihm allein eigenen Weise schön, schön als die unerreichbare Urschönheit, aber gerade so wirklich schön und eben darum nicht nur als ein Faktum und Kraft in der Weise, daß er sich durchsetzt als der, der *Wohlgefallen* erregt, *Begehren* schafft und mit *Genuß* belohnt und das damit, daß er wohlgefällig, begehrenswert und genußvoll ist: der Wohlgefällige, Begehrenswerte und Genußvolle, das zuerst und zuletzt allein Wohlgefällige, Begehrenswerte und Genußvolle. Gott liebt uns als der, der als Gott *liebenswürdig* ist. Das sagen wir, wenn wir sagen, daß Gott schön ist."[168]
- Nur im Horizont des Inkarnationsgedankens kann von so etwas wie „Schönheit" Gottes die Rede sein.
- Inkarnation bedeutet Selbstunterscheidung Gottes in Gestalt einer Selbsterniedrigung wie einer Erhöhung des Menschen zu sich, die als sol-

---

[166] Joh 1,14.
[167] Joh 13,31.
[168] BARTH, Karl: Die kirchliche Dogmatik. Bd. II,1. Studienausg. Bd. 9. Zürich 1987. 733-734.

che die Herrlichkeit Gottes repräsentiert („So etwas wagt und kann dieser Gott").
- Barths Beanspruchung der Ästhetik führt ihn gleichsam senkrecht in die Thematik der Trinität.
- Empirisch läßt sich diese Denkbewegung in einer „Poetische[n] Dogmatik" (Alex Stock)[169] in Gestalt der Auslegung einschlägiger ästhetischer Zeugnisse nachvollziehen.

- Das ästhetisch gedachte Inkarnationstheorem stößt aus sich heraus zwei Fragen an:
- Inwiefern ist der Mensch darauf angelegt, Ort der Manifestation oder gar Darstellung dessen zu sein, wovon Religion spricht?
- Und umgekehrt: Kommt durch Religion (und wenn: welche?) das Rätsel „Mensch" zu einer konsistenten Selbstverständigung?
Beides ist in Gestalt einer philosophischen Anthropologie und einer ausgearbeiteten Religionsphilosophie zu klären.

Testfragen:

1. *Wie und mit welcher Intention kommt Ästhetik als eigene philosophische Disziplin auf?*
2. *Warum rückt die Ästhetik in atemberaubend kurzer Zeit zu einer Art Spitzendisziplin der Philosophie auf und was wird damit systematisch gewonnen?*
3. *Inwiefern vermag Ästhetik das fundamentale Problem der Einheit theoretischer und praktischer Vernunft zu lösen?*
4. *Inwiefern hat Erkenntnis ästhetische Wurzeln?*
5. *Wie kommt das Ethische aus Formstrukturen des Ästhetischen auf? In welche Aporie kann dabei das Ästhetische geraten?*
6. *Wodurch läßt sich in einer philosophischen Ästhetik der Primat der Form zugunsten des Sinnlich-Individuellen aufbrechen?*
7. *Was geschieht systematisch gesehen, wenn Ästhetik in die Funktion einer Erstphilosophie eingesetzt wird? An welchen Zügen der Gegenwartsphilosophie läßt sich ein solcher Vorgang konkret festmachen? An welche Grenzen stößt diese „Protoästhetik"?*

---

[169] Vgl. STOCK, Alex: Poetische Dogmatik. Christologie. Bd. 1. Namen. Paderborn; München; Wien; Zürich 1995. Weitere Bände: Bd. 2. Schrift und Gesicht. 1996. Bd. 3. Leib und Leben. 1998.

8. *Welche Ambivalenzen gehen mit der postmodernen Analogisierung von Ethik und Ästhetik einher? Welche Funktion erfüllt dabei der Begriff des Erhabenen?*
9. *Was steckt hinter dem globalen Trend einer Ästhetisierung im Sinn von Weltverhübschung?*
10. *Wodurch sind Religionen generell und das Christentum speziell auf das Ästhetische bezogen?*
11. *Welche christlich-theologischen Grundfragen gehen mit einer ästhetischen Dimension einher und können darum auch ästhetisch angegangen werden?*

Teil C: Das „noch nicht festgestellte Thier" und die Horizonte seiner Hoffnung

0. Überleitung

- Wird die zuletzt aufgeworfene Doppelfrage nach dem Rätsel „Mensch" und seinem möglichen Verhältnis zur Religion philosophisch gestellt, dann resultiert daraus
    - das Programm einer Klärung der Auftrittsbedingungen menschlicher Vernunft in Gestalt philosophischer Anthropologie(n);
    - die Klärung der Möglichkeit eines Hingeordnet- oder Angewiesenseins von Vernunft auf etwas sie selbst Übersteigendes in Gestalt von Religionsphilosophie.

1. Grundfragen der Anthropologie

§ 48 Bereits die Profilbestimmung der Disziplin „Philosophische Anthropologie" erweist sich als philosophisches Problem, weil das, was „Philosophische Anthropologie" ist, nur gesagt werden kann, indem hinzugesagt wird, was sie nicht ist.

1.1 Das Problem „stellen" oder : Vier prekäre Thesen

- Die Frage nach Ursprung und Ziel der im wesentlichen in zwei Schüben – gegen Ende des 18. und in der ersten Hälfte des 20. Jahrhunderts (zu den Zeitpunkten vgl. unten) – entfalteten Disziplin, läßt sich systematisch am Leitfaden von vier kniffligen, weil halb richtigen, halb falschen Thesen klären:

1.11 Ist alles Reden vom Menschen Anthropologie?

These I: Alle ausdrücklichen Thematisierungen des Menschen als solche sind Anthropologie.

- Gemäß dieser These fallen die Fähigkeit der Menschen, sich über sich selbst zu äußern, und Anthropologie zusammen. Weil es menschliche Selbstbeschreibungen und -auslegungen in den Basistexten aller Kulturen gibt, fielen darunter etwa:
    - Babylonisches Enuma elisch- und Gilgamesch-Epos mit ihrer Beschreibung des Menschen als eines Aufruhrwesens (geschaffen aus dem Blut eines ermordeten gottnahen Wesens), dessen Zweck der Bedienung der Götter dient;

- Ägyptischer Preis des Schöpfergottes:

[1] „Wohlversorgt sind die Menschen, das Vieh Gottes:
ihretwegen hat er Himmel und Erde geschaffen
und das gierige (Untier) des Wassers vertrieben.
Er schuf die Luft, damit ihre Nasen leben,
(denn) seine Abbilder sind sie, aus seinem Leibe gekommen.

Ihretwegen erstrahlt er am Himmel
und schuf für sie Pflanzen und Vieh,
Vögel und Fische, um sie zu nähren.
[...]
Geborene Herrscher hat er für sie gebildet –
Machthaber, um den Rücken des Schwachen zu stärken.
Zauber schuf er für sie als Waffen,
um den Schlag des Unheils fernzuhalten,
über sie wachend des nachts wie am Tage."[1]

- Altes Testament:
    - Gen 1,26: Der Mensch nicht als Krone der Schöpfung (das ist der Sabbat), sondern letztgeschaffenes Geschöpf in Gottebenbildlichkeit:

[2] „Dann sprach Gott: Laßt uns Menschen machen als unser Abbild, uns ähnlich. Sie sollen herrschen über die Fische des Meeres, über die Vögel des Himmels, über das Vieh, über die ganze Erde und über alle Kriechtiere auf dem Land. Gott schuf also den Menschen als sein Abbild; als Abbild Gottes schuf er ihn. Als Mann und Frau schuf er sie." (Gen 1, 26f.)

Psalm 8: Der Mensch als beinahe gottgleich und doch schuldverhaftet:

[3] „Sooft ich schaue deinen Himmel, Werke deiner Finger,
Mond und Sterne, die du an ihrem Platz festgemacht hast –
was ist es um das Menschlein, daß du seiner gedenkst,
und um den Adamssohn, daß du (so) für ihn sorgst,
und daß du ihn wenig geringer machst als ein Gottwesen
und daß du ihn mit Herrlichkeit und mit Pracht krönst?"[2]

- Darin steckt eine Provokation, die Gottfried Benn so formuliert:

[4] „Die Krone der Schöpfung, das Schwein, der Mensch –:
Geht doch mit anderen Tieren um!:
Mit siebzehn Jahren Filzläuse,
Zwischen üblen Schnauzen hin und her,
Darmkrankheiten und Alimente,
Weiber und Infusorien,
Mit 40 fängt die Blase an zu laufen –:
Meint ihr, um solch Geknolle wuchs die Erde

---

[1] Aus: Ein Preis des Schöpfergottes (aus der Lehre für Merikare). Zit. nach: Gesänge vom Nil. Dichtung am Hofe der Pharaonen. Ausg., übers. u. erl. von Erik Hornung. Zürich; München 1990. 79.
[2] Ps 8,4a-6b. Übers. nach E. Zenger.

Von Sonne bis zum Mond-? Was kläfft ihr denn?
Ihr sprecht von Seele – Was ist eure Seele?..."³

- Vgl. auch Emile E. Cioran (1911-1995):

[5] „Die Inkarnation ist die gefährlichste Schmeichelei, die uns zuteil wurde. Sie hat uns ein maßloses Statut verliehen, das in keinem Verhältnis zu dem steht, was wir sind. Indem es die menschliche Anekdote zur Würde des kosmischen Dramas erhebt, hat es uns über unsere Bedeutungslosigkeit hinweggetäuscht, hat es uns in die Illusion, in einen krankhaften Optimismus gestürzt..."⁴

In der Tat besagt der Inkarnationsgedanke („Gott wird Mensch"):
- Der Mensch ist „gottesfähig" (capax Dei);
- ohne den Gedanken lassen sich elementare Überzeugungen okzidentalen Denkens (z.B. die Idee der Individualität und teils der Menschenrechte) nicht begreifen.

- Griechische Philosophie:
  - Heraklit (535-465 v. Chr.):

[6] „Ἡ ἔφη ὡς ἦϑος ἀνϑρώπῳ δαίμων. "⁵

Traditionelle Übersetzung:

[7] „Dem Menschen ist sein Wesen sein Schicksal" oder
„Dem Menschen ist seine Eigenart sein Dämon."

Dagegen Martin Heidegger (1889-1976):

[8] „Das Wort nennt den offenen Bezirk, worin der Mensch wohnt. Das Offene seines Aufenthaltes läßt das erscheinen, was auf das Wesen des Menschen zukommt und also ankommend in seiner Nähe sich aufhält. Der Aufenthalt des Menschen enthält und bewahrt die Ankunft dessen, dem der Mensch in seinem Wesen gehört. Das ist nach dem Wort des Heraklit δαίμων, der Gott. Der Spruch sagt: der Mensch wohnt, insofern er Mensch ist, in der Nähe Gottes."⁶

- Sophokles (497-406 v. Chr.):

[9] „Vieles ist ungeheuer, nichts/ ungeheurer als der Mensch./ Das durchfährt auch die fahle Flut/ in des reißenden Südsturms Not;/ das gleitet zwischen den Wogen,/ die rings sich türmen!Erde selbst,/ die allerhehrste Gottheit,/ ewig und nimmer ermüdend, er schwächt sie noch,/ wenn seine Pflüge von Jahre zu Jahre, wenn/ seine Rosse sie zerwühlen.
Völker der Vögel, frohgesinnt,/ fängt in Garnen er, rafft hinweg/ auch des wilden Getiers Geschlecht,/ ja, die Brut der salzigen See/ in eng geflochtenen Netzten,/ der klug bedachte Mann, besiegt/ mit List und Kunst das freie;/ bergsteigende Wild und umschirmt mit dem/ Joche den mähnigen Nacken des Rosses und/ auch des unbeugsamen Bergstiers.

---

³ BENN, Gottfried: Gedichte in der Fassung der Erstdrucke. Mit einer Einführung hrsg. von Bruno Hillenbrand. Frankfurt a.M. 1982. 88.
⁴ CIORAN: Schöpfung. 33.
⁵ HERAKLEITOS: Fr. 119. Zitiert nach: Die Fragmente der Vorsokratiker. Bd. 1. Griech./Dt. von Hermann Diels. 6. verbesserte Auflage hrsg. von Walther Kranz. Berlin ⁶1951. 177.
⁶ HEIDEGGER, Martin: Brief über den „Humanismus". In: Ders.: Wegmarken. Frankfurt a.M. 1976 (GA 9). 313-364. Hier 354-355. [Künftig zitiert: HEIDEGGER: Humanismus.]

Und Rede und, rasch wie der Wind,/ das Denken erlernt' er, den Trieb,/ die Staaten zu ordnen, und auch der Fröste/ Ungewohnlichkeit im Gefild/ und Regensturms Pfeile fliehn:/ allbewandert, in nichts unbewandert schreitet er/ ins künft'ge; vom Tod allein/ sinnt er niemals Zuflucht aus;/ doch für heilloser Krankheit Pein/ fand er Hilfe.
Mit kluger Geschicklichkeit für/ die Kunst ohne Maßen begabt,/ kommt heut er auf Schlimmes, auf Edles morgen./ Wer seines Landes Satzung ehrt/ und Götterrecht schwurgeweiht,/ gilt im Staate; doch nichtig ist, wem das Unrecht sich/ gesellt hat zu frevlem Tun./ Sitze nie an meinem Herd, und sei im Bunde nie mit mir,/ wer so handelt!"[7]

>Sophokles Text markiert drei Kontexte, aus denen heraus der Mensch zum philosophischen Thema wird:
>- den Naturbegriff;
>- das Phänomen der Kultur;
>- die Dimension des Göttlichen.

>- Zur Verschränkung dieser Kontexte kommt es im Prometheus-Mythos aus Platons „Protagoras":

[10] „Wie aber Epimetheus doch nicht ganz weise war, hatte er unvermerkt schon alle Kräfte aufgewendet für die unvernünftigen Tiere; übrig also war ihm noch unbegabt das Geschlecht der Menschen, und er war wieder ratlos, was er diesen tun sollte.
In dieser Ratlosigkeit nun kommt ihm Prometheus, die Verteilung zu beschauen, und sieht die übrigen Tiere zwar in allen Stücken weislich bedacht, den Menschen aber nackt, unbeschuht, unbedeckt, unbewaffnet, und schon war der bestimmte Tag vorhanden, an welchem auch der Mensch hervorgehen sollte aus der Erde an das Licht. Gleichermaßen also der Verlegenheit unterliegend, welcherlei Rettung er dem Menschen noch ausfände, stiehlt Prometheus die kunstreiche Weisheit des Hephaistos und der Athene, nebst dem Feuer – denn unmöglich war, daß sie einen ohne Feuer hätte können angehörig sein oder nützlich – und so schenkt er sie dem Menschen. [Hephaistos ist der Gott des Feuers, der Schmiede und Handwerker; Athene steht besonders für die Künste und Wissenschaften. K.M.] Die zum Leben nötige Weisheit also erhielt der Mensch auf diese Weise, die politische aber hatte er nicht."[8]

>Menschen sind durch Gabe des Feuers Gott ähnlich geworden, aber zugleich schuldig; sie tun Unrecht, weil ihnen die Staatskunst fehlt. Darum soll Hermes Recht und Scheu vermitteln:

[11] „Hermes fragt nun den Zeus, auf welche Art er doch den Menschen das Recht und die Scham geben solle: Soll ich, so wie die Künste verteilt sind, auch diese verteilen? Jene nämlich sind so verteilt: Einer, welcher die Heilkunst innehat, ist genug für viele Unkundige, und so auch die anderen Berufe. Soll ich nun auch Recht und Scham ebenso unter den Menschen aufstellen, oder soll ich sie unter alle verteilen? Unter alle, sagte Zeus, und alle sollen teil daran haben; denn es könnten keine Staaten bestehen, wenn auch hieran nur wenige Anteil hätten wie an anderen Künsten. Und gib auch ein Gesetz von mir, daß man den der Scham und Recht sich anzueignen unfähig ist, töte wie ein böses Geschwür des Staates."[9]

>Der Mensch ist *von Natur* aus ein *Kulturwesen*, das der Moral bedarf, welche durch die *Götter* vermittelt wird. Nur durch Integration

---

[7] SOPHOKLES: Antigone. Studienausgabe. Übersetzt von Wilhelm Willige. Düsseldorf 1999. 332-375.

[8] PLATON: Protagoras. 321b-d.

[9] PLATON: Protagoras. 322 c-d.

der drei Dimensionen eröffnet sich mögliches Gelingen menschlicher Existenz.

- Die Dreidimensionalität von Natur, Kultur und Transzendenz/Gott kann geradezu als Suchraster für philosophische Thematisierungen des Rätsels „Mensch" in der nachfolgenden Denkgeschichte fungieren:
  - Beispiele für „Natur" als konzeptioneller Leitfaden:
    - Jean Jacques Rousseau (1712-1778)
    - Paul Henri Thiery Baron d´Holbach (1723-1789)
    - Charles Darwin (1809-1882)
    - Jacques Monod (1910- 1982). Letzterer schreibt:

[12] „Wenn er diese Botschaft in ihrer vollen Bedeutung aufnimmt, dann muß der Mensch endlich aus seinem tausendjährigen Traum erwachen und seine totale Verlassenheit, seine radikale Fremdheit erkennen. Er weiß nun, daß er seinen Platz wie ein Zigeuner am Rande des Universums hat, das für seine Musik taub ist und gleichgültig gegen seine Hoffnungen, Leiden oder Verbrechen."[10]

  - Beispiele für „Kultur" als konzeptioneller Leitfaden:
    - Erasmus von Rotterdam (1467-1536)
    - Immanuel Kant (1724-1804)
    - Johann Gottfried Herder (1744-1803)
    - Karl Marx (1818-1883)
    - Michel Foucault (1926-1984):

[13] „Eines ist auf jeden Fall gewiß: der Mensch ist nicht das älteste und auch nicht das konstanteste Problem, das sich dem menschlichen Wissen gestellt hat [...] Der Mensch ist eine Erfindung, deren junges Datum die Archäologie unseres Denkens ganz offen zeigt. Vielleicht auch das baldige Ende. Wenn [die in der jüdisch-christlichen Tradition verankerten modernen Dispositionen unseres Wissens, in denen unsere Auffassung vom Menschen wurzelt; K.M.] verschwänden, so wie sie erschienen sind, wenn durch irgendein Ereignis, dessen Möglichkeit wir höchstens voraussahnen können, aber dessen Form oder Verheißung wir im Augenblick noch nicht kennen, diese Dispositionen ins Wanken gerieten, wie an der Grenze des 18. Jahrhunderts die Grundlage des klassischen Denkens es tat, dann kann man sehr wohl wetten, daß der Mensch verschwindet wie am Meeresufer ein Gesicht im Sand."[11]

  - Beispiele für „Gott" als konzeptioneller Leitfaden:
    - Blaise Pascal (1623-1662):

[14] „Der Mensch ist weder Engel noch Tier, und das Unglück will, daß, wer den Engel will, das Tier macht."[12]

    - Immanuel Kant (1724-1804);
    - Emmanuel Levinas (1906-1995).

---

[10] MONOD, Jacques: Zufall und Notwendigkeit. Philosophische Fragen der modernen Biologie. München ²1971. 211.
[11] FOUCAULT, Michel: Die Ordnung der Dinge. Eine Archäologie der Humanwissenschaften. Frankfurt a.M. ⁹1990. 462.
[12] PASCAL: Pensées. Frgm. 358.

- Kritische Rückfrage an These I: Sind die aufgerufenen Zeugnisse menschlicher Selbstthematisierung bereits Anthropologie? Das wäre nur möglich, wenn alles weisheitliche Wissen vom Menschen, also auch das die Erkenntnis, die Sprache, die Ethik etc. betreffende unter „Anthropologie" fiele (was nach Kant in gewissem Sinn auch zutrifft).[13] Was aber macht dann das Spezifische der philosophischen Disziplin „Anthropologie" aus – oder gibt es diese gar nicht?

1.12 Ist philosophische Anthropologie unmöglich?

These II: Es gibt keine philosophische Anthropologie, und es kann prinzipiell keine geben.

- Die These geht von dem Gedanken aus, daß die Identität von Subjekt und Objekt im Akt der Selbstbeschreibung des Menschen menschliche Selbsterkenntnis unmöglich macht.
    - So schreibt etwa Dietmar Kamper:

[15] „Einer Erkenntnis, die auf Verfügung aus ist, unterläuft, meist unbeabsichtigt, eine Deformation ihres Objektes auf Eindeutigkeit hin, insofern jeglicher Widerspruch die Verfügbarkeit beeinträchtigen würde. Im Falle des Menschen hat das eine verhängnisvolle Wirkung, weil hier das reflexive Selbstverständnis unabdingbar mit Freiheit korrespondiert. Anthropologie, die ihr Problem lediglich bewältigen will, verfehlt es nicht nur, sondern verändert auch den Menschen. Das liegt daran, daß Freiheit unter jeder Form von Bewältigung, auch der theoretischen, verschwindet, was wieder auf die genannte Reflexivität des menschlichen Selbstverständnisses, zu der Anthropologie nolens volens hinzugehört, zurückwirkt. Mit der Vernichtung der Reflexivität vernichtet eine objektivierende Anthropologie sich selbst."[14]

- Bereits Martin Heidegger bemängelte, daß die herkömmlichen Grundbestimmungen des Menschen zu kurz griffen: Das Sein des Menschen ist kein bloßes Vorhandensein, sondern:

[16] „Das, was der Mensch ist, das heißt in der überlieferten Sprache der Metaphysik das 'Wesen' des Menschen, beruht in seiner Ek-sistenz. Aber die so gedachte Ek-sistenz ist nicht identisch mit dem überlieferten Begriff der existentia, was Wirklichkeit bedeutet im Unterschied zu essentia als der Möglichkeit [...] Vielmehr sagt der Satz dieses: der Mensch west so, daß er das 'Da', das heißt die Lichtung des Seins, ist."[15]

[17] „Der Mensch ist [...] vom Sein selbst in die Wahrheit des Seins 'geworfen', daß er, dergestalt ek-sistierend, die Wahrheit des Seins hüte, damit im Lichte des Seins das Seiende als das Seiende, das es ist, erscheine. Ob es und wie es erscheint, ob und wie der Gott und die Götter, die Geschichte und die Natur in die Lichtung des Seins hereinkommen, an- und abwesen, entscheidet nicht der Mensch. Die Ankunft des Seienden beruht im Geschick des Seins. Für den Menschen aber bleibt die Frage, ob er in das Schickliche seines Wesens findet, das diesem Ge-

---

[13] Vgl. KANT: Logik. A 25.
[14] KAMPER, Dietmar: Geschichte und menschliche Natur. Die Tragweite gegenwärtiger Anthropologiekritik. München 1973. 33.
[15] HEIDEGGER: Humanismus. 325.

schick entspricht; denn diesem gemäß hat er als der Ek-sistierende die Wahrheit des Seins zu hüten. Der Mensch ist der Hirt des Seins [...]
Doch das Sein – was ist das Sein? Es 'ist' Es selbst. Dies zu erfahren und zu sagen, muß das künftige Denken lernen."[16]

    Heideggers Absage an die Anthropologie reicht so weit, daß er (an nochmals anderer Stelle)[17] das Menschenwesen (i.S. der Anthropologie) dem Wesen des Nihilismus zurechnet.

- These II träfe zu, wenn der Selbstvollzug von Vernunft ausschließlich reflexiv verfaßt wäre. Dem steht aber entgegen, daß gerade das Vernunftphänomen „Selbstbewußtsein" nicht reflexiv aufklärbar ist, ohne daß ein Zirkel bzw. ein infiniter Regreß entstünde. Vgl. dazu „Henrichs erste und zweite Schwierigkeit"[18]:
- 1. Wenn Selbstbewußtsein aus einem Akt der Selbstreflexion hervorgeht, dann ist das Subjekt bereits vorausgesetzt. Das Subjekt der Reflexion jedoch ist etwas, das erst durch Selbstreflexion expliziert werden soll (= Zirkel). Wenn dagegen als Trägerinstanz der Reflexion ein Noch-nicht-Subjekt angenommen würde, dann geht Selbstbewußtsein verloren.
- 2. Wie kann (reflexiv gedachtes) Selbstbewußtsein wissen, daß es Bewußtsein seiner selbst und nicht von etwas anderem ist, ohne eben darum schon zu wissen (=Regreß)?

    In diese Falle tappt exemplarisch Heinrich Heine:

[18] „Bei Fichte ist noch die besondere Schwierigkeit, daß er dem Geiste zumutet, sich selber zu beobachten, während er tätig ist. Das Ich soll über seine intellektuellen Handlungen Betrachtungen anstellen, während es sie ausführt. Der Gedanke soll sich selber belauschen, während er denkt, während er allmählich warm und wärmer und endlich gar wird. Diese Operation mahnt uns an den Affen, der am Feuerherde vor einem kupfernen Kessel sitzt und seinen eigenen Schwanz kocht. Denn er meinte: die wahre Kochkunst besteht nicht darin, daß man bloß objektiv kocht, sondern auch subjektiv des Kochens bewußt wird."[19]

- Wird Selbstbewußtsein dagegen als präreflexives Vertrautsein des Subjekts mit sich selbst gedacht, ist der Ausgangspunkt für eine spezifisch philosophische Anthropologie gesichert, denn: Die Frage „Was ist der Mensch?" ist nicht gleichbedeutend mit „Was sind wir?" bzw. „Wer oder was bin ich?" Nur im Rekurs auf Selbstbewußtsein wird die Differenz zwischen beiden Fragen deutlich (und das soll nachfolgend auch der systematische Einsatzpunkt werden).

    Vorab jedoch noch zwei weitere knifflige Thesen:

---

[16] HEIDEGGER: Humanismus. 330-331.
[17] Vgl. HEIDEGGER, Martin: Zur Seinsfrage. In: Ders.: Wegmarken. Frankfurt a.M. 1976. (GA 9). 385-426. Hier 412.
[18] Vgl. HENRICH, Dieter: Fichtes ursprüngliche Einsicht. Frankfurt a.M. 1967.
[19] HEINE, Heinrich: Zur Geschichte der Religion und Philosophie in Deutschland. In: Ders.: Werke. Bd. 4. Hrsg. von Helmut Schanze. Frankfurt a.M. 1968. 44-165. Hier 136.

1.13 Anthropologie als Konstanten-Suche?

These III: Anthropologie formuliert zeitübergreifende, unveränderliche Konstanten menschlicher Wesensverfassung.

- Erkenntnisse aus Evolutionstheorie, der Paläontologie, aber auch der Entwicklungspsychologie aus historischer Perspektive und der zeitgenössischen Sozialforschung werfen freilich die Frage auf: Was sind eigentlich noch anthropologische Wesenskonstanten?

- Ein Antwortversuch findet sich im „Katechismus der Katholischen Kirche" (1993):
  - Gottebenbildlichkeit;
  - Leib-Seele-Struktur;
  - Geschlechterdifferenz;
  - Gottesfreundschaft des Menschen.

  Dahinter steht ersichtlich eine statische Anthropologie – mit dem Vorzug der Klarheit, jedoch um den Preis, daß der Freiheitsbegriff ausgeschlossen bleibt.

- Anders dagegen Giovanni Pico della Mirandola (1463-1494):
[19] „Endlich beschloß der höchste Künstler, daß der, dem er nichts Eigenes geben konnte, Anteil habe an allem, was die einzelnen jeweils für sich gehabt hatten. Also war er zufrieden mit dem Menschen als einem Geschöpf von unbestimmter Gestalt, stellte ihn in die Mitte der Welt und sprach ihn so an: 'Wir haben dir keinen festen Wohnsitz gegeben, Adam, kein eigenes Aussehen noch irgendeine besondere Gabe, damit du den Wohnsitz, das Aussehen und die Gaben, die du dir selbst aussiehst, entsprechend deinem Wunsch und Entschluß habest und besitzest. Die Natur der übrigen Geschöpfe ist fest bestimmt und wird innerhalb von uns vorgeschriebener Gesetze begrenzt. Du sollst dir deine ohne jede Einschränkung und Enge, nach deinem Ermessen, dem ich dich anvertraut habe, selber bestimmen. Ich habe dich in die Mitte der Welt gestellt, damit du dich von dort aus bequemer umsehen kannst, was es auf der Welt gibt. Weder haben wir dich himmlisch noch irdisch, weder sterblich noch unsterblich geschaffen, damit du wie dein eigener, in Ehre frei entscheidender, schöpferischer Bildhauer dich selbst zu der Gestalt ausformst, die du bevorzugst. Du kannst zum Niedrigeren, zum Tierischen entarten; du kannst aber auch zum Höheren, zum Göttlichen wiedergeboren werden, wenn deine Seele es beschließt.' "[20]

- So verleiht Pico der Unterbestimmtheit des Menschen eine theologische Qualifikation und dem Freiheitsgedanken eine Legitimation, die zusammen zu einer Verflüssigung der Anthropologie führen, die später zur Basis neuzeitlichen Denkens gehören wird.

- Das gebrochene Verhältnis der christlich-kirchlichen Tradition zum Freiheitsbegriff der Neuzeit trägt zum Aufkommen der folgenden These bei:

---

[20] PICO DELLA MIRANDOLA, Giovanni: De hominis dignitate. Über die Würde des Menschen. Übers. von Norbert Baumgarten. Hrsg. und eingel. von August Buck. Hamburg 1990. 5-7.

1.14 „Der Mensch" – ein Anthropomorphismus?

These IV: Die Behauptung anthropologischer Konstanten erliegt einer puren Fiktion. In Wahrheit gibt es nur perspektivisch und geschichtlich bedingte methodische Zugriffe und dementsprechend diskontinuierliche Selbstbeschreibungen des Menschen.

- Freiheitsbewußtsein erfährt sich in seinem Kern, der selbstbewußten Subjektivität, als autonom und dennoch nicht über sich selbst verfügend: Selbstbewußtsein weiß sich darum der Selbsterhaltung bedürftig. Dieses Bedürfnis
    - setzt ökonomische Dynamismen frei;
    - zieht die Anthropologie in den Bereich der Physiologie i.S. naturwissenschaftlicher Erforschung des Menschen (früher zum Teil vulgärmaterialistisch, heute in Gestalt der Genetik);
    - kann sich auch als Historisierung geltend machen (was der Mensch von sich wissen muß, um zu bestehen, sagt ihm die – aus vielen Geschichten bestehende – Geschichte).

- Radikalisiert wird die These von der Fiktionalität eines „Wesens" des Menschen in sozialwissenschaftlichen Perspektiven:

    - Vgl. Karl Marx (1818-1883):
    [20] „Feuerbach löst das religiöse Wesen in das menschliche Wesen auf. Aber das menschliche Wesen ist kein dem einzelnen Individuum inwohnendes Abstraktum. In seiner Wirklichkeit ist es das Ensemble der gesellschaftlichen Verhältnisse."[21]
    Als Produkt gesellschaftlicher Verhältnisse ist der Mensch nicht frei und die Gesellschaft nicht menschlich.

    - Theodor W. Adorno (1903-1969) folgert daraus, daß faktisch noch niemand sagen könne, er sei er selbst, und daß damit auch nicht gesagt werden könne, was der Mensch sei:
    [21] „Existenz oder, im demagogischen Jargon, der Mensch, scheint sowohl allgemein, das allen Menschen gemeinsame Wesen, wie spezifisch, insofern dies Allgemeine anders als in seiner Besonderung, der bestimmten Individualität, weder vorgestellt noch auch nur gedacht werden kann. [...] Was der Mensch sei, läßt sich nicht angeben. Der heute ist Funktion, unfrei, regrediert hinter alles, was als invariant ihm zugeschlagen wird, es sei denn die schutzlose Bedürftigkeit, an der manche Anthropologien sich weiden. Die Verstümmelungen, die ihm seit Jahrtausenden widerfuhren, schleppt er als gesellschaftliches Erbe mit sich. Würde aus seiner gegenwärtigen Beschaffenheit das Menschenwesen entziffert, so sabotierte das seine Möglichkeit. Kaum taugte eine sogenannte historische Anthropologie mehr. Zwar begriffe sie Gewordensein und Bedingtheit ein, aber rechnete sie den Subjekten zu, unter Abstraktion von der Entmenschlichung, die sie zu dem machte, was sie sind, und die im Namen einer qualitas humana toleriert bleibt. Je

---

[21] MARX, Karl: [Thesen über Feuerbach]. In: Karl Marx – Friedrich Engels. Studienausgabe Bd. I. Philosophie. Hrsg. von Iring Fetscher. Frankfurt a.M. 1966. 139-141. Hier 140. [Künftig zitiert: MES]

konkreter Anthropologie auftritt, desto trügerischer wird sie, gleichgültig gegen das am Menschen, was gar nicht in ihm als dem Subjekt gründet, sondern [sic!] in dem Prozeß der Entsubjektivierung, der seit unvordenklichen Zeiten parallel lief mit der geschichtlichen Formation des Subjekts. Die These arrivierter Anthropologie, der Mensch sei offen – selten fehlt ihr der hämische Seitenblick aufs Tier –, ist leer; sie gaukelt ihre eigene Unbestimmtheit, ihr Fallissement, als Bestimmtes und Positives vor [...] Daß nicht sich sagen läßt, was der Mensch sei, ist keine besonders erhabene Anthropologie, sondern ein Veto gegen jegliche."[22]

Während die Rede vom Menschen als „Ensemble gesellschaftlicher Verhältnisse" bei Marx/Adorno gesellschaftskritische Funktion besitzt, kann sie auch der bloß faktischen Konstatierung dienen:

- Vgl. die Systemtheorie Niklas Luhmanns (* 1927-1998):

[22] „Es gibt Maschinen, chemische Systeme, lebende Systeme, bewußte Systeme, sinnhaftkommunikative (soziale) Systeme; aber es gibt keine all dies zusammenfassenden Systemeinheiten. Der Mensch mag für sich selbst oder für Beobachter als Einheit erscheinen, aber ist kein System. Erst recht kann aus einer Mehrheit von Menschen kein System gebildet werden. Bei solchen Annahmen würde übersehen, daß der Mensch das, was in ihm an physischen, chemischen, lebenden Prozessen abläuft, nicht einmal selbst beobachten kann. Seinem psychischen System ist sein Leben unzugänglich, es muß jucken, schmerzen oder sonstwie auf sich aufmerksam machen, um eine andere Ebene der Systembildung, das Bewußtsein des psychischen Systems, zu Operationen zu reizen."[23]

- Fazit: Der „Mensch" verschwindet unter der Menge der über dieses Phänomen möglichen Diskurse, und die Entzauberung seines Begriffs als eines einheitlichen wird systemtheoretisch begründet. „Mensch" gilt als Anthropomorphismus und kommt so philosophisch abhanden
    - durch Naturalisierung;
    - durch Historisierung;
    - durch Eskamotierung des Begriffs „Mensch".

- Folge: Soll es dennoch philosophische Anthropologie geben, dann deshalb, weil es über den Menschen etwas zu wissen gibt, was in den naturalisierenden, historisierenden und eskamotierenden Diskursen nicht aufgeht.

---

[22] ADORNO, Theodor W.: Negative Dialektik. Frankfurt a.M. 1975. 130.
[23] LUHMANN, Niklas: Soziale Systeme. Grundriß einer allgemeinen Theorie. Frankfurt a.M. ²1987. 67-68.

Testfragen:

1. Was macht das philosophische Reden vom Menschen im Sinne einer spezifischen philosophischen Disziplin „Anthropologie" so schwierig?
2. Was übersehen diejenigen, die eine philosophische Anthropologie für gänzlich unmöglich halten?
3. Gibt es ein „Wesen" des Menschen? Wenn ja: Worin besteht es? Wenn nein: Was folgt daraus?
4. Was meint die Rede, der Mensch sei ein „Anthropomophismus"?

1.2 Anthropologie – eine Disziplin mit Haken

§ 49 Das Aufkommen der Anthropologie als spezifischer Disziplin hängt eng – wenn auch nicht allein – mit dem Zusammenbruch von Fortschrittshoffnungen und Utopien zusammen: Solche Erfahrungen werfen auf die Frage nach dem nicht vom Menschen „Gemachten", also dem „Natürlichen", seinem „Wesen" zurück.

- Prominenter Vertreter obiger These ist Odo Marquard (*1928):
    - Anthropologie repräsentiert ein Theoriegebilde des 20. Jh. Den Disziplinentitel gibt es jedoch seit dem 16. Jh., seit dem 18. Jh. Versuche systematischer Entfaltung. Vgl. etwa Immanuel Kant:

[23] „Eine Lehre von der Kenntnis des Menschen, systematisch abgefaßt (Anthropologie), kann es entweder in physiologischer oder in pragmatischer Hinsicht sein. – Die physiologische Menschenkenntnis geht auf die Erforschung dessen, was die Natur aus dem Menschen macht, die pragmatische auf das, was er, als freihandelndes Wesen, aus sich selber macht, oder machen kann und soll."[24]

    Freiheit lautet dabei das zentrale Stichwort, allerdings nicht mehr theologisch begründet (wie bei Pico), sondern aus „reiner Vernunft". Kants Überschrift: „Vom Bewußtsein seiner selbst", d.h. Selbstbewußtsein bildet den Ausgangspunkt seiner Anthropologie.

- Anthropologie entsteht als Konkurrenzprojekt zur Geschichtsphilosophie als fortschritts- und utopie-orientierter Denkform:
    - Die Desillusionierung durch die französische Revolution treibt die romantische Naturphilosophie (vgl. etwa Friedrich Wilhelm Joseph Schelling [1775-1854]) hervor, die zu einer ersten Form philosophischer Anthropologie weitergeführt wird;
    - die Desillusionierung durch den Ersten Weltkrieg zieht eine zweite Konjunktur der Anthropologie nach sich. Drei bahnbrechende Konzeptionen:

- Max Scheler (1874-1928)
    - geht aus von einer Ambivalenz des Begriffs „Mensch": Mensch ist der Tierwelt zugehörig und zugleich von ihr zu unterscheiden;
    - konzipiert einen Stufenbau des Lebendigen mit einem wesenhaften Richtungssinn des Lebens, dem „Fürsich- und Innesein"[25] als dem psychischen Urphänomen des Lebens, das auch den Pflanzen zukommt:

[24] „Die unterste Stufe des Psychischen – zugleich der Dampf, der bis in die lichtesten Höhen geistiger Tätigkeit alles treibt, auch noch den reinsten Denkakten und zartesten Akten lichter Güte die Tätigkeitsenergie liefert – bildet der bewußtlose, empfindungs- und vorstellungslose

---

[24] KANT, Immanuel: Anthropologie in pragmatischer Hinsicht. BA IV. In: Ders.: Werke in zehn Bänden. Bd. 10. Hrsg. von Wilhelm Weischedel. Darmstadt 1983. 397-690. Hier: 399.
[25] SCHELER, Max: Die Stellung des Menschen im Kosmos. Bern ⁸1975. 12. [Künftig zitiert: SCHELER: Stellung.]

'Gefühlsdrang'. In ihm ist 'Gefühl' und 'Trieb' (der als solcher stets bereits eine spezifische Richtung und Zielhaftigkeit 'nach' etwas, z.B. Nahrung, Sexualbefriedigung, hat) noch nicht geschieden. Ein bloßes 'Hinzu', z.B. zum Licht, und 'Vonweg', eine objektlose Lust und ein objektloses Leiden sind seine zwei einzigen Zuständlichkeiten."[26]

- Gefühlsdrang als Kennzeichen der „Pflanzlichkeit" ist auch bei Tier und Mensch vorhanden. Weitere Stufen des Psychischen:
- Instinkt,
- assoziatives Gedächtnis,
- praktische Intelligenz
teilen Mensch und gewisse Tierarten:

[25] „Indem das Triebziel, z.B. eine Frucht, dem Tiere optisch aufleuchtet und sich gegenüber dem optischen Umwelt-Felde scharf abhebt und verselbständigt, bilden sich alle Gegebenheiten, die die Umwelt des Tieres enthält, eigenartig um, insbesondere das ganze optische Feld zwischen Tier und Frucht. Es strukturiert sich in seinen Sachbezügen so, erhält ein derartiges relativ 'abstraktes' Relief, daß Dinge, die, für sich wahrgenommen, dem Tier entweder gleichgültig oder als 'etwas zum Beißen', 'etwas zum Spielen'. 'etwas zum Schlafen' erscheinen, den abstrakten, dynamischen Bezugscharakter 'Ding zum Fruchtholen' erhalten; nicht also nur wirkliche Stöcke, die den Ästen ähnlich sind, an denen im normalen Baumleben des Tieres Früchte hängen – das könnte noch als Instinkt gedeutet werden –, sondern auch ein Stück Draht, Strohhalme, eine Strohhutkrempe, eine Decke, die das Tier aus seinem Schlafraum holt, um eine direkt nicht erreichbare, außerhalb des Käfigs liegende Frucht heranzuziehen: kurz alles, was die abstrakte Vorstellung 'beweglich und langgestreckt' erfüllt. Die Triebdynamik im Tiere selbst ist es, die sich hier zu ver*sach*lichen und in die Umgebungsbestandteile zu *erweitern* beginnt [...] Das Kausal- oder Wirkphänomen [...] dürften wir hier in seinem ersten Ursprung belauschen: als ein Phänomen, das in der Vergegenständlichung der erlebten Triebhandlungskausalität auf die Dinge der Umwelt beruht und hier mit 'Mittel'-sein noch vollständig zusammenfällt."[27]

- Zur Bestimmung der Grenze zwischen Mensch und Tier setzt Scheler der Dimension des Psychischen das Prinzip des Geistes entgegen:

[26] „Das neue Prinzip steht außerhalb alles dessen, was wir 'Leben' im weitesten Sinne nennen können. Das, was den Menschen allein zum 'Menschen' macht, ist nicht eine neue Stufe des Lebens – erst recht nicht nur eine Stufe der einen Manifestationsform dieses Lebens, der 'Psyche' –, sondern es ist ein allem und jedem Leben überhaupt, auch dem Leben im Menschen entgegengesetztes Prinzip: eine echte neue Wesenstatsache, die als solche überhaupt nicht auf die 'natürliche Lebensevolution' zurückgeführt werden kann, sondern, wenn auf etwas, nur auf den obersten Grund der Dinge selbst zurückfällt: auf denselben Grund, dessen eine große Manifestation das 'Leben' ist."[28]

- Geist ist die Möglichkeitsbedingung der „Weltoffenheit" und des „Selbstbewußtseins" als den zwei Wesensmerkmalen des Menschen.
- Im Menschen durchdringen sich Natur (Psych. Dimension) und Geist, wobei Gott als letzter Grund von Geist und Leben gedacht wird, beide zugleich wiederum als Wesensattribute Gottes;

---

[26] SCHELER: Stellung. 12.
[27] SCHELER: Stellung. 34-35.
[28] SCHELER: Stellung. 37-38.

- im Selbstvollzug des Menschen (qua Leben-Geist-Durchdringung) ereignet sich Ver-Wirklichung Gottes.
- Die pantheisierende Tendenz dieser metaphysischen Verankerung der Anthropologie liegt auf der Hand.
- Es gibt eine auffällige strukturelle Nähe zwischen Schelers Abschlußgedanken und Karl Rahners Begriff der „Selbstmitteilung Gottes":

[27] „Nähe der Selbstmitteilung Gottes und Eigensein der Kreatur wachsen im gleichen, nicht im umgekehrten Maße. Diese Selbstmitteilung Gottes, in der Gott gerade als der absolut Transzendente sich mitteilt, ist das Immanenteste an der Kreatur. Das Übereignetsein ihres Wesens an sie selbst, die 'Wesensimmanenz' in diesem Sinne ist die Voraussetzung und Folge zugleich der noch radikaleren Immanenz der Transzendenz Gottes im geistigen Geschöpf als des durch die ungeschaffene Gnade begnadigten [...] Die Verwiesenheit auf die Selbstmitteilung des radikal verschiedenen Gottes ist das Innerste, und eben dieses ist die Möglichkeit der Immanenz des Äußersten."[29]

Als *der* Repräsentant der „anthropologischen Wende der Theologie" besteht Rahners Ziel darin, Theologie und Anthropologie so zu vermitteln, daß der Pantheismus Schelers einerseits und der Atheismus Feuerbachs (↗Religionsphilosophie) andererseits vermieden werden.

- Die Anthropologie nach Scheler richtet sich fundamental gegen dessen Dualismus und Metaphysik:

- Helmuth Plessner (1892-1985)
    - konzipiert die „Korrelationsstufentheorie": Durch die Zuordnung von jeweiliger Lebensform und ihrer Lebenssphäre soll die These von der Sonderstellung des Menschen unterlaufen werden.
    - Wesensbestimmungen des Menschen sind nicht durch perspektivische Anthropologien (etwa medizinische oder theologische) möglich, sondern durch erfahrungswissenschaftliche Analysen unter Berücksichtigung von deren wissenschaftstheoretischem Status (Hypothetizität):

[28] „Läßt sich ein Wesen, an dessen Entwicklung aus vormenschlichen Lebensformen ebensowenig zu zweifeln ist wie an seinen offenen Zukunftsmöglichkeiten, ein Wesen, das uns nach Herkunft und Bestimmung dunkel ist, abschließend bestimmen?"[30]

- Plessners Zentralgedanke ist die „exzentrische Position"[31] des Menschen. Jedoch hat diese (von manchen Interpretationen übersehen!) ihre

---

[29] RAHNER, Karl: Immanente und transzendente Vollendung der Welt. In: Ders.: Schriften zur Theologie. Bd. VIII. Einsiedeln; Zürich; Köln 1967. 593-609. Hier 601.
[30] PLESSNER, Helmuth: Art. Anthropologie II: Philosophisch. In: RGG³. Bd. I. Tübingen 1957. Sp. 410-414. Hier 411.
[31] Vgl. PLESSNER, Helmuth: Die Stufen des Organischen und der Mensch. Einleitung in die philosophische Anthropologie. In: Ders.: Gesammelte Schriften. Bd. IV. Frankfurt a.M. 1981. 399.

Möglichkeitsbedingung in einer Zentralität des Menschen. Dem korrespondieren auch Plessners drei anthropologische Grundgesetze:
- vermittelte Unmittelbarkeit;
- natürliche Künstlichkeit;
- utopischer Standort;

[29] „Nach dem Gesetz des utopischen Standorts ist der Mensch der Frage nach dem Sein ausgeliefert, das heißt, warum etwas ist und nicht lieber nichts. Diese Bodenlosigkeit, die schlechthin alles transzendiert, kann nur religiös beantwortet werden, weshalb keine Form von Menschsein ohne religiöses Verhalten zu finden ist, [...] ob das der Anthropologie ohne eine sinnhafte Direktion paßt oder nicht."[32]

- Arnold Gehlen (1904-1976)
    - lehnt (gegen Scheler und Plessner) eine Stufenordnung des Lebendigen und (mit Plessner gegen Scheler) eine metaphysische Verankerung der Anthropologie ab, baut aber in sein Konzept (in struktureller Nähe zu Scheler und gegen Plessner) die Angabe einer Orientierung menschlichen Daseins ein. Daraus resultiert sein Programm einer „Anthropobiologie":
        - Deren theoretisches Zentrum ist das Phänomen des Handelns;
        - Erkennen ist dabei Teil des Handelns (der Begriff des Bewußtseins verliert damit Relevanz);
        - durch Handeln werden Defizite des Menschen ausgeglichen; das ist nötig, sofern dieser ein „Mängelwesen"[33] ist. Das ist das auf Johann Gottfried Herder (1744-1803) zurückgehende Kennwort der Anthropologie Gehlens:

[30] „Bei jedem Tier ist [...] seine Sprache eine Äußerung so starker sinnlicher Vorstellungen, daß diese zu Trieben werden: mithin ist Sprache, so wie Sinne und Vorstellungen und Triebe angeboren und dem Tiere unmittelbar natürlich. Die Biene summt wie sie saugt, der Vogel singt wie er nistet – aber wie spricht der Mensch von Natur? Gar nicht, so wie er wenig oder nichts durch völligen Instinkt, als Tier tut. Ich nehme bei einem neugebornen Kinde das Geschrei seiner empfindsamen Maschine aus; sonst ist's stumm; es äußert weder Vorstellungen noch Triebe durch Töne, wie doch jedes Tier in seiner Art; bloß, unter Tiere gestellt, ist's also das verwaisteste Kind der Natur. Nackt und bloß, schwach und bedürftig, schüchtern und unbewaffnet: und was die Summe seines Elends ausmacht, aller Leiterinnen des Lebens beraubt. Mit einer so zerstreuten, geschwächten Sinnlichkeit, mit so unbestimmten, schlafenden Fähigkeiten, mit so geteilten und ermatteten Trieben geboren, offenbar auf tausend Bedürfnisse verwiesen, zu einem großen Kreise bestimmt – und doch so verwaist und verlassen, daß es selbst nicht mit einer Sprache begabt ist, seine Mängel zu äußern. Nein! Ein solcher Widerspruch ist nicht die Haushaltung der Natur."[34]

---

[32] Zitiert in: BREDE, Werner: Art. Plessner, Helmuth. In: Metzler Philosophen Lexikon. Von den Vorsokratikern bis zu den Neuen Philosophen. Stuttgart; Weimar ²1995. 688-692. Hier 691.
[33] GEHLEN, Arnold: Zur Geschichte der Anthropologie. In: Ders.: Anthropologische und sozialpsychologische Untersuchungen. Reinbek b. Hamburg 1986. 7-25. Hier 17.
[34] HERDER, Johann Gottfried: Abhandlung über den Ursprung der Sprache. In: Ders.: Sprachphilosophische Schriften. Aus dem Gesamtwerk ausgewählt von Erich Heintel. Hamburg 1960. 1-87. Hier 18.

- Die Plausibilität des Begriffs „Mängelwesen" verdeckt dabei, daß die philosophische Beschreibung Herders nicht konsistent in das anthropobiologische Konzept Gehlens eingepaßt werden kann (sonst müßte u.a. das Überleben der Spezies aus mangelnder Ausstattung erklärt werden);
- zwei Entlastungssysteme sind notwendig, um die Defizite auszugleichen:
  - Kultur/Institutionen;
  - Charakter.

Kultur und Charakter ermöglichen eine individuelle Lebensführung:

[31] „Die Formen, in denen die Menschen miteinander leben oder arbeiten, in denen sich die Herrschaft ausgestaltet oder der Kontakt mit dem Übersinnlichen – sie alle gerinnen zu Gestalten eigenen Gewichts, den Institutionen, die schließlich den Individuen gegenüber etwas wie eine Selbstmacht gewinnen, so daß man das Verhalten des Einzelnen in der Regel ziemlich sicher voraussagen kann, wenn man seine Stellung in dem System der Gesellschaft kennt, wenn man weiß, von welchen Institutionen er eingefaßt ist. Die Forderungen des Berufes und der Familie, des Staates oder irgendwelcher Verbände, denen man angehört, regeln uns nicht nur in unserem Verhalten ein, sie greifen bis in unsere Wertgefühle und Willensentschlüsse durch, und diese verlaufen dann ohne Bremsung und Zweifel wie von selbst, d.h. selbstverständlich, ohne daß eine andere Möglichkeit vorstellbar wäre, also schließlich mit der Überzeugungskraft des Natürlichen. Vom Inneren der Einzelperson her gesehen bedeutet das die [...] wohltätige Fraglosigkeit oder Sicherheit, eine lebenswichtige Entlastung, weil auf diesem Unterbau innerer und äußerer Gewohnheiten die geistigen Energien sozusagen nach oben abgegeben werden können; sie werden für eigentlich persönliche, einmalige und neu zu erfindende Dispositionen frei. Man kann anthropologisch den Begriff der Persönlichkeit nur im engsten Zusammenhang mit dem der Institutionen denken [...]"[35]

- So entsteht der konservative Grundzug der Konzeption: Das Subjekt ist der Geltung von Institutionen untergeordnet;
- zugleich markiert Plessner damit einen Einsatzpunkt für eine zeitdiagnostische Kritik der Moderne als einer Epoche dekadenter Subjekt-Übersteigerung – vgl. dazu etwa seine Rezeption bei Peter L. Berger, Thomas Luckmann, Wolfhart Pannenberg.

- Bes. Gehlen bestätigt Marquards These, daß Anthropologie in Abgrenzung zur Geschichtsphilosophie entstanden ist:

[32] „[Der Mensch] ist nicht [...] der Spitzenreiter, sondern der Sitzenbleiber der Entwicklung: das retardierte Lebewesen, das es immer noch nicht geschafft hat und niemals schaffen wird, sondern das es mit seiner Vorläufigkeit aushalten muß: seiner gewußten Sterblichkeit, seiner Hinfälligkeit, seinen Leiden als 'homo patiens' und der ewigen Wiederkehr des Ungleichen, der Geschichte, und das für diese perennierende Beweglichkeit die 'offene Gesellschaft' braucht, die bürgerlich demokratische Welt. Die philosophische Anthropologie bestimmt den Menschen – ernüchtert und skeptisch – justament so: nicht sosehr als Zielstreber, vielmehr als Defektflüchter; der Mensch ist für sie der, der – als primärer Taugenichts – sekundär etwas stattdessen tun

---

[35] GEHLEN, Arnold: Mensch und Institutionen. In: Ders.: Anthropologische und sozialpsychologische Untersuchungen. Reinbek b. Hamburg 1986. 69-77. Hier 71f.

muß, tun kann und tut: insofern ist die philosophische Anthropologie Philosophie des Stattdessen."[36]

Dennoch impliziert Marquards These ein doppeltes Manko:
- Sie übersieht den Einfluß einer Metaphysik des Irrationalen z.B. Arthur Schopenhauers (1788-1860) und Friedrich Nietzsches sowie anderer Lebensphilosophien, deren Antirationalismus bzw. Naturalismus einer naturalisierenden Anthropologie vorarbeiten;
- sie übersieht historisierende Konzeptionen jenseits der Geschichtsphilosophie, die eine historisierende Anthropologie intendieren, so
    - z.B. Johann Wilhelm Droysens (1808-1884) Konzept:

[33] „Was den Tieren, den Pflanzen ihr Gattungsbegriff [...], das ist dem Menschen die Geschichte [...] Die Geschichte ist das Bewußtwerden und Bewußtsein der Menschheit über sich selbst."[37]

- Vgl. ebenso Wilhelm Dilthey:

[34] „Was der Mensch sei, sagt ihm nur seine Geschichte."[38]

- Droysen und Dilthey gehören in den Grundlegungszusammenhang der modernen ↗Hermeneutik, die Hans-Georg Gadamer (*1900) zu voller Explikation bringt; daher begegnet auch bei ihm die historisierende Perspektive:

[35] „Die Selbstbesinnung des Individuums ist nur ein Flackern im geschlossenen Stromkreis des geschichtlichen Lebens."[39]

- Naturalisierende und historisierende Anthropologien bringen die Instanz des individuellen, selbstbewußten Subjekts tendenziell zum Verschwinden. Kann aber die Perspektive des Subjekts (Erste-Person-Perspektive) in einer anthropologischen Konzeption marginalisiert werden?

- In gegenteilige Richtung weist, daß Kant seine Anthropologie offenkundig vom Selbstbewußtseinsbegriff her aufbaut (vgl. oben) und Hegels Beschreibung des Phänomens „Mensch" die Erste-Person-Perspektive unverkürzt zur Geltung bringt, obwohl Kant als Richtpunkt der am Naturbegriff und Hegel als Richtpunkt der am Geschichtsbegriff orientierten Anthropologien gelten muß.

[36] „Der Begriff, insofern er zu einer solchen Existenz gediehen ist, welche selbst frei ist, ist nichts anderes als Ich oder das reine Selbstbewußtsein. Ich habe wohl Begriffe, d.h. bestimmte Begriffe; aber Ich ist der reine Begriff selbst, der als Begriff zum Dasein gekommen ist. Wenn man daher an die Grundbestimmungen, welche die Natur des Ich ausmachen, erinnert, so darf man voraussetzen, daß an etwas Bekanntes, d.i. der Vorstellung Geläufiges, erinnert wird. Ich

---

[36] MARQUARD, Odo: Philosophische Anthropologie. In: Koslowski, Peter (Hg.): Orientierung durch Philosophie. Ein Lehrbuch nach Teilgebieten. Tübingen 1991. 21-32. Hier 29.
[37] DROYSEN, Johann Gustav: Grundriß der Historik. In: Ders.: Historik. Vorlesungen über Enzyklopädie und Methodologie der Geschichte. Darmstadt 1960. 357.
[38] DILTHEY, Wilhelm: Zur Weltanschauungslehre. In: Ders.: Weltanschauungslehre. Abhandlungen zur Philosophie der Philosophie. (Ges. Schriften VIII). Stuttgart ²1960. 167-235. Hier 226.
[39] GADAMER: Wahrheit I. 302.

aber ist diese erstlich reine sich auf sich beziehende Einheit, und dies nicht unmittelbar, sondern indem es von aller Bestimmtheit und Inhalt abstrahiert und in die Freiheit der schrankenlosen Gleichheit mit sich selbst zurückgeht. So ist es Allgemeinheit; Einheit, welche nur durch jenes negative Verhalten, welches als das Abstrahieren erscheint, Einheit mit sich ist und dadurch alles Bestimmtsein in sich aufgelöst enthält. Zweitens ist Ich ebenso unmittelbar als die sich auf sich selbst beziehende Negativität Einzelheit, absolutes Bestimmtsein, welches sich Anderem gegenüberstellt und es ausschließt; individuelle Persönlichkeit. Jene absolute Allgemeinheit, die ebenso unmittelbar absolute Vereinzelung ist, und ein Anundfürsichsein, welches schlechthin Gesetztsein und nur dies Anundfürsichsein durch die Einheit mit dem Gesetztsein ist, macht ebenso die Natur des Ich als des Begriffes aus; von dem einen und dem anderen ist nichts zu begreifen, wenn nicht die angegebenen beiden Momente zugleich in ihrer Abstraktion und zugleich in ihrer vollkommenen Einheit aufgefaßt werden."[40]

Differenz und gleichzeitige Untrennbarkeit der Subjekt- und der Objekt-Perspektive in der menschlichen Selbstbeschreibung sind entscheidend.

§ 50 Fazit: Naturalisierende und historisierende Anthropologien tragen den Keim ihrer Selbstauflösung in sich. Zum Richtmaß für eine philosophische Anthropologie wird damit, ob sie die Irreduzibilität der Subjekt-Perspektive zur Geltung bringt, ohne der Objekt-Perspektive etwas schuldig zu bleiben.

Damit ist der Ausgangspunkt für die nachfolgend zu skizzierende (im disziplinären Sinn) „nachanthropologische" Anthropologie markiert.

Testfragen:

1. *Aus welchen philosophischen Problemlagen kommt die philosophische Anthropologie als Disziplin auf?*
2. *Welchen Begriffsstrategien folgen die einflußreichen anthropologischen Konzepte dieses Jahrhunderts?*
3. *Was übersieht die verbreitete These, Anthropologie sei ein Reflex auf geschichtsphilosophische Enttäuschungen?*
4. *Warum tendieren historisierende und naturalisierende Anthropologien gleichermaßen zur Selbstauflösung?*

---

[40] HEGEL, Georg Wilhelm Friedrich: Wissenschaft der Logik. Bd. 2. In: Ders.: Werke in 20 Bänden (Theorie-Ausgabe). Bd. 6. Frankfurt a.M. 1969. 253.

1.3 Subjekt und Person

§ 51 Die Erste-Person-Perspektive der menschlichen Selbstbeschreibung läßt sich auf fruchtbare Weise an den Ausdruck „Subjekt" koppeln, die Objekt-Perspektive an den Ausdruck „Person". Gleichzeitig vermittelt eine solche Verknüpfung den beiden philosophisch wie theologisch hochaufgeladenen (und darum nicht unbedingt leicht zu verstehenden) Termini ein Stück Klarheit.

- Zum Subjekt-Begriff:
    - Er verfügt über (nicht allein, aber wesentlich) jüdisch-christliche Wurzeln;
    - ist Leitbegriff der neuzeitlichen Philosophie (Descartes, Kant, Fichte, Hegel);
    - erfährt von mehreren Seiten radikale Kritik:
        - durch Naturwissenschaften (etwa [vulgär]-materialistische Positionen: „Der Mensch ist, was er ißt");
        - Sozialwissenschaften (etwa Marx: „Subjekt als Ensemble gesellschaftlicher Verhältnisse");
        - Psychologie (bes. Freud: „Das Ich ist nicht Herr im eigenen Haus");
        - Philosophie der radikalen Vernunftkritik (Nietzsche: Das Ich als Illusion, die vergessen hat, daß sie eine ist);
        - Existenzphilosophie (Heidegger: Geworfenes Dasein, das sich um sein Sein sorgt).
            In Anschluß an Nietzsche und Heidegger entfalten Vertreter der „Postmoderne" (bes. Michel Foucault, Jacques Derrida, Jean-François Lyotard) Programme der Subjekt-Dezentrierung bzw. -Destruktion;
        - Analytische Sprachphilosophie (bes. Ryle: Vertreibung des „Gespensts aus der Maschine") in Naturalisierungsabsicht (vgl. aber die analytische ↗Rehabilitierung des Subjektbegriffs).

- Zum Person-Begriff:
    - Er scheint aus der Theaterwelt zu kommen: „persona" als Maske/Rolle;
    - übertragen ins soziale Feld: „persona" als Erscheinungsbild, auch Machtposition;
    - Fortentwicklung zum philosophischen Begriff; das Resultat wird besonders prägnant bei Boethius (ca. 480-ca.524) faßbar:

[37] „personae est definitio: 'naturae rationabilis individua substantia'." [Person ist die individuelle Substanz einer vernünftigen Natur]."[41]

---

[41] BOETHIUS, Anicius Manlius Severinus: Gegen Eythyches und Nestorius. In: Ders.: Die theologischen Traktate. Hamburg 1988. 64-115. 74.

- Diese Definition hat einen doppelten christlichen Hintergrund:
    - Das Problem der „hypostatischen Union", also der Einheit zweier Naturen in der einen Person Jesu Christi;
    - das Problem der Trinität (ein Gott in drei Personen); zu seiner Lösung greift Tertullian (ca. 160-230) einen Personbegriff auf, den er bei Tullius Varro findet:

[38] „Die Natur der Personen ist dreifach: einer, der spricht, einer zu dem gesprochen wird, und einer, über den gesprochen wird."[42]

- Bei allen einschlägigen Klärungsversuchen seit Tertullian bis heute treten zwei Probleme auf:
    - Entweder bleibt die Einheit Gottes gewahrt, während sich der theologische Personbegriff vom alltagssprachlichen Gebrauch von „Person" löst – oder die Faßlichkeit der Personalität wird durch einen Zerfall des Einheitsbegriffs in Richtung Tritheismus erkauft.
    - Neuzeitlich kommt die konstitutive Verbindung von Person und Freiheit hinzu, während theologische Personbegriffe zum Teil kein Verhältnis zum Freiheitsbegriff haben.
    - Partiell strukturelle Parallelen zum theologischen Befund begegnen etwa im sozial-behavioristischen Ansatz George Herbert Meads (1863-1931): Person konstituiert sich von den anderen her – mit fundamentalen Folgefragen bezüglich der Identität und Freiheit der Person (↗Behaviorismus).

- Zwischenresultat: Es bedarf der philosophischen Wiedergewinnung des Subjektbegriffs wie desjenigen des Personenbegriffs, wobei in letzteren die Dimension der Intersubjektivität konstitutiv einzubeziehen ist.

§ 52 Eine konsistente Explikation des Subjekt- und des Personbegriffs einschließlich ihrer untrennbaren Zusammengehörigkeit läßt sich von der Doppelperspektive menschlicher Selbstbeschreibung her gewinnen, welche Selbstbewußtsein qua präreflexives Mitsichvertrautsein impliziert.

- Wer sich zum Gegenstand seiner Betrachtung macht, bekommt nicht alles in den Blick, was er von sich wissen kann: Genau dieses „von sich" begegnet nicht als Element unter den Tatsachen, die er über sich wissen kann, stellt also eine andere Wissensweise als die des Beobachtungswissens dar und fungiert als dessen Ermöglichungsbedingung in der Selbstbeschreibung.

- Ein Wesen, das seiner bewußt wird, macht eine Doppelentdeckung:
    - (1) „Ich bin ich" in absoluter Unvertretbarkeit/Einmaligkeit (vgl. die Analyse der ↗Indexicals); mein „Ich" ist Zentrum/Konstruktionspunkt meiner Welt.

---

[42] VARRO: De lingua latina. 8,20.

- (2) „Ich" bin zugleich Element des Gegenstandsraumes „Welt" mit seinen zahllosen Seienden; darin bin „ich" nicht mehr als ein Staubkorn.
  Folge: „Ich" stehe in der Spannung zwischen Einmaligkeit und Marginalität.

- Die Wahrnehmung dieses Spannungsverhältnisses variiert epochal:
  - Gemindert tritt die Spannung im biblisch-christlichen Selbstverständnis auf:
    - Etwa mit Jeremia (*ca. 640 v. Chr.) beginnt das Individualitäts-Denken einschließlich des Gedankens eines Eintretens für diejenigen, denen ihre Individualität versagt ist;
    - zu einer Radikalisierung kommt es durch Jesus (vgl. das Verhalten den Sündern gegenüber; das eschatologische Kriterium Mt 25,31-46).
    Dieser Betonung der Einmaligkeit gegenüber steht die
    - Perspektive der Marginalität (etwa „Menschlein"; Ps 8), jedoch gänzlich eingebettet in den Schöpfungsglauben.
  - Genau dieses Vertrauen in eine göttliche Ordnung zerbricht mit dem Aufkommen der Neuzeit: Der Mensch wird sich radikal zum „Rätsel":
    - Allein verwiesen auf sich muß er zum Zweck der Selbstanalyse in Distanz zu sich gehen; dabei entdeckt er
    - die Spannung von Einmaligkeit und Marginalität, ohne sie wegen der Verfassung der Einmaligkeit aus der beobachtenden Distanzperspektive verstehen zu können.

- Zwei Auswege aus diesem doppelten Spannungsverhältnis stehen offen:
  - Materialismus, wie ihn schon in der Antike Demokrit (ca. 460-370 v. Chr.), in der Neuzeit etwa Feuerbach und Marx vertreten. Heute zeigt sich der „Eliminative Materialismus" (Prognosen, daß mentales Vokabular durch zu erwartende naturwissenschaftliche Ergebnisse überflüssig werden wird).
  - „Deutscher Idealismus", z.B.: Fichte, Hegel, Hölderlin: Selbstbewußtsein wird konsequent als jenseits der Beobachterperspektive reflektiert. Probleme:
    - Der Ansatz beim „Ich" läßt die Dimensionen des Materiellen und der Intersubjektivität oft unterbelichtet, da die Beobachterperspektive der Ichperspektive untergeordnet wird;
    - zusätzlich verkompliziert wird das Verhältnis durch die Asymmetrie von Ich- und Weltverhältnis: Beide kommen miteinander auf, doch ist ersteres die Bedingung der Möglichkeit des zweiten.
    Die Probleme lassen sich mit folgendem begrifflich-terminologischem Zuordnungsverhältnis beherrschen:

- Lösungsvorschlag:
    - Die Ichperspektive wird als „Subjektsein" begriffen;
    - die Beobachterperspektive wird als „Personsein" begriffen.
- Kraft seiner Einmaligkeit fungiert das Subjektsein als unhintergehbarer Ausgangs- und Konstruktionspunkt seiner Welt.
- Kraft seiner Marginalität impliziert das Personsein die Verwiesenheit des Menschen auf anderes und andere.
    Diese Form der Verknüpfung von Subjekt- und Personperspektive verweigert eine materialistische Reduktion und vermeidet gleichzeitig eine idealistische Hypertrophie.

Testfragen:

1. *Aus welchen Quellen speist sich der Subjektgedanke und welche Kritik zieht er auf sich?*
2. *Worin besteht das Problem des durchschnittlichen Personbegriffs? Wie läßt sich dieser Begriff philosophisch haltbar wiedergewinnen?*
3. *Wie könnte ein philosophisch geklärter Gebrauch der Ausdrücke „Subjekt" und „Person" aussehen?*
4. *Wie hängen Subjekt- und Personbegriff miteinander zusammen?*

1.4 Von „Leib und Seele" zu „Mind and Brain"

§ 53 Das Leib-Seele-Verhältnis ist ein Endlosproblem der Philosophie (und Theologie), für das sich ein Set von Lösungsmodellen entwickelt hat, von denen keines ein Deutungsmonopol beanspruchen kann, während sie zugleich in ihrer Verständigungskraft erheblich differieren.

- Würde das Leib-Seele-Problem nicht reflektiert, bildeten sich vier Varianten menschlicher Selbstdestruktion aus:
    - Aus einer Monopolisierung der Seele resultierte
        - überzogene Askese oder
        - exzessiver Leibgebrauch.
    - Aus einer Monopolisierung des Leibes resultierte
        - ein (zum Teil vulgärer) Materialismus oder
        - die Unterjochung des Leibes unter die Instanz der Reize (als einer Art öffentlichen Über-Seele).
        Prinzipiell mögliche systematische Verhältnisbestimmungen:

1.41 Leib-Seele-Dualismen

- Wegen der intuitiven Plausibilität des Modells tritt der Dualismus bereits in der Anfangsphase der okzidentalen Philosophie auf:
    - Orphiker bezeichnen den Leib als „Kleid" oder „Schiff";
    - Platon
        - im „Phaidon":
[39] „[...] ordentlich gebunden im Leibe und ihm anklebend und gezwungen, wie durch ein Gitter ihn das Sein zu betrachten, nicht aber für sich allein, und daher in aller Torheit sich umherwälzend, und indem sie die Gewalt dieses Kerkers erkennt, wie er auf der Lust beruht, so daß der Gebundene selbst am meisten immer mit angreift, um gebunden zu werden [...]"[43]
        - im „Kratylos": σῶμα σῆμα – der Leib als Kerker der Seele, welche dort eine Schuld abbüßt. Näher reflektiert wird dieses Gegeneinander von Leib-Seele nicht.
    - Anders in der Gnosis: Sie kennt in den meisten ihrer Ausprägungen einen kosmischen Radikal-Dualismus.

- Seitenblick auf die jüdisch-christliche Tradition:
    - Das AT kennt keine Leib-Seele-Differenz: Der ganze Mensch ist basar („Fleisch") und nephes („Geist"), und beides unterliegt der Vergänglichkeit (Jenseitsvorstellungen tauchen nur ganz am späten Rand des AT auf).
    - Paulus unterscheidet σάρξ (sündliche Verfallenheit) und πνεῦμα (Be-

---

[43] PLATON: Phaidon. 82e-83a. In: Ders.: Werke in acht Bänden. Griech./Dt. Bd. 3. Hrsg. von Gunther Eigler. Dt. Übers. von F. D. E. Schleiermacher. Darmstadt ³1990. 1-207. Hier 89.

stimmtsein vom Heiligen Geist). Ziel ist nicht die Trennung der Seele vom Leib, sondern die Verklärung des irdischen Leibes.
- Dennoch erweist sich die christliche Überlieferung tief platonisch imprägniert.
- Die Prägekraft des dualistischen Modells erweist sich aber auch in der Philosophie:

- René Descartes (1596-1650) unterscheidet res cogitans und res extensa. In seiner Position des *Interaktionismus* zwischen beiden Größen gilt die Zirbeldrüse als Vermittlungsinstanz. Der Bezug wird dabei als „Einbahnstraße" von der Seele zum Leib gefaßt (heute widerlegt); res extensa ist bloßes Objekt.

- Nicolas de Malebranche (1638-1715) konzipiert den *Okkasionalismus*: Gott fungiert als Möglichkeitsbedingung der grundsätzlichen Korrespondenz von psychischem und körperlichem Zustand (vgl. auch A. Geulincx [1624-1669]). Dahinter steht nicht ein formaler Mechanismus, sondern theologisch gegründetes Vertrauen in die Verläßlichkeit von Erkenntnis und Erfahrung.

- Gottfried Wilhelm Leibniz' (1664-1716) Konzept heißt *Prästabilierte Harmonie*: Die Korrespondenz von Leib und Seele wird bei Schöpfung prinzipiell und einmalig hergestellt (Zwei-Uhren-Gleichnis). Damit verbundene Theorie-Ansprüche:
- Die Welt ist die beste aller möglichen Welten (Konsequenz: Theodizee-Thematik);
- die Kausalität zwischen Leib und Seele ist dem Menschen verschlossen (Konsequenz: Philosophie der Inkommunikation).

- Auf Baruch de Spinoza geht der *Psychophysische Parallelismus* zurück: Psyche und Physis sind Attribute einer unendlichen Substanz.
- Ins Empirische übertragen wurde das Modell von Gustav Theodor Fechner (1801-1887) und Wilhelm Wundt (1832-1920): Leibliches und Seelisches gelten als zwei Aspekte der einen Wirklichkeit:
[40] „Körper und Geist oder Leib und Seele oder Materielles und Ideelles oder Physisches und Psychisches [...] sind nicht im letzten Grund und Wesen, sondern nur nach dem Standpunkt der Auffassung oder Betrachtung verschieden."[44]
- Ins Metaphysische übersetzt den Gedanken der Panpsychismus (vgl. etwa Thomas Nagel), demgemäß mit einem prinzipiell spirituellen Charakter alles Materiellen zu rechnen ist.
- Methodologisch kann je nach Erkenntnishinsicht ein und dasselbe Phänomen als psychisches oder physisches begriffen werden (z.B. P.F. Straw-

---

[44] FECHNER, Gustav Theodor: Zend-Avesta oder über die Dinge des Himmels und des Jenseits. In: Ders.: Vom Standpunkt der Naturbetrachtung. Bd. 2. Ed. Kurt Laßwitz. Hamburg; Leipzig 1906. 135.

son).

- Ein Doppelprojekt legten Karl Raimund Popper (1902-1994) mit seinem *Trialismus* und John C. Eccles mit der *Mikrolokalisationshypothese* vor:
    - Die Drei-Welten-Theorie Poppers (Welt 1: Physisches – Welt 2: Psychisches – Welt 3: Geistiges, z.B. Theorien) wirft die Frage der Interaktion zwischen den drei Welten auf: Wie etwa kann eine Theorie auf Physisches wirken? Durch Welt 2, das Psychische – aber wie genau? Eine wissenschaftliche Beschreibung der Interaktion findet Popper in:
    - Eccles' Vermittlung zwischen Geist und Gehirn durch „Mikrolokalisation": Kommunikation zwischen Gehirn und Geist (Ich) wird analog zur Kommunikation neuronaler Elemente gedacht, Geist dabei analog zu einem Wahrscheinlichkeitsfeld der Quantenmechanik (besitzt weder Masse noch Energie, kann dennoch mikroskopische Wirkungen erzeugen).

- Fazit der Diskussionen: Trotz intuitiver Plausibilität sind die Leib-Seele-Dualismen wenig überzeugend. Alternativen:
    - Hylemorphismus (qualitative Differenzierung von Leib und Seele);
    - Geistmonismus (Reduktion zugunsten der Seele/des Geistes);
    - Leibmonismus (Reduktion zugunsten des Leibes).

1.42 Hylemorphismus

- Der Sache nach begreift Aristoteles als erster die Seele als prägendes Prinzip des Leiblichen:
[41] „Es ist nun die Seele Ursache und Ursprung des lebenden Körpers. Diese Begriffe haben einen vielfachen Sinn. Dementsprechend ist die Seele Ursache nach den drei bestimmten Arten: denn sie ist Ursache der Bewegung und auch Ursache als Zweck und als Wesen der belebten Körper."[45]
    - Gemäß Aristoteles ist bei allem das Wesen die Ursache des Seins; bei Lebewesen bestehe das Sein in Leben und dessen Ursache sei die Seele.
    - Konsequenz: Eine getrennte Existenz von Leib und Seele ist nicht denkbar – und die Seele ist sterblich.

- Trotz letztgenannter Hypothek wird das Modell des Stagiriten durch Thomas von Aquin rezipiert und bestimmt bis heute die durchschnittliche katholische Tradition, so etwa den „Katechismus der Katholischen Kirche" (1993):
[42] „Die Einheit von Leib und Seele ist so tief, daß man die Seele als die 'Form' des Leibes zu betrachten hat, das heißt die Geistseele bewirkt, daß der aus Materie gebildete Leib ein lebendiger menschlicher Leib ist. Im Menschen sind Geist und Materie nicht zwei vereinte Naturen,

---

[45] ARISTOTELES: De an II, 4, 415 b 8-12. In: Ders.: Vom Himmel – Von der Seele – Von der Dichtkunst. Eingel. und neu übertr. von Olof Gigon. Zürich 1950. 181-347. Hier 294.

sondern ihre Einheit bildet eine einzige Natur."⁴⁶
- Thomas hatte die Sache differenzierter gefaßt und die Seele als eine substantielle Form des Leibes bestimmt. Das bedeutet näherhin:
[43] „Dazu nämlich, daß etwas die substantielle Form eines anderen sei, ist zweierlei erforderlich. Das eine davon ist, daß die Form das Prinzip des substantiellen Seins für das ist, dessen Form sie ist. Mit Prinzip aber meine ich nicht das wirkende, sondern das formhafte, durch das etwas ist und seiend genannt wird. Daraus folgt das andere: nämlich, daß Form und Materie zu einem einzigen Sein zusammenkommen; das trifft nicht zu für die Verbindung des Wirkprinzips mit dem, dem es das Sein verleiht. Und dieses Sein ist dasjenige, in dem die zusammengesetzte Substanz selbständig seiend ist: dem Sein nach eine einzige, bestehend aus Materie und Form."⁴⁷

Wichtige Momente im Gesamtkonzept des Aquinaten:
- die Seele steht im Verhältnis zum ganzen Körper (vgl. dagegen Descartes' Zirbeldrüse!);
- die Seele wird als von Gott geschaffen und unsterblich gedacht, behält auch als vom Leib getrennte eine Hinneigung zur Vereinigung mit einem Leib;
- Leib ohne Seele ist nicht Leib – und Seele ohne Leib nicht im strengen Sinn Seele.
- Die Verständigungskraft des Modells hängt daran, ob seine Voraussetzung – der metaphysische Materie-Form-Gedanke – akzeptiert wird.

1.43 Idealistischer Monismus

- Idealismus tritt auf als
    - ethischer: Von Vernunft geleitetes und begründungsfähiges Handeln ist möglich;
    - erkenntnistheoretischer: Die Suche nach unbedingter Erkenntnis erreicht durch methodischen Zweifel einen unhintergehbaren Gewißheitsboden (vgl. das transzendentallogische Argument bei Augustinus und Descartes; vgl. ↗Erkenntnistheorie, Letztbegründung). Dabei sind die Objekte unserer Erkenntnis die Ideen.

- Die klassische Durchführung solcher Erkenntnissicherung wird durch Kant geleistet:
    - Was Realität ist, wird durch das Erkenntnis-Instrumentar (reine Anschauungsformen, Kategorien, Inbegriffe der Vernunft) bestimmt – mit der Folge, daß das „Ding an sich" prinzipiell unerkennbar ist (zu problematischen Konsequenzen vgl. ↗Religionsphilosophie).

- George Berkeley (1685-1753) radikalisiert diesen Ansatz dadurch, daß er alle Wirklichkeit als nur aus Gedachtem bestehend faßt: Der Geist allein ist Substanz,

---
⁴⁶ Katechismus der Katholischen Kirche. München 1993. Nr. 365. 124.
⁴⁷ THOMAS V. AQUIN: ScG II, 68.

die Dinge sind rein Gedachtes:
[44] „esse est percipi"[48] – „Sein ist Wahrgenommenwerden."
- Das Leib-Seele-Problem verschwindet, weil auch der Leib nur eine Idee sein kann und darum der Seele zugehört.
- Unerachtet seiner Kontra-Intuitivität verflüssigt das Modell durch seinen Immaterialismus den Subjekt-Objekt-Gegensatz – und deutet damit in eine Richtung, in die sich zeitgenössische Ansätze bewegen (vgl. unten).

1.44 Materialistischer Monismus

- Die materialistische Option ist schon länger und vor allem derzeit die verbreitetste, obwohl Kant die Diskussion zwischen Idealisten und Materialisten für (von ihm) erledigt gehalten hatte, sofern er die Transzendentalität des „ich denke" – also: kein Erfahrungsgegenstand, sondern Bedingung der Möglichkeit von Erkenntnis – herausgearbeitet hatte:
[45] „Hieraus folgt: daß der erste Vernunftschluß der transzendentalen Psychologie uns nur eine vermeintliche neue Einsicht aufhefte, indem er das beständige logische Subjekt des Denkens vor die Erkenntnis des realen Subjekts der Inhärenz ausgibt, von welchem wir nicht die mindeste Kenntnis haben, noch haben können, weil das Bewußtsein das einzige ist, was alle Vorstellungen zu Gedanken macht, und worin mithin alle unsere Wahrnehmungen, als dem transzendentalen Subjekte, müssen angetroffen werden, und wir, außer dieser logischen Bedeutung des Ich, keine Kenntnis von dem Subjekte an sich selbst haben, was diesem, so wie allen Gedanken, als Substratum zum Grunde liegt."[49]
  Jedoch kann sich Kants Lösung nicht durchsetzen. Grund:

- Durch den Zusammenbruch des idealistischen Paradigmas (bald nach Hegels Tod 1831) kommt es zur Rückführung dessen, was bislang „Seele" hieß, auf natürlich-materielle und gesellschaftliche, später auch sprachlich-informationstheoretische Prozesse und Strukturen. Die heute primär vertretenen Varianten:
    - Nicht-ideologischer Materialismus: Seele/Geist als Schnittmenge materiell-gesellschaftlicher Prozesse;
    - Behaviorismus: Seele/Geist als Ensemble von Reaktionen auf Reize. Kritiken setzen in der Regel am Problem von Freiheit und Identität an;
    - Naturalismus:
        - Identitätstheorie: Identität mental-physikalischer Zustände; Diskussion und Kritik drehen sich um die Strenge des jeweils in Gebrauch genommenen Identitätsbegriffs.
        - Epiphänomenalismus: Mentale Zustände sind Begleiterscheinungen physikalischer Zustände (keine Wechselwirkung);

---

[48] BERKELEY, George: A Treatise Concerning the Principles of Human Knowledge. Ed. with Introd. by Colin. M. Turbayne. New York 1957. I,3. 24.
[49] KANT: Kritik der reinen Vernunft. A 350.

- Eliminativer Materialismus: Psychologisch-mentale Ausdrücke werden durch den Fortgang der Neuro-Wissenschaften überflüssig werden;
- (mit Einschränkung) Funktionalismus: Das Verhältnis von Gehirn und Geist entspricht dem Verhältnis von hardware und software bei Computern.

Unbeschadet der Verbreitung materialistisch-naturalistischer Konzepte gibt es längst eine „Mind-Brain"-Diskussion in der analytischen Philosophie, der an der Rückgewinnung eines nicht-reduktiblen Begriffs von „Geist" ohne Dualismus gelegen ist.

1.45 Über die Rehabilitierung einer Frage

§ 54 Obwohl die sprachanalytische Reduktion des Leib-Seele-Problems radikaler ansetzt und durchgeführt wird als bei den anderen Monismen, kommt es im Gang dieses Strangs philosophischen Denkens zu einer Rehabilitierung des Projekts einer Philosophie des Geistes generell und der mind-brain-Fragestellung speziell.

- Für die sprachanalytische Philosophie ist das Leib-Seele-Problem zunächst ein Scheinproblem.
  - Einschlägige Bemerkungen in Ludwig Wittgensteins (1889-1951) „Tractatus logico-philosophicus" wurden zunächst eine Weile als Ausdruck einer neopositivistischen Position mißverstanden, etwa wegen des Anfangs des Werkes:

[46]
„1   Die Welt ist alles, was der Fall ist.
1.1   Die Welt ist die Gesamtheit der Tatsachen, nicht der Dinge.
1.11   Die Welt ist durch die Tatsachen bestimmt und dadurch, daß es *alle* Tatsachen sind."[50]

  - Gemäß neopositivistischer Lesart sind nur empirisch verifizierbare oder rein logische Aussagen sinnvoll, alles andere – ethische, metaphysische, religiöse etc. Sätze – ist sinnlos, allenfalls Ausdruck einer Stimmung.
  - Wittgensteins Diagnose „Scheinproblem" bezüglich der Leib-Seele-Frage zielt aber in ganz andere Richtung, denn:
  - Beim „Tractatus" handelt es sich in mehrfacher Hinsicht um das Dokument einer radikalisierten Transzendentalphilosophie:

[47]
„5.631 Das denkende, vorstellende, Subjekt gibt es nicht.
Wenn ich ein Buch schriebe 'Die Welt, wie ich sie vorfand', so wäre darin auch über

---

[50] WITTGENSTEIN: Tractatus. 1-1.11.

meinen Leib zu berichten und zu sagen, welche Glieder meinem Willen unterstehen und welche nicht etc., dies ist nämlich eine Methode, das Subjekt zu isolieren, oder vielmehr zu zeigen, daß es in einem wichtigen Sinne kein Subjekt gibt: Von ihm allein nämlich könnte in diesem Buche *nicht* die Rede sein. –

5.632 Das Subjekt gehört nicht zur Welt, sondern ist eine Grenze der Welt.
[...]
5.641 Es gibt also wirklich einen Sinn, in welchem in der Philosophie nicht-psychologisch vom Ich die Rede sein kann.
Das Ich tritt in die Philosophie dadurch ein, daß die 'Welt meine Welt ist'.
Das philosophische Ich ist nicht der Mensch, nicht der menschliche Körper, oder die menschliche Seele, von der die Psychologie handelt, sondern das metaphysische Subjekt, die Grenze – nicht ein Teil – der Welt."[51]

- Das „Ich" ist kein Element, sondern „Grenze" der Welt, d.h. deren bloße Möglichkeitsbedingung.
- Damit ist einer Verobjektivierung des Psychischen genauso widersprochen
- wie einem Dualismus *und* einem materialistischen Monismus.

- Der späte Wittgenstein der „Philosophische(n) Untersuchungen" führt diese Überlegungen in Form einer Kritik an der traditioneller Sprach- bzw. Zeichentheorie weiter:

[48] „36. [...] Wo unsere Sprache uns einen Körper vermuten läßt, und kein Körper ist, dort, möchten wir sagen, sei ein *Geist*."[52]

Daraus resultiert:

[49] „308. [...] Der erste Schritt ist der ganz unauffällige. Wir reden von Vorgängen und Zuständen, und lassen ihre Natur unentschieden! Wir werden vielleicht einmal mehr über sie wissen – meinen wir. Aber eben dadurch haben wir uns auf eine bestimmte Betrachtungsweise festgelegt. Denn wir haben einen bestimmten Begriff davon, was es heißt: einen Vorgang näher kennen zu lernen. (Der entscheidende Schritt im Taschenspielerkunststück ist getan, und gerade er schien uns unschuldig.) – Und nun zerfällt der Vergleich, der uns unsere Gedanken hätte begreiflich machen sollen. Wir müssen also den noch unverstandenen Prozeß im noch unerforschten Medium leugnen. Und so scheinen wir also die geistigen Vorgänge geleugnet zu haben. Und wollen sie doch natürlich nicht leugnen!"[53]

- Alle Rede über eine seelische Substanz ist eine Illusion – entstanden aus der Verwechslung grammatischer Bemerkungen über mentale Rede mit Aussagen über die Wirklichkeit;
- Wittgenstein vertritt keinen Behaviorismus.
- Etliche Bemerkungen Wittgensteins haben die analytische Wiedergewinnung einer „Philosophy of Mind" und speziell der Subjektthematik mit eingeleitet.

- Gleichwohl geht die Analytische Philosophie nach Wittgenstein in eine ganz andere Richtung, nämlich die einer Destruktion der Möglichkeit der Philosophie

---

[51] WITTGENSTEIN: Tractatus. 5.631, 5.632, 5.641.
[52] WITTGENSTEIN: Philosophische Untersuchungen. I, 36.
[53] WITTGENSTEIN: Philosophische Untersuchungen. I, 308.

des Geistes als solcher. Geradezu plakativ tut das Gilbert Ryle (1900-1976) in „The Concept of Mind" (1949) in der Absicht, das „Dogma vom Gespenst in der Maschine" zu entlarven. Als formaler Grundbegriff fungiert der Vorwurf der „Kategorienverwechslung":

[50] „Ein Ausländer kommt zum erstenmal nach Oxford oder Cambridge, und man zeigt ihm eine Reihe von Colleges, Bibliotheken, Sportplätzen, Museen, Laboratorien und Verwaltungsgebäuden. Nach einiger Zeit fragt er: 'Aber wo ist denn die Universität? [...] 'Dann muß man ihm erklären, daß die Universität nicht noch eine weitere ähnliche Institution ist, ein weiteres Gegenstück zu den Colleges, Laboratorien und Verwaltungsgebäuden, die er schon gesehen hat. Die Universität ist einfach die Art und Weise, in der alles das organisiert ist, was er schon gesehen hat [...] Der Irrtum des Ausländers [...]: Er reihte die Universität irrtümlich in dieselbe Kategorie ein, zu der diese anderen Institutionen gehören."[54]

Worin besteht der „Fehler" genau? Ryle gibt keine Auskunft.

- Ryles methodisches Ziel: Sätze über Psychisch-Mentales sollen in Sätze über Leistungen oder Dispositionen zu Leistungen übertragen werden (z.B. „Mannschaftsgeist"). Kritik:
    - Die Differenz zwischen Dingen und Personen wird eingeebnet;
    - abweichendes Verhalten wird unerklärbar;
    - weil Mentales/Psychologisches im herkömmlichen Sinn destruiert, jedoch keine konsistente Alternative geboten wird, erscheint der Bereich als prinzipiell unaufklärbar [vgl. Richard Rorty (*1931): Der Unaussprechlichkeit des Geistes entspricht die „ineffabilitas" Gottes][55];
    - die anthropologischen Konsequenzen sind fundamental:

[51] „Der Mensch braucht durch die Behauptung, er sei kein Gespenst in einer Maschine, nicht zu einer Maschine degradiert zu werden. Er könnte schließlich doch eine Art Lebewesen sein, nämlich ein höheres Säugetier. Es muß noch der Sprung zu der Hypothese gewagt werden, daß er vielleicht ein Mensch sei."[56]

Ryle hat das „Gespenst in der Maschine" nur durch ein „Gespenst im Diskurs" ersetzt.

- Diese labile Theorielage führt ab den 70er Jahren zu einer Umorientierung der Debatte:
    - Zu den treibenden Hintergrundmotiven für die Veränderungen gehört – wissenschaftstheoretisch gesehen – auch die Verbreitung eines starken Realismus in der Analytischen Philosophie, d.h. die Annahme einer sprach- und denkunabhängigen Welt.
    - Genau diese Annahme treibt die Leib-Seele-Debatte in die bereits genannten Materialismen und Naturalismen: Es reicht nicht, den mentalen Bereich (wie Ryle) einfach zu etwas ganz anderem und nur im Diskurs

---

[54] RYLE, Gilbert: Der Begriff des Geistes. Stuttgart 1997. 14-15. [Künftig zitiert: RYLE: Begriff.]
[55] Vgl. RORTY, Richard: Contemporary Philosophy of Mind. Syn 53 (1982). 323-348. Hier 346.
[56] RYLE: Begriff. 451.

Faßbaren zu deklarieren.
- Zugleich müssen die realistischen Theorieformen (unter materialistisch-naturalistischem Vorzeichen) um ihrer Konsistenz willen den psychologisch-mentalen Diskurs eliminieren, obwohl er mit auffälliger Treffsicherheit und Leistungsfähigkeit einhergeht.

Aus diesen Antagonismen resultiert verbreitet:

- Ein Theoriengeflecht aus
  - der Annahme kausaler Geschlossenheit der physikalischen Welt;
  - der Annahme der Möglichkeit kausaler Wirkungen mentaler Ereignisse;
  - der Annahme eines wissenschaftstheoretischen Realismus.

  Die Gleichzeitigkeit dieser Annahmen ist jedoch widersprüchlich. Auswege:
  - Kausale Geschlossenheit aufgeben – was bedeutete, einen Dualismus zu vertreten;
  - mentale Kausalität aufgeben – was bedeutete, das Ausgangsproblem zu widerrufen;
  - Realismus aufgeben – was bedeutete, einen semantischen Antirealismus zu etablieren.

  Soll das Leib-Seele-Problem kein Schein-Problem sein, kommt nur der letzte Ausweg in Frage.

- Semantischer Anti-Realismus bedeutet:
  - Eine Beschreibung der Welt „an sich" unabhängig von den sprachlichen Beschreibungsmitteln ist nicht möglich, und diese gehen uneliminierbar in die Beschreibung ein.
[52] „Der Anti-Realist bestreitet, daß es eine Totalität aller Fakten gibt, die in *einem* privilegierten Begriffssystem oder *einer* idealen Theorie eins-zu-eins beschrieben werden könnten."[57]

  Beispiel: Die Antwort auf die Frage „Wieviel Gegenstände befinden sich in diesem Raum?" hängt davon ab, was als Gegenstand gelten soll (Mengen, Ding-Teile, Elemente, Moleküle etc.).
  - Anti-realistisch kann dieselbe Beschreibungsinstanz von demselben Beschreibungsgegenstand verschiedene Beschreibungen liefern, ohne in einem radikalen Pluralismus von Diskursen zu enden und ohne eine ontologische Identität behaupten zu müssen.

- Zu einer Aufklärung des Leib-Seele-Problems trägt der semantische Anti-Realismus erst bei,
  - wenn dazugesagt wird, warum welche Begriffswelten etabliert werden sollen, d.h. wenn die anti-realistische Einstellung in den Kontext der praktischen Vernunft gestellt wird;

---

[57] BRÜNTRUP, Godehard: Mentale Verursachung. Eine Theorie aus der Perspektive des semantischen Anti-Realismus. Stuttgart; Berlin; Köln 1994. 176.

- wenn gleichzeitig die Irreduzibilität des mentalen Diskurses durch anderweitig nicht zu erbringende Erklärungsleistungen begründet wird:
- etwa bezüglich der Normativität von Zuschreibungen mentaler Gehalte an intentionale Systeme, die Rationalitätsunterstellungen sind;
- etwa bezüglich des Bewußtseinsphänomens.
- Dies machte allerdings eine konsistente Bewußtseinstheorie notwendig; derzeit wird jedoch eher mit der Möglichkeit einer prinzipiellen Unerklärbarkeit des Verhältnisses von Subjekt- und Objektperspektive, von mentaler und physischer Dimension gerechnet.
- In diesem Fall ergäbe sich umgekehrt aus der zweispurigen Erfahrungsform des Verhältnisses Denken-Welt ein starkes Votum für eine anti-realistische Einstellung.
Was immer in der Leib-Seele-Problematik zu erreichen ist, dürfte unter der Norm stehen:

[53] "Very often, the problem in philosophy is that the philosopher who knows what he wants to deny feels that he cannot simply do so, but must make a 'positive' statement; and the positive statement is frequently a disaster."[58]

Corollarium zum semantischen Anti-Realismus:
(1) Diese Position geht auffällig zusammen mit der ebenfalls seit den 70er Jahren in Gang befindlichen analytischen Rehabilitierung von Subjektivität und Selbstbewußtsein und ihren abweichenden Begriffsformen.
(2) Der semantische Anti-Realismus könnte sich als sehr fruchtbar für eine angemessene Reformulierung bestimmter theologischer Lehrstücke, namentlich der Eschatologie und der Ostertheologie erweisen.

- Die bohrende Frage nach der „Seele" tendiert aus sich oft zu einer Unterbelichtung der Leib-Dimension, so etwa bei Platon oder – erst recht – bei Fichte (unbeschadet der Potentiale seiner Intersubjektivitätstheorie):
[54] „Unsere Welt ist das versinnlichte Materiale unsrer Pflicht [...]."[59]
Diese Unterbelichtung dürfte die Rezeption neuzeitlichen Philosophierens für die christliche Tradition mit ihrer Leibverwurzelung kraft des Gedankens der Inkarnation zusätzlich erschwert haben.

---

[58] PUTNAM, Hilary: Realism with a Human Face. Cambridge (Mass.) 1990. 223.
[59] FICHTE: Grund unseres Glaubens. 185.

- Auch diese Asymmetrie läßt sich in einer beim Selbstbewußtseinsbegriff ansetzenden Anthropologie vermeiden, sofern zu Selbstbewußtsein neben Einmaligkeit und Marginalität die Erfahrung gehört, nicht über sein Auftreten und über sein Bestehen zu verfügen.
  - Was nicht aus sich Stand und Halt hat, muß sich selbst erhalten;
  - elementarster Ort der Erfahrung, daß wir der Selbsterhaltung bedürfen, ist der Leib.

Testfragen:

1. Was macht das Leib-Seele-Verhältnis so prekär?
2. Welche grundsätzlichen Varianten einer „Lösung" des Leib-Seele-Problems sind denkbar?
3. Welche Strategien gab bzw. gibt es, ein dualistisches Rahmenkonzept zustimmungsfähig zu machen?
4. Welche materialistischen „Lösungen" des Problems sind denkbar?
5. Wie kommt es trotz des derzeitigen Übergewichts materialistischer Antworten zu einer „Wiedervorlage" des alten Leib-Seele-Themas unter dem Titel von „mind and brain"?

1.5 Selbsterhaltung als anthropologisches Steuerungsprinzip

§ 55 Selbsterhaltung gehört so konstitutiv zur Verfassung eines selbstbewußten Wesens, daß von ihr her die Logik und Dynamik der elementaren Vollzugsformen dieses Wesens wie Leiblichkeit, Sexualität, Geschichtlichkeit und Sozialität begriffen werden können.

1.51 Ein Stück Begriffs-Arbeit

- Aristoteles kennt Selbsterhaltung als Erhalt der Gattung.
- Die stoische Philosophie steuert die Idee der Erhaltung des einzelnen bei:
[55] „Der erste Trieb, so sagen sie [die Stoiker], der sich in einem lebenden Wesen regt, sei der der Selbsterhaltung; dies sei eine Mitgabe der Natur von Anbeginn an, wie Chrysipp im ersten Buch über die Endziele sagt mit den Worten: für jedes lebende Wesen sei seine erste ihm von selbst zugewiesene Angelegenheit sein eigenes Bestehen sowie das Bewußtsein davon. Denn es war doch nicht zu erwarten, daß die Natur das lebende Wesen sich selbst entfremde, oder auch, daß sie, nachdem sie das Geschöpf einmal hervorgebracht, sich weder die Selbstentfremdung noch die Selbstbefreundung habe angelegen sein lassen. Es bleibt also nur übrig zu sagen, daß sie nach vollzogener Schöpfung es mit sich selbst befreundet habe."[60]
 Zwei wichtige Momente:
  - Zu Selbsterhaltung gehört ein Selbstverhältnis;
  - Selbsterhaltung ist dem sich erhaltenden Wesen durch die Natur eingeschrieben.
  Das Christentum schreibt diesen Gedanken in schöpfungstheologischer Wendung fort: Die Dinge wollen im Dasein bleiben, um ihr letztes Ziel zu erreichen.

- Anders als Antike und Christentum verortet die Moderne den Gedanken der Selbsterhaltung: Nach dem Zusammenbruch des Glaubens an ein letztes Ziel wird Selbsterhaltung zu radikaler Selbstbeziehung.
- Das provoziert heftige Kritik, etwa von Robert Spaemann:
[56] „Die teleologische Interpretation der Natur war, nach dem Worte Bacons, geopfert worden als gottgeweihte Jungfrau, die nichts gebiert. An die Stelle der dynamisch-teleologischen Struktur, kraft deren alles, was ist, auf eine ihm gemäße Tätigkeit, diese Tätigkeit aber ihrerseits auf die Realisierung eines spezifischen bonum ausgerichtet ist, tritt nun eine Inversion der Teleologie: das Sein steigert sich nicht zum Tätigsein, sondern die Tätigkeit ihrerseits hat zum alleinigen Ziel die Erhaltung dessen, was ohnehin schon ist."[61]

 - Gegen-Kritik kommt von
  - Hans Blumenberg (1920-1996): Prinzip neuzeitlicher Rationalität

---

[60] DIOGENES LAERTIUS: Leben und Meinungen berühmter Philosophen. Bd. 2. Übers. von Otto Apelt. Hamburg ²1962. VII, 85. S. 47-48.

[61] SPAEMANN, Robert: Bürgerliche Ethik und nichtteleologische Ontologie. In: Ebeling, Hans (Hg.): Subjektivität und Selbsterhaltung. Beiträge zur Diagnose der Moderne. Frankfurt a.M. 1996. 76-96. Hier 79-80. [Künftig zitiert: EBELING: Selbsterhaltung.]

ist nicht die aktive, sondern die intransitive Selbsterhaltung, d.h. das Beharren im Dasein gemäß dem Trägheitsprinzip;
- Günther Buck (* 1925): Auch moderne Selbsterhaltung kennt ein Moment von Zielgerichtetheit, nämlich das Prinzip der Selbststeigerung.

- Systematisch entfaltet wird das moderne Prinzip der Selbsterhaltung durch Hans Ebeling (* 1939). Er arbeitet das Netz von Gegen- und Folgebegriffen aus, in das Selbsterhaltung eingebunden ist:
  - Selbsterhaltung steht Fremderhaltung gegenüber;
  - Selbsterhaltung kann Selbst- und Fremdvernichtung nach sich ziehen;
  - es gibt „naturalistische Regressionen" der Selbsterhaltung, wenn deren Vernunftlenkung für überflüssig erklärt wird;
  - geschieht Letzteres nicht, so kommen kommunikationstheoretische und -praktische Unterstellungen (↗Diskursethik) ins Spiel.

  Fazit:

- Selbsterhaltung ist
  - philosophisch so fundamental, daß sie als ein Steuerungsinstrument systematischer Anthropologie fungieren kann;
  - so mit Normativitäten verknüpft, daß sie nicht Ausdruck der Souveränität eines alles beherrschenden Subjekts sein kann (dies gegen das einschlägige Klischee bei Heidegger, Levinas [vgl. ↗Ethik] und im katholischen Neuzeit-Mythos). D. Henrich:

[57] „Selbstbewußtsein kommt überhaupt nur in einem Kontext zustande, der sich aus seiner Macht und Aktivität gar nicht verstehen läßt. Und es kommt in ihm so zustande, daß es von dieser Dependenz ursprünglich weiß. Deshalb hat es sich aus der Notwendigkeit der Selbsterhaltung zu verstehen."[62]

Dennoch bleibt zu beachten:

- Eine Pervertierung des Selbsterhaltungsgedankens ist möglich. Klassisch analysiert wird der Vorgang bereits in der „Dialektik der Aufklärung" (1947) von Max Horkheimer (1895-1973) und Theodor W. Adorno (1903-1969):
Kerndiagnose: Selbsterhaltung schlägt in destruktive und autodestruktive Prozesse um, wenn sie sich einer totalisierten technisch-instrumentellen Vernunft ausliefert.
Der Dialektik der Aufklärung kann nur eine Selbstkritik der Vernunft widerstehen. Diese tritt in zwei Formen auf:
  - als Vollendung des Projekts „Moderne" aus Ressourcen ei-

---

[62] HENRICH, Dieter: Die Grundstruktur der modernen Philosophie. In: EBELING: Selbsterhaltung. 97-121. Hier 113.

ner kommunikativen Vernunft, so besonders bei Jürgen Habermas (*1929) (vgl. ↗Ethik);
- als radikale Destruktion der abendländischen Philosophie in den Denkfiguren der „Postmoderne" (↗Hermeneutik).

In Sensibilität für die Möglichkeit solcher Selbsterhaltungsdialektik läßt sich bereits in der Analyse selbsterhaltender Daseinsvollzüge der Umriß einer Gegenindikation bestimmen.

1.52 Leib-Existenz

- Selbst die übliche Gegenüberstellung von „Leib-Haben" und „Leib-Sein" greift zur Bestimmung leiblichen Daseins zu kurz:
    - Sie umfaßt z.B. nicht ein Leibverständnis wie das neutestamentliche (Leib als eine Art „Schwamm"[63]);
    - sie geht fraglos davon aus, daß der Leib das Natürlichste am Menschen sei. Jedoch:

- Der Leib ist nicht „natürlich", sondern immer schon manipuliert und modelliert.
    - Körperkunst und Körperkult haben mit Selbsterhaltung zu tun;
    - desgleichen Körpermanipulation durch chemische Stimulantia.

[58] „Ganz anders interessirt mich eine Frage, an der mehr das 'Heil der Menschheit' hängt, als an irgend einer Theologen-Curiosität: die Frage der Ernährung. Man kann sie sich, zum Handgebrauch, so formulieren: 'wie hast gerade du dich zu ernähren, um zu deinem Maximum von Kraft, von Virtù im Renaissance-Stile, von moralinfreier Tugend zu kommen?'"[64]

- Hinzu kommt eine Kolonialisierung des Körpers nach innen durch Technik und Genetik in noch nicht zu überblickendem Ausmaß (vgl. Paul Virilio (*1932)[65] (↗Datenkritik).

- Wieviel „Arbeit" am Körper ist vernünftig? Ein wichtiger Hinweis für eine mögliche Antwort kommt von Blaise Pascal:

[59] „Kein Übermaß ist sinnlich wahrnehmbar, zu viel Lärm macht taub, zu viel Licht blendet [...]. Das Übermäßige ist uns feindlich und sinnlich unerkennbar, wir empfinden es nicht mehr, wir erleiden es."[66]

Systematisch gewendet: Menschliche Wesensverfassung steht konstitutiv unter dem Vorzeichen der Endlichkeit. Genau dem muß sich vernünftige Selbsterhaltung verpflichten.

---

[63] Vgl. BERGER, Klaus: Historische Psychologie des Neuen Testaments. Stuttgart 1991. 92.
[64] NIETZSCHE, Friedrich: Ecce Homo. In: KSA. 6. 255-374. Hier 279.
[65] VIRILIO, Paul: Vom Übermenschen zum überreizten Menschen. In: Ders.: Die Eroberung des Körpers. Vom Übermenschen zum überreizten Menschen. Aus dem Franz. von Bernd Wilczek. München 1994. 108-144.
[66] PASCAL: Pensées. Frgm. 72.

1.53 Sexualität

- Bereits Platon preist die Kraft des Gottes „Eros", weil sie die Gespaltenheit des Menschen überwindet:
[60] „[...W]enn wir nämlich [...] mit dem Gott versöhnt sind, dann werden wir die uns wesenseigenen Geliebten finden und gewinnen, was von den heutigen nur wenige tun [... Ich denke], daß nur so unser Geschlecht glückselig werden könne, wenn wir es in der Liebe zur Vollendung bringen und wenn ein jeder seinen wesenseigenen Geliebten gewinnt und so wieder zu seiner ursprünglichen Natur zurückkehrt."[67]

- Das Verhältnis von Selbsterhaltung und Sexualität nimmt sich weit komplexer aus, als auf den ersten Blick zu vermuten steht:
  - Das Verständnis von Sexualität unterliegt gattungsgeschichtlich und epochal tiefreichenden Veränderungen:
    - Früher war Sexualität weitgehend oder ausschließlich auf den Erhalt der Gattung bezogen;
    - heute gilt Sexualität primär als Medium emotionaler Erfüllung und Geborgenheit.
  - Dabei handelt es sich um eine Ausdifferenzierung der Sexualität als Gestalt der Selbsterhaltung:
    - Gattungssicherung ist nur noch eine Teilfunktion der Sexualität;
    - auch die emotionale Geborgenheit ist eine Weise der Selbsterhaltung;
    - erst im Horizont dieser Ausdifferenzierung ist die Diskussion um Recht und Rang homosexueller Beziehungen möglich.
      Corollarium zum Selbsterhaltungsfaktor „Sexualität": An dieser anthropologischen Ausdifferenzierung entzünden sich die Konflikte mit der amtlichen katholischen Sexualmoral. Im Kern handelt es sich um den Konflikt zwischen einer statischen Metaphysik des Einzelaktes und einer empirisch-geschichtlich orientierten Ordnung von Handlungszusammenhängen.

- Gerade in der emotionalen Perspektive wird deutlich, daß nur eine Sexualität mit dem Index der Endlichkeit selbsterhaltend wirken kann: Jede ihrer Überforderungen zerstört sie und die betroffenen Partner.
  Die zum Teil drastischen geschichtlichen Veränderungen in den Dimensionen des Leibes und der Sexualität verweisen von selbst auf Geschichtlichkeit als eine eigenständige Selbsterhaltungsdimension:

---

[67] PLATON: Symposion. 193b-c.

1.54 Geschichte und Geschichtlichkeit

- Einem alltäglichen Verständnis zufolge gilt als Geschichte, was einmal gewesen ist und dann als Abfolge von Fakten in ihrem Zusammenhang – also ausgesprochen objektiv – in Dokumenten festgehalten ist, um aus diesen später erhoben zu werden.

Für Herodot (*ca. 484 v. Chr. - ?), den ersten okzidentalen Historiker, steht über allem Geschehen etwas, das zugleich seine Darstellung leitet: die Überzeugung, daß sich im Gang der Dinge die Gerechtigkeit durchsetzen wird.

- Doch früh schon wird diese Auffassung von einer objektiven Geschichte als Illusion entzaubert:
  - Das tut bereits Thukydides (*vor 455 v. Chr. - ca. 400 v. Chr.), der berühmteste antike Historiker:

[61] „Was nun in Reden hüben und drüben vorgebracht wurde, während sie sich zum Kriege anschickten, und als sie schon drin waren, davon die wörtliche Genauigkeit wiederzugeben war schwierig sowohl für mich, wo ich selber zuhörte, wie auch für meine Gewährsleute von anderwärts; nur wie meiner Meinung nach ein jeder in seiner Lage etwa sprechen mußte, so stehn die Reden da, in möglichst engem Anschluß an den Gesamtsinn des in Wirklichkeit Gesagten. Was aber tatsächlich geschah in dem Kriege, erlaubte ich mir nicht nach Auskünften des ersten besten aufzuschreiben, auch nicht 'nach meinem Dafürhalten', sondern bin Selbsterlebtem und Nachrichten von andern mit aller erreichbaren Genauigkeit bis ins einzelne nachgegangen. Mühsam war diese Forschung, weil die Zeugen der einzelnen Ereignisse nicht dasselbe über dasselbe aussagten, sondern je nach Gunst oder Gedächtnis."[68]

- Lakonisch vermerkt Johann Gustav Droysen (1808-1884) (vgl. ⌐Hermeneutik) im gleichen Sinne:

[62] „Das wahre Faktum steht nicht in den Quellen."[69]

- Das radikalste Votum gegen den Glauben an einen sinnvollen Fortschritt in der Geschichte stammt von Theodor Lessing (1872-1933): Er begreift „Geschichte als Sinngebung des Sinnlosen" [70] (so der Titel seines einschlägigen Werkes):

[63] „Seit Herodot, der Vater der Geschichte, seines Volkes Chronik im Glauben an Gerechtigkeit schrieb, jenem Glauben, der geneigt macht, das Bewährte gut, das Unterliegende schlecht zu nennen, ist immer und immer wieder dieser fromme Wahn verkündet worden, daß Geschichte Vernunft und Sinn, Fortschritt und Gerechtigkeit wiederspiegele. Und zwar wirklichen Fortschritt, wirkliche Gerechtigkeit, Vernunft und Sinn als wirkliche Befunde einer unmittelbar gegebenen Wirklichkeit dieses unseres Menschenlebens. Keineswegs aber nur als Unterschie-

---

[68] THUKYDIDES: Geschichte des Peloponnesischen Krieges. Bd. 1. Übers. und mit Einl. und Erl. versehen von Peter Landmann. München 1993. I,22. 31f.
[69] DROYSEN, Johann G.: Texte zur Geschichtstheorie. Göttingen 1972. 82.
[70] LESSING, Theodor: Geschichte als Sinngebung des Sinnlosen. München 1919. Nachdr. München 1983. [Künftig zitiert: LESSING: Geschichte.]

bung oder Unterstellung einer vom Geschichte Schreibenden nachträglich zurechtgebogenen oder gar vom Ich erdichteten Wirklichkeit."[71]

- Diese Position richtet sich frontal gegen alle Versuche, alles Geschehen in einem geschichtlichen Gesamtzusammenhang zu begreifen. Drei Grundmodelle lassen sich hier unterscheiden:

a) Das statische Modell der Unveränderbarkeit (z.B. Eskimo-Religion);

b) das zyklische Modell der (ewigen) Wiederkehr (z.B. im indischen Denken);

c) das lineare Modell des unwiederholbaren Fortgangs der Ereignisse (z.B. Zoroastrismus, Judentum, Christentum, Islam); dabei treten erhebliche differierende Varianten auf:

- Das Modell der Aufstiegsgeschichte (z.B. Hegel; Marx);
- das Modell der Verfallsgeschichte (z. B. Otto Spengler [1880-1936]; Heidegger);
- das Parabelmodell (z.B. Orosius [5. Jh. n. Chr.]).

- Beide Positionen können ihrerseits nochmals formal hinterfragt werden, sofern Geschichte überhaupt erst aus dem Blickwinkel der Selbsterhaltung entdeckt werden kann:

- Selbsterhaltung wird ja nötig wegen des Fehlens einer bergenden Ordnung;
- das Subjekt tritt in Distanz zu seiner bisherigen Welt und sucht nach einer anderen Möglichkeit von Lebenswelt-Entwurf;
- von der Warte der neuen Positionierung erscheint die bisherige als Vergangenheit;
- die Lebenswelt-Entwürfe anderer begegnen unter dieser Voraussetzung als etwaige Optionen für mich;
- entscheidend ist, daß die einzelnen Weltentwürfe zueinander in Diskontinuität stehen;
- sie werden vom Subjekt aus Gründen der Selbsterhaltung durch Sinnstiftung in Kontinuität gebracht.

- Th. Lessings antigeschichtsphilosophische Philosophie der Geschichte korrespondiert dieser transzendentalen Herleitung von Geschichte präzis;
- in etwa gilt das auch von Walter Benjamins Thesen „Über den Begriff der Geschichte" (1940); die IX. These lautet:

[64] „Es gibt ein Bild von Klee, das Angelus Novus heißt. Ein Engel ist darauf dargestellt, der aussieht, als wäre er im Begriff, sich von etwas zu entfernen, worauf er starrt. Seine Augen sind aufgerissen, sein Mund steht offen und seine Flügel sind ausgespannt. Der Engel der Geschichte muß so aussehen. Er hat das Antlitz der Vergangenheit zugewendet. Wo eine Kette von Begebenheiten vor uns erscheint, da sieht er eine einzige Katastrophe, die unablässig Trümmer auf Trümmer häuft und sie ihm vor die Füße schleudert. Er möchte wohl verweilen, die Toten wecken und das Zerschlagene zusammenfügen. Aber ein Sturm weht vom Paradiese her, der sich in seinen Flügeln verfangen hat und so stark ist, daß der Engel sie nicht mehr schließen

---

[71] LESSING: Geschichte. 12.

kann. Dieser Sturm treibt ihn unaufhaltsam in die Zukunft, der er den Rücken kehrt, während der Trümmerhaufen vor ihm zum Himmel wächst. Das, was wir den Fortschritt nennen, ist dieser Sturm."[72]

    So werden Verblendungszusammenhänge aufgedeckt; wer das – wie Th. Lessing oder Benjamin – tut, gerät schnell auf die Seite der „Verlierergeschichte" – vielleicht, weil er ungeschminkt das Interesse der Selbsterhaltung hinter aller Geschichte und gegen behauptete Objektivitäten thematisiert.

- Materialiter bedeutet das: Geschichte geht aus Interessengeleitetheit und damit aus Imagination hervor.
    - Das meint Th. Lessings prägnantes Wort, Geschichte sei „umdichtende Willenschaft".[73]
    - Dennoch ist Geschichte keine bloße Spekulation, weil auch die Imagination wohlbestimmten Gesetzmäßigkeiten folgt, vor allem der Verschiebung, Verdichtung, Profilierung etc. Sprachlich geschieht dies durch die vier Topoi:[74]
        - Metapher;
        - Metonymie (Umbenennung, z.B. „fliegen" statt „eilen");
        - Synekdoche (Mitverstehen, z.B. „Katze" statt „Löwe");
        - Ironie.
    - Formal gefaßt: Geschichte und Geschichtsschreibung haben poetisch-ästhetischen Charakter:
[65] „Man kann nur untersuchen, wovon man zuvor geträumt hat."[75]

- Die Offenheit ästhetisch-künstlerischer Prozesse geht mit Grenzerfahrungen einher – und damit ebenso die imaginative Konstituierung von Geschichte, d.h.:
    - Auch Geschichte steht (wie alle vorausgehenden Weisen von Selbsterhaltung) konstitutiv unter dem Vorzeichen der Endlichkeit.
    - Besonders augenfällig wird das, wo selbsterhaltende Geschichtlichkeit ins unmittelbare Verhältnis zu Materiellem tritt (bes. Arbeit, Wirtschaft, Konsum, Tausch).

---

[72] BENJAMIN, Walter: Über den Begriff der Geschichte. In: Ders.: Gesammelte Schriften. Bd. I,2. Hrsg. von Rolf Tiedemann und Hermann Schweppenhäuser. Frankfurt a.M. 1974. 691-704. Hier 697-698.
[73] LESSING: Geschichte. 191.
[74] Vgl. dazu: WHITE, Hayden: Metahistory. Die historische Einbildungskraft im 19. Jahrhundert in Europa. Frankfurt a.M. 1991. 15-62. [Künftig zitiert: WHITE: Metahistory.]
[75] Zit. nach: WHITE: Metahistory. 5.

1.55 Sozialität

- Bereits bei Aristoteles fällt die Angewiesenheit auf andere in den Rahmen der Selbsterhaltung.

- Neuzeitlich wird am Leitfaden des Themas „Gesellschaft" erstmals das Problem der Selbsterhaltung reflektiert, und zwar in Thomas Hobbes (1588-1679) Werk „Leviathan" (1651): Der Staat ist für ihn Ausdruck des Willens aller Bürger:

[66] „Die Absicht und Ursache, warum die Menschen bei all ihrem natürlichen Hang zur Freiheit und Herrschaft sich dennoch entschließen konnten, sich gewissen Anordnungen, welche die bürgerliche Gesellschaft trifft, zu unterwerfen, lag in dem Verlangen, sich selbst zu erhalten und ein bequemeres Leben zu führen; oder mit anderen Worten, aus dem elenden Zustande eines Krieges aller gegen alle gerettet zu werden. Dieser Zustand ist aber notwendig wegen der menschlichen Leidenschaften mit der natürlichen Freiheit so lange verbunden, als keine Gewalt da ist, welche die Leidenschaften durch Furcht vor Strafe gehörig einschränken kann und auf die Haltung der natürlichen Gesetze und Verträge dringt."[76]

Verwirklichen läßt sich dieses Ziel für Hobbes nur so:

[67] „[J]eder muß alle seine Macht oder Kraft einem oder mehreren Menschen übertragen, wodurch der Wille aller gleichsam auf einen Punkt vereinigt wird, so daß dieser eine Mensch oder diese eine Gesellschaft eines jeden einzelnen Stellvertreter werde und ein jeder die Handlungen jener so betrachte, als habe er sie selbst getan, weil sie sich dem Willen und Urteil jener freiwillig unterworfen haben. Dies faßt aber noch etwas mehr in sich als Übereinstimmung und Eintracht; denn es ist eine wahre Vereinigung in einer Person und beruht auf dem Vertrage eines jeden mit einem jeden [...]: Auf diese Weise werden alle einzelnen eine Person und heißen Staat oder Gemeinwesen. So entsteht der große Leviathan oder, wenn man lieber will, der sterbliche Gott, dem wir unter dem ewigen Gott allein Frieden und Schutz verdanken."[77]

- Der Staat steht in Funktion der Selbsterhaltung individueller, begehrender Subjekte unter der Bedingung der Sozialität;
- er sichert durch seine (seitens der Bürger selbst zugestandene Machtausübung) den Fortbestand des Begehrenkönnens aller – unter Umständen durch gewaltsame Einschränkung der Ansprüche einzelner;
- der Staat dient also einer sozial gedachten conservatio sui (Selbsterhaltung) zweiten Grades (sofern die soziale Selbsterhaltung ersten Grades bereits in der natürlichen Angewiesenheit auf andere am Anfang – und am Ende – des Lebens gegeben ist).

Gleichzeitig muß die unbedingte Machtausübung des Staates beschränkt – also endlich! – zur Durchsetzung kommen („Leviathan" als „sterblicher Gott").

- Die konstitutive Implikation der Endlichkeit in den konkreten Vollzügen der Selbsterhaltung bewahrt diese vor dialektischer Eskalation.

---

[76] HOBBES, Thomas: Leviathan. Erster und zweiter Teil. Übers. und hrsg. von J.P.Mayer. Stuttgart 1978. 151. [Künftig zitiert: HOBBES: Leviathan.]
[77] HOBBES: Leviathan. 155.

Die Beharrlichkeit, mit der sich diese Begriffsform dabei aufdrängt, läßt fragen, wie tief diese ihrerseits in selbstbewußter Subjektivität verankert ist.

Testfragen:

1. *Welche Wandlungen durchläuft der Begriff der Selbsterhaltung und was macht ihn philosophisch so bedeutsam?*
2. *An welchen Dimensionen menschlichen Daseins läßt sich seine Verwiesenheit auf Selbsterhaltung besonders markant aufweisen?*
3. *Wie greifen im Akt humaner Selbsterhaltung subjektive Gestaltung und objektive Vorgabe ineinander?*
4. *Wie muß Selbsterhaltung gedacht (und praktiziert) werden, damit sie nicht einer autodestruktiven Tendenz verfällt? Was folgt daraus philosophisch?*

1.6 Eine Konfliktstruktur mit Verweisungsfunktion

§ 56 In der konkreten Doppel- bzw. Konfliktstruktur von Selbsterhaltung und Endlichkeit spiegelt sich die prinzipielle Doppelperspektivität der menschlichen Selbstbeschreibung als Subjekt und Person, Einmaligkeit und Einzelheit. Vermittelt werden die konfligierenden Tendenzen in den Gestalten von Religion.

- Die Doppelperspektivität von Subjektsein und Personsein verlangt kraft der Identität des sich so Beschreibenden eine Zusammenführung beider Dimensionen. Friedrich Hölderlin artikuliert dieses für ihn zentrale Thema in brisanter Form:

[68] „Der Mensch möchte gerne in allem und über allem seyn, und die Sentenz in der Grabschrift des Lojola:

non coerceri maximo, contineri tamen a minimo

kann eben so die alles begehrende, alles unterjochende gefährliche Seite des Menschen, als den höchsten und schönsten ihm erreichbaren Zustand bezeichnen."[78]

Der von Hölderlin zitierte Passus heißt vollständig:

[69] „Non coerceri maximo, contineri tamen a minimo *divinum* est [Nicht eingeschränkt werden vom Größten und doch umschlossen werden vom Kleinsten ist göttlich]."[79]

D.h.: Die Vermittlung der Subjekt- und der Person-Dimension artikuliert sich unter Rückgriff auf eine Kategorie des religiösen Diskurses („divinum").

Systematisch folgt daraus:

- Vernunftgeleitete Versuche der Versöhnung der elementaren konfligierenden Tendenzen des eigenen Daseins ohne Auflösung der Konfliktstruktur – also als „Versöhnung mitten im Streit" – begegnen in der Gestalt von Religion.
  - Religion resultiert aus der notwendigen Selbstdeutung selbstbewußter und damit auch selbsterhaltungsbedürftiger Subjektivität;
  - in der konkreten Dimension der Selbsterhaltung stehen dabei zwei Alternativen offen:
    - Entweder menschliche Existenz bleibt auch nach dem Ende aller realisierten Selbsterhaltung (auf welche Weise auch immer) erhalten;
    - oder menschliche Existenz geht nach dem Ende der Selbsterhaltung im Einen und großen Ganzen der Wirklichkeit auf.

- Beide Alternativen korrespondieren präzis den beiden prinzipiell möglichen Formen von Religion:

---

[78] HÖLDERLIN, Friedrich: Fragment von Hyperion. In: Ders.: Sämtliche Briefe und Werke. Bd. 1. Hrsg. von Michael Knaupp. München 1992. 489-510. Hier 489.
[79] Zit. nach: RAHNER, Hugo: Die Grabschrift des Loyola. In: StZ 139 (1946). 321-337. Hier 321.

- Ich versöhne mein Subjektsein (Einmaligkeit) und Personsein (Marginalität) einschließlich des endlichen Selbsterhaltenkönnens dadurch, daß ich die Wirklichkeit als ganze am Leitfaden der Persondimension deute und damit den Grund aller Wirklichkeit als ein höchstes personales Seiendes, das auch noch die Endlichkeit meiner Selbsterhaltung als vernünftig verbürgt.

    Das geschieht in den theistischen Religionen (Judentum, Christentum, Islam).

- Ich versöhne mein Subjektsein (Einmaligkeit) und Personsein (Marginalität) einschließlich des endlichen Selbsterhaltenkönnens dadurch, daß ich die Wirklichkeit als ganze am Leitfaden der Subjektdimension, also der Einmaligkeit deute. Einmalig aber kann alles nur sein, wenn alles Eines ist, so daß die Differenz von Begründetem und Grund zum Verschwinden tendiert und Selbsterhaltung (schon als realisierte) das Aufgehen im All-Einen intendiert.

    Das geschieht in den monistischen Religionen (Hinduismus, Buddhismus).

    - Es kann nur diese beiden Formen von Religion geben, weil sich das notwendig aus der Grundverfassung des Menschen als Subjekt-Person ergibt.

    - Wegen (nicht trotz!) ihrer gemeinsamen Grundverfassung können vernünftige Wesen ihre Selbstbeschreibung in so verschiedenen Paradigmen von Religion artikulieren.

    - Gegenprobe: Beide Paradigmen kennen Einschlüsse der jeweiligen Alternative (der Buddhismus einen „Selbst"-Gedanken; der Hinduismus so etwas wie „Götter" und „Heilige"; die theistischen Religionen die Mystik als ein All-Einheitsmoment).

- Fazit: Religion tritt nicht zur vernünftigen menschlichen Selbstbeschreibung hinzu, sondern ist dieser apriori eingeschrieben.
Analyse und Reflexion dieses Phänomens ist Aufgabe der Religionsphilosophie.

2. Grundfragen der Religionsphilosophie

2.1 Abgrenzungen

§ 57 Die Disziplin der Religionsphilosophie läßt sich hinsichtlich ihres Profils über eine formal-begriffliche Bestimmung hinaus am besten im Verhältnis zu ihren unmittelbaren – zum Teil aus ihr selbst hervorgegangenen – Nachbardisziplinen erfassen.

- Religion ist das komplexe Gebilde aus Traditionen und Praktiken, die mit der Beziehung zu Heiligem und Göttlichem bzw. dem, was dafür gehalten wird, zu tun haben.

- Philosophie bemüht sich um kohärente Aussagen über das Ganze der Wirklichkeit und die Zusammenhänge zwischen den einzelnen Bereichen dieses Ganzen; und sie befragt die Geltungsansprüche bestimmter Wirklichkeitsbehauptungen.
    - Religionsphilosophie thematisiert den Wirklichkeitsteilbereich der Religion(en) aus philosophischer Perspektive und fragt nach dessen normativen Ansprüchen;
    - sie steht dabei in Kontakt mit wissenschaftlichen Nachbardisziplinen, die sich mit Teilperspektiven von „Religion" beschäftigen:

2.11 Religionswissenschaft

- Der Religionswissenschaft geht es primär um die empirische Erfassung religiöser Phänomene in diachronen und synchronen Vergleichen;
    - die dabei besonders wichtige Amplifikationsmethode (voneinander unabhängige Parallelen etc.) könnte ein empirischer Weg zu einer transzendentalen Anthropologie sein;
    - wird die empirische Methode kompetent betrieben, führt Religionswissenschaft aus ihrer eigenen Logik (z.B. mit der Frage: Was leisten Vergleiche?) bis an die Grenze religionsphilosophischer Fragestellungen.

2.12 Religionssoziologie

- Religionssoziologie analysiert die gesellschaftsbestimmende und -bildende Bedeutung von Religion.
    - Seit 1967 werden Debatten um die „civil religion" (Robert N. Bellah) geführt (Religion als sozialer Kitt etc.);
    - Jürgen Habermas gilt die postreligiöse Aneignung religiöser (speziell jüdisch-christlicher) Traditionen als Basis der Fortsetzbarkeit des Projekts „Moderne".

- Noch ambitionierter reklamiert Karl-Otto Apel die ideale Kommunikationsgemeinschaft als normgebende Instanz mit beinahe „theologischem Rang" (vgl. ↗Ethik).
  - Empirische Untersuchungen über die Verbindung von Gesellschaftstheorie und Religion und über grundlegende Zusammenhänge zwischen Religion und Gesellschaft sind das primäre Thema der Religionssoziologie;
  - da zugleich Gesellschaftliches als Religiöses auftritt (vgl. z.B. Apels Rekurs auf den Theologen Josiah Royce und die Idee der christlichen Gemeinde), wird das Gesellschaftliche an Religion auch Thema der Religionsphilosophie.

- Die sozialphilosophische Komponente eignet der Religionsphilosophie bereits von ihren Auftrittsbedingungen her:
  Bereits in Immanuel Kants Schrift „Die Religion innerhalb der Grenzen der bloßen Vernunft" wird greifbar, daß an die Stelle der brüchig gewordenen „Natürlichen Theologie" (Metaphysik, Gottesbeweise etc.) die sozialphilosophische Thematisierung von Religion tritt:
  [70] „Religion ist (subjektiv betrachtet) die Erkenntnis aller unserer Pflichten als göttlicher Gebote."[80]
  Kant selbst erläutert:
  [71] „[Es] wird durch diese Definition einer Religion überhaupt der irrigen Vorstellung, als sei sie ein Inbegriff besonderer auf Gott unmittelbar bezogenen Pflichten, vorgebeugt, und dadurch verhütet, daß wir nicht (wie dazu Menschen ohnedem sehr geneigt sein) außer den ethischbürgerlichen Menschenpflichten (von Menschen gegen Menschen) noch Hofdienste annehmen, und hernach wohl gar die Ermangelung in Ansehung der ersteren durch die letztere gut zu machen suchen."[81]
  Aus Kants Erkenntniskritik folgt die prinzipielle Unerkennbarkeit Gottes. Darin ist die moderne Religionsphilosophie ihrem Gründer nicht gefolgt: Bald fragt sie erneut nach etwaigen Wahrheitsansprüchen des im Phänomen „Religion" zur Geltung gebrachten Göttlichen und damit auch nach der Erkennbarkeit Gottes. Dadurch entsteht eine wechselseitige Implikation religionssoziologischer und -philosophischer Theoreme.

2.13 Religionspsychologie

- Religionspsychologie fragt zweifach nach dem Zusammenhang von Psyche und Religion:

---

[80] KANT, Immanuel: Die Religion innerhalb der Grenzen der bloßen Vernunft. B 229. In: Ders: Werke in zehn Bänden. Bd. 7. Hrsg. von Wilhelm Weischedel. Darmstadt 1975. 645-879. Hier 822. [Künftig zitiert: KANT: Religion.]
[81] KANT: Religion. B 230.

- Zum einen geht es um Wirkungen von Religion auf die Psyche (z.B. stabilisierende oder krankmachende Folgen; „ekklesiogene Neurosen"); empirische Untersuchungen können dabei Fundament von psychologischen Theorien über Religiosität werden.
- Zum anderen wird nach dem Einfluß von Psychischem auf die Ausbildung religiöser Strukturen gefragt (Symbol-, Tabu-, Dogmenbildung); hierher gehört auch die Frage nach der möglichen Scheidung von Projektionen und von Anteilen anderer Qualität – wieder eine Perspektive, die bis an die Religionsphilosophie heranführt.

2.14 Religionstheologie

Theologie artikuliert sich immer vom Standpunkt einer bestimmten Religion her als deren Reflexion.
- Dadurch wird Religion von selbst Thema der Theologie. Das kann zweifach geschehen:
    - Entweder Religion wird als natürliches Medium der Offenbarung begriffen; die biblische Offenbarung kann an die natürliche Religiosität anknüpfen [vgl. etwa Paul Tillich (1886-1965)];
    - oder Religion verkörpert den Ausdruck des Unglaubens, der sich nur noch vom Wort der Offenbarung zertrümmern lassen kann [vgl. etwa Karl Barth (1886-1968)].

- Gegenstand heftiger theologischer Dispute ist aber auch das Faktum der Pluralität von Religion. In der „Theologie der Religionen" werden drei basale Positionen vertreten:
    - Der Exklusivismus (andere Religionen als die eigene haben kaum oder keine Heilsbedeutsamkeit);
    - der Inklusivismus (auch andere Religionen besitzen Gültiges; dieses kommt aber erst in der eigenen Religion zu seiner Fülle);
    - der Pluralismus (Religionen sind partiell gleichwertig; Gültiges kann in anderen Religionen entfalteter auftreten als in der eigenen).

- Die philosophischen Implikationen aller drei Positionen sind umfänglich. Sie werden pointiert faßbar an der pluralistischen Position John Hicks (*1922)[82]:
    - Epistemologische Hypothese: Die Manifestation Gottes („The Real an sich") erfolgt durch unterschiedliche Linsen (= Religionen) hindurch;
    - metaphysische Hypothese: Die Vielheit der Manifestationen

---

[82] HICK, John: Religion. Die menschlichen Antworten auf die Frage nach Leben und Tod. München 1996.

kommt daher, daß die Unbegrenztheit Gottes einem begrenzten menschlichen Erkenntnisapparat begegnet;
- die Authentizität einer Religion bemißt sich an einem soteriologischen Kriterium, nämlich dem Maß, in dem sie den „soul making"-Prozeß (Wandel von einer Ich-Zentriertheit zur Zentriertheit auf das „Real an sich") fördert.
- Gegen diese Basisannahmen Hicks läßt sich einwenden:
- Gibt es den „soul making"-Prozeß und ist es nicht zynisch und anthropozentrisch, wenn – wie Hick behauptet – Übel und sittliche Konflikte in der Welt vorgesehen sind, damit es den „soul making"-Prozeß geben kann?
- Folgt nicht aus der Begegnung zwischen der Unbegrenztheit Gottes und dem endlichen Erkenntnisapparat, daß es unbegrenzt viele Religionen geben müßte? Warum gibt es faktisch bislang nur so wenige?
- Die Mehrzahl der „Linsen" wird einfach vorausgesetzt. Woher rührt diese Pluralität? Gibt es transzendentale Strukturvorgaben für die Ausbildung von Religionen?
-Weiterkommen wird die Theologie der Religionen nur durch eine Klärung der in sie involvierten religionsphilosophischen Grundfragen.

- Die Nachbardisziplinen der Religionsphilosophie
- beziehen zu erheblichem Teil ihre Geltungsansprüche aus den Antworten der Religionsphilosophie,
- wie diese umgekehrt durch jene vor Abstraktion bewahrt bleibt.
Um so bedeutsamer nehmen sich die folgenden Fragen nach Ursprung, Motiven, nach Recht und Grenzen der Religionsphilosophie aus.

2.2 Die Ursprungsmotive der Religionsphilosophie

- Sigismund von Storchenau hat den Namen „Philosophie der Religion" (1772) geprägt, darunter aber noch katholische Apologetik verstanden. Dann bezeichnete der Titel einschlägige Schriften Kants und der Kantianer, nochmals später steht „Religionsphilosophie" für alles Nachdenken über Religion.

2.21 Ein komplexes Projekt: Aufklärung

§ 58 Die Ausbildung der Religionsphilosophie steht in konstitutivem Zusammenhang mit dem Projekt der Aufklärung, deren Aufkommen seinerseits nicht in einer willkürlichen Ablehnung der (christlichen) Tradition wurzelt, sondern in ein zum Gutteil von dieser Tradition selbst zu verantwortendes Motivgeflecht eingebunden ist.

- Aufklärung
    - will das Licht der Vernunft in Wirklichkeitszusammenhänge bringen;
    - geht zum Teil auch mit einem religiösen Anspruch einher („Illumination" als Erleuchtung).

    Zu beachten sind dabei tiefgreifende kulturelle Differenzen:

- England: Aufklärung prägt ein antimetaphysischer, empiristischer Zug [vgl. etwa Isaac Newton (1643-1727)]. Religion wird auf rational erwerbbare natürliche Wahrheiten zurückgeführt.

- Frankreich: Aufklärung verbindet mit antimetaphysischen Zügen politisch radikale Konsequenzen. Im Verhältnis zu Religion bilden sich zwei Tendenzen aus:
    - eine zur Naturalisierung der Religion [vgl. François Marie Voltaire (1694-1778)];
    - eine in Richtung materialistischer Atheismus [vgl. Julien Offray de La Mettrie (1709-1751); Claude-Adrien Helvétius (1715-1771); Paul-Henri Thiery d'Holbach (1723-1789)].

- Deutschland: Aufklärung kennt weder den rationalen Optimismus der englischen noch das Revolutionäre der französischen Variante; Erkennen gilt als begrenzt und Religion als Basisfaktor menschlicher Selbstverständigung. Den Kernpunkt solch selbstkritischer Aufklärung benennt klassisch Kant:

[72] „1) Was kann ich wissen?
2) Was soll ich tun?
3) Was darf ich hoffen?
4) Was ist der Mensch?
Die erste Frage beantwortet die Metaphysik, die zweite die Moral, die dritte die Religion, und die vierte die Anthropologie. Im Grunde könnte man aber alles dieses zur Anthropologie rechnen, weil sich die ersten Fragen auf die letzte beziehen."[83]

Im Zentrum steht die anthropologische Frage; insofern sie das Thema des Endzwecks, der Würde und Rechte des Menschen umfaßt, eignet auch der deutschen Aufklärung eine politische Dimension. Moses Mendelssohn (1729-1786) sagt das so:

---

[83] KANT: Logik. A 25.

[73] „Ich setze allezeit die Bestimmung des Menschen als Maß und Ziel aller unserer Bestrebungen und Bemühungen, als einen Punkt, worauf wir unsere Augen richten müssen, wenn wir uns nicht verlieren wollen."[84]

- Aufklärung setzt als „anthropologische Wende" ein;
- so lautet auch das Leitwort der Theologie Karl Rahners (1904-1984): Anthropologische Strukturen sollen als Grammatik der „Selbstmitteilung Gottes" (= Offenbarung) begriffen werden;

Corollarium zur „anthropologischen Wende" der Theologie: Wenn Gott selbst das Wesen „Mensch" wählt, um sich mitzuteilen (Inkarnation!), dann ist dieses Wesen geeignet, das zu vermitteln, wovon es radikal überstiegen ist.

- Verbreitete kritische Einwände:
    - Aufklärung lasse von Religion nur gelten, was mit ihrer Anthropozentrik vereinbar sei und tendiere darum auf
        - Deismus,
        - Pantheismus,
        - Atheismus.

        Dagegen kann das Verhältnis von Gott und Welt auch dialektisch gedacht werden: Etwas findet seine Wahrheit am anderen seiner selbst.

- Aufklärung fasse Religion ausschließlich als etwas zur Natur des Menschen Gehöriges auf, sei also prinzipiell reduktionistisch.

    Dagegen kann Religion aufklärerisch als strukturgebendes Konstituens der Natur des Menschen gedacht, letztere also von der Dimension des Religiösen her konzipiert werden (wichtige Hinweise finden sich diesbezüglich bei Kant; vgl. unten).

- Das ganze Projekt „Aufklärung" muß überdies vor dem Hintergrund des komplexen Motivnetzes gelesen werden, aus dem die sogenannte „Neuzeit" hervorgeht.

2.22 Momentaufnahmen an einer Epochenschwelle: Hinweise zum Aufkommen der Neuzeit

- Sechs Motive sind vor allem zu berücksichtigen:
    - Der Nominalismus als Antwort auf die Frage nach dem Status von All-

---

[84] MENDELSSOHN, Moses: Über die Frage: Was heißt aufklären? In: Ders.: Schriften über Religion und Aufklärung. Hrsg. und eingel. von Martina Thom. Darmstadt 1989. 459-465. Hier 461-462.

gemeinbegriffen (sie sind nichts von Sprache und Denken Unabhängiges) dient im Blick auf das Verhältnis Transzendenz-Immanenz der Abweisung überzogener theologischer Ansprüche.

- Pestepidemien (Mitte des 14. Jahrhunderts) erschüttern den Schöpfungsglauben und wecken das Bewußtsein für den Wert des Individuums, für Sexualität und Sterblichkeit. So preist Giovanni Boccaccio (1313-1375) die irdische Liebe als Gegenkraft zur Todverfallenheit des Lebens. Im Resümee von E. Drewermann:

[74] „[Die Liebe] macht uns rebellisch gegen die Ordnung der Welt, sie reißt uns heraus aus dem Einerlei des Todes, sie sondert uns ab vom Getriebe der Gesetze der Natur. Denn sie ist die Macht, die den einzelnen Menschen als unendlich wichtig entdeckt; sie versammelt auf einen einzigen Menschen das Glück der ganzen Erde und des ganzen Himmels; sie tut mithin gerade das Gegenteil dessen, was der Tod uns aufzuzwingen sucht: sie beendet die Gleichgültigkeit und Beliebigkeit des Daseins, sie setzt einen einzelnen, zufälligen Menschen als absolut nicht-gleichgültig, als nicht beliebig, als unbedingt wesentlich und notwendig. Die Liebe ist notwendig ein metaphysischer Protest gegen das Kreislaufeinerlei von Tod und Leben in dem simplen Einmaleins der Natur. Erst durch die Existenz des Einzelnen wird der Tod zum Skandal; erst durch das Bewußtsein der Individualität ist die Natur in einen unüberbrückbaren Gegensatz zu sich selbst getreten."[85]

- Das abendländisches Schisma (zwei, teils drei Päpste; Ende 14., Anfang 15. Jh.) weckt Zweifel an den Autoritäten, speziell der Hierarchie als Rückgrat der Gesellschaft.

- Es wächst das Interesse für mündliches, partikuläres, lokales, temporäres Wissen (Renaissance) gegenüber dem Allgemeinen und Übergreifenden.

- Marranen (zwangsbekehrte Juden, die häufig heimlich weiter der jüdischen Tradition treu blieben) finden nach Ende der Verfolgung nicht mehr zu ihrer ursprünglichen Identität zurück. Das fördert das Aufkommen skeptischer, rationalistischer, säkularistischer Tendenzen.

- Die Reformation und ihre ungewollten Folgen in Gestalt der Religionskriege führen zu einem tiefreichenden Verschleiß der Tradition.

- Diese Erschütterung aller bisherigen Gewißheitsinstanzen
    - erzwingt in einer Art Inversion die Wende zum „ego cogito, ego sum"[86] als neuem Gewißheitsboden bei Descartes,
    - ohne daß deswegen die letzte Verankerung in Gott aufgegeben würde (im

---

[85] DREWERMANN, Eugen: „Ich steige hinab in die Barke der Sonne". Alt-Ägyptische Meditationen zu Tod und Auferstehung in bezug auf Joh 20/21. Olten; Freiburg i.Br. 1989. 38-39.
[86] DESCARTES: Principia. I,7.

Gegenteil):

[75] „Auch darf ich nicht glauben, ich begriffe das Unendliche nicht in einer wahrhaften Vorstellung, sondern nur durch Verneinung des Endlichen, so wie ich Ruhe und Dunkelheit durch Verneinung von Bewegung und Licht begreife. Denn ganz im Gegenteil sehe ich offenbar ein, daß mehr Sachgehalt in der unendlichen Substanz als in der endlichen enthalten ist und daß demnach der Begriff des Unendlichen dem des Endlichen, d.i. der Gottes dem meiner selbst gewissermaßen vorhergeht. Wie sollte ich sonst auch begreifen können, daß ich zweifle, daß ich etwas wünsche, d.i. daß mir etwas mangelt und ich nicht ganz vollkommen bin, wenn gar keine Vorstellung von einem vollkommeneren Wesen in mir wäre, womit ich mich vergleiche und so meine Mängel erkenne?"[87]

- Die neue Zentralität der Perspektive des selbstbewußten Subjekts stellt drei neue Aufgaben:
    - Das Verhältnis von Transzendenz und Immanenz muß jenseits der Gegenstellung von Diesseits und Jenseits neu durchbuchstabiert werden, wenn Transzendentes als Bedingung der Möglichkeit von Immanentem begegnet (wie im vorstehenden Zitat).
    - Es kommt zu fundamentalen Veränderungen im Gottes- und Menschenbild (wie kann ein Gott gedacht werden, der in intensivster Nähe zum innersten Kern des Subjekts steht?).
    - Die Verfaßtheit des religiösen Verhältnisses Gott – Mensch verwandelt sich radikal (je spiritueller Religion – Kirche und Praxis – gedacht werden, desto mehr hängt an ihrer praktischen Bewährung und Bewahrheitung).
    In anderweitig kaum anzutreffender Dichte werden diese Fragen in den einschlägigen philosophisch-theologischen Diskussionen zwischen 1781 (Tod Lessings) und 1831/32 (Tod Hegels bzw. Goethes) verhandelt.

2.23 Namen, Texte und Konflikte:
Die Sattelzeit der Religionsphilosophie

§ 59 In der raschen Abfolge von „Pantheismus-", „Atheismus-" und „Theismus-Streit" („Streit um die göttlichen Dinge") werden die Möglichkeiten der Neubestimmung des Verhältnisses von Vernunft und Glaube unter den Bedingungen autonomer Subjektivität ausgelotet. Viele der dabei aufgeworfenen Fragen stecken bis heute als Stachel im Fleisch der Theologie.

- Als Stammvater der einschlägigen Prozesse muß Baruch de Spinoza (1632-1677) genannt werden:
    - Alle an den Diskussionen Beteiligten von Lessing bis Hegel stehen im Bann der Wirkungsgeschichte Spinozas;

---

[87] Descartes: Meditationes. III, 24.

- Spinoza denkt pantheistisch im radikalen Sinn: Was es gibt, ist Modifikation der all-einen göttlichen Substanz; in menschlichem Bewußtsein denkt Gott sich selbst;
- folglich kann Gott weder als Schöpfer noch als personal gedacht werden;
- Religion als Vermittlungsinstanz zwischen Gott und Mensch ist nicht notwendig (weil es nichts mehr zu vermitteln gibt).

Schon daraus wird klar, daß in Spinozas Denken Lösungspotentiale für die vorausgehend genannten Aufgaben bereitstehen. In welchem Sinn das der Fall ist, läßt sich nur exemplarisch an Namen und Texten exemplifizieren:

- Als erster soll dazu Gotthold Ephraim Lessing (1729-1781) mit der Ringparabel aus seinem „Nathan der Weise" aufgerufen werden.
- Lessing geht es nicht einfach um Toleranz in Sachen Religion,
- sondern um eine Sicherung der Substanz des Religiösen über seine geschichtlichen Ausdifferenzierungen hinweg.
- Das narrative Verfahren im „Nathan" gipfelt in dem Plädoyer für eine pragmatische Wahrheitsfindung:

[76] „[...] – Mein Rat ist aber der: ihr nehmt
Die Sache völlig wie sie liegt. Hat von
Euch ein jeder seinen Ring von seinem Vater:
So glaube jeder sicher seinen Ring
Den echten. – Möglich; daß der Vater nun
Die Tyrannei des *einen* Rings nicht länger
In seinem Hause dulden wollen! – Und gewiß;
Daß er euch alle drei geliebt, und gleich
Geliebt: indem er zwei nicht drücken mögen,
Um einen zu begünstigen. – Wohlan!
Es eifre jeder seiner unbestochnen
Von Vorurteilen freien Liebe nach!
Es strebe von euch jeder um die Wette,
Die Kraft des Steins in seinem Ring' an Tag
Zu legen! komme dieser Kraft mit Sanftmut,
Mit herzlicher Verträglichkeit, mit Wohltun,
Mit innigster Ergebenheit in Gott
Zu Hilf'! Und wenn sich dann der Steine Kräfte
Bei euern Kindes-Kindeskindern äußern:
So lad' ich über tausend tausend Jahre
Sie wiederum vor diesen Stuhl. Da wird
Ein weisrer Mann auf diesem Stuhle sitzen
Als ich; und sprechen. Geht! – So sagte der bescheidne Richter."[88]

Lessing sucht zu zeigen, wie nicht nur eine Wertschätzung des Religiösen allgemein, sondern die einer konkreten Religion ohne Herabsetzung der

---

[88] LESSING, Gotthold Ephraim: Nathan der Weise. 3. Aufzug, 7. Auftritt. In: Ders.: Werke in sechs Bänden. Bd. 2. Auf Grund der von Julius Petersen und Waldemar v. Olshausen besorgten Ausgabe neu bearbeitet von Fritz Fischer. Zürich u.a. 1965. 285-409. Hier 350.

jeweils anderen möglich ist.[89]

- Systematisch reflektiert Lessing das Thema „Religion" in seinem Werk „Erziehung des Menschengeschlechts", das gern angeführt wird, um Lessing des Reduktionismus zu überführen:

[77] „§1. Was die Erziehung bei dem einzeln Menschen ist, ist die Offenbarung bei dem ganzen Menschengeschlechte.
§2. Erziehung ist Offenbarung, die dem einzeln Menschen geschieht: und Offenbarung ist Erziehung, die dem Menschengeschlechte geschehen ist, und noch geschieht.
[...]
§4. Erziehung gibt dem Menschen nichts, was er nicht auch aus sich selbst haben könnte: sie gibt ihm das, was er aus sich selber haben könnte, nur geschwinder und leichter. Also gibt auch die Offenbarung dem Menschengeschlechte nichts, worauf die menschliche Vernunft, sich selbst überlassen, nicht auch kommen würde: sondern sie gab und gibt ihm die wichtigsten dieser Dinge nur früher."[90]

Daß der Reduktionismus-Vorwurf nicht trifft, läßt sich doppelt begründen:
- Historische Kritik impliziert nicht notwendig die Bedeutungslosigkeit des Kritisierten; indem die konkreten Elemente einer Religion in einen übergreifenden Zusammenhang gestellt werden, läßt sich eine doppelte Sinnebene gewinnen:

[78] „Warum wollen wir in allen positiven Religionen nicht lieber weiter nichts, als den Gang erblicken, nach welchem sich der menschliche Verstand jedes Orts einzig und allein entwickeln können, und noch ferner entwickeln soll? als über eine derselben entweder lächeln, oder zürnen? Diesen unsern Hohn, diesen unsern Unwillen, verdiente in der besten Welt nichts: und nur die Religionen sollten ihn verdienen? Gott hätte seine Hand bei allem im Spiele: nur bei unsern Irrtümern nicht?"[91]

Religiöses ist seiner Substanz nach gültig, auch wenn Menschliches und sogar Irriges in seine Tradierung eingewebt ist (vgl. hierzu Paul Ricœurs [*1913] „Zweite Naivität") - wobei das Phänomen „Religion" aus dieser Sicht allein nicht vollständig erfaßt ist:

[79] „Alle diese Dinge sind aus dem gleichen Grunde in gewisser Hinsicht wahr, aus dem sie in gewisser Hinsicht falsch sind."[92]

- Daß Offenbarung dem Menschen nichts gebe, was er nicht aus sich haben könnte, kongruiert mit Augustinus' Überzeugung vom „inneren Meister" Christus, der die Wahrheit ist, die immer schon in der Seele wohnt und nur noch geweckt zu werden braucht. An Augustinus – und später an K. Rah-

---

[89] KUSCHEL, Karl-Josef: Vom Streit zum Wettstreit der Religionen. Lessing und die Herausforderung des Islam. Düsseldorf 1998.
[90] LESSING, Gotthold Ephraim: Erziehung des Menschengeschlechts. § 1, § 2 und § 4. In: Ders. Werke in sechs Bänden. Bd. 6. Auf Grund der von Julius Petersen und Waldemar v. Olshausen besorgten Ausgabe neu bearbeitet von Fritz Fischer. Zürich u.a. 1965. 52-77. Hier 57. [Künftig zitiert: LESSING: Erziehung.]
[91] LESSING: Erziehung. Vorbericht. 56.
[92] Vgl. LESSING: Erziehung. 52.

ner – richten sich ähnliche Fragen wie an Lessing.

Entscheidend ist, daß das Moment geschichtlich unverrechenbaren Ergehens von Offenbarung irgendwie zur Geltung kommt. Auch bei Lessing ist das der Fall, sofern die Offenbarung als Lehrmeisterin der Vernunft auftritt:

[80] „[K]önnten in diesem [sc. dem NT] nicht noch mehr dergleichen Wahrheiten vorgespiegelt werden, die wir als Offenbarungen so lange anstaunen sollen, bis sie die Vernunft aus ihren andern ausgemachten Wahrheiten herleiten und mit ihnen verbinden lernen?"[93]

Die Verinnerlichungstendenz in Lessings Auffassung von Religion ähnelt in manchem mystischen Traditionen. In engem Zusammenhang damit steht:

- Der „Pantheismusstreit, den Friedrich Heinrich Jacobi (1743-1819) – in Auseinandersetzung mit Moses Mendelssohn – um die Geisteshaltung (des bereits toten) Lessing anzettelt: War Lessing Spinozist, also Pantheist und damit Atheist oder nicht? Und wie lassen sich Tendenzen in diese Richtung mit den theistischen Zügen aus dem „Nathan" und der „Erziehung des Menschengeschlechts" verbinden?
- Im Gang des Streits
    - stellt Jacobi – obwohl Spinoza-Gegner – Spinozas Denken auf eine Weise dar, die dieses für die Zeitgenossen erst interessant macht;
    - schlägt Jacobi zugleich auch eine Brücke zwischen Spinozismus und Kant, was diesen zu eigener Wortmeldung nötigt.

Jacobis Beitrag zur Religionsthematik wird bald überblendet von:

- Immanuel Kants Grundlegung der Religion in der praktischen Vernunft. Voraussetzung dafür war:
    - Die Kritik der theoretischen Vernunft und die Verabschiedung der natürlichen Theologie im Gang der „kopernikanischen Wende" in der Erkenntnistheorie: Die Möglichkeitsbedingungen von auftretenden Dingen sind über eine Analyse der Strukturen und Gesetzmäßigkeiten des Erkenntnisapparats (Anschauungsformen Raum/Zeit, Kategorien als Formen des Denkens) aufzuklären. Erkenntnis resultiert aus der konstitutiven wechselseitigen Verwiesenheit von Sinneswahrnehmung und Begriffen:

[81] „Gedanken ohne Inhalt sind leer, Anschauungen ohne Begriffe sind blind."[94]

- Erkenntnis erfolgt durch Urteile; unterschieden werden
    - analytische Urteile; sie sind a priori (besagen nur, was im Begriff des Urteils-Subjekts schon eingeschlossen ist);
    - synthetische Urteile sind

---

[93] LESSING: Erziehung. § 72. 72.
[94] KANT: Kritik der reinen Vernunft. B 75.

- a posteriori (erkenntniserweiternd durch Erfahrung), aber auch
- a priori, nämlich:
    - mathematische Urteile,
    - reine synthetische Urteile a priori (z.B. bei allen materiellen Veränderungen in der Welt bleibt die Qualität unverändert),
    - metaphysische Urteile (z.B. die Welt muß einen Anfang gehabt haben).
- Das Problem: Die ersten beiden Arten sind empirisch verifizierbar, letztere jedoch nicht; damit fehlen metaphysischen Urteilen die Allgemeingültigkeit und Notwendigkeit.
- Jedoch steckt die Vernunft in einem Dilemma:

[82] „Die menschliche Vernunft hat das besondere Schicksal in einer Gattung ihrer Erkenntnisse: daß sie durch Fragen belästigt wird, die sie nicht abweisen kann, denn sie sind ihr durch die Natur der Vernunft selbst aufgegeben, die sie aber auch nicht beantworten kann, denn sie übersteigen alles Vermögen der menschlichen Vernunft."[95]

- Das alles führt zu einer radikalen Kritik der Gottesbeweise (↗Gotteslehre): Sofern Kant das ontologische Argument (Ableitung der Existenz eines höchsten Wesens aus dessen Begriff) auch als Basis des kosmologischen (Kontingenzargument) und des physikotheologischen (teleologischen) Gottesbeweises gilt, läßt sich mit der Kritik des ontologischen Beweises das ganze Problemfeld erledigen:

[83] „Sein ist offenbar kein reales Prädikat, d.i. ein Begriff von irgend etwas, was zu dem Begriffe eines Dinges hinzukommen könnte. Es ist bloß die Position eines Dinges [...]."[96]

- Das Projekt „Gottesbeweis" hält Kant für prinzipiell undurchführbar;
- dennoch wird die Vernunft den Gottesgedanken nicht los; als notwendige *Idee* sichert er die Einheit der Phänomene:

[84] „Das Ideal des höchsten Wesens ist [...] nichts anders, als ein regulatives Prinzip der Vernunft, alle Verbindung in der Welt so anzusehen, als ob sie aus einer allgenugsamen notwendigen Ursache entspränge, um darauf die Regel einer systematischen und nach allgemeinen Gesetzen notwendigen Einheit in der Erklärung derselben zu gründen [...]."[97]

- Die theologische Pointe der Kritik Kants: Weil kein Beweis der Existenz Gottes möglich ist, ist auch der Beweis seiner Nichtexistenz unmöglich.

- Anders als in der Perspektive der theoretischen Vernunft läßt sich in der Perspektive der praktischen Vernunft eine unbedingte Wirklichkeit ausmachen, nämlich die Unbedingtheit des kategorischen Imperativs als Faktum praktischer Ver-

---

[95] KANT: Kritik der reinen Vernunft. A VII.
[96] KANT: Kritik der reinen Vernunft. B 626.
[97] KANT: Kritik der reinen Vernunft. B 647.

nunft:

[85] „Handle so, daß die Maxime deines Willens jederzeit zugleich als Prinzip einer allgemeinen Gesetzgebung gelten könne."[98]

Nicht aus Sinneserfahrung gewonnen, ist der kategorische Imperativ dennoch eine Wirklichkeit in der Vernunft, sofern er sich

[86] „[...] für sich selbst uns aufdringt als synthetischer Satz a priori [...]."[99]

- Unter dieser Voraussetzung wird die Gotteslehre im Horizont der praktischen Vernunft als Moraltheologie reformuliert – und zwar über den Zwischengedanken, daß realisierte Sittlichkeit Glückswürdigkeit erwirbt, ohne daß diese oft mit der faktisch erreichten Glückseligkeit deckungsgleich wäre.

- Soll Sittlichkeit und damit Vernunft als solche nicht unvernünftig sein, muß es eine Instanz geben, die Glückswürdigkeit und Glückseligkeit in Übereinstimmung bringt; das geschieht durch einen allwissenden, allgegenwärtigen, allmächtigen obersten Gesetzgeber mit Verstand und Willen:

[87] „Das moralische Gesetz [...] muß auch zur Möglichkeit des zweiten Elements des höchsten Guts, nämlich der jener Sittlichkeit angemessenen Glückseligkeit, eben so uneigennützig, wie vorher, aus bloßer unparteiischer Vernunft, nämlich auf die Voraussetzung des Daseins einer dieser Wirkung adäquaten Ursache führen, d.i. die Existenz Gottes, als zur Möglichkeit des höchsten Guts (welches Objekt unseres Willens mit der moralischen Gesetzgebung der reinen Vernunft notwendig verbunden ist) notwendig gehörig, postulieren."[100]

Wer dies bloß für einen Wunschgedanken hielte,
- muß prinzipiell mit der Unvernünftigkeit – also Absurdität – der Vernunft rechnen;
- darf für die Opfer der Geschichte nicht einmal hoffen, obwohl dies der letzte (und indispensabelste) Dienst ist, den die (Über)Lebenden ihnen schulden.
- Überdies wirft die Stärke von Kants moralischem Gottesbegriff gleichsam Licht zurück in den Bereich der theoretischen Vernunft, denn: Im Blick auf die moralische Teleologie kann der Gedanke einer Natur-Teleologie in Anbetracht der Einheit der Wirklichkeit so unvernünftig nicht sein, auch wenn er nicht Gegenstand der Erkenntnis ist.[101]

- Daß es Kant nicht um Reduktion, sondern Verinwendigung der Gottesidee geht, zeigt sich auch an der Verknüpfung von kategorischem Imperativ und Freiheit:
 - Nur ein freies Wesen kann einen Anspruch als Anspruch vernehmen;

---

[98] KANT: Kritik der praktischen Vernunft. A 54.
[99] KANT: Kritik der praktischen Vernunft. A 56.
[100] KANT: Kritik der praktischen Vernunft. A 223-224.
[101] Vgl. dazu detailliert: LANGTHALER, Rudolf: „Gottvermissen" – eine theologische Kritik der reinen Vernunft? Die neue Politische Theologie (J.B. Metz) im Spiegel der Kantischen Religionsphilosophie. (Im Erscheinen).

- weil es moralische Gewißheit gibt, muß es (als deren Möglichkeitsbedingung) Freiheit geben, ohne daß diese aus Erfahrung erweisbar wäre. Freiheit ist
[88] „[...] objektive und obgleich nur praktische, dennoch unbezweifelte Realität [...]."[102]
- Der Zusammenhang von Moralität und Freiheit wird darum auch zum hermeneutischen Kriterium für den Rang des Religiösen:
[89] „[...] alle Schriftauslegungen [müssen], so fern sie die Religion betreffen, nach dem Prinzip der in der Offenbarung abgezweckten Sittlichkeit gemacht werden, und sind ohne das entweder praktisch leer oder gar Hindernisse des Guten."[103]

Dann folgt der Spitzensatz des Kantischen Neuansatzes:
[90] „Auch sind sie alsdann nur eigentlich authentisch, d.i. der Gott in uns ist selbst der Ausleger, weil wir niemand verstehen, als den, der durch unsern eigenen Verstand und unsere eigene Vernunft mit uns redet, die Göttlichkeit einer an uns ergangenen Lehre also durch nichts, als durch Begriffe unserer Vernunft, so ferne sie rein-moralisch und hiemit untrüglich sind, erkannt werden kann."[104]

- Zu ihrer durchschlagenden Wirkung kommt Kants Konzeption durch ihre Einbettung in den größeren Kontext einer schon vor der Aufklärung einsetzenden Neubestimmung des Verhältnisses von Vernunft und Religion und damit auch ihrer jeweiligen Begriffe.[105]
- Im Gefolge der Wendung zum „cogito" wird auch Religion subjektiv – nicht im Sinn von „willkürlich" etc., sondern: Religion handelt von Wahrheiten, die Folgen für das Leben haben; in eins damit geraten auch Gottesbegriff (z.B. „Schöpfer") und Gottesbild (personal) unter Druck;
- begrifflicher Reflex dieser Prozesse ist der Deismus (Gott wird weltfern gedacht) – nicht als theologischer Minimalismus, sondern als Distanzierungs- und damit als Theodizee-Strategie;
- diese Radikalisierung von Transzendenz schiebt auf der Seite des Menschen Religion gleichsam in dessen Natur hinein; dies geht allerdings einher
    - mit einer Veränderung des Vernunftbegriffs (Erweiterung zum Zweck der philosophischen Anschließbarkeit von „Offenbarungs-Sätzen");
    - mit einer Verwandlung der Philosophie: Diese wird spekulativ und liest mit neuen Augen die Tradition.
        - In der Sache bedeutet das (gegen die deistische Distanzierungsstrategie) die vermittelnde, dialektische Zusammenfüh-

---

[102] KANT: Kritik der praktischen Vernunft A 85.
[103] KANT, Immanuel: Der Streit der Fakultäten. A 70. In: Ders. Werke in zehn Bänden. Bd. 9. Hrsg. von Wilhelm Weischedel. Darmstadt 1975. 261-393. Hier 314. [Künftig zitiert: KANT: Fakultäten.]
[104] KANT: Fakultäten. A 70.
[105] Wichtige Hinweise für das folgende verdanke ich der Vorlesung „Religion als Thema der Philosophie zwischen Kant und Hegel" von Dieter Henrich im SoSe 1986 an der LMU München.

rung von Endlichem und Unendlichem, Gott und Welt. Eine zentrale Rolle spielt dabei:

- Johann Gottlieb Fichte; er verbindet zwei gegensätzliche Tendenzen:
  - Die Einheit aller Dinge mit Gott (Spinoza)
  - und die Unbedingtheit des Sollens (Kant) als Möglichkeitsbedingung der Freiheit.

  Im Zusammenhang dieses Programms kommt es zum:

- Atheismusstreit von 1798:
  In einem Aufsatz im „Philosophische(n) Journal" faßt er (gegen die Notwendigkeit und Möglichkeit von Gottesbeweisen) den Glauben als vorreflexive Gewißheit im Menschen, moralisch bestimmt zu sein. Der kategorische Imperativ als Zweck der Freiheit
[91] „[...] ist das *Göttliche*, das wir annehmen."[106]
  Daraus folgert Fichte durchaus zurecht:
[92] „Jene lebendige und wirkende moralische Ordnung ist selbst Gott; wir bedürfen keines anderen Gottes und können keinen anderen fassen."[107]
  Der Schluß auf ein besonderes Wesen, das als Grund fungiert, ist nicht notwendig; geschieht er trotzdem, handelt es sich um Projektion:
[93] „Dieses Wesen soll von euch und der Welt unterschieden seyn, es soll in der letzteren nach Begriffen wirken, es soll sonach der Begriffe fähig seyn, Persönlichkeit haben und Bewusstseyn. Was nennt ihr denn nun Persönlichkeit und Bewusstseyn? Doch wohl dasjenige, was ihr in euch selbst gefunden, an euch selbst kennen gelernt und mit diesem Namen bezeichnet habt? Dass ihr aber dieses ohne Beschränkung und Endlichkeit schlechterdings nicht denkt, noch denken könnt, kann euch die geringste Aufmerksamkeit auf eure Construction dieses Begriffs lehren. Ihr macht sonach dieses Wesen durch die Beilegung jenes Prädicats zu einem endlichen, zu einem Wesen eures Gleichen, und ihr habt nicht, wie ihr wolltet, Gott gedacht, sondern nur euch selbst im Denken vervielfältigt."[108]
  - Das trägt Fichte den Atheismusvorwurf ein, den er in der Überzeugung zurückweist, mit seiner Überlegung den Gottesgedanken nach dem Zusammenbruch von dessen traditioneller Gestalt zu sichern.
  - Im Gang des Streits findet Fichte Verteidigung durch Jacobis These, daß Gott nur geglaubt, nicht gewußt werden könne und darum alle Philosophie atheistisch sei.

  So bahnt sich mitten im zweiten Streit ein dritter an:

- Die Auseinandersetzung um den Theismus („Streit um die göttlichen Dinge", um 1811/12). Zwei Positionen stehen gegeneinander: Nach dem Atheismusstreit ist

---

[106] FICHTE: Grund unseres Glaubens. 185
[107] FICHTE: Grund unseres Glaubens. 186.
[108] FICHTE: Grund unseres Glaubens. 187.

- eine Wiedergewinnung des Gottesgedankens möglich und nötig (Friedrich Wilhelm Joseph Schelling [1775-1854]);
- eine Wiedergewinnung des Gottesgedankens weder nötig noch möglich (Jacobi).

Das (von Spinoza stammende) Motto in Schellings Streitschrift:
[94] „Oh, welcher Schmerz! Es ist schon soweit gekommen, daß diejenigen, die öffentlich bekennen, keinen Gottesgedanken zu haben und Gott auf keine Weise zu erkennen, sich nicht schämen, die Philosophen des Atheismus anzuklagen."[109]

- Die Grundmotive der neuen Disziplin „Religionsphilosophie" werden hervorgetrieben von den Gedankenkonstellationen, die sich in der Abfolge der drei Streitfälle ausbilden. Systematisch zusammengefaßt:
  - Der Zusammenbruch der bisherigen Gotteslehre und Metaphysik erzwingt eine Verinwendigung des Gottesgedankens;
  - Verinwendigung meint ein Subjektivwerden von Gott, Glaube und Religion als innerer Momente von Subjektivität;
  - Sittlichkeit und Gewissen bilden den Dreh- und Angelpunkt dieser Subjektivierung: Das Unbedingte vergegenwärtigt sich im Subjekt in Gestalt der moralischen Verpflichtung;
  - Freiheit fungiert als Möglichkeitsbedingung des praktisch-moralisch gewendeten Unbedingten;
  - durch ein ins Zentrum der Subjektivität hineingezogenes Unbedingtes muß es zur Krise des tradierten Gottesbegriffs und Gottesbildes kommen;
  - ein Gottesgedanke unter diesen Voraussetzungen muß sich zwischen Pantheismus (Gott in uns) und Atheismus (Gott jenseits von Personalität und Bewußtsein) bewegen; was aber bedeutet dann „Theismus"?

Inwiefern haben diese Motive eine Vor- bzw. auch eine Nachgeschichte?

Testfragen:

1. *Von welchen Nachbardisziplinen muß die Religionsphilosophie abgegrenzt werden und welche Charakteristika der Disziplin lassen sich dabei bereits gewinnen?*
2. *Unter welchen epochalen Bedingungen ist die Religionsphilosophie als Disziplin aufgekommen und was macht ihr spezifisches Profil aus?*

---

[109] Übersetzt nach der Ausgabe von SCHELLING, Friedrich Wilhelm Joseph: Denkmal der Schrift von den göttlichen Dingen ec. des Herrn Friedrich Heinrich Jakobi und der ihm in derselben gemachten Beschuldigung eines absichtlich täuschenden, Lüge redenden Atheismus (1812). In: Jaeschke, Walter (Hg.): Religionsphilosophie und spekulative Theologie. Der Streit um die Göttlichen Dinge (1799-1812). Quellenband. Hamburg 1994. 242-314. Hier 242.

3. Was ist philosophisch unter „Aufklärung" zu verstehen und wie wird Religion im Horizont aufklärerischen Denkens thematisch?
4. Welche Grundgedanken aus der Anfangsphase der Religionsphilosophie leiten die Frageperspektiven dieser Disziplin bis heute?
5. Welche Konflikte brechen in den drei Krisen des „Pantheismusstreits", des „Atheismusstreits" und des „Streits um die göttlichen Dinge" auf und welche bis heute anhängigen systematischen Fragen werden dabei formuliert?

2.3 Grundformen religionskritischer Reflexion

2.31 Griechische Aufklärungen

§ 60 Die okzidentale Philosophie geht zum Teil als Kritik und Aufklärung aus der religiösen Weltbeschreibung hervor, mehrere Schübe von Aufklärung folgen; „Philosophie" wird in erheblichem Umfang als („bessere") Nachfolgerin überlieferter Religiosität und darum Philosophie selbst als religiös verstanden.

- Das kritische Bewußtsein abendländischer Philosophie setzt als binnenreligiöse Selbstkritik ein.
  - Unmittelbarer Gegenstand philosophischer Kritik sind Überlieferungen der „Theologen", etwa der „Theogonia" des Hesiod (um 700 v. Chr.):

[95] „Wahrlich, als erstes ist Chaos entstanden, doch wenig nur später
Gaia, mit breiten Brüsten, aller Unsterblichen ewig sicherer Sitz, der Bewohner des schneebedeckten Olympos,
dunstig Tartaros dann im Schoß der geräumigen Erde,
wie auch Eros, der schönste im Kreis der unsterblichen Götter:
Gliederlösend bezwingt er allen Göttern und allen
Menschen den Sinn in der Brust und besonnen planendes Denken.
Chaos gebar das Reich der Finsternis: Erebos und die schwarze Nacht, und diese das Himmelsblau und den hellen
Tag, von Erebos schwanger, dem sie sich liebend vereinigt.
Gaia gebar zuerst an Größe gleich wie sie selber
Uranos sternenbedeckt, damit er sie völlig umhülle
und den seligen Göttern ein sicherer Sitz sei für ewig.
Dann gebar sie die großen Berge, die reizende Wohnstatt
göttlicher Wesen: der Nymphen, die hausen in Schluchten der Berge.
Auch die öde Meerflut gebar sie, die wogengeschwellte,
Pontos, ganz ohne Liebe. Okeanos aber entströmte
tief, voller Wirbel dem Lager, das sie mit Uranos teilte."[110]

  - In der Orphik tritt die Personalität der orphischen Götter zurück, pantheistische Tendenzen machen sich geltend, ebenso Versuche einer Art religiöser Begriffsbildung:

[96] „ihre Götter sehnen sich wohl zu reinen Begriffen zu werden, aber es gelingt ihnen nicht ganz, alle Reste der Individualität und sinnlich begrenzten Gestaltung abzustreifen, es gelingt dem Begriff noch nicht ganz unter den Schleiern des Mythus hervorzubrechen."[111]

---

[110] HESIOD: Theogonie. Werke und Tage. Griech./Dt. Hrsg. u. übers. von Albert von Schirnding. Mit einer Einführung und einem Register von Ernst Günther Schmidt. Darmstadt; München 1991. 14-17.

[111] ROHDE, Erwin: Psyche. Seelencult und Unsterblichkeitsglaube der Griechen. Bd. 2. Tübingen [7]1921. 115.

- Pherekydes (ca. 6. Jh. v. Chr.) entwickelt erste Elemente einer Physik im Sinne von Stofflehre:

[97] „Pherekydes setzt als Urgründe Zas, Chthonie, Kronos. Zas sei der Äther, Chthonie die Erde, Kronos (Chronos) die Zeit [...]."[112]

- Der qualitative Umbruch durch die Verbindung von Religion und Vernunft bereitet den Boden für Grundfragen der Vorsokratiker, auch das diskursiv-kritische Fragen nach der ἀρχή (= Urgrund):
    - Anaximander (611-546 v. Chr.) faßt den Urgrund als Unendliches (ἄπειρον):

[98] „[...] erklärte Anaximander, Sohn des Praxiades, aus Milet, Nachfolger und Schüler des Thales, daß das Prinzip und das Element der seienden Dinge das Unbegrenzte sei, wobei er als erster diese Bezeichnung des (stofflichen) Prinzips einführte. Er sagt, daß es weder Wasser noch sonst eins der sogenannten Elemente sei, sondern eine bestimmte andere, unbegrenzte Natur, aus der alle Himmel und die Welten in ihnen hervorgehen."[113]

Das einzige Originalfragment von Anaximander:

[99] „Woraus aber die Dinge ihre Entstehung haben, darein finde auch ihr Untergang statt, gemäß der Schuldigkeit. Denn sie leisteten einander Sühne und Buße für ihre Ungerechtigkeit, gemäß der Verordnung der Zeit."[114]

- Schon Aristoteles interpretiert das ἄπειρον als θεῖον; Anaximander orientiert das ἄπειρον an der Rechtsidee der Polis, um den Gedanken einer das Ganze der Wirklichkeit bestimmenden Gesetzmäßigkeit zu fassen – verknüpft also Religiöses interpretativ mit Gesellschaftlichem.

- Xenophanes von Kolophon (* ca. 564 v. Chr.) übt unmittelbare Religionskritik:[115]

[100] „Nicht Kämpfe der Titanen oder Giganten und Kentauren zu besingen, hat Wert – Fabeln vergangener Zeit! –, oder wilden Bürgerzwist, aus dem keinerlei Segen entspringt; aber stets der Götter in Ehrfurcht zu gedenken, das hat Sinn und Verstand."[116]

In drei Gedanken wird die Kritik ausgefaltet:
- Gottesgedanke und Sittlichkeit werden in konstitutive Verbindung gebracht;
- Xenophanes' Anthropomorphismusverdacht belegt, daß er die Religionsthematik aus anthropologischer Perspektive angeht:

---

[112] Zit. nach: Die Vorsokratiker. Die Fragmente und Quellenberichte. Übers. und eingel. von Wilhelm Capelle. Stuttgart 1968. 50. [Künftig zitiert: CAPELLE: Vorsokratiker.]
[113] Simplikios: Phys. 24,13. In: KRS 101A.
[114] Simplikios: Phys. 24,13. In: CAPELLE: Vorsokratiker. 82.
[115] Gadamers Absicht, Xenophanes als (unphilosophischen) Bänkelsänger abzutun, kann ich nicht nachvollziehen. Vgl. GADAMER, Hans-Georg: Der Anfang der Philosophie. Stuttgart 1996. 48.
[116] XENOPHANES: Frgm. 1,21-34. In: CAPELLE: Vorsokratiker. 120.

[101] „Aber die Sterblichen meinen, die Götter seien geboren und hätten solche Kleider wie sie selbst, eine Stimme und einen Körper.
Die Äthiopier sagen, ihre Götter seien stumpfnasig und schwarz, und die Thraker behaupten, die ihren hätten hellblaue Augen und rote Haare.
Aber wenn Rinder und Pferde und Löwen Hände hätten oder mit ihren Händen malen und Bildwerke vollenden könnten, wie das die Menschen tun, dann würden die Pferde die Göttergestalten den Pferden und die Rinder sie den Rindern ähnlich malen und sie würden die Statuen der Götter mit einem solchen Körper meißeln, wie sie ihn jeweils auch selber haben."[117]

  - Gott kann es nur als einen einzigen geben, und dieser ist radikal anders als alles vom Menschen her Bekannte (insofern kann er „transzendent" genannt werden).
    Jedoch wird das Verhältnis Gott-Welt nicht weiter präzisiert; Tendenzen zu einer Vorform von Pantheismus lassen sich ausmachen.

  - Den skeptischen Vorbehalt, unter den Xenophanes alles stellt, interpretiert Cicero (106-43) als offenbarungskritischen Naturalismus:

[102] „Xenophanes von Kolophon ist der einzige von den Philosophen, die an das Walten von Göttern glaubten, der den Glauben an eine 'von der Gottheit inspirierte' Weissagung von Grund auf verworfen hat."[118]

  - Heraklit von Ephesus (ca. 504-501 v.Chr. im 40. Lebensjahr)
    - übt (wie Xenophanes) Anthropomorphismuskritik;
    - zielt auf die Erkenntnis des λόγος als dem einenden Prinzip hinter allem Wandel, das insofern göttlich ist:

[103] „Wer mit Verstand spricht, muß Kraft aus dem schöpfen, was allen gemeinsam ist, so wie eine Stadt aus ihrem Gesetz und noch viel stärker. Denn alle menschlichen Gesetze werden von dem einen (Gesetz) ernährt, dem göttlichen; dieses nämlich hat so viel Macht, wie es haben will; es reicht für alles (und alle) aus und setzt sich durch."[119]

  - Dem pantheisierenden Monismus verbindet sich
  - eine Radikalisierung der Transzendenz der Gottheit;
  - zugleich wird über den λόγος-Begriff die Geistverfassung des Menschen mit dem Göttlichen ins Verhältnis gesetzt und damit so etwas wie die Möglichkeit von Offenbarung denkbar gemacht:

[104] „Das eine und alleinige Weise wünscht nicht und wünscht doch, mit dem Namen des Zeus benannt zu werden."[120]

---

[117] Clemens: Strom. V,109,1; VII,22,1; V,109,3. In: KRS 167-169.
[118] CICERO, Marcus Tullius: Über die Vorsehung. I 3,5. Zitiert nach: CAPELLE: Vorsokratiker. 120.
[119] Stobaeus: Anth. III,1,179. In: KRS 250.
[120] Clemens: Strom. V,115,1. In: KRS 228.

- Fazit zu den Vorsokratikern: Sie kennen
    - Religionskritik um der Substanz der Religion willen;
    - Polytheismus- und Anthropomorphismus-Kritik;
    - das Transzendenz-Immanenz-Problem;
    - eine Monismus- und Pantheismus-Tendenz, die eine Offenbarungsmöglichkeit nicht prinzipiell ausschließt.

- Aufklärung auf ihre Weise treiben auch die Sophisten, die im Rahmen ihrer prinzipiellen Skepsis selbst den Begriff des Göttlichen in Fraglichkeit ziehen:
    - Protagoras (ca. 481-411 v. Chr.):

[105] „Von den Göttern vermag ich nichts festzustellen, weder, daß es sie gibt, noch, daß es sie nicht gibt, noch, was für eine Gestalt sie haben; denn vieles hindert ein Wissen hierüber: die Dunkelheit der Sache und die Kürze des menschlichen Lebens."[121]

- Prodikos (1. Hälfte des 5. Jh. v. Chr.) radikalisiert das Problem des Religiösen durch Funktionalisierung (Gewinn aus der Landwirtschaft als Quelle des Götterglaubens).

- Kritias (gefallen 403 v. Chr.) entzaubert Religion kulturhistorisch:

[106] „Als so die Gesetze hinderten, daß man offen Gewalttat verübte, und daher nur insgeheim gefrevelt wurde, da scheint mir zuerst ein schlauer und kluger Kopf die Furcht vor den Göttern für die Menschen erfunden zu haben, damit die Übeltäter sich fürchteten, auch wenn sie insgeheim etwas Böses täten oder sagten oder 'auch nur' dächten. – Er führte daher den Gottesglauben ein."[122]

- Durch Sokrates kommt es zu einer Rehabilitierung des Gottesthemas, indem dieses eine erkenntnistheoretische Unterfütterung erhält:
    - Neben der Kritik der Tradition im Sinne der Vorsokratiker kennt Sokrates eine in die Lebenspraxis eingebettete unzweifelhafte Gewißheit; die gewißheitsverleihende Instanz beschreibt er so:

[107] „Hiervon ist nun die Ursache, was ihr mich oft und vielfältig sagen gehört habt, daß mir etwas Göttliches und Daimonisches widerfährt [...] Mir aber ist dieses von meiner Kindheit an geschehen, eine Stimme nämlich, welche jedesmal, wenn sie sich hören läßt, mir von etwas abredet, was ich tun will, zugeredet aber hat sie mir nie."[123]

Die Aufgabe des Göttlichen (δαιμόνοιν):

[108] „Und was für eine Verrichtung [...] hat es? – Zu verdolmetschen und zu überbringen den Göttern, was von den Menschen, und den Menschen, was von den Göttern kommt, der einen Gebete und Opfer, und der anderen Befehle und Vergeltung der Opfer. In der Mitte zwischen beiden ist es also die Ergänzung, daß nun das Ganze in sich selbst verbunden ist [...]. Denn Gott

---

[121] PROTAGORAS: Frgm. 4. Zitiert nach CAPELLE: Vorsokratiker. 333.
[122] KRITIAS: Frgm. 25. Zitiert nach CAPELLE: Vorsokratiker. 378.
[123] PLATON: Apologia Sokratous. 31c-d. In: Ders.: Werke in acht Bänden. Griech./Dt. Bd. 2. Übers. von F. D. E. Schleiermacher. Darmstadt 1990. 1-69. Hier 41.

verkehrt nicht mit Menschen; sondern aller Umgang und Gespräch der Götter mit den Menschen geschieht durch dieses, sowohl im Wachen als im Schlaf."[124]

> Das Göttliche manifestiert sich im Medium menschlicher Selbstverständigung; dieser Zug von Verinwendigung des Gottesgedankens und seine Verkoppelung mit dem Thema Sittlichkeit machen die Parallele zur deutschen Aufklärung („Sokratisches Zeitalter") aus.

- Teils zeitgleich zu den Prozessen im griechischen Denken lassen sich parallele religionskritische Entwicklungen innerhalb mehrerer Religionen ausmachen:
    - Echnatons Versuch der Durchsetzung eines Monotheismus in Ägypten;
    - das Hervortreten von „Ahura Mazda" (Herrscherin Weisheit) gegenüber anderen Göttern im Zoroastrismus;
    - binnentheologische Religionskritik im Judentum.

2.32 Jüdische Aufklärung

§ 61 Die in alttestamentliche Traditionen eingebaute Religionskritik besitzt eine Intensität und Wirkungsgeschichte, die verlangt, die einschlägigen Wortmeldungen auch als philosophische Texte sui generis zu lesen. Neutestamentlich wird Religionskritik nur an wenigen Punkten – dort aber markant – ausgeprägt.

- Jüdische Aufklärung findet sich in allen vier Haupt-Genera des AT:
    - In der Tora geschieht Religionskritik in untrennbarer Verbindung mit dem Namen des Mose, speziell verdichtet
        - in der Dornbuschgeschichte:

[109] „Da erschien ihm der Engel Jahwes in einer Feuerflamme mitten aus dem Dornstrauch. Und er sah hin, und siehe, der Dornstrauch brannte im Feuer, aber der Dornstrauch wurde nicht verzehrt. Da dachte Mose: 'Ich will doch hingehen und dieses seltsame Schauspiel betrachten, warum der Dornstrauch nicht verbrennt.' Als Jahwe sah, daß er herantrat, um nachzusehen, rief Gott ihm aus dem Dornbusch zu: 'Mose, Mose!' Dieser antwortete: 'Hier bin ich!' Da sprach er: 'Tritt nicht näher heran! Ziehe deine Schuhe von deinen Füßen; denn der Ort, auf dem du stehst, ist heiliger Boden." (Ex 3,2-5).

- Die Nähe von Gott und Mensch bleibt von Distanz durchwaltet;
- die Offenbarung des Gottesnamens ist konstitutiv verknüpft mit dem dramatisch-existentiellen Exodusgeschehen:

[110] „Da sprach Gott zu Mose: Ich bin (bei euch) da, als der ich (bei euch) da bin. Er sagte: So sollst du zu den Israeliten sagen: Der 'Ich bin da bei euch' hat mich zu euch gesandt. Und weiter sagte Gott zu Mose: So sollst du zu den Israeliten sagen: Der 'Er ist da bei euch' [= Jahwe], der Gott eurer Väter, der Gott Abrahams, der Gott Isaaks und der Gott Jakobs hat mich zu euch gesandt! Das ist mein Name für immer und mein Erinnerungszeichen von Geschlecht zu Geschlecht" (Ex 3,14-15).

---

[124] PLATON, Symposion 202e-203a.

- Darin geschieht eine Personalisierung von Befreiung und Freiheit;
- IHWH ist ein unvollständiger Kurzsatz („Er erweist sich als..."), der durch je neue Einzelerfahrungen vervollständigt wird:

[111] „Überall und nur dort, wo Freiheit und Leben 'erfahren' wird, wird die Wirklichkeit 'Jahwe', Gott ist hier bei uns, erfahren."[125]

Die Namenstheologie von Ex 3,14 impliziert eine dreifache Beziehung zwischen JHWH und Israel:
- Verläßlichkeit,
- Unverfügbarkeit,
- Ausschließlichkeit.

- Die Dornbuschgeschichte ist eng verknüpft mit Sinaierzählung und dem zu ihr gehörigen Dekalog, der seinerseits mit einem kritisch-aufklärerischen Zug einsetzt:

[112] „Ich bin Jahwe, dein Gott, der dich aus dem Ägypterlande, dem Sklavenhause, herausgeführt hat. Du sollst keine anderen Götter haben als mich. Du sollst dir kein geschnitztes Bild machen, kein Abbild von dem, was im Himmel droben oder unten auf der Erde oder im Wasser unter der Erde ist." (Ex 20,2-4)

- Den ganzen Dekalog durchherrscht ein Geflecht aus Praxis, Erfahrung, Transzendenz und Monotheismus.
- Am unmittelbarsten macht sich Religionskritik und Aufklärung dabei am Bilderverbot geltend; dieses ist zu verstehen als

[113] „[d]as Feuer, das die Bilder von Gott am Leuchten halten, vor Verformung schützen und vor Verharmlosung bewahren soll [...]."[126]

- Später geschieht die Ablehnung von Bildern auch durch Verspottung, etwa statt „elohim" „elilim" („Gottchen") oder „gilulim" („Mistdinger"); griechisch (LXX, NT) „ἀχειροποίητος"
- Dieser Schutz der Einzigartigkeit Gottes verdichtet sich in drei Anweisungen in Dtn 4:
  - Entscheidend ist nicht das Sehen, sondern das Hören (und) Tun;

[114] „Ihr tratet also heran und standet am Fuße des Berges, während der Berg auflodertе bis ins Innerste des Himmels hinein und der Himmel sich verfinsterte von dunklem und dröhnendem Gewölk. Und Jahwe redete zu euch mitten aus dem Feuer heraus; den Donner der Worte hörtet ihr, eine Gestalt aber konntet ihr nicht wahrnehmen, nur eine Stimme. Er verkündete euch seinen Bund, welchen er euch zu halten gebot, die zehn Worte." (Dtn 4,11-13)

---

[125] ZENGER, Erich: Das Buch Exodus. Düsseldorf ²1982. 53. [Künftig zitiert: ZENGER: Exodus.]
[126] ZENGER, Erich: Am Fuß des Sinai. Gottesbilder des Ersten Testaments. Düsseldorf 1993. 87. Zum folgenden vgl. 87-101. – ZENGER: Exodus. 203-207. 227-234.

- Kriterium biblischer Gottesbilder ist die Erinnerung;
    - das Bilderverbot hat mit der Komplexität des innersten Wesens Gottes zu tun.

- Der Rückfall Israels auf einen „gemachten" Gott – das goldene Kalb – provoziert einen geradezu brutalen Akt der Aufklärung seitens des Mose:

[115] „Dann nahm [Mose] das Kalb, das sie gemacht hatten, verbrannte es, zerstieß es zu Staub, streute ihn auf das Wasser und ließ es die Israeliten trinken." (Ex 32,20)
So zeigt sich die Ohnmacht des Gottesbildes, wie gleichermaßen dessen Produktionsproceß gleichsam umgedreht und damit persifliert wird.[127]

Diese Polemik wird in den prophetischen Traditionen verschärft:

- Propheten:
    - Deuterojesaja entzaubert die Gottesbilder durch Beschreibung ihrer Herstellung:

[116] „Der Schmied facht die Kohlenglut an,
er formt (das Götterbild) mit seinem Hammer
und bearbeitet es mit kräftigem Arm.
Dabei wird er hungrig und hat keine Kraft mehr.
Trinkt er kein Wasser, so wird er ermatten." (Jes 44, 12)

[117] „Man fällt eine Zeder, wählt eine Eiche
oder sonst einen mächtigen Baum,
den man stärker werden ließ
als die übrigen Bäume im Wald [...].
Das Holz nehmen die Menschen zum Heizen;
man macht ein Feuer und wärmt sich daran.
Auch schürt man das Feuer und bäckt damit Brot.
Oder man schnitzt daraus einen Gott
und wirft sich nieder vor ihm; [...]
Den einen Teil des Holzes wirft man ins Feuer
und röstet Fleisch in der Glut
und sättigt sich an dem Braten.
Oder man wärmt sich am Feuer und sagt:
Oh, wie ist mir warm! ich spüre die Glut.
Aus dem Rest des Holzes aber macht man sich einen Gott,
ein Götterbild, vor das man sich hinkniet,
zu dem man betet und sagt:
Rette mich, du bist doch mein Gott." (Jes 44,14-17)

---

[127] Vgl. dazu NORDHOFEN, Eckhard: Der Engel der Bestreitung. Über das Verhältnis von Kunst und negativer Theologie. Würzburg 1993. 79.

- Der Unterschied zwischen wahrem Gott und falschen Götzen wird durch einen drastischen Chiasmus („Überkreuz-Gedanken") verdeutlicht:
[118] „Babels Götter werden auf Tiere geladen.
Eine Last seid ihr, eine aufgebürdete Last für das ermüdete Vieh.
Die Tiere krümmen sich und brechen zusammen,
sie können die Lasten nicht retten;
sie müssen selbst mit in die Gefangenschaft ziehen.
Hört auf mich, ihr vom Haus Jakob,

und ihr alle, die vom Haus Israel noch übrig sind,
die mir aufgebürdet sind vom Mutterleib an [...].
Ich bleibe derselbe, so alt ihr auch werdet,
bis ihr grau werdet, will ich euch tragen.
Ich habe es getan,
und ich werde euch weiterhin tragen,
ich werde euch schleppen und retten." (Jes 46,1-4)

Menschliche Erfahrung rückt in den Rang eines Kriteriums für den Anspruch der religiösen Botschaft.

- Im 6. Jahrhundert v. Chr. (vgl. die zeitliche Parallele zum griechischen Denken!) tritt das Individuum in den Vordergrund;
- die Tora wird verinwendigt (Jeremia 31, 33: „Ich lege mein Gesetz in sie hinein und schreibe es auf ihr Herz");
- die (religiös-sittliche) Bildung des Individuums ermöglicht geglückte Sozialität;
- die Ausarbeitung dieser Tendenz zu einer Philosophie des Subjekts geschieht im Talmud (vgl. ↗Hermeneutik).

- Weisheit 13-15 bietet eine differenzierte Religionskritik, die sich im Kern um das Bilder-Machen dreht und semantische Breitseiten abfeuert:
[119] „Da sägte ein Holzschnitzer einen geeigneten Baum ab, entrindete ihn ringsum geschickt, bearbeitete ihn sorgfältig und machte daraus ein nützliches Gerät für den täglichen Gebrauch. Die Abfälle seiner Arbeit verwendete er, um sich die Nahrung zu bereiten, und aß sich satt. Was dann noch übrigblieb und zu nichts brauchbar war, ein krummes, knotiges Stück Holz, das nahm er, schnitzte daran so eifrig und fachgemäß, wie man es tut, wenn man am Abend von der Arbeit abgespannt ist, formte es zum Bild eines Menschen oder machte es einem armseligen Tier ähnlich, beschmierte es mit Mennig und roter Schminke, überstrich alle schadhaften Stellen, machte ihm eine würdige Wohnstatt, stellte es an der Wand auf und befestigte es mit Eisen. So sorgte er dafür, daß es nicht herunterfiel, wußte er doch, daß es sich nicht helfen kann; es ist ein Bild und braucht Hilfe.
Aber wenn er um Besitz, Ehe und Kinder betet, dann schämt er sich nicht, das Leblose anzureden. Um Gesundheit ruft er das Kraftlose an, Leben begehrt er vom Toten." (Weish 13,11-18a)
- Befestigt muß werden, wovon der Beter Festigkeit für sich erhofft.
- Auch religionspsychologisch wird argumentiert:
[120] „Die Menschen haben, unter dem Druck von Unglück oder Herrschermacht, Stein und Holz den Namen beigelegt, der mit niemand geteilt werden kann." (Weish 14,21)

- Götzenbildnerei wird als Resultat von sittlicher Dekadenz und Glaubensabfall interpretiert:

[121] „[...E]in wirres Gemisch von Blut und Mord, Diebstahl und Betrug, Verdorbenheit, Untreue, Aufruhr und Meineid; es herrscht Umkehrung der Werte, undankbare Vergeßlichkeit, Befleckung der Seelen, widernatürliche Unzucht, Zerrüttung der Ehen, Ehebruch und Zügellosigkeit." (Weish 14,25-26)

- Kritisiert werden die merkantilen Interessen des Götzenbildners:

[122] „[...E]r hält unser Leben für ein Kinderspiel, das Dasein für einen einträglichen Jahrmarkt; er sagt, man müsse aus allem, auch aus Schlechtem, Gewinn ziehen. Denn er weiß besser als alle, daß er sündigt, wenn er aus dem gleichen Erdenstoff nicht nur zerbrechliche Gefäße, sondern auch Götzenbilder fertigt." (Weish 15,12-13)

- Das Buch Judit als Beispiel für Aufklärung aus den Traditionen der Geschichtsbücher:
- Die einschlägige Passage nimmt Bezug auf Gen 11, 31-32:

[123] „Terach nahm seinen Sohn Abram, seinen Enkel Lot, den Sohn Harans, und seine Schwiegertochter Sarai, die Frau seines Sohnes Abram, und sie wanderten miteinander aus Ur in Chaldäa aus, um in das Land Kanaan zu ziehen. Als sie aber nach Haran kamen, siedelten sie sich dort an."

- Die relecture dieses Aufbruchs in Jdt 5, 6-9a lautet:

[124] „Diese Leute stammen von den Chaldäern ab. Sie hatten sich zuerst in Mesopotamien niedergelassen, weil sie den Göttern ihrer Väter im Land der Chaldäer nicht mehr dienen wollten. Sie waren nämlich von dem Glauben ihrer Vorfahren abgewichen und hatten ihre Verehrung dem Gott des Himmels zugewandt, zu dessen Erkenntnis sie gelangt waren. Deshalb hatten die Chaldäer sie aus dem Bereich ihrer Götter vertrieben, und sie waren nach Mesopotamien geflohen, wo sie sich einige Zeit aufhielten. Doch ihr Gott gebot ihnen, ihren Wohnsitz zu verlassen und in das Land Kanaan weiterzuziehen."

Als Motive des Aufbruchs werden Gottessuche und Gotteserkenntnis genannt. Der Traktat „Bereschit Rabba" faßt diese Religionskritik narrativ:

[125] „Ein andermal kam [eine Frau] und trug in ihrer Hand eine Schüssel mit feinem Mehl und sprach zu Abraham: Geh und bringe es den Götzen als Opfer dar! Abraham nahm einen Stock, zerschlug alle Götzenbilder und legte dann den Stock in die Hand des größten Götzen. Als der Vater wieder zurückkam, fragte er: Wer hat das alles getan? Was soll ich es dir verleugnen, antwortete Abraham, es kam eine [Frau], brachte eine große Schüssel mit feinem Mehl und sprach zu mir: Bringe es den Götzen als Opfer dar. Das tat ich, und da entstand ein Streit unter den Götzen, und ein jeder sprach: ich esse zuerst, bis endlich dieser Große aufstand, den Stock nahm und sie zerschlug. Was spottest du meiner? sprach der Vater[... und] nahm[...] den Abraham und überlieferte ihn dem Nimrod. Dieser sprach zu ihm: Wir wollen das Feuer anbeten [was soviel heißt wie]: Ich werde dich ins Feuer werfen, und es mag dich der Gott, den du anbetest, aus ihm retten."[128]

Systematisch gesehen setzt Jdt 5 vor die Ursprungsszene der jüdischen Tradition das Vorzeichen der Aufklärung.

---

[128] Vgl. Bereschit Rabba 39,1. Zit. nach: HEIDE, Albert van der: Die Berufung Abrahams, wie sie von Juden und Christen gedeutet wird. Conc (D) 27 (1991). 17-24. Hier 19.

2.33 Aufklärerische Momente im Neuen Testament

- Ohne Zweifel liegen Tendenzen zur Verinwendigung und Versittlichung des Religiösen vor:

[126] „Wenn ihr fastet, macht kein finsteres Gesicht wie die Heuchler. Sie geben sich ein trübseliges Aussehen, damit die Leute merken, daß sie fasten. Amen, das sage ich euch: Sie haben ihren Lohn bereits erhalten. Du aber salbe dein Haar, wenn du fastest, und wasche dein Gesicht, damit die Leute nicht merken, daß du fastest, sondern nur dein Vater, der auch das Verborgene sieht; und dein Vater, der das Verborgene sieht, wird es dir vergelten." (Mt 6,16-18)

Aber: Religion geht nicht in Moral auf. Das belegen besonders die Antithesen der Bergpredigt (vgl. Mt 5-7) – etwa die Korrektur des alttestamentlichen Tötungsverbots – in denen ein Überschuß des Religiösen über das Moralische zur Geltung kommt:

[127] „Wenn du deine Opfergabe zum Altar bringst und dir dabei einfällt, daß dein Bruder etwas gegen dich hat, so laß deine Gabe dort vor dem Altar liegen; geh und versöhne dich zuerst mit deinem Bruder, dann komm und opfere deine Gabe." (Mt 5,23-24)

- Die entscheidende Frage heißt nicht „Wie weit darf ich gehen?", sondern: „Wo steht der andere?"
- Dieser quasi mystische Überschuß über das Moralisch-Sittliche läßt sich am ehesten poetisch ins Wort bringen, etwa so wie bei Robert Musil:

[128] „Ich glaube, daß alle Vorschriften unserer Moral Zugeständnisse an eine Gesellschaft von Wilden sind [...]. Ein anderer Sinn schimmert dahinter. Ein Feuer, das sie umschmelzen sollte [...]. Die Moral, die uns überliefert wurde, ist so, als ob man uns auf ein schwankendes Seil hinausschickte, das über einen Abgrund gespannt ist [...] und uns keinen anderen Rat mitgäbe als den: Halte dich recht steif![...] Ich glaube, man kann mir tausendmal aus geltenden Gründen beweisen, etwas sei gut oder schön, es wird mir gleichgültig bleiben, und ich werde mich einzig und allein nach dem Zeichen richten, ob mich seine Nähe steigen oder sinken macht. Ob ich davon zum Leben geweckt werde oder nicht."[129]

- Gibt es auch spätantike und mittelalterliche Religionskritik?
    - Nicht im Sinn expliziter Argumentation,
    - aber in nicht-diskursiven Formen:
        - Mönchtum (Askese; Bettelorden etc.),
        - Mystik.

Testfragen:

1. Mit welcher Absicht treiben bereits die frühesten Philosophen Religionskritik? Welche Perspektiven werden dabei aufgegriffen?
2. Welches Grundverhältnis zwischen Philosophie und „Theologie" steht hinter den Anfängen der Religionskritik?

---

[129] MUSIL: Mann ohne Eigenschaften. 769f.

3. Worum wird in der zweiten Welle griechischer Aufklärung (Sophisten vs. Sokrates) religionskritisch gerungen?
4. In welchem Sinn gibt es eine jüdische Aufklärung und was macht das Spezifikum von deren Religionskritik aus?
5. Worauf machen aufklärerische Motive im Neuen Testament aufmerksam?

2.4 Nachbilder der Ursprungsmotive:
Zur Herausforderung der modernen Religionskritik

§ 62 Nach der „Sattelzeit" verselbständigen sich zentrale Motive der Religionskritik zu eigenständigen Konzeptionen, die eine prinzipielle Überwindung von Religion durch anthropologische, sozialanalytische, ideologiekritische, psychologische oder wissenssoziologische Analyse intendieren.

- Die Herausforderungen, die sich an der Wende vom 18. zum 19. Jahrhundert philosophisch wie theologisch aufdrängen und
    - zu einer Verinwendigung von Religion im Sinn von Subjektivierung führen,
    - den Gedanken des Unbedingten mit dem der Sittlichkeit und der Freiheit verknüpfen und
    - in die Suche nach einem neuem Gottesbild bzw. -begriff zwischen Pantheismus und Atheismus treiben,

stellen sich in auffallender Parallele an der Wende vom 20. zum 21. Jahrhundert wieder (oder immer noch). Dafür steht
    - einerseits die „Gott-ist-tot"-Theologie – vgl. etwa Dorothee Sölle[130] – mit der These von der radikalen Abwesenheit Gottes und einer Unmöglichkeit von Offenbarungstheologie, so daß Theologie nur die Gestalt von Ethik haben kann. Der Ernst dieser Position:

[129] „Unser Warten auf Gott, unsere Gottlosigkeit, ist zum Teil die Suche nach einer Sprache und einem Stil, durch die wir in die Lage versetzt werden könnten, wieder vor ihm zu stehen [...]."[131]

Im Vergleich zum Aufkommen der „Gott-ist-tot-Theologie" stellt sich heute die Herausforderung des Atheismus noch schärfer, sofern sie nicht mehr als intellektuelle Position, sondern als atmosphärisch-pragmatische Selbstverständlichkeit auftritt.

- Andererseits verbreiten sich etliche Spielarten von Pantheismus, nicht selten unter „New Age"-Vorzeichen. So begreift etwa Matthew Fox[132] die Welt als Medium der Gottesbegegnung, was natürlich mit einer Relativierung verfaßter, kategorialer Religiosität einhergeht.

- Lösungen stehen weiterhin aus,
    - weil die Anfragen der modernen Religionsphilosophie seitens der Theologie unterschätzt wurden;
    - es darum zur Ausgliederung religionsphilosophischer Motive zu

---

[130] Vgl. SÖLLE, Dorothee. Stellvertretung. Ein Kapitel Theologie nach dem „Tode Gottes". Stuttgart; Berlin 1965.
[131] HAMILTON, William: „Death of God Theology" in den Vereinigten Staaten. In: PTh 56 (1967). 353-362. 425-436. 429. 433. Hier 429.
[132] Vgl. FOX, Matthew: Der Grosse Segen. Umarmt von der Schöpfung. München 1991.

selbständigen religions- und kulturkritischen Denksysteme kam;
- diese wiederum – herausgelöst aus dem ursprünglichen Kontext – eine im Vergleich zur ursprünglichen Intention gegenläufige Dynamik entwickelten („Nachbilder").

2.41 Religion als Projektion

- Für Ludwig Feuerbach (1804-1872) hat die Theologie ihre Wahrheit in der Anthropologie:
[130] „Gott ist der Spiegel des Menschen."[133]
- In Religion geschieht eine Verobjektivierung des menschlichen Wesens unter gleichzeitiger Entgrenzung seiner endlichen Züge, die dann unter dem Namen „Gott" wieder Objekt des Denkens werden;
- um die Anthropologie als das Geheimnis der Theologie aufzudecken, brauchen nur Subjekt und Prädikat in theologischen Sätzen ausgetauscht zu werden („Gott ist die Liebe" heißt in Wahrheit „Die Liebe ist Gott").
- Feuerbachs Ziel ist die Vollendung der christlichen Religion durch Explikation von deren Anspruch – der Liebe – an die praktische Vernunft. Friedrich Engels (1820-1895) hat das heftig kritisiert:
[131] „Aber die Liebe! – Ja, die Liebe ist überall und immer der Zaubergott, der bei Feuerbach über alle Schwierigkeiten des praktischen Lebens hinweghelfen soll – und das in einer Gesellschaft, die in Klassen mit diametral entgegengesetzten Interessen gespalten ist. Damit ist denn der letzte Rest ihres revolutionären Charakters aus der Philosophie verschwunden, und es bleibt nur die alte Leier: Liebet euch untereinander, fallt euch in die Arme ohne Unterschied des Geschlechts und des Standes – allgemeiner Versöhnungsdusel!"[134]

- Der Anthropomorphismus-Gedanke fungiert als Leitfaden der Feuerbachschen Religionskritik:
[132] „Die Religion im allgemeinen [...] ist identisch mit dem *Selbstbewußtsein*, mit dem Bewußtsein des Menschen von seinem *Wesen*. Aber die Religion ist, allgemein ausgedrückt, Bewußtsein des Unendlichen; sie ist also und kann nichts andres sein als das Bewußtsein des Menschen von seinem, und zwar nicht endlichen, beschränkten, sondern *unendlichen*, Wesen [...]. Das Bewußtsein des Unendlichen ist nichts andres als das Bewußtsein von der *Unendlichkeit des Bewußtseins*. Oder: Im Bewußtsein des Unendlichen ist dem Bewußten nur die *Unendlichkeit des eignen Wesens* Gegenstand."[135]
- Gegenstand konsistenter Kritik an Feuerbach muß nicht der Projektionsgedanke sein (der ist unproblematisch), sondern sein Selbstbewußtseinsbegriff; denn:
- für Feuerbach ist Religion bewußtloses Selbstbewußtsein;

---

[133] FEUERBACH, Ludwig: Das Wesen des Christentums. In: Ders.: Gesammelte Werke. Bd. 5. Hrsg. von Werner Schuffenhauer. Berlin 1973. 127 (Künftig zitiert: FEUERBACH: Wesen.)
[134] ENGELS, Friedrich: Ludwig Feuerbach und der Ausgang der klassischen deutschen Philosophie. In: MES .182-222. Hier 206.
[135] FEUERBACH: Wesen. 29-30.

- Bewußtsein kann aber nicht bewußtlos sein: Selbstbewußtsein ist präreflexives Mit-Sich-Vertrautsein (vgl. ↗Anthropologie), denn:
- Wenn Selbstbewußtsein Resultat des Reflexionsaktes wäre, dann wäre notwendig das als Subjekt der Reflexion vorausgesetzt, was erst durch den reflexiven Akt expliziert werden soll;
- und wie kann Selbstbewußtsein wissen, daß es um *sich* weiß, wenn es nicht vor jedem reflexiven Akt schon mit sich vertraut ist?
- Feuerbachs unzureichender Selbstbewußtseinsbegriff macht Religion notwendig zu einer Weise der Selbstentfremdung:

[133] „Der Mensch trennt sich in der Religion von sich selbst, aber nur, um *immer wieder auf denselben Punkt zurückzukommen, von dem er ausgelaufen*. Der Mensch negiert sich, aber nur, um sich wieder zu setzen, und zwar jetzt in verherrlichter Gestalt; je mehr er sich in seinen Augen erniedrigt, desto höher steigt er in den Augen Gottes. Und er negiert sich, weil der *positive* Mensch, der *positivus der Menschheit* Gott ist; er erniedrigt sich, weil Gott der erhöhte Mensch ist. Gott ist Mensch; darum muß der Mensch von sich selbst so niedrig als möglich denken. Er braucht nichts für sich zu sein, weil das, was er ist, schon sein Gott ist. Gott ist sein Ich; darum muß er sich verleugnen."[136]

Wo immer diese Verknüpfung von menschlicher Selbsterniedrigung und Gottesgedanke auftritt, ist das Indiz für eine unzureichende Anthropologie.

2.42 Religion als gesellschaftliches Sedativum

- Karl Marx und Friedrich Engels machen den Zusammenhang von Religionsphilosophie und Sozialphilosophie zum Leitfaden einer Erweiterung der Kritik Feuerbachs um die materiale Dimension menschlichen Daseins:

[134] „Feuerbach löst das religiöse Wesen in das menschliche Wesen auf. Aber das menschliche Wesen ist kein dem einzelnen Individuum inwohnendes Abstraktum. In seiner Wirklichkeit ist es das Ensemble der gesellschaftlichen Verhältnisse."[137]

- Religion ist das Produkt gesellschaftlicher Verhältnisse als Resultat gesellschaftlicher Widersprüche:

[135] „Die Philosophen haben die Welt nur verschieden interpretiert, es kömmt darauf an, sie zu verändern."[138]

- Religion ist sowohl Resultat als auch stabilisierender Faktor ungerechter Verhältnisse:

[136] „Die Aufhebung der Religion als des illusorischen Glücks des Volkes ist die Forderung seines wirklichen Glücks. Die Forderung, die Illusionen über seinen Zustand aufzugeben, ist die Forderung, einen Zustand aufzugeben, der der Illusion bedarf. Die Kritik der Religion ist also im Keim die Kritik des Jammertales, dessen Heiligenschein die Religion ist. Die Kritik hat die imaginären Blumen an der Kette zerpflückt, nicht damit der Mensch die phan-

---

[136] FEUERBACH: Wesen. 310.
[137] MARX, Karl: [Thesen über Feuerbach]. In: MES. Bd. 1. 139-141. Hier 140.
[138] Marx, Karl: [Thesen über Feuerbach]. In: MES. Bd. 1. 141.

tasielose, trostlose Kette trage, sondern damit er die Kette abwerfe und die lebendige Blume breche."¹³⁹

- Wahrheit über die menschliche Existenz und Freiheit machen das Zentrum dieser Kritik aus;
- der Marxismus – mit seinem unübersehbaren messsianischen Zug – versteht sich heimlich als wahre Religion unter den Bedingungen der Industriegesellschaft.
- Die Herausforderung und die diagnostische Kraft des Marxismus bestehen auch nach dem Ende des „Kalten Krieges" fort;
- theologische Gegenkritik überzeugt nur, wenn die Schaffung sozialer Gerechtigkeit und ausreichender Lebensgrundlagen als konstitutives Anliegen der Religion selbst einsichtig gemacht werden kann (Ansatz: Exodus-Geschehen); das geschieht besonders in den Befreiungstheologien als einem kritisch-aufgeklärten Paradigma von Religion.

2.43 Religion als Ressentiment und Kompensation

- Friedrich Nietzsche (1844-1900) erblickt die Funktion von Religion darin, den Schwachen und Zu-kurz-Gekommenen über ihre Inferiorität hinwegzuhelfen, indem die Schwäche moralisierend in Stärke umgelogen wird:

[137] „Es giebt bei dem Menschen wie bei jeder anderen Thierart einen Überschuss von Missrathenen, Kranken, Entartenden, Gebrechlichen, nothwendig Leidenden; die gelungenen Fälle sind auch beim Menschen immer die Ausnahme und sogar in Hinsicht darauf, dass der Mensch das noch nicht festgestellte Thier ist, die spärliche Ausnahme [...]. Wie verhalten sich nun die genannten beiden grössten Religionen [sc. Buddhismus und Christentum] zu diesem Überschuss der misslungenen Fälle? Sie suchen zu erhalten, im Leben festzuhalten, was sich nur irgend halten lässt, ja sie nehmen grundsätzlich für sie Partei, als Religionen für Leidende, sie geben allen Denen recht, welche am Leben wie an einer Krankheit leiden, und möchten es durchsetzen, dass jede andre Empfindung des Lebens als falsch gelte und unmöglich werde. Möchte man diese schonende und erhaltende Fürsorge, insofern sie neben allen anderen auch dem höchsten, bisher fast immer auch leidensten Typus des Menschen gilt und galt, noch so hoch anschlagen: in der Gesammt-Abrechnung gehören die bisherigen, nämlichen souveränen Religionen zu den Hauptursachen, welche den Typus 'Mensch' auf einer niedrigeren Stufe festhielten, – sie erhielten zu viel von dem, was zu Grunde gehn sollte."¹⁴⁰

- Gegentypus ist der Übermensch, für den es Grenzen nur gibt, um sie zu überwinden und darin Kraft und Macht zu zeigen (und zu stählen); dies impliziert
- einen theoretischen Atheismus,
  - weil der Gottesgedanke nur dem Erschrecken des Menschen über die eigene Macht entspringe, so daß er seine Herkunft einem Größe-

---

¹³⁹ MARX, Karl: Zur Kritik der Hegelschen Rechtsphilosophie. Einleitung. In: MES. Bd. 1. 17-30. Hier 17-18.
¹⁴⁰ NIETZSCHE, Friedrich: Jenseits von Gut und Böse. §62. In: KSA 5. 9-243. Hier 81-82.

ren zuschreibe;
- weil das seiner innewerdende Leben gewahrt, daß Gott nur Widerspruch gegen es ist und die These vom Tod Gottes nur aufdeckt, daß Gott immer schon tot ist und sich in dieser Erkenntnis das Leben als stärker erweist:

[138] „Diese lange Fülle und Folge von Abbruch, Zerstörung, Untergang, Umsturz, die nun bevorsteht: wer erriethe heute schon genug davon, um den Lehrer und Vorausverkünder dieser ungeheuren Logik von Schrecken abgeben zu müssen, den Propheten einer Verdüsterung und Sonnenfinsterniss, deren Gleichen es wahrscheinlich noch nicht auf Erden gegeben hat?"[141]

- Die „nächsten Folgen": Der Tod Gottes löst Erleichterung aus, weil wieder Abenteuer der Erkenntnis gewagt werden können;
- Die langfristigen Folgen faßt Nietzsche in zwei Gleichnisse:

[139] „Die Gefangenen. – Eines Morgens traten die Gefangenen in den Arbeitshof; der Wärter fehlte. Die Einen von ihnen giengen, wie es ihre Art war, sofort an die Arbeit, Andere standen müssig und blickten trotzig umher. Da trat Einer vor und sagte laut: 'Arbeitet, so viel ihr wollt oder thut Nichts: es ist Alles gleich. Eure geheimen Anschläge sind an's Licht gekommen, der Gefängnisswärter hat euch neulich belauscht und will in den nächsten Tagen ein fürchterliches Gericht über euch ergehen lassen. Ihr kennt ihn, er ist hart und nachtträgerischen Sinnes. Nun aber merkt auf: ihr habt mich bisher verkannt; ich bin nicht, was ich scheine, sondern viel mehr: ich bin der Sohn des Gefängnisswärters und gelte Alles bei ihm. Ich kann euch retten, ich will euch retten; aber, wohlgemerkt, nur Diejenigen von euch, welche mir glauben, dass ich der Sohn des Gefängnisswärters bin; die Uebrigen mögen die Früchte ihres Unglaubens ernten.' 'Nun, sagte nach einigem Schweigen ein älterer Gefangener, was kann dir daran gelegen sein, ob wir es dir glauben oder nicht glauben? Bist du wirklich der Sohn und vermagst du Das, was du sagst, so lege ein gutes Wort für uns Alle ein: es wäre wirklich recht gutmüthig von dir. Das Gerede von Glauben und Unglauben aber lass' bei Seite!' 'Und, rief ein jüngerer Mann dazwischen, ich glaub' es ihm auch nicht: er hat sich nur Etwas in den Kopf gesetzt. Ich wette, in acht Tagen befinden wir uns gerade noch so hier wie heute, und der Gefängnisswärter weiss Nichts.' 'Und wenn er etwas gewusst hat, so weiss er's nicht mehr', sagte der Letzte der Gefangenen, der jetzt erst in den Hof hinabkam; 'der Gefängnisswärter ist eben plötzlich gestorben'. – Holla, schrien mehrere durcheinander, holla! Herr Sohn, Herr Sohn, wie steht es mit der Erbschaft? Sind wir vielleicht jetzt deine Gefangenen? – 'Ich habe es euch gesagt, entgegnete der Angeredete mild, ich werde Jeden freilassen, der an mich glaubt, so gewiss als mein Vater noch lebt'. – Die Gefangenen lachten nicht, zuckten aber mit den Achseln und liessen ihn stehen."[142]

- Auch nur die Vermutung, Gott könnte tot sein, reicht, daß jede Heilsbotschaft zu spät kommt;
- ist Religion als Illusion durchschaut, bleibt Ratlosigkeit.

In der Parabel vom „tollen Menschen" steigert sich die Vision von den Konsequenzen des Gottestodes zum Horrorgemälde:

[140] „Habt ihr nicht von jenem tollen Menschen gehört, der am hellen Vormittage eine Laterne anzündete, auf den Markt lief und unaufhörlich schrie: 'Ich suche Gott! Ich suche Gott!' – Da dort gerade Viele von Denen zusammen standen, welche nicht an Gott glaubten, so erregte er ein großes Gelächter. Ist er denn verloren gegangen? sagte der Eine. Hat er sich verlaufen wie ein

---

[141] NIETZSCHE, Friedrich: Die Fröhliche Wissenschaft. In: KSA 3. 343-651. Hier 573. [Künftig zitiert: NIETZSCHE: Wissenschaft.]
[142] NIETZSCHE, Friedrich: Menschliches, Allzumenschliches. In: KSA 2. 590-591.

Kind? sagte der Andere. Oder hält er sich versteckt? Fürchtet er sich vor uns? Ist er zu Schiff gegangen? ausgewandert? – so schrieen und lachten sie durcheinander. Der tolle Mensch sprang mitten unter sie und durchbohrte sie mit seinen Blicken. 'Wohin ist Gott? rief er, ich will es euch sagen! Wir haben ihn getödtet, – ihr und ich! Wir Alle sind seine Mörder! Aber wie haben wir dies gemacht? Wie vermochten wir das Meer auszutrinken? Wer gab uns den Schwamm, um den ganzen Horizont wegzuwischen? Was thaten wir, als wir diese Erde von ihrer Sonne losketteten? Wohin bewegt sie sich nun? Wohin bewegen wir uns? Fort von allen Sonnen? Stürzen wir nicht fortwährend? Und rückwärts, seitwärts, vorwärts, nach allen Seiten? Giebt es noch ein Oben und ein Unten? Irren wir nicht wie durch ein unendliches Nichts? Haucht uns nicht der leere Raum an? Ist es nicht kälter geworden? Kommt nicht immerfort die Nacht und mehr Nacht? Müssen nicht Laternen am Vormittage angezündet werden? Hören wir noch Nichts von dem Lärm der Todtengräber, welche Gott begraben? Riechen wir noch Nichts von der göttlichen Verwesung? – auch Götter verwesen! Gott ist todt! Gott bleibt todt! Und wir haben ihn getödtet! Wie trösten wir uns, die Mörder aller Mörder? Das Heiligste und Mächtigste, was die Welt bisher besass, es ist unter unsern Messern verblutet, – wer wischt diess Blut von uns ab? Mit welchem Wasser könnten wir uns reinigen? Welche Sühnfeiern, welche heiligen Spiele werden wir erfinden müssen? Ist nicht die Grösse dieser That zu gross für uns? Müssen wir nicht selber zu Göttern werden, um nur ihrer würdig zu erscheinen? Es gab nie eine größere That, – und wer nur immer nach uns geboren wird, gehört um dieser That willen in eine höhere Geschichte, als alle Geschichte bisher war!' – Hier schwieg der tolle Mensch und sah wieder seine Zuhörer an: auch sie schwiegen und blickten befremdet auf ihn. Endlich warf er seine Laterne auf den Boden, dass sie in Stücke zersprang und erlosch. 'Ich komme zu früh, sagte er dann, ich bin noch nicht an der Zeit. Diess ungeheure Ereigniss ist noch unterwegs und wandert, – es ist noch nicht bis zu den Ohren der Menschen gedrungen. Blitz und Donner brauchen Zeit, das Licht der Gestirne braucht Zeit, Thaten brauchen Zeit, auch nachdem sie gethan sind, um gesehen und gehört zu werden. Diese That ist ihnen immer noch ferner, als die fernsten Gestirne, – und doch haben sie dieselbe gethan!' – Man erzählt noch, dass der tolle Mensch des selbigen Tages in verschiedene Kirchen eingedrungen sei und darin sein Requiem aeternam deo angestimmt habe. Hinausgeführt und zur Rede gesetzt, habe er immer nur diess entgegnet: 'Was sind denn diese Kirchen noch, wenn sie nicht die Grüfte und Grabmäler Gottes sind?"[143]

- Dieses Anti-Gleichnis steht in einem Zusammenhang mit dem ontologischen Gottesbeweis Anselms von Canterbury (↗Gotteslehre): Das „Wegwischen des Horizonts" fungiert als Gegenstück zur Gewißheit der Existenz dessen, worüberhinaus Größeres nicht gedacht werden kann;[144]

- die Gottesmörder sind Subjekte einer neuen, höheren Geschichte, die Nietzsche als Nihilismus qualifiziert. Brisant dabei:

- Als Wegbereiter des Nihilismus gilt das Christentum, da dessen Substanz Moral bzw. Werte ausmachen:
  - Der Mensch setzt Werte, um mit dem Leben zurecht zu kommen;
  - wird diese Herkunft der Werte vergessen und werden sie selbst verabsolutiert, so schlagen sie in Lebensfeindlichkeit um;

---

[143] NIETZSCHE: Wissenschaft. 481-482.
[144] BISER, Eugen: Nietzsche. In: Weger, Karl-Heinz (Hg.): Religionskritik von der Aufklärung bis zur Gegenwart. Freiburg ⁴1988. 243-244

- diese Wendung weg vom Leben ist eine Wendung ins Nichts:

[141] „Welche V o r t h e i l e bot die christliche Moralhypothese? 1) sie verlieh dem Menschen einen absoluten W e r t h [...]."[145]

- So verrät das Christentum die Lebensunmittelbarkeit des Menschen; alles, was sich daraus an Lebensverneinung ergibt, erklärt es zu Gott.

Nach dem Tod der alten Götter kann der Übermensch leben und kann ein neues Göttliches jenseits theistisch-moralischer Gestalt virulent werden:

[142] „Ihr nennt es die Selbstzersetzung Gottes: es ist aber nur seine Häutung: – er zieht seine moralische Haut aus! Und ihr sollt ihn bald wiedersehen, jenseits von gut und böse."[146]

- Nietzsche radikalisiert das genetisch-psychologische Kritik-Motiv;
- die Infragestellung der Versittlichung der Religionsthematik verweist auf eine mögliche Engführung der modernen Religionskritik;
- Nicht einfach um Gottesleugnung geht es, sondern um den Gottesbegriff und ineins damit um den Begriff des Menschen: Gott als Ja zum Diesseits, zum Leben.

- Hier liegt eine der berechtigten Herausforderungen an die Adresse der Theologie;
- gleichzeitig hat diese Nietzsches, heute vielstimmig rezitierte (↗Hermeneutik) Verkürzung und Verzeichnung der Substanz des Christlichen abzuweisen, vor allem
- seine Kritik am christlichen Subjekt-Gedanken, die sich bis zur Verachtung des Christentums steigert:

[143] „Dass Jeder als 'unsterbliche Seele' mit Jedem gleichen Rang hat, dass in der Gesammtheit aller Wesen das 'Heil' jedes Einzelnen eine ewige Wichtigkeit in Anspruch nehmen darf, dass kleine Mucker und Dreiviertels-Verrückte sich einbilden dürfen, dass um ihretwillen die Gesetze der Natur beständig durchbrochen werden – eine solche Steigerung jeder Art Selbstsucht ins Unendliche, ins Unverschämte kann man nicht mit genug Verachtung brandmarken. Und doch verdankt das Christenthum dieser erbarmungswürdigen Schmeichelei vor der Personal-Eitelkeit seinen Sieg, – gerade alles Missrathene, Aufständisch-Gesinnte, Schlechtweggekommene, den ganzen Auswurf und Aushub der Menschheit hat es damit zu sich überredet."[147]

Diese Zerstörung alles Aristokratischen wurzelt letztlich im Gottesbegriff:

[144] „Der christliche Gottesbegriff – Gott als Krankengott, Gott als Spinne, Gott als Geist – ist einer der corruptesten Gottesbegriffe, die auf Erden erreicht worden sind; [...] Gott zum Widerspruch des Lebens abgeartet, statt dessen Verklärung und ewiges Ja zu sein! [...] Gott die Formel für jede Verleumdung des 'Diesseits', für jede Lüge vom 'Jenseits'! In Gott das Nichts vergött-

---

[145] NIETZSCHE, Friedrich: Der Wille zur Macht. 1. und 2. Buch. In: KSA 12. 211.
[146] NIETZSCHE, Friedrich: Nachgelassene Fragmente. Juli 1882 – Winter 1883/84. In: KSA 10. 105.
[147] NIETZSCHE, Friedrich: Der Antichrist. In: KSA 6. 165-254. Hier 217. [Künftig zitiert: NIETZSCHE: Antichrist.]

licht, der Wille zum Nichts heilig gesprochen!"[148]
- Eine stichhaltige Kritik an Nietzsche kann nur eine präzise philosophisch-theologische Reflexion von Subjektivität leisten.

2.44 Religion als Krankheit

- Sigmund Freud (1856-1939) hat in der von ihm begründeten Psychoanalyse in problematischen Vorentscheidungen religiöse Praxis und Neurose bzw. religiöse Lehre und Illusion
  - zunächst analogisiert,
  - dann identifiziert.

- Der Ausgangspunkt ist ein anthropologischer:
  - Der Mensch wird als Triebwesen verstanden;
  - Ziel ist die Vermittlung der aus dieser Verfassungen resultierenden Konflikte;
  - zentrale Überlegung:
    - Psychische Inhalte werden ins Unbewußte verdrängt;
    - sie beeinflussen von dort das bewußte Leben;
    - die entscheidenden Verdrängungen finden in der Kindheit statt.
  - Abwehrmechanismen verhindern die Rückkehr der ins Unbewußte abgedrängten Inhalte in die Sphäre des Bewußtseins und
  - erzeugen Symptome als Indizien einer krankhaften Konfliktbewältigung zwischen Trieberfüllung und Triebverzicht.

- Zum elementaren Konflikt schlechthin (zwischen Trieberfüllung und -verzicht) kommt es frühkindlich durch die Abwesenheit der Mutter.
Die Situation in der Beschreibung durch E. Drewermann:
[145] „Ein kleines Kind in seiner vollständigen Hilflosigkeit ist auf Gedeih und Verderb auf seine Mutter angewiesen. Sie ist ihm alles zugleich: Schutz, Nahrung, Wärme, Geborgenheit, Sauberkeit, Fürsorge, Glück, Freude – aber natürlich unter Umständen auch Angst, Schrecken, Zorn und Verzweiflung. In all den Fällen, da die Mutter sich dringlichen Wünschen ihres Kleinkindes verweigert, zum Beispiel weil sie abwesend ist oder krank oder anderweitig beschäftigt oder einfach unlustig, kann in dem Kind, das nicht weiß, wie lange dieser Zustand dauern wird, Angst vor endgültiger Verlassenheit ausbrechen."[149]
  - Die Verlusterfahrung läßt sich nur aushalten, wenn die Mutter auch anders könnte;
  - dann aber ist ihr jetziges Fehlen Strafe aufgrund von Schuld;
  - das Bösesein auf die Mutter kehrt sich um in ein Bösesein des Kindes als

---

[148] NIETZSCHE: Antichrist. 185.
[149] DREWERMANN, Eugen: Glauben in Freiheit oder Tiefenpsychologie und Dogmatik. Bd. 1: Dogma, Angst und Symbolismus. Solothurn; Düsseldorf 1993. 318-319. [Künftig zitiert: DREWERMANN: Glauben.]

Grund für den Entzug;
- die Aggressionen werden verdrängt, damit die Mutter zurückkehrt;
- dem werden alle Wunschregungen eingeordnet, die das Kind erfüllen möchte, jedoch als gefährlich (Entzug der Mutter) erachtet.

- Unterschieden werden vier klassische Phasen der Triebentwicklung:
    - Erste Lebensmonate: Wird der Wunsch nach Geborgenheit aus Verlustangst übermäßig verdrängt, entsteht jene Gefühlsarmut, innere Haltlosigkeit und Überdistanziertheit, die typisch ist für das schizoide Charakterbild;
    - Orale Phase: Wird der Trieb nach Aneignung und Besitz übermäßig gehemmt, bildet sich der Grundzug der depressiven Einstellung aus;
    - Anale Phase: Steckt das Kind im Machtkampf und im Umgang mit eigenen Aggressionen immer nur zurück, entsteht eine Tendenz zur Zwangsneurose als Angst vor Äußerungen eigenen Willens;
    - Ödipale Phase: Geraten sexuelle Regungen unter einen Überdruck von Moralvorstellungen, so werden Ängste und Verdrängungen freigesetzt, die in ein hysterisches Hin und Her zwischen Verlangen nach einem Gegenüber und Bindungsangst treiben.
    - Wenn sich solche Tendenzen zu Grundhaltungen verfestigen, die ohne angstmachenden Anlaß auftreten, so liegen die klassischen Neurosen Schizoidie, Depression, Zwangsneurose oder Hysterie vor;
    - bestimmen Neurosen die ganze Weltsicht eines Menschen, dann liegen Psychosen vor; in ihnen kehrt sich die Angst vor Gefahr selbst in eine Gefahr um.

- Religion steht in engstem Zusammenhang mit der ödipalen Phase:
    - Das Kind erlebt den Vater in einer Ambivalenz von Liebe und Haß;
    - die Triebregungen werden ins Unbewußte abgedrängt;
    - durch kulturelle Ge- und Verbote wird das Verdrängte zum „Über-Ich" verfestigt;
    - dieses ist ein über den Vater vermittelter kultureller Faktor, der als Zensurinstanz gegen die Rückkehr des unangenehmen Verdrängten ins Bewußtsein fungiert;
    - zu diesem „Unangenehmen" gehört auch die Härte der Wirklichkeit;
    - in Religion geschieht Flucht vor dieser Wirklichkeit, also handelt es sich bei Religion um eine Neurose, weil der religiöse Mensch in die von Wünschen bestimmte Welt des Kindes regrediert:
[146] „Der letzte Grund der Religionen ist die infantile Hilflosigkeit des Menschen."[150]

- Damit wurzelt Religion im Irrationalen, nicht in vernunftgeleiteter Welt-

---

[150] Zit. nach: JONES, Ernest: Leben und Werk von Sigmund Freud. Bd. 2. Bern; Stuttgart 1962. 413.

auslegung;
- Kultur ist der „Sitz im Leben" der Religion;
- Religion fordert Triebverzicht und versöhnt zugleich mit ihm; so bewirkt sie Furcht und Trost zugleich. Paul Ricœur (↗Hermeneutik) kommentiert:

[147] „Diese Härte besteht in der Ohnmacht des Menschen gegenüber den zermalmenden Naturkräften, gegenüber Krankheit und Tod, in der Ohnmacht, die Ich-Du-Beziehung zu bewältigen, die zu Haß und Krieg verurteilt bleibt, in der Ohnmacht, die Kräfte seines Instinkts zu beherrschen, die ihn von innen her bedrohen, und gleichzeitig den unerbittlichen Herrn in Gestalt des Über-Ich zufriedenzustellen: Auf diese Härte des Lebens antwortet der Trost, den die Religion spendet."[151]

- Für Freud ist Religion neurotisch, weil sie zuviel Triebverzicht fordert und keinen wirklichen Trost bieten kann: Darum gilt ihm
    - religiöse Praxis als Zwangsneurose;
    - Neurose als individuelle Religiosität;
    - Religion als kollektive Zwangsneurose;
    - Glaubenslehre als Illusion.
- Verdrängte infantile Wunschvorstellungen sind die Wurzel des regressiven Moments, das sich im Bedürfnis nach einer allmächtigen schützenden Instanz geltend macht:

[148] „Kritiker beharren darauf, einen Menschen, der sich zum Gefühl der menschlichen Kleinheit und Ohnmacht vor dem Ganzen der Welt bekannt, für 'tief religiös' zu erklären, obwohl nicht dieses Gefühl das Wesen der Religiosität ausmacht, sondern erst der nächste Schritt, die Reaktion darauf, die gegen dies Gefühl eine Abhilfe sucht. Wer nicht weiter geht, wer sich demütig mit der geringfügigen Rolle des Menschen in der großen Welt bescheidet, der ist vielmehr irreligiös im wahren Sinn des Wortes."[152]

Der religiöse Mensch erleidet durch seine Realitätsflucht einen partiellen Wirklichkeitsverlust und ist so seiner Welt entfremdet.

- Einwände, die sich gegen Freud erheben lassen:
    - Analogieschlüsse (Religion entspricht Neurose etc.) sind problematisch;
    - der Religionsbegriff ist auf die Vatergestalt zentriert (Mutterreligionen?);
    - im Verhältnis von Realitätsbegriff und Gottesgedanke liegt ein Zirkel vor (wenn wissenschaftlich beschreibbare Wirklichkeit Maßstab für seelische Gesundheit ist, *muß* der Gottesglaube krankhaft sein, sofern Gott in dieser Wirklichkeit nicht vorkommen kann);
    - in der Psychoanalyse selbst wird seit einiger Zeit die Differenz bewußt-unbewußt in Zweifel gezogen;[153]

---

[151] RICŒUR, Paul: Der Atheismus in der Psychoanalyse Freuds. In: Nase, Eckhart – Schafenberg, Joachim (Hgg.): Psychoanalyse und Religion. Darmstadt 1977. 206-218. Hier 209.
[152] FREUD, Sigmund: Die Zukunft einer Illusion (1927). In: Ders.: Studienausgabe. Bd. 9. Hrsg. von A. Mitscherlich, A. Richards und J. Strachey. Frankfurt a.M. 1974. 135-189. Hier 166. [Künftig zitiert: FSA.]
[153] Vgl. POHLEN, Manfred – BAUTZ-HOLZHERR, Margarethe: Psychoanalyse – das Ende einer Deutungsmacht. Reinbek b. Hamburg 1995. 12-13. 37-53.

- Religion ist kein Resultat des Unbewußten bzw. Irrationalen, sondern hängt im Gegenteil mit vernunftgeleiteter Selbstbeschreibung zusammen (vgl. ↗Anthropologie);
- Religion täuscht nicht über menschliche Marginalität hinweg, sondern ermöglicht erst deren wirkliche Annahme.

- Freuds Religionskritik ist an ihr Ende gekommen. Dennoch bleibt in zwei Hinsichten eine Relevanz:
  - Die Trostfunktion von Religion
    - darf nicht vereinseitigt oder strategisch eingesetzt werden – etwa durch eine überaffirmative liturgische Sprache; Rätsel, Brüche, Schrei und Klage dürfen nicht weggedrängt werden,
    - andernfalls käme es zu der von Freud unterstellten Wirklichkeitshalbierung;
- mit einigen Kategorien der Psychoanalyse können religiöse/ekklesiogene Zwangsneurosen aufgrund vor allem eines Gottesbildes im Sinne eines strafenden, rächenden Richtergottes diagnostiziert und aufgehoben werden. Vier Faktoren sind dabei zu beachten:[154]
  a) Die herausragende Rolle einer väterlichen Macht kann die Unterdrückung des Individuellen bewirken;
  b) die Vaterautorität kann sich in der Psyche bis dahin verfestigen, daß das eigene Ich mit Über-Ich-Inhalten austauschbar wird;
  c) der infantile Charakter solcher Religiosität kann im Interesse kirchlicher Autorität als dessen Nutznießer liegen;
  d) die Ambivalenz der Gefühle gegenüber der Autorität kann die aggressiven Regungen auf das Subjekt selbst zurückbiegen und zu selbstquälerischer Buße führen, die die (gehaßte) Autorität als vergebende Macht braucht.

  Das Gemisch aus abgespaltenen Gefühlen, Gesten der Unterwerfung und Akten von Wiedergutmachung führt zu einer zwangsneurotischen Persönlichkeit; Sozialstrukturen, die das fördern, sind ihrerseits als zwangsneurotisch zu bezeichnen. Inwieweit das in einer Glaubensgemeinschaft der Fall ist, muß einzeln geprüft werden. Trifft es faktisch zu, dann gilt:

[149] „Aus der Förderung der Person des Einzelnen ist hier die Forderung zur 'Liebe der Kirche' geworden; die Entfaltung der Persönlichkeit als das eigentliche Thema des Religiösen hat sich hier in die Aufgabe der Angleichung des Persönlichen in das lehramtlich Vorgegebene verwandelt; und das elementare Bedürfnis, selber leben zu wollen, verkehrt sich jetzt unter massiven Selbstvorwürfen zu einem abgeleiteten Leben fremder Erlaubnisvorgaben unter der Voraussetzung der vollkommenen Identifikation mit der 'Heilsgemeinschaft' der 'Kirche' selbst."[155]

---

[154] Vgl. dazu DREWERMANN: Glauben. 142-161.
[155] DREWERMANN: Glauben. 147.

Religionsphilosophie wird darum die kritische Aufmerksamkeit auf das Verhältnis von Individuum und Religion zu ihren Grundaufgaben rechnen.

- Freud war überzeugt, daß die Wissenschaft die der Religion zugedachten Funktionen erfüllen könne:
[150] „Die Menschheit hat [...] drei große Weltanschauungen im Laufe der Zeiten hervorgebracht: die animistische (mythologische), die religiöse und die wissenschaftliche."[156]
Damit orientiert sich Freud ersichtlich am Drei-Stadien-Gesetz Auguste Comtes (1798-1857).

2.45 Religion als Ausdruck vorwissenschaftlichen Bewußtseins

- Comte unterscheidet
    - das theologische,
    - das metaphysische und
    - das positive Stadium.
- In Comte selbst verbinden sich zwei extreme Positionen:
    - Eine radikal positivistische Position: Die Menschheit ist das höchste Wesen (Gott);
    - gleichzeitig gilt ihm der Positivismus als Menschheits-Religion, er selbst versteht sich als deren Oberhirte;
- Widersprüche treten auch bezüglich der Religion auf:
    - Einerseits hält Comte die Annahme einer Existenz Gottes für sinnlos;
    - andererseits lobt er den Katholizismus, sofern er den ursprünglichen christlichen Monotheismus durch Marien- und Heiligenverehrung polytheistisch korrigiere und sich gegen die reformatorische Erneuerung des Anfangs und die deistische Metaphysik stelle.

    Unbeschadet dieser inkonsistenten Einlassungen ist Comte der Stammvater der Soziologie.

- Max Weber (1864-1920) – der Begründer der deutschen Soziologie – begreift (ähnlich wie Comte)
    - Religion als Rationalitätsform, die durch die in ihr wirkende Dynamik überholt wird;
    - so kommt es zu einer Entzauberung der Lebenswelt (Religion wird ins Irrationale abgedrängt);
    - die Rationalisierung von Weltbildern im Sinn der Überwindung magischen Denkens erstreckt sich in zwei Dimensionen:

---

[156] FREUD, Sigmund: Totem und Tabu. Einige Übereinstimmungen im Seelenleben der Wilden und der Neurotiker (1912-13). In: FSA. Bd. 9. 287-444. Hier 366.

- Die ethische Rationalisierungsdimension setzt die Orientierung an allgemeinen Prinzipien an die Stelle unvordenklicher heiliger Ordnungen;
- die kognitive Rationalisierungsdimension ersetzt die Fixierung auf die Oberfläche der Erscheinungen durch Orientierung an allgemeinen Gesetzen, denen alle Phänomene gehorchen.

- Durch Jürgen Habermas werden Webers (unvollständige) Überlegungen komplex fortgeschrieben:
  - Die ethische Rationalisierung vollzieht sich primär in den Erlösungsreligionen,
  - die kognitive Rationalisierung primär in den kosmologisch-metaphysischen Weltbildern.

  Beide Bereiche vernetzen sich im Mittelalter innerhalb derselben europäischen Tradition und setzen so das Potential frei, aus dem sich über Zwischenschritte das moderne Denken entfaltet.
- Webers These von der Abdrängung des Religiösen ins Irrationale läßt sich aushebeln, wenn sich zeigen läßt,
  - daß eine Religion die neuzeitliche Rationalität als integratives Moment ohne Auflösung des spezifisch Religiösen mit sich führen kann;
  - das ist im Fall der christlichen Religion in Gestalt von deren Theologie nach der Maßgabe der Rationalität gegeben;
  - Frage: Wie genau kann Religion Rationalität so implizieren, daß sowohl der religionskritische Impetus erhalten bleibt als auch das spezifisch Religiöse nicht dissoziert wird?
    - Das Problem macht bereits die methodologische Seite des Pantheismus- und Atheismusstreits und des „Streits um die göttlichen Dinge" aus;
    - an allen drei Streitfällen ist Friedrich Heinrich Jacobi beteiligt; mit ihm beginnt mitten in der religionskritischen Sattelzeit die Bemühung um religionsrehabilitierende[157] Konzeptionen von Religionsphilosophie.

Testfragen:

1. Wo zeigt sich heute die bleibende Aktualität der in der „Sattelzeit" der Religionsphilosophie erarbeiteten Problemstellungen?
2. Was macht den Kern der Feuerbachschen Religionstheorie aus? Welche Intention verfolgt sie? Wo steckt der eigentliche Fehler?

---

[157] Ich übernehme die Kennzeichnung „rehabilitierend" aus SCHMIDINGER, Heinrich: Religionsphilosophie. Studienmaterial Philosophie. Studieneinheit III/4. Würzburg 1994. – Inhaltlich vermag ich Schmidinger in etlichen Punkten nicht zu folgen.

3. *Was macht das Gültige an der marxistischen Religionskritik aus? Was übersieht sie?*
4. *Welche Funktion schreibt Nietzsche der Religion, speziell dem Christentum zu? Inwiefern kann er das Christentum für den Nihilismus verantwortlich machen? Worin besteht das Recht seiner Kritik, wo verzerrt er das Phänomen?*
5. *Von welchen unausgewiesenen Voraussetzungen geht die Freudsche Religionstheorie aus? Welchem Leitfaden folgt sie? Wo sieht sie Richtiges? Welche Einwände müssen gegen sie erhoben werden?*
6. *Wie erklärt soziologische Kritik das Phänomen Religion? Wie hängen die gesellschaftlich-geschichtlichen Veränderungsprozesse, denen die Religionen unterliegen, mit dem Aufkommen des modernen Denkens zusammen? Wo steckt die Lücke in der „Entzauberungstheorie"?*

2.5 Philosophische Neubegründungen von Religion im Horizont der Religionskritik

§ 63 Philosophischen Neubegründungen von Religion im Horizont der Religionskritik geht es um die Ausarbeitung des Irreduziblen am Phänomen „Religion". Methodisch geschieht dies zunächst durch spezifische Analysen bzw. Erweiterungen des Vernunftbegriffs, später immer stärker durch phänomenologische Charakterisierungen, die sich dem kritischen Zugriff entziehen.

- Eckwerte religionsrehabilitierender Programme sind bereits in der Sattelzeit und in kritischen Konzeptionen präsent, bleiben jedoch oft im Schatten der kritischen Motive:
    - Gut beobachten läßt sich das etwa an Kant
        - und zwar auch mitten in seiner Bestimmung der Grenzen der Vernunft hinsichtlich der Möglichkeit einer Metaphysik:

[151] „Ich kann [...] Gott, Freiheit und Unsterblichkeit zum Behuf des notwendigen praktischen Gebrauchs meiner Vernunft nicht einmal annehmen, wenn ich nicht der spekulativen Vernunft zugleich ihre Anmaßung überschwenglicher Einsichten benehme, weil sie sich, um zu diesen zu gelangen, solcher Grundsätze bedienen muß, die, indem sie in der Tat bloß auf Gegenstände möglicher Erfahrung reichen, wenn sie gleichwohl auf das angewandt werden, was nicht ein Gegenstand der Erfahrung sein kann, wirklich dieses jederzeit in Erscheinung verwandeln, und so alle praktische Erweiterung der reinen Vernunft für unmöglich erklären. Ich mußte also das Wissen aufheben, um zum Glauben Platz zu bekommen [...]."[158]

Die notwendige Differenz von Wissen und Glauben fungiert als Möglichkeitsbedingung des Spezifikums von Religion;
- an vielen Stellen in Kants Werk tauchen Indizien dafür auf, daß Religion nicht einfach im Moralischen aufgeht (obwohl das manche Passage insinuieren könnte); über den Psalm 23

[152] „Der Herr ist mein Hirte,
nichts wird mir fehlen.
Er läßt mich lagern auf grünen Auen
und führt mich zum Ruheplatz am Wasser.
Er stillt mein Verlangen;
er leitet mich auf rechten Pfaden, treu seinem Namen" usw.

sagt Kant, alle Bücher, die er gelesen habe, hätten ihm nicht den Trost gegeben, den ihm dieses Schriftwort zu schenken vermöchte.[159]

- Ungleich stärkere Spannungen durchziehen Fichtes Werk: Dennoch kommt er schließlich zu einer wechselseitigen Priorität von Philosophie und Offenbarung:

---

[158] KANT, Kritik der reinen Vernunft. B XXIX-XXX.
[159] Vgl. dazu ZENGER, Erich: Ein Gott der Rache? Feindpsalmen verstehen. Freiburg; Basel; Wien 1994. 23.

- Offenbarung drängt nach Reflexion der Vernunft;
- Philosophie ist Nachvollzug dessen, was Offenbarung dem Gehalt nach präsentiert.

2.51 Religion und der Kontrast von Wissensweisen

- In seiner Auseinandersetzung mit Spinoza unterscheidet Jacobi zwei Weisen von Wissen:
    - Gewißheit aus Schlußfolgerungen (Herleitungswissen), aus „intellektueller Evidenz", die bei der Erkenntnis endlicher Dinge zum Einsatz kommt.
    Wird diese Wissensform über ihre Grenzen hinaus in Anspruch genommen (wie bei Spinoza), muß sie notwendig in einem Atheismus (kein personaler Gott) und Determinismus (keine Freiheit) enden;
    - Gewißheit aus „sensueller Evidenz" als letzte Grundlage allen Herleitungswissens, eine unmittelbare, nicht-diskursive Gewißheit, die Jacobi auch „Glaube" nennt.
        - Gegeben ist diese Gewißheit in der Gewißheit des eigenen Daseins und der damit verbundenen Gewißheit der Existenz von endlichem Seienden;
        - so liegt jedem Gedanken von einem Endlichen ein auf keine Weise Herleitbares zugrunde;
        - dem wird der Gedanke eines allem Dasein innewohnenden allumfassenden Seins (überdies gleichgesetzt mit Gott) verbunden.

- Der Vorwurf der ungesicherten Spekulation kann nur abgewehrt werden,
    - wenn sich zeigen läßt, daß solch alternatives Wissen prinzipiell auftreten kann
    - und daß die rationale Vergewisserung zumindest bis an die Schwelle dieser unmittelbaren Gewißheit reicht:
- Jacobi verweist dafür auf das spontan zugängliche Wissen im Zusammenhang mit Selbstbewußtsein, das sich seinerseits wiederum aus Unbedingtem ermöglicht weiß:
[153] „Wir brauchen also das Unbedingte nicht erst zu suchen, sondern haben von seinem Dasein dieselbige, ja eine noch größere Gewißheit, als wir von unserem eigenen bedingten Daseyn haben."[160]

- Problematisch bleibt Jacobis Identifikation der nicht-diskursiven (präreflexiven) Gewißheit mit dem allumfassenden Sein bzw. personalen Gott:

---

[160] JACOBI, Friedrich Heinrich: Spinoza. Zit. nach: Henrich, Dieter: Die Anfänge der Theorie des Subjekts (1789). In: Honneth, Axel u.a. (Hgg.): Zwischenbetrachtungen. Im Prozeß der Aufklärung (FS Jürgen Habermas). Frankfurt a.M. 1989. 106-170. Hier 166.

- Mendelssohn wirft Jacobi vor, sich „unter die Fahne des Glaubens"[161] zu flüchten.
- Kant lehnt den Gedanken als auf Privatoffenbarung gestützte Schwärmerei ab, die nur den Verlust der Allgemeinverbindlichkeit nach sich ziehe.[162]

- Dennoch eignet Jacobis Überlegungen hinsichtlich der Religionsphilosophie dreifach Relevanz: Er macht darauf aufmerksam,
    - daß die Religionsthematik nicht nur praktisch, sondern auch theoretisch mit der Dimension der Subjektivität verknüpft ist;
    - daß bezüglich des Gedankens eines Unbedingten Begriffsformen auftreten, die von den eingespielten Begriffsformen abweichen;
    - daß ein Wissen von Unbedingtem als unmittelbares Implikat menschlicher Selbstgewißheit auftreten könnte.

2.52 Religion aus dem Kontrast zu Vernunft und Moral

- Jacobi hatte Religion *aus* dem Zusammenspiel konstrastierender Wissensweisen der Vernunft begriffen. Friedrich D.E. Schleiermacher (1768-1834) dagegen faßt Religion *im* Kontrast zu Metaphysik und Moral (theoretischer und praktischer Vernunft).

- Religion hat den gleichen Gegenstand wie Metaphysik und Moral, befaßt sich aber damit weder in der Perspektive des Denkens noch des Handelns, sondern in der Perspektive von Anschauung und Gefühl:
    - Religion ist „Sinn und Geschmack fürs Unendliche"[163];
    - sie tritt zu Theorie und Praxis hinzu als tiefere Erfassung des Wirklichen, als Aufscheinen des Unendlichen im Endlichen;
    - da diese andere Sehweise nicht auf endliches Bewußtsein rückführbar ist, muß die Initiative dazu beim Unendlichen selbst liegen.

- Gegenstand der Religion ist das Gemüt, in dem sich das Universum abbildet;
- Religion bleibt in der Subjektperspektive situiert;

---

[161] MENDELSSOHN, Moses: An die Freunde Lessings. Ein Anhang zu Herrn Jakobis Briefwechsel über die Lehre des Spinoza. In: Ders.: Schriften über Religion und Aufklärung. Hrsg. und eingel. von Martina Thom. Darmstadt 1989. 473-509. Hier 484.
[162] Vgl. KANT, Immanuel: Was heißt: sich im Denken orientieren? In: Ders.: Werke in zehn Bänden. Bd. 5. Hrsg. von Wilhelm Weischedel. Darmstadt 1983. 265-283. – DERS.: Von einem neuerdings erhobenen vornehmen Ton in der Philosophie. In: Werke in zehn Bänden. Bd. 5. Hrsg. von Wilhelm Weischedel. Darmstadt 1983. 375-397.
[163] SCHLEIERMACHER: Religion. 51.

- Religion ist *unmittelbare* Antwort auf den Anspruch des Unendlichen, nicht vermittelt über das Instrumentar des Verstandes oder der Vernunft wie bei Kant;
- Pendant des Unendlichen im Menschen sind darum Anschauung und Gefühl, sofern es in beiden zu einem Aufgehen des Bewußtseins in seinem Gegenstand kommt.

- Für Schleiermacher besteht durchaus die Möglichkeit einer Religion ohne Gott:
  - Wahre Religion ist individuelle Religion als Erhebung des menschlichen Individuums zum Unendlichen;
  - geschichtliche Religionen verallgemeinern und systematisieren diese individuelle Religion und verzerren sie dabei;
  - den Hintergrund für dieses Beharren auf der Perspektive des Individuums bildet (↗) Schleiermachers Hermeneutik:
    Kommunikation ist lebendiges Wechselspiel von Allgemeinem und Konkretem;
    im Universum der Sprache wird der Teil vom Ganzen her und das Ganze vom Teil her begriffen:

[154] „[D]as Verstehen (ist) eine unendliche Bewegung, die nie zu Ende kommt; das ist... mit dem Wesen der Sprache selbst gegeben: 'Die Sprache ist ein unendliches, weil jedes Element auf eine besondere Weise bestimmbar ist durch die übrigen'; ebenso ist es bei der Auslegung; denn 'jede Anschauung eines Individuellen für sich ist unendlich', weil alles Individuelle ja immer nur approximativ zu fassen ist."[164] Die Analogie zu Schleiermachers bisher entfaltetem Religionsverständnis liegt auf der Hand.

- Aus dieser Interdependenz entwickelt sich im weiteren Fortgang eine zweite Grundbestimmung von Religion:
  - Religion ist „schlechthinniges Abhängigkeitsgefühl"[165];
  - die Bestimmung resultiert aus vertiefter Analyse der Selbstbewußtseinsthematik:
    - unmittelbares (präreflexives) Wissen des Subjekts von sich impliziert die Gewißheit des Verdanktseins und der Abhängigkeit;
    - das Subjekt ist damit keine Garantieinstanz absoluter Wahrheit, sondern muß die Wahrheit seiner Erkenntnis in der Offenheit der Sprache zur Überprüfung stellen;
    - aus dem Gebrauch der vorgegebenen Sprache durch das selbstbewußte Individuum resultiert eine kommunikative Rückbindung des Subjekts und zugleich eine Nicht-Deduzierbarkeit des Subjekts aus

---

[164] MUSSNER, Franz: Geschichte der Hermeneutik. Von Schleiermacher bis zur Gegenwart. 2., erw. Aufl. Freiburg; Basel; Wien 1976. (HDG I, 3c. 2. Teil). 6.
[165] SCHLEIERMACHER, Friedrich D.E.: Der christliche Glaube nach den Grundsätzen der Evangelischen Kirche im Zusammenhang dargestellt. Hrsg. von H. Peiter. Berlin 1980. 32.

einem vorausliegenden Größeren, weil es den Zeichen im Universum der Sprache durch Deutung allererst Bedeutung zuweist.
- Selbstbewußtsein ist zugleich abhängig und unhintergehbar;
-Bewußtseinstheorie und Kommunikation sind zusammengeschlossen.

- Schleiermachers Überlegungen sind in zweifacher Hinsicht relevant:
  - Eine aus der Selbstverständigung aufkommende religiöse Erfahrung treibt das Denken in den Bereich der Sprache, so daß von dort Aufschluß über die Innenstruktur von Subjektivität und Religion zu erwarten sind; anzusetzen wäre dazu bei den für Selbstverständigung unverzichtbaren Ausdrücken wie „ich" etc. (↗Sprachphilosophie);
  - das Entzogensein der Selbstverfügung greift auf den von ihr freigesetzten Gottesgedanken in Gestalt der Entzogenheit von dessen Gehalt über: Gott ist kein Gegenstand des Wissens, aber im Selbstentzogensein des sich vollziehenden Subjekts präsent. Er ist
[155] „[...] der vom Wissen nie einholbare letztfundierende Wahrheitsgrund der Übereinkünfte, die das diskursive Vermögen aller Menschen zu allen Zeiten erzielt hat."[166]

2.53 Religion als Apriori

- Apriorisch werden bei Kant die Organisationstrukturen des menschlichen Erkenntnisinstrumentars genannt. Wenn nun Religion als Apriori gefaßt wird, wie das Rudolf Otto (1869-1957) tut, dann wird
  - Religion ins Erkenntnisinstrumentar integriert;
  - die Kantische Konzeption grundlegend umorientiert.

- Otto unternimmt eine psychologische Interpretation des transzendentalen Subjekts. Im Zentrum steht der Begriff des „Heiligen". Otto schöpft aus drei Quellen:
  - Philosophisch greift er auf Jakob Friedrich Fries (1773-1843) zurück, dem die empirische Psychologie als grundlegende Disziplin der Philosophie gilt;
  - Kants Voraussetzung der Erfahrung wird zugleich deren Inhalt;
  - religionswissenschaftlich spielt das hebräische Denken, namentlich das „qdš" („heilig") eine zentrale Rolle;
    - „heilig" ist etwas nicht von Natur aus oder durch menschliche Bestimmung, sondern weil es von JHWH als heilig erklärt ist;
    - JHWH = als einziger heilig, alles andere „Heilige" davon abgeleitet;

---
[166] FRANK, Manfred: Das individuelle Allgemeine. Textstrukturierung und -interpretation nach Schleiermacher. Frankfurt a.M. 1977. 123.

- als persönliche Quelle Ottos muß dessen mystisches Erlebnis des Heiligen beim Besuch einer Synagoge in Marokko berücksichtigt werden:

[156] „Plötzlich löst sich die Stimmenverwirrung und – ein feierlicher Schreck fährt durch die Glieder – einheitlich, klar und unmißverständlich hebt es an: Qadosch Qadosch Qadosch Elohim Adonai Zebaoth Male'u haschamajim waha'arez kebodo (Heilig Heilig Heilig ist Gott, der Herr der Heerscharen! Himmel und Erde sind seiner Herrlichkeit voll). Ich habe das Sanctus Sanctus Sanctus von den Kardinälen in St. Peter und das Swiat Swiat Swiat in der Kathedrale des Kreml und das Hagios Hagios Hagios vom Patriarchen in Jerusalem gehört. In welcher Sprache immer sie erklingen, diese erhabendsten Worte, die je von Menschenlippen gekommen sind, immer greifen sie in die tiefsten Gründe der Seele, aufregend und rührend mit mächtigem Schauer das Geheimnis des Überweltlichen, das dort unten schläft."[167]

- Der Begriff des Heiligen ist durch den Begriff des Numinosen bestimmt und bildet das Innerste aller Religionen;
- Heiliges ist qualifiziert als „tremendum", „maiestas", „fascinans"
- und dem Instrumentar der Rationalität nur bedingt zugänglich:

[157] „Auch bei stärkster Spannung der Aufmerksamkeit gelingt es hier nicht, das Was und Wie des beseligenden Gegenstandes aus dem Dunkel des Gefühls in den Bereich begreifenden Verstehens zu bringen. Es bleibt im unauflöslichen Dunkel des rein gefühlsmäßigen unbegrifflichen Erfahrens, und nur durch die Notenschrift der deutenden Ideogramme ist er – nicht deutbar aber – andeutbar. Das heißt für uns: er ist irrational."[168]

Nicht um ein vernunftfeindliches Konzept geht es dabei, sondern um die Unableitbarkeit von Religion:

[158] „Das Heilige im vollen Sinne des Wortes ist für uns also eine zusammengesetzte Kategorie. Die sie zusammensetzenden Momente sind ihre rationalen und ihre irrationalen Bestandteile. Nach beiden Momenten aber ist sie [...] eine Kategorie rein a priori."[169]

-Das Problem: Religion als Apriori wird nicht (wie die Apriori Kants) aus der Formanalyse von Erfahrung überhaupt, sondern aus der Formanalyse ganz bestimmter, inhaltlich spezifizierter Erfahrungen gewonnen.

Frage: Wie ist ein religiöses Apriori, wenn es eines gibt, beschaffen, und wie verhält es sich zur Geschichtlichkeit von Religion?

2.54 Religion als Intentionalität

- Max Scheler (1874-1928) macht Religion zum Thema der Phänomenologie als philosophischer Richtung.

---

[167] OTTO, Rudolf: Vom Wege. In: Die christliche Welt 25 (1911). Sp. 705-710. Hier 709. Zit. nach: COLPE: Heilige. 42.
[168] OTTO, Rudolf: Das Heilige. Über das Irrationale in der Idee des Göttlichen und sein Verhältnis zum Rationalen. München ²⁹o.J. 76. [Künftig zitiert: OTTO: Das Heilige.]
[169] OTTO: Das Heilige. 137.

- „Phänomenologie" im Sinne Edmund Husserls (1859-1938) setzt bei der Intentionalität des menschlichen Bewußtseins an:
  - Bewußtsein ist Bewußtsein von etwas, das diesem Bewußtsein gegeben ist, sich ihm zeigt und in der Form, in der es sich zeigt, vom Bewußtsein geschaut und zur Beschreibung gebracht wird;
  - Phänomenologie ist Wissenschaft des sich Zeigenden, der es um das Freilegen des Wesens des intentional Gegebenen zu tun ist;
  - dazu bedarf es der eidetischen Reduktion als Ausklammerung der bewußtseinsunabhängigen Existenz der Gegenstände und der Existenz meiner selbst und meiner Akte;
  - dem folgt in einem zweiten Schritt die transzendentale Reduktion als Ausklammerung jeglicher Bewußtseinsunabhängigkeit: Konstitution und Repräsentation des Bewußtseinsgegenstandes erfolgen durch den Bewußtseinsakt;
  - damit geht eine methodische Einklammerung des Realismus einher, die Husserl wieder aufzuheben suchte, aber nicht mehr aufzuheben vermochte, so daß es für ihn unmöglich war, zum An-Sich der Dinge zu kommen;
  - der späte Husserl sprengt diesen methodischen Solipsismus durch das Konzept der „Lebenswelt" auf: Es gibt weder ein objektfreies Subjekt noch ein subjektfreies Objekt, womit das Ideal reiner Objektivität in Frage steht.

- Scheler setzt sich früh von Husserl ab und vertritt einen unmittelbaren Realismus.
  - In bezug auf die Ethik behauptet er eine grundsätzliche Inhaltlichkeit des Ethischen im Gegensatz zum Kantischen Formalismus:
    - In der Intentionalität des Wertfühlens zeigen sich die Werte ursprünglich;
    - höchster Wert ist das Heilige;
    - da Werte Wertträger voraussetzen und höchste Wertträger Personen sind, ist das ursprünglich sich zeigende Heilige als personale Heiligkeit zu bestimmen:

[159] „Und damit ist schon gesagt, daß von 'Religion' nur die Rede sein kann, wo ihr Gegenstand göttliche personale Gestalt trägt und wo Offenbarung (im weitesten Sinne) dieses Persönlichen dem religiösen Akt und seiner Intention die Erfüllung gibt. Während für die Metaphysik die Persönlichkeit des Göttlichen eine nie erreichbare Grenze des Erkennens bildet, ist für die Religion diese Persönlichkeit das A und O. Wo sie nicht vor Augen steht, gedacht, geglaubt, inwendig vernommen wird – da ist von Religion in strengem Sinne keine Rede [...]. Wo die Seele nicht – wie vermittelt immer – Gott berührt und ihn dadurch berührt, daß sie sich durch Gott berührt weiß und fühlt, da besteht kein religiöses Verhalten – auch keine 'natürliche' Religion."[170]

---

[170] Vgl. SCHELER, Max: Probleme der Religion. Zur religiösen Erneuerung. In: Ders.: Gesammelte Werke. Bd. 5: Vom Ewigen im Menschen. Hrsg. von Maria Scheler. Bern ⁴1968. 101-354. Hier 248. [Künftig zitiert: SCHELER: Vom Ewigen.]

> Kritik: Daraus folgt u. a., daß nur Judentum, Christentum, Islam wirkliche Religionen sind; kulturimperialistische Konsequenzen können nur durch eine transzendentale Reflexion der alternativen Grundstrukturen von Religion (↗Anthropologie) vermieden werden.

- Die Frage nach der Existenz Gottes stellt sich bei Scheler nicht mehr:
[160] „Nur ein reales Seiendes mit dem Wesenscharakter des Göttlichen kann die Ursache der religiösen Anlage des Menschen sein, d.h. der Anlage zum wirklichen Vollzug jener Aktklasse, deren Akte durch endliche Erfahrung unerfüllbar sind und gleichwohl Erfüllung fordern. Der Gegenstand der religiösen Akte ist zugleich die Ursache ihres Daseins. Oder: Alles Wissen von Gott ist notwendig zugleich ein Wissen durch Gott."[171]

- Auf diese Weise schließt sich der Kreis auf doppelte Weise:
  - Gottesbeweise sind für Scheler unsinnig; das personale Heilige ist ein ursprünglich sich Zeigendes unter der Voraussetzung einer Existenz eines Reiches ewiger Werte.
  - Religionsphilosophie (im Sinn der Sattelzeit) wird damit überflüssig, da es kein Vergewisserungsbedürfnis geben kann, sofern Gott selbst die Quelle allen Wissens von ihm ist.

  Fragen:
  - Wenn sich ein personaler Gott wirklich als höchster Wert ursprünglich zeigt, warum erblicken ihn dann offenkundig so wenige? Ist das einer Elite vorbehalten?
  - Wenn nur eine Elite des höchsten Wertes ansichtig wird, wie verhält sich dies zum umfassenden Heilswillen dieses Gottes?

Testfragen:

1. *Wo zeigen sich bereits in der „Sattelzeit" Indizien für ein irreduzibles Spezifikum des Religiösen?*
2. *Wie versucht Jacobi eine Neubegründung von Religion aus der Analyse differenter Wissensweisen zu gewinnen? Woraus soll die Konzeption ihre Evidenz gewinnen? Wo liegt das Problem, was leistet dieses Konzept?*
3. *Auf welche Operation stützt sich Schleiermachers religionsphilosophischer Ansatz? Wo liegt die entscheidende Differenz zu Kant und Jacobi?*
4. *Welche zwei Bestimmungen von Religion entwickelt Schleiermacher? Was kennzeichnet diese jeweils? Inwiefern kommen dabei sprachphilosophische und subjekttheoretische Überlegungen ins Spiel?*
5. *Inwiefern sprengt das Verständnis von Religion als Apriori (R. Otto) den ursprünglichen Ansatz der Religionsphilosophie der Sattelzeit? Was leistet diese Konzeption, welche Fragen bleiben offen?*

---

[171] SCHELER: Vom Ewigen. 255.

6. Durch welche Differenz zu Husserl gewinnt Scheler seinen Grundgedanken von „Religion als Intentionalität"? Warum stellt sich für ihn nicht mehr die Frage nach der Existenz Gottes? Inwiefern kommt es bei Scheler zu einer Art Selbstaufhebung von Religionsphilosophie?

2.6 Religion als Herausforderung philosophischer Welt- und Lebensbeschreibung

§ 64 Die vorausgehend freigelegten und analysierten Motive religionsphilosophischer Reflexion bestimmen auch die zeitgenössischen Formen einschlägiger Theoriebildung. Es geht dabei um eine an den heute maßgebenden philosophischen Methoden orientierte Transformation der Motive, die auch noch für das aufkommt, was gegen deren bisherige Varianten kritisch einzuwenden war.

Die Kontinuität zeitgenössischer Religionsphilosophie mit dem Denken seit der Sattelzeit läßt sich am besten auf dem Hintergrund einer stichwortartigen Rekapitulation der wichtigsten Motive erkennen:

- Sattelzeit: Es kommt zu einer Versubjektivierung/Verinwendigung von Gott, Glaube, Religion; im Zentrum steht die Verknüpfung von Unbedingtem, Sittlichkeit/Gewissen und Freiheit; das hat eine Krise herkömmlicher Gottesbilder und -begriffe zur Folge und macht deren Neufassung zwischen „Pantheismus" und „Atheismus" notwendig.

- Grundfiguren: Es geht um kritische Klärung authentischer Formen von Religion; Anthropomorphismus und Polytheismus werden kritisiert, zugleich wird die anthropologische Perspektive entdeckt; Gottesgedanke und Sittlichkeit verweben sich; Pantheismus-Tendenzen und Offenbarungsskepsis treten auf; der Zusammenhang von Religion und Subjektivität kommt zur Geltung; die Zusammenhänge von Erfahrung, Freiheit, Praxis und Monotheismus sowie der von Transzendenz und Individualität zeichnen sich ab.

- Nachbilder: Dehumanisierung, falsche Versöhnung gesellschaftlicher Widersprüche, geschichtliche Ohnmacht des Gottesgedankens als Folge seiner Vermoralisierung, Religion als kollektive Zwangsneurose, Religion als sich selbst überholende Rationalitätsform werden Thema einer Religionskritik als Entlarvung von Fehlformen des Religiösen; diese Kritik ihrerseits bedarf einer Kritik der Defizite im Instrumentar ihrer Grundbegriffe.

- Neubegründungen: Religion als Implikat des Zusammenspiels der natürlichen Wissensweisen der Vernunft, als eigenständige Wissensform, als apriorische Grundstruktur des Erkenntnisinstrumentars bis hin zur Preisgabe des Kantischen Standpunktes der Verbindung von Vernunftanalyse und Religion, so daß Religion als Resultat der Initiative des Göttlichen gefaßt wird und sich Religionsphilosophie als kritische erledigt; der dadurch zu gewinnende Beitrag zur Wahrung des Spezifischen von Religion bedarf seinerseits wieder der Vermittlung des kritischen Standpunktes, um nicht doktrinär zu enden.

- So gut wie alle vorausgehend genannten Motiv und Züge verweben sich – bald ausdrücklich, bald implizit – in den derzeit vertretenen Ansätzen von Religionsphilosophie. Vier Grundmodelle lassen sich unterscheiden:
  - Religionsphilosophie aus dem Geist des Dialoggedankens;
  - analytische Religionsphilosophie;
  - transzendentale Religionsphilosophie;
  - Religionsphänomenologie.

  Die beiden ersten Ansätze gehören dem Feld der (↗) Sprachphilosophie zu und sind auch dort bereits thematisiert worden, weil sich das Profil der Dialogphilosophie und die innere Dynamik (eines wichtigen Teils) der Sprachphilosophie am prägnantesten am Leitfaden der Religionsthematik verdeutlichen läßt. Die beiden anderen Ansätze sind nachfolgend zu behandeln.

2.61 Der transzendentale Ansatz

§ 65 Transzendentale Religionsphilosophie sucht im Raum der Anthropologie apriorische Strukturen für das Vernehmen-Können möglicherweise ergehender Offenbarung auszuzeichnen. Die größte Herausforderung stellt dabei die Vermittlung der apriorischen Gottverwiesenheit des Menschen mit dem geschichtlich freien und unverrechenbaren Ergehen solcher Offenbarung.

- Für den transzendentalen Ansatz steht nachfolgend Karl Rahner (1904-1984), von dem schon im Zusammenhang mit Lessing, Otto und Scheler die Rede war; in der Sache gibt es auch Affinitäten zu Fichte (Bezug indirekt über Joseph Maréchal, 1878-1944).

- Rahners Ziel: dem neuzeitlichen Menschen das Christliche so zu sagen, daß dieser darin eine Antwort auf die Frage, die er sich selbst ist, entdecken kann. Dazu bedarf es der Bezugnahme der Theologie auf die Philosophie der Neuzeit. Schon im philosophischen Erstlingswerk „Geist in Welt" (1936) heißt es:
[161] „Nicht, als ob es hier um die eigene Ansicht des Verfassers ginge, als ob er bewußt oder unbewußt seine eigenen Meinungen in Thomas hineininterpretieren wollte. Er glaubt, daß dafür die Gefahr bei ihm auch nicht größer sei als anderswo, weil ihm Thomas nicht ein Meister ist, der dem Schüler verbietet, anderer Meinung zu sein. Aber die Richtungen der *Fragen*, die an Thomas gestellt werden, sind von einem *systematischen* Anliegen des Verfassers vorgegeben, zumal dort, wo diese Fragen die fertigen Sätze bei Thomas in ihre sachliche Problematik zurückzutreiben suchen. Ein solches sachliches Anliegen, zu dem der Verfasser sich hier ausdrücklich bekennt, ist (oder sollte doch sein) bedingt von der Problematik der *heutigen* Philosophie. Wenn in diesem Sinn der Leser den Eindruck erhält, daß hier eine Thomasinterpretation am Werk ist, die von moderner Philosophie herkommt, so betrachtet der Verfasser eine solche Feststellung nicht als einen Mangel, sondern als einen Vorzug des Buches. Schon deshalb, weil er

nicht wüßte, aus welch anderem Grund er sich mit Thomas beschäftigen könnte als der Fragen wegen, die seine und seiner Zeit Philosophie bewegen."[172]

- Im zweiten philosophischen Werk „Hörer des Wortes" – Rahners Religionsphilosophie – geht es um den Aufweis der wesentlichen Hinordnung des Menschen auf eine mögliche Offenbarung.

Vorgedacht war das Programm bereits von Maurice Blondel (1861-1949), der Offenbarung als philosophisch notwendige Konsequenz aus der Verfassung des Menschen, aber dennoch als ihrerseits unverfügbar bzw. ungeschuldet ergehend denkt:

[162] „Handelte es sich bei dem Christlichen nur um eine beliebig auf unsere Natur und Vernunft aufgesetzte Überzeugung oder Praxis, könnten wir uns ohne diese Zugabe in unserer ganzen Fülle entfalten und stünde es uns frei, uns überlegt und ungestraft dem Bedrängenden der übermenschlichen Gabe zu versagen, so gäbe es keinerlei einsichtige Kommunikation zwischen den beiden Stockwerken, deren eines, vom Standpunkt der Vernunft her betrachtet, immer noch so wäre, als bestünde es nicht. Nicht steigen würde nicht heißen: fallen. Auf die Ehre einer höheren Berufung verzichten hieße, auf dem mittleren Niveau verharren, zu dem der Mensch sich aus eigener Kraft erhebt. Auf diese Weise ließe sich für die Philosophie angesichts einer Offenbarung überhaupt kein Problem stellen. Wenn aber die Offenbarung uns sozusagen bei uns selber aufsucht und uns bis in unser Innerstes hinein verfolgt; wenn sie die neutrale oder negative Haltung als positiven Abfall und als eine Form schuldhafter Feindseligkeit betrachtet, wenn die in unserer Begrenztheit liegende Armut fähig ist, sich eine solche Verschuldung zuzuziehen, daß die Ewigkeit für sie zahlen muß: dann erfolgt Begegnung, dann bricht die Schwierigkeit auf und ist das Problem gestellt. Wenn die Forderungen der Offenbarung wirklich begründet sind, dann kann man nicht sagen, daß wir bei uns selber völlig im Eigenen weilten. Und von dieser Unzulänglichkeit, dieser Unfähigkeit und diesem Angefordertsein muß es im Menschen als bloßem Menschen eine Spur geben und einen Widerhall noch in der autonomsten Philosophie."[173]

- Rahners religionsphilosophische Leistung gerät durch die Einführung des Begriffs des „übernatürlichen Existentials" in der 2. Auflage von „Hörer des Wortes" ins Hintertreffen:

- Dem ursprünglichen Aufweis des konstitutiven Hinhörens auf Offenbarung als notwendige und natürliche Daseinsbestimmung des Menschen wird eine übernatürliche Daseinsbestimmung eingefügt;
- damit kommt es zu einer Verschiebung der Gesamtperspektive: Der Nachweis autonomen Vernehmenkönnens möglicherweise ergehender Offenbarung und die für ein solches Programm nötige Erstphilosophie als Versuch, einen Begriff letztgültigen Sinns zu begründen, ist aufgegeben.

Nach langer Abstinenz kehren Begründungsfragen jedoch verschärft in die Theologie zurück, so daß eine neuerliche Auseinandersetzung mit Rahners Frühwerk angezeigt ist.

---

[172] RAHNER, Karl: Geist in Welt. Zur Metaphysik der endlichen Erkenntnis bei Thomas von Aquin. In: Ders.: Sämtliche Werke. Bd. 2. Geist in Welt. Philosophische Schriften. Hrsg. von der Karl-Rahner-Stiftung. Freiburg i.Br. 1995. 5-300. Hier 14. [Künftig zitiert: RAHNER: Geist.]
[173] BLONDEL, Maurice: Zur Methode der Religionsphilosophie. Übers. von Ingrid u. Hansjürgen Verweyen, eingel. von Hansjürgen Verweyen. Einsiedeln 1974. 141-142.

- Aus zwei Wurzeln speist sich Rahners Denken:
    - Aus der Auseinandersetzung mit der von ihm systematisch als unfruchtbar empfundenen Neuscholastik;
    - aus der Ignatianischen Spiritualität, namentlich der Theologie der Exerzitien des Ignatius von Loyola (1491-1556):
        - In den Exerzitien soll der Mensch seine Gottunmittelbarkeit entdecken;
        - die theologische Reflexion dieses Geschehens gerät von selbst an die Seite der Grundfragen neuzeitlicher Philosophie, speziell derjenigen nach dem Verhältnis von Individuum und Wahrheitsfähigkeit.

In einer fiktiven Rede läßt Rahner seinen Ordensvater Ignatius sagen: Die Erfahrung der Gottunmittelbarkeit [163] „[...] scheint mir [...] der Kern dessen zu sein, was ihr meine Spiritualität zu nennen pflegt [...]. Markiert es den Beginn der 'Neuzeit' der Kirche, und ist es vielleicht verwandter mit Luther und Descartes ursprünglichen Erfahrungen als ihr Jesuiten durch Jahrhunderte hindurch es wahrhaben wolltet? Ist es etwas, was in der Kirche heute und morgen wieder zurücktreten wird, wo man die schweigende Einsamkeit vor Gott fast nicht mehr erträgt und in eine kirchliche Gemeinschaftlichkeit zu flüchten versucht, obwohl eine solche eigentlich doch aus geistlichen Menschen, die Gott unmittelbar begegnet sind, aufgebaut werden sollte und nicht von solchen, die die Kirche benützten, um es letztlich doch nicht mit Gott und seiner freien Unbegreiflichkeit zu tun zu haben?"[174]

- So entsteht Rahners Theologie als Mystagogie, d.h. als Einführung in jene spirituelle Erfahrung.
- Gegründet wird das Projekt in „Hörer des Wortes" auf eine aus Ressourcen der klassischen Metaphysik gespeisten originären Entfaltung des neuzeitlichen Subjektgedankens:

- Ausgangspunkt ist die Frage nach dem Sein
    - als Frage nach dem letzten Wohin und Woher alles Seienden,
    - die sich unentrinnbar stellt (auch sie nicht zu stellen, ist eine Antwort) und
    - die als metaphysische Frage zugleich die Frage nach dem Sein jenes Seienden ist, das so zu fragen vermag:

[164] „Menschliche Metaphysik ist somit notwendig auch immer gleichzeitig eine Analytik des Menschen. Dieses Verhältnis ist uns zugleich eine Gewähr dafür, daß wir den Blick nicht vom Menschen abwenden, wenn wir uns zunächst bloß in der allgemeinsten Metaphysik zu bewegen scheinen."[175]

---

[174] RAHNER, Karl: Rede des Ignatius von Loyola an einen Jesuiten von heute. In: Ders.: Schriften zur Theologie. Bd. 15. Zürich; Einsiedeln; Köln 1983. 373- 408. Hier 376-377.
[175] RAHNER, Karl: Hörer des Wortes. Zur Grundlegung einer Religionsphilosophie (1. Auflage). In: Ders.: Sämtliche Werke. Bd. 4. Hrsg. von der Karl-Rahner-Stiftung. Freiburg i.Br. 1995. 2-281. Hier 48. [Künftig zitiert: RAHNER: Hörer I.]

- Dreierlei impliziert die Seinsfrage:
    - daß sie nach *allem* Sein überhaupt fragt;
    - daß nach dem Sein gefragt werden *muß*;
    - daß dabei die Differenz zwischen Sein und Seiendem beachtet wird.
- Daß nach *allem* Sein gefragt wird,
    - setzt bereits ein vorläufiges Wissen um Sein voraus (nach absolut Unbekanntem könnte gar nicht gefragt werden);
    - impliziert, daß prinzipiell alles Sein erkennbar ist,
    - woraus folgt, daß Sein und Erkennen nicht nachträglich zusammentreten, sondern originär zusammengehören:

[165] „Sein und Erkennen sind also deshalb korrelat, weil sie ursprünglich in ihrem Grunde dasselbe sind. Damit ist aber nichts weniger gesagt, als daß das Sein als solches in dem Maße, als es Sein ist, Erkennen ist, und zwar Erkennen in ursprünglicher Einheit mit dem Sein, also Erkennen des Seins, das der Erkennende selbst ist. Sein und Erkennen bilden eine ursprüngliche Einheit, d.h. zum Wesen des Seins gehört [und jetzt folgt der springende Punkt; K.M.] die erkennende Bezogenheit auf sich selbst; und umgekehrt: Das Erkennen, das zur Wesensverfassung des Seins gehört, ist das Beisichsein des Seins. Erkennen ist in seinem ursprünglichen Begriff Selbstbesitz, und Sein besitzt in dem Maße, als es Sein ist, sich selber."[176]

Bereits in „Geist und Welt" hatte Rahner geschrieben:
[166] „Erkennen ist so wesentlich 'Subjektivität' [...]."[177]

Der Kern des transzendentalen Ansatzes: Sein ist Beisichsein, d.h. es ist wesentlich Selbstbewußtsein (womit von scholastischem Boden aus der Zentralbegriff neuzeitlichen Philosophierens gewonnen ist).

- Allerdings kann der Mensch kein Beisichsein in vollkommenem Maß sein, da er die Seinsfrage stellt, d.h.:
    - Es sind verschiedene Grade von Sein als Beisichsein zu unterscheiden; damit ist der klassische Analogie-Gedanke erreicht; mit dieser Gradualität
        - kann ein Kontinuum zwischen dem ontologisch maßgeblichen Beisichsein und anderen Seinsweisen bis hin zum materiell Seienden gedacht werden;
        - dem Menschen als einem *auch* materiell Seienden ein ausgezeichneter Platz zugewiesen werden.

- Endliches Beisichsein hat die Bedingung seiner Möglichkeit in der Erfahrung der Insichselbständigkeit des Menschen den gegenstehenden Dingen gegenüber;
    - die Ermöglichungsbedingung dieser Erfahrung fällt mit den Voraussetzungen des Abstraktionsvorganges zusammen;
    - in der Abstraktion eröffnet sich die Möglichkeit des „Hinausseins" über das Einzelding im Akt des Erfassens dieses Einzeldings;

---

[176] RAHNER: Hörer I. 52.
[177] RAHNER: Geist. 62.

- Ziel dieses „Hinausseins" kann nicht nochmals Einzelding sein, sonst entstünde ein infiniter Regreß. Folge:

[167] „Dieses 'Mehr' kann also nur die absolute Weite der erkennbaren Gegenstände überhaupt sein. Dadurch also, daß das Bewußtsein seinen einzelnen Gegenstand in einem 'Vorgriff' [...] auf die absolute Weite seiner möglichen Gegenstände erfaßt, greift es in jeder Einzelerkenntnis immer schon über den Einzelgegenstand hinaus und erfaßt ihn damit gerade nicht bloß in seiner beziehungslosen dumpfen Diesheit, sondern in seiner Gegrenztheit und Bezogenheit auf die Ganzheit aller möglichen Gegenstände, weil es, indem es beim Einzelnen ist und um beim Einzelnen wissend sein zu können, immer auch schon über das Einzelne als solches hinaus ist. Der Vorgriff ist die Bedingung der Möglichkeit des allgemeinen Begriffs, der Abstraktion, die hinwiederum die Ermöglichung der Objektivierung des sinnlich Gegebenen und so der wissenden Insichselberständigkeit ist."[178]

Daraus folgt die Anerkennung eines absoluten Seins als vollkommenen Beisichseins, d.h. Gottes als der wesensmäßigen Entsprechung des Vorgriffs, die nicht nur bloß möglich, sondern wirklich sein muß, sofern es absolut ist:

[168] „Die Bejahung der realen Endlichkeit eines Seienden fordert als Bedingung ihrer Möglichkeit die Bejahung der Existenz eines esse absolutum, die implizite schon geschieht in dem Vorgriff auf das Sein überhaupt, durch den die Begrenzung des endlichen Seienden allererst als solche erkannt wird."[179]

- So ergibt sich für Rahner die Gewißheit einer prinzipiellen Möglichkeit von Offenbarung; er selbst betont die Nähe zu den traditionellen Gottesbeweisen, jedoch handelt es sich hier um Gotteserkenntnis in der Perspektive der Subjektivität, die klassischen Gottesbeweise werden in der Perspektive der ontologischen Objektivität entfaltet.
- Transzendenz menschlichen Erkennens auf alles Sein schlechthin ist die Basis

[169] „[...] einer Ontologie der potentia oboedientialis für eine mögliche Offenbarung [...] und die innerste Mitte einer christlichen Religionsphilosophie."[180]

- Die Brücke zur Worthaftigkeit möglicher Offenbarung ist leicht geschlagen: Sofern Sein in der Identität von Sein und Erkennen *gelichtet* ist, wird es vom Logos bestimmt und kann darum im Wort zur Offenbarung kommen.

- Wenn aber (unendliches) Sein und (menschliches) Erkennen so füreinander zugänglich sind – wozu braucht es dann noch Offenbarung? Weil das Sein trotz seiner Gelichtetheit verborgenstes ist, denn:
  - Die Erkenntnis der Unendlichkeit Gottes geschieht gleichsam nur am Rand der Erkenntnis eines Endlichen: Unendliches begegnet als Mitbejahtes;
  - damit ist das Unendliche in seinem Ansichsein verschlossen;
  - damit wäre ein Sinn möglicher Offenbarung gegeben, allerdings ein

---

[178] RAHNER: Hörer I. 76-77.
[179] RAHNER: Hörer I. 83.
[180] RAHNER: Hörer I. 86.

durch faktische Verfassung des menschlichen Geistes bedingter und damit relativer, also aufhebbarer;
- Notwendigkeit von Offenbarung im strengen Sinn läge erst dann vor, wenn es eine vom Unendlichen selbst ausgehende Verschlossenheit gäbe.

Vorwegnehmend angedeutet: Letzteres wäre der Fall, wenn sich dem Gelichtetsein ein konstitutives willentliches Moment einschreiben ließe. Genau dies ist möglich durch:
- Rekurs auf die scholastische Konvergenz von verum et bonum (↗Ontologie), von Erkenntnis und Willen:
  - Beisichsein heißt notwendig auch: sich bejahen – das ist ein Willensakt;
  - in der Seinsfrage geschieht Bejahung der Endlichkeit als notwendiger;
  - daraus resultiert ein Unbedingtheitscharakter menschlichen Daseins trotz seiner Zufälligkeit;
  - unbedingt kann Zufälliges nur durch Setzung eines Willens sein:

[170] „Die Eröffnung des Seins für das Dasein ist gewirkt durch den Willen als einem inneren Moment der Erkenntnis selbst."[181]

- Menschliche Selbstbejahung ist Nachvollzug der Absolutsetzung zufälligen Daseins durch einen freien Willen;
- der Mensch steht in einem willentlichen Selbstverhältnis, das ein Wissen um seine Zufälligkeit und deren Notwendigkeit einschließt;
- damit weiß sich das Selbstverständnis als gegründet in einem Sein, das nicht nur ist, sondern freie Macht ist und auch über das GewolltHaben des endlichen Seienden hinaus weiterhin initiativ sein kann; daraus folgt:
- Der Mensch steht kraft seines Aufgeschlossenseins für das Sein vor einem geschichtlich handelnden Gott der Offenbarung (nur das erfüllt den Begriff unverrechenbarer Initiativen);
- im Hinhorchen auf eine mögliche freie Offenbarung Gottes vernimmt der Mensch notwendig eine solche Offenbarung, sofern diese zwei Gestalten haben kann,

[171] „nämlich das Reden oder das Schweigen Gottes. Und der Mensch hört immer und wesentlich das Reden oder das Schweigen des freien in sich allein ständigen Gottes; er wäre sonst nicht Geist. Geist ist kein Anspruch darauf, daß Gott spricht. Aber wenn er nicht spricht, hört der Geist das Schweigen Gottes [...]. Als Geist steht der Mensch vor dem lebendigen Freien, vor dem Sicherschließenden oder dem Sichverschweigenden als einem solchen."[182]

Aus dieser Möglichkeit des Schweigens Gottes ergibt sich:
- Göttliche Selbstmitteilung geht nicht in menschlicher Erkenntnis auf;

---

[181] RAHNER, Karl: Hörer des Wortes. Zur Grundlegung einer Religionsphilosophie (2. Auflage). In: Ders.: Sämtliche Werke. Bd. 4. Hrsg. von der Karl-Rahner-Stiftung. Freiburg i.Br. 1995. 2-281. Hier 109.
[182] RAHNER: Hörer I. 114.

- sie ist freie Tat, und diese ist scholastisch nichts anderes als Liebe;
- damit ist Endliches Ausdruck der Liebe Gottes;
- menschliche Selbstbejahung (wie sie in der Seinsfrage geschieht) impliziert qua Nachvollzug göttlicher Setzung als inneres Moment ihrer selbst Gottesliebe:

[172] „Der Mensch ist in dem Maße horchend auf das Reden oder Schweigen Gottes, als er sich in freier Liebe dieser Botschaft des Redens oder Schweigens des Gottes der Offenbarung öffnet."[183]

- Offenheit auf Gott ist damit als Problem der sittlichen Selbstbestimmung des Menschen situiert (erneut eine neuzeitliche Wendung mitten in scholastischen Denkformen!)
- Ort dieser Selbstbestimmung ist die Geschichte und sie vollzieht sich im Medium menschlichen Wortes, sofern nur kraft sprachlicher Negation von Außerweltlichem gesprochen werden kann. Fazit:

[173] „Der Mensch ist das Seiende von hinnehmender Geistigkeit, das in Freiheit vor dem freien Gott einer möglichen Offenbarung steht, die, wenn sie kommt, in seiner Geschichte im Wort sich ereignet. Der Mensch ist der in seine Geschichte auf das Wort des freien Gottes Hineinhorchende. Nur so ist er, was er sein muß."[184]

- Kritische Erwägungen zu Rahner:
  - Der Ausgang von der Frage führt auf keinen unhintergehbaren Gewißheitsboden, denn man kann nicht endlos fragen, weil nicht alle Fragen berechtigt sind: Ist eine Frage klarerweise legitim, braucht es keine weitere; erscheint sie problematisch, ist eine zweite Frage berechtigt (weitere braucht es nicht); ist die Frage unberechtigt, entfallen alle weiteren und muß sie durch ein ihre Illegitimität feststellendes Urteil ersetzt werden[185] (vgl. ↗Letztbegründung).
  - Nicht bedacht wird die Möglichkeit einer in unsere Vernunftstruktur eingebauten Illusion hinsichtlich des unserem Denken als notwendig sich aufdrängenden Gangs von der Frage zum unbedingten Sein (vgl. ↗Letztbegründung); der Schluß vom Gedanken auf die Wirklichkeit ist nicht zwingend.
  - Subjektivität im Sinne von Beisichsein scheint irgendwie überbelichtet, da die geschichtlich-gesellschaftliche Dimension des Menschseins weitgehend ausfällt. De facto handelt es sich um eine Unterbelichtung, sofern Subjektivität als Beisichsein massiv unterbestimmt bleibt.
  - Weniger Geschichte als vielmehr die Dimension der Intersubjektivität kommt nur sehr unzureichend zur Geltung.

---

[183] RAHNER: Hörer I. 136.
[184] RAHNER: Hörer I. 209.
[185] Vgl. dazu VERWEYEN, Hansjürgen: Gottes letztes Wort. Grundriß der Fundamentaltheologie. Regensburg ³2000. 116-118. [Künftig zitiert: VERWEYEN: Gottes letztes Wort.]

- Frage und Urteil sind keine ursprünglichen Vernunftvollzüge, sondern müssen ihrerseits vielmehr von dem ihnen vorausliegenden Staunen her begriffen werden: Im Staunen sind bestauntes Seiendes und absoluter Grund noch zusammengeschlossen, in Frage und Urteil werden sie als Auseinandergetretene vom Subjekt zusammengebracht; ohne Staunen wäre unableitbar Neues (z.B. Inkarnation) verschlossen.[186]

- Unbeschadet dieser Kritik zeichnen Rahners Konzeption fundamentale Leistungen aus:
  - Religionsphilosophie wird strengstmöglich an Subjektivität und Vernunft rückgebunden (aus genuin scholastischen Ressourcen!); der Ansatz wirkt aufklärend und religiös individuierend zugleich.
  - Die Gottesfrage wird durch Koppelung an die Vernunftmodi von Frage und Urteil im Raum der theoretischen Vernunft verinwendigt.
  - Zugleich wird die Gottesfrage ins Praktische transformiert: Die sittliche Selbstbestimmung des Menschen begegnet als Medium der Gotteserfahrung und -erkenntnis jenseits einer Vermoralisierung der Transzendenz.
  - Die „potentia oboedentialis" als Hinordnung auf einen redenden *oder* schweigenden Gott bietet eine Anschlußmöglichkeit auch noch für ein möglicherweise nach-theistisches Denken. Bereits 1965 schrieb Rahner:

[174] „Der Gott des Jenseits von Welt gerät in Verdacht, ein nicht verifizierbares, aufzulösendes Gespenst zu sein, weil er nicht da ist, wo wir uns selbst erfahren, tun und erleiden und nur uns als die einzig wirkliche Bodenlosigkeit erdulden. In Gedanke und Tat versucht man an allem die Entmythologisierung und die Destruktion des Tabus, bis man dann das einzige behält, was dabei zu bleiben scheint: das Unbegreifliche, das man als das Absurde empfindet und mit entsetztem Schweigen ehren möchte, oder das redlich und bitter Geringe der Pflicht des Alltags im Dienst am anderen, so man überhaupt noch ein 'Ideal' tun und bereden möchte."[187]

  - Sind das möglicherweise die Bedingungen, unter denen einzig mit unseren Zeitgenossen noch Verständigung über Gott möglich ist?
  - Wie sähe eine Religionsphilosophie unter den Bedingungen des Schweigens Gottes aus?
  - Wie verhielte sie sich zu jenem Denken, das – begründet – vom Reden Gottes auszugehen vermochte?

---

[186] Vgl. dazu: VERWEYEN: Gottes letztes Wort. 119-121.
[187] RAHNER, Karl: Über die Einheit von Nächsten- und Gottesliebe. In: Ders.: Schriften zur Theologie Bd. 6. Einsiedeln; Zürich; Köln 1965. 277-298. Hier 279.

2.62 Religionsphänomenologie

§ 66 Religionsphänomenologie als Sehen-Lassen des im Entzug sich zeigenden Heiligen verleiht der Geschichtlichkeit von Religion ihrerseits religiöse Dignität. Das Spannungsverhältnis von (konstituierender) Phänomenologie und (sich gebender) Offenbarung vermittelt sich in Vollzügen der Selbstdurchkreuzung, die alternative Weisen von Wirklichkeitserfahrung eröffnen.

- Im Unterschied zum transzendentalen Ansatz rekurriert die Religionsphänomenologie auf historisch-empirische Auftrittsweisen von religiösen Vollzügen:
  - Herausgearbeitet wird Vergleichbares, um
  - zu bestimmten Wesensgestalten von religiösen Vollzügen zu gelangen;
  - dann erst wird gefragt nach dem Gott, von dem die in Untersuchung stehenden Phänomene Zeugnis geben.

- Maßgebliche Repräsentanten dieses Ansatzes waren:
  - Gerardus van der Leew (1890-1950);
  - Mircea Eliade (1907-1986):

- Die Verknüpfung von Phänomenologie und Religionswissenschaft legt sich aus einer geradezu naturwüchsigen Parallele nahe:
  - Für die Phänomenologie gehören das Erscheinen der Sache und ihre Erscheinungsweise konstitutiv zusammen (vgl. das Verhältnis von Noesis [Bewußtseinsakt] und Noema [Bewußtsein] bei E. Husserl);
  - die Religionswissenschaft begreift das Erscheinen des Heiligen als konstitutives Moment des Heiligen selbst.

  Nur im religiösen Akt zeigt sich der religiöse Gegenstand ursprünglich:

[175] „Die moderne Wissenschaft hat einen Satz wieder zu Ehren gebracht, der durch gewisse Verwirrungen des 19. Jahrhunderts in Mißkredit geraten war: *Es ist der Maßstab, der die Phänomene schafft.* Henri Poincaré fragt einmal, nicht ohne Ironie: 'Darf ein Naturforscher, der den Elefanten immer nur unter dem Mikroskop studiert hat, glauben, dieses Lebewesen hinreichend zu kennen?' Das Mikroskop offenbart die Struktur und den Mechanismus der Zellen – eine Struktur und einen Mechanismus, die allen mehrzelligen Lebewesen gemeinsam sind. Der Elefant ist ohne Zweifel ein mehrzelliges Wesen, aber ist er nichts weiter als das? Bei mikroskopischer Beobachtung kann man zu einer zögernden Antwort auf diese Frage gelangen. Bei der Beobachtung durch das menschliche Auge, welches, zum mindesten, das Verdienst hat, den Elefanten als zoologisches Phänomen darzubieten, ist kein Zögern mehr möglich. Genau so wird ein religiöses Phänomen sich nur dann als solches offenbaren, wenn es in seiner eigenen Modalität erfaßt, wenn es also unter religiösen Maßstäben betrachtet wird. Ein solches Phänomen mittels der Physiologie, der Psychologie, der Soziologie, der Wirtschaftswissenschaft, der Sprachwissenschaft, der Kunst usw. einzukreisen, heißt, es leugnen. Heißt, sich gerade das entkommen

zu lassen, was an ihm einzigartig und unrückführbar ist – nennen wir es den sakralen Charakter."[188]

Religionsphänomenologie ist Lehre von der Erscheinung des Heiligen.

- Partiell hatte (↗) Rudolf Otto ein solches Programm realisiert:
    - Er charakterisiert das Heilige durch Gegensatzpaare;
    - einlinig ist der Mensch dem Heiligen nicht gewachsen;
    - auf noematischer Seite wird das Heilige

[176] „[...] als das im Modus des Sich-Entziehens Gegenwärtige, als das im Modus der Namenlosigkeit Angerufene, als das im Modus der Unerfüllbarkeit den Menschen Fordernde erfahren [...]. Es gehört zur Eigenart jener Intention, die auf das Heilige gerichtet ist, daß die Noesis in diesem Falle ihr eigenes Zerbrechen mit-intendiert".[189]

- Dieses dialektische Verhältnis von religiösem Akt und religiösem Gegenstand bringt ein Moment von Vorläufigkeit zur Geltung;
    - damit gewinnt die Geschichtlichkeit von Religion selbst religiösen Rang, da sie inneres Moment des im Entzug erscheinenden Heiligen ist; daraus folgt:
        - Die Geschichte der Religionen hat religionsphilosophische Qualität;
        - Veränderungen in der Wahrnehmung bisheriger Hierophanien durch neue Hierophanie sind möglich;
        - der Religionsbegriff ist nicht geschlossen.
            - Dieser Zugang läßt sich gut an den christlichen Ostertraditionen (ihren Differenzen und „Brüchen") erproben.
            - Anscheinend kommen durch die Phänomenologie Phänomene zur Erscheinung, die sonst unentdeckt blieben.[190]

- Gleichwohl besteht zwischen Offenbarung und Phänomenologie aus systematischem Grund ein Spannungsverhältnis:
    - Phänomenologisch ist Religion Erfahrung einer die Erfahrung transzendierenden Instanz;
    - nur als Kundgabe von Unmöglichem ist Offenbarung notwendig,
        - weil es phänomenologisch alles gibt, was sich zeigt;

---

[188] ELIADE, Mircea: Die Religionen und das Heilige. Elemente einer Religionsgeschichte. Frankfurt a.M. 1986. 13.
[189] SCHAEFFLER, Richard: Religionsphilosophie. Freiburg; München 1983. 118.
[190] MARION, Jean-Luc: Aspekte der Religionsphänomenologie: Grund, Horizont und Offenbarung. In: Religionsphilosophie heute. Chancen und Bedeutung in Philosophie und Theologie. Hrsg. von Alois Halder, Klaus Kienzler und Joseph Müller. Düsseldorf 1988. 93. [Künftig zitiert: MARION: Aspekte.]

- dazu gehört auch das Sich-Zeigen von Nicht-Erscheinendem als Sichzeigen eines Unsichtbaren durch Anzeige.

Religionsphänomenologie wendet sich also gegen Metaphysik (Rückleitung auf letzte Gründe) und gegen klassische Religionsphilosophie (kritische Vermittlung von Religion und Vernunft) zugleich.

- Dennoch bestehen Unvereinbarkeiten zwischen Phänomenologie und Offenbarung:
  - Phänomene sind auf ein sie konstituierendes Ich zurückzuführen. Das aber widerspricht dem Begriff der Offenbarung:

[177] „Die Offenbarung verdient ihren Namen nur insofern, als sie jede Antizipation der Perzeption überrascht und jede Analogie der Perzeption überholt. Von dem, was sich offenbart, hat das *Ich* keine Idee, keinen Entwurf, keine Erwartung. Es gibt mehr: Nicht nur das, was die Offenbarung offenbart, entzieht sich ohne Zweifel seiner Konstitution durch welches *Ich* auch immer, sondern es ist (auch) möglich, daß das *Ich* davon bisweilen kein Erlebnis aufweist [...]. Der Empfänger der Offenbarung bewahrt kein gemeinsames Maß mit dem, was ihm die Offenbarung mitteilt. Andernfalls wäre die Offenbarung nicht notwendig gewesen."[191]

- Ein zweiter Widerspruch resultiert daraus, daß das Sich-Zeigen von etwas durch den von Phänomenologie vorausgesetzten Horizont einer Grenze unterstellt ist.

- Aufgebrochen werden kann der doppelte Widerspruch
  - durch eine nicht selbstbegründend, nicht-ursprünglich gedachte Ichinstanz;
    - das geschieht in der Regel mit Rekurs auf E. Levinas' (↗Ethik) Gedanken des Getroffenseins vom Antlitz des anderen;
    - der Gedanke hat ein begrenztes Recht, wenn er nicht von der Dimension einer transzendentalen Apriorität des Subjekts abgeschnitten wird, der seinerseits bereits für das Nicht-Ursprüngliche der Ichinstanz aufzukommen vermag (vgl. ↗Anthropologie);
    - die Vermittlung von Phänomenologie und Offenbarung läßt sich mit einer transzendentalen Theorie selbstbewußter Subjektivität weit besser gewinnen als ohne sie, dies um so mehr, als sie in sprachphilosophischer Konturierung zugleich die Brücke zur Auflösung des zweiten Widerspruchs schlägt:
  - Der durch den Horizontbegriff induzierte Widerspruch zwischen Phänomenologie und Offenbarung läßt sich dadurch aufbrechen,
    - daß sich Offenbarung dem Horizont so unterwirft, daß sie ihn dabei zugleich aufhebt (Vollzug als Selbstdurchkreuzung). Hans Blumenberg (1920-1996) prägte in sprachphilosophischem Kontext den Begriff der „Sprengmetaphorik". Deren Dynamik

---
[191] MARION: Aspekte. 93.

[178] „[...] zieht die Anschauung in einen Prozeß hinein, in dem sie zunächst zu folgen vermag [...], um aber an einem bestimmten Punkt [...] aufgeben – und das wird verstanden als 'sich aufgeben' – zu müssen. Worauf es hier ankommt, ist, die Transzendenz als Grenze theoretischen Vollzugs und eo ipso als Forderung heterogener Vollzugsmodi sozusagen 'erlebbar' zu machen."[192]

- Sprengmetaphorik ist gleichsam der sprachempirische Reflex (↗Sprachphilosophie) möglicher Vermittlung von Phänomenologie und Offenbarung.
- Die theologische Probe aufs Exempel läßt sich mit dem Inkarnationsgedanken machen: Gott unterwirft sich dem Horizont „Mensch", um ihn dabei erfüllend zu sprengen, indem die hypostatische Union (Gottmenschlichkeit Christi) als die höchste Möglichkeit des Menschseins offenbar wird.

- Für Phänomenologie gibt es also die Möglichkeit von Wirklichkeitsweisen, die die eingespielten Wirklichkeitsbezüge überschreiten. Fragen:
  - Was bedeutet eigentlich Wirklichkeit?
  - Wie weit reicht die Sichtweite menschlicher Vernunft?

  Diese Fragen sind Thema der Ontologie und der philosophischen Gotteslehre.

Testfragen:

1. *Welche Grundformen religionsphilosophischer Reflexion bestimmen die heutige Diskussionslage?*
2. *Worin besteht die philosophische Intention des „frühen" Rahner, aus welchen Quellen wird er entwickelt?*
3. *Wie sucht Rahner den Brückenschlag zwischen der Seinsfrage der Metaphysik und einem transzendentalen Ansatz? Welche Rolle fällt dabei der Abstraktion zu?*
4. *In welcher Form kommt es dabei zu einer Vergewisserung über die prinzipielle Möglichkeit von Offenbarung? Wie kommt dabei ein Problem hinsichtlich der Notwendigkeit von Offenbarung auf? Wie wird es gelöst?*
5. *Wo liegen die Grenzen dieses Ansatzes? Was leistet er?*
6. *Wie setzt eine phänomenologische Religionsphilosophie an? Worin besteht die Pointe dieses Ansatzes?*
7. *Inwiefern tritt bei diesem Ansatz ein dialektisches Spannungsverhältnis zwischen Phänomenologie und Offenbarung auf?*
8. *Wo liegen die Grenzen dieses Ansatzes? Was leistet er?*

---

[192] BLUMENBERG, Hans: Paradigmen zu einer Metaphorologie. In: ABG 6 (1960). 132-133.

Teil D: Das Ding, das Ganze und der Gott

0. Überleitung

[1] „Ein philosophisches Problem hat die Form: 'Ich kenne mich nicht aus'."[1]
Wohl am hartnäckigsten drängt sich diese Erfahrung auf bei
- der Frage nach der Bedeutung von Wirklichkeit als solcher und
- der Frage nach der Sichtweite menschlicher Vernunft;
 fachterminologisch sind das die Fragen der Metaphysik in ihrer Spezifizierung als Ontologie und theologia naturalis, also philosophischer Theologie.

- Metaphysik ist seit je ein problematischer Begriff. G.W.F. Hegel schrieb:
[2] „Denken? Abstrakt? – Sauve qui peut! Rette sich, wer kann! So höre ich schon einen vom Feinde erkauften Verräter ausrufen, der diesen Aufsatz dafür ausschreit, daß hier von Metaphysik die Rede sein werde. Denn *Metaphysik* ist das Wort, wie *abstrakt* und beinahe auch *Denken*, ist das Wort, vor dem jeder mehr oder minder wie vor einem mit der Pest Behafteten davonläuft."[2]
 - Was ist Metaphysik? *Die* Metaphysik gibt es nicht; Richtungsangaben für eine Suchbewegung:
  - Metaphysisches Fragen ist Fragen nach dem Wissen selbst, nach seinem Ursprung und Ziel und
  - nach der Wirklichkeit der in ihm thematisierten Wirklichkeiten: Woher, warum, wozu das faktisch Gegebene?
  - Dieses Fragen ist in die „Sinnfrage" eingebettet, sapiential (weisheitlich) geprägt, dennoch diskursiv strukturiert.
  - Auch radikale Metaphysikkritik speist sich meist aus (ziemlich kühner) Metaphysik, so z.B. der Materialismus, sofern für seine Basisthese, daß es nur Materielles gibt, materielle Mittel nicht aufzukommen vermögen.

- Der nachfolgende Zugang zur Metaphysik führt
 - über Aristoteles und die mittelalterliche Aristotelesrezeption einschließlich der für beide Schritte notwendigen Blicke auf Platon;
 - desgleichen müssen die mittelalterliche Metaphysikkritik und die trotzdem nochmals etablierte neuzeitliche Schulmetaphysik einbezogen werden;

---

[1] WITTGENSTEIN, Ludwig: Philosophische Untersuchungen. I, 123.
[2] HEGEL, Georg W.F.: Wer denkt abstrakt? In: Ders.: Werke in 20 Bänden. Bd. 2. Jenaer Schriften 1801-1807. Frankfurt a.M. 1970. (Theorie Werkausgabe). 575-581. Hier 575.

- intensiv müssen uns von der Warte der Theologie her Kants neuzeitliche Metaphysikkritik und die noch radikaleren Kritiken Nietzsches, des Neopositivismus, Heideggers oder Quines beschäftigen,
- nicht weniger indes die Tatsache, daß es auch nach Kant Metaphysik gab – dafür steht allem voran der Name Hegels – und im 20. Jahrhundert nicht nur die in gewissem Sinn an Hegel orientierte „Process-Philosophy" Alfred N. Whiteheads, sondern im Kontrast zur profilierten Anti-Metaphysik W.V.O. Quines sprachanalytische Metaphysiken;
- dem folgt die Auseinandersetzung mit der philosophischen Gottesfrage in ihren klassischen und in zeitgenössischen Gestalten – abgeschlossen mit einem systematischen Vorschlag zu einer philosophisch verantworteten Formation des Gottdenkens und den Bedingungen der Gegenwart.

Spezieller Klärung bedarf zuvor noch der Terminus:

- Ontologie; er bedeutet „Lehre vom Seienden als Seienden".
    - Der Begriff taucht erstmals bei Rudolf Göckel (1547-1628) auf;
- die ontologische Frage war ursprünglich Teil der Metaphysik, nach der Ausdifferenzierung der Reflexion der Seinsbereiche avancierte sie zu einem eigenen Thema;
- die neuzeitliche Schulmetaphysik unterscheidet
    - metaphysica generalis (Frage nach dem Seienden als Seienden);
    - metaphysica specialis (natürliche Theologie, rationale Psychologie und Kosmologie).
        Auf eine so strukturierte Metaphysik bezieht sich Kants Kritik;
- heute wird oft von Ontologie gesprochen, um den Ausdruck „Metaphysik" zu vermeiden.

1. Verwunderlich: Das Seiende als Seiendes

§ 67 Die spezifische Fragestellung der okzidentalen Metaphysik läßt sich ohne Kenntnisse des Aristotelischen Denkens nicht zureichend begreifen: Einige seiner Grundbegriffe dirigieren wie selbstverständlich unsere durchschnittliche Weltbeschreibung; andere begegnen in erratischer Fremdheit.

[3] „Warum ist überhaupt Seiendes und nicht vielmehr Nichts?"[3]

---

[3] HEIDEGGER, Martin: Was ist Metaphysik? In: Ders.: Wegmarken. Frankfurt a.M. 1976. (GA 9). 103-122. Hier 122.

lautet für Heidegger die metaphysische Frage. Heideggers leitende These:
- die okzidentale Metaphysik hat von Anfang an das Sein mit dem Seienden verwechselt, so daß die Seinsfrage in ihr gar nicht gestellt wurde;
- also ist Seinsfrage radikal neu zu stellen, und zwar als Frage nach dem schlechthin Anderen zum Seienden, dem Nichts, nicht mehr als Frage nach der höchsten Ursache des Seienden wie bei Gottfried Wilhelm Leibniz (1646-1716).
- Leibniz' metaphysische Frage, warum denn etwas sei und nicht vielmehr nichts[4], reflektiert einen der Einsatzpunkte metaphysischen Denkens überhaupt, Aristoteles (384-322 v. Chr.):

[4] „Weil sie sich nämlich wunderten, haben die Menschen zuerst wie jetzt noch zu philosophieren begonnen; sie wunderten sich anfangs über das Unerklärliche, das ihnen entgegentrat. Allmählich machten sie auf diese Weise Fortschritte und stellten sich über Größeres Fragen. [...] Der jedoch, der voller Fragen ist und sich wundert, vermeint in Unkenntnis zu sein. [...] Philosophierte man also, um der Unwissenheit zu entkommen, so suchte man offenbar das Verstehen, um zu wissen, keineswegs aber um eines Nutzens willen."[5]

Staunen als Anfang des Philosophierens geht aus Nichtwissen hervor und treibt (nach der Befriedigung der elementaren Lebensbedürfnisse)[6] zur Suche nach Wissen um seiner selbst willen.

1.1 Vorabklärungen zur „Metaphysik" des Aristoteles

- Andronikos von Rhodos (1. Jh. v. Chr.) teilte das Aristotelische Werk ein in
    - Organon (Schriften zur Logik);
    - ethisch-politisch-rhetorische Schriften;
    - naturphilosophisch-biologisch-psychologische Schriften;
    - Metaphysik (Titel von Andronikos!).

    Dabei handelt es sich ausschließlich um Vorlesungsunterlagen etc., die nicht zur Publikation bestimmt waren; von Aristoteles' zahlreichen Dialogen sind nur wenige Bruchstücke erhalten.

- Metaphysik ist für Aristoteles
    - weder Frage nach dem Übersinnlichen wie bei manchen mittelalterlichen Theologen
    - noch System des Wissens wie im Deutschen Idealismus,
    sondern Frage nach den Gründen des Seienden und den Prinzipien seiner Erkennbarkeit und in diesem Sinne „Erste Philosophie"

---

[4] Vgl. LEIBNIZ, Gottfried Wilhelm: Die philosophischen Schriften. Bd. 6. Hrsg. von C. J. Gerhardt. Hildesheim 1961. 602. Nr. 7.: „Pourquoy [sic!] il y plustôt quelque chose que rien?"
[5] ARISTOTELES: Metaphysik. 982b.
[6] Vgl. ARISTOTELES: Metaphysik. 982b.

- als Wissenschaft von den ersten Prinzipien und den vier Ursachen des Seienden;
- als Ontologie am Leitfaden der Grundbegriffe „Wesen", „Materie-Form", „Möglichkeit-Wirklichkeit";
- als Wissenschaft vom ersten Ursprung alles Seienden („Onto-Theologie").

1.2 Der Zugang zum Seienden, sofern es ist

- Seiendes ist auf vielfache Weise aussagbar: „sein" ist ein analoger, nicht äquivoker oder univoker Ausdruck (↗Sprachphilosophie). Die Vielheit des „sein" ist auf *ein* Prinzip hin aussagbar:

[5] „Denn einiges wird als seiend bezeichnet, weil es Wesen (Substanzen), anderes, weil es Eigenschaften eines Wesens sind, anderes, weil es der Weg zu einem Wesen oder Untergang oder Beraubung oder Qualität oder das Schaffende und Erzeugende ist für ein Wesen oder für etwas in Beziehung zu ihm Stehendes, oder Negation von etwas unter diesen oder von einem Wesen (deshalb sagen wir ja auch, das Nichtseiende *sei* nicht-seiend."[7]

- Prinzip ist das Wesen (οὐσία);
- ausgesagt wird „sein" im Urteil;
- dessen ontosemantische Analyse ergibt vier Grunddimensionen der Seinsanalogie:
    - das Wesensurteil;
    - das akzidentelle Urteil;
    - die Artikulation einer Möglichkeit;
    - den Ausdruck eines Nichtseins (rein logische Funktion des „ist").

- Die inhaltliche Strukturierung der (sprachlich konstituierten) Seinsanalogie geschieht durch zehn Kategorien:
    - einerseits Substanz (= Subjekt des Urteils),
    - andererseits Quantität, Qualität, Relation, Ort, Zeit, Lage, Ausstattung, Aktivität, Passivität (= Prädikate des Urteils, die der Substanz zukommen).

- Die Wissenschaft vom Seienden als Seienden muß als solche auch die sichersten Prinzipien zur Erkenntnis des Seienden angeben können:
    - Sicher ist ein Prinzip nur als evidentes und voraussetzungsloses;
    - das gilt offenkundig vom Nicht-Widerspruchs-Prinzip:

[6] „Daß nämlich dasselbe demselben in derselben Beziehung [...] unmöglich zugleich zukommen und nicht zukommen kann, das ist das sicherste unter allen Prinzipien; denn es paßt

---

[7] ARISTOTELES: Metaphysik. 1003b.

darauf die angegebene Bestimmung, da es unmöglich ist, daß jemand annehme, dasselbe sei und sei nicht."⁸

> Dieses Prinzip ist eines Beweises weder bedürftig noch fähig, da sonst ein infiniter Regreß einträte:

[7] „Denn daß es überhaupt für alles einen Beweis gebe, ist unmöglich, sonst würde ja ein Fortschritt ins Unendliche eintreten und auch so kein Beweis stattfinden."⁹

> Lediglich ein indirekter – „widerlegender"– Beweis läßt sich führen bzw. ihn führt der Bestreiter des Prinzips durch die faktische Bestreitung:

[8] „[E]in widerlegender Beweis für die Unmöglichkeit der Behauptung [sc. die Bestreitung des Prinzips] läßt sich führen, sobald der dagegen Streitende nur überhaupt redet; wo aber nicht, so wäre es ja lächerlich, gegen den reden zu wollen, der über nichts Rede steht, gerade insofern er nicht Rede steht; denn ein solcher ist als solcher einer Pflanze gleich [...]. Der Ausgangspunkt bei allen derartigen Diskussionen ist nicht, daß man vom Gegner verlangt, er solle erklären, daß etwas sei oder nicht sei (denn dies würde man schon für eine Annahme des zu Beweisenden ansehen), sondern daß er im Reden etwas bezeichne für sich wie für einen anderen; denn das ist ja notwendig, sofern er überhaupt etwas reden will."¹⁰

> - Die Pointe besteht in der Retorsion (Rückbiegung) vom Inhalt einer Behauptung auf den Vorgang der Behauptung selbst und der Aufdeckung des performativen Selbstwiderspruchs, die Voraussetzungen von Behauptungen behauptend zu bestreiten (↗Ethik; Letztbegründung).
>
> - Ontologisch relevant ist das Nicht-Widerspruchs-Prinzip, sofern es die erste Kategorie sichert.
>
> Willard Van Orman Quine (*1908) hat unter ausdrücklicher Preisgabe des Prinzips ein Konzept mit prinzipieller Revisionsmöglichkeit *aller* Sätze im Ganzen unseres Satzsystems (Holismus) formuliert und damit Erkenntnistheorie zu einem Segment empirischer Psychologie „naturalisiert" (vgl. unten).

1.3 Was macht ein Seiendes zu dem, was es ist?

- Das eigentlich schwierige ontologische Problem wirft die Frage nach dem τὸ τι ἦν εἶναι („Was es ist, dies zu sein") des konkreten Seienden auf. Der Grund:
  - Wirkliches Wissen ist universal und notwendig;

---

⁸ ARISTOTELES: Metaphysik. 1005b.
⁹ ARISTOTELES: Metaphysik. 1006a.
¹⁰ ARISTOTELES: Metaphysik. 1006a.

- konkrete Seiende sind einzeln und nicht-notwendig, weil veränderlich und vergänglich;
- wie aber ist dann ontologisches Wissen über konkretes Seiendes möglich?

- Aristoteles denkt sich eine Lösung durch das Zusammenspiel folgender Faktoren (die primär im Blick auf lebendiges – also über Veränderungen hinweg identisches – Seiendes gewonnen sein dürften):
- Möglichkeit – Wirklichkeit (δύναμις – ἐνέργεια/ἐντελέχεια; potentia – actus); der Aristotelische Sinn des Begriffsdoppels kann nur im Horizont der vorausgehenden Lösungsvarianten des Problems der Veränderung begriffen werden:
   - Heraklit (ca. 540-483 v. Chr.) bestimmte Bewegung als Grundverfassung alles Wirklichen:

[9] „Denen, die in dieselben Flüsse hineinsteigen, strömen andere und immer wieder andere Gewässer zu. [...Der Fluß] zerstreut und [...] bringt zusammen [...,] sammelt sich und fließt fort [...] nähert sich und entfernt sich."[11]

   - Parmenides (ca. 540-480 v. Chr.) galt Ruhe als Grundverfassung alles Wirklichen, Bewegung ist Schein (vgl. auch Zenon, 490/85-445/40 v. Chr.):

[10] „Denn niemals kann erzwungen werden, daß ist, was nicht ist. Im Gegenteil, du sollst das Verstehen von diesem Weg der Untersuchung zurückhalten, und die vielerfahrene Gewohnheit soll dich nicht zwingen, über diesen Weg das ziellose Auge schweifen zu lassen, das widerhallende Ohr und die sprechende Zunge. Nein: beurteile in rationaler Weise die streitbare Widerlegung, die ich ausgesprochen habe. [...]
Einzig also noch übrig bleibt die Beschreibung des Weges, daß es ist. Auf diesem Weg gibt es sehr viele Zeichen: daß Seiendes nicht hervorgebracht und unzerstörbar ist, einzig, aus einem Glied, unerschütterlich und nicht zu vollenden: weder war es noch wird es einmal sein, da es jetzt zugleich ganz ist, eins, zusammengeschlossen."[12]

Was ist, ist und kann nicht geworden sein, sonst müßte es aus dem Nichtsein kommen und hätte als Nicht-Seiendes ein Prinzip des Werdens in sich haben müssen. Daraus folgt:

[11] „Andererseits ist es unbeweglich/unveränderlich in den Grenzen gewaltiger Fesseln, ohne Anfang, ohne Aufhören, da Entstehung und Zerstörung in weiteste Ferne verschlagen worden sind: verstoßen hat sie die wahre Verläßlichkeit. Als ein selbes und im selben verharrend und für sich selbst befindet es sich und verbleibt in dieser Weise fest am selben Ort. Denn die mächtige Unentrinnbarkeit [ἀνάγκη] hält es in den Fesseln der Grenze, die es ringsum ein-

---

[11] HERAKLIT: Frgm. 12 und Frgm. 91.In: KRS 214.
[12] PARMENIDES: Über das Sein. Mit einem einführenden Essay von Hans v. Steuben. Übers. u. Gliederung vom Jaap Mansfeld. Text u. Nummern nach DK. Stuttgart 1981. 8-11. DK 28 B 7; 28 B 8. [Künftig zitiert: PARMENIDES: Sein.]

schließt; weshalb es nicht erlaubt ist, daß das Seiende unvollendet wäre. Denn es ist nicht in irgendwelcher Hinsicht mangelhaft – wäre es dies, so würde es ihm an allem mangeln."[13]

- Eukleides (ca. 300 v. Chr.) begründet die Ontologie der Megariker; einer von ihnen, Diodoros Kronos († 307 v. Chr.), führt einen indirekten Beweis für die Unmöglichkeit der Bewegung. Aristoteles kommentiert:

[12] „Es gibt einige wie die Megariker, welche behaupten, ein Ding habe nur dann ein Vermögen, wenn es wirklich tätig sei, wenn jenes aber nicht wirklich tätig sei, habe es auch das Vermögen nicht [...]."[14]

- Diese Verknüpfung von Nicht-Wirklichkeit und Unmöglichkeit bricht Aristoteles auf, indem er Mögliches als Wirkliches *oder* Nicht-Wirkliches, Wirkliches als Notwendiges *oder* Nicht-Notwendiges bestimmt.
- Damit ist eine neue Dimension von Ontologie etabliert, in der Sein und Nicht-Sein ohne Verstoß gegen das Nicht-Widerspruchs-Prinzip zugleich auftreten.

- Materie – Form:
    - Die Form wird in der Materie (ὕλη) vervielfältigt;
    - Materie ist letztlich pure Potenz und als solche Seinsgrund der Vielheit;
    - Potenz und Akt sind im Zusammentreten von Form und Materie simultan;
    - Potenz und Akt sind nicht Seiende, sondern Prinzipien von (werdendem) Seiendem; in diesem Sinn
        - aktuiert Form Materie;
        - aktuieren Akzidentien Substanz, was auch bedeutet:
            Substanzen sind zweifach veränderbar:
                - akzidentell;
                - substantiell (dann vergeht das betreffende Seiende).
    - Aktuiert werden kann eine Potenz nur durch:

- Ursache auf ein Ziel hin; zu unterscheiden sind:
    - die Materialursache (causa materialis)
        als konkretes Material, materia secunda (geformte Elemente) oder (ewige!) materia prima (reines Alles-sein-Können);

→ Dies kann auf dem Hintergrund des chr. Verhältnis

---

[13] PARMENIDES: Sein. 13. DK 28 B 8.
[14] ARISTOTELES: Metaphysik. 1046b.

- die Formalursache (causa formalis)
  als konkrete Formung durch Akzidentien oder als substantiale Form;
- die Wirkursache (causa efficiens); sie prägt der Materialursache die Formalursache ein, und zwar unter Leitung durch
- die Ziel- oder Zweckursache (causa finalis);
  Insofern steht die Zielursache an erster Stelle, bedarf aber zugleich zur Aktuierung einer Potenz einer äußeren Wirkursache; mit dem „Bewegungssatz" formuliert:

[13] „Alles, was in verändernder Bewegung ist, muß *von etwas* in Bewegung gebracht werden."[15] Die lateinische Schulformel lautet: „Quidquid movetur, ab alio movetur."

Von diesem Prinzip her konzipiert Aristoteles erstmals die rationale Herleitung des Gottesgedankens:

1.4 Der Gott des Aristoteles

- Alles irdische Werden wird durch die Sternbewegung verursacht, die der kreisförmigen als der vollendetsten Bewegung folgen und darin die Vollkommenheit des „Ersten Bewegers" nachzuvollziehen suchen, denn:

[14] „[D]as Weswegen ist Endzweck. Endzweck aber ist das, welches nicht um eines andern willen, sondern um des willen das andere ist. Wenn es also ein solches Äußerstes gibt, so findet dabei kein Fortschritt ins Unendliche statt; gibt es kein solches, so gibt es überhaupt kein Weswegen. Aber wer hierin einen Fortschritt ins Unendliche behauptet, der hebt, ohne es zu wissen, das Wesen des Guten auf [weil dann ja überhaupt nichts mehr anzustreben wäre, und Anzustrebendes ist Gutes]. Und doch würde niemand etwas zu tun unternehmen, wenn er nicht zu einem Ende zu kommen gedächte, und wer so handelte, der besäße keine Vernunft; denn der Vernünftige handelt immer nach einem Weswegen; dies ist die Grenze, der Zweck ist Grenze."[16]

Dies Prinzip der notwendigen Endlichkeit der Ursachenreihe führt auf den ersten Beweger als unbewegte, unveränderliche Ursache:

[15] „Da aber dasjenige, was bewegt wird und bewegt, ein Mittleres ist, so muß es auch etwas geben, das ohne bewegt zu werden, selbst bewegt, das ewig und Wesen und Wirklichkeit ist. Auf solche Weise aber bewegt das Erstrebte und das Intelligible (Erkennbare); es bewegt, ohne bewegt zu werden."[17]

Das unbewegte Bewegen denkt sich Aristoteles so:

[16] „κινεῖ δὴ ὡς ἐπώμενον, κινούμενα δὲ τἆλλα κινεῖ." – „Jenes bewegt wie ein Geliebtes, und durch das (von ihm) Bewegte bewegt es das übrige."[18]

---

[15] ARISTOTELES: Physik 241b.
[16] ARISTOTELES: Metaphysik. 994b.
[17] ARISTOTELES: Metaphysik. 1072a.
[18] ARISTOTELES: Metaphysik. 1072b.

Die Intelligibilität des ersten Bewegers ergibt sich dadurch, daß die Unveränderlichkeit der Vernunft nur durch eine Selbstbezüglichkeit des Denkens (νόησις νοήσεως) gewährleistet ist (würde etwas anderes gedacht, wäre die Vernunft durch dieses ja bewegt):

[17] „Sich selbst also erkennt die Vernunft, wenn anders sie das Beste ist, und die Vernunfterkenntnis (bzw. -tätigkeit) ist Erkenntnis ihrer Erkenntnis (-tätigkeit)."[19]

- Diese Theologie des Stagiriten rekurriert nicht auf Erfahrungsjenseitiges, sondern resultiert aus rationaler Analyse alltäglicher Erfahrung mit menschlichem Wissen;
- Gott fungiert so als causa prima allen So-Seins, jedoch nicht des Seins als solchem, denn die Materie als basales Substrat der Welt ist ewig; Folge:
    - Gott ist weder Schöpfer
    - noch der Welt in Liebe oder gar geschichtlich handelnd zugewandt;
    - ihm kommt einzig eine formale Fundierungsfunktion für die Analyse des bewegten Seienden zu.

- Neuzeitlich verfällt die Kernstruktur dieser philosophischen Theologie – das Kausalitätsprinzip – radikaler Kritik.
    - Klassisch formuliert wird der Einwand von David Hume (1711-1776):

[18] „Blicken wir auf die uns umgebenden Außendinge und betrachten wir die Wirksamkeit der Ursachen, so sind wir in keinem einzigen Falle in der Lage, irgendeine Kraft oder einen notwendigen Zusammenhang zu entdecken, irgendeine Eigenschaft, welche die Wirkung an die Ursache bindet und die eine zur unausbleiblichen Konsequenz der anderen macht. Wir finden nur, daß die eine in Wirklichkeit tatsächlich auf die andere folgt. Den Stoß der Billardkugel begleitet eine Bewegung der zweiten. Das ist alles, was den *äußeren* Sinnen erscheint. Der Geist erlebt keine Empfindung, keinen *inneren* Eindruck von dieser Folge der Gegenstände: Demzufolge gibt es in keinem einzelnen, bestimmten Falle von Ursache und Wirkung etwas, das auf die Vorstellung der Kraft oder des notwendigen Zusammenhanges hinwiese."[20]

- Auch Metaphysiker stimmen diesem Befund zu, interpretieren ihn aber völlig anders:
    - Der Ursache-Wirkung-Konnex sei nicht einmal in der Erfahrungswelt mit Sinnen wahrnehmbar (geschweige denn hinsichtlich einer Erstursache);
    - allein in der Selbsterfahrung der freien Handlung (Absicht-Wirkung) präsentiere sich das Phänomen der Kausalität mit Evidenz.

---

[19] ARISTOTELES: Metaphysik. 1074b.
[20] HUME, David: Eine Untersuchung über den menschlichen Verstand. Stuttgart 1967. 85-86.

- Dem jedoch widersprechen fundamental Versuchsergebnisse von Benjamin Libet (* 1916), die besagen
    - auf Hautreizungen folgen prompte Reaktionen, obwohl sie meßbar ca. 0,5 Sekunden später erst bewußt werden, das Bewußtsein sie jedoch sozusagen vordatiert;
    - „freie" Entschlüsse lassen sich ca. 0,3 Sekunden vor ihrem Bewußtwerden als Hirnaktivitäten nachweisen, werden aber so rechtzeitig bewußt, daß sie noch abgebrochen werden können.
        Aus der menschlichen Eigenerfahrung mit Willen und Wirken läßt sich das metaphysische Kausalprinzip nicht stützen.

- Trotzdem ist das metaphysische Kausalprinzip damit noch nicht erledigt:
    - Im Kern besagt das Prinzip nur, daß jede Wirkung eine Ursache hat;
    - jenseits menschlich vertrauter Wirksamkeit und Willentlichkeit eignet diesem Prinzip Evidenz hinsichtlich des Phänomens des Selbstbewußtseins (↗Anthropologie):
        - Selbstbewußtsein läßt sich als unhintergehbar ausweisen, etwa
            - transzendentallogisch („Wenn ich mich täusche, bin ich"; Augustinus, Descartes; ↗Anthropologie; Letztbegründung);
            - sprachanalytisch durch den Ausweis der Unersetzbarkeit des Pronomens „ich" in „ich"-Sätzen (vgl. ↗Sprachphilosophie);
        - zugleich gewahrt sich Selbstbewußtsein als selbsterhaltungsbedürftig, also endlich und hinsichtlich seines Auftretens und Abtretens der Selbstverfügung entzogen;
        - das wirft notwendig die Frage nach dem Grund des seiner selbst bewußten Subjekts auf;
        - dabei muß die gegen einen infiniten Regreß nötige Unbedingtheit dieses Grundes mit der Unbedingtheit des Begründeten (also des Selbstbewußtseins) vermittelt werden;
        - das gelingt nur mit einem Begründungs- und Kausalitätsbegriff, der nicht mehr wie bei Aristoteles und der traditionellen Metaphysik am naturgesetzlichen Ursache-Folge-Verhältnis oder am menschlichen Wirken und Wollen orientiert ist; die entscheidenden Abweichungen von Aristoteles:
            - Bei ihm ist die causa efficiens etwas, das das Begründete von außen begründet;
            - im Fall von Selbstbewußtsein geht das Begründende in das Begründete ein oder das Begründete wird durch einen unver-

füglichen „Innengrund"[21] qua Unbedingtes im Bedingten fundiert.

Beide Alternativen werden in der neuzeitlichen (↗) Religionsphilosophie intensiv diskutiert; Indiz für Unbedingtes im Bedingten ist etwa die evidente Wahrnehmung unbedingten Sollens im Gewissen (vgl. auch ↗Ethik).

- Wer Metaphysik für möglich hält, wird also auf Gehalte der Konzeptionen verwiesen, die aus der Fortschreibung der neuzeitlichen Kritik der klassischen Metaphysik durch Kant und die ihm kritisch Folgenden hervorgegangen sind.
 - Diese Denkformen und ihre Intention versteht nur, wer die klassische Metaphysik einschließlich ihrer jüdisch-christlichen Treibsätze ihrerseits in Grundzügen kennt (was für Theologietreibende überdies aus theologischen Gründen indispensabel ist);
- der Zugang zur klassisch-christlichen Metaphysik setzt seinerseits eine Kenntnis jener Replatonisierung bestimmter Aristotelischer Denkfiguren voraus, durch die das Denken des Stagiriten überhaupt erst christlich rezipierbar wird;
- das macht einen Blick auf Sokrates und Platon nötig.

Testfragen:

1. *Was ist Gegenstand der „Metaphysik" als philosophischer Denkform?*
2. *An welchen Grundbegriffen macht Aristoteles seine Metaphysik fest? Was ist deren Charakteristikum?*
3. *Wie gewinnt Aristoteles den Zugang zum Seienden als solchen?*
4. *Wie kommt Aristoteles auf die „Kategorien"? Welche unterscheidet er?*
5. *Welches philosophische Grundproblem läßt sich mit der Akt-Potenz-Lehre lösen? Wie wird es gelöst?*
6. *Was zeichnet den Gottesbegriff des Aristoteles aus? Welche Funktion erfüllt er? Wodurch unterscheidet er sich fundamental vom christlichen Gottesgedanken?*

---

[21] POTHAST, Ulrich: Philosophisches Buch. Schrift unter der aus der Entfernung leitenden Frage, was es heißt, auf menschliche Weise lebendig zu sein. Frankfurt a.M. 1988. 92.

2. Die Gestalt „Sokrates" und die Platonische Epoptie

§ 68 Was Sokrates im ethisch-politischen Kontext als verläßliches Wissen entdeckt, ohne es begrifflich explizit artikulieren zu können, sucht Platon durch seine Ideenlehre ontologisch zu verankern. Dabei entsteht etwas, das mehr mit Religion als mit Philosophie im Sinn einer diskursiven Disziplin zu tun hat und etliche unmittelbare Anschlußpunkte für eine christliche Rezeption bereitstellt.

2.1 Sokratische „Metaphysik"[22]

- Sokrates (ca. 469-399 v. Chr.)
    - hat keine Lehre (und also auch keine Metaphysik) hinterlassen;
    - seine Philosophie manifestiert sich in der Form seines Philosophierens;
    - dieses prägt ein Streben nach wirklichem, unhintergehbarem Wissen, weitestgehend bezüglich ethisch-politischer Fragen;
    - Sokrates selbst versteht sein Tun als erzieherische Aufgabe:

[19] „[..N]ichts anderes tue ich, als daß ich umhergehe, um Jung und Alt unter euch zu überreden, ja nicht für den Leib und für das Vermögen zuvor noch überall so sehr zu sorgen als für die Seele, daß diese aufs Beste gedeihe, zeigend, wie nicht aus dem Reichtum die Tugend entsteht, sondern aus der Tugend der Reichtum und alle andern menschlichen Güter insgesamt, eigentümliche und gemeinschaftliche."[23]

- Die Sorge um die Tauglichkeit der „Seele" vollzieht sich in zwei Schritten als Maieutik („Hebammen-Kunst"):
    - Zunächst wird die Seele von Unwissenheit befreit und falschen Meinungen gereinigt, auf daß die Suche nach wirklichem Wissen beginne;
    - dann wird die Einsicht in wahres Wissen vom rechten Leben und Handeln vermittelt, das der Adressat schon besitzt, ohne daß ihm das bewußt wäre:

[20] „Von meiner Hebammenkunst nun gilt übrigens alles, was von der ihrigen [sc. der Hebammen]; sie unterscheidet sich aber dadurch, daß sie Männern die Geburtshilfe leistet und nicht Frauen, und daß sie für ihre gebärenden Seelen Sorge trägt und nicht für Leiber. Das größte aber an unserer Kunst ist dieses, daß sie imstande ist zu prüfen, ob die Seele des Jünglings ein Scheinbild und Falsches zu gebären im Begriff ist; oder Lebenskräftiges und Echtes. Ja auch hierin geht es mir eben wie den Hebammen, ich gebäre nichts von Weisheit, und was mir bereits viele vorgeworfen, daß ich andere zwar fragte, selbst aber nichts über irgend etwas antwortete, weil ich nämlich nichts Kluges wüßte zu antworten, darin haben sie recht. Die Ursache davon aber ist diese, Geburtshilfe leisten nötiget mich der Gott, erzeugen aber hat er mir gewehrt. Daher bin ich selbst keinesweges etwa weise, habe auch nichts dergleichen aufzuzeigen als Ausgeburt meiner Seele. Die aber mit mir umgehen, zeigen sich

---

[22] Zum folgenden vgl. auch HENRICI, Peter: Introduzione alla metafisica. Roma 1982.
[23] PLATON: Apologie. 30a-b.

zuerst zwar zum Teil gar sehr ungelehrig; hernach aber bei fortgesetztem Umgange alle denen es der Gott vergönnt wunderbar schnell fortschreitend, wie es ihnen selbst und andern scheint; und dieses offenbar ohne jemals irgendetwas von mir gelernt zu haben, sondern nur selbst aus sich selbst entdecken sie viel Schönes und halten es fest; die Geburtshilfe indes leisten dabei der Gott und ich."[24]

Was maieutisch ans Licht gehoben wird, läßt sich nur an Beispielen zeigen, etwa
>im Dialog „Euthyphron" an der Frage der Frömmigkeit:
>- Sokrates – selbst bereits als der Gottlosigkeit Beklagter – trifft den Priester Euthyphron, der zum Gericht eilt, um seinen Vater des Totschlags anzuklagen; nicht anzuklagen hieße soviel wie: die Tat selbst verübt zu haben und damit gottlos zu sein;
>- Euthyphrons kompromißloses Wissen um das Fromme (und Ruchlose) läßt Sokrates um Belehrung über das Fromme bitten;
>- Euthyphron verheddert sich, der Dialog mündet in einem circulus vitiosus;
>- Sokrates läßt nicht locker:

[21] „SOK.: [...] Denn kenntest du nicht ganz bestimmt das Fromme und das Ruchlose: so hättest du auf keine Weise unternommen, um eines Tagelöhners willen einen betagten Vater des Totschlags zu verklagen; sondern sowohl vor den Göttern hättest du dich gefürchtet, so etwas zu wagen, falls es doch vielleicht nicht recht getan wäre, als auch die Menschen hättest du gescheut. Daher weiß ich gewiß, daß du ganz genau zu kennen meinst, was fromm ist und was nicht. Sage daher, bester Euthyphron, und verbirg nicht, was du davon hältst.
EUTH.: Ein anderes Mal denn, o Sokrates; denn jetzt eile ich wohin, und es ist Zeit, daß ich gehe."[25]

>- Sokrates erweist sich als der eigentlich Wissende, der sich durch einen unbedingten Spruch unter das Fromme gestellt weiß und dafür das Todesurteil auf sich nimmt;
>- sein Wissen liegt jenseits des diskursiven Wissens;
>- es orientiert in unbedingter Bindung menschliches Handeln
>- und ist allein auf der Ebene des Handelns zugänglich.

- „Euthyphron" ist zugleich ein Musterfall Sokratischer Ironie: Diese versprachlicht etwas so, daß sie zugleich die Unangemessenheit der Versprachlichung des zu Sagenden zur Geltung bringt (vgl. ↗Protreptik).

- Resümee zur Sokratischen „Metaphysik":
  - Es gibt unbedingtes Wissen jenseits des Diskursiven;
  - dieses Wissen macht sich im Handeln geltend und normiert unser Tun;

---
[24] PLATON: Theaitetos. 150b-d.
[25] PLATON: Euthyphron. 15d-e. In: Ders.: Werke in acht Bänden. Bd. 1. Griech./Dt. Hrsg. von Gunther Eigler. Dt. Übers. von F.D.E. Schleiermacher. Darmstadt ²1990. 351-397. Hier 395.

- in dieser Bindekraft scheint ein die Erfahrung Überschreitendes auf;
- dieses Metaphysische bleibt an die Praxis gebunden; für Sokrates ist „Metaphysik" Sache der praktischen Vernunft.

Letzteres dürfte der intensivste Berührungspunkt zwischen Sokrates und Platon sein; wo liegt der Unterschied?

2.2 Die Logik der Ideenlehre

- Platon (ca. 427 - ca. 347 v. Chr.) verfolgt die Zielsetzung des Sokrates systematischer als dieser; beide leitet die Sorge um das Wohlergehen der Polis;
  - er schafft dazu die Form des geschriebenen Dialogs;
    - Dialogiker nach Platon: Aristoteles, Augustinus (354-430), Nikolaus von Kues (1401-1464), Giordano Bruno (1548-1600), Friedrich Wilhelm Joseph Schelling (1775-1854), Ludwig Wittgenstein (1889-1951);
    - die Form scheint sich immer dort nahezulegen, wo etwas nicht einfach auf den Begriff gebracht, sondern nur gleichsam eingekreist werden kann;
  - es geht ihm um eine Antwort auf das bei Sokrates Offengebliebene; dazu führt er die Unbedingtheit des ethischen Wissens des Sokrates auf die Präexistenz der Seele zurück;
    die entsprechende anamnesis-Lehre wird im „Menon" klassisch entfaltet:

[22] „MEN.: Und auf welche Weise willst du denn dasjenige suchen, Sokrates, wovon du überhaupt gar nicht weißt, was es ist? Denn als welches besonderes von allem, was du nicht weißt, willst du es dir denn vorlegen und so suchen? Oder wenn du es auch noch so gut träfest, wie willst du denn erkennen, daß es dieses ist, was du nicht wußtest?
SOK.: Ich verstehe, was du sagen willst, Menon! Siehst du, was für einen streitsüchtigen Satz du uns herbringst? Daß nämlich ein Mensch unmöglich suchen kann, weder was er weiß, noch was er nicht weiß. Nämlich weder was er weiß, kann er suchen, denn er weiß es ja, und es bedarf dafür keines Suchens weiter; noch was er nicht weiß, denn er weiß ja dann auch nicht, was er suchen soll.
MEN.: Scheint dir das nicht ein gar schöner Satz zu sein, Sokrates?
SOK.: Mir gar nicht.
MEN.: Kannst du sagen weshalb?
SOK.: O ja! Denn ich habe es von Männern und Frauen, die in göttlichen Dingen gar weise waren.
[...] Und was sie sagen, ist folgendes [...]:
Sie sagen nämlich, die Seele des Menschen sei unsterblich, so daß sie jetzt zwar ende, was man sterben nennt, und jetzt wieder werde, untergehe aber niemals. Und deshalb müsse man aufs heiligste sein Leben verbringen [...].
Wie nun die Seele unsterblich ist und oftmals geboren und, was hier ist und in der Unterwelt, alles erblickt hat; so ist auch nichts, was sie nicht hätte in Erfahrung gebracht, so daß nicht zu

verwundern ist, wenn sie auch von der Tugend und allem andern vermag, sich dessen zu erinnern, was sie ja auch früher gewußt hat. Denn da die ganze Natur unter sich verwandt ist und die Seele alles innegehabt hat, so hindert nichts, daß, wer nur an ein einziges erinnert wird, was bei den Menschen lernen heißt, alles übrige selbst auffinde, wenn er nur tapfer ist und nicht ermüdet im Suchen."[26]

- Möglichkeitsbedingung der Frage nach etwas ist ein Vorwissen vom Gefragten;
- zugleich weiß ich noch nicht genug davon, sonst müßte ich nicht fragen;
- das Vorwissen rührt aus einer Präexistenz der Seele;
- die Rückführung dieser Kunde auf priesterliche Auskunft versinnbildet die Unvordenklichkeit und Beweisunbedürftigkeit des Vorwissens, die logisch notwendig sind, wenn kein infiniter Regreß entstehen soll;
- diese rein formale Notwendigkeit ist erst überschritten, wenn dem Vorwissen ein ontologischer Status zugeschrieben werden kann; das geschieht in der „Ideenlehre".

- „Idee" steht für die ontologische Qualität des Inbegriffs nicht mehr verfüglichen und hintergehbaren Wissens;
- soll die Idee die gelebte Wirklichkeit normieren können, muß ihr mehr Wirklichkeit eignen als dem von ihr Normierten;
- wegen der Unhintergehbarkeit der Idee kann es immer nur eine Idee von etwas geben;
- als solche begründet die Idee das Vielfältige des auf sie Zurückleitbaren und ist seinsmäßige Norm des unter sie Subsumierbaren;
- an diesem Punkt setzt Aristoteles' Kritik der Ideenlehre in Gestalt des „Tritos-Anthropos-Arguments" an – daß es für den Zusammenhang zwischen einem konkreten Seienden und seiner Idee einer sie beide subsumierenden Hyperidee und dann für die Zusammengehörigkeit dieser drei eine Hyper-Hyper-Idee und so in infinitum bedürfe;[27]
- die Idee ist, was sie ist, ohne sich je zu verändern oder durch ihr Erkanntsein modifiziert zu werden – sie ist „an sich";
- darum ist die Idee „wahr" im ontologischen Sinn, also „wahr" im Sinn von „echt", „wirklich" (↗Erkenntnistheorie);

---

[26] PLATON: Menon. 80d-81d.
[27] Vgl. ARISTOTELES: Metaphysik. 1078b-1079b.

- da die Idee realer als das Empirische ist, ist sie zugleich übersinnlich; sollen wir von ihr etwas wissen können, muß dafür eine höhere Instanz als die Sinne aufkommen: das Denken;
- im „Höhlengleichnis"[28] werden die erkenntnistheoretischen Konsequenzen der Ideen-Metaphysik entfaltet (vgl. ↗Erkenntnistheorie).

- Letzter Fixpunkt der Ideenwelt ist die Idee des Guten als Möglichkeitsbedingung des intelligiblen Charakters der Ideen:

[23] „Denn daß die Idee des Guten die größte Einsicht ist, hast du schon vielfältig gehört, durch welche erst das Gerechte und alles, was sonst Gebrauch von ihr macht, nützlich und heilsam wird. Und auch jetzt weißt du wohl gewiß, daß ich dies sagen will, und noch überdies, daß wir sie nicht hinreichend kennen; wenn wir sie aber nicht kennen, weißt du wohl, daß, wenn wir auch ohne sie alles andere noch so gut wüßten, es uns doch nicht hilft, wie auch nicht, wenn wir etwas hätten ohne das Gute. Oder meinst du, es helfe uns etwas, alle Habe zu haben, nur die gute nicht? Oder alles zu verstehen ohne das Gute, aber nichts Schönes und Gutes zu verstehen?"[29]

Die Priorität der Idee des Guten
- ist nicht nur eine erkenntnistheoretische (gnoseologische),
- sondern auch eine ontologische, sonst könnte die Idee des Guten, die etwas als etwas und damit in seinem Sein-Sollen erkennen läßt, nicht normativ sein (somit kommt ihr größter Wirklichkeitsgehalt zu);
- alles, was ist, bezieht darum sein Sein und seine letzte Begründung von der Idee des Guten;
- das verleiht der Idee des Guten fast von selbst „göttliche" Züge und macht Metaphysik, sofern es ihr um die Erkenntnis dieser höchsten Idee zu tun ist, zur θεολογία.[30]

- Durch die ontologische Verfassung eignet der Idee eine sinnliche Dimension in Gestalt einer Sichtbarkeit für das höhere sinnliche Vermögen des Denkens:
- Hinsichtlich dieser Sichtbarkeit ist das Gute das Schöne: Das Gute erkennen heißt das Schöne sehen, alles Gute prägt eine Harmonie;
- schauen kann die Seele das Schöne, indem sie sich der Sinnenwelt entwindet, also im Tode;
- eine Schau des Schönen zu Lebzeiten ist nur durch eine Antizipation des Sterbens möglich;
- diese Antizipation geschieht durch einen Aufstieg und eine Reinigung der Seele von den δόξαι (Meinungen) mit Hilfe der Philosophie;

---

[28] Vgl. PLATON: Politeia. 514a-517a.
[29] PLATON: Politeia. 505a-b.
[30] Vgl. PLATON: Politeia. 379a.

- Metaphysik ist darum ἐποπτεία (Schau des Verborgenen), die nur Eingeweihten möglich ist; schon von der präexistenten Schau der Seele heißt es:

[24] „Die Schönheit aber war damals glänzend zu schauen, als mit dem seligen Chore wir dem Zeus, andere einem anderen Gotte folgend, des herrlichsten Anblicks und Schauspiels genossen und in ein Geheimnis geweiht waren, welches man wohl das allerseligste nennen kann, und welches wir feierten, untadelig selbst und unbetroffen von den Übeln, die unser für die künftige Zeit warteten, und so auch zu untadeligen, unverfälschten, unwandelbaren, seligen Gesichten vorbereitet und geweiht [εποπτεύοντες] in reinem Glanze, rein und unbelastet von diesem unserem Leibe, wie wir ihn nennen, den wir jetzt, eingekerkert wie ein Schaltier, mit uns herumtragen."[31]

- Es gibt zwei Wege zur Schau des Schönen zu Lebzeiten:
    - Der erste Weg ist der ekstatische bzw. mystische Weg des ἔρως, in den Sokrates laut „Symposion" von der Priesterin Diotima aus Mantinea eingeführt wird;
        weil Eros beim Geburtsfest der Aphrodite (Göttin der Liebe) von den gänzlich verschiedenen Eltern, nämlich Poros („Weg", „Ausweg") und Penuria („Armut") sein Leben empfängt, hat es mit ihm Seltsames auf sich:

[25] „Zuerst ist er immer arm und bei weitem nicht fein und schön, wie die meisten glauben, vielmehr rauh, unansehnlich, unbeschuht, ohne Behausung, auf dem Boden immer umherliegend und unbedeckt schläft er vor den Türen und auf den Straßen im Freien und ist der Natur seiner Mutter gemäß immer der Dürftigkeit Genosse. Und nach seinem Vater wiederum stellt er dem Guten und Schönen nach, ist tapfer, keck und rüstig, ein gewaltiger Jäger, allezeit irgendwelche Ränke schmiedend, nach Einsicht strebend, sinnreich, sein ganzes Leben lang philosophierend, ein arger Zauberer, Giftmischer und Sophist, und weder wie ein Unsterblicher geartet noch wie ein Sterblicher, bald an demselben Tage blühend und gedeihend, wenn es ihm gut geht, bald auch hinsterbend, doch aber wieder auflebend nach seines Vaters Natur. Was er sich aber schafft, geht ihm immer wieder fort, so daß Eros nie weder arm ist noch reich. Und auch zwischen Weisheit und Unverstand steht er immer in der Mitte. Dies verhält sich nämlich so. Kein Gott philosophiert oder begehrt weise zu werden, sondern ist es, noch auch, wenn sonst jemand weise ist, philosophiert dieser. Ebensowenig philosophieren auch die Unverständigen oder streben weise zu werden. Denn das ist eben das Arge am Unverstande, daß er, ohne schön und gut und vernünftig zu sein, doch sich selbst ganz genug zu sein dünkt. Wer nun nicht glaubt, bedürftig zu sein, der begehrt auch das nicht, dessen er nicht zu bedürfen glaubt. – Wer also, sprach ich, Diotima, sind denn die Philosophierenden, wenn es weder die Weisen sind noch die Unverständigen? – Das muß ja schon, sagte sie, jedem Kinde deutlich sein, daß die zwischen beiden sind, zu denen auch Eros gehören wird. Denn die Weisheit gehört zu dem Schönsten, und Eros ist Liebe zu dem Schönen; so daß Eros notwendig weisheitsliebend ist und also, als philosophisch, zwischen den Weisen und Unverständigen mitteninne steht."[32]

---

[31] PLATON: Phaidros. 250c.
[32] PLATON: Symposion. 203c-204b.

Beflügelt durch irdische Schönheiten zieht es Eros hin zur Schönheit an sich, die es geben muß, weil es sonst keine endlichen Schönheiten gäbe; Ziel ist das ekstatische Hingerissenwerden von der göttlichen Schönheit, von der her alles irdisch Schöne und Gute so heißt.

- Der zweite Weg ist die Metaphysik als zu Reflexion geronnene Erotik:
    - der Weg ist mühevoller als der erste (δεύτερος πλοῦς; „zweite Art der Seefahrt", d.h. mühevoll rudern statt mit geblähtem Segel zu fahren);
    - aber die begriffliche Arbeit sistiert, was auf dem Weg des Eros vor dem Auge der Seele vorbeihuscht.

- Resümee zur Platonischen Metaphysik:
    - Das Sokratische unbedingte Wissen wird in metaphysischer Realität verankert;
    - dieser Realität eignet größerer Wirklichkeitsgehalt als der Alltagswirklichkeit;
    - der höchste Realitätsgrad fungiert als Grund der anderen Realitätsgrade;
    - so wird das Göttliche zum Ursprung alles Guten und Schönen;
    - es gibt Realität über das Materielle hinaus, irdische Realität repräsentiert deren defizientes Abbild;
    - der Zugang zur metaphysischen Wirklichkeit in Gestalt der Epoptie führt über den Weg der Ästhetik und Erotik;
    - Metaphysik ist Ersatz der Epoptie und Antizipation des Todes;
    - Platon teilt Sokrates' Auffassung von Philosophie als Religion.

- Platons Denken bietet christlicher Theologie intensive Reize zur Rezeption:
    - eine Unsterblichkeit der Seele;
    - den Gedanken des Aufstiegs und der Reinigung der Seele;
    - die Idee des (höchsten) Guten als Quelle alles irdischen Guten;
    - die (christlich natürlich läuterungsbedürftige!) Liebe als Weg zum Guten.

- Dennoch gewinnt die klassische Metaphysik des christlichen Mittelalters ihre spezifische Gestalt durch die Rezeption des Aristoteles, jedoch in platonisierender Kolonisierung;
    - Nur von diesem komplexen Ineinander her läßt sich die Vollgestalt der christlichen Philosophie (in scholastischer und nicht-scholastischer Variante) begreifen

- und damit auch die nachmittelalterliche Neubegründung der Metaphysik sowie ihre Kritik durch die neuzeitliche Philosophie.

Testfragen:

1. Was macht das Spezifische des Sokratischen Fragens aus?
2. Wie könnte man die „Metaphysik" des Sokrates umreißen?
3. Was macht die Differenz zwischen Sokrates und Platon aus?
4. Durch welche Überlegungen kommt Platon zur Ideenlehre?
5. Welche Funktion hat dabei die Idee des Guten – und warum?
6. In welchem Sinn handelt es sich bei Platon um ein ästhetisches Denken?
7. Was hat Platonische Metaphysik mit Erotik – und mit dem Sterben zu tun?
8. Was machte und macht Platonisches Denken für christliche Theologie attraktiv?

3. Umbauten, Anbauten, Neubauten – das Phänomen der christlichen Metaphysik

§ 69 Die Denkform der christlichen Metaphysik entsteht dadurch, daß einerseits Aristotelische Theoriestücke in platonisierender Lesart seitens der christlichen Theologie aus wissenschaftstheoretischen Gründen rezipiert, andererseits die philosophischen Traditionen durch Integration jüdisch-christlicher Motive zu den neuen Begriffsformen umgearbeitet werden.

- Mehr als anderswo schlägt sich im Gang der Ausbildung der christlichen Metaphysik nieder,
   - daß es nicht nur eine – höchst komplex verlaufene – „Hellenisierung" des Christentums, also Einwanderung (spät)antiker Denkfiguren ins Christliche gibt,
   - sondern mindestens ebenso intensiv ein Einwirken jüdisch-christlicher Impulse auf philosophische Denkfiguren. Jürgen Habermas bilanziert dazu (seltsamerweise unter Auslassung der Metaphysik):

[26] „Ich meine den Begriff der subjektiven Freiheit und die Forderung des gleichen Respekts für jeden – auch und gerade für den Fremden in seiner Eigenheit und Andersheit. Ich meine den Begriff der Autonomie, einer Selbstbindung des Willens aus moralischer Einsicht, die auf Verhältnisse reziproker Anerkennung angewiesen ist. Ich meine den Begriff des vergesellschafteten Subjekts, das sich lebensgeschichtlich individuiert und das als unvertretbar Einzelner zugleich Angehöriger einer Gemeinschaft ist, also nur im solidarischen Zusammenleben mit Anderen ein authentisch eigenes Leben führen kann. Ich meine den Begriff der Befreiung – sowohl als Emanzipation aus entwürdigenden Verhältnissen wie als utopischer Entwurf einer gelingenden Lebensform. Der Einbruch des historischen Denkens in die Philosophie hat schließlich die Einsicht in den befristeten Charakter der Lebenszeit gefördert, hat die Erzählstruktur der Geschichten, in die wir uns verstricken, den Widerfahrnischarakter der Ereignisse, die uns zustoßen, zu Bewußtsein gebracht. Dazu gehört auch das Bewußtsein von der Fallibilität des menschlichen Geistes, von der Kontingenz der Bedingungen, unter denen dieser gleichwohl unbedingte Ansprüche erhebt."[33]

So kommt es zu einer impliziten „Christizität"[34] der Philosophie, die nicht nur die christliche Philosophie des Mittelalters und die Neubegründung der Metaphysik durch Descartes (1596-1650) oder Leibniz (1646-1716), sondern gleichermaßen – wenn auch nochmals ganz anders – die neuzeitliche Philosophie durchherrscht.

---

[33] HABERMAS, Jürgen: Israel und Athen oder: Wem gehört die anamnetische Vernunft? Zur Einheit der multikulturellen Vielfalt. In: Diagnosen zur Zeit. Mit Beiträgen von Johann Baptist Metz u.a. Düsseldorf 1994. 51-64. Hier 56.
[34] Ich verwende dieses Kunstwort, weil ein Ausdruck wie „Christlichkeit" nicht zuträfe, einer wie „Christentümlichkeit" von der sozialanalytisch ansetzenden Historiographie besetzt ist.

3.1 Biblische Treibsätze metaphysischer Reflexion

Als biblische Motive, die wie Treibsätze oder Katalysatoren überlieferte metaphysische Begriffslagen in neue Dimensionen treiben, sind zu nennen:

- Der jüdisch-christliche Schöpfungsgedanke einschließlich der „creatio continua"-Idee, wie er etwa in Psalm 104 zum Ausdruck kommt:
[27] „Verbirgst du dein Angesicht, sind sie verstört; nimmst du ihnen den Atem, so schwinden sie hin und kehren zurück zum Staub der Erde."[35]
  - Der Schöpfer wird absolut souverän gedacht;
  - alles Geschaffene ist kontingent, d.h. muß in keiner Weise sein;
    - Der Unterschied zum Platonischen Demiurgen bzw. zum Aristotelischen Erster Beweger,
    - zur letzten Notwendigkeit, der auch noch die Götter unterworfen sind (vgl. Sokrates/Platons „Euthyphron"), bzw. zur ewigen Materie (Aristoteles) könnte nicht größer sein.
  - Motiv für das Schöpfungswerk ist die Liebe Gottes, der „condiligentes" (Mitliebende) will, so Duns Scotus (1265/66-1308).[36]

    Corollarium zur Liebe als Schöpfungsmotiv: Mit der Freiheit Gottes geht dieses Motiv nur zusammen, wenn Gott, der die Liebe ist, diese seine Wesenserfüllung schon unabhängig von der Schöpfung – also in sich – findet; darum wird Gott christlich als Trinität gedacht und die Schöpfung als größtes Abenteuer der Liebe Gottes verstanden.

- Ein ganzes Bündel von Treibsätzen vereint die Schöpfungstheologie des alttestamentlichen Weisheits-Buches:
[28] „Toren waren ja von Natur schon alle Menschen, denen die Erkenntnis Gottes fehlte und die aus den sichtbaren Vollkommenheiten den Seienden nicht wahrzunehmen vermochten, noch bei der Betrachtung seiner Werke den Künstler erkannten, sondern Feuer oder Wind oder die schnelle Luft, den Kreis der Gestirne oder das gewaltige Wasser oder die Leuchten des Himmels für weltregierende Götter hielten. Wenn sie, durch deren Schönheit entzückt, schon in diesen Dingen Götter sahen, so hätten sie doch wissen sollen, um wieviel herrlicher ihr Gebieter ist. Denn der Urheber der Schönheit hat sie geschaffen. Und wenn sie über deren Kraft und Wirksamkeit in Staunen gerieten, so mußten sie daraus schließen, um wieviel mächtiger ihr Schöpfer ist. Denn aus der Größe und Schönheit der Geschöpfe wird durch Vergleichung deren Schöpfer erschaut."[37]

---

[35] Ps 104,29.
[36] Vgl. DUNS SCOTUS. Quaestiones in sententiarium. Lib. III. Dist. 32, quaestio 1, Nr. 6. In: Ders.: Opera omnia VII, 2. Hildesheim 1968. 692.
[37] Weish 13,1-5.

- a) Während Platon von irdischer Schönheit zur Schönheit an sich als ontologischer Größe geführt wird, schließt biblisches Denken von irdischer Schönheit auf den Urheber dieses Schönen und stellt so einen gnoseologischen Zusammenhang zwischen Schöpfer und Geschöpf her;
- b) auf ontologischer Ebene wird dieser Konnex weiterbestimmt: Wenn schon das Geschaffene wunderbar ist, um wieviel wunderbarer muß dann sein Urheber sein; so beginnt die bei der empirischen Wirklichkeit ansetzende „theologia naturalis";
- c) zugleich wird jedoch auch die ontologische Unähnlichkeit zwischen Schöpfer und Geschöpf zur Geltung gebracht, also die Keimzelle des späteren zentralen Lehrstücks der Analogie, das die Formel des Vierten Laterankonzils (1215) auf den Nenner bringt:

[29] „[...I]nter creatorem et creaturam non potest tanta similitudo notari, quin inter eos maior sit dissimilitudo notanda." – „Zwischen dem Schöpfer und dem Geschöpf kann man keine so große Ähnlichkeit feststellen, daß zwischen ihnen keine noch größere Unähnlichkeit festzustellen wäre."[38]

Der Sache nach schwingt diese Formel auch noch in der Metaphysikkritik Heideggers, seinem Vorwurf der Vergessenheit der ontologischen Differenz zwischen Sein und Seiendem, nach (vgl. oben).
- d) Gott als „der Seiende" klingt in Weish 13,1-5 zwar nur an, ist aber von Ex 3,14 (die Offenbarung des Namens Gottes an Mose am Dornbusch) her – in der lateinischen Fassung „sum qui sum" – eines der wirkmächtigsten biblischen Motive in der christlichen Metaphysik geworden (zum linguistischen Problem vgl. ↗ Religionsphilosophie).

- Die Wiederentdeckung des „ganzen" Aristoteles konfrontiert mit einem offenbarungsunabhängigen Denken, das sich u.a. die eben aufgelisteten Fragen (Ursprung des Seienden, Analogie, Sein, Gott) zum Thema macht und auf zum Teil christlich nicht akzeptable Weise beantwortet.

3.2 Ein produktiver Umbau der Aristotelischen Ontologie

Wichtige Etappen der Umarbeitung metaphysischer Grundbegriffe:
- Die christlichen Denker erlangen Kenntnis vom Gesamtwerk des Aristoteles vor allem durch jüdische und muslimische Übersetzer und Kommentatoren;
- schon für diese jüdisch-arabische Aristoteles-Rezeption steht der Schöpfungsgedanke außer Frage;

---

[38] DH 806.

- darum folgt für sie das Sein eines Seienden nicht aus dessen Wesen, sondern trägt das Wesen (essentia) den Index der Möglichkeit (vgl. Alfarabi [870-950] und Avicenna [980-1037]);
- es gibt kein natürliches Kontinuum von Möglichkeit und Wirklichkeit wie bei Aristoteles, sein Sein verdankt Seiendes dem Schöpfer;
- Existenz und Essenz werden in ein akzidentelles Verhältnis gesetzt;
- daran machen diese Autoren auch den Gedanken der Kontingenz fest,
- der Aristotelische Gedanke eines „esse per essentiam" – daß z.B. der Mensch von Wesen sterblich ist –, geht dabei verloren.

- Der jüdische Kommentator Avicebrol (1020-1070)
    - leitet die Kontingenz des Seienden von der Zusammensetzung seiner Substanz aus Form und Materie her;
    - damit kann die Substanz vergehen, ohne daß das Sein zu einem Akzidens gemacht wäre;
    - allerdings schließt das nicht aus, daß die materia prima ewig ist, und führt dazu, daß auch die geistigen Geschöpfe (Engel) als aus Form und einer spirituellen Materie zusammengesetzt gedacht sein müssen (so z.B. später Bonaventura);
    - wenn Zusammengesetztes nicht notwendig existiert, dann ist es als solches nicht einfach Sein:
    - sein Sein ist damit verschieden von dem, was es ist.

- So kommt der Gedanke der realen Differenz von Wesen und Sein (Essenz – Existenz) auf (die Thomas von Aquin intensiv beschäftigte)[39]:
    - Unterschieden werden muß zwischen substantialem Akt als Ursache einer bestimmten Substanz als solcher und Existenz-Akt als Grund der „Existenz" der Substanz;
    - essentia (Wassein, zusammengesetzt aus Materie/Form) und esse (Daßsein) sind ontologische Prinzipien, nicht selbst Seiende, sondern etwas, wodurch Seiendes ist;
    - die essentia verhält sich dabei zum esse ähnlich wie die potentia zum actus.

- Drei Überlegungen stützen diese Theorie:
    - der Kontingenzgedanke (daß etwas nicht existieren muß, auch wenn es de facto existiert);
    - der Individualitätsgedanke (daß ein Wesen vielfach realisiert sein kann und jedes Seiende einer Spezies unbeschadet derselben Form,

---

[39] Vgl. THOMAS VON AQUIN: Über das Sein und das Wesen (De ente et essentia). Lat./Dt. Übers. und erl. von Rudolf Allers. Darmstadt Nachdr. 1991.

die es mit anderen teilt, und der die Vielheit ermöglichenden Materie als unterschiedenes Seiendes existiert);
- nicht nur schöpft das einzelne Seiende nicht sein ihm spezifisches Wesen aus, sondern auch das Wesen schöpft nicht sein Sein aus, sondern teilt dieses mit allem anderen Existierenden, partizipiert also am Sein, was umgekehrt bedeutet, daß dieses Sein etwas Unbegrenztes, Unendliches sein muß; das Sein eines bestimmten Wesens kann nicht das Fundament seines So-und-so-Seins sein, also seiner Beschränkung auf dieses bestimmte Wesen sein.
    Also müssen Sein und Wesen unterschieden werden.

- Die Differenz von Wesen und Sein ist
    - nicht gleichbedeutend mit Differenz Materie – Form;
    - nicht gleichbedeutend mit Differenz Substanz – Akzidenz;
    - nicht gleichbedeutend mit Differenz Möglichkeit – Wirklichkeit;

- Sein und Wesen sind ontologische Prinzipien, durch die Seiendes existiert;
    - sie werden in real existierenden Seienden unterschieden (darum greift die Differenz Möglichkeit-Wirklichkeit nicht);
    - gleichwohl gibt es eine Analogie zum Möglichkeit-Wirklichkeit-Modell, sofern Sein und Wesen Prinzipien sind, durch die Seiendes ist;
    - sie sind oppositorische (oder relative) Prinzipien,
        - von denen eines macht, daß etwas *dies und dies Seiende* ist und nicht ein anderes: das Wesen als limitatives Prinzip;
        - und das andere macht, das dies und dies Seiende *ist*: das Sein als aktualisierendes Prinzip, dem als solchem keine Begrenzung inhäriert;
    - obwohl beide Prinzipien nur im Verhältnis zueinander begriffen werden können, eignet dem Prinzip des Seins eine Priorität: Ein Wesen ist nur erkennbar, sofern es ist, und nie kann aus ihm sein Sein abgeleitet werden; mit Sein dagegen muß notwendig ein Wesen (etwas, das ist) gegeben sein.
    Was ist dieses Sein näherhin?

3.3 Sein ist Akt

§ 70 Das Zentrum der christlichen Metaphysik bildet ein genuiner Seinsbegriff – Sein als actus oder Vollkommenheit der Vollkommenheit –, der das Auftreten des konkreten Seienden in Gott als (mit seinem Wesen identischen) Sein selbst verankert und von Gott zunächst nur zu sagen erlaubt, daß er ist.

- Die an Thomas von Aquin orientierte Metaphysik faßt
    - Sein als das, was eine Möglichkeit aktualisiert (actus essendi);
    - das vermag es nur als selbst Aktuales, d.h. Vollendetes oder Vollständiges, lateinisch: perfectio; zu unterscheiden sind:
        - perfectiones purae, das sind prinzipielle Vollkommenheiten, die sich unbegrenzt steigern lassen;
        - perfectiones mixtae, das sind endliche Vollkommenheiten, die sich begrenzt steigern lassen;
    - „Sein" hat keine ihm inhärente Grenze, ist also unbegrenzt steigerbar und vermag unbegrenzt Möglichkeiten zu aktuieren;
    - Sein ist darum kein Datum („Gegebenes"), sondern ein Ereignis, das sachgemäß durch ein Verbum ausgedrückt wird: „sein".

- Die Bedeutung des „sein" vermittelt die Urteilsanalyse:
    - Im Urteil wird durch „ist" oder ein anderes Verb eine Objektivation ausgedrückt;
    - dadurch gewinnt das Erkannte eine Allgemeingültigkeit, ein An-sich-Sein;
    - so konstatiert das „sein" (oder ein anderes Verb) nicht nur, daß etwas so und so ist, sondern artikuliert eine Aktivität des Seienden (z.B. „der Mantel wärmt");
    - „sein" bedeutet mehr als Gegebensein:
        - es synthetisiert im Urteil das geformte „Was" des Subjekts mit dem Prädikat;
        - „sein" bindet im Urteil zusammen, was nicht notwendig zusammen sein muß, drückt also nicht eine statische Selbigkeit aus, sondern etwas Dynamisches;
    - der wesensbezogene Subjektausdruck im Urteil sagt über das Seiende alles Wesentliche, ist also eine perfectio;
    - diese perfectio des Wesens wird durch „sein" als *diese* perfectio aktualisiert, also vervollkommnet, d.h.:
    - „sein" ist die Vollkommenheit der Vollkommenheit(en):

[30] „Ein Jedes ist vollkommen, insofern es im Akt ist, unvollkommen aber, insofern es in Potenz ist und ihm der Akt fehlt. Das also, das auf keine Weise in Potenz, sondern reiner Akt ist, muß das Vollkommenste sein."[40]

- Folge: Das Vollkommenste (Sein) ist im Sein der Seienden gegenwärtig und gibt damit Anlaß zum Staunen darüber, daß etwas ist und nicht vielmehr nichts:
[31] „Die Ros' ist ohn Warum,
      sie blühet, weil sie blühet [...]."[41]
- Staunen ist nicht indifferent, sondern empfindet das Seiende als wunderbar, gut und wertvoll, analog dem Empfinden der Liebe oder der Begegnung mit einem Kunstwerk (alles Züge, die an Platon gemahnen!);
- Heideggers Vorwurf der Seinsvergessenheit trifft nur teilweise, sofern sich im Staunen eine Präsenz des Seins im Seienden jenseits allen Vorhandenseins reflektiert (diese Denkform dürfte nicht unabhängig sein vom Gedanken eines Schöpfergottes).

- Hier wurzelt auch die entscheidende Differenz zwischen christlicher Metaphysik und Aristoteles:
- Substanz und Akzidenz sind jetzt zwei Seinsweisen;
- Seiendes ist Seiendes in sich, zugleich werden die Akzidenzien enger mit der Substanz verklammert, vgl. etwa das Beispiel des Handelns:
    Im Handeln geistbegabter Seiender kommt deren substantielles Sein zur Vollendung; akzidentelles Sein faltet das substantielle aus und macht dabei dessen Grenzen faßbar.
- Gott ist actus purus wie bei Aristoteles, aber nun in christlicher Metaphysik:
    - Gott qua actus purus ist Ursache dafür, daß *überhaupt etwas ist*, während bei Aristoteles aufgrund der Ewigkeit der Materie Gott nur Ursache des *Werdens* (der Bewegung) der Dinge, aber *nicht ihres Seins überhaupt* ist;
    - für Aristoteles besteht das Wesen Gottes im Denken des Denkens; für christliche Metaphysik besteht das Wesen Gottes darin, „actus purus"– reinste Dynamik – (und damit Ursprung der Dinge in ihrem Sein und Sosein) zu sein; in Gott sind als der höchsten Aufgipfelung von Vollkommenheit esse und essentia identisch:
[32] „Wenn dieses Sein nun, das notwendig ist, zu einer Washeit gehört, die nicht das ist, was es selbst ist, so steht es entweder im Mißklang und Widerspruch zu dieser Washeit, wie das Durch-sich-Sein zur Washeit des Weißseins im Widerspruch steht, oder aber es ist im Einklang und verwandt mit ihr, wie das Im-anderen-Sein mit dem Weißsein. Im ersten Fall

---

[40] THOMAS VON AQUIN: ScG I, 28.
[41] Johannes Scheffler alias ANGELUS SILESIUS: Der cherubinische Wandersmann. Zürich ²1989. 96.

kommt dieser Washeit kein Sein zu, das durch sich notwendig ist, wie auch dem Weißsein nicht das Durch-sich-Sein. Im zweiten Fall aber muß solches Sein entweder (erstens) vom Wesen abhängen oder (zweitens) beides von einer anderen Ursache oder (drittens) das Wesen vom Sein. Die beiden ersten Fälle widersprechen dem Begriff des Seinsnotwendigen, da ja etwas, wenn es von anderem abhängt, nicht mehr seinsnotwendig ist. Aus dem dritten aber folgt, daß diese Washeit akzidentell zu dem Ding hinzutritt, das durch sich seinsnotwendig ist, da ja alles, was auf das Sein des Dinges folgt, ihm akzidentell ist. Dann aber wäre es nicht seine Washeit. Gott hat also nicht ein Wesen, das nicht [zugleich auch] sein Sein wäre."[42]

Exemplarisch fließt dabei ein biblisches Motiv in die philosophische Denkfigur ein:

[33] „Weiter. Ein jedes Ding ist dadurch, daß es Sein hat. Also ist kein Ding, dessen Wesen nicht sein Sein ist, durch sein Wesen, vielmehr ist es durch Teilhabe an etwas, nämlich dem Sein. Was aber durch Teilhabe an etwas ist, kann nicht das erste Seiende sein, da ja das, woran etwas teilhat, damit es sei, früher ist als dieses. Gott aber ist das erste Seiende, und nichts ist früher als er. Also ist das Wesen Gottes sein Sein.
Diese erhabene Wahrheit aber hat der Herr den Moses gelehrt. Denn als dieser den Herrn fragte: 'Wenn die Kinder Israels zu mir sagen werden: >Wie ist sein Name?< Was soll ich ihnen sagen?', da antwortete der Herr: 'Ich bin, der ich bin. So sollst du den Kindern Israels sagen: >Der da ist, der hat mich zu euch gesandt.<'(Ex 3,13f.). Damit zeigte er, daß sein eigentlicher Name sei: 'der da ist'. Jeder Name aber ist dazu bestimmt, die Natur oder das Wesen eines Dinges zu bezeichnen. Daraus ergibt sich, daß das Sein Gottes sein Wesen oder seine Natur ist."[43]

Wegen der Identität von Sein und Wesen Gottes kann von diesem nur gesagt werden, daß er ist;

- die Positivität dieser perfectio pura generiert notwendig zugleich eine Unsagbarkeit und Unbegreiflichkeit Gottes, gleichsam ein „wesentliches Schweigen";
- dennoch führt das zu keiner reinen Negativität des Sagens, sofern theologisches Reden und Schweigen in Gestalt der Analogie (↗ Sprachphilosophie) vermittelt werden kann.

Das ontologische Fundament der Analogie bilden:

3.4 Die Transzendentalien

§ 71 Aus der Logik des Seinsbegriffs lassen sich mit den Transzendentalien „eins", „wahr", „gut" (und „schön") Prädikate benennen, die mit dem Prädikat „sein" koextensiv, aber nicht synonym sind und das Fundament aller über das Prädikat „sein" hinausreichenden Rede von Gott sind. Zugleich fundieren sie die Grundprinzipien der Metaphysik.

---

[42] THOMAS VON AQUIN: ScG. I, 22.
[43] THOMAS VON AQUIN: ScG. I, 22.

- Die Transzendentalien eröffnen die Möglichkeit, über Gott mehr zu sagen als daß er ist, und zwar
    - in Gestalt alternativer Prädikate zu „sein", die jedoch die gleiche Reichweite wie „sein" haben müssen, d.h.:
        - sie müssen (wie „sein") von allem aussagbar sein, was ist;
        - sie müssen (wie „sein") transkategorial aussagbar sein (daher kommt auch der Name „Transzendentalien", die Einzelkategorien übersteigend; diese metaphysische Transzendentalität ist zu unterscheiden von der Kantischen Transzendentalität im Sinne der „Bedingung der Möglichkeit von...").

- Transzendentalien sind
    - weder durch begriffliche Analyse noch empirisch zu gewinnen;
    - notwendig – wenn auch meist implizit – mitgesetzt, wenn etwas als seiend behauptet wird, ohne daß sie zur Definition von Sein gehörten;
    - eine der klassischen Aufzählungen lautet:
[34] „Vier erste Seiende werden genannt, nämlich das Seiende, das Eine, das Wahre, das Gute."[44]
    - Später kommt das „pulchrum" (das Schöne) hinzu, jedoch nicht als ein eigenes Prinzip, sondern als Ausdruck der Einheit der anderen Transzendentalien;
    - eins, wahr, gut (, schön) ist ein Seiendes, *sofern* es ist;
    - die Transzendentalien systematisieren die Perspektiven, in denen die Seinsthematik aufgekommen ist: Parmenides (Einheit), Sokrates/Platon (das Gute), Aristoteles (Wahrheit);
    - von den Transzendentalien leiten sich die Prinzipien der Nicht-Widersprüchlichkeit, der endlichen Kausalität und der Zielgerichtetheit her;
    - wie diese Prinzipien eines Beweises weder bedürftig noch fähig sind (vgl. oben), sondern nur eines retorsiven „indirekten" Beweises, so a fortiori die Transzendentalien als deren Wurzelgrund. Besonders deutlich wird das mit Blick auf:

- Das Prädikat des Einen:
    - Jeder Akt des Denkens rekurriert auf den Einheitsbegriff;
    - etwas als etwas ist nur erkennbar oder erstrebbar, wenn ihm
        - eine innere Einheit als Identität eines Seienden mit sich selbst und
        - äußere Einheit als Nicht-Identität mit dem anderen seiner selbst eignet;

---

[44] THOMAS VON AQUIN: Quaestio disputata de potentia. In: Ders.: Opera omnia. Bd. 3. Stuttgart-Bad Cannstatt 1980. 9,7, vid.6. [Übers.: K. Müller].

- im Einssein äußert sich
    - die Verläßlichkeit des Seienden als eines solchen;
    - christlich-metaphysisch die Treue des Schöpfergottes; alttestamentlich steht für Wahrheit „emeth" oder „emunah" von „'mn" „fest", „zuverlässig sein", darin spiegelt sich bereits der Zusammenhang mit einem zweiten Transzendentale:

- Das Prädikat der Wahrheit:
    - (↗) Erkenntnistheoretisch werden unterschieden:
        - Logische Wahrheit und ihre klassische Fassung in der Adäquationstheorie, die Wahrheit als Entsprechung von Intellekt und erkannter Sache faßt [und damit in einen infiniten Regreß gerät (siehe oben)];
        - ontologische Wahrheit als Entsprechung von etwas zu sich selbst („wahrer Freund");
        - Wahrheit resultiert aus einem Bezug des Seienden zu einem erkennenden Geist;
        - ontologische Wahrheit beruft sich darum auf die logische Wahrheit, gleichwohl begründet menschliches Erkennen nicht die mit dem Sein eines Seienden koextensive Erkennbarkeit, sondern:
        - die ontologische Wahrheit rührt aus einer Entsprechung zwischen den Dingen und den göttlichen Gedanken, kraft derer sie geschaffen sind;
            - so kommen wir über die Erkenntnis der Seienden indirekt zu einem Wissen um die göttlichen Ideen;
            - aus Wahrheit als Richtigkeit von Aussagen wird so ein Sich-Zeigen der Dinge in ihrem Innersten, Wahrheit als ἀλήθεια (Unverborgenheit).

- Das aus der Substituierbarkeit von Sein und Wahrheit resultierende Prinzip läßt sich zweifach fassen:
    - als Prinzip des zureichenden Grundes (G. W. Leibniz; 1646-1716); dabei treten jedoch Probleme auf:
        - es operiert mit einer allumfassenden Determiniertheit alles Seienden, die weder Zufall noch Freiheit einbezieht;
        - das Wahrsein von etwas ist nicht an das Wesen, sondern an den Seinsakt gebunden;
    - als Prinzip der Kausalität: Jedes nicht-notwendige Seiende existiert durch eine es bewirkende Ursache, die sein Behauptet-werden-Können sichert und dieses Seiende aktualiter (solange es besteht) fundiert.

- Was geschieht durch die Konvertibilität von Sein und Wahrheit mit dem Falschsein?
    - Im Raum der logischen Wahrheit ist Falschsein ein zum Teil unwahres Urteil, weil es von Seiendem sagt, daß es (zumindest zum Teil) nicht ist und umgekehrt;
    - im Raum der ontologischen Wahrheit ist Falschsein falscher Anschein wegen einer Verformung zwischen „Innen" und „Außen" des Seienden oder wegen Unterbrechung des Sich-Zeigens von Seiendem durch einen freien Akt, d.h. wegen einer Lüge.
        - Wahrheit und Freiheit sind also engstens verbunden;
        - von daher ergibt sich von selbst der Zusammenhang zu einem dritten Transzendentale:

- Das Prädikat des Gutseins:
    - Wo Freiheit ins Spiel kommt, geht es um Handeln;
    - im Handeln vollendet sich der intentional bereits auf Einheit mit dem Erkannten gerichtete Vorgang des Erkennens;
    - die Einheit im Handeln ist intensiver,
        - sofern ich mir handelnd das Gegenüberstehende aneigne, vielleicht sogar einverleibe,
        - oder aber, wenn es um eine(n) andere(n) geht, ihn/sie bejahe und so um ihret-/seinetwillen nach ihm/ihr strebe;
    - im Wollen als verdichteter Form von Einheit (zwischen „Subjekt" und „Objekt")
        - investieren wir (uns) für Dinge bis zu einer gewissen Grenze;
        - investieren wir uns für (manche) andere ohne Rücksicht auf die Kosten; so entsteht:
- Hingabe als Höchstform der Einheit mit anderen;
    - ein anderes Wort dafür ist „Liebe" als Kürzel für „Ich will, daß du bist";
    - als Liebe vollendet sich, was als Erkennen beginnt.
    - Sofern man nur lieben kann, was gut ist, und das strebende Wollen ein Bejahen des Seins des Erstrebten bedeutet, erweisen sich Sein und Gutsein des Erstrebten als koextensiv; diese Koextensivität bezieht sich auf eine bestimmte Weise des Gutseins, denn:

- Gutsein ist differenziert zu fassen:
    - als das, was uns guttut, also gut für uns ist („Güter");
    - als das, was so ist, wie es sein soll, also gut an sich selbst („Werte");

- ein Wert ist kein Gegebenes, sondern etwas Erstrebtes, Seinsollendes;
- jeder Wert steht im Spannungsverhältnis nicht zu einem Nicht-Wert, sondern zum Gegenteil seiner selbst;
- Werte treten in Hierarchien auf, deren Stufen sich nicht gegenseitig kompensieren können.

- Trotz dieser spezifischen Differenzen des Guten zum Sein sind beide konvertibel:
- Der Wert eines Seienden rührt von seinem Sein, nicht vom Wesen her, sofern ein Wesen nur im Maß seines Seiendseins dem entsprechen kann, was es sein soll, also einen Wert repräsentiert;
- das eigene Sein ist für jedes Seiende der höchste Wert; darum ist Selbsterhaltung (↗Anthropologie) das Ziel alles Seienden, wozu gehört, daß ein Seiendes die Akzidenzien gewinnt, die es vollkommen machen, und aus dieser Tendenz zur Vollkommenheit resultiert die Koextensivität von Sein und Gutsein.

- Im Horizont des Transzendentale „Gutsein" stellt sich notwendig die Frage nach der Natur des Bösen:
- Wenn Sein und Gutsein koextensiv sind, muß das Böse ein Nicht-Sein sein, das jedoch existiert und zwar
- als „malum physicum" (Vergehen oder Defekt eines Seienden);
- als „malum morale" (freies Schuldigbleiben des Seinsollenden);
- beide Male ist das Böse das Fehlen einer Vollkommenheit, d.h. Böses ist privatio, ein Fehl an Gutem, das sich als Fehl an Sein zeigt;
so erweist sich die Koextensivität von „sein" - „gut" nochmals indirekt.

- Aus der Transzendentalität von Sein und Gutsein resultiert das Prinzip der Finalität: Gutes ist Ziel des Handelns eines jeden handelnden Seienden;
- beim Menschen leuchtet das Prinzip spontan ein;
- die christliche Metaphysik beschreibt auch das Verhalten des nichtmenschlichen und unbelebten Seienden auf analoge Weise, sofern kein Geschehen, hat es einmal eingesetzt, ohne ein Ziel geschieht und das Erreichen dieses Zieles für es einen Wert darstellt

(die Analogisierung des Handlungsbegriffs kann dabei – im Fall des unbelebten Seienden – grenzwertig werden).

- Zwischenbilanz: Wird Wirklichkeit unter Maßgabe der Transzendentalienlehre gedacht,
    - gewinnt Seiendes eine Verläßlichkeit und (bei allen Grenzen der Vernunft) prinzipielle Erkennbarkeit und damit auch Sinnhaftigkeit (prinzipiell unerkennbares Seiendes ist unsinnig);
    - Sinnhaftigkeit als solche repräsentiert einen Wert;
    - Vernunft, die auf Sinn qua Wahrheit ausgeht, will die Vielheit der Seienden zusammenbringen und findet sich so wieder auf die Konvertibilität von Sein und Einheit verwiesen, d.h.:
    - Die Transzendentalien „sein", „eins", „wahr" und „gut" formen einen Zirkel und bilden damit ihrerseits eine Form von Einheit ab:

- Das Prädikat des Schönseins:
    - Durch das Zusammentreten heterogener Elemente zu einer Einheit sui generis entsteht ein Neues (vgl. die „disclosure situation" des Sprungs vom Vieleck zum Kreis);
    - den Rang eines Transzendentale erhält das Schöne nur mit Mühe, weil es wesensmäßig nicht streng begrifflich zu fassen ist;
    - das Subjekt erfaßt Schönes im subjektiven Akt des Staunens jenseits intellektueller Erkenntnis und wird dabei über sich hinausgeführt (Ekstase!), also ganz vom „Objekt" bestimmt (↗Ästhetik);
    - die konstitutive Objektivität resultiert ontologisch aus der Einheit eines Seienden qua Gleichzeitigkeit von Einssein, Wahrheit und Gutsein;
    - phänomenologisch wurzelt ästhetisches Erleben in der Transparenz eines Seienden; Transparenz resultiert
        - beim Naturschönen aus der Harmonie des Seienden;
        - beim Kunstschönen aus dem angemessenen Ausdruck einer Idee; so etwa bestimmt Albert der Große (ca. 1200-1280) Schönes als Ausstrahlung der Form durch die Materie;
    - ästhetisches Wahrnehmen ist der komplexeste Prozeß des Geistes,
        - sofern er Erkennen, Streben, Sinnenhaftigkeit und Spirituelles integriert
        - und darin einen über das intellektuelle Erkennen hinausreichenden ontologischen Mehrwert des Seienden zugänglich macht;
    - die Fragilität des Auftretens von Schönem und die Versuche, es durch Kunst festzuhalten, verweisen darauf, daß sich Schönheit im erlebten Schönen nicht erschöpft;

- das durch Kunstschönes offenbar nicht Ausschöpfbare des Naturschönen deutet darauf, daß Schönheit letztlich an das einfache Gegebensein von Seiendem gebunden ist.

- Die Transzendentalität des Schönen treibt die ästhetische Erfahrung in die Suche nach dem überweltlich Schönen
    - in unmittelbarer Entsprechung zur Platonischen Epoptie (siehe oben);
    - mit dem Ziel der „visio beatifica" (beseligende Gottes*schau*).

- Christliche Metaphysik mündet also
    - nicht in ein begrifflich geschlossenes System,
    - sondern in die Haltung eines fundamentalen Staunens:
        Sein ist – gegen Heideggers These von der vollständigen Seinsvergessenheit (siehe oben) – für christliche Metaphysik kein bloß Vorhandenes.

- Das Drängen der Transzendentalität des Schönen auf das überweltlich Schöne schlägt die Brücke von der Ontologie/metaphysica generalis zur Gotteslehre/metaphysica specialis und sichert gegen die schulmäßige Aufteilung die Einheit der Disziplin.

>Neben den Transzendentalien als nicht-synonymen und koextensiven Prädikaten gibt es auch Prädikate, die mehreren Seienden faktisch oder notwendig zukommen, ohne mit ihrem Sein koextensiv zu sein:

3.5 Das Universalienproblem

§ 72 Das Universalienproblem besteht aus einem Bündel ontologischer, erkenntnistheoretischer, wissenschaftstheoretischer und semantischer Fragen bezüglich des Status und der Funktion von Allgemeinbegriffen (Universalien). Die Lösungsversuche bewegen sich zwischen Ultrarealismus und Ultranominalismus. Eine Näherungslösung dürfte von einem zeichentheoretischen Ansatz her zu gewinnen sein.

- Zur philosophischen Herausforderung wird das Universalienproblem hinsichtlich
    - des ontologischen Status der Allgemeinbegriffe, ob diesen Wirklichkeit zukommt – und wenn ja, wie;

- der erkenntnistheoretischen Frage, ob es sich bei Allgemeinbegriffen um gegenstandskonstituierende Produkte unseres Denkens handelt;
- der wisssenschaftstheoretischen Frage nach dem Status von Allgemeinbegriffen überhaupt;
- der semantischen Frage, wie sich bei Allgemeinbegriffen die Allgemeinheit der Bezeichnung zur Einheit der Bedeutung verhält.
- In allen vier Hinsichten geht es um das Problem der Prädikation eines Nicht-Individuellen von konkretem Seienden;
- das Universalienproblem sprengte historisch die christliche Metaphysik; ohne es lassen sich auch die neuzeitlichen Versuche einer Erneuerung der Metaphysik und Teile der Gegenwartsphilosophie nicht verstehen;
- Patentlösungen sind bis heute nicht gefunden, es sei denn, man erklärte die jeweils bleibenden Problemüberhänge zu Schein oder ignorierte sie:

[35] „Es steht allerdings jedem an dieser Stelle frei, sich eine Weltanschauung zuzulegen, indem er behauptet, es gäbe nur Konkreta. Wir leben in einem pluralistischen Rechtsstaat. Weltanschauungen sind also staatlich geschützte Rechtsgüter."[45]

    Diese offenkundige Evidenz von Universalien wirft verschärft die Frage auf, was diese sind.

- Platon gibt eine erste Antwort,
    - die allerdings nicht überzeugen kann,
    - jedoch trotzdem die Dimensionen festlegt, in denen nachfolgend Lösungen gesucht werden. Im Dialog „Sophistes" schreibt Platon:

[36] „FREMDER: Die einen ziehn alles aus dem Himmel und dem Unsichtbaren auf die Erde herab, mit ihren Händen buchstäblich Felsen und Eichen umklammernd. Denn an dergleichen alles halten sie sich und behaupten, das allein *sei*, woran man sich stoßen und was man betasten könne, indem sie Körper und Sein für einerlei erklären; und wenn von den andern einer sagt, es *sei* auch etwas, was keinen Leib habe, achten sie darauf ganz und gar nicht und wollen nichts anderes hören.
THEAITETOS: Ja arge Leute sind das, von denen du sprichst, denn ich bin auch schon auf mehrere solche getroffen.
FREMDER: Daher auch die gegen sie Streitenden sich gar vorsichtig von oben herab aus dem Unsichtbaren verteidigen und behaupten, gewisse denkbare, unkörperliche Ideen wären das wahre Sein, jener [sc. deren] Körper aber und was sie das Wahre nennen, stoßen sie ganz klein in ihren Reden, und schreiben ihnen statt des Seins nur ein bewegliches Werden zu. Zwischen ihnen aber, o Theaitetos, ist hierüber ein unermeßliches Schlachtgetümmel immerwährend."[46]

    Zwei Grenzlinien des Disputs sind damit markiert:

---

[45] LORENZEN, Paul: Rationale Grammatik. In: Ders.: Grundbegriffe technischer und politischer Kultur. Zwölf Beiträge. Frankfurt a.M. 1985. 13-34. Hier 31.
[46] PLATON: Sophistes. 246a-c. In: Ders.: Werke in acht Bänden. Bd. 6. Hrsg. von Gunther Eigler. Dt. Übers. von F. D.E. Schleiermacher. Darmstadt ²1990. 219-401. Hier 323.

- Nur das Konkrete ist wirklich Seiendes;
- das Konkrete ist nur ein im abgeleiteten Sinne Seiendes und verdankt sich der Realität der Ideen.

- Der Status der Ideen bleibt bei Platon ungeklärt; eine ontologisch abgetrennte Existenz der Ideen wird nicht nur nirgends vertreten, sondern im „Parmenides" sogar als absurd zurückgewiesen:

[37] „[PARMENIDES ZU SOKRATES] Ich glaube, daß du aus folgendem Grunde annimmst, jeder Begriff für sich sei eins: Wenn dir nämlich vielerlei Dinge groß zu sein scheinen, so scheint dir dies vielleicht eine und dieselbe Gestalt oder Idee zu sein, wenn du auf alle siehst, weshalb du denn glaubst, das Große sei eins. – Ganz richtig, habe er gesagt. – Wie aber nun, das Große selbst und die anderen großen Dinge, wenn du die ebenso mit der Seele zusammen überschaust erscheint dir nicht wiederum ein Großes, wodurch notwendig dieses alles dir groß erscheint? – Das leuchtet sehr ein. – Noch ein anderer Begriff der Größe wird dir also zum Vorschein kommen außer jener ersten Größe und den Dingen, die diese an sich haben, und wiederum über allen diesen zusammen noch ein anderer, wodurch diese alle groß sind, und so wird dir jeder Begriff nicht mehr eines sein, sondern ein unbegrenzt Vielfaches."[47]

Abgetrennt existierende Ideen führten in den infiniten Regreß.

- Aristoteles wendet dieses Argument (Platons!)
    - in Gestalt des „Tritos-Anthropos"-Arguments gegen Platon:
    - Wenn die Idee „Mensch" als Wirklichkeit an sich existiert, bedarf es einer dritten Wirklichkeit „Mensch" als Verbindung von konkretem Mensch und der Idee „Mensch" und so in infinitum:

[38] „Und überhaupt heben die für die Ideen vorgebrachten Gründe dasjenige auf, dessen Sein wir, wenn wir von Ideen sprechen, noch mehr wollen als das der Ideen selbst [...]."[48]

    - Den Zusammenhang mit dem Begriff der μέθεξις (participatio; Teilhabe) lehnt Aristoteles ab:

[39] „[E]s ist [...] auf keine der Weisen, die man gewöhnlich anführt, möglich, daß aus den Ideen das andere werde. Wenn man aber sagt, die Ideen seien Vorbilder und das andere nehme an ihnen teil, so sind das leere Worte und poetische Metaphern."[49]

Aristoteles' „Lösung":
- Form bzw. Wesen gibt es nur als Wesen eines Seienden, nicht als eigenes, dem konkreten Seienden vorausliegendes Seiendes, also nur „im" Seienden.
    - Damit ist aber die „Platonische" Differenz lediglich ins konkrete Seiende hinein verlagert;
    - was macht den Unterschied zwischen Platon und Aristoteles aus? Etwa, daß es Nicht-Individuelles nur im Denken erkennender Sub-

---

[47] PLATON: Parmenides. 132a-b.
[48] ARISTOTELES: Metaphysik. 990b.
[49] ARISTOTELES: Metaphysik. 991a.

jekte gibt und Allgemeines darum der Begegnung mit konkretem Seienden immer nur „nach"-folgt?

- Damit ist die dreifache Formel erreicht, an deren Leitfaden das Universalienproblem bis heute diskutiert wird:
Ist das Universale
- ante rem (vor dem konkreten Ding),
- in re (im konkreten Ding),
- post rem (nach dem konkreten Ding)?

- Christliche Metaphysik begegnet dem Problem sachlich in genau dieser Form, textlich in der durch Porphyrios (* ca. 232), einen Schüler des Neuplatonikers Plotin (204-270), fixierten Frage-Variante:[50]
- Existenz der Gattungs- oder Artbegriffe nur in Gedanken oder auch außerhalb ihrer?
- Sind Allgemeinbegriffe körperlich oder unkörperlich?
- Sind Allgemeinbegriffe in den konkreten Dingen oder außerhalb ihrer?
Porphyrios gibt keine Antwort; die Fragen werden zum Treibsatz, der die Metaphysik zuerst aufwühlt und dann sprengt:

- Zunächst greift das „ante rem" in neuplatonischer Färbung unter ausdrücklicher Betonung des abgetrennten Seins der Ideen Platz, so bei
- Augustinus (354-430), der
- das transzendente Eine mit Gott als „sum qui sum" identifiziert,
- der dem Sinnlich-Materiellen durch Formen Gestalt verleiht;
- Johannes Scotus Eriugena (ca. 810-877), der
- die Welt als Erscheinungsweise Gottes denkt, d.h. die Dinge sind Sinnbilder, die das Wesen Gottes explizieren;
- je konkreter etwas ist, desto weniger Sein kommt ihm darum zu, d.h. die Seinsstufung steigt von Gott über die Gattung zur Art und schließlich zum Individuum ab.
Die Auflösung der konkreten Wirklichkeit in dieser hypersymbolischen Konzeption schlägt fast zwangsläufig in ihr Gegenteil um; dieses repräsentiert:

- Der Nominalismus:
- Seine tiefste Wurzel ist durchaus unspektakulär und hat wohl mit einem Zug der Aristotelischen Kategorienlehre zu tun:

---

[50] Vgl. PORPHYRIOS: Einführung in die Kategorien des Aristoteles (Isagoge). In: Aristoteles: Organon. Bd. 2. Hrsg., übers., mit Einleit. und Anm. versehen von Hans-Günter Zekl. Hamburg 1998. 155-188. Hier 155.

[40] „[R]es de re non praedicatur."⁵¹ – Von einem Ding wird kein Ding ausgesagt.
Also kann das, was im Urteil an Prädikatstelle steht, nicht substantiell, sondern bloßer Name oder Ausdruck sein.
- Eine Radikalversion des „post rem" wird (ob zurecht?) Roscelin von Compiègne (ca. 1050-1120/25) zugeschrieben:
- Realität komme ausschließlich empirischen Einzeldingen zu,
- Nicht-Individuelles sei „flatus vocis" (Stimmhauch), ontologisch leer.
Damit stand die Konfrontation „ante rem" versus „post rem" im Raum; sie verlangt wie von selbst:

- Vermittlungsversuche:
- Den ersten unternimmt Petrus Abaelard (1079-1142):
- Das Prädikat des Urteils hat zwar keine eigenständige Wirklichkeit,
- aber dennoch gibt es eine conformitas in den individuellen Dingen als Möglichkeitsbedingung der Prädikation;
- die conformitas wird schöpfungstheologisch verankert:
Universalien sind als „conceptus mentis" im göttlichen Geist als Urbilder des Geschaffenen „vor" den konkreten Seienden, zugleich „in" den Seienden als Gleichheit von deren charakteristischen Zügen und „nach" den konkreten Dingen als Prädikate.

- Duns Scotus (1265-1308) sucht eine Lösung auf der Prinzipienebene:
- der „quidditas" (Washeit) des Dinges stellt er
- „haecceitas" (Dieses-da-haftigkeit) gegenüber;
Als Prinzipien sind beide aber allgemein und wesenhaft; wie soll daraus ein Individuum hervorgehen?

- Thomas von Aquin differenziert zwischen dem Gehalt des Allgemeinbegriffs und der Weise seiner Verwirklichung:
Es brauche keine abgetrennte Existenz des Mathematischen und der Formen:
[41] „Denn auch wenn der Intellekt die Dinge dadurch einsieht, daß er ihnen ähnlich ist, was die intelligible Form betrifft, durch die er aktuiert wird, so muß jene intelligible Form dennoch nicht in der Weise im Intellekt sein, in der sie sich in dem erkannten Ding befindet; denn alles, was in irgend etwas ist, ist dies auf die Weise dessen, in dem es ist. Und deshalb ergibt sich mit Notwendigkeit aus der Natur des Intellekts, die eine andere ist als die Natur des erkannten Dings, daß die Erkenntnisweise, in der der Intellekt erkennt, eine andere ist als die

---

⁵¹ Zit. nach GEIER, Manfred: Das Sprachspiel der Philosophen. Vom Parmenides bis Wittgenstein. Reinbek b. Hamburg ²1989. 126.

Seinsweise, in der das Ding existiert. Natürlich muß das im Ding sein, was der Intellekt erfaßt, aber dennoch nicht auf dieselbe Weise [sc. wie es im Intellekt ist]. Obwohl daher der Intellekt das Mathematische ohne Miterfassung des Sinnlichen und die Universalien neben den Einzeldingen erfaßt, müssen dennoch das Mathematische nicht neben dem Sinnlichen und die Universalien nicht neben den Einzeldingen existieren. Denn wir sehen, daß auch das Sehen die Farbe ohne Geschmack wahrnimmt, obwohl sich in den Sinnesdingen Geschmack und Farbe gleichzeitig finden."[52]

>Die Bildung des Allgemeinbegriffs wird auf bestimmte Momente an den konkreten Dingen bezogen, diese Momente bleiben aber unbestimmt, so daß auch damit keine Lösung gewonnen ist.

- Ist das Universalienproblem aufgeworfen, kommen offenkundig alle Vermittlungsfiguren im Sinne eines gemäßigten Realismus zu spät. So bleibt:

- Wilhelm von Ockhams (ca. 1285-1349) zeichentheoretischer Nominalismus:[53]
   - Leitend ist dabei das „Rasiermesser"-Prinzip: Seiende sollen nicht über das notwendige Maß hinaus vermehrt werden;
   - das Universalienproblem bekommt eine semiotische (zeichentheoretische) bzw. wissenschaftstheoretische Wendung anstelle realistisch gedachter Allgemeinbegriffe.
   - Die tiefste Wurzel dafür findet sich schon bei Abaelard, der neben der mentalen und der extramentalen Dimension als dritte die semantische Dimension (Perspektive der Bedeutungen) etabliert: Die Wirklichkeit von Allgemeinbegriffen resultiert aus ihrer realen Referenz (Beziehung der Ausdrücke auf Gegenstände);
   - die nähere Bestimmung dieses Bezugs blieb aber offen und wird erst durch Ockham präzisiert:

- Allgemeinbegriffe sind Möglichkeitsbedingungen der Wissenschaft;
- sie fungieren als Zeichen für konkrete Seiende und für andere Zeichen;
- die Frage nach dem ontologischen Status muß von diesem Ansatz her wissenschaftstheoretisch beantwortet werden:
   - Objekt der Wissenschaften sind Aussagen, nicht Dinge;

---

[52] THOMAS VON AQUIN: In libros Metaphysicorum. In: Ders.: Opera Omnia. Bd. 4. Stuttgart-Bad Cannstatt 1980. Lib. 1, lec. 10, n. 8. [Übers.: K. Müller].
[53] Vgl. zum folgenden auch BECKMANN, Jan P.: Wilhelm von Ockham. München 1995.

- die Wirklichkeit des Gewußten muß von der Wirklichkeit der Dinge unterschieden werden;
- Gewußtes ist wirklich in der Art der Sätze, nicht der Dinge;
- der Seinssinn von Allgemeinem kann nicht mehr vom Seinssinn der Einzeldinge her gewonnen werden;
- unterschieden wird zwischen dem Gewußten (Sätze) und dem, wofür es steht (Einzeldinge), d.h.:
- Allgemeinbegriffe sind Suppositionstermini (Vertreter), haben jedoch keine Realität im Sinne der Einzeldinge, ansonsten würden Zeichen und Bezeichnetes vermengt.
- Universalien sind damit Sache des Verstandes, nicht der Einzeldinge;
- dennoch sind Universalien nicht nichts: Im regelkonformen Zeichengebrauch wird etwas als etwas identifiziert, d.h. die Universalienproblematik wird in eine Funktionsanalyse der Allgemeinbegriffe überführt;
- bei dieser Funktionsbestimmung wird unterschieden zwischen Namen erster und zweiter Intention (vgl. schon Augustinus: „nomen rei" und „nomen nominis"):
    - Namen erster Intention sind Ausdrücke, die etwas bezeichnen, das kein Zeichen ist (Ausdrücke für Einzelnes und Allgemeines);
    - Namen zweiter Intention sind Ausdrücke, die die Zeichen erster Intention supponieren (vertreten) können:

[42] „So wie von allen Menschen eine allen gemeinsame Intention ausgesagt wird, wenn ich sage, 'Dieser Mensch [Sokrates] ist ein Mensch', 'Jener Mensch [Platon] ist ein Mensch' und ebenso von allen einzelnen, ebenso wird von allen Intentionen, die bedeuten und für Dinge supponieren, eine gemeinsame Intention ausgesagt, wenn ich sage 'Diese Art [Mensch] ist eine Art', 'Jene Art [Hund] ist eine Art' und ebenso in anderen Fällen. Ebenso wenn man sagt: 'Stein ist eine Gattung', 'Tier ist eine Gattung', 'Farbe ist eine Gattung' und ebenso in anderen Fällen wird von Intentionen eine Intention ausgesagt in der Weise, wie in den Aussagen 'Mensch ist ein Name', 'Esel ist ein Name', 'Weiße ist ein Name' von verschiedenen Namen ein Name ausgesagt wird."[54]

- Universalien sind (!) metasprachliche Zeichenfunktionen;
- semiotisch gesehen supponieren Subjekt und Prädikat eines Urteils für ein und dasselbe Seiende, nur einmal (Subjekt, z.B. „Sokrates") eindeutig, einmal (Prädikat, z.B. „ist ein Mensch") unspezifisch.

---

[54] OCKHAM, WILHELM VON: Summa Logicae. I,12.43f. Hrsg. von Philotheus Boehmer, Gedeon Gad, Stephanus Brown. In: Ders: Opera philosophica et theologica. Bd. 1. New York 1974. [Übers.: K. Müller].

- Daß Universalien etwas im Bereich des Denkens sind, kann zweifach verstanden werden:
    - gemäß der „esse obiectivum"-Theorie gibt es Universalien nur als von jemandem aktuell gedachte;
    - gemäß der „esse subiectivum"-Theorie haben Universalien eine mentale Realität unabhängig von ihrem aktuellen Gedachtwerden, was ihnen einen intersubjektiven Zug verleiht.
- Ockham prüft beide Theorien, läßt beide nebeneinander stehen:
    - die „esse obiectivum"-Theorie als „fictum"-Theorie mit dem Allgemeinen als je vom Intellekt Produziertem;
    - die „esse subiectivum"-Theorie mit dem Allgemeinen als möglichem Prädikat, das Zeichen für ein Einzelding ist;
        - Beide Theorien widersprechen sich nicht, unterscheiden sich nur hinsichtlich des Umfangs ihrer „ontological commitments (ontologische Verpflichtungen);
    - Allgemeines ist in jedem Fall Produkt denkerischen Handelns.

- Der Unterschied zum „flatus-vocis"-Nominalismus besteht in der Anerkenntnis der Notwendigkeit von Allgemeinbegriffen für die Wissenschaften, obwohl ausschließlich die Einzeldinge real sind. Die Rückbindung der wissenschaftlichen Allgemeinheit an die Realität erfolgt durch Universalien als „esse obiectivum" oder „esse subiectivum".
- Semantik und Ontologie werden nicht vermengt, wie das in allen Formen von Universalien-Realismus geschieht, welche die Struktur der Prädikation als Eigenschaft dessen, worüber prädiziert wird, mißverstehen.

- Die zeichentheoretisch-nominalistische Kritik am Universalienrealismus führt die Metaphysik in einen „linguistic turn" bzw. „semantic ascent" (W.V.O. Quine):
    - Sätze über Phänomene, nicht Phänomene sind Gegenstand der philosophischen Untersuchung;
    - die für Wissenschaft charakteristische Notwendigkeit und Allgemeinheit kommen aus den Sätzen, nicht aus den Dingen;
        - Allgemeinheit ist Resultat des Zeichencharakters der Universalien, da Zeichen vom Wesen her allgemein sind;
        - Notwendigkeit kann nur in Sätzen sein, da alles Seiende außer Gott nicht-notwendig, kontingent ist;

- Metaphysik als Wissenschaft muß es um notwendige Aussagen, nicht um Aussagen über Notwendiges gehen;
- Notwendigkeit ist keine ontologische Qualität, sondern Modalität eines Satzes;
- Metaphysik als gegenstandsorientierte könnte allein von Gott als dem einzigen nicht-kontingenten Seienden handeln und fiele dann mit der Theologie zusammen;
- tut sie das nicht – gibt es also Metaphysik als Metaphysik –, muß sie als Satzwissenschaft konzipiert sein, sofern eben nur in Sätzen Notwendigkeit liegt.

- Ockhams Transformation der Metaphysik in Satzwissenschaft zeichnet in gewissem Sinn die auf eine wissenschaftliche Metaphysik zielende Kantische „Kopernikanische Wende" des Denkens vor, geht aber zugleich in ihrer Sprachkritik antizipatorisch über Kant hinaus.

Die von Ockham initiierte sprachkritische Wendung klassisch metaphysischer Fragen charakterisiert heute Analytische Ontologien.

Testfragen:

1. *Welche Motive der jüdisch-christlichen Tradition haben auf die griechische Metaphysik eingewirkt und schließlich eine „christliche Metaphysik" entstehen lassen?*
2. *Wo waren dabei wegen der Inkompatibilität zwischen griechischen und christlichen Grundgedanken weitreichende Umbauten nötig?*
3. *An welcher Begriffskonstellation geschieht dabei die entscheidende Veränderung? Auf welche vorbereitende Vermittlungsarbeit kann sie sich stützen?*
4. *Was versteht die christliche Metaphysik unter „Sein"? Worin unterscheidet sich dieser Seinsbegriff von demjenigen des Aristoteles? Welche Funktion übernimmt der neue Seinsbegriff im Zusammenhang der Gottesfrage?*
5. *Was sind Transzendentalien? Welche unterscheidet man? Was leisten sie philosophisch?*
6. *Wie versucht man im Zusammenhang der Transzendentalienlehre das Problem des Bösen in Griff zu bekommen?*
7. *Inwiefern weist die christliche Metaphysik die These Heideggers von der „Seinsvergessenheit" der abendländischen Metaphysik in ihre Grenzen?*
8. *Welche philosophische Herausforderung erzeugt das Universalienproblem? Welche prinzipiellen Lösungen sind denkbar? Wer vertritt sie exemplarisch (Auswahl)?*

9. *Was versteht man in diesem Zusammenhang unter „Realismus" und „Nominalismus"? Welche Vermittlungen zwischen beiden Positionen gibt es? Glücken sie?*
10. *Welche „Lösung" schlägt Ockham vor? Was macht ihre Pointe aus? Wo und in welcher Gestalt wird die Problematik heute weiterdiskutiert?*

4. Analytische Ontologie[55]

§ 73 Einigermaßen unerwartet kommt es im Raum der radikal metaphysikkritisch einsetzenden Analytischen Sprachphilosophie zu einer neuerlichen Universaliendebatte und von ihr her zu entsprechenden Untersuchungen der Begriffe der Identität und Existenz, des Dings, des Ereignisses und der Handlung (um die wichtigsten zu nennen).

- Ockham hat viel geleistet: Aufgedeckt sind
    - die innere Widersprüchlichkeit des „ante rem"-Ultrarealismus;
    - die Uneindeutigkeit der „in re"-Position der gemäßigten Realisten;
    - die Haltlosigkeit der strengen „post rem"-Position bzw. der „flatus vocis"-These der frühen Nominalisten;
    - und das Sein der Universalien ist positiv als Referenz auf Einzeldinge – qua Zeichen innerhalb prädikativer Funktionen – identifiziert.

- Dennoch kommt es im 20. Jahrhundert zu einem neuerlichen Universalienstreit:
    - Also war das Problem im Mittelalter nicht wirklich gelöst worden;
    - völlig unerwartet bricht dieser moderne Universalienstreit in der Analytischen Philosophie (↗ Sprachphilosophie) auf;
        - Movens der Analytischen Philosophie ist die Wiedergewinnung eines wissenschaftlichen Niveaus der Philosophie auf
            - idealsprachlichem Weg [Bertrand Russell (1872-1970)]
            und auf
            - normalsprachlichem Weg [George E. Moore (1873-1958)].
        - Als eigentliche Initialzündung fungiert dabei L. Wittgensteins „Tractatus logico-philosophicus" (1921) mit der Intention, die Grenzen möglicher Erkenntnis so genau wie möglich zu bestimmen:

[43]
„4.113　Die Philosophie begrenzt das bestreitbare Gebiet der Naturwissenschaft.
4.114　Sie soll das Denkbare abgrenzen und damit das Undenkbare.
　　　　Sie soll das Undenkbare von innen durch das Denkbare begrenzen.
4.115　Sie wird das Unsagbare bedeuten, indem sie das Sagbare klar darstellt.
4.116　Alles, was überhaupt gedacht werden kann, kann klar gedacht werden. Alles, was sich aussprechen läßt, läßt sich klar aussprechen."[56]

---

[55] Vgl. dazu ausführlich: RUNGGALDIER, Edmund - KANZIAN, Christian: Grundprobleme der analytischen Ontologie. Paderborn u.a. 1998.
[56] WITTGENSTEIN: Tractatus. 4.113, 4.114, 4.115, 4.116. 33.

- Jenseits der Grenze des Sagbaren ist das, was sich zeigt;
- sagen läßt sich dies nur in „unsinnigen" Sätze, die jedoch eine negative Grenzlinie bilden:
- Jenseits ihrer beginnen die wirklichen Fragen des Daseins.

- Im „Wiener Kreis" bzw. Logischen Empirismus kommt es zu einem Mißverständnis in der Wittgenstein-Rezeption:
  - Rudolf Carnap (1891-1970) macht die Unterscheidung von sinnvollen und unsinnigen Sätzen zu einem wissenschaftstheoretischen Kriterium:
  - „sinnlose" Sätze sind weder wissenschaftlich gerechtfertigt noch philosophisch belangvoll;
  - damit wird auch das Universalienproblem belanglos, da seine Ausgangsfrage sinnlos ist. Mit Blick auf die „flatus vocis"-Theorie schreibt Carnap:

[44] „Es ist klar, daß die scheinbare Negation einer Pseudo-Aussage auch eine Pseudo-Aussage sein muß."[57]

Gegen solche Verirrungen braucht es eine Radikalkur:

[45] „Auch die Scheinfragen über Eigenschaften und Beziehungen und damit der ganze Universalienstreit beruhen auf der Verführung durch Allwörter. – Alle derartigen Scheinfragen verschwinden, wenn man anstatt der inhaltlichen die formale Redeweise anwendet, wenn man also bei der Formulierung von Fragen anstatt der Allwörter (z.B. 'Zahl', 'Raum', 'Universale') entsprechende syntaktische Wörter ('Zahlausdruck', 'Raumkoordinate', 'Prädikat') benutzt."[58]

- Thema der Philosophie sind sprachliche Ausdrücke und deren Gebrauch, nicht Gegenstände;
- dabei bleibt im Unterschied zu Ockham die Referenzthematik ausgeschlossen;
- so scheint die ontologisch-metaphysische Fragestellung ausgeschlossen, ist es aber nicht, wie die Neuauflage des Universalienstreits in der als radikale Metaphysikkritik angetretenen Analytischen Philosophie belegt.

Das geschieht in Konsequenz ambitionierter Ansprüche der Analytik:

4.1 Hintergründe einer Wiederentdeckung

- Lücken in Carnaps Konzept sind der sachliche Ausgangspunkt für die Wiederkehr des Universalienproblems:

---

[57] CARNAP, Rudolf: Empirismus, Semantik und Ontologie. In: Stegmüller, Wolfgang (Hg.): Das Universalienproblem. Darmstadt 1978. 338-361. Hier 350.
[58] CARNAP, Rudolf: Logische Syntax der Sprache. Wien; New York ²1968. 238.

- Für die Definition von „Allwörtern" wird kein Kriterium genannt;
- durch den Ausschluß der Referenzproblematik wird eine ontologische Frage tabuisiert; auch in der formalisierten Fassung empirischer Wissenschaft stellt sich die Existenzfrage: Welche „ontological commitments" (ontologische Verpflichtungen) geht eine Theorie ein? Was „gibt" es für sie eigentlich?

- W.V.O. Quine (* 1908) stellt diese Frage, also brisanterweise jemand,
  - der ein radikales Naturalisierungsprogramm verfolgt, d.h.:
    - alle Phänomene auf Physikalisches zurückzuführen sucht;
  - Wirklichkeit wissenschaftlich als ein Ganzes (Holismus) von Sätzen faßt, die untereinander zusammenhängen und alle veränderbar sind;
    Prinzipien erscheinen uns nur als „letzte" und „selbstevidente", weil wir den bei ihrer Veränderung nötigen Umfang der Anpassung mit ihnen zusammenhängender Sätze scheuen;
  - wegen der Überschreitung des Physikalischen gerade in der Extrapolation, d.h. der Universalisierung der physikalischen Gesetze, handelt es sich bei Quines Konzept um eine Metaphysik, die (in struktureller Parallele zu Hegel) das Gesamt der Wirklichkeit auf einen systematischen Nenner bringt;
    von daher rührt Quines Interesse an der Ontologie und speziell am Universalienstreit.

- Ontologie gilt ihm als modifizierte Naturwissenschaft:
  - Physikalisches Sprechen geht leicht einzuhaltende ontologische Verpflichtungen ein;
    - diese sind intersubjektiv zugänglich;
    - das Reiz-Reaktion-Schema ist der elementarste ontologische Grundvollzug (im Gegensatz zur Identität von Sein und Erkennen bzw. der Seinsfrage als Grundvollzug der klassischen Metaphysik [vgl. ↗ Religionsphilosophie]);
  - existent sind nur Gegenstände, auf die wir uns mit physikalischem Sprechen verpflichten;
  - physikalische Gegenstände sind dabei Vorkommnisse in einem vierdimensionalen raum-zeitlichen Schema;
  - diese „one-catcgory-ontology" erlaubt eine radikale Vereinfachung der Weltbeschreibung in pragmatischer Absicht:

[46] „[D]ie Frage, welche Ontologie man nun akzeptieren soll, ist immer noch offen, und der naheliegendste Ratschlag ist der der Toleranz und Experimentierfreudigkeit."[59]

- Kritikbedürftig ist vor allem das vierdimensionale Raum-Zeit-Schema:
  - die Gleichschaltung der räumlichen und zeitlichen Dimension taugt nur in einem engen Korridor naturwissenschaftlicher Zugriffe; Dinge und Ereignisse werden nicht mehr unterschieden (vgl. unten);
  - diachrone Identität geht verloren, was vor allem Kategorien wie Zurechenbarkeit, Verantwortung und Lebensplanung sinnlos macht.
    Diese Konsequenzen der Ontologie Quines erzwingen eine Neuauflage der Diskussion klassisch metaphysischer Fragen.

4.2 Werkstattbesuch – Ontologien von heute

- Der moderne Universalienstreit beginnt mit der „Zermelo-Russelschen Antinomie" in der Mengenlehre:
  - Ist die Menge aller Mengen, die sich nicht selbst einschließen, eine Menge, die sich selbst einschließt, oder eine, die sich nicht selbst einschließt?
    - Enthält sie sich selbst nicht, widerspricht das ihrer Definition als Menge aller Mengen, die sich nicht selbst enthalten;
    - enthält sie sich selbst als Element, widerspricht das der Definition ihrer Elemente;
  - die doppelt ausfallende Antwort belegt, wie die Aufstufung von Mengen von Mengen von Mengen – also Universalienbildung – in den Widerspruch führt.
    Dieser Zusammenbruch des Platonismus in der Mathematik und der Logik machte eine Neubegründung der Mathematik nötig, die Quine beeinflußte.

- Quine formuliert ein Kriterium für die Unterscheidung platonistischer und nominalistischer Sprachen:
  - Der Wertbereich der Variablen einer Aussage gibt Auskunft über die ontologischen Verpflichtungen der betreffenden Aussage;
    - wird über Eigenschaften, Klassen etc. quantifiziert, handelt es sich um eine platonistische Sprache;

---

[59] QUINE, Willard V.O.: Was es gibt. In: Stegmüller, W. (Hg.): Das Universalienproblem. Darmstadt 1978. 102-123. Hier 121. [Künftig zitiert: QUINE: Was es gibt.]

- wird über Individuen quantifiziert, handelt es sich um eine nominalistische Sprache;
- zur Klärung der ontologischen Frage bedarf es der Reglementierung der Theoriesprache mittels kanonischer Notation notwendig in Gestalt des quantifizierten Prädikatenkalküls:

[47] [Grundelemente des quantifizierten Prädikatenkalküls]
- Existenzquantor: (∃x) – zu lesen als „Es gibt ein x".
- Allquantor: (x) – zu lesen als „Alle x".
- Individuenvariable: x
- Prädikatenvariable: F

Zwei vollständig ontologische Sätze:

[48] (∃x) Fx : Es gibt ein x, und x ist F.
(x)Fx : für alle x gilt: x ist F.

Daraus folgt bezüglich des ontologischen Gehalts von Theorien:

[49] „[E]ine Theorie ist auf genau jene Entitäten festgelegt, auf welche sich die gebundenen Variablen beziehen können müssen, damit die Behauptungen der Theorie wahr werden."[60]

Die Pointe daran:

[50] „[Z]u sein heißt, der Wert einer [gebundenen] Variablen zu sein."[61]

- Auch damit aber bleiben offene Probleme bei Quine:
  - Es werden keine Gründe für oder gegen ontologische Annahmen genannt;
  - nach dem ontologischen Status von Allgemeinbegriffen kann gemäß der Notationsgrammatik nicht einmal sinnvoll gefragt werden.

Damit endet Quine ähnlich wie Carnap in einer Fragetabuisierung.

- Alternative Ansätze gehen vom Verhältnis und der Differenz zwischen Referenz und Prädikation in der Gesamtstruktur von Sprache aus:
  - Referenz meint die Bezugnahme auf Außersprachliches mittels sprachlicher Ausdrücke (grammatisch: Subjektausdrücke);
  - Prädikation meint die Aussage über das, worauf Bezug genommen wird, mittels genereller Termini (grammatisch: Prädikatausdrücke).

- Genau an diesem Punkt setzt Peter F. Strawson (* 1919) ein:

[51] „Die traditionelle Lehre, die wir zu untersuchen haben, besagt, daß Einzeldinge nur als Subjekte, niemals als Prädikate in der Rede auftreten können, während Universalien oder allgemein alles, was nicht Einzelding ist, entweder als Subjekt oder als Prädikat auftreten kann [...]: Sowohl über Einzeldinge wie John als auch über Universalien wie das Verheiratetsein als auch über das, was wir Einzelding-Universalien nennen könnten, wie das Verheiratetsein mit John, könnten wir mit Hilfe von auf sie bezogenen Bezeichnungen sprechen; aber nur Univer-

---

[60] QUINE: Was es gibt. 115.
[61] QUINE: Was es gibt. 117.

salien und Einzelding-Universalien könnten mit Hilfe prädikativer Ausdrücke prädiziert werden, Einzeldinge allein niemals. [...] Im Moment soll nur das Bestehen einer Tradition vermerkt werden, wonach zwischen Einzeldingen und Universalien hinsichtlich ihrer Zuordnung zur Unterscheidung zwischen Subjekt und Prädikat eine Asymmetrie besteht."[62]

Im Gang der Analyse dieser Asymmetrie eröffnet sich gleichsam beiläufig die Möglichkeit zu einer Auflösung des Universalienproblems:
- Beim Vollzug von Referenz und Prädikation kommen nicht-sprachliche Momente ins Spiel;
- im Vollzug einer Prädizierung wird etwas mitausgesagt, das mit dem sprachlichen Ausdruck an der Prädikatstelle nicht identisch ist;
- es zeigt sich eine Kategoriendifferenz zwischen Subjektausdrücken (auf konkrete Seiende bezogen) und Prädikatausdrücken (Mitaussage zeitloser, nicht-lokalisierbarer Universalien);
- Universalien legen sich aus der Elementarstruktur unseres begrifflichen Weltverhältnisses nahe;
- mit Bezug darauf spricht Strawson von „deskriptiver Metaphysik" im Unterschied zu „revisionärer Metaphysik":

[52] „Deskriptive Metaphysik begnügt sich damit, die tatsächliche Struktur unseres Denkens über die Welt zu beschreiben [...]"[63].

Formal bedeutet das:

[53] „Es dürfte außer Zweifel stehen, daß diese Dinge, die ich hier rational darzustellen versucht habe, in gewissem Sinne Überzeugungen sind, und zwar solche, an denen viele Menschen auf einfacher Reflexionsstufe sowie einige Philosophen auf einer etwas höheren hartnäckig festhalten; obwohl viele andere Philosophen, vielleicht auf noch höherer Ebene, sie zurückgewiesen oder scheinbar zurückgewiesen haben. Es ist schwer zu sehen, wie sich solche Überzeugungen begründen lassen, außer dadurch, daß man ihre Übereinstimmung mit dem von uns verwendeten Begriffssystem zeigt; daß man zeigt, wie sie die Struktur dieses Systems widerspiegeln. Wenn also Metaphysik heißt, Gründe zu finden – gute, schlechte oder indifferente – für das, was wir instinktiv glauben, dann ist dies Metaphysik gewesen."[64]

- So ergibt sich die begründete Annahme ontologisch qualifizierter Universalien als Resultat der Analyse der begrifflichen Struktur unseres sprachlichen Weltverhältnisses;
- von Strawsons Selbstlokalisierung in Kant-Nähe dürfen die Universalien als transzendental, d.h. als Möglichkeitsbedingungen unseres referentiellen und sprachlichen Apparates verstanden werden;
- der Unterschied zu Quine:

---

[62] STRAWSON, Peter F.: Einzelding und logisches Subjekt (Individuals). Ein Beitrag zur deskriptiven Metaphysik. Übers. von Freimut Scholz. Stuttgart 1972. 175-176. [Künftig zitiert: STRAWSON: Einzelding.]
[63] STRAWSON: Einzelding. 9.
[64] STRAWSON: Einzelding. 316-317.

- Für Quine resultiert die Sinnlosigkeitserklärung der Universalienfrage aus der idealsprachlichen Orientierung seines Ansatzes;
- für Strawson ergibt sich die Verläßlichkeit des common sense als Ausgangspunkt und die daraus folgende Notwendigkeit der Annahme von Universalien aus der normalsprachlichen Orientierung seines Ansatzes.

- Ein Analytischer Universalienrealismus wird vertreten von:
    - Roderick Chisholm (* 1916), der durch Russell mit dem Denken Alexius Meinongs (1853-1920), durch Moore mit demjenigen Franz Brentanos (1838-1917) in Berührung kommt;
        - er macht phänomenologische Resultate für eine analytische Rehabilitierung der Selbstbewußtseinsthematik fruchtbar (vgl. ↗Anthropologie);
        - im Zentrum steht der Begriff der Intentionalität;
        - sofern Eigenschaften auch unabhängig von konkreten Zuständen referenzfähig sind, gelten auch sie als real.

- David M. Armstrong/E. Jonathan Lowe entwickeln einen wissenschaftstheoretisch begründeten Universalien-Realismus:
    - Die Allgemeingültigkeit von Naturgesetzen ist ohne notwendige Relationen zwischen universalen Entitäten nicht erklärbar;
    - die Individuierung von Einzeldingen scheint nicht möglich, ohne auf sie als Elemente bestimmter Arten und Sorten (d.h. universale Entitäten) zu referieren.

- Inneranalytisch wird am Universalienrealismus kritisiert,
    - daß sich beim Individuierungsproblem unter dem Titel „Exemplifikation" oder „Inhärenz" das von Aristoteles kritisierte alte Dunkel des Teilhabebegriffs sowie die „Tritos-Anthropos-Falle" Aristoteles' wieder einstellt (vgl. oben);
    - daß sich Universalien doppelt intern differenzieren lassen:
        - 1. Differenz:
            - beliebig instantiierte Universalien („Wasser");
            - nicht beliebig instantiierbare Universalien („Stühle");

[54] „Ein Art-Universale liefert ein Prinzip, individuelle Dinge zu kennzeichnen und zu zählen, die es umfaßt."[65]

---

[65] STRAWSON: Einzelding. 215.

- Diese Art- oder „sortale Universalien" dienen der artspezifischen Individuierung und werden durch Substantive ausgedrückt;
- charakterisierende Universalien werden durch Adjektive und Verben ausgedrückt.
- 2. Differenz (die die erste überlagert):
    - natürliche Arten („Wasser", „Apfel")
    - nicht-natürliche Arten („Stühle"; „Kunstschnee");
        - gilt ein Universalienrealismus auch für nicht-natürliche Arten?
        - Können Universalien beliebig generiert werden?
        - Können Universalien manipuliert werden?
        - Was nutzt diese Kategorie für den ontologischen Diskurs, wenn sie keine kriterielle und normative Funktion mehr hat?

- Zwischenergebnis:
    - Die Offenheit des Universalienproblems bleibt bis heute bestehen;
    - eine Lösung dürfte sich zwischen zwei Grenzlinien bewegen:
        - realistische Konzepte (mit ihren platonistischen Einschlüssen) tendieren in Richtung infiniten Regreß;
        - es gibt (bislang?) keine überhanglose Transformation Platonischer Sprache in nominalistische Sprache;
    - vielleicht bietet Ockhams „esse subiectivum"-Theorie (vgl. oben) zuzüglich einer ein wenig platonisierenden Intuition eine Annäherung an eine Lösungsmöglichkeit.

- Dem Universalienproblem folgt von selbst die Frage nach dem Einzelding als solchem, und zwar in den Spezifizierungen als
    - Frage nach einem konkreten Seienden, sofern es ist und sofern *es* ist, also als die Frage nach Existenz und Identität;
    - als Frage nach dem konkreten Seienden in seinen Auftrittsweisen als Ding oder als Ereignis;
    - als Frage nach dem Unterschied von Ereignis und Handlung.

- Zur Frage nach Identität und Existenz:
    - Existenz scheint Identität zu implizieren (vgl. Aristoteles' Nicht-Widerspruchsprinzip [vgl. oben]);

- der Existenzbegriff wird eng verbunden mit der Frage nach der Referentialität diskutiert, und diesen Zusammenhang reflektiert auf theologisch brisante Weise bereits Kant:

[55] „Nehmet ein Subjekt, welches ihr wollt, z.E. den Julius Cäsar. Fasset alle seine erdenkliche Prädikate, selbst die der Zeit und des Orts nicht ausgenommen, in ihm zusammen, so werdet ihr bald begreifen, daß er mit allen diesen Bestimmungen existieren, oder auch nicht existieren kann. Das Wesen, welches dieser Welt und diesem Helden in derselben das Dasein gab, konnte alle diese Prädikate, nicht ein einiges ausgenommen, erkennen, und ihn doch als ein bloß möglich Ding ansehen, das, seinen Ratschluß ausgenommen, nicht existiert. Wer kann in Abrede ziehen, daß Millionen von Dingen, die wirklich nicht dasein, nach allen Prädikaten, die sie enthalten würden wenn sie existierten, bloß möglich sein; daß in der Vorstellung, die das höchste Wesen von ihnen hat, nicht eine einzige ermangele, obgleich das Dasein nicht mit darunter ist, denn es erkennet sie nur als mögliche Dinge. Es kann also nicht statt finden, daß, wenn sie existieren, sie ein Prädikat mehr enthielten, denn bei der Möglichkeit eines Dinges nach seiner durchgängigen Bestimmung kann gar kein Prädikat fehlen. Und wenn es Gott gefallen hätte, eine andere Reihe der Dinge, eine andere Welt zu schaffen, so würde sie mit allen den Bestimmungen und keinen mehr existiert haben, die er an ihr doch erkennet, ob sie gleich bloß möglich ist.
Gleichwohl bedienet man sich des Ausdrucks vom Dasein als eines Prädikats und man kann dieses auch sicher und ohne besorgliche Irrtümer tun, solange man es nicht darauf aussetzt, das Dasein aus bloß möglichen Begriffen herleiten zu wollen, wie man zu tun pflegt, wenn man die absolut notwendige Existenz beweisen will. [...] Es ist aber das Dasein in denen Fällen, da es im gemeinen Redegebrauch als ein Prädikat vorkömmt, nicht so wohl ein Prädikat von dem Dinge selbst, als vielmehr von dem Gedanken, den man davon hat."[66]

- Sein ist also kein Dingprädikat;
- Existenz ist Ausdruck der Korrespondenz von Denken und Realität;
- analytisch werden Existenzaussagen als Aussagen zweiter Ordnung interpretiert, die sich auf Begriffe und sprachliche Ausdrücke beziehen, nicht auf Gegenstände;
- „existieren" sagt, daß unter einen Begriff/Ausdruck etwas (oder nichts [„Es gibt kein rundes Viereck"]) fällt.

- Für die Klärung von Referenz kommt von selbst der Identitätsbegriff ins Spiel:
  - Das Verständnis referentieller Akte setzt einen Bezug auf dasselbe Seiende voraus;
  - Identitätsaussagen können kognitiv relevant sein, so etwa in dem klassischen Beispielsatz Freges „Der Morgenstern ist der Abendstern" (die Gegebenheitsweise desselben Gegenstandes variiert);

---

[66] KANT, Immanuel: Der einzig mögliche Beweisgrund zu einer Demonstration des Daseins Gottes. A 4-6. In: Ders: Werke in zehn Bänden. Bd. 2. Hrsg. von Wilhelm Weischedel. Darmstadt 1983. 617-738. Hier 630-631.

- auch die Wahrheitsbedingungen von Identitätsaussagen sind komplexer als auf den ersten Blick auszumachen:
  - Der Bezug auf dieselbe Entität scheint die notwendige und hinreichende Bedingung für Identität zu sein, die dann gegeben ist, wenn das Leibnizsche Prinzip erfüllt ist, demgemäß die Identität von a und b eine Übereinkunft von a und b in allen Eigenschaften besagt;
  - jedoch muß zwischen extensionalen (wahrnehmungsunabhängigen) und intensionalen (wahrnehmungsbezogenen) Eigenschaften differenziert werden:
    - Intensionale Eigenschaften scheiden als Kriterien für Identität offenkundig aus,
    - extensionale Eigenschaften reichen als Kriterien nicht aus, Personen z.B. wären dann mit ihren Körpern identisch (vgl. ↗ Anthropologie).

- Zur Frage nach Ereignissen und Dingen:
  - Quines one-category-ontology (vgl. oben) unterscheidet nicht zwischen Ereignis und Ding und tendiert ersichtlich in Richtung der „gefrorenen" Ontologie der Eleaten (vgl. oben).

- Für Strawson ist „Ereignis" keine ontologische Kategorie, weil sich Ereignisse ohne Bezug auf Entitäten anderer Art kaum individuieren lassen:

[56] „Die Minimalbedingungen für unabhängige Identifizierbarkeit eines Typs von Einzeldingen waren, daß diese Dinge weder privat noch unbeobachtbar sind. Viele Arten von Zuständen, Prozessen, Ereignissen oder Beschaffenheiten erfüllen diese beiden Bedingungen. Unter geeigneten Umständen kann ein solches Einzelding direkt lokalisiert und somit ohne Bezugnahme auf irgendein anderes Einzelding identifiziert werden. Selbst wenn es nicht direkt lokalisierbar ist, kann ein solches Einzelding unter bestimmten Umständen ohne explizite oder implizite Bezugnahme auf ein Einzelding identifiziert werden, das nicht selbst wieder ein Zustand bzw. ein Prozeß, ein Ereignis oder eine Beschaffenheit ist. Aber die Fälle, in denen diese intratypische Identifikation möglich ist, sind sehr beschränkt. Denn sie setzen voraus, daß die identifizierend sich auf ein Ding beziehenden Partner mit ein und demselben typenhomogenen Bezugssystem operieren. Und die grundsätzliche Beschränktheit der Zustände, Prozesse, Ereignisse und Beschaffenheiten als unabhängig identifizierbarer Einzeldinge liegt darin, daß sie keine Bezugsrahmen zu liefern vermögen, wie wir sie brauchen, um uns identifizierend auf Dinge beziehen zu können. Um so weniger können sie aus sich heraus einen *einzigen*, umfassenden und fortlaufend anwendbaren Rahmen dieser Art liefern. So erweitern wir den Bereich der Zustände, Prozesse etc., auf die wir uns identifizierend beziehen können, ganz beträchtlich, wenn wir eine vermittelnde Bezugnahme auf Orte, Personen und materielle Dinge zulassen."[67]

---

[67] STRAWSON: Einzelding. 67.

Dinge brauchen zu ihrer Individuation keinen Verweis auf andere Entitäten und sind damit (anders als Ereignisse) ontologisch fundamental.

- Donald Davidson (* 1917) denkt vorsichtiger an eine reziproke Verwiesenheit von Ding und Ereignis zum Zweck ihrer Individuation.

- Gemeinsam ist den genannten Positionen die Ablehnung der monistischen one-category-Ontologie: Die formale Möglichkeit der einheitlichen Darstellung von Dingen und Ereignissen impliziert keine ontologische Homogenität.
  Der Ort von Dingen und die Dauer von Ereignissen sind ungleich leichter anzugeben als die Dauer von Dingen und der Ort von Ereignissen.
- Jedoch liegt auch keine radikale Asymmetrie von Ding und Ereignis vor: Die zeitliche Erstreckung von Entitäten wird über Ereignisse erfaßt, d.h.:
  - Es gibt ein notwendiges reziprokes Verwiesensein von Ereignis und Ding zur Individuation von Ereignis oder Ding, also muß Ontologie notwendig pluri-kategorial angelegt sein.

- Zur Frage nach Ereignissen und Handlungen:
  - Handlungen sind Ereignisse, aber nicht nur;
  - allerdings hilft der Verweis auf einen Handlungsträger nicht weiter (auch Ereignisse haben Trägerinstanzen);
  - zwischen Ereignis und Handlung walten Asymmetrien:
    - Ereignisse
      - können hinsichtlich der Identität durch raum-zeitliche extensionale Eigenschaften hinreichend fundiert sein (vgl. etwa Blitzschlag);
      - müssen artspezifisch individuiert werden;
      - in ihrer Beschreibung können Ereignisse artmäßig variieren;
    - Handlungen:
      - Läßt sich Intentionalität nicht aus Handlungen ausschließen, müßten bei der Identität von Ereignissen und Handlungen auch für Intentionen raumzeitliche Lokalisierungen möglich sein;
      - Ereignisse werden artspezifisch empirisch-materialiter differenziert, Handlungen als ethisch gut oder schlecht, also auch als normativ;
      - in die Beschreibungsvarianz geht bei Handlungen etwas ein, das sich aus der die Handlung ausmachenden Datenmenge nicht erheben läßt (vgl. Notwehr, Totschlag, Mord).

- Fazit:
    - Eine one-category-ontology ist defizient;
    - es gibt strukturelle Parallelen zwischen der Aristotelischen und der Analytischen Ontologie;
    - jedoch klafft in allen diesen Ontologien von Aristoteles bis zu den Analytikern eine Lücke:
        - Ausgangspunkt sind immer die Einzeldinge in ihrer weltlichen Geordnetheit;
        - die Differenz zwischen Einzeldingen und Ordnung und ihr Zusammenspiel aber werden nicht bedacht.
            - Eine Ontologie, die dieses Verhältnis nicht klärt, läßt die elementarste Wirklichkeitsstruktur im Dunklen;
            - die darum nötige Vermittlung von Einzelding und Ordnung leistet auf einzigartige Weise Georg Wilhelm Friedrich Hegel.

Testfragen:

1. *Warum geht der Universalien-Streit bis zur Gegenwart weiter?*
2. *Unter welchen Bedingungen und in welcher Form bricht die Frage der Universalien in der Analytischen Philosophie wieder auf?*
3. *Wie stellt sich das Problem im Rahmen der philosophischen Konzeption W.V.O. Quines dar? Wo liegt das Defizit dieses Ansatzes?*
4. *Was leistet der quantifizierte Prädikatenkalkül – und was nicht? Welche Neufassung des Seinsbegriffs erlaubt er?*
5. *Was versteht P.F. Strawson unter „deskriptiver Metaphysik" gegenüber „revisionärer Metaphysik"? Was folgt daraus für das Universalienproblem?*
6. *Wie und mit welchen Gründen läßt sich analytisch ein Universalien-Realismus vertreten (wer tut das z.B.)? Welche Kritik zieht diese Position auf sich?*
7. *In welche Richtung ließe sich eine Näherungslösung des Universalienproblems eventuell entwickeln?*
8. *Wie lassen sich die philosophischen Grundbegriffe der Identität, der Existenz, des Dinges, des Ereignisses und der Handlung mit analytischen Mitteln reformulieren? Welches Grundproblem läßt aber auch eine solche Ontologie (wie alle anderen seit Aristoteles) unbeantwortet?*

5. Die dialektische Struktur des Wirklichen

§ 75 Der Kerngedanke der Hegelschen Dialektik – die selbstbezügliche Andersheit – macht begreiflich, wie die einzelnen Seienden erst kraft ihrer wechselseitigen Zuordnung in ihrem wirklichen Seiendsein gedacht werden können und so etwas wie Ordnung als Ordnung von Einzeldingen auftreten kann.

- Schon früh formuliert Hegel sein formales Leitprinzip:
[57] „Entzweiung ist der Quell *des Bedürfnisses der Philosophie* [...]."[68]
- Material gesehen bringen ihn drei Herausforderungen auf diesen Weg:
  - die politischen Verhältnisse im Gefolge der Französischen Revolution;
  - der in der Aufklärung wurzelnde Konflikt zwischen Christentum und Vernunft;
  - die statische Dualität von Subjekt – Objekt, Vernunft – Erfahrung als Ausdruck des statischen Verhältnisses von Einzelding und Ordnung bei Kant;
     all diese Entzweiungen verlangen nach Vermittlung (Versöhnung).

5.1 Die Leitidee Hegels

- Durchgeführt wird die Verflüssigung der Gegensätze vor allem in „Wissenschaft der Logik" (1812, 1816):
  - „Logik" behandelt die Fragen der Metaphysik;
  - gesucht wird ein Neuanfang der Metaphysik in Gestalt einer radikalen Durchführung und Vollendung der Kantischen Grundidee;
  - die Intention der alten Metaphysik auf eine Erkenntnis des An-sich-Seins der Dinge wird dabei – kritisch gegen den Kritizismus Kants – aufrechterhalten:
[58] „[§ 26] Die erste Stellung [sc. des Gedankens zur Objektivität] ist das *unbefangene* Verfahren, welches noch ohne das Bewußtsein des Gegensatzes des Denkens in und gegen sich, den *Glauben* enthält, daß durch das *Nachdenken* die *Wahrheit erkannt*, das, was die Objekte wahrhaft sind, vor das Bewußtsein gebracht werde. In diesem Glauben geht das Denken geradezu an die Gegenstände, reproduziert den Inhalt der Empfindungen und Anschauungen aus sich zu einem Inhalte des Gedankens und ist in solchem als der Wahrheit befriedigt. Alle anfängliche Philosophie, alle Wissenschaften, ja selbst das tägliche Tun und Treiben des Bewußtseins lebt in diesem Glauben."[69]

---

[68] HEGEL, Georg W.F.: Differenz des Fichteschen und Schellingschen Systems der Philosophie. In: Ders.: Werke in 20 Bänden. Bd. 2: Jenaer Schriften (1801-1807). Frankfurt a.M. 1970. (Theorie-Werkausgabe). 7-138. Hier 20.
[69] HEGEL, Georg W.F.: Enzyklopädie der philosophischen Wissenschaften im Grundrisse. (1830). Erster Teil: Die Wissenschaft der Logik. Mit den mündlichen Zusätzen. In: Ders.:

- Prinzipielles Erkennenkönnen des Seienden bildet die natürliche Verfassung des Denkens;
- aber das Denken muß sich in seinen Klärungsprozeß selbst hineinnehmen, d.h. aus Verstandeserkenntnis muß Vernunfterkenntnis werden;
- metaphysische Prädikate („eins", „ganz", „endlich" etc.) und die Urteilsform müssen analysiert werden;
- diese Aufgabe ist bei Kant begonnen, aber nicht wirklich durchgeführt:

[59] „Das *Ding-an-sich* (und unter dem *Ding* wird auch der Geist, Gott befaßt) drückt den Gegenstand aus, insofern von allem, was er für das Bewußtsein ist, von allen Gefühlsbestimmungen wie von allen bestimmten Gedanken desselben *abstrahiert* wird. Es ist leicht zu sehen, was übrigbleibt – das *völlige Abstraktum*, das ganz *Leere*, bestimmt nur noch als ein *Jenseits;* das *Negative* der Vorstellung, des Gefühls, des bestimmten Denkens usf. Ebenso einfach aber ist die Reflexion, daß dies *caput mortuum* selbst nur das *Produkt* des Denkens ist, eben des zur reinen Abstraktion fortgegangenen Denkens [...]."[70]

- Die prinzipielle Unzugänglichkeit des Dings-an-sich treibt in den Gegensatz zwischen Denken und Wirklichkeit;
- ein wirklich kritisches Programm muß genau diesen Gegensatz grundsätzlich überwinden, d.h.:
- Das Denken muß in die Wirklichkeit eingehen und umgekehrt, beide müssen ineinander übergehen (was natürlich über die herkömmliche Metaphysik hinausgeht):

[60] „Was nun aber näher das Verfahren jener alten Metaphysik anbetrifft, so ist darüber zu bemerken, daß dieselbe nicht über das bloß *verständige* Denken hinausging. Sie nahm die abstrakten Denkbestimmungen unmittelbar auf und ließ dieselben dafür gelten, Prädikate des Wahren zu sein. Wenn vom Denken die Rede ist, so muß man das *endliche*, bloß *verständige* Denken vom *unendlichen, vernünftigen* unterscheiden. Die Denkbestimmungen, so wie sie sich unmittelbar, vereinzelt vorfinden, sind *endliche* Bestimmungen."[71]

- Unmittelbar vorfindliche Denkbestimmungen gehören in die Sphäre der Gegensätzlichkeit und müssen darum endlich sein;
- das gilt auch für die Prädikate der Metaphysik, sofern sie eben dieser Sphäre zugehören, d.h.:
- Herkömmliche Metaphysik versucht, das Unendliche mit endlichen Prädikaten zu fassen und bleibt so in Unwahrheit befangen.

[61] „Das Wahre aber ist das in sich Unendliche, welches durch Endliches sich nicht ausdrücken und zum Bewußtsein bringen läßt. Der Ausdruck *unendliches Denken* kann als auffallend erscheinen, wenn man die Vorstellung der neueren Zeit, als sei das Denken immer beschränkt, festhält.

Werke in 20 Bänden. Bd. 8. Frankfurt a.M. 1970. (Theorie-Werkausgabe). §26. 93. [Künftig zitiert: HEGEL: Enzyklopädie. I]
[70] HEGEL: Enzyklopädie I §44. 120-121.
[71] HEGEL: Enzyklopädie I §28. 94-95.

„Unendliches Denken" ist mit unmittelbaren Prädikaten unmöglich.
[62] Nun aber ist in der Tat das Denken seinem Wesen nach in sich unendlich. Endlich heißt, formell ausgedrückt, dasjenige, was ein Ende hat, was *ist*, aber da aufhört, wo es mit seinem Anderen zusammenhängt und somit durch dieses beschränkt wird. Das Endliche besteht also in Beziehung auf sein Anderes, welches seine Negation ist und sich als dessen Grenze darstellt. Das Denken aber ist bei sich selbst, verhält sich zu sich selbst und hat sich selbst zum Gegenstand. Indem ich einen Gedanken zum Gegenstand habe, bin ich bei mir selbst. Ich, das Denken, ist demnach unendlich, darum, weil es sich im Denken zu einem Gegenstand verhält, der es selbst ist. Gegenstand überhaupt ist ein Anderes, ein Negatives gegen mich. Denkt das Denken sich selbst, so hat es einen Gegenstand, der zugleich keiner ist, d.h. ein aufgehobener, ideeller. Das Denken als solches, in seiner Reinheit, hat also keine Schranke in sich. Endlich ist das Denken nur, insofern es bei beschränkten Bestimmungen stehenbleibt, die demselben als ein Letztes gelten. Das unendliche oder spekulative Denken dagegen bestimmt gleichfalls, aber bestimmend, begrenzend, hebt diesen Mangel wieder auf."[72]

- Durch einen Rückgang des Denkens auf sich selbst können die statisch gewordenen Gegensätze im Sinne einer Versöhnung von Einem und Anderem aufgehoben werden;
- „Gegensatz" ist dabei nicht einfach negativ (vgl. „Leben"), nur im Durchgang durch Gegensätze kommt es zu wirklicher Einsicht;
- die Wahrheit des Einen ist davon mitbestimmt, daß es das Eine des Anderen (und dessen Wahrheit) ist, d.h. erst das Ganze macht die Wahrheit aus;
- Aufhebung hat dabei einen dreifachen Sinn:
    - tollere (wegschaffen),
    - conservare (aufbewahren),
    - elevare (erheben).

- Dialektik macht die Grundstruktur der ganzen Wirklichkeit aus:
[63] „In ihrer eigentümlichen Bestimmtheit ist die Dialektik vielmehr die eigene, wahrhafte Natur der Verstandesbestimmungen, der Dinge und des Endlichen überhaupt. Die Reflexion ist zunächst das Hinausgehen über die isolierte Bestimmtheit und ein Beziehen derselben, wodurch diese in Verhältnis gesetzt, übrigens in ihrem isolierten Gelten erhalten wird. Die Dialektik dagegen ist dies *immanente* Hinausgehen, worin die Einseitigkeit und Beschränktheit der Verstandesbestimmungen sich als das, was sie ist, nämlich als ihre Negation darstellt. Alles Endliche ist dies, sich selbst aufzuheben. Das Dialektische macht daher die bewegende Seele des wissenschaftlichen Fortgehens aus und ist das Prinzip, wodurch allein *immanenter Zusammenhang und Notwendigkeit* in den Inhalt der Wissenschaft kommt, so wie in ihm überhaupt die wahrhafte, nicht äußerliche Erhebung über das Endliche liegt."[73]
- In der Dialektik wird das „Zwischen" der Einzeldinge, also ihre Ordnung, miterfaßt;

---

[72] HEGEL: Enzyklopädie I §28. 95.
[73] HEGEL: Enzyklopädie I §81. 172-173.

- ausweislich einer Unzahl frappanter Beispiele von der Astronomie über das Recht bis zu den Emotionen fungiert Dialektik als ontologisches Strukturprinzip;
- als alle Entgegensetzung übersteigend steht dialektisches Denken notwendig in der Dimension des Unendlichen;
- darum ist dialektisch gedacht auch der avancierteste (weitausgreifendste) nicht-dialektische Gedanke immer schon eingeholt, und das kann (nicht-dialektisch) nur der Gottesgedanke sein;
- nicht-dialektisch setzt (gemäß Kant!) die Vernunft das Unendliche sich um ihretwillen, was beide (vgl. oben) unwahr macht;
- wahr werden beide – Vernunft und Unendliches – durch ein Ineinanderübergehen (vgl. oben), so daß der Vollzug der Vernunft in ihrem Durchgang durch alle Entgegensetzungen Selbstvollzug des Unendlichen, also Selbstvollzug Gottes sein muß (andernfalls bliebe ein unaufhebbarer Gegensatz von Vernunft und Gott und damit einer von Gott und Welt):

[64] „Was Gott als Geist ist, dies richtig und bestimmt im Gedanken zu fassen, dazu wird gründliche Spekulation erfordert. Es sind zunächst die Sätze darin enthalten: Gott ist nur Gott, insofern er sich selber weiß; sein Sichwissen ist ferner sein Selbstbewußtsein im Menschen und das Wissen des Menschen *von* Gott, das fortgeht zum Sichwissen des Menschen *in* Gott."[74]

Unbeschadet abweichender Begriffsformen fand und findet Hegel besonders in der protestantischen Theologie Resonanz:
- Gott, der Geist ist, ist ein werdender Gott, der in Geschehen und Geschichte zu sich selbst kommt;
- christliche Grundgedanken schreiben sich dem beinahe unwillkürlich ein:
    - Der Inkarnationsgedanke (Gott im anderen seiner selbst);
    - der theistische Grundgedanke eines personalen Gottes, den Hegel – anders als vor allem Fichte – festhält, indem er Gott im menschlichen Denken sich denkend und im menschlichen Bewußtsein zu Selbstbewußtsein kommend denkt;
        Fichte hatte die Unbedingtheit des Sittengesetzes als Präsenz des Absoluten (Gottes) im Endlichen gefasst; die damit verbundene Preisgabe der Gottesprädikate Bewußtsein und Personalität

---

[74] HEGEL, Georg W.F.: Enzyklopädie der philosophischen Wissenschaften im Grundrisse (1830). Dritter Teil: Die Philosophie des Geistes. Mit den mündlichen Zusätzen. In: Ders.: Werke in 20 Bänden. Bd. 10. Frankfurt a.M. 1970. (Theorie-Werkausgabe). §564. 374.

hatte den Atheismusstreit ausgelöst (vgl. ↗ Religionsphilosophie);
- aufgrund der Universalität der dialektischen Struktur bestimmt diese auch apriori Gott selbst, und daher rührt seine wesensmäßige trinitarische Verfassung, die im geschichtlichen Dreischritt von These (Inkarnation), Antithese (Kreuzestod) und Synthese (Geistsendung) offenbar wird.

- Die abweichende Begriffsform der Dialektik rechtfertigt sich aus ihrer ontologischen Leistung:

5.2 Natürlich, spekulativ – und zurück

- Nicht um Wissen *neben* der Erfahrung geht es der Dialektik, sondern um ein vollständigeres Wissen *von* der Erfahrung;
- die Suche nach wirklichem Wissen ist spekulatives Wissen;
    - dieses resultiert aus der Auflösung der Gegensätze, d.h. das Positive schließt das Negative mit ein;
    - darum ist dieses Wissen monistisch (es folgt *einer* Funktion);
    - zugleich ist das spekulative Denken dynamisch, weil
        - Positivität Beziehung auf sich,
        - Negativität Ausschluß seiner selbst bedeutet,
        - und wegen der Auflösung des Gegensatzes positiv-negativ gilt:
[65] „Die positive Beziehung ist in sich selbst negativ; alles ist es selbst nur, insofern es mit sich selbst auch nicht identisch ist; alles Unmittelbare ist wesentlich vermittelt; jedes ist Eines nur, insofern es auch das *Andere seiner selbst ist*."[75]

- Das „Andere seiner selbst" ist die Grundfigur der spekulativen Ontologie: Sie erklärt,
    - wie es eine Identität eines Individuums in einem Prozeß wechselnder Zustände kraft selbstbezüglicher Negativität geben kann;
    - wie Einzelnes in sich Differenzen ausbildet, ohne in ihnen zu verschwinden;
    - wie Erkennen geschieht: Als Fremdes wird das Erkannte Eigenes des Erkennenden und verändert ihn als solchen;

---

[75] HENRICH, Dieter: Kant und Hegel. Versuch der Vereinigung ihrer Grundgedanken. In: Ders.: Selbstverhältnisse. Gedanken und Auslegungen zu den Grundlagen der klassischen deutschen Philosophie. Stuttgart 1982. 173-208. Hier 199.

- wie Entsprechendes im Willensbereich gilt: In Akten der Hingabe, in denen ich mich an den anderen verliere, verändert sich dieser, und ich gewinne mich wieder in seiner Veränderung; dem folgt im übrigen auch die List:

[66] „Das Organ des Selbst, Abenteuer zu bestehen, sich wegzuwerfen, um sich zu behalten, ist die List."[76]

- Wie das Phänomen des Selbstbewußtseins als Wissen seiner selbst im Anderen seiner selbst zu verstehen ist.

   Wissen der Welt, Wissen von sich und Form der Welt werden mit einem Gedanken umgriffen, natürlich um den Preis einer Abweichung von der natürlichen Denkform.

- Das Potential solch alternativer Ontologie entfaltet sich erst in einer Rückübersetzung des spekulativen Wissens in natürliche Weltbeschreibung;[77] Hegelsche Grundbegriffe fungieren dabei als Dreh- und Angelpunkte:
   - Der Begriff des Prozesses als
       - Veränderung von etwas zu etwas anderem;
       - Verwandlung von etwas in sein Gegenteil;
   - selbstbezügliche Andersheit als Sich-verändern ist Grundform der Wirklichkeit, woraus folgt, daß
       - Wirkliches zunächst als endlich zu begreifen ist;
       - deswegen erfaßt auch kein Gedanke das Ganze des Seienden;
       - in jeder seiner Phasen ist dieses unvollkommen;
           zu Seiendem gehören so Kontinuität und Instabilität zugleich.
   - Für die zweite Weise der Prozessualität als Verwandlung ins Gegenteil steht als klassisches Beispiel die Herr-Knecht-Dialektik:[78]

---

[76] HORKHEIMER, Max – ADORNO, Theodor W.: Dialektik der Aufklärung. Philosophische Fragmente. Frankfurt a.M. 1998. 55.

[77] Ich orientiere mich im folgenden in wichtigen Punkten an der Hegel-Deutung Dieter Henrichs, ohne daß dafür im einzelnen umgrenzte Passagen aus einschlägigen Publikationen genannt werden könnten. Ein Teil der Anregungen geht auf Henrichs Vorlesung „Hegels Metaphysik und Logik" aus dem WS 1981/82 an der LMU München zurück, aus der manches bis dato noch nicht in Publikationen Henrichs eingeflossen ist. – Hinweise auf bereits publizierte Motive vgl. in MÜLLER, KLAUS: Wenn ich „ich" sage. Studien zur fundamentaltheologischen Relevanz selbstbewußter Subjektivität. Frankfurt a.M. 1994. Kap. 7. 457-557. [Künftig zitiert: MÜLLER: Wenn ich „ich" sage.]

[78] Vgl. HEGEL, Georg W.F.: Phänomenologie des Geistes. Hamburg ⁶1952. In: Ders.: Werke in 20 Bdn. Bd. 3. Frankfurt a.M. 1970. (Theorie-Werkausgabe). 145-150. [Künftig zitiert: HEGEL: Phänomenologie.]

Im Ringen um Selbstbewußtsein als Sich-gewinnen aus der Anerkennung durch den anderen kommt gegen den ersten Anschein der wirklich zu sich, der sich dem anderen unterwirft; in Herr-Form kann Selbstbewußtsein nicht zu Selbstgewißheit kommen.

- Der Begriff der Entwicklung:
    - Relevant wird die spekulative Denkform, indem sie den Gedanken des Einzelnen denkbar macht;
    - spekulativ ist Seiendes Einzelnes durch Selbstdifferenzierung;
    - dabei darf Seiendes nicht einfach ein Anderes werden, sondern muß dieses Andere das eigene Andere sein, d.h. die Veränderung muß sich als Entwicklung vollziehen;
    - in einem sich Entwickelnden sind Einheit und Differenzen zusammengewachsen, d.h. Einzelnes ist kein Einfaches, sondern Konkretes, d.h. das Konkrete, nicht das Einfache ist das eigentlich Wirkliche;
    - Selbstdifferenzierung befähigt zu Selbsterhaltung (vgl. ↗Anthropologie).

- Der Begriff des „Übergreifens ins Anderssein":
    - Mit ihm kann der Begriff des Erkennens wiedergewonnen werden;
    - Erkennen ist zu begreifen als Modus selbstbezüglicher Andersheit, sofern es sich als Übergreifen in ein ihm Anderes (was nicht Erkennen ist) vollzieht;
    - in Erkenntnis tritt die Differenz zwischen Wissen und Gewußtem ineins mit der Korrespondenz zwischen Gewußtem und Gegenstand des Wissens auf;
    - damit wird die Aporie der klassischen Korrespondenztheorien („adaequatio rei et intellectus"; vgl. ↗ Erkenntnistheorie) – der infinite Regreß – vermieden, sofern Erkanntes als Anderes seiner selbst auftritt.

- Der Begriff des Systems:
    - Nach Ausweis der Weltfähigkeit des spekulativen Denkens und der Wiedergewinnung der Begriffe des Einzelnen und der Erkenntnis fehlt noch die Wiedergewinnung des Gedankens der Ordnung:
    - Einzelne Seiende sind dynamische Entitäten, die sich nicht willkürlich ausdifferenzieren, also bestimmte Plätze in einer Ordnung einnehmen;

- Selbständigkeit und In-Beziehung-Stehen der Einzelnen dürfen nicht einfach vorausgesetzt werden;
- beide müssen so auseinander begriffen werden, daß sich
    - aus dem Einzelding sein Ordnungsplatz,
    - aus dem Ordnungsplatz das Einzelding in seiner Selbständigkeit angeben läßt;
- unmittelbaren Anhalt für diesen Gedanken geben in der natürlichen Welt formale Objekte wie etwa Zahlen, Klassen, Mengen;
    - z.B. die Ordnung der Zahlenreihe („1"-„2"-„3"; das „2"-Sein ist völlig durch den Ordnungsplatz der 2 bestimmt; Zahlen als Zahlen machen die Zahlenordnung aus).
- Hegel orientiert seinen spekulativen Weltbegriff an diesem Paradigma – und tut damit, was auch Platon schon tat:
    - Die „Ideen" sind formale Objekte, die alles Wirkliche in seinem Sein verständlich machen;
    - vgl. die Bedeutung der Pythagoreischen Mathematik für die Ideenlehre;
- bei Hegel soll das, was alles Sein bestimmt, Formcharakter haben und dennoch das Recht der Einzelheit unverkürzt bleiben, was am ehesten der Fall ist, wenn Formen als solche bereits in bestimmten Beziehungen stehen;
- auch das findet sich bereits bei Platon und wird von Hegel aufgegriffen:

[67] „Das Gewordene muß aber körperlich, sichtbar und betastbar sein. Nun dürfte wohl nichts je ohne Feuer sichtbar noch ohne etwas Festes betastbar werden, fest aber nicht ohne Erde. Daher schuf der Gott, als er den Körper des Alls zusammenzusetzen begann, ihn aus Feuer und Erde. Daß sich zwei Bestandteile allein ohne einen dritten wohl verbinden, ist nicht möglich; denn ein bestimmtes Band in der Mitte muß die Verbindung zwischen beiden schaffen. Das schönste aller Bänder ist aber das, welches sich selbst und das Verbundene, soweit möglich, zu einem macht. Das aber vermag ihrer Natur nach am besten die Proportion zu bewirken."[79]

- Zwei Größen werden nicht durch eine dritte Größe, sondern durch Proportion zu Verbundenen, d.h. Verbindendes und Verbundenes bilden eine intensive Einheit (das hat auch mit dem Problem der Analogie zu tun; vgl. ↗Sprachphilosophie);
- Proportion ist das spezifisch Zusammenhaltende des Weltganzen:

[68] „Wenn nämlich von drei Zahlen, seien es nun irgendwelche Mengen oder Quadratzahlen, sich die mittlere so zur letzten verhält wie die erste sich zu ihr und wiederum wie die letzte sich zur mittleren, so die mittlere zur ersten, dann wird, da die mittlere zur ersten und letzten

---

[79] PLATON: Timaios. 31b-c.

wird, die letzte und erste aber beide zu mittleren, daraus notwendig folgen, daß alle dieselben seien. Indem sie aber untereinander zu demselben wurden, daß alle eins sein werden. Sollte nun der Körper des Alls eine ebene Fläche ohne jegliche Tiefe werden, dann wäre *ein* Mittelglied ausreichend, sich selbst und ihre Begleitwerte zu verbinden. Nun aber kam es ihm zu, dreidimensional zu werden, die dreidimensionalen Dinge verbinden nie ein sondern immer zwei Mittelglieder; indem der Gott so also inmitten zwischen Feuer und Erde Wasser und Luft einfügte und sie zueinander möglichst proportional machte, nämlich wie Feuer zu Luft so Luft zu Wasser und wie Luft zu Wasser so Wasser zu Erde, verknüpfte und gestaltete er einen sichtbaren und betastbaren Himmel. Und deswegen und aus diesen derartigen der Zahl nach vierfachen Bestandteilen ward der Körper des Alls erzeugt als durch Proportion übereinstimmend, und hieraus erlangte er freundschaftliches Einvernehmen, so daß er, zur Übereinstimmung mit sich selbst zusammenfindend, für irgendeinen anderen als den, der ihn verknüpfte, unauflöslich wurde."[80]

- Hegel gewinnt aus der Proportion den Begriff des Syllogismus als Grundbegriff der spekulativen Weltbeschreibung;
- alles Wirkliche wird im Syllogismus zusammengeschlossen, so daß mit letzterem Totalität einhergeht. Zahlenbeispiel:

[69] Drei Zahlen
- von denen sich die mittlere so zur letzten verhält, wie die erste sich zu ihr:
9:6 = 6:4   und
- von denen sich die letzte zur mittleren wie die mittlere zur ersten verhält:
6:9 = 4:6   und
- von denen die mittlere zur ersten und letzten wird, die letzte und erste aber beide zu mittleren:
6:4 = 9:6

- Die Mittelstelle ist also von allen Elementen besetzbar, d.h. der Zusammenhang ist durch jedes der vermittelten Elemente auch vermittelt worden, also liegt vollkommene Vermittlung vor.
- Gemäß diesem Schema gewinnt Hegel einen spekulativen Weltbegriff zur Beschreibung der natürlichen Welt:

[70] „E[inzelheit]-B[esonderheit]-A[llgemeinheit] ist das allgemeine Schema des bestimmten Schlusses. Die Einzelheit schließt sich durch die Besonderheit mit der Allgemeinheit zusammen; das Einzelne ist nicht unmittelbar allgemein, sondern durch die Besonderheit; und umgekehrt ist ebenso das Allgemeine nicht unmittelbar einzeln, sondern es läßt sich durch die Besonderheit dazu herab. – Diese Bestimmungen stehen als *Extreme* einander gegenüber und sind in einem *verschiedenen* Dritten eins. Sie sind beide Bestimmtheit; darin sind sie *identisch*; diese ihre allgemeine Bestimmtheit ist die *Besonderheit*. Sie sind aber ebenso *Extreme* gegen diese als gegeneinander, weil jedes in seiner *unmittelbaren* Bestimmtheit ist."[81]

- Im Blick auf Platons Proportionsdifferenzierung ergibt sich daraus für Hegels Syllogistik:
- Einzelheit : Besonderheit = Besonderheit : Allgemeinheit

---

[80] PLATON: Timaios. 31c-32c.
[81] HEGEL, Georg W.F.: Wissenschaft der Logik II. Erster Teil: Die objektive Logik. Zweites Buch. Zweiter Teil: Die subjektive Logik. In: Ders.: Werke in 20 Bänden. Bd. 6. Frankfurt a.M. 1969. (Theorie-Werkausgabe). 355.

- Allgemeinheit : Einzelheit = Einzelheit : Besonderheit
- Besonderheit : Allgemeinheit = Allgemeinheit : Einzelheit
  Jede Variante ist hinsichtlich der jeweils anderen Anderes ihrer selbst.
- So ist Einzelheit als Formbestimmung eingeholt, Wirklichkeit als Ganzes aus Einzelding und Ordnung ist ein Zusammenhang von Formen;
- so ist eine monistische Weltbeschreibung gewonnen;
- damit fehlt nur noch die wissende Durchdringung dieser Form; sie geschieht durch:

- Die Begriffe des Absoluten und des Geistes:
  - Der Entwicklungsgedanke durchherrscht auch den Syllogismus;
  - dessen Elemente stehen in einer Abfolge von
    - ursprünglicher Einheit,
    - Auseinandertreten (Ur-Teil),
    - Zusammengeschlossenwerden;
  - so bestimmt Hegel die Wirklichkeit des Geistes;
  - sofern die Entwicklung des Syllogismus eine monistische Konzeption abschließt, ist dieser Abschluß als Absolutes zu verstehen;
  - das Absolute muß die vorausgehend genannten vier Stufen der spekulativen Denkform in selbstbezüglicher Andersheit als Einheit begreifen:
    - Das Absolute beginnt als Prozeß in der Dimension der Endlichkeit;
    - dieser Prozeß verdichtet sich in Einzelnen und bringt diese in Systemzusammenhänge;
    - dabei kommt es zu der Form des Übergreifens von Differentem, die „Erkenntnis" heißt, d.h. es kommt ganz zur Welt gehörendem Bewußtsein von dieser:
    - solche Erkenntnis als Selbsterkenntnis ist Selbsterkenntnis des Weltprozesses und damit Selbsterkenntnis der Selbsterkenntnis;
    - Absolutes als Geist in seiner Selbstdurchsichtigkeit ist dieses Ziel (der Selbsterkenntnis der Selbsterkenntnis), das in der mit ihm erreichten Erkenntnis den Weg zu ihm als Erkennen präsent sein läßt und damit alles Wirkliche als All-Einheit zur Geltung bringt.

      Nicht von ungefähr endet Hegels „Enzyklopädie" mit einem Zitat aus Aristoteles' Metaphysik:

[71] „Denken aber möchte man von sich aus stets das an sich Beste, und je mehr es Denken ist, desto mehr. Nun kann sich der Geist selber denken, insofern er am Gedachten teilbekommt. Er wird nämlich selbst Gedachter, wenn er an die Sache rührt und denkt, so daß denkender Geist und Gedachtes dasselbe sind. Denn das, was das Gedachte und das Sein erst aufzunehmen vermag, ist zwar auch Geist, aber er ist erst wirklich tätig, wenn er es schon hat; daher ist dies mehr als jenes das, was man am Geist für göttlich hält, und die Schau ist das Erfreuendste und Beste. Wenn nun so wohl, wie wir uns zuweilen, der Gott sich immer befindet, ist das etwas Wunderbares, wenn aber noch mehr, dann ist es noch wunderbarer. So aber befindet er sich wirklich. Auch Leben kommt ihm natürlich zu. Denn die Tätigkeit ist Leben, und jener ist die Tätigkeit. Seine Tätigkeit ist an ihm selbst vollkommenes und ewiges Leben. Wir behaupten also, daß der Gott ein lebendiges Wesen, ewig und vollkommen ist, so daß Leben und beständiges, ewiges Dasein dem Gotte zukommen, denn dies ist das Wesen des Gottes."[82]

- Die spekulative Durchdringung des Wirklichen entdeckt sich in radikaler Selbsterkenntnis als Absolutes selbst;
- der Durchgang durch den spekulativen Prozeß ist ein Zu-sich-Kommen des Absoluten, also ein Zu-sich-Kommen Gottes;
- niemals je sonst ist der Gegensatz par excellence – Gott und Welt – so intensiv zusammengedacht worden, allerdings unter Einschluß eines (theologisch) verstörenden Eingangsgedankens:
  - Der als innerste Wahrheit alles Wirklichen gedachte Gott wird nicht nur als werdend,
  - sondern im Anfang des spekulativen Prozesses als von Endlichem, also Beliebigem abhängig gedacht;
  - Absolutes impliziert, daß Endliches ist.

- Der natürlichen Denkform gilt die exakte Gegenthese als evident: Endliches impliziert, daß Absolutes ist.
Der Übergang von der Ontologie zur Gottesfrage erfolgt also unter dem Vorzeichen einer fundamentalen Strittigkeit.

Testfragen:

1. *Welchen Herausforderungen stellt sich Hegel von Anfang an? Wie hängen diese untereinander zusammen?*
2. *Welches Defizit an Kants Denken wird zum treibenden Motiv für Hegels philosophische Arbeit?*
3. *Was macht für Hegel die Aporie der herkömmlichen Metaphysik aus? Welchen Ausweg nimmt Hegel?*

---

[82] ARISTOTELES: Metaphysik XII. Übersetzung u. Kommentar von Hans-Georg Gadamer. Frankfurt a.M. ³1976. 35.

4. Was meint „Aufhebung" der statischen Gegensätze, und was resultiert aus dieser Operation?
5. Was leistet Hegels Gedanke der Dialektik? Was geschieht dabei?
6. Inwiefern kommt durch die Dialektik auch der Gottesgedanke ins Spiel? Wie und warum verbindet sich dieser für Hegel mit christlichen Grundannahmen? Wo liegt der Unterschied zu Fichte?
7. Was ist unter „spekulativem Denken" zu verstehen? Worin besteht die Grundfigur spekulativer Ontologie?
8. Wie hängt die spekulative Ontologie mit dem Begriff des Selbstbewußtseins zusammen?
9. Was leistet die spekulative Abweichung von der natürlichen Denkform philosophisch? Wodurch läßt sie sich fruchtbar machen?
10. An welchen Grundbegriffen läßt sich eine Rückübersetzung des spekulativen Denkens in eine natürliche Weltbeschreibung festmachen?
11. Welche Rolle spielt in dieser Rückübersetzung der Begriff der Proportion?
12. Wie ergibt sich aus Hegels spekulativer Ontologie ein notwendiger Übergang zur philosophischen Gottesfrage?

6. Die philosophische Frage nach Gott

§ 76 Entgegen der traditionell selbstverständlichen Zugehörigkeit der Gottesfrage zur Metaphysik ist das Projekt einer philosophischen Theologie erst unter ganz bestimmten – neuzeitlichen – Voraussetzungen aufgekommen und steht bis heute philosophisch wie theologisch zur Debatte.

- Bei Christian Wolffs (1679-1754) später Einteilung in metaphysica generalis (Ontologie) und metaphysica specialis (philosophische Theologie) handelt es sich nur um eine Abstraktion;
- dennoch ist die Ausbildung einer philosophischen Theologie nichts Selbstverständliches:

6.1 Philosophisch-theologische Standortbestimmung

- „Natürliche" Theologie im Sinn einer systematischen philosophischen Gotteslehre und übernatürlichen Offenbarungstheologie finden sich erstmals bei Francisco Suarez (1548-1617) gegenübergestellt; zwei Grundfragen sucht die „theologia naturalis" zu beantworten:

„An Deus sit?" [Existiert Gott?] in Gestalt der Gottesbeweise;
„Quid Deus sit?" [Was ist Gott?] in Gestalt einer Eigenschaftslehre.

- Ausgerechnet dieser erzneuzeitliche Gedanke einer theologia naturalis ist durch die Dogmatische Konstitution „Dei Filius" des I. Vatikanischen Konzils von 1870 zu lehramtlichen Rang gekommen:

[72] „Dieselbe heilige Mutter Kirche hält fest und lehrt, daß Gott, der Ursprung und das Ziel aller Dinge, mit dem natürlichen Licht der menschlichen Vernunft aus den geschaffenen Dingen gewiß [certo!] erkannt werden kann; das Unsichtbare an ihm wird nämlich seit der Erschaffung der Welt durch das, was gemacht ist, mit der Vernunft geschaut *(Röm 1,20)*: jedoch hat es seiner Weisheit und Güte gefallen, auf einem anderen, und zwar übernatürlichen Wege sich selbst und die ewigen Ratschlüsse seines Willens dem Menschengeschlecht zu offenbaren [...]."[83]

Zu den Durchführungsbestimmungen gehört auch:

[73] „Wer sagt, der eine und wahre Gott, unser Schöpfer und Herr, könne nicht durch das, was gemacht ist, mit dem natürlichen Licht der menschlichen Vernunft sicher erkannt werden: der sei mit dem Anathema belegt."[84]

- Die Konzilsaussagen richten sich gegen die nachhegelsche Philosophie, die stark von den Lebensphilosophien Arthur Schopenhauers (1788-1860), Sören Kierkegaards (1813-1855) und Friedrich Nietzsches (1844-

---

[83] DH 3004.
[84] DH 3026.

1900) bestimmt wird (die Werke des Lebensphilosophen und Nicht-Katholiken Henri Bergson (1859-1941) kommen 1914 auf den Index!).

- Diese theologische Legitimierung der theologia naturalis fungiert zugleich strategisch im Kampf gegen den (von Rom erfundenen) „Modernismus" als einer Theologie, die auch aus Erfahrung, Subjektivität und Geschichte schöpft; im „Antimodernisteneid" (1910) heißt es:

[74] „Ich bekenne, daß Gott, der Ursprung und das Ziel aller Dinge, mit dem natürlichen Licht der Vernunft 'durch das, was gemacht ist' *(Röm 1,20)*, das heißt, durch die sichtbaren Werke der Schöpfung, als Ursache vermittels der Wirkungen s i c h e r e r k a n n t und sogar auch bewiesen werden kann."[85]

- Radikale Zurückweisung erfährt die katholisch-neuscholastische Zuspitzung des philosophischen Gottesgedankens durch Karl Barths (1886-1968) „Dialektische Theologie":
    - Ihr gilt Vernunft (also auch Religion) als radikal verderbt;
    - darum besteht auch keine Möglichkeit natürlicher Gotteserkenntnis;
    - heftigste Kritik erfährt deshalb das Programm einer „analogia entis":

[75] „Ich halte die *analogia entis* für die Erfindung des Antichrist und denke, daß man ihretwegen nicht katholisch werden kann. Wobei ich mir zugleich erlaube, alle anderen Gründe, die man haben kann, nicht katholisch zu werden, für kurzsichtig und unernsthaft zu halten."[86]

Gotteserkenntnis gibt es für die „Dialektische Theologie" allein aus Gnade ohne jede natürliche Hinordnung des Menschen auf Offenbarung Gottes (vgl. ⁊Religionsphilosophie).

- Längst vor der theologischen Kritik gibt es auch philosophische Kritik an natürlicher Theologie:
- Kants Grenzziehung in der theoretischen Philosophie erlaubt keine theoretische Gotteserkenntnis und verlagert das Problem in die praktische Vernunft (vgl. unten); die Reaktionen auf Kant verfolgen zwei Optionen:
- in einer Neufassung der Gottesbeweisproblematik in kritischem Bezug auf Kant wird philosophische Theologie weiter für möglich und nötig erachtet, so etwa bei Hegel und Schelling;
- aus einer Bejahung der grundsätzlichen Gottesbeweiskritik werden zwei ganz verschiedene Konsequenzen gezogen:
    - Fichte bestimmt Glaube als die vorreflexive Gewißheit in Gestalt der Überzeugung, moralisch bestimmt zu sein, d.h. der

---

[85] DH 3538.
[86] BARTH, Karl: Die Kirchliche Dogmatik. Die Lehre vom Wort Gottes. Prolegomena zur Kirchlichen Dogmatik. 1. Halbbd. München 1932. Zit. nach Studienausg. Bd. 1. Zürich 1986. VIII-IX.

„Kategorische Imperativ" ist der wahre Glaube, ja ist Gott selbst (vgl. ↗Ethik; Religionsphilosophie);

- Jacobi kommt über die Frage, wie es neben Endlichem Unendliches bzw. Absolutes geben könne, ohne daß sich Absolutes im Endlichen auflöst und Endliches dem Absoluten immanent ist, zu einer unmittelbaren, nicht-deduzierbaren und daher unbeweisbaren Gewißheit von Freiheit und Dasein des lebendigen Gottes als Möglichkeitsbedingung aller deduktiv gewinnbaren Gewißheit (vgl.↗Religionsphilosophie);

- philosophische Theologie gilt Jacobi als weder nötig noch möglich;

- schon mit dem Entstehen der modernen (↗)Religionsphilosophie verliert die theologia naturalis ihre Selbstverständlichkeit.

- Die radikalste Metaphysikkritik des 20. Jahrhunderts erweist sich vor diesem Hintergrund hinsichtlich ihres zentralen Motivs nicht als neu; bei dieser handelt es sich

- nicht um den Neopositivismus bzw. Logischen Empirismus, sofern das Verifikationsprinzip als dessen Grundlage an sich selbst scheitert,
- sondern um Heideggers Vorwurf der Seinsvergessenheit an die gesamte Tradition der Metaphysik, da Sein als höchstes Seiendes gedacht und dieses mit Gott identifiziert werde;
- gegen die onto-theologische Grundstruktur der Metaphysik sucht Heidegger eine Welt- und Selbstbeschreibung, die die ontologische Differenz zwischen Sein und Seiendem berücksichtigt;
- das geschieht bereits im Vorfeld von „Sein und Zeit" (1927), speziell in der „Einleitung in die Phänomenologie der Religion" (1920/21) als eine auf urchristliche Motive, Augustinus und Luther bezogene Kritik der philosophischen Theologie, speziell der Gottesbeweise:

[76] „Oder daß man Dich in billigen Blasphemien zum Objekt von Wesenseinsichten macht – was noch um einige Grade schlimmer ist als die überlegten kritisierten Gottesbeweise – und auf Deine Kosten den religiösen Erneuerer spielt. Es hängt also alles am eigentlichen Hören, am *Wie* der Fragehaltung, des Hörenwollens. Nicht, daß überhaupt nur von Dir herumspekuliert wird in bequemer Neugier. Alle holen dort – von *dorther* sie etwas wollen – Rat, aber nicht immer *hören* sie das, was sie eigentlich wollen. Sie nehmen das, worum sie gerade bemüht sind, als das Eigentliche, ohne Frage, d.h. sie wollen *daraufhin* etwas hören, d.h. im Grunde vermögen sie gar nicht zu hören, sich *offenzuhalten*."[87]

---

[87] HEIDEGGER, Martin: Augustinus und der Neuplatonismus. In: Ders.: Phänomenologie des religiösen Lebens. Frankfurt a.M. 1995. (GA 60). 157-295. Hier 203-204.

- Die Suche nach Vergewisserung über Gott ist nichts anderes als Selbstvergewisserung;
- so aber wird nicht nur Gott, sondern auch das eigene Dasein verfehlt:

[77] „Es wird nicht zu vermeiden sein, daß die Aufdeckung der Phänomenzusammenhänge die Problematik und Begriffsbildung von Grund aus ändert und eigentliche Maßstäbe beistellt für die *Destruktion* der christlichen Theologie und der abendländischen Philosophie."[88]

- Die Neufassung der Seinsfrage wird prinzipiell als Kritik des onto-theologischen Charakters der Metaphysik angesetzt;
- traditionelle Religion und Theologie gelten als ebenso epochal verschlissen wie die philosophische Theologie der metaphysischen Tradition mit ihrem höchsten Seienden qua causa sui:

[78] „[...] Causa sui. So lautet der sachgerechte Name für den Gott in der Philosophie. Zu diesem Gott kann der Mensch weder beten, noch kann er ihm opfern. Vor der Causa sui kann der Mensch weder aus Scheu ins Knie fallen, noch kann er vor diesem Gott musizieren und tanzen.

Demgemäß ist das gott-lose Denken, das den Gott der Philosophie, den Gott der Causa sui preisgeben muß, dem göttlichen Gott vielleicht näher."[89]

Der „göttliche Gott" ist etwas Verborgenes, das in „adventlicher" – möglicherweise erschreckender – Geschichtsmächtigkeit über den Menschen kommt und nur gehorsam angenommen werden kann.

- Fazit: Die philosophische Theologie ist theologisch wie philosophisch zwischen einer Fundamentalfunktion und einem radikalen Einspruch gegen ihre schiere Möglichkeit verortet; im Zentrum beide Male: das Thema „Gottesbeweis".

6.2 Anspruch und Funktion von „Gottesbeweisen"

- Zum Begriff „Gottesbeweis":
  - Beweis im weiteren Sinn meint die strenge Begründung einer Behauptung;
  - Beweis im engeren Sinn meint einen gültigen Schluß;
    - gemäß dem Gödelschen Unvollständigkeitssatz (Kurt Gödel, 1906-1978) kann kein formales System mit seinen eigenen formalen Mitteln seine Widerspruchsfreiheit beweisen;

---

[88] HEIDEGGER: Einleitung in die Phänomenologie der Religion. In: Ders.: Phänomenologie des religiöses Lebens. Frankfurt a.M. 1995 (GA 60). 1-156. Hier 135.
[89] HEIDEGGER, Martin: Identität und Differenz. Pfullingen ²1957. 70-71.

- der Begriff des Beweises geht nicht mit den Ideen der Lückenlosigkeit, der absoluten Voraussetzungslosigkeit und letzten Erzwingbarkeit einher;
- Gottesbeweise sind durch ihren spezifischen Sachbereich strukturierte Argumentationsformen mit bestimmten Voraussetzungen;
  die fundamentalste Voraussetzung besteht nach Thomas von Aquin darin, daß die Existenz Gottes nicht durch sich bekannt ist, da sonst die Nicht-Existenz Gottes nicht denkbar wäre:

[79] „Etwas kann 'selbst-verständlich' sein in doppelter Weise: einmal so, daß es zwar in sich selbst-verständlich ist, aber nicht für uns; ein zweites Mal so, daß es auch für uns selbst-verständlich ist. Ein Satz ist nämlich dann von selbst einleuchtend, also selbst-verständlich, wenn das Prädikat im Begriff des Subjektes eingeschlossen ist, wie z.B. in dem Satz: Der Mensch ist ein Sinnenwesen. Denn das Prädikat 'Sinnenwesen' ist in dem Begriff 'Mensch' notwendig enthalten. Wenn nun alle wissen, was mit dem Prädikat und dem Subjekt im Satz gemeint ist, dann ist auch die Wahrheit des Satzes allen von selbst einleuchtend. [...] An sich also ist der Satz: Es gibt einen Gott – von selbst einleuchtend, also selbst-verständlich, denn es wird später gezeigt werden, daß Subjekt und Prädikat dieses Satzes eins sind: Gott nämlich ist sein Dasein. Weil aber wir nicht wissen, was Gott ist, so ist der Satz vom Dasein Gottes für uns nicht selbst-verständlich, muß vielmehr bewiesen werden [demonstrari] aus den Wirkungen Gottes.[90]

- Im Gottesbeweis geht es nicht um die Aufdeckung von völlig Neuem oder um die Widerlegung einer Gottesbestreitung;
- ein Gottesbeweis
  - benennt Gründe für das Recht und die Vernunftgemäßheit der Annahme der Gottesexistenz in schlußfolgernder Form;
  - entfaltet die intellektuelle Plausibilität einer bereits gegebenen prädiskursiven oder intuitiv oder emotional fundierten Gewißheit;
  - dient der reflexiven Selbstvergewisserung von Glaubenden;
  - ersetzt nicht die Option für eine religiöse Welt- und Selbstbeschreibung;
  - unterstellt nicht die Irreligiosität oder Dummheit derer, die ihn bestreiten;
- diese Relevanzbeschränkung der Gottesbeweise mindert nicht ihr Gewicht, im Gegenteil:
  - sie dienen der Selbstverständigung in der Perspektive intellektueller Redlichkeit;
  - diese reflexive Selbstvergewisserung ist zugleich für den Disput zwischen Glaubenden und Nicht-Glaubenden im Sin-

---

[90] THOMAS VON AQUIN: Summa theologiae I, 2, 1 c. In: Die deutsche Thomas-Ausgabe. Übers. von Dominikanern und Benediktinern Deutschlands und Österreichs. Vollst., ungekürzte dt.-lat. Ausgabe d. Summa theologica. Bd. 1: Gottes Dasein und Wesen. 37. Graz; Wien; Köln o.J.

ne einer lokalisierbaren Markierung eigener Positionen von Belang:

> Wechselseitiges Sich-Ernst-Nehmen im Disput geschieht durch das Offenlegen der Standpunkte als Möglichkeitsbedingung wirklicher Kommunikation (vgl. ↗Letztbegründung).

- Dieses systematische Gewicht spiegelt sich in bis heute anhaltenden Diskussionen
    - über die klassischen Argumente, die zugleich als Testfall zur Bestimmung der Leistungsfähigkeit von Vernunft fungieren;
    - über neue – besonders naturwissenschaftlich gestützte – Argumente.

Am wenigsten scheint sich derzeit die Theologie (zu ihrem Schaden) für die einschlägigen Reflexionsgänge zu interessieren.

Testfragen:

1. *In welchem Sinn erscheint der Übergang von der Ontologie zur philosophischen Gottesfrage selbstverständlich, in welchem Sinn aber gerade nicht?*
2. *Warum und in welcher Form kommt neuzeitlich das Phänomen einer als Disziplin verstandenen philosophischen Gotteslehre („theologia naturalis") auf und warum erhält diese eine regelrechte amtlich-katholische Legitimation?*
3. *Welche Wirkungsgeschichte löst diese kirchenamtliche Rezeption innerkatholisch wie gleichermaßen interkonfessionell aus? Worum wird dabei jeweils gestritten?*
4. *Welcher philosophischen Kritik unterliegt die philosophische Theologie von Beginn ihres Aufkommens an? Was folgt daraus?*
5. *Welche Form gewinnt diese Kritik durch den radikalsten Metaphysik-Kritiker des 20. Jahrhunderts? Was tritt innerhalb dieser Konzeption an die Stelle der herkömmlichen philosophischen Theologie?*
6. *Was sind Gottesbeweise – und was sind sie nicht?*
7. *Welche Funktion erfüllen „Gottesbeweise" im richtig verstandenen Sinn? Worin besteht ihre systematische Relevanz?*

7. Der Gang der klassischen Argumentfiguren

§ 77 Vor dem Hintergrund zahlreicher Vorformen haben sich sieben Haupttypen von Gottesbeweisen herausgebildet, von denen einer bleibend mit dem Namen Anselms von Canterbury, fünf mit dem des Thomas von Aquin und einer mit demjenigen Kants verbunden ist. Das Anselmsche Argument war im Mittelalter keineswegs das wichtigste, der Kantische steht im Kontext der radikalen Zurückweisung der vorhergehenden Argumente von Anselm und Thomas.

- Als erster scheint Sokrates einen einschlägigen Gedanken breiter entfaltet zu haben:
[80] „Und besonders das göttliche Wesen, welches den ganzen Kosmos mit all seinem Schönen und Guten ordnet und zusammenhält und alles trotz ständiger Nutzung unversehrt und gesund und unvergänglich darbietet und schneller als der Gedanke fehlerlos dienen läßt, dieses göttliche Wesen tritt wohl durch seine gewaltigen Werke in Erscheinung, es bleibt aber selbst bei diesem seinem Schaffen für uns unsichtbar."[91]

- Beweisthema im ausdrücklichen Sinn wird das Dasein der Götter erstmals bei Platon:
    - In den „Nomoi" („Gesetze")[92] fungiert die Denkfigur des Gottesbeweises als Fundament des Staatswesens;
    - sofern es sich dabei um Argument zur Vermeidung eines regressus in infinitum handelt, liegt darin bereits

- das Rückgrat der Argumentationsform des Aristotelischen Gottesbeweises vor (vgl. oben);
- im Christentum muß das Denken eines Absoluten mit Zügen des Personalen aus biblischen Traditionen verknüpft werden;
- in der weiteren Wirkungsgeschichte kommt es zu drei paradigmatischen Verdichtungen der Gottesbeweisproblematik bei
    - Anselm von Canterbury im 11. Jahrhundert,
    - Thomas von Aquin im 13. Jahrhundert,
    - Immanuel Kant im 17. Jahrhundert.

---

[91] XENOPHON: Erinnerungen an Sokrates. Griech.-Dt. Ed. Peter Jaerisch. München ²1977. IV,3,13.
[92] Vgl. PLATON: Gesetze. In: Ders.: Werke in acht Bänden. Griech.-Dt. Hrsg. von Gunther Eigler. Dt. Übers. von Klaus Schöpsdau. Bd. 8 I/II. Darmstadt 1990.

7.1 Argumenttypen

- Historischer bzw. ethnologischer Gottesbeweis:
Eine klassische Formulierung findet sich bei Cicero (106 - 43 v. Chr.):
[81] „Es gibt kein Volk, das so wild, und niemanden unter allen, der so roh wäre, daß er in seinem Geist nicht einen Gedanken an die Götter trüge – viele meinen über die Götter Verkehrtes (das aber pflegt aus einem schlechten Lebenswandel zu rühren) – dennoch glauben alle, daß es eine göttliche Kraft und Natur gibt; das bewirkt aber nicht eine Verabredung oder ein Konsens unter den Menschen, und auch wird die Annahme nicht durch Einrichtungen oder Gesetze in Geltung gesetzt; die Übereinstimmung aller Völker in der ganzen Sache muß [darum] für ein Naturgesetz genommen werden."[93]

In der mittelalterlichen Philosophie spielt das Argument keine Rolle; aus heutiger erkenntnistheoretischer Sicht eignet ihm gleichwohl Relevanz.
Um es mit Wittgenstein zu sagen:
[82] „Für einen Fehler ist das einfach zu enorm."[94]

Natürlich bleibt das Argument sachlogisch gesehen schwach:
- Es ist rein induktiv;
- es operiert mit einem unspezifischen Gottesbegriff;
- es bietet keinen Gottesbeweis im strengen Sinn.

- Axiologischer bzw. eudämonologischer Gottesbeweis:
   - Ausgangspunkt ist das Wertstreben des menschlichen Lebens;
   - wenn diese Fundamentaltendenz des Daseins angesichts der Endlichkeit der innerweltlichen Werte nicht absurd sein soll, muß die Existenz eines höchsten Wertes angenommen werden;
   - eudämonologisch ist das Argument, wenn das Streben als Glückseligkeitsstreben gefaßt wird;
   - die Grundform des Arguments findet sich in Platons „Symposion", ähnlich bei Plotin, bei Thomas und bei Joseph Maréchal (vgl. ↗ Religionsphilosophie).

- Noetischer, ideologischer bzw. nomologischer Gottesbeweis:
   - Grundgelegt wird das mit dem Wahrheitsbegriff operierende Argument von Augustinus:
      - Vernunft ist das höchste Seiende, aber immer noch wandelbar;
      - darum muß über ihr eine unwandelbare, ewige Wahrheit stehen, die Gott ist oder über der ihrerseits Gott steht;

---

[93] CICERO, Marcus Tullius: Gespräche in Tusculum. I, 30. Lat./Dt. Mit ausführlichen Anmerkungen neu hrsg. von Olof Gigon. München ⁶1992. 34. [Übers. K. Müller].

[94] WITTGENSTEIN, Ludwig: Vorlesungen und Gespräche über Ästhetik, Psychologie und Religion. Hrsg. von Cyrill Barrett. Übers. und eingel. von Eberhard Bubser. Göttingen 1968. 98-99.

- andernfalls könnten der Vernunft keine zeitlosen, allgemeinverbindlichen Gesetze begegnen.
- Eine ähnliche Denkfigur entfaltet Leibniz, den sogenannten „Gottesbeweis aus den Möglichkeiten": Ewige Wahrheiten rühren von idealen Gegenständen in Gestalt von Wesenheiten und Möglichkeiten her und werden von Gott als ihrem Grund her begriffen.

- Stufenbeweis in Anselms „Monologion" und dann bei Thomas von Aquin:
  - Alles Wahrsein, Gutsein, Großsein etc. tritt in Stufen auf;
  - darum muß es auch ein höchstes Wahres, Gutes, Großes etc. geben.

- Kosmologische Argumente bilden eine ganze Typengruppe:
  - Platon und Aristoteles begründen das Argument, Thomas formuliert die klassische Version (vgl. unten):
  - Leitbegriffe sind „Anfang", „Kausalität" und „Kontingenz";
  - Ende des 19. Jahrhunderts wurde der entropologische Gottesbeweis als Variante des kosmologischen Beweises mit dem Entropiesatz als Basis formuliert.
    Allerdings ist die Anwendbarkeit des Entropiesatzes auf das Ganze der Welt umstritten.

- Teleologisches bzw. physikotheologisches Argument:
  Zweckmäßigkeiten und Zielorientierungen in der Natur verlangen die Annahme einer lenkenden Instanz.

- „Ontologisches" Argument Anselms von Canterbury (wie die beiden vorausgehenden wiederum von Kant so bezeichnet):
  Das Argument geht gegenüber den anderen Wegen rein begriffsanalytisch vor (vgl. unten).
  Mit dem kosmologischen, dem teleologischen (physikotheologischen) und dem ontologischen Argument sind die spekulativ möglichen Gottesbeweise vollständig benannt:

[83] „Alle Wege, die man in dieser Absicht einschlagen mag, fangen entweder von der bestimmten Erfahrung und der dadurch erkannten besonderen Beschaffenheit unserer Sinnenwelt an, und steigen von ihr nach Gesetzen der Kausalität bis zur höchsten Ursache außer der Welt hinauf; oder sie legen nur unbestimmte Erfahrung, d.i. irgend ein Dasein, empirisch zum Grunde; oder sie abstrahieren endlich von aller Erfahrung, und schließen gänzlich apriori aus bloßen Begriffen auf das Dasein einer höchsten Ursache. Der erste Beweis ist der physikotheologische, der zweite der kosmologische, der dritte der ontologische Beweis. Mehr gibt es ihrer nicht, und mehr kann es auch nicht geben."[95]

---

[95] KANT: Kritik der reinen Vernunft. B 618-619, A 590-591.

- Begründet ist das für Kant in einer fortschreitenden Einschachtelung des kosmologischen Arguments im teleologischen und des ontologischen im kosmologischen (vgl. unten);
- für Kant selbst bleibt einzig ein:

- Deontologischer, ethikotheologischer bzw. moralischer Gottesbeweis:
  Um der Vernünftigkeit moralischen Handelns willen bedarf es der Annahme der Existenz Gottes.

7.2 Die „quinque viae" des Aquinaten

- Thomas' einschlägiges Lehrstück gehört zu den prominentesten Texten der okzidentalen Philosophie. Die „prima via" (erster Weg) lautet:

[84] „Fünf Wege gibt es, das Dasein Gottes zu beweisen. Der erste und nächstliegende geht von der Bewegung aus. Es ist eine sichere, durch das Zeugnis der Sinne zuverlässig verbürgte Tatsache, daß es in der Welt Bewegung gibt. Alles aber, was in Bewegung ist, wird von einem anderen bewegt. Denn in Bewegung sein kann etwas nur, sofern es unterwegs ist zum Ziel der Bewegung. Bewegen aber kann etwas nur, sofern es irgendwie schon im Ziel steht. Bewegen (im weitesten Sinne) heißt nämlich nichts anderes als: ein Ding aus seinen Möglichkeiten überführen in die entsprechenden Wirklichkeiten. Das kann aber nur geschehen durch ein Sein, das bereits in der entsprechenden Wirklichkeit steht. So bewirkt z. B. etwas 'tatsächlich' Glühendes wie das Feuer, daß ein anderes z. B. das Holz, zu dessen Möglichkeiten es gehört, glühend zu werden, nun 'in der Tat' glühend wird. Das Feuer also 'bewegt' das Holz und verändert es dadurch. Es ist aber nicht möglich, daß ein und dasselbe Ding in bezug auf dieselbe Seinsvollkommenheit 'schon' ist und zugleich 'noch nicht' ist, was es sein könnte. Möglich ist das nur in bezug auf verschiedene Seinsformen oder Seinsvollkommenheiten. Was z. B. in Wirklichkeit heiß ist, kann nicht zugleich dem bloßen Vermögen nach heiß sein, sondern ist dem Vermögen nach kalt. Ebenso ist es unmöglich, daß ein und dasselbe Ding in bezug auf dasselbe Sein in einer und derselben Bewegung zugleich bewegend und bewegt sei oder – was dasselbe ist –: es ist unmöglich, daß etwas (in diesem strengen Sinne) sich selbst bewegt. Also muß alles, was in Bewegung ist, von einem anderen bewegt sein. – Wenn demnach das, wovon etwas seine Bewegung erhält, selbst auch in Bewegung ist, so muß auch dieses wieder von einem anderen bewegt sein, und dieses andere wieder von einem anderen. Das kann aber unmöglich so ins Unendliche fortgehen, da wir dann kein erstes Bewegendes und infolgedessen überhaupt kein Bewegendes hätten. Denn die späteren Beweger bewegen ja nur in Kraft des ersten Bewegers, wie der Stock nur insoweit bewegen kann, als er bewegt ist von der Hand. Wir müssen also unbedingt zu einem ersten Bewegenden kommen, das von keinem bewegt ist. Dieses erste Bewegende aber meinen alle, wenn sie von 'Gott' sprechen."[96]

- Es handelt sich um ein klassisches Schlußverfahren:
  - Ausgangspunkt ist das empirische Datum der Bewegung, das zwei Prämissen einschließt:

---

[96] THOMAS VON AQUIN: S.th. I,q2 a3 c.

- Das Kausalprinzip (vgl. oben);
- die Vermeidung eines regressus in infinitum (sonst würde Bewegung gleichsam verpuffen bzw. zerdacht werden);
- daraus resultiert als conclusio die Notwendigkeit eines unbewegt Bewegenden;
- diese Konklusion wird abschließend theologisch interpretiert;

- das Argument ist über die semantische Ebene in eine theologische Intention eingebettet:
  - die metaphysische Konklusion wird in den üblichen Sprachgebrauch zurückgestellt;
  - „quinque viae" sind zu verstehen als philosophische Meditationen eines Glaubenden über den Glauben;
  - für den Ausdruck „Gott" im Urteil „Gott existiert" läßt sich ein wohlbestimmter Sinn angeben.

- Probleme der „prima via"[97]:
  - Das Kausalprinzip ist für neuzeitliche Wissenschaft irrelevant, der Gedanke eines unbewegten Bewegers überflüssig;
  - das Faktum des Bösen – verdichtet in der Theodizee-Frage – erfährt im Horizont der „prima via" eine unzureichende Behandlung durch die Antwort, das Übel sei von Gott zugelassen, um durch es Gutes zu wirken;
  - die Wahrnehmung der Bewegung ist bei Thomas ein objektives Datum, die interpretative, erfahrungskonstituierende Beteiligung des erkennenden Subjekts findet keine Berücksichtigung.

- Die „secunda via":
[85] „Der zweite Weg geht vom Gedanken der Wirkursache aus. Wir stellen nämlich fest, daß es in der sichtbaren Welt eine Über- und Unterordnung von Wirkursachen gibt; dabei ist es niemals festgestellt worden und ist auch nicht möglich, daß etwas seine eigene Wirk- oder Entstehungsursache ist. Denn dann müßte es sich selbst im Sein vorausgehen, und das ist unmöglich. Es ist aber ebenso unmöglich, in der Über- und Unterordnung von Wirkursachen ins Unendliche zu gehen, sowohl nach oben als nach unten. Denn in dieser Ordnung von Wirkursachen ist das Erste die Ursache des Mittleren und das Mittlere die Ursache des Letzten, ob nun viele Zwischenglieder sind oder nur eines. Mit der Ursache aber fällt auch die Wirkung. Gibt es also kein Erstes in dieser Ordnung, dann kann es auch kein Letztes oder Mittleres geben. Lassen wir die Reihe der Ursachen aber ins Unendliche gehen, dann kommen wir nie an eine erste Ursache und so werden wir weder eine letzte Wirkung noch Mittel-Ursachen haben.

---

[97] Vgl. dazu auch VERWEYEN, Hansjürgen: Gottes letztes Wort. Grundriß der Fundamentaltheologie. Regensburg ³2000. 73-109. [Künftig zitiert: VERWEYEN: Gottes letztes Wort.]

Das widerspricht aber den offenbaren Tatsachen. Wir müssen also notwendig eine erste Wirk- oder Entstehungsursache annehmen: und die wird von allen 'Gott' genannt."[98]

>Dies ist das einzige Argument ohne prominente philosophische Vorformen;
>
>systematischer Anlaß für die Unterscheidung zwischen prima und secunda via:
>> - Der Bewegungsbegriff der prima via bezieht sich auf Akzidenzien;
>> - der Begriff der Wirkursache (secunda via) bezieht sich auf Substanzen.

- Die „tertia via":

[86] „Der dritte Weg geht aus von dem Unterschied des bloß möglichen und des notwendigen Sein. Wir stellen wieder fest, daß es unter den Dingen solche gibt, die geradesogut sein wie auch nicht sein können. Darunter fällt alles, was dem Entstehen und Vergehen unterworfen ist. Es ist aber unmöglich, daß die Dinge dieserart immer sind oder gewesen sind; denn das, was möglicherweise nicht ist, ist irgendwann einmal auch tatsächlich nicht da oder nicht da gewesen. Wenn es also für alle Dinge gelten würde, daß sie möglicherweise nicht da sind oder nicht da gewesen sind, dann muß es eine Zeit gegeben haben, wo überhaupt nichts war. Wenn aber das wahr wäre, könnte auch heute nichts sein. Denn was nicht ist, fängt nur an zu sein durch etwas, was bereits ist. Gab es aber überhaupt kein Sein, dann war es auch unmöglich, daß etwas anfing zu sein, und so wäre auch heute noch nichts da, und das ist offenbar falsch. Also kann nicht alles in den Bereich jener Dinge gehören, die (selbst, nachdem sie sind) geradesogut auch nicht sein können; sondern es muß etwas geben unter den Dingen, das notwendig (d. h. ohne die Möglichkeit des Nichtseins) ist. Alles notwendige Sein aber hat den Grund seiner Notwendigkeit entweder in einem anderen oder nicht in einem anderen (sondern in sich selbst). In der Ordnung der notwendigen Wesen, die den Grund ihrer Notwendigkeit in einem anderen haben, können wir nun aber nicht ins Unendliche gehen, sowenig wie bei den Wirkursachen. Wir müssen also ein Sein annehmen, das durch sich notwendig ist und das den Grund seiner Notwendigkeit nicht in einem anderen Sein hat, das vielmehr selbst der Grund für die Notwendigkeit aller anderen notwendigen Wesen ist. Dieses notwendige Sein aber wird von allen 'Gott' genannt."[99]

>- Vordenker waren Parmenides, Platon, Aristoteles, Plotin;
>- als Gottesbeweis formuliert wurde das Argument bereits von Moses ben Maimon (1135-1204);
>- nach Thomas greifen es Leibniz, Wolff und Moses Mendelssohn (1729-1786) auf;
>- gewonnen ist das Argument aus der dialektischen Logik von Sein und Nichtsein (wenn überhaupt etwas ist, muß etwas notwendig existieren, weil alles Nicht-Notwendige einmal nicht war, also ohne ein Notwendiges auch jetzt nichts wäre;

---

[98] THOMAS VON AQUIN: S.th. I, q2 a3 c.
[99] THOMAS VON AQUIN: S.th. I, q2 a3 c.

deutlich erkennbar wird dabei der Zusammenhang mit dem ontologischen Argument.

- Die „quarta via":
[87] „Der vierte Weg geht aus von den Seins- (= Wert-) Stufen, die wir in den Dingen finden. Wir stellen nämlich fest, daß das eine mehr oder weniger gut, wahr, edel ist als das andere. Ein Mehr oder Weniger wird aber von verschiedenen Dingen nur insofern ausgesagt, als diese sich in verschiedenem Grade einem Höchsten nähern. So ist dasjenige wärmer, was dem höchsten Grad der Wärme näher kommt als ein anderes. Es gibt also etwas, das 'höchst' wahr, 'höchst' gut, 'höchst' edel und damit im höchsten Grade 'Sein' ist. Denn nach Aristoteles ist das 'höchst' Wahre auch das 'höchst' Wirkliche. Was aber innerhalb einer Gattung das Wesen der Gattung am reinsten verkörpert, das ist Ursache alles dessen, was zur Gattung gehört, wie z. B. das Feuer nach Aristoteles als das 'zuhöchst' Warme die Ursache aller warmen Dinge ist. So muß es auch etwas geben, das für alle Wesen Ursache ihres Seins, ihres Gutseins und jedweder ihrer Seinsvollkommenheiten ist: und dieses nennen wir 'Gott'."[100]
- Ausgearbeitet ist der Stufengedanke bereits in Anselms „Monologion";
- die Abhängigkeit vom Partizipationsgedanken, den Aristoteles kritisiert hatte, liegt auf der Hand.

- Die „quinta via":
[88] „Der fünfte Weg geht aus von der Weltordnung. Wir stellen fest, daß unter den Dingen manche, die keine Erkenntnis haben, wie z. B. die Naturkörper, dennoch auf ein festes Ziel hin tätig sind. Das zeigt sich darin, daß sie immer oder doch in der Regel in der gleichen Weise tätig sind und stets das Beste erreichen. Das beweist aber, daß sie nicht zufällig, sondern irgendwie absichtlich ihr Ziel erreichen. Die vernunftlosen Wesen sind aber nur insofern absichtlich, d. h. auf ein Ziel hin tätig, als sie von einem erkennenden geistigen Wesen auf ein Ziel hingeordnet sind, wie der Pfeil vom Schützen. Es muß also ein geistig-erkennendes Wesen geben, von dem alle Naturdinge auf ihr Ziel hingeordnet werden: und dieses nennen wir 'Gott'."[101]
- Vorformen dieser teleologischen Argumentation finden sich bei Platon, Aristoteles, Stoa;
- eine andere (anspruchsvollere, obwohl frühere) Version bei Thomas selbst lautet:
[89] „Es ist unmöglich, daß sich Gegensätzliches und Unstimmiges immer und öfter zu einer einzigen Ordnung zusammenfinden, es sei denn durch jemandes Lenkung, von der aus allem und jedem zugewiesen wird, daß es sich auf ein bestimmtes Ziel richten soll."[102]
Die teleologische Argumentation hat auch Kant stark beeindruckt:
[90] „[...] muß man doch gestehen, daß, wenn wir einmal eine Ursache nennen sollen, wir hier nicht sicherer, als nach der Analogie mit dergleichen zweckmäßigen Erzeugungen, die die einzigen sind, wovon uns die Ursachen und Wirkungsart völlig bekannt sind, verfahren können. Die Vernunft würde es bei sich selbst nicht verantworten können, wenn sie von der Kau-

---

[100] THOMAS VON AQUIN: S.th. I, q2 a3 c.
[101] THOMAS VON AQUIN: S. th. I, q2 a3 c.
[102] THOMAS VON AQUIN: ScG I, 13.

salität, die sie kennt, zu dunkeln und unerweislichen Erklärungsgründen, die sie nicht kennt, übergehen wollte."[103]

Noch in der Schlußbemerkung der „Kritik der praktischen Vernunft" hallt der Teleologiegedanke wider:

[91] „Zwei Dinge erfüllen das Gemüt mit immer neuer und zunehmenden Bewunderung und Ehrfurcht, je öfter und anhaltender sich das Nachdenken damit beschäftigt: Der bestirnte Himmel über mir, und das moralische Gesetz in mir. Beide darf ich nicht als in Dunkelheiten verhüllt, oder im Überschwenglichen, außer meinem Gesichtskreise, suchen und bloß vermuten; ich sehe sie vor mir und verknüpfe sie unmittelbar mit dem Bewußtsein meiner Existenz."[104]

-Darwins Naturalisierung des teleologischen Gedankens erzeugt die heutigen Probleme mit dem Argument und läßt Thomas und Kant einander eigenartig nahekommen;

- gleichwohl sind die Differenzen zwischen den klassischen Argumenten und Kant fundamental.

7.3 Das ontologische Argument

§78 Anselms Argument hat seine eigentliche Pointe nicht im Übergang vom Begriff zum Sein Gottes, sondern in der Unmöglichkeit, unter Annahme der Prämissen die Nicht-Existenz Gottes überhaupt konsistent zu denken. Die triftigste Kritik des Arguments stammt nicht (wie gemeinhin unterstellt) von Kant, sondern von Thomas von Aquin; auch zeitgenössische Philosophie beschäftigt der Gedanke.

- Anselm von Canterbury formuliert im „Proslogion":

[92] „So gib mir nun, o Herr, der Du dem Glauben auch die Einsicht verleihst, gib mir, so weit Du es als zuträglich weißt, die Erkenntnis des Verstandes, daß Du bist, wie wir glauben, und daß Du das bist, was wir glauben. Wir glauben aber von Dir, daß über Dich hinaus Größeres nicht gedacht werden kann. Oder gibt es etwa kein solches Wesen, weil der Tor in seinem Herzen spricht: es ist kein Gott? Aber selbst dieser Tor versteht meine Worte, wenn ich sage: etwas, worüber hinaus Größeres nicht gedacht werden kann; und was er versteht, ist in seinem Erkennen, auch wenn er nicht versteht, daß es dieses Etwas wirklich gibt. Es ist zweierlei, ob eine Sache im Erkennen sei, oder ob erkannt werde, daß die Sache (in Wirklichkeit da) sei. Wenn ein Maler sich ein Bild ausdenkt, so hat er dieses in seinem Denken, aber er kann es nicht als daseiend erkennen, da er es noch nicht gemacht hat. Hat er es aber gemalt, so hat er es sowohl in seinem Denken als auch erkennt er, daß das von ihm Gemachte (wirklich da) sei. Also wird auch der Tor davon überzeugt sein, daß es wenigstens in seinem Denken etwas gebe, worüber hinaus Größeres nicht gedacht werden kann; denn er versteht, was er hört, und alles, was verstanden wird, ist im Verstande. Aber das, worüber hinaus Größeres nicht gedacht werden kann, kann nicht nur im Denken sein. Ist es nämlich nur in unserem Denken, so kann man sich es auch als wirklich seiend vorstellen; das aber ist mehr (als bloß in

---

[103] KANT: Kritik der reinen Vernunft. B 654, A 626.
[104] KANT: Kritik der praktischen Vernunft. A 289.

Gedanken wirklich sein). Wenn also das, worüber hinaus Größeres nicht gedacht werden kann, nur im Denken ist, so ist eben das, worüber hinaus Größeres nicht gedacht werden kann, etwas, über das hinaus etwas Größeres denkbar ist. Dies ist aber offenkundig unmöglich. Daher ist zweifellos etwas, worüber hinaus Größeres nicht gedacht werden kann, sowohl dem Denken als der Sache nach wirklich."[105]

- Zwei Voraussetzungen kommen dabei ins Spiel:
    - Glaubender und Nichtglaubender bewegen sich auf einer gemeinsamen Kommunikationsebene;
    - über den Anselmischen Gottesbegriff („worüber hinaus Größeres nicht gedacht werden kann) besteht Konsens.

- Die entscheidenden Argumentations-Schritte:
    - Begriffliches und wirkliches Sein sind verschieden, wirkliches Sein ist „mehr";
    - darum muß etwas existieren, über das hinaus Größeres nicht gedacht werden kann, denn:
    - dessen Nichtexistenz hieße, daß doch noch ein größeres „Worüber-hinaus-Größeres-nicht-gedacht-werden-kann" möglich ist.

    Die Leugnung der Existenz dessen, worüber hinaus Größeres nicht gedacht werden kann, ist ein in der Unvollständigkeit des Gedankenganges wurzelnder Widerspruch.

- Schon Gaunilo (11. Jh.) kritisiert das Argument
    - anhand des Beispiels einer wunderbarsten Insel, die sich denken ließe, aber verlorengegangen sei,
    - und wirft Anselm damit einen Sprung von der logischen auf die ontologische Ebene vor. Anselms Antwort:

[93] „Voller Zuversicht sage ich: Wenn mir jemand außer dem, *über das hinaus Größeres nicht gedacht werden kann*, etwas ausfindig macht, das entweder der Wirklichkeit selbst oder allein dem Denken nach existiert und auf das er die Gedankenverknüpfung dieses meines Beweisganges treffend applizieren könnte, werde ich die verschwundene Insel finden und sie ihm schenken, auf daß sie nicht mehr verschwinde."[106]

---

[105] ANSELM VON CANTERBURY: Proslogion. In: Ders.: Monologion. Proslogion. Die Vernunft und das Dasein Gottes. Lat./Dt. Übersetzt, eingeleitet und erläutert von Rudolf Allers. Köln 1966. 191-243. Hier 204-205. [Künftig zitiert: ANSELM: Proslogion.]
[106] ANSELM VON CANTERBURY: Quid ad haec respondeat editor ipsius libelli. Was der Verfasser dieser kleinen Schrift darauf erwidern könnte. In: Kann Gottes Nicht-Sein gedacht werden? Die Kontroverse zwischen Anselm von Canterbury und Gaunilo von Marmoutiers. Lat./Dt. Übers., erl. und hrsg. von Burkhard Mojsisch. Mit einer Einleitung von Kurt Flasch. Kempten 1989. 82-125. Hier 95-97.

- Die Kritik von Thomas,
    - nicht alle verstünden unter der Bezeichnung „Gott" das, worüber hinaus Größeres nicht gedacht werden könne, bewegt sich noch auf religionsphilosophischer Ebene (die Anselm aber geklärt hatte);
    - die eigentliche Kritik des Aquinaten (vgl. unten) kommt pointiert vor dem Hintergrund der Kritik Kants zur Geltung:

- Kants Kritik orientiert sich an Fassung des Arguments bei René Descartes (1596-1650):
    - Deren Hintergrund bildet das „ego cogito, ego sum", das als Resultat der Grundlagenkrise der Tradition entsteht und einen neuen Gewißheitsboden vermittelt (vgl. ↗Religionsphilosophie):

[94] „ Und so komme ich, nachdem ich nun alles mehr als genug hin und her erwogen habe, schließlich zu der Feststellung, daß dieser Satz 'ich bin, ich existiere', sooft ich ihn ausspreche oder in Gedanken fasse, notwendig wahr ist."[107]

    - Aus einem bestimmten Gedanken folgt das Sein des Gedachten;
    - dabei sind das „ego cogito, ego sum" und die Idee Gottes transzendental verflochten:
        - die Vorstellung von Gott kann nicht aus mir selbst als einem Unvollkommenen kommen;
        - sie kann nur durch Einwirkung des realen Vollkommenen in mich gelangt sein;
        - nur kraft der Idee des Unendlichen/Vollkommenen gewahrt das Subjekt seine Mangelstruktur:

[95] „Auch darf ich nicht glauben, ich begriffe das Unendliche nicht in einer wahrhaften Vorstellung, sondern nur durch Verneinung des Endlichen, so wie ich Ruhe und Dunkelheit durch Verneinung von Bewegung und Licht begreife. Denn ganz im Gegenteil sehe ich offenbar ein, daß mehr Sachgehalt in der unendlichen Substanz als in der endlichen enthalten ist und daß demnach der Begriff des Unendlichen dem des Endlichen, d.i. der Gottes dem meiner selbst gewissermaßen vorhergeht. Wie sollte ich sonst auch begreifen können, daß ich zweifle, daß ich etwas wünsche, d.i. daß mir etwas mangelt und ich nicht ganz vollkommen bin, wenn gar keine Vorstellung von einem vollkommeneren Wesen in mir wäre, womit ich mich vergleiche und so meine Mängel erkenne?"[108]

    - Der Geltungsanspruch des Ich-Gedankens wird durch Rückbezug auf den seinerseits transzendentallogisch aus dem Ich erschlossenen Begriff des Unendlichen gesichert;
    - kosmologisches und ontologisches Argument werden dabei zusammengeführt;
    - das Ineinander von Ich und Gott wird als Gleichnis bestimmt

[96] „Es ist auch gar nicht zu verwundern, daß Gott mir, als er mich schuf, diese Vorstellung eingepflanzt hat, damit sie gleichsam das Zeichen sei, mit dem der Künstler sein Werk signiert.

---

[107] DESCARTES: Meditationes. II, 3.
[108] DESCARTES: Meditationes. III, 24.

Übrigens braucht dieses Zeichen gar nicht etwas von dem Werke selbst Verschiedenes zu sein, sondern einzig und allein daher, daß Gott mich geschaffen hat, ist es ganz glaubhaft, daß ich gewissermaßen nach seinem Bilde und seinem Gleichnis geschaffen bin und daß dieses Gleichnis – in dem die Idee Gottes steckt – von mir durch dieselbe Fähigkeit erfaßt wird, durch ich mich selbst erfasse."[109]

- In der „Meditatio" V wird die Gewißheit des Wissens um das Sein Gottes nochmals eigens analysiert:
    - Die Vorstellung von Gott als einem höchsten vollkommenen Wesen umfaßt notwendig dessen Existenz mit, sofern nur so Vollkommenheit gewährleistet ist;
    - im Unterschied zum „Berg-Tal"-Beispiel (das eine ist ohne das andere nicht denkbar) gilt:

[97] „Doch nein! Hier liegt der Trugschluß; denn daraus, daß ich den Berg nicht ohne Tal denken kann, folgt allerdings nicht, daß Berg und Tal irgendwo existieren, sondern nur, daß Berg und Tal, sie mögen nun existieren oder auch nicht existieren, voneinander nicht getrennt werden können. Dagegen folgt daraus, daß ich Gott nur als existierend denken kann, daß das Dasein von Gott untrennbar ist und demnach, daß er in Wahrheit existiert,– nicht als ob mein Denken das bewirkte, oder ob es irgendeiner Sache eine Notwendigkeit auferlegte, sondern im Gegenteil deshalb, weil die Notwendigkeit der Sache selbst, nämlich des Daseins Gottes, mich zu diesem Gedanken bestimmt. Denn es steht mir nicht frei, Gott ohne Dasein – d.h. das vollkommenste Wesen ohne höchste Vollkommenheit – zu denken, wie es mir freisteht, mir ein Pferd mit oder ohne Flügel vorzustellen."[110]

In Antworten Descartes' auf Einwände[111] verschiebt sich der Begriff der höchsten Vollkommenheit in Richtung „höchste Macht"; daran wird die Differenz zwischen Anselm und Descartes greifbar:
- Anselm geht es um Vernunftgemäßheit der verhandelten Inhalte;
- Descartes geht es um Deduktion der Inhalte aus letzten Prinzipien.

- Kants Kritik an der Cartesianischen Version des ontologischen Arguments:
    - Der entscheidende Fehler besteht im Übergang vom Denken eines Dings zu seinem Dasein;
    - wenn der Satz „Das Ding existiert"
        - ein analytischer Satz ist, dann ist entweder der Gedanke selbst das Ding oder es liegt eine Tautologie vor;
        - ein synthetischer Satz ist, wieso führt dann die Aufhebung seines Prädikates zu einem Widerspruch? Folge:

---

[109] DESCARTES: Meditationes. III, 38.
[110] DESCARTES: Meditationes. V, 10.
[111] Vgl. Œuvres de DESCARTES. Hrsg. von Charles Adam und Paul Tannery. Paris 1964. Bd. 7. 119-121.

[98] „*Sein* ist offenbar kein reales Prädikat, d.i. ein Begriff von irgend etwas, was zu dem Begriffe eines Dinges hinzukommen könne. Es ist bloß die Position eines Dinges, oder gewisser Bestimmungen an sich selbst. Im logischen Gebrauche ist es lediglich die Kopula eines Urteils [...]. Und so enthält das Wirkliche nichts mehr als das bloß Mögliche. Hundert wirkliche Taler enthalten nicht das mindeste mehr als hundert mögliche. Denn, da diese den Begriff, jene aber den Gegenstand und dessen Position an sich selbst bedeuten, so würde, im Fall dieser mehr enthielte als jener, mein Begriff nicht den ganzen Gegenstand ausdrücken, und also auch nicht der angemessene Begriff von ihm sein. Aber in meinem Vermögenszustande ist mehr bei hundert wirklichen Talern, als bei dem bloßen Begriffe derselben (d.i. ihrer Möglichkeit). Denn der Gegenstand ist bei der Wirklichkeit nicht bloß in meinem Begriffe analytisch enthalten, sondern kommt zu meinem Begriffe (der eine Bestimmung meines Zustandes ist) synthetisch hinzu, ohne daß, durch dieses Sein außerhalb meinem Begriffe, diese gedachte hundert Taler selbst im mindesten vermehrt werden."[112]

Durch die Existenzaussage kommt zum Begriff des betroffenen Dings nichts hinzu:

[99] „Es ist also an dem so berühmten ontologischen (Cartesianischen) Beweise, vom Dasein eines höchsten Wesens, aus Begriffen, alle Mühe und Arbeit verloren, und ein Mensch möchte wohl eben so wenig aus bloßen Ideen an Einsichten reicher werden, als ein Kaufmann an Vermögen, wenn er, um seinen Zustand zu verbessern, seinem Kassenbestand einige Nullen anhängen wollte."[113]

- In gewissem Sinn fällt diese Kritik aber auf Kant selbst zurück, sofern ein Übergang von Begriff zur Wirklichkeit auch in Kants Denken zweifach auftaucht:

- der Selbstbewußtseinsgedanke geht notwendig mit dem Existenzbewußtsein des seiner selbst Bewußten einher:

[100] „Si enim fallor, sum"[114]

hatte Augustinus formuliert (vgl. ↗Erkenntnistheorie); bei Kant heißt es:

[101] „Dagegen bin ich mir meiner selbst in der transzendentalen Synthesis des Mannigfaltigen der Vorstellungen überhaupt, mithin in der synthetischen ursprünglichen Einheit der Apperzeption, bewußt, nicht wie ich mir erscheine, noch wie ich an mir selbst bin, sondern nur *daß* ich bin. Diese *Vorstellung* ist ein *Denken,* nicht ein *Anschauen.*"[115]

- Der Begriff des Sollens kann nur sinnvoll gedacht werden, wenn sich das Gesollte grundsätzlich realisieren läßt, und insofern schließt er eine Dimension von Wirklichkeit ein.

Unter bestimmten Bedingungen ist der Übergang vom Begriff zur Realität nicht inkonsistent.

---

[112] KANT: Kritik der reinen Vernunft. B 626-627, A 598-599.
[113] KANT: Kritik der reinen Vernunft. B 630, A 602.
[114] AUGUSTINUS: De civitate dei XI, 26.
[115] KANT: Kritik der reinen Vernunft. B 157.

- An eine zweite Grenze der Kritik Kants erinnert Anselms Fortsetzung des Arguments in „Proslogion" III:
[102] „[Quod utique sic vere est...] Was so wahr ist, daß das Nicht-sein Gottes nicht einmal gedacht werden kann. Es ist eine Wirklichkeit denkbar, deren Nicht-sein undenkbar ist, und das ist noch mehr, als daß etwas als nicht-seiend gedacht werden kann. Wenn das Nichtsein dessen, worüber hinaus Größeres nicht gedacht werden kann, gedacht werden kann, so ist das, worüber hinaus Größeres nicht gedacht werden kann, nicht das, worüber hinaus Größeres nicht gedacht werden kann, und das ist ein Widerspruch. Es gibt also wahrhaft etwas, über das hinaus größeres nicht gedacht werden kann, derart, daß nicht einmal der Gedanke an dessen Nicht-sein möglich ist. Und das bist du, Herr, unser Gott."[116]

Das Nicht-Existieren Gottes kann nicht einmal gedacht werden;
- dabei geschieht kein Übergang von der logischen auf die ontologische Ebene, sondern eine nähere Bestimmung des Seinsbegriffs für den Fall des Gottesgedankens:
- es muß ihm der Modus der Notwendigkeit zugeschrieben werden, unabhängig davon, ob Sein ein qualitatives Mehr über den Begriff hinaus ist (Anselm) oder nicht (Gegner).

- Dennoch bleibt eine fundamentale Kritik an Anselm:
 - Die Beteiligung des Subjektes am Reflexionsprozeß muß eingefordert werden:
  - Die Vernunft *muß* so denken, wie von Anselm gezeigt, aber:
  - Das könnte auch aus Täuschungsquellen in der Vernunft herrühren, die der Selbstaufklärung der Vernunft prinzipiell entzogen sind, d.h.:
  - Aus der Denknotwendigkeit muß keine Realität folgen.
   Dieses (scheinbar moderne) Argument stammt von Thomas:
[103] „Aber auch zugegeben, daß jedermann unter dem Ausdruck 'Gott' ein Wesen verstehe, über das hinaus nichts Größeres gedacht werden kann, so folgt daraus noch nicht, daß man dieses durch den Namen 'Gott' bezeichnete Wesen auch als wirklich seiend erkenne, sondern nur, daß es sich in unserem Denken findet."[117]

Unbeschadet dieser Einwände bleibt eine wichtige Doppelfunktion des ontologischen Gottesbeweises: Er dient
- der Selbstvergewisserung des Glaubenden über den Gehalt des Glaubens;
- der Markierung des Standorts des Argumentierenden und erfüllt damit eine kommunikative Funktion (vgl. ↗Letztbegründung).

---

[116] ANSELM: Proslogion. 102-103.
[117] THOMAS VON AQUIN: S. th. I, q2 a1 ad2.

- Es gibt noch andere – vor allem aus der analytischen Philosophie vorgetragene – Einwände gegen Anselms Argument auf logischer, grammatischer und semantischer Ebene. Beteiligt sind als besonders prominente Stimmen:
    Gottlob Frege (1848-1925); Bertrand Russell (1872-1970);
    Charles Hartshorne (*1897); Norman Malcolm (1911-1990);
    John L. Mackie (1917-1981); Peter F. Strawson (*1919);
    Alvin Plantinga (*1932).

- Frege geht es um eine Präzisierung der Kantischen Kritik:
    - Er unterscheidet zwischen Begriffen und Eigenschaften erster Stufe (Gegenstände) und zweiter Stufe (Begriffe erster Stufe);
    - Existenz ist eine Eigenschaft zweiter Stufe, der Begriff zeigt an, daß ein Begriff erster Stufe nicht leer ist;
    - damit ist Existenz eine Eigenschaft von Begriffen, nicht von Gegenständen:
    - Im ontologischen Argument wird Existenz fälschlich als Begriff erster Stufe angesehen;
    - zwar sind singuläre Existenzsätze nicht sinnlos, aber daraus folgt nicht, daß sie Reales bezeichnen.
        - Wenn aus Gottes Wesen sein Sein folgt, dann ist über seine Wirklichkeit nur definitorisch etwas gesagt;
        - das ist die logisch-semantische Begründung der Kritik des Aquinaten.

- In analytischer Reformulierung
    - zeigt sich die Cartesianische Variante als Syllogismus,
    - das Argument Anselms als reductio ad absurdum;
    - das Problem bei letzterer ist der Ausgangspunkt: Es ist unklar, ob dieser („Gott ist, worüber hinaus...")
        - eine Definition oder Aussage darstellt, ebenso,
        - ob „Gott" ein Eigenname oder Prädikatausdruck ist:
    - Wenn es Prädikatausdruck ist, fehlt Anselms Argument der Nachweis, daß es nur und nur ein Wesen gibt, worüber hinaus Größeres nicht gedacht werden kann;
    - Anselm versteht „Gott" als Eigenname, was folgende Interpretationsmöglichkeiten eröffnet:
        - Es handelt sich um eine Definition, das „worüber hinaus..." ist eine Kennzeichnung;
            dann kann nichts über die Wirklichkeit des Gemeinten ausgemacht werden;

- es handelt sich um eine Aussage, das „worüber hinaus..."
ist eine Kennzeichnung, so daß eine Identitätsaussage
vorliegt;
> dann erübrigt sich die nachfolgende Beweisführung,
> weil der kognitive Gehalt nur im Rückgang auf das
> Designierte geklärt werden könnte;
- es handelt sich um eine Aussage, das „worüber hinaus..."
ist ein Prädikator, d.h. es liegt eine prädikative Aussage vor;
> dann müßte gefragt werden, ob sich „Gott" auf etwas
> bezieht, was eine nur auf Gott zutreffende Beschreibung erforderte, d.h. der Beweisgang wäre überflüssig,
> da die Klärung des Daseins Gottes bereits vorausgesetzt wäre.

- Fazit: Aus der Interpretation des Anselmschen Arguments als reductio ad absurdum folgt eine ebensolche.

Innerhalb der analytischen Philosophie gibt es aber auch:

- Fortschreibungen des ontologischen Arguments in der analytischen Philosophie, z.B. Alvin Plantinga:
- Er knüpft bei der Notwendigkeit des Seins dessen an, worüber hinaus Größeres nicht gedacht werden kann, also bei einer modalen Bestimmung;
- mit Hilfe der modalen Logik wird ein System möglicher Welten entworfen, um die Bedeutung von Sätzen über Mögliches und Notwendiges zu präzisieren;
- dazu werden folgende begriffliche Festlegungen getroffen:
  - „Maximale Vortrefflichkeit", das ist das Gesamt der (eher traditionellen) Bestimmungen des Wesens Gottes;
  - „unüberbietbare Größe" als Eigenschaft maximaler Vortrefflichkeit in jeder möglichen Welt.
- Tritt etwas mit unüberbietbarer Größe in W1 (Welt 1) auf,
- dann muß es als solches in jeder möglichen Welt auftreten und in jeder von ihnen maximal vortrefflich und zugleich unüberbietbar groß sein;
- das entscheidende Argument:
  - es ist eine Welt möglich, in der unüberbietbare Größe, also maximale Vortrefflichkeit in jeder Welt, als wirklich auftritt;
  - diese Wirklichkeit tritt entweder in jeder oder in keiner möglichen Welt auf;
  - wenn sie auftritt (und es gibt eine mögliche Welt, in der sie auftritt), muß sie auch in der existierenden Welt gegeben sein.

- Allerdings: Mit derselben Logik läßt sich auch die Unmöglichkeit der Existenz einer unüberbietbaren Größe beweisen, und zwar als „Argument der Nichtmaximalität", gemäß dem es eine mögliche Welt gibt, in der unüberbietbare Größe nicht exemplifiziert ist usw.
   - Die modallogische Reformulierung des Arguments treibt in eine ontologische Antinomie;
      - Plantinga hält darum beide Positonen für rational legitimierbar;
      - Mackie fordert die Enthaltung von jedweder Option für eine der beiden Formen des ontologischen Arguments;[118]
      - Ingolf Ulrich Dalferth sieht einen Ausweg im Verlassen der modalen Ebene („möglich"/„notwendig"), was bedeutet, Gott (mit Rekurs auf Grundbegriffe christlicher Theologie wie Liebe und Freiheit) als kontingent existierendes Wesen zu denken.[119]
   - Das bedeutet, Argumente wie das ontologische letztlich für irreführend zu halten und ihnen Offenbarungstheologie entgegenzustellen.
   - Anders Kant, der seiner Kritik des ontologischen Arguments eine philosophische Alternative folgen läßt:

7.4 Der moralische Gottesbeweis

§79 Kant transformiert Metaphysik in Moraltheologie und denkt das Dasein Gottes als Bedingung der Möglichkeit dafür, daß ein moralisches Leben vernünftig ist. Wer das als Wunschgedanke denunziert, unterstellt der Vernunft hinsichtlich deren eigenem existentiellen Zentrum eine radikale Fraglichkeit und darf aus Vernunftgründen nicht mehr für die Opfer der Geschichte auf Gerechtigkeit hoffen.

- Kants bereits erläuterter (vgl. oben) Zentraleinwand gegen die klassischen Gottesbeweise: Wenn ich sage „Gott existiert",

[104] „so setze ich kein neues Prädikat zum Begriffe von Gott, sondern nur das Subjekt an sich selbst mit allen seinen Prädikaten, und zwar den Gegenstand in Beziehung auf meinen Begriff. Beide müssen genau einerlei enthalten, und es kann daher zu dem Begriffe, der bloß die Möglichkeit ausdrückt, darum, daß ich dessen Gegenstand als schlechthin gegeben (durch den Ausdruck: er ist) denke, nichts weiter hinzukommen. Und so enthält das Wirkliche nichts mehr als das bloß Mögliche."[120]

---

[118] Vgl. MACKIE, John: Das Wunder des Theismus. Argumente für und gegen die Existenz Gottes. Dt. von Rudolf Ginters. Stuttgart 1985. 89-102.
[119] Vgl. DALFERTH, Ingolf U.: Umgang mit dem Selbstverständlichen. Anmerkungen zum ontologischen Argument. In: Ders.: Gott. Philosophisch-theologische Denkversuche. Tübingen 1992. 213-243. Hier 221.
[120] KANT: Kritik der reinen Vernunft. B 627, A 599.

Das ontologische Argument fungiert als Basis aller anderen Argumente:
- Für das kosmologische Argument:
    - Wenn überhaupt etwas existiert, dann muß es ein schlechthin Notwendiges geben,
    - da mindestens ich existiere, gibt es auch das notwendige Wesen;
    - nur über den Begriff des allerrealsten Wesens kann das notwendige Wesen gedacht werden. Daher:

[105] „Es ist also eigentlich nur der ontologische Beweis aus lauter Begriffen, der in dem sogenannten kosmologischen alle Beweiskraft enthält, und die angebliche Erfahrung ist ganz müßig, vielleicht, um uns nur auf den Begriff der absoluten Notwendigkeit zu führen, nicht aber, um diese an irgend einem bestimmten Dinge darzutun."[121]

Allerdings ist der Begriff eines unbedingt notwendigen Wesens auch in sich problematisch, sofern ein notwendiges Wesen zu sich selbst sagen könnte:

[106] „Ich bin von Ewigkeit zu Ewigkeit, außer mir ist nichts, ohne das, was bloß durch meinen Willen etwas ist; *aber woher bin ich denn?* Hier sinkt alles unter uns, und die größte Vollkommenheit, wie die kleinste, schwebt ohne Haltung bloß vor der spekulativen Vernunft, der es nichts kostet, die eine so wie die andere ohne die mindeste Hindernis verschwinden zu lassen."[122]

- Für das physikotheologische Argument:
    - Aus der Ordnung der Welt der Dinge wird auf eine lenkende Instanz geschlossen;
    - damit aber ist über diese Instanz qua Ursache aller Ordnung nichts ausgemacht:

[107] „Nachdem man bis zur Bewunderung der Größe der Weisheit, der Macht etc. des Welturhebers gelanget ist, und nicht weiter kommen kann, so verläßt man auf einmal dieses durch empirische Beweisgründe geführte Argument, und geht zu der gleich anfangs aus der Ordnung und Zweckmäßigkeit der Welt geschlossenen Zufälligkeit derselben. Von dieser Zufälligkeit allein geht man nun, lediglich durch transzendentale Begriffe, zum Dasein eines Schlechthinnotwendigen, und von dem Begriff der absoluten Notwendigkeit der ersten Ursache auf den durchgängig bestimmten oder bestimmenden Begriff desselben, nämlich eine allbefassenden Realität. Also blieb der physikotheologische Beweis in seiner Unternehmung stecken, sprang in dieser Verlegenheit plötzlich zu dem kosmologischen Beweise über, und da dieser nur ein versteckter ontologischer Beweis ist, so vollführte er seine Absicht wirklich bloß durch reine Vernunft, ob er gleich anfänglich alle Verwandtschaft mit dieser ableugnet und alles auf einleuchtende Beweise aus Erfahrung ausgesetzt hatte."[123]

- Fazit: Bei den klassischen Gottesbeweisen handelt es sich um dialektischen Schein:

---

[121] KANT: Kritik der reinen Vernunft. B 635, A 607.
[122] KANT: Kritik der reinen Vernunft. B 641, A 613.
[123] KANT: Kritik der reinen Vernunft. B 657, A 629.

- Die Vernunft kann nicht anders denken, gerät aber dabei über den ihr zugänglichen Bereich von Erkenntnis hinaus;
- als transzendentale Theologie (Kosmotheologie; Ontotheologie) behauptet philosophische Theologie ein sicheres Wissen über das Dasein Gottes;
- als natürliche Theologie (Physikotheologie; Moraltheologie) behauptet philosophische Theologie ein auf Analogien gestütztes Wissen über das Wesen Gottes;
- da das auf erkenntnismäßig ungesichertem Fundament geschieht, ist der Gottesgedanke lediglich ein transzendentales Ideal:

[108] „Das Ideal des höchsten Wesens ist nach diesen Betrachtungen nichts anders, als ein regulatives Prinzip der Vernunft, alle Verbindung in der Welt so anzusehen, als ob sie aus einer allgenugsamen notwendigen Ursache entspränge, um darauf die Regel einer systematischen und nach allgemeinen Gesetzen notwendigen Einheit in der Erklärung derselben zu gründen, und ist nicht eine Behauptung einer an sich notwendigen Existenz. Es ist aber zugleich unvermeidlich, sich, vermittelst einer transzendentalen Subreption, dieses formale Prinzip als konstitutiv vorzustellen, und sich diese Einheit hypostatisch zu denken."[124]

Diese Denknotwendigkeit Gottes impliziert nicht seine Wirklichkeit:

[109] „Ich behaupte nun, daß alle Versuche eines bloß spekulativen Gebrauchs der Vernunft in Ansehung der Theologie gänzlich fruchtlos und ihrer inneren Beschaffenheit nach null und nicht sind; daß aber die Prinzipien ihres Naturgebrauchs ganz und gar auf keine Theologie führen [...]."[125]

- Damit ist die prinzipielle Unmöglichkeit theoretischer Vernunftaussagen über die Existenz Gottes festgeschrieben;
- zugleich bedeutet das durchaus einen Zugewinn an Klärung in der Gottesfrage:

[110] „Das höchste Wesen bleibt also für den bloß spekulativen Gebrauch der Vernunft ein bloßes, aber doch *fehlerfreies Ideal*, ein Begriff, welcher die ganze menschliche Erkenntnis schließt und krönet, [und jetzt kommt die Pointe:] dessen objektive Realität auf diesem Wege zwar nicht bewiesen, aber auch nicht widerlegt werden kann [...]."[126]

Aus den Gründen, aus denen Vernunft kein Wissen über die Existenz Gottes gewinnt, ist ihr auch Wissen über seine Nicht-Existenz verschlossen.

- Weil es sich bei einem sich so hartnäckig aufdrängenden Gedanken wie demjenigen Gottes nicht um eine Täuschungsquelle handeln kann, setzt die Suche nach einer alternativen Quelle eines Wissens von Gott ein, denn:

[111] „Alles, was die Natur selbst anordnet, ist zu irgend einer Absicht gut."[127]

---

[124] KANT: Kritik der reinen Vernunft. B 647, A 619.
[125] KANT: Kritik der reinen Vernunft. B 664, A 636.
[126] KANT: Kritik der reinen Vernunft. B 669, A 641.
[127] KANT: Kritik der reinen Vernunft. B 771, A 743.

- Da solches Wissen im Bereich der theoretischen Vernunft verschlossen ist, liegt es nahe, in dem der praktischen Vernunft zu suchen, d.h. wenn es philosophische Theologie geben soll, kann sie nur die Form von Moraltheologie haben:
[112] „Moraltheologie [als] eine Überzeugung vom Dasein eines höchsten Wesens [...], welche sich auf sittliche Gesetze gründet."[128]

    Die Differenz zur moraltheologischen Variante theoretischer Vernunft (vgl. oben):
- In der Dimension der theoretischen Vernunft handelt es sich um einen Schluß aus der Beobachterperspektive;
- in der Dimension der praktischen Vernunft handelt es sich um eine Frage in der Erste-Person-Perspektive:

    Das Bewußtsein des Sittengesetzes ist im Bewußtsein seiner selbst bzw. in der Vernunft selbst verankert:
[113] „Man kann das Bewußtsein dieses Grundgesetzes ein Faktum der Vernunft nennen, weil man es nicht aus vorhergehenden Datis der Vernunft, z.B. dem Bewußtsein der Freiheit (denn dieses ist uns nicht vorher gegeben), herausvernünfteln kann, sondern weil es sich für sich selbst uns aufdringt als synthetischer Satz a priori, der auf keiner, weder reinen noch empirischen Anschauung gegründet ist, ob er gleich analytisch sein würde, wenn man die Freiheit des Willens voraussetzte, wozu aber, als positivem Begriffe, eine intellektuelle Anschauung erfordert werden würde, die man hier gar nicht annehmen darf. Doch muß man, um dieses Gesetz ohne Mißdeutung als gegeben anzusehen, wohl bemerken, daß es kein empirisches, sondern das einzige Faktum der reinen Vernunft sei, die sich dadurch als ursprünglich gesetzgebend (sic volo, sic iubeo) ankündigt."[129]

- „Faktum der Vernunft" heißt: Über die Bindung der Vernunft an das in ihr aufzufindende unbedingte Grundgesetz bedarf es keiner weiteren Verständigung;
- dieses Grundgesetz ist der „Kategorische Imperativ" (vgl. ↗Ethik), z.B.:
[114] „'[H]andle so, als ob die Maxime deiner Handlung durch deinen Willen zum allgemeinen Naturgesetze werden sollte.'"[130]

- Kehrseite des Sittengesetz ist die Freiheit:
  - Die Verpflichtungskraft des Sittengesetzes setzt als ihre Ermöglichungsbedingung Freiheit voraus;
  - und nur am In-Pflicht-genommen-werden durch das Sittengesetz erfahre ich meine Freiheit;
    damit ist das Niveau der Metaphysik erreicht; der Gottesgedanke erschließt sich über einen Zwischenschritt:

- Jedes vernünfte Wesen strebt danach, glücklich zu sein;

---

[128] KANT: Kritik der reinen Vernunft. B 661, A 633 Anm. (abweichender Text in A).
[129] KANT: Kritik der praktischen Vernunft. A 55-56.
[130] KANT: Grundlegung. BA 52.

- Glückseligkeit setzt Glückswürdigkeit voraus, die durch Moralität erlangt wird;
- Faktisch decken sich Glückswürdigkeit und Glückseligkeit nicht;
- folglich braucht es um der Vernünftigkeit der Moralität willen eine Instanz der letztendlichen (eschatologischen) Versöhnung von Sittlichkeit/Glückswürdigkeit und Glückseligkeit:

[115] „Das moralische Gesetz [...] muß auch zur Möglichkeit des zweiten Elements des höchsten Guts, nämlich der einer Sittlichkeit angemessenen Glückseligkeit, eben so uneigennützig, wie vorher, aus bloßer unparteiischer Vernunft, nämlich auf die Voraussetzung des Daseins einer dieser Wirkung adäquaten Ursache führen, d.i. die Existenz Gottes, als zur Möglichkeit des höchsten Guts (welches Objekt unseres Willens mit der moralischen Gesetzgebung der reinen Vernunft notwendig verbunden ist) notwendig gehörig, postulieren."[131]

Gott wird als Möglichkeitsbedingung vernünftiger, also autonomer Moralität postuliert:

[116] „[E]s ist moralisch notwendig, das Dasein Gottes anzunehmen."[132]

- Mögliche Einwände gegen Kant:
    - Der Gottesgedanke hat lediglich Postulatcharakter;
        der Einwurf fällt in die Beobachterperspektive theoretischer Vernunft zurück: Ohne Gottespostulat ziehen sittliches Sollen und Freiheit – und damit die menschliche Existenz den Verdacht der Absurdität auf sich.
    - Das Verhältnis zwischen Faktum des Gesetzes und der Gottesexistenz ist nicht weiter ausgearbeitet:
        - Das vom Postulat Markierte ist in dem Maß wirklich, in dem sich das Sollen „aufdrängt";
        - der Verzicht auf weitere Ausarbeitung dürfte der Preis gewesen sein für den neuen Weg
            - zwischen dogmatischer Skylla der Heteronomie des Sollens und
            - zwischen spinozistischer Charybdis der Auflösung wirklicher Freiheit (vgl. ↗Religionsphilosophie).

- Unbeschadet dieser Einschränkung eröffnet das Gottespostulat die Möglichkeit einer konsistenten Antwort auf das Theodizee-Problem:
    - „Theodizee" (der Terminus stammt von Leibniz) stellt die Frage nach der Rechtfertigung Gottes angesichts des Leidens Unschuldiger:
        - Will Gott eine vollkommene Welt – und kann sie nicht schaffen?
        - Oder kann er eine vollkommene Welt schaffen – und will es nicht?

---

[131] KANT: Kritik der praktischen Vernunft. A 223-224.
[132] KANT: Kritik der praktischen Vernunft. A 226.

- Oder will und kann er es – und dennoch kommt die faktische Welt heraus?

- Herkömmliche Lösungsangebote wecken meist den Verdacht der taktischen Verharmlosung, bisweilen sogar den des Zynismus, z.B.:
  - Leid kommt aus der Verfehlung menschlicher Freiheit;
  - das Böse wird von Gott zugelassen, um daraus Gutes zu wirken;
  - Leibniz erklärt vom metaphysischen Übel als Wurzel her das physische und moralische Übel:
    - Das metaphysische Übel ist notwendige Eigenschaft der Welt als endlicher,
    - obwohl die Welt die beste aller möglichen Welten ist, sofern Gott der erste zureichende Grund der Welt ist.

- Kant hält dem entgegen,
  - daß es eine der theoretischen Vernunft unzugängliche Wirklichkeit geben muß, in der selbst unschuldiges Leiden nicht sinnlos ist, ansonsten sei die Selbsterfahrung der Vernunft im Sollen absurd;
  - letzteres gilt dann streng genommen für die ganze Wirklichkeit – aber wohin dann mit den unübersehbaren Indizien des Sinnhaften?
  - Kant bezieht sich dabei auf das Buch Ijob als „authentischer Theodizee" gegenüber der „doktrinalen" etwa eines Leibniz;[133]
    das „Authentische" resultiert dabei aus einer Sprengung der anthropozentrischen Perspektive, indem – wie in Ijob 38-41 – die Schöpfung nicht mehr seitens menschlicher Vernunft, sondern durch ihren Urheber ausgelegt wird und Theodizee als negative Weisheit hinsichtlich des Wissens von Gott konzipiert wird.[134]

- Johann Baptist Metz fordert mehr „Theodizee-Empfindlichkeit" von der Theologie ein, und zwar als Partizipation an Israels „Mystik des Leidens an Gott"[135];

---

[133] Vgl. KANT, Immanuel: Über das Mißlingen aller philosophischen Versuche in der Theodizee. A 212. In: Ders. Werke in 10 Bdn. Hrsg. von Wilhelm Weischedel. Bd. 9. 103-124. Hier 115.
[134] Vgl. GEYER, Carl-Friedrich: Das Theodizeeproblem – ein historischer und systematischer Überblick. In: Oelmüller, Willi (Hg.): Theodizee – Gott vor Gericht? Mit Beiträgen von Carl-Friedrich Geyer u.a. München 1990. 9-32.
[135] METZ, Johann Baptist: Theologie als Theodizee? In: Oelmüller, Willi (Hg.): Theodizee – Gott vor Gericht? Mit Beiträgen von Carl-Friedrich Geyer u.a. München 1990. 103-118. Hier 114.

- dem ist zuzustimmen, sofern nur so der moralistischen Sackgasse (Leid kommt einzig aus sich schuldig machender Freiheit) zu entkommen ist;
- gleichwohl gibt es nicht nur die Leiderfahrung Israels bzw. Jesu;
- wird real-präsentes Versöhntsein menschlicher Existenz so zurückgenommen wie bei Metz, läßt sich dem Masochismus-Vorwurf wenig entgegenhalten; vgl. etwa Rudolf Augstein:

[117] „Israel hing seinem Gott desto unterwürfiger an, je schlechter es von ihm behandelt wurde."[136]

- Die pauschale Kritik am Identitäts- und Versöhnungsdenken des „Idealismus" bleibt Klischee: Gerade die führenden Konzepte denken Versöhnung als „mitten im Streit", also fragil;
- genau dem entspricht Ijob: Die Prosa des Inhalts wird in der Poesie der Form vermittelt, und so ensteht performativ authentische Theodizee (vgl. ↗Sprachphilosophie; Ästhetik).

- Kants Bezug auf Ijob kann nicht unverbunden mit seiner Neubestimmung der Gottesfrage in der praktischen Vernunft gedacht werden und gibt damit dem „Postulat" ein ganz eigenes Profil.

- Noch einen Einwand gegen das Gottespostulat gilt es zu reflektieren:
Der moralische Gottesbeweis beruht auf der Setzung der Moralität, wie Kant selbst betont:

[118] „Auf solche Weise bleibt uns, nach Vereitelung aller ehrsüchtigen Absichten einer über die Grenzen aller Erfahrung hinaus herumschweifenden Vernunft, noch genug übrig, daß wir damit in praktischer Absicht zufrieden zu sein Ursache haben. Zwar wird freilich sich niemand rühmen können: er wisse, daß ein Gott und daß ein künftig Leben sei; denn, wenn er das weiß, so ist er gerade der Mann, den ich längst gesucht habe. Alles Wissen (wenn es einen Gegenstand der bloßen Vernunft betrifft) kann man mitteilen, und ich würde also auch hoffen können, durch seine Belehrung mein Wissen in so bewunderungswürdigem Maße ausgedehnt zu sehen. Nein, die Überzeugung ist nicht logische, sondern moralische Gewißheit, und, da sie auf subjektiven Gründen (der moralischen Gesinnung) beruht, so muß ich nicht einmal sagen: es ist moralisch gewiß, daß ein Gott sei etc., sondern ich bin moralisch gewiß etc. das heißt: der Glaube an einen Gott und eine andere Welt ist mit meiner moralischen Gesinnung so verwebt, daß, so wenig ich Gefahr laufe, die erstere [AA: letztere] einzubüßen, eben so wenig besorge ich, daß mir der zweite [AA: erste] jemals entrissen werden könne."[137]

- Wilhelm Weischedel (1905-1975) kritisiert darum einen Zirkel an der Kantischen Argumentation;
- jedoch handelt es sich um keinen circulus vitiosus, sondern um einen hermeneutischen Zirkel;
- dennoch weist Weischedels Kritik auf einen wichtigen Punkt:

---

[136] AUGSTEIN, Rudolf: Jesus Menschensohn. Hamburg 1999. 292.
[137] KANT: Kritik der reinen Vernunft. B 856-857, A 828-829.

- das Dasein Gottes wird notwendig angenommen, weil der Mensch moralisches Subjekt ist;
- diese Beziehung wird bei Kant jedoch nicht weiter geklärt;
- Fichte, Schelling, Hölderlin, Hegel, Schleiermacher weiten die transzendentale Subjektivierung der Metaphysik Kants ins Ontologische;
- es geht dabei um Reintegration der theoretischen Vernunft unter kritischer Fortführung der Kantischen Vorgabe;
- das anspruchsvollste Projekt stellt in diesem Zusammenhang Hegels Philosophie der Vermittlung dar (vgl. oben); die damit verbundene „Anstrengung des Begriffs"[138] konterkarieren
- Philosophien der Unmittelbarkeit, die sich als Lebensphilosophien gegen den Primat der Vernunft ihr Fundament im „Anderen der Vernunft" suchen und Philosophie dabei teilweise (vgl. Nietzsche) bis an den Rand der Selbstpreisgabe führen.

Testfragen:

1. *Welche Argumenttypen von Gottesbeweisen lassen sich unterscheiden? Wer waren bzw. sind jeweils Vertreter?*
2. *Was zeichnet die quinque viae des Thomas von Aquin aus? Welcher Logik folgen sie jeweils? Wo liegt bei den einzelnen Argumenten das Problem?*
3. *Was macht die Grundfigur des ontologischen Arguments (OA) aus? Von welcher Voraussetzung geht es aus? Worin besteht der entscheidende Schritt?*
4. *Was kritisiert Thomas am OA, was Kant?*
5. *Welche Funktion kommt dem OA trotz berechtigter Kritik zu?*
6. *Warum interessieren sich auch zeitgenössische Denker für das OA? Wie kann es etwa mit dem Instrumentar der analytischen Philosophie reformuliert werden?*
7. *Welche Systematisierung der Gottesbeweise nimmt Kant vor? Wie hängen die von ihm unterschiedenen Typen untereinander zusammen?*
8. *Was meint Kant, wenn er den Gottesgedanken als „transzendentales Ideal" bestimmt?*
9. *Was folgt aus Kants „Kritik der reinen Vernunft" für die Gottesfrage?*

---

[138] HEGEL: Phänomenologie. 56.

10. Welchen neuen Weg eröffnet Kant für die Gottesfrage in der „Kritik der praktischen Vernunft"? Wo ist dieses Konzept mit Schwachstellen behaftet?
11. Was hängt systematisch gesehen alles an Kants „Gottespostulat"?
12. Wo verlaufen die Diskussionslinien in der gegenwärtigen Theodizee-Debatte?
13. Welche Aufgabe stellt sich die Generation der Philosophen nach Kant hinsichtlich der Gottesfrage. Was daran ist bis heute relevant?

8. Die Wiederkehr der philosophischen Kosmologie

8.1 Integrative Metaphysik: Process-Philosophy

§ 80 In einer überraschenden Überkreuzung von Zügen der Neubestimmung von Philosophie mit lebensphilosophischen Motiven entsteht die Prozeß-Philosophie als die einzige große Metaphysik des 20. Jahrhunderts. Zeitgenössische metaphysisch-kosmologische Thesen inklusive ihrer theologischen Ambitionen nehmen sich meist (all zu) problematisch aus.

- Alfred North Whitehead (1861-1947) initiiert seine „Process-Philosophy"
  - im Anschluß an Aristoteles,
  - zugleich unter Bezug auf die neuzeitliche Physik und Biologie
  - sowie auf T.P. Nunn, Henri Bergson (1859-1941), William James (1842-1910), John Dewey (1859-1952).
    So entsteht eine „organistische Philosophie", für die alle traditionellen Einteilungen (z.B. Kategorien) Abstraktionen darstellen.
    - Whiteheads Interesse an Mathematik (Meisterschüler wird B. Russell!) ist nicht ohne Einfluß auf das „Process"-Projekt;
    - Gleiches gilt von Anregungen durch John Henry Newman (1801-1890).

- Das Werk „Process and Reality" (1929; dtsch. 1979!) ist das Projekt einer Metaphysik nach Hegel und Nietzsche gegen die zeitgenössische Historisierung und Musealisierung der Philosophie:

[119] „Man versteht diese Vorlesungen am besten, wenn man das Augenmerk auf die folgende Liste von Denkgewohnheiten richtet, die zurückgewiesen werden, soweit sie Einfluß auf die Philosophie haben:

(i) Das Mißtrauen in spekulative Philosophie.
(ii) Das Vertrauen in die Sprache als angemessenem Ausdruck von Aussagen.
(iii) Die philosophische Denkweise, die eine Begabungs-Psychologie impliziert und von dieser impliziert wird.
(iv) Die Subjekt-Prädikat-Form des Ausdrucks.
(v) Die sensualistische Wahrnehmungslehre.
(vi) Die Lehre von der qualitätslosen Wirklichkeit.
(vii) Die Kantsche Lehre von der objektiven Welt als theoretischem Konstrukt aus rein subjektiver Erfahrung.
(viii) Willkürliche Deduktionen in Argumente *ex absurdo*.
(ix) Die Überzeugung, daß logische Widersprüche auf irgend etwas anderes als vorausgegangene Irrtümer hinweisen können."[139]

---

[139] WHITEHEAD, Alfred North: Prozeß und Realität. Entwurf einer Kosmologie. Übersetzt und mit einem Nachwort versehen von Hans-Günter Holl. Frankfurt a.M. 1979. 24-25. [Künftig zitiert: WHITEHEAD: Prozeß.]

- Aristoteles fungiert als kritischer Bezugs- und Abstoßpunkt;
- zustimmend Bezug genommen wird auf den Aristotelischen Zugang zur Theologie, demgemäß der Gottesgedanke aus der Verfaßtheit der Weltdinge resultiert (vgl. oben);
- jedoch gilt Whitehead die Durchführung des Programms logisch, physikalisch und kosmologisch als verfehlt;
- konfrontiert wird dem eine Kosmologie, in der der Gottesgedanke mit der biblisch-christlichen Rede von Gott kongruiert.

Die Begründung dafür wurzelt in der ontologischen Grundoperation des Konzepts:

- Ihren Ausgang nimmt die Argumentation von dem (Aristotelischen) Verhältnis von
  - Wirklichkeit und Einzeldingen:

[120] „'Wirkliche Einzelwesen' – auch 'wirkliche Ereignisse' genannt – sind die letzten realen Dinge, aus denen die Welt zusammengesetzt ist. Man kann nicht hinter die wirklichen Einzelwesen zurückgehen, um irgendetwas Realeres zu finden."[140]

Die grundsätzliche Differenz zu Aristoteles:
- Ereignis ist ein Synonym für Einzelwesen (eine Ereignis-Ontologie tritt an die Stelle der Substanz-Ontologie);

damit kann die neuzeitliche Aporie des Substanzen-Dualismus von „res cogitans" und „res extensa" unterlaufen werden:

[121] „[...W]ie ein wirkliches Einzelwesen *wird*, begründet, *was* dieses wirkliche Einzelwesen *ist*; so daß die beiden Beschreibungen eines wirklichen Einzelwesens nicht voneinander unabhängig sind. Sein 'Werden' liegt seinem 'Sein' zugrunde. Dies ist das 'Prinzip des Prozesses'."[141]

- Dennoch bleibt die neuzeitliche Entdeckung der Konstitutivität des Subjekts beibehalten, sofern sich die Unmittelbarkeit der Welt in Gestalt der vom Subjekt erfahrenen Inhalte ereignet:

[122] „Die Schwierigkeit ist dem empirischen Aspekt der Philosophie zuzurechnen. Unser Datum ist die wirkliche Welt, zu der wir selbst gehören; und diese wirkliche Welt bietet sich der Beobachtung in Gestalt des Inhalts unserer unmittelbaren Erfahrung dar. Die Aufhellung der unmittelbaren Erfahrung ist die einzige Rechtfertigung jeglichen Denkens; und den Ausgangspunkt für das Denken bildet die analytische Beobachtung der Bestandteile dieser Erfahrung."[142]

- Im strengen Sinne *unmittelbare* Erfahrung erfährt sich selbst;
- der Erfahrungsakt ist die konkreteste Erfahrung;
- aus der Unmittelbarkeit zur Welt folgt, daß die Aktgestalt der Erfahrung von der Wirklichkeit herkommt;

---

[140] WHITEHEAD: Prozeß. 57-58.
[141] WHITEHEAD: Prozeß. 66.
[142] WHITEHEAD: Prozeß. 33.

- diese Verfassung der Erfahrung läßt sich durch vier Begriffe bestimmen:
    - wirkliches Einzelding,
    - Erfassen,
    - Nexus,
    - ontologisches Prinzip.

- Der erste Begriff – „Einzelding" – muß dabei durch und durch neuzeitlich gedacht werden:
[123] „Die letzten Tatsachen sind ausnahmslos wirkliche Einzelwesen; und diese wirklichen Einzelwesen sind komplexe und ineinandergreifende Erfahrungströpfchen."[143]
- Etwas ist etwas nur als Erfahrenes;
- Erfahrung ist umgekehrt das Erfassen von etwas;
- das Erfassen von etwas hat informationell verschiedene (im Prinzip unbegrenzt viele) Dimensionen (Zugehörigkeit zur Welt; Gefühl; Zwecksetzung etc.);
- das Erfassen von etwas geschieht zudem in einer Verbundenheit mit anderen Einzeldingen, und daher rührt der Nexus-Charakter aller Erfahrung;
- das ontologische Prinzip ist die Formalisierung dieses Zusammenhangs im Begriff des Prozesses:
[124] „Die elementaren Tatsachen der unmittelbar wirklichen Erfahrung sind wirkliche Einzelwesen, erfaßte Informationen und Nexûs [„Nexûs" ist Whiteheads Schreibweise für den Plural von „Nexus"]. Alles andere ist für unsere Erfahrung nur abgeleitete Abstraktion."[144]

- Der Ausgangspunkt allen Denkens ist selbstreferentiell, da die unmittelbarste Erfahrung die Erfahrung der Erfahrung ist;
- gleichzeitig gewinnt die Erfahrung ihr Profil von der Wirklichkeit her, d.h.:
    - Während Aristoteles das Subjekt-Prädikat-Modell zur Grundform der Wirklichkeit verallgemeinert,
    - extrapoliert Whitehead das Modell des selbstbezüglichen Erfahrungsaktes;
- Einzelwirklichkeiten sind darum „Erlebensprozesse", Universum ist das Gesamt solcher Prozesse;
- daraus resultiert auch der ontologische Sinn von „Nexus": Wenn Einzeldinge Erfahrungsakte sind, gehört zu ihnen konstitutiv das Erfassen, d.h. sie erfassen sich gegenseitig:
[125] „Das ontologische Prinzip [...] bildet den ersten Schritt in der Beschreibung des Universums als eine Solidarität vieler wirklicher Einzelwesen. Jedes wirkliche Einzelwesen wird als ein Erfahrungsakt interpretiert, der aus Daten hervorgeht. Es ist ein Prozeß des 'Empfindens'

---
[143] WHITEHEAD: Prozeß. 58.
[144] WHITEHEAD: Prozeß. 60.

der vielen Daten, mit dem Ziel, sie in die Einheit der einen, individuellen 'Erfüllung' zu absorbieren. 'Empfinden' steht hier für die grundlegende, allgemeine Operation des Übergehens von der Objektivität der Daten zu der Subjektivität des jeweiligen wirklichen Einzelwesens. Empfindungen sind verschiedenartig spezialisierte Vorgänge, die ein Übergehen in Subjektivität bewirken [...]. Ein wirkliches Einzelwesen ist ein Prozeß und nicht im Sinne der Morphologie eines Stoffs beschreibbar."[145]

So entsteht eine monistische Kosmologie (Hegel-Anklang!; vgl. oben):

- Wirklichkeit ist unter Einschluß interner Komplexitätsmuster ontologisch homogen;
- Vieles und Eines wird konsistent durch den Operator „Kreativität" vermittelt;
- die Einzelwesen sind dabei singulär, weil jedes aus der Schnittmenge der kreativen Prozesse „seines" Universums hervorgeht;
- dabei wirkt ein teleologisches Grundprinzip:
  - kreative Prozesse ereignen sich durch wechselseitiges positives (Anknüpfung) oder negatives (Abstoßung) Erfassen von Einzelwesen;
  - aus Vielem wird etwas Neues nach Maßgabe von zeitlosen Gegenständen (Formen);
  - aus der Selbstbezüglichkeit des Erfahrungsaktes resultiert ontologisch eine Selbstkonstitution der wirklichen Dinge:
    - Subjekte sind der Prozeß, der zu ihnen führt;
    - universal-kosmologisch heißt das:

[126] „Die Welt erschafft sich selbst [...]."[146]

- An diesem Punkt der Ontologie wird die theologische Frage unabweisbar:
[127] „Ein wirkliches Einzelwesen empfindet so wie es empfindet, um das wirkliche Einzelwesen zu sein, das es ist. Auf diese Weise erfüllt ein wirkliches Einzelwesen Spinozas Begriff der Substanz: es ist *causa sui*. Die Kreativität ist keine äußere Instanz mit ihren eigenen jenseitigen Zielen. Alle wirklichen Einzelwesen teilen dieses Charakteristikum der Selbstverursachung mit Gott. Aus diesem Grunde teilt auch jedes wirkliche Einzelwesen das Charakteristikum mit Gott, alle anderen wirklichen Einzelwesen, einschließlich Gottes, zu transzendieren. Damit ist das Universum ein kreatives Fortschreiten ins Neue."[147]

- Gott ist das Justierungsprinzip der sich in Einzeldingen vollendenden Konkretionsprozesse;
- die Nähe zu Aristoteles und zum Aquinaten liegt auf der Hand: Gott-Rede ist eine notwendige Konsequenz der Kosmologie;

---

[145] WHITEHEAD: Prozeß. 93-94.
[146] WHITEHEAD: Prozeß. 169.
[147] WHITEHEAD: Prozeß. 406-407.

- die Differenz von „Urnatur" und „Folgenatur"[148] erinnert daran, daß auch Gott in der Realisation der kosmischen Konkretionsprozesse er selbst wird.
- Dennoch liegt kein Pantheismus vor:
    - Wirklich sind nur Einzelwesen;
    - auch Gott ist ein Einzelwesen, d.h. ein kreativer Übergangsprozeß macht seine Wirklichkeit aus;
    - anders als die anderen Einzelwesen geht Gott immer aus sich zu sich über; Folge:
    - Gott kann nicht aus wirklichen Einzelwesen werden, nur aus dem Gesamt der zeitlosen Gegenstände und aus sich selbst:

[128] „Die 'Urnatur' Gottes ist die Konkretisierung einer Einheit begrifflicher Empfindungen, zu deren Daten auch alle zeitlosen Gegenstände gehören."[149]

Die zeitlosen Gegenstände sind darum gleichursprünglich mit Gott und Gott mit ihnen, d.h.:
- Die Wirklichkeit Gottes ist Inbegriff alles ontologisch Möglichen;
- als solcher umfaßt Gott auch Nicht-zusammen-Mögliches;
- zeitliche Realisierung des Kompossiblen ermöglicht nicht-widersprüchliche Wirklichkeit;
- Gott kann nur durch Beziehung auf wirkliche Einzelwesen seinerseits wirkliches Einzelwesen qua Inbegriff des Möglichen sein; daraus folgt:
- Gott und *irgendeine* Welt gehören notwendig zusammen; daraus wieder folgt:
- Gott kann in der je realen Welt erfaßt werden und ist von dieser bestimmt:

[129] „Es ist genauso wahr zu sagen, daß Gott beständig ist und die Welt fließend, wie zu behaupten, daß die Welt beständig ist und Gott fließend.
Es ist genauso wahr zu sagen, daß Gott eins ist und die Welt vieles, wie zu behaupten, daß die Welt eins ist und Gott vieles.
Es ist genauso wahr zu sagen, daß Gott im Vergleich mit der Welt höchst wirklich ist, wie zu behaupten, daß die Welt im Vergleich mit Gott höchst wirklich ist.
Es ist genauso wahr zu sagen, daß die Welt Gott immanent ist, wie zu behaupten, daß Gott der Welt immanent ist.
Es ist genauso wahr zu sagen, daß Gott die Welt transzendiert, wie zu behaupten, daß die Welt Gott transzendiert.
Es ist genauso wahr zu sagen, daß Gott die Welt erschafft, wie zu behaupten, daß die Welt Gott erschafft."[150]

Dadurch gewinnt das spezifisch religiöse Motiv für die prozeßphilosophische Neubegründung der Metaphysik an Tiefenschärfe:
- Gott nicht als caesarische Herrscherfigur,

---

[148] WHITEHEAD: Prozeß. 80.
[149] WHITEHEAD: Prozeß. 174.
[150] WHITEHEAD: Prozeß. 621.

- nicht als personifizierte Moralinstanz,
- nicht als philosophisches Grundprinzip,
- sondern als einen, der sich in Liebe für die Welt verausgabt:

[130] „Es gibt jedoch im galiläischen Ursprung des Christentums noch eine andere Anregung, die zu keinem der drei Hauptstränge des Denkens so richtig paßt. Sie legt das Schwergewicht weder auf den herrschenden Kaiser, noch auf den erbarmungslosen Moralisten oder den unbewegten Beweger. Sie hält fest an den zarten Elementen der Welt, die langsam und in aller Stille durch Liebe wirken; und sie findet ihren Zweck in der gegenwärtigen Unmittelbarkeit eines Reichs, das nicht von dieser Welt ist. Liebe herrscht weder, noch ist sie unbewegt; auch ist sie ein wenig nachlässig gegenüber der Moral. Sie blickt nicht in die Zukunft; denn sie findet ihre eigene Befriedigung in der unmittelbaren Gegenwart."[151]

In Korrespondenz zu diesem auch als „Begleiter" oder „Mitleidenden, der versteht" bezeichneten Gottes werden auch unschwer Kernmotive jesuanischer Verkündigung eingeholt.[152]

- Der Form nach korrespondiert das der Gründungsschrift der modernen Religionsphilosophie, Kants „Die Religion innerhalb der Grenzen der bloßen Vernunft" (vgl. ↗Religionsphilosophie);
- die Hinweise auf problematische Züge des traditionellen Theismus sind von größter Brisanz; dennoch bleiben:

- Kritische Anfragen:
  - Der Gottesbegriff bleibt bis an den Rand des Assoziativen unterbestimmt;
  - der alle Widersprüche aufhebende und die ontologische Substanz unverlierbar in Gott sammelnde Weltprozeß läßt das Theodizee-Problem verschwinden:

[131] „Gottes Rolle liegt nicht in der Bekämpfung produktiver Kraft mit produktiver Kraft, von destruktiver Kraft mit destruktiver Kraft; sie besteht in der geduldigen Ausübung der überwältigenden Rationalität seiner begrifflichen Harmonisierung. Er schafft die Welt nicht, er rettet sie; oder, genauer: Er ist der Poet der Welt, leitet sie mit zärtlicher Geduld durch seine Einsicht in das Wahre, Schöne und Gute."[153]

Derzeit taucht die Gottesfrage eher jenseits der Metaphysik in kosmologisch-empirischen Kontexten auf:

8.2 Gott, Atome, Gene und Computer

- Nach Whitehead begegnet die Gottesfrage zweifach in kosmologischen Kontexten:

---

[151] WHITEHEAD: Prozeß. 612-613.
[152] Vgl. WHITEHEAD: Prozeß. 626.
[153] WHITEHEAD: Prozeß. 618.

- Nicht nur der ontologische (vgl. oben), sondern auch die anderen klassischen Gottesbeweise werden mit dem Instrumentar der zeitgenössischen Logik und Wissenschaftstheorie analysiert;[154]
- daneben entstehen kosmologische Konzeptionen mit zum Teil ungebremsten theologischen Hypothesenbildungen; exemplarisch sei verwiesen auf:
  - Hans Jonas (1903-1993) sucht unter Rekurs auf Elemente jüdischer Mystik (Kabbala) einen Gottesgedanken „nach Auschwitz", der in jedem Fall die Preisgabe des Allmachtsgedankens verlangt;
  - Hoimar von Ditfurth (1921-1989) identifiziert das, was sich innerweltlich als Evolution darstellt, aus einem außerzeitlichen Blickwinkel mit „Schöpfung";
    Symbolisch-Religiöses wird im Gang der Evolution naturwissenschaftlichen Beschreibungen weichen; in beider Koinzidenz vollendet sich Schöpfung.
  - In Richard Dawkins' Soziobiologie fungiert „Gott" als selektiver Überlebensvorteil, der durch das „Gott-Mem" rasch weitergegeben wird:

[132] „Der Überlebenswert des Gott-Mems im Mempool ergibt sich aus seiner großen psychologischen Anziehungskraft. Es liefert eine auf den ersten Blick einleuchtende Antwort auf unergründliche und beunruhigende Fragen über das Dasein. [...] Die Arme des ewigen Gottes geben uns in unserer Unzulänglichkeit Halt, und wie die Placebo-Pille des Arztes sind sie deswegen nicht weniger wirksam, daß sie nur in der Vorstellung bestehen. [...] Gott existiert, und sei es auch nur in der Gestalt eines Mems, das in der von der menschlichen Kultur geschaffenen Umwelt [...] eine hohe Ansteckungsfähigkeit besitzt."[155]

  - Von besonderer evolutionärer Raffinesse ist dabei das Mem „Glauben", sofern es inhaltlich rationales Nachfragen abweist und damit Platz für sich schafft;
  - in zusätzlich expliziter antitheologischer Polemik gipfelt Daniel C. Dennetts (*1942)[156] Naturalisierungsprogramm.

- Aus naturwissenschaftlichen bzw. physikalischen Befunden wird unmittelbar für die Annahme der Existenz eines Schöpfers argumentiert von Jean Guitton (1901-1999) im Gespräch mit Grichka und Igor Bogdanov (*1951):

---

[154] Vgl. RICKEN, Friedo (Hg.): Klassische Gottesbeweise in der Sicht der gegenwärtigen Logik und Wissenschaftstheorie. Stuttgart; Berlin; Köln 1991.
[155] DAWKINS, Richard: Das egoistische Gen. Übers. von Karin de Sousa Ferreira. Berlin; Heidelberg; New York 1978. 227-228.
[156] Vgl. bes. DENNETT, Daniel C.: Darwins gefährliches Erbe: Die Evolution und der Sinn des Lebens. Aus d. Amerik. von Sebastian Vogel. Hamburg 1997.

[133] „Zwar haben uns die Mathematiker noch nicht die ganze Geschichte des Zufalls erzählt: Sie wissen nicht einmal, was das ist. Aber sie haben mit Hilfe von Rechnern, die Zufallszahlen erzeugen, bestimmte Experimente durchführen können. Anhand einer von den numerischen Lösungen algebraischer Gleichungen abgeleiteten Regel hat man *Zufall produzierende Maschinen* programmiert. Hier weisen die Wahrscheinlichkeitsgesetze darauf hin, daß diese Rechner Milliarden mal Milliarden mal Milliarden Jahre, das heißt eine nahezu unendlich lange Zeit rechnen müßten, bevor eine Kombination von Zahlen vergleichbar denen auftauchen kann, die die Entstehung des Universums und des Lebens ermöglicht haben. Anders gesagt, die mathematische Wahrscheinlichkeit, daß das Universum durch Zufall hervorgebracht wurde, ist praktisch gleich Null."[157]

> Das Werk endet mit einem H. Bergson zugeschriebenen Diktum, das von Whitehead stammen könnte: daß das Universum eine Maschine sei, die Götter hervorbringe.[158]

- Frank J. Tipler verfolgt in seinem Naturalisierungsprogramm die Intention, die Seele als Software zu interpretieren und Theologie als einen Teilbereich der Physik, woraus für ihn die Möglichkeit eines naturwissenschaftlichen Beweises für die Existenz Gottes, die Auferstehung und die Ewigkeit folgt:

[134] „Die Toten werden auferstehen, sobald die Leistungsfähigkeit aller Computer im Universum so groß ist, daß die zur Speicherung aller möglichen menschlichen Simulation erforderliche Kapazität nur noch einen unbedeutenden Bruchteil der Gesamtkapazität darstellt."[159]

> Wohlwollendes Interesse von einigen theologischen Seiten läßt erahnen, daß Physikalismus und Supranaturalismus bisweilen nahe beieinanderliegen[160] (vgl. ↗Datenkritik).

- Carl-Friedrich von Weizsäcker
  - hält einen naturphilosophisch ansetzenden Schöpfungsgedanken für unergiebig;
  - zögert jedoch nicht, sein quantentheoretisch angesetztes Bild von der Wirklichkeit mit weitreichenden theologischen Konsequenzen zu verknüpfen.

---

[157] GUITTON, Jean – BOGDANOV, Grichka – BOGDANOV, Igor: Gott und die Wissenschaft. Auf dem Weg zum Materialismus. Aus d. Französischen von Eva Moldenhauer. München o.J. 74. [künftig zitiert: GUITTON – BOGDANOV – BOGDANOV: Gott und die Wissenschaft.]
[158] Vgl. GUITTON – BOGDANOV – BOGDANOV: Gott und die Wissenschaft. 170.
[159] TIPLER, Frank J.: Die Physik der Unsterblichkeit. Moderne Kosmologie, Gott und die Auferstehung der Toten. München 1995. 279.
[160] Vgl. folgende Stellungnahmen zu Tipler: HATTRUP, Dieter: Rezension zu F. J. Tipler: Die Physik der Unsterblichkeit. In: ThGl 84 (1994). 378-381. – PANNENBERG, Wolfhart. In: Zur Debatte. Themen der Katholischen Akademie in Bayern. 24. Jg. Nr. 5. München Sept./Okt. 1994. 10-11.

Testfragen:

1. *Welches Grundmotiv steht hinter der Prozeß-Philosophie? Was macht ihr Spezifikum gegenüber der klassischen Metaphysik aus?*
2. *Von welcher Grund-Operation her gewinnt die Prozeß-Metaphysik ihr Profil?*
3. *Mit welchem Begriffsinstrumentar wird der Erfahrungsakt als die elementarste Entität analysiert?*
4. *Welche Form von Kosmologie resultiert aus diesem Ansatz und wie stellt sich im Zusammenhang mit dieser die Gottesfrage?*
5. *Wo liegen die Stärken und was sind die Schwächen der prozeßphilosophischen Gottrede?*
6. *In welche Richtungen entwickeln sich auch nach Whitehead und in der Gegenwart Diskurse philosophischer Theologie?*
7. *In welcher Form werden heute kosmologisch angesetzte Theologien vertreten? Inwiefern kann es dabei auch zu radikalen Reduktionsprogrammen kommen? Woraus ziehen diese Konzeptionen trotz schwerwiegender Einwände ihre Attraktivität?*

9. Inversionsgestalten philosophischen Gottdenkens

§ 81 Teile der zeitgenössischen philosophischen Theologie gehen mit einer Revision des Rationalitätsbegriffs einher, die sich in Inversionsverfahren, d.h. Seiten- oder Richtungsumkehrungen der Argumentationsgänge geltend macht.

9.1 Religiöse Angemessenheit als philosophischer Einsatzpunkt

- Charles Hartshorne (* 1897) setzt sein prozeßphilosophisches Konzept (invers zu Whitehead)
    - bei Gott an, um von ihm her die Welt zu denken;
    - gleichwohl beginnt er mit der Frage nach der logischen Möglichkeit von Gottesbegriffen.

- Drei Typen von Gottesbegriffen sind logisch möglich:
    - Gott ist ein ausnahmslos absolut und in keiner Weise relativ vollkommenes Wesen (klassischer Theismus);
    - Gott ist ein in manchen Hinsichten absolut, in anderen relativ vollkommenes Wesen (prozeßtheologisch);
    - Gott ist ein ausschließlich relativ vollkommenes Wesen (polytheistische Religionsformen).[161]

- Nur einer dieser Gottesbegriffe kann wahr sein;
    - das gilt gemäß Hartshorne für den zweiten Typ;
    - dieser erfüllt zugleich die Mindestbedingungen für einen adäquaten Gottesbegriff, nämlich:
        - das, was in allem vorreflexiven religiösen Handeln und Sprechen mit Gott gemeint wird, auf den Begriff zu bringen;
        - die „Gottesidee" so zu erfassen, daß deren Geltung nicht nur die faktische Welt, sondern jede mögliche Welt betrifft und deshalb als nicht-kontingent ausgewiesen ist.

- Religionspraktisch meint „Gott": „the One Who is Worshipped" (der Eine, der verehrt wird);
    - Verehrung bedeutet, eine bewußte einheitliche Antwort auf das Leben zu geben, d.h.:

---

[161] Vgl. HARTSHORNE, Charles: The Formally Possible Doctrines of God. In: BROWN, D. – JAMES, R.E. – REEVES, G. (Hgg.): Process Philosophy and Christian Thought. Indianapolis 1971. 188-214.

- Im religiösen Akt gewahren wir uns als individuelle Einheit und Ganzheit dem Ganzen der Welt gegenüber, die als solches ihrerseits ein individuelles Gegenüber ist;
- dieses Weltganze wird mit Gott i.S. eines kosmischen Individuums identifiziert;
- unterschieden sind die menschlichen Individuen vom kosmischen Individuum durch dessen Vollkommenheit gegenüber der Fragmentarität der ersteren.
 Vollkommenheit bedeutet, allem Wirklichen und Möglichen überlegen zu sein (↗„perfectio pura" der scholastischen Ontologie).

- Problemüberhänge des Ansatzes:
  - Aus dem Begriff der Verehrung resultieren keine Bestimmungen bezüglich des Verehrten;
  - die Identifikation von kosmischem Individuum qua Gesamt des Gegenübers menschlicher Individuen und Gott ist nicht weiter ausgewiesen; bei Zuschreibungen (z.B. „Liebe") handelt es sich um Äquivokationen.

- Gegen diese Äquivokation entwickelt Hartshorne einen Begriff des Individuums, der auf dessen fragmentarische wie vollkommene Instantiierung passen soll:
  - Als wesentliches Merkmal von Individuen wird dazu Interaktion begriffen;
  - von daher wird Wirklichkeit unschwer als Netzwerk von Interaktionen beschreibbar;
  - das Gesamt der Wirklichkeit erscheint so als komplexer sozialer Prozeß;
    das legt sich von selbst als Vermittlungspunkt von philosophischer Gotteslehre und christlichem Trinitätstraktat nahe;
  - wenn „normale" Individuen mit einigen anderen interagieren, läßt sich eines denken, das mit allen interagiert und alle anderen – mit einigen agierenden – mit ihm, so daß jenem Individuum Universalität eignet;
  - dies trifft auf das kosmische Individuum („Gott") zu, sofern seine Individualität erst kraft der Identität der fragmentarischen Individuen zur Geltung kommt und zugleich die Möglichkeitsbedingung von deren Individualität ist.
   So können
    - Gott und Welt differenziert werden, ohne gegeneinander gestellt zu werden;
    - der Gottesbegriff und der Gedanke „Unübertreffbarkeit" hinsichtlich der Quantität und Qualität von Interaktionen verbunden werden.

- Soll das kosmische Individuum nicht logisches Konstrukt sein, muß seine Existenz ausgewiesen werden:
    - Empirische Ansätze scheiden aus, sofern das kosmische Subjekt Möglichkeitsbedingung *aller* empirischen Individuen ist;
    - folglich muß ein Beweis a priori geführt werden (weshalb sich Hartshorne auch intensiv mit Anselms Argument befaßt);
        Zwischenbemerkung:
            - Weil Individuen Interaktionsinstanzen sind, besteht nur eine relative Differenz zwischen empirischen Individuen und kosmischen Individuum (aber es besteht eine!);
    - Gott ist notwendig auf irgendeine Welt, nicht aber auf die faktisch gegebene Welt bezogen:

[135] „God requires *a* world, but not *the* world. By contrast, what the world requires is not simply *a* God but *the* one and only possible God, the Worshipful One. Thus God in his eternal necessity is alone and unrivalled among individuals."
[„Gott braucht *eine* Welt, aber nicht *die* Welt. Im Gegensatz dazu braucht die Welt nicht einfach *einen* Gott, sondern *den* einen und einzigen möglichen Gott, den anbetungswürdigen Einen. So ist Gott in seiner ewigen Notwendigkeit allein und einzigartig unter den Individuen."][162]

    Das impliziert:
        - Gott ist streng umfassend gedacht;
        - Gott ist einzigartig unter allen Individuen;
        - Gott ist dynamisch steigerbare Vollkommenheit und kann darum durch interaktive Beziehung auf mögliche Welt von sich selbst übertroffen werden;
            damit ist Gott in der Perspektive der Grundunterscheidung von „möglich" und „wirklich", also der des ontologischen Arguments gedacht:

- Im Ausgang von den vorausgehenden Bestimmungen kann das ontologische Argument folgendermaßen rekonstruiert werden:
    - Kern ist die Unmöglichkeit, die Nicht-Existenz des kosmischen Individuums zu denken, das folgt aus dem Ansatz bei „the One Who is Worshipped";
        - wäre die Nicht-Existenz denkbar, ließen sich Gottesverehrung und Götzendienst nicht mehr unterscheiden;
            - Gott existiert also notwendig oder gar nicht.
- Formalisiert:

---

[162] HARTSHORNE, Charles: A Natural Theology for Our Time. La Salle (Illinois) ³1981. 64-65. [Übers.: A. Deeken – Künftig zitiert: HARTSHORNE, Natural.]

Satz (1): „Gott existiert entweder unmöglich oder notwendig."
Satz (2): „Es ist möglich, daß Gott existiert."
Folge: „Gott existiert notwendig."
- Ein gravierender Schwachpunkt steckt dabei in der zweiten Prämisse:
  - Wer sie bestreitet mit der Behauptung:
    Satz (2a) „Es ist nicht möglich, daß Gott existiert",
  tut das ja auf der Basis einer kategorischen Vorentscheidung gegen Gottes Sein;
  - wer sie aber bestreitet mit der Behauptung:
    Satz (2b) „Es ist möglich, daß Gott nicht existiert"
  trifft keine Vorentscheidung, so daß der Satz innerhalb eines Schlusses genauso gerechtfertigt ist wie Satz (2);
    darum kann der Schluß auch heißen:

Satz (1): „Gott existiert entweder unmöglich oder notwendig."
Satz (2): „Es ist möglich, daß Gott nicht existiert."
Folge: Es ist unmöglich, daß Gott existiert.

- Damit ist ein Kontrastresultat zu Anselm erzielt, ohne daß dafür bei diesem ein logischer Fehler diagnostiziert würde.
  Das Resultat (die Unmöglichkeit von Gottes Existenz bzw. Nicht-Existenz) hängt von der an zweiter Stelle in Anspruch genommenen Prämisse ab;
  - beide Prämissen sind formal nicht unterschieden;
  - welche von ihnen, entscheidet sich auf einer erfahrungsabhängigen Basis (dem Blick des Argumentierenden auf die Welt):

[136] „What the unbeliever who does not find the divine glory in things must rather do is to persuade himself the definition of God s logically (not factually) suspect – confused, contradictory, or hopelessly vague. And he can find plausible grounds for these charges. It is precisely the coherence and clarity of the idea of deity which 'proofs' must try to display. Grubbing among facts is neither here nor there. Self-understanding is the issue: someone is confused, either the theist, or the nontheist. Which is it? That is the real question.
Note that we have here something like the old doctrine: only faith can relate us to God. Only the sense, trust, or insight that we really *mean* something by our worship, and are not talking nonsense, or chasing a formless pseudoconception can give a theistic answer."
[„Was der Ungläubige, der die göttliche Herrlichkeit nicht in den Dingen findet, vielmehr tun muß, ist sich selbst zu überzeugen, daß die Definition Gottes logisch (nicht faktisch) verdächtig ist – verwirrt, widersprüchlich oder hoffnungslos vage. Und er kann plausible Gründe für diese Beschuldigungen finden. Es ist genau die Kohärenz und Klarheit der Idee des Göttli-

chen, die 'Beweise' zu entfalten versuchen müssen. Um das Ausgraben von Fakten geht es weder hier noch dort. Das Selbst-Verständnis ist der Streitpunkt: Irgend jemand ist verwirrt, entweder der Theist oder der Atheist. Wer ist es? Das ist die wirkliche Frage.
Beachte, daß wir hier so etwas wie die alte Doktrin haben: Nur der Glaube kann uns mit Gott verbinden. Allein das Gefühl, das Vertrauen oder die Einsicht, daß wir wirklich etwas *meinen* bei unserer Verehrung und nicht nur Unsinn reden oder einer Pseudovorstellung nachjagen, kann eine theistische Antwort ergeben."][163]

- Die Entscheidung für die eine oder andere Prämisse dependiert vom Gläubig- oder Nicht-Gläubigsein;
- der Gedanke eines Möglichseins Gottes zieht unweigerlich den Gedanken möglicher Nicht-Existenz und sogar den der Undenkbarkeit Gottes nach sich;
- darum dehnt Hartshorne sein ontologisches Argument so weit, daß es zu einem kosmologischen Argument wird:

[137] „[T]he existence of any world at all is what proves God. So, then, were there nothing worldly, there would also be nothing superwordly or divine? What then would there be – just bare nothing, not anything? And what does this mean? I note the words, but for me they do not add up to a definite and coherent meaning. 'There would not be anything' – what do 'there' and 'be' stand for in this context? [...] 'There' means, in the neighborhood of, or in a certain direction and at a certain distance from, the speaker or the hearer. But with 'there is not anything', even 'there is' seems to lose all definiteness. In addition, if I am right that God's unsurpassability implies that his potentiality is coincident with potentiality itself, even the 'possibility of nothing' must express something which God could be or have. But universal nonexistence, including his own, he logically could not be or have. It follows that the possibility of 'nothing worldly', if indeed it be a possibility, cannot imply the possibility of divine nonexistence, but only of God existing in solitude."
[„Die Existenz irgendeiner Welt überhaupt ist es, die Gott beweist. Gilt dann etwa, daß, wenn da gar nichts wie eine Welt wäre, dann auch nichts Überweltliches oder Göttliches wäre? Was wäre dann – nur das reine Nichts, das Nicht-irgend-etwas? Und was bedeutet das? Ich nehme die Worte zur Kenntnis, aber für mich fügen sie sich nicht zu einem bestimmten und kohärenten Ganzen zusammen. 'Da würde nicht irgend etwas sein' – was bedeuten in diesem Kontext 'da' und 'sein'? [...] 'Da' meint in der Nachbarschaft von oder in einer bestimmten Richtung und einer bestimmten Distanz vom Sprecher oder Hörer. Aber in 'Da würde nicht irgend etwas sein' scheint selbst das 'da ist' jede Bestimmtheit zu verlieren. Hinzu kommt, daß, wenn ich recht habe, daß Gottes Unübertroffenheit einschließt, daß seine Entwicklungsmöglichkeit zusammenfällt mit der Entwicklungsmöglichkeit an sich, die 'Möglichkeit von Nichts' selbst etwas ausdrücken muß, was Gott sein oder haben kann. Aber universelle Nicht-Existenz, ihn selbst eingeschlossen, kann er logischerweise weder sein noch haben. Es folgt daraus, daß die Möglichkeit von 'nichts wie eine Welt', wenn es denn wirklich eine Möglichkeit ist, nicht die Möglichkeit der göttlichen Nicht-Existenz einschließen kann, sondern nur, daß Gott allein in der Einsamkeit existiert."][164]

- Der Gedanke, daß überhaupt nichts ist, wird durch den *Gedanken*, daß überhaupt nichts ist (der ist ja!) performativ widerlegt;

---

[163] HARTSHORNE: Natural. 88.
[164] HARTSHORNE: Natural. 83-84.

- es ist möglich, daß es nichts gibt, aber es ist unmöglich zu denken, daß es nichts gibt;
- gibt es aber etwas (und sei es den Gedanken, daß es nichts gibt), muß es auch Gott qua Gegenüber fragmentarischer Individuen geben;
- wenn irgendeine (mögliche oder wirkliche) Welt existiert, existiert auch Gott.
- welche der beiden Ausgangsprämissen (Satz 2 oder Satz 2b) dabei ins Spiel kommt, hängt letztlich davon ab, welche von ihnen wahrscheinlicher ist.

9.2 Induktive Reformulierungen

- Von Richard Swinburne (*1934) stammt die elaborierteste philosophische Theologie der Gegenwart:[165]
  - Erklärtermaßen geht es Swinburne darum, vom kosmologischen Ausgangspunkt her zum biblisch-christlich personalen Gott vorzustoßen;
  - das impliziert auch die Frage nach den klassischen Gottesprädikaten (vgl. oben);
  - methodisch geschieht dies in der Klärung der Bedeutung religiöser Behauptungen und der Prüfung ihrer Gerechtfertigtheit;
  - die prinzipielle Kritik des Logischen Positivismus und des Kritischen Rationalismus weist Swinburne ab:
    - die Sinnhaftigkeit eines Satzes ist nicht von Verifikation oder Falsifizierbarkeit abhängig, da ein Satz dann sinnvoll ist, wenn wir ihn verstehen;
    - analoges und metaphorisches Sprechen ist kein Sonderfall der Theologie, sondern begegnet gerade auch in der Naturwissenschaft;
    - die These einer prinzipiellen Unmöglichkeit sinnvoller Gottrede ist ungesichert:
- [138] „Nun, ich kann nur sagen: versuchen wir es und sehen zu, was dabei herauskommt! Sehen wir zu, ob wir dabei zu Aussagen gelangen, von denen sich zeigen läßt, daß sie wahrscheinlich wahr sind, obwohl sie sich nicht auf sinnlich observierbare Phänomene erstrecken. Wenn dies gelingt, dann haben wir etwas Wichtiges erreicht, auch wenn wir Worte dabei in

---

[165] Zum Folgenden vgl. SWINBURNE, Richard: The Existence of God. Oxford 1979. Dtsch.: Die Existenz Gottes. Aus dem Englischen übersetzt von Rudolf Ginters. Stuttgart 1987. [Künftig zitiert: SWINBURNE: Existenz.] – „Die Hypothese, daß es einen Gott gibt". Richard Swinburne im Gespräch mit Christoph Jäger. In: Information Philosophie 23 (1995). Heft 2. 32-39. [Künftig zitiert: SWINBURNE: Interview] – RUNGGALDIER, Edmund: Swinburnes Deutung des teleologischen Gottesbeweises. In: Ricken, Friedo (Hg.): Klassische Gottesbeweise in der Sicht der gegenwärtigen Logik und Wissenschaftstheorie. Stuttgart; Berlin; Köln 1991. 153-173.

analogischem Sinn verwenden. Ich sehe keinen Grund dafür anzunehmen, daß wir bei einem solchen Unternehmen von vornherein zum Scheitern verurteilt sind. Außerdem ist meines Erachtens jedes Argument, das zeigen will, wir seien bei einem theoretischen Unternehmen von vornherein zum Scheitern verurteilt, zweifelhaft."[166]

  Damit ist zugleich das Prinzip des methodischen Atheismus als Denkverbot in Sachen philosophischer Theologie abgewiesen.

- Swinburnes Konzept stellt eine wahrscheinlichkeitslogische Reformulierung der ersten, zweiten, dritten und fünften der „quinque viae" des Aquinaten dar;
  - die spezifische Rationalität des Wahrscheinlichkeitsansatzes wird in ein Gleichnis gefaßt:

[139] „Sie sind in einer Höhle gefangen, und es gibt eine Reihe von Wegen, die hinausführen. Wenn Sie bleiben, wo Sie sind, werden Sie das Ziel, hinauszukommen, nicht erreichen; wenn Sie hinaus wollen, müssen Sie einen der Wege wählen. Es mag sein, daß Sie denken, daß wahrscheinlich keiner der Wege ans Licht führt. Doch es ist dennoch rational, einen zu wählen, solange es nur eine Chance gibt, daß er hinausführt. Natürlich werden Sie den Weg wählen, bei dem es Ihnen am wahrscheinlichsten erscheint, daß er hinausführt."[167]

- Grundunterscheidungen und elementare Argumentationszüge:
  - Differenziert werden deduktive und induktive Argumente:
    - Deduktiv schlüssig ist ein Argument, dessen Folgerung nicht falsch sein kann, weil die Prämissen richtig sind:

[140] „P_1: Alle Menschen sind sterblich.
   P_2: <u>Sokrates ist ein Mensch.</u>
   C: Sokrates ist sterblich."

    - induktive Argumente, bei denen die Prämissen die Konklusion stützen, treten in zwei Varianten auf :

[141] „P_1: 71% der Einwohner Bayern sind katholisch.
   P_2: <u>Müller ist Bayer.</u>
   C: Müller ist katholisch."[168]

  Die Prämissen machen die Wahrheit der Folgerung wahrscheinlicher als das Gegenteil;
    davon zu unterscheiden:

[142] „P: <u>Jeder von 100 in verschiedenen Teilen der Welt beobachteten Raben ist schwarz.</u>
   C: Alle Raben sind schwarz."[169]

  Die Prämisse erhöht die Wahrscheinlichkeit der Konklusion, kann sie aber nicht plausibel machen;
    darum unterscheidet Swinburne

---

[166] SWINBURNE: Interview. 33.
[167] SWINBURNE: Interview. 34.
[168] SWINBURNE: Existenz. 13.
[169] SWINBURNE: Existenz. 14.

- P (probable)-induktive Argumente (erzeugen Wahrscheinlichkeit);
- C (confirm)-induktive Argumente (bekräftigen Wahrscheinlichkeit);

letztere Induktionsform ist in eine „Confirmation Theory" eingebettet, die formalisiert in die Gottesbeweis-Reformulierung eingeht; die Festlegungen in der Confirmation Theory lauten:

[143] P   = Probable (Wahrscheinlichkeit)
       p,q,...   = Propositionen (Aussagen über Sachverhalte)
       P(p/q)   = Wahrscheinlichkeit von p, wenn q gegeben
       h   = Hypothese
       b   = Beweismaterial
       w   = Hintergrundwissen
       b.w   = Konjunktion von b und w = sowohl b als auch w
                   (bisweilen statt „." auch „&" oder „∧").[170]

- Ein schlüssiges C-Argument lautet: $P(h/b.w) > P(h/w)$;
- Ein schlüssiges P-Argument: $P(h/b.w) > ½$;
(Wahrscheinlichkeitswerte liegen zwischen 0 und 1).

- Damit läßt sich das induktive Beweisprogramm leicht angeben:

[144] „Unsere Hypothese h laute nun: 'Gott existiert'. Beweisgründe, welche für die Existenz Gottes vorgebracht werden, seien die Propositionen b_1, b_2, b_3 usw. So stehe b_1 für 'Es existiert ein physisches Universum'. Bei der Argumentation von b_1 auf h handelt es sich also um das kosmologische Argument. $P(h/b_1.w)$ steht nun für 'die Wahrscheinlichkeit, daß Gott existiert, unter der Voraussetzung, daß es ein physisches Universum gibt' – sowie weiterer tautologischer Beweisgründe, die später außer Betracht bleiben können. Wenn $P(h/b_1.w) > ½$, dann handelt es sich bei dem Argument von b_1 auf h um ein gutes P-induktives Argument. Ich werde sechs Argumente (auf der Basis von $b_1 ... b_6$) zugunsten der Existenz Gottes sowie eines (b_7) gegen seine Existenz diskutieren. Ich will dann zeigen, daß für jeden Beweisgrund b_n (wobei n=1 ... 6) gilt $P(h/b_n.w) > P(h.w)$ und daß $P(h/b_7.w) = P(h/w)$. Entscheidend ist am Ende dann die Frage, ob tatsächlich $P(h/b_1 ... b_6.w) > ½$."[171]

- Das Beweisziel bezieht sich nicht auf einzelne Argumente, sondern wendet ein kumulatives Verfahren an;
- verknüpft werden
    - das kosmologische Argument
    - mit teleologischen Argumenten;
    - mit Argumenten aus dem Auftreten des Bewußtseins des Phänomens der Moral;

---

[170] Vgl. SWINBURNE: Existenz. 22-26.
[171] SWINBURNE: Existenz. 24.

- mit einem Argumenten aus dem Gedanken der Vorsehung;
- mit Argumenten aus der Geschichte, verknüpft mit der Wunderthematik;
- mit einem Argument aus der religiösen Erfahrung.

- Die wahrscheinlichkeitslogische Reformulierung des kosmologischen Arguments:
    - Beweismaterial b: Es gibt dieses unser Universum;
    - Hintergrundwissen w: Alles, was wir praktisch sicher wissen;
    - Hypothese h: Existenz eines Gottes, der ein physisches Universum schaffen kann und Gründe hat, dies zu wollen.
      Daraus resultiert ein C-induktives Argument:
        - Angesichts der Komplexität und Homogenität der Welt nimmt sich $P(b/h.w)$ wahrscheinlicher aus als $P(b/w)$, auch wenn die Wahrscheinlichkeit von $P(b/h.w)$ nicht sehr hoch ist; doch ist die von $P(b/w)$ noch geringer;
        - das gilt aber nur, wenn $P(b/w) \geq 0$

- John L. Mackies Kritik:
    - Swinburne nehme eine unbegründete Ausgangswahrscheinlichkeit in Anspruch:
[145] „Wie ließe sich überhaupt irgendeine Ausgangswahrscheinlichkeit dafür angeben, daß es einen Gott gibt, falls es ein solches Universum nicht gäbe? [...] Das Problem besteht in folgendem: Wenn der Beweisgrund *b* in der Existenz einer komplexen physischen Welt bestehen soll, dann muß das Hintergrundwissen oder die Hintergrundannahme dies ausschließen und kann daher nur logische und mathematische Wahrheiten beinhalten. Aber welche Wahrscheinlichkeit könnte der Gotteshypothese in bezug auf solche Wahrheiten zukommen?"[172]
    - Die Annahme eines Schöpfergottes ist unwahrscheinlich, weil das eine direkte Realisierung von Absichten ohne physisch-materielle und kausale Vermittlung impliziert:
[146] „Alles, was wir über die Verwirklichung von Absichten wissen, bezieht sich auf *verleiblichte* Absichten, die *indirekt* durch auf das beabsichtigte Ergebnis gerichtete Körperbewegungen oder leibliche Veränderungen verwirklicht werden; und auch die Fähigkeit, Absichten in dieser Weise zu verwirklichen, hat selbst eine *kausale* Geschichte – entweder ist es die eines Entwicklungs- oder die eines Lernprozesses oder die beider. Nur wenn man solche entscheidenden Merkmale außer acht läßt, kann man auf eine Analogie zum vorgeblichen göttlichen Handeln verweisen."[173]
    - Hypothese h erfüllt ihre Funktion nicht, weil das Hintergrundwissen h keinerlei Anfangswahrscheinlichkeit gewährt;

---

[172] MACKIE, John L.: Das Wunder des Theismus. Argumente für und gegen die Existenz Gottes. Dt. von Rudolf Ginters. Stuttgart 1985. 158. [Künftig zitiert: MACKIE: Wunder.]
[173] MACKIE: Wunder. 160.

- durch h sollen die Ordnungsstrukturen der Welt erklärt werden, was aber nicht geschieht: Sie werden nur in den Geist des Schöpfers verlagert, d.h.
- das Problem wird aus der kosmologischen auf die teleologische Ebene geschoben:

- Die wahrscheinlichkeitslogische Reformulierung des teleologischen Arguments:
    - Zwei Ausgangspunkte werden beansprucht:
        - die räumliche und
        - die zeitliche Ordnung der Welt;
    - räumliche Ordnung meint
        - das Auftreten komplexer Dinge;
        - in Anlehnung an die Evolutionstheorie wird Natur als maschinenproduzierende Maschine aufgefaßt („Maschine" umfaßt auch Biomorphes);
        - die Komplexität der Dinge macht einen Schöpfergott wahrscheinlich, jedoch
            - kann nicht bewiesen werden, daß in unserer Erfahrung maschinenproduzierende Maschinen nur auf Planung zurückgehen;
            - bedürfte die Natur-Ordnung eines sich selbst erklärenden Prinzips, so wäre die kosmologische Perspektive wieder etabliert;

    - zeitliche Ordnung meint,
        - daß die Eigenschaften der Elementarteilchen über die Zeit konstant bleiben, d.h.
        - im ganzen Universum treten Gesetzmäßigkeiten auf und gerade die elementarsten lassen sich wissenschaftlich nicht erklären;
        - Hypothese h (Dasein und Eigenschaften Gottes) macht das Auftreten der Gesetzmäßigkeiten wahrscheinlicher,
            - wenn sie nicht anders erklärbar oder als unverursachte unwahrscheinlich sind;
            - wenn Gottes Eigenschaften diese Ordnung und nicht andere Zustände wahrscheinlich machen:
                Beides bejaht Swinburne:

[147] [Festlegungen der Formalisierung:
b   = Ordnungsstruktur in der Welt
h   = Hypothese Gott
w   = Hintergrundwissen
>>   = „sehr viel größer als"]

„Die Ordnung in der Welt ist demnach ein Hinweis auf die Existenz Gottes. Dies sowohl deswegen, weil sie *a priori* sehr unwahrscheinlich ist, als auch deswegen, weil Gott aufgrund der ihm zugeschriebenen Eigenschaften sehr gute, anscheinend sogar ausschlaggebende Gründe hat, ein geordnetes Universum zu erschaffen, wenn er überhaupt eines erschafft. Es scheint, daß P(b/h.w) nahe bei 1 liegt. Aus beiden Gründen ist P(b/h.w)>>P(b/~h.w) und daher P (h/b.w)>>P(h/w). Ich komme also zum Schluß, daß das teleologische Argument auf der Basis der zeitlichen Ordnung ein gutes C-induktives Argument für die Existenz Gottes darstellt."[174]

Mackies Kritik:
- die schlechte Ausgangswahrscheinlichkeit der theistischen Hypothese für sich genommen erhöht die Wahrscheinlichkeit der Ordnungs-Hypothese so gut wie nicht;
- zusätzliche inhaltliche Anreicherungen der theistischen Hypothese (etwa ein unmittelbar wirkender Geist) sind beliebige Ad-hoc-Konstruktionen.

- Mit Blick auf sein gesamtes Beweismaterial sieht Swinburne vom Gewicht aller religiösen Erfahrung der Menschheit her ein gutes P-induktives Argument gegeben, wenn durch alle anderen Beweismaterialien Hypothese h (Dasein Gottes) nicht als eminent unwahrscheinlich gelten muß – und das schließen die C-induktiven Argumente aus:

[148] „Die hier betrachteten Phänomene sind verwunderlich und seltsam. Der Theismus macht sie nicht sehr wahrscheinlich; es gibt aber auch nichts anderes, was sie auch nur im geringsten wahrscheinlich machen würde; dennoch schreien sie geradezu nach einer Erklärung. *A priori* ist der Theismus vielleicht sehr unwahrscheinlich; er ist aber weitaus wahrscheinlicher als jede konkurrierende Hypothese. Daher stellen unsere Phänomene einen wesentlichen Beweis für die Wahrheit des Theismus dar."[175]

Die Annahme des formal korrekt gewonnenen Resultats hängt von der Hypothese h zugebilligten Ausgangswahrscheinlichkeit ab, und dies wiederum von der jeweiligen Erfahrungsinterpretation.
- In inhaltlicher Dimension läßt sich keine Entscheidung herbeiführen;
- also kann untersucht werden, ob dies in formaler Dimension durch Ausarbeitung eines alternativen Rationalitätskonzepts möglich ist.

---

[174] SWINBURNE: Existenz. 196.
[175] SWINBURNE: Existenz. 403.

9.3 Rationalität mit verlagerter Beweislast

- Aus den vorausgehenden Einschränkungen bzw. Widerlegungsmöglichkeiten von Gottesbeweisen lassen sich alternative Konsequenzen ziehen:[176]
    - Der Rationalitätsanspruch für den Glauben an einen Gott wird preisgegeben, was einer Abmeldung der Theologie aus dem intellektuellen Diskurs gleichkommt;
    - oder der Rationalitätsbegriff wird vom Begriff der Begründbarkeit abgekoppelt;
        - das scheint attraktiv, weil Gottesglaube dann nicht mehr notwendig als irrational gelten muß, wenn sich für ihn keine Gründe aufbieten lassen;
        - jedoch werden religiöse Behauptungen einem epistemologisch „weichen" Kriterium unterstellt, das vielfältig in Anspruch genommen werden kann, formal gesehen in den Fideismus führt und tendentiell mit der Preisgabe des Rationalitätsanspruchs konvergiert.

- Dieser Konsequenz entkommt nur ein Begriff von Rationalität, der ohne beweisende Begründungen auskommt und dennoch ein normatives Moment behält; die einschlägigen Lösungen gehen damit auf prekäre Weise um:
    - Für Karl Popper (1902-1994) führen Beweisversuche erfahrungswissenschaftlicher Theorien notwendig in einen infiniten Regreß;
    - Hans Albert (*1921) hat dieses Argument in seinem „Münchhausen-Trilemma" ausdifferenziert: Alles Begründen endet entweder im infiniten Regreß, im Zirkel oder in dogmatischem Abbruch des Verfahrens.

        Alles Normative (sofern es auftaucht) wird der Entscheidung, was jetzt als vernünftig gelten soll, überantwortet.
    - Für Alvin Plantinga können als Fundament von Beweisen nur „properly basic"-Sätze fungieren, was nur für empirisch evidente, selbstevidente oder irrtumsimmune Sätze zuträfe;
        - das entscheidende Problem: Ist dieser Grundsatz selbst properly basic?

---

[176] Vgl. dazu auch: KREINER, Armin: Demonstratio religiosa. In: Döring, Heinrich – Kreiner, Armin – Schmidt-Leukel, Perry: Den Glauben denken. Neue Wege der Fundamentaltheologie. Freiburg; Basel; Wien 1993. (QD; 147). 9-48. – MÜLLER, Klaus: Wieviel Vernunft braucht der Glaube? Erwägungen zur Begründungsproblematik. In: Ders. (Hg.): Fundamentaltheologie. Fluchtlinien und gegenwärtige Herausforderungen. In konzeptioneller Zusammenarbeit mit Gerhard Larcher. Regensburg 1998. 77-100. – LÖFFLER, Winfried: Bemerkungen zur zeitgenössischen „Christlichen Philosophie" in Nordamerika. In: ThPh 73 (1998). 405-414. – NIEDERBACHER, Bruno: Zur Epistemologie des theistischen Glaubens. Gotteserkenntnis nach Alvin Plantinga. In: ThPh 74 (1999). 1-16.

- Wenn die Antwort „ja" lautet, dann genügt der Grundsatz seinen eigenen Anforderungen nicht, da er weder empirisch evident, selbstevident noch irrtumsimmun ist;
- wenn die Antwort „nein" heißt, dann ist eine Begründung des Grundsatzes durch properly basic-Sätze notwendig;

  Plantinga sucht das dadurch einzulösen, daß er den Glauben an Gott selbst als properly basic auffaßt.[177]

- Erfolgversprechender nimmt sich demgegenüber auf den ersten Blick das Inversionsprogramm von Nicholas Wolterstorff aus:
  - Zu seiner leitenden Hintergrundannahme nimmt es, daß – gemessen am Maßstab der Begründung – viele Alltagsüberzeugungen als irrational, weil nicht beweisbar zu gelten hätten;
  - von daher kann als Kriterium der Rationalität einer Überzeugung gelten, daß es (bislang) keine angemessenen Einwände gegen diese Überzeugung gibt;

[149] „If a person has *adequate reason* to cease from some one of his beliefs, then he is rationally unjustified in holding it even if it was produced in him by a reliable process. And if a person *lacks adequate* reason to cease from some one of his beliefs, then he is rationally justified in holding it even if it was produced in him by an unreliable process. [...]
A person is rationally justified in believing a certain proposition which he does believe unless he has adequate reason to cease from believing it. Our beliefs are rational unless we have reason for refraining; they are not nonrational unless we have reason *for* believing. They are innocent until proved guilty, not guilty until proved innocent."
[Wenn eine Person *angemessene Gründe* hat, von einer ihrer Überzeugungen abzulassen, ist sie rational nicht gerechtfertigt, an dieser festzuhalten, selbst wenn sie in ihr durch einen zuverlässigen Prozeß zustande gekommen ist. Und wenn einer Person *angemessene* Gründe *fehlen*, von einer ihrer Überzeugungen abzulassen, dann ist sie rational gerechtfertigt, an dieser festzuhalten, selbst wenn sie in ihr durch einen unzuverlässigen Prozeß zustande gekommen ist. [...]
Eine Person ist rational gerechtfertigt, eine bestimmte Behauptung zu glauben, welche sie glaubt, bis sie angemessene Gründe hat, diesen Glauben aufzugeben. Unsere Überzeugungen sind rational, bis wir Gründe haben, sie zurückzuweisen; sie sind nicht nicht-rational, bis wir Gründe haben, sie zu glauben. Sie sind unschuldig, bis sie sich als schuldig erweisen, nicht schuldig, bis sie sich als unschuldig erweisen."][178]

- Keinen positiven Grund für eine Annahme zu haben, ist noch kein Grund, die Annahme aufzugeben;
- Rationalität besteht darin, Annahmen kritischer Prüfung zu unterziehen.

---

[177] Vgl. PLANTINGA, Alvin: Reason and Belief in God. In: PLANTINGA, Alvin – WOLTERSTORFF, Nicholas (Hgg.): Faith and Rationality: Reason and Belief in God. London 1983. 16-93.

[178] WOLTERSTORFF, Nicholas: Can Belief in God Be Rational If It Has No Foundations? In: PLANTINGA, Alvin – WOLTERSTORFF, Nicholas (Hg.): Faith and Rationality: Reason and Belief in God. London 1983. 135-186. Hier 162-163. [Übers.: A. Deeken.]

Das Problem dabei: Es wird kein Maßstab für die kritische Prüfung benannt, denn weder Effizienz noch Konsistenz bzw. Kohärenz (von Vertretern der Konzeption ins Feld geführt) bieten ein ausreichendes Kriterium des kritischen Prüfens.
- So ergeben sich an dem Prinzip „Unschuldig bis zum Schulderweis, nicht schuldig bis zum Unschuldserweis" offene Flanken:
- Es besteht keine Verpflichtung, widersprechende Behauptungen zu registrieren;
- das wird einer Verpflichtung auf Wahrheit anvertraut;
- was aber ist Grund dieser Verpflichtung?
Erneut kehrt die Frage nach dem Kriterium zurück;
- es besteht die Möglichkeit, Widersprüche durch epistemische Strategien wieder zu beseitigen;
Kritikimmunisierung durch systematische Satzanpassung hat gewiß ihre Grenzen, bleibt aber angebbare Kriterien schuldig.
Erneut stellt sich die Kriterienfrage. Jedoch:

- Normgedanken leben ausgesprochen oder unausgesprochen von einer nicht mehr hintergehbaren Begründung;
- ein solcher ist Möglichkeitsbedingung wirklicher Vernunftautonomie und wirklicher Kommunikation:
- nur so bleibt Vernunft frei von der Auslieferung an das, worauf sie sich bezieht;
- nur durch unbedingtes Überzeugtsein kann ich die Kritik anderer wirklich wahrnehmen und werde ich für andere behaftbar;
- gerade mit Vernunftautonomie und Kommunikation aber steht und fällt das begründungsfreie Rationalitätskonzept, d.h.:
Es setzt selbst voraus, was es dem Wortlaut nach ausschließt: Begründung.

- Die Begründungsfigur, die gefunden werden muß,
- muß jenseits verifikationistischer Rationalitätskonzepte liegen;
- das tut ein transzendentaler Begründungsgedanke (der ontologisch nichts präjudiziert).

Testfragen:

1. Von welchem Konstruktionspunkt her entwickelt die Prozeß-Theologie ihr Konzept?

2. Wie wird Gott in der zeitgenössischen Prozeß-Theologie (bes. Hartshorne) gedacht?
3. Inwiefern kommt es dabei zu einer Reformulierung des Ontologischen Arguments, die jedoch im Vergleich zu Anselm zu einem Kontrastresultat führt? Was folgt daraus systematisch?
4. Was geschieht bei einer induktiven Reformulierung der Gottesbeweise (Swinburne) erkenntnistheoretisch?
5. Wie verläuft ein induktives Beweisprogramm? Was kann dagegen eingewandt werden?
6. Welche Konsequenzen lassen sich aus der Widerlegbarkeit von Gottesbeweisen ziehen?
7. In welcher Form kann Rationalität von Begründungsdiskursen abgekoppelt werden? Was folgt daraus?
8. Welches Kriterium für Rationalität führen die einschlägigen Inversionsprogramme ins Feld?
9. Was sind die offenen Flanken dieser begründungsfreien Rationalität?
10. Wie könnte eine tragfähige Alternative angesetzt werden?

10. Einspruch! Letztbegründung

§ 82 Letztbegründung intendiert nicht den Aufweis unhintergehbaren Wissens, sondern die Entwicklung eines Begriffs letztgültigen Sinnes, der als Kriterium für die Prüfung – auch unbedingter – Sinnansprüche zur Verfügung steht.

10.1 Die Fragestellung

- Terminologisch begegnet „Letztbegründung" wohl zuerst bei Edmund Husserl:

[150] „Philosophie gilt mir, der Idee nach, als die universale und im radikalen Sinne 'strenge' Wissenschaft. Als das ist sie Wissenschaft aus letzter Begründung, oder, was gleich gilt, aus letzter Selbstverantwortung, in der also keine prädikative oder vorprädikative Selbstverständlichkeit als unbefragter Erkenntnisboden fungiert."[179]

> Der Aufweis letzter denkmöglicher Erkenntnisvoraussetzungen macht Philosophie zu Philosophie.

- Die Idee, Orientierung im Denken und Handeln aus einem letztgültigen Grund zu gewinnen, stammt von Descartes:

[151] „[...I]ch will so lange weiter vordringen, bis ich irgend etwas Gewisses, oder, wenn nichts anderes, so doch wenigstens das für gewiß erkenne, daß es nichts Gewisses gibt. Nichts als einen festen und unbeweglichen Punkt verlangte Archimedes, um die ganze Erde von ihrer Stelle zu bewegen, und so darf auch ich Großes hoffen, wenn ich nur das geringste finde, das sicher und unerschütterlich ist."[180]

> „Prima philosophia" im Titel der „Meditationes" hat bei Descartes eine andere Bedeutung als bei Aristoteles, von dem dieser Ausdruck stammt. Descartes geht es um Erkenntnis-, nicht (wie Aristoteles) um Seinsgründe.
>
> Letztbegründende Erstphilosophie tritt also in verschiedenen Grundformen auf:

10.2 Paradigmata erstphilosophischer Letztbegründung

- Die metaphysische Letztbegründung:
    - Aristoteles' Nicht-Widerspruchsprinzip (vgl. oben) ist ein ontosemantischer Letztbegründungsgedanke;

---

[179] HUSSERL, Edmund: Nachwort zu: Ideen zu einer reinen Phänomenologie und phänomenologischen Philosophie. In: Ders.: GW; Husserliana V. 138-162. Hier: 139.
[180] DESCARTES: Meditationes. II,1.

spätere metaphysisch ansetzende Letztbegründungen – etwa Karl Rahners „Hörer des Wortes" (vgl. ↗Religionsphilosophie) haben die Sprachdimension vernachlässigt.

- Die bewußtseinsphilosophische Letztbegründung:
  - Die Vorform des Gedankens stammt – wie schon einmal erwähnt (vgl. ↗7.3) – von Augustinus:

[152] „Si enim fallor, sum."[181] Wenn ich mich täusche, bin ich.

Den Kern des Gedankens entfaltet Augustinus an anderer Stelle so:

[153] „[Augustinus:] Damit wir nun vom Handgreiflichsten unseren Ausgang nehmen, frage ich dich zuerst, ob du selbst bist. Daß du bei dieser Frage einer Täuschung erliegen könntest, dürfte von dir wohl kaum befürchtet werden, denn selbst getäuscht kannst du nur werden, wenn du bist.

Evodius: Allerdings, sprich also weiter.

[Augustinus:] Es ist daher sicher, daß du bist, aber diese Sicherheit hast du nur, wenn du lebst. Verstehst du, daß diese zwei Behauptungen unwidersprechliche Wahrheiten sind?

Evodius: Das verstehe ich vollkommen.

[Augustinus:] Dann ist auch die dritte Behauptung klar: daß du verstehst.

Evodius: Offenbar."[182]

So wird die Selbstgewißheit des reflektierenden Subjekts als unhintergehbar gefaßt.

- Bei Descartes wird Selbstbewußtsein erstmals zum Konstruktionspunkt einer ganzen Philosophie:

[154] „Indem wir so alles nur irgend Zweifelhafte zurückweisen und es selbst als falsch gelten lassen, können wir leicht annehmen, daß es keinen Gott, keinen Himmel, keine Körper gibt; daß wir selbst weder Hände noch Füße, überhaupt keinen Körper haben; aber wir können nicht annehmen, daß wir, die wir solches denken, nichts sind; denn es ist ein Widerspruch, daß das, was denkt, zu dem Zeitpunkt, wo es denkt, nicht existiert. Demnach ist der Satz: Ich denke, also bin ich (ego cogito, ergo sum), die allererste und gewisseste aller Erkenntnisse, die sich jedem ordnungsgemäß Philosophierenden darbietet."[183]

Anderes Wissen als das des wissenden Subjekts um sich selbst kann Descartes nur über problematische Zusatzannahmen wieder einführen.

---

[181] AUGUSTINUS: De civitate dei. XI, 26.
[182] AUGUSTINUS: De lib. arb. II, III. 7,20-21 (CCL XXIX)
[183] DESCARTES, René: Prinzipien der Philosophie. Übers. u. erl. von Arthur Buchenau. Hamburg ⁷1965. 2-3.

- Von diesem Ballast befreit Kants Form bewußtseinsphilosophischer Letztbegründung:
  Kants „Transzendentale Deduktion" ist die erste Erkenntnissicherung durch Reflexion auf die Ermöglichungsbedingungen von Erkenntnis:
[155] „Das: Ich denke, muß alle meine Vorstellungen begleiten können; denn sonst würde etwas in mir vorgestellt werden, was gar nicht gedacht werden könnte, welches eben so viel heißt, als die Vorstellung würde entweder unmöglich, oder wenigstens für mich nichts sein. Diejenige Vorstellung, die vor allem Denken gegeben sein kann, heißt Anschauung. Also hat alles Mannigfaltige der Anschauung eine notwendige Beziehung auf das: Ich denke, in demselben Subjekt, darin dieses Mannigfaltige angetroffen wird. Diese Vorstellung aber ist ein Actus der Spontaneität, d.i. sie kann nicht als zur Sinnlichkeit gehörig angesehen werden. Ich nenne sie die reine Apperzeption, um sie von der empirischen zu unterscheiden, oder auch die ursprüngliche Apperzeption, weil sie dasjenige Selbstbewußtsein ist, was, indem es die Vorstellung Ich denke hervorbringt, die alle andere muß begleiten können, und in allem Bewußtsein ein und dasselbe ist, von keiner weiter begleitet werden kann. Ich nenne auch die Einheit derselben die transzendentale Einheit des Selbstbewußtseins, um die Möglichkeit der Erkenntnis a priori aus ihr zu bezeichnen. Denn die mannigfaltigen Vorstellungen, die in einer gewissen Anschauung gegeben werden, würden nicht insgesamt meine Vorstellungen sein, wenn sie nicht insgesamt zu einem Selbstbewußtsein gehöreten, d.i. als meine Vorstellungen (ob ich mich ihrer gleich nicht als solcher bewußt bin) müssen sie doch der Bedingung notwendig gemäß sein, unter der sie allein in einem allgemeinen Selbstbewußtsein zusammenstehen können, weil sie sonst nicht durchgängig mir angehören würden. Aus dieser ursprünglichen Verbindung läßt sich vieles folgern."[184]
  Selbstbewußtes Selbstverhältnis soll nicht nur für die mit ihm selbst verbundenen Erkenntnisansprüche, sondern auch die mit Weltverhältnis des Erkenntnissubjekts verbundenen aufkommen.
  - Die Instanz, der das abverlangt wird – Selbstbewußtsein –, stellt freilich ihrerseits jede ihrer Aufklärungen vor fundamentale Probleme (vgl. ⊿Anthropologie; ⊿Religionsphilosophie);
  - das hat ein Zerbrechen des Subjekt-Paradigmas zur Folge, durch das Sprache und Gesellschaft zu philosophischen Leitbegriffen aufrücken;
  - überraschenderweise kommt es auch aus dieser Motivkonstellation zu einem erstphilosophischen Paradigma:

- Die diskurstheoretische Letztbegründung:
  - Karl-Otto Apel (* 1922) verbindet in der von ihm entwickelten Transzendentalpragmatik
    - grundlegende Züge Kants mit dem linguistic turn;

---

[184] KANT: Kritik der reinen Vernunft. B 131-133.

- Unhintergehbarkeit wird aus praktischer Intersubjektivität im Medium der Argumentation gewonnen (vgl. ↗Diskursethik);
- strukturell verselbständigt die Transzendentalpragmatik die sprachliche Seite der Aristotelischen Onto-Semantik:

[156] „Diejenigen Präsuppositionen des Argumentierens können als letztbegründete Prinzipien angesehen werden, die ohne performativen Selbstwiderspruch nicht bestritten und eben deshalb auch nicht ohne Zirkel (petitio principii) logisch begründet werden können."[185]

- Diese Präsuppositionen bestehen im Kern darin, daß sich die Diskurspartner wechselseitig unterstellen, argumentieren zu wollen und zu können.
- Die große Schwäche des Konzepts: Wir argumentieren nicht nur, wenn wir sprechen, und selbst Kommunikationsabbruch kann ein sinngeladener Akt sein, allerdings der eines für ihn aufkommenden Subjekts.

- Fazit: Letztbegründung gibt es, aber nicht als absolutes Wissen, sondern als die unbedingte Verbindlichkeit bestimmter Gedanken in Abhängigkeit von bestimmten systematischen Zugriffen.

- Angesichts dessen muß auch noch die radikalste Metaphysikkritik, die es überhaupt gibt – diejenige Friedrich Nietzsches –, zu Wort kommen:
- Für Nietzsche entspringt Metaphysik dem Bedürfnis nach Sicherheit und ist darum zutiefst Verblendung:

[157] „[Metaphysik hat] in der Sprache und den grammatischen Kategorien sich einverleibt und dermaßen [sic!] unentbehrlich gemacht [...] daß es scheinen möchte, wir würden aufhören, denken zu können, wenn wir auf diese Metaphysik Verzicht leisteten."[186]

Zertrümmert werden kann diese Verblendung nur durch eine Analytik ihrer Genese:

[158] „Wenn einmal die Entstehungsgeschichte des Denkens geschrieben ist, so wird auch der folgende Satz eines ausgezeichneten Logikers von einem neuen Lichte erhellt dastehen. 'Das ursprüngliche allgemeine Gesetz des erkennenden Subjects besteht in der inneren Nothwendigkeit, jeden Gegenstand an sich, in seinem eigenen Wesen als einen mit sich selbst identischen, also selbstexistirenden und im Grunde stets gleichbleibenden und unwandelbaren, kurz als eine Substanz zu erkennen.' Auch dieses Gesetz, welches hier 'ursprünglich' genannt wird, ist geworden: es wird einmal gezeigt werden, wie allmählich, in den niederen Organismen, dieser Hang entsteht: wie die blöden Maulwurfsaugen dieser Organisationen zuerst Nichts als immer das Gleiche sehen, wie dann, wenn die verschiedenen Erregungen von Lust und Unlust bemerkbarer werden, allmählich verschiedene Substanzen unterschieden werden, aber jede mit Einem Attribut, das heisst einer einzigen Beziehung zu einem solchen Organismus. - Die erste Stufe des Logischen ist das Urtheil; dessen Wesen besteht, nach der Feststellung der

---

[185] APEL, Karl-Otto: Die Herausforderung der totalen Vernunftkritik und das Programm einer philosophischen Theorie der Rationalitätstypen. Concordia 11 (1987). 2-23. Hier 6.
[186] NIETZSCHE, Friedrich: Nachgelassene Fragmente 1885-1887. In: KSA 12. 237.

besten Logiker, im Glauben. Allem Glauben zugrunde liegt die **Empfindung des Angenehmen oder Schmerzhaften in Bezug auf das empfindende Subject**. Eine neue dritte Empfindung als Resultat zweier vorangegangenen einzelnen Empfindungen ist das Urtheil in seiner niedrigsten Form. [...]

Am fernsten liegt für jene Urstufe des Logischen der Gedanke an **Causalität**: ja jetzt noch meinen wir im Grunde, alle Empfindungen und Handlungen seien Acte des freien Willens; wenn das fühlende Individuum sich selbst betrachtet, so hält es jede Empfindung, jede Veränderung für etwas **Isolirtes**, das heisst Unbedingtes, Zusammenhangloses: es taucht aus uns auf, ohne Verbindung mit Früherem oder Späterem. Wir haben Hunger, aber meinen ursprünglich nicht, dass der Organismus erhalten werden will, sondern jenes Gefühl scheint sich **ohne Grund und Zweck** geltend zu machen, es isolirt sich und hält sich für **willkürlich**. Also: der Glaube an die Freiheit des Willens ist ein ursprünglicher Irrthum alles Organischen, so alt, als die Regungen des Logischen in ihm existiren; der Glaube an unbedingte Substanzen und an gleiche Dinge ist ebenfalls ein ursprünglicher, ebenso alter Irrthum alles Organischen. Insofern aber alle Metaphysik sich vornehmlich mit Substanz und Freiheit des Willens abgegeben hat, so darf man sie als die Wissenschaft bezeichnen, welche von den Grundirrthümern des Menschen handelt - doch so, als wären es Grundwahrheiten."[187]

- Nietzsche stellt Vernunft als solche unter Generalverdacht, und von dem Gedanken der Möglichkeit einer prinzipiellen Täuschung ist natürlich auch jedes mögliche Letztbegründungsprojekt betroffen;
- trotzdem ist es sinnvoll, einen Letztbegründungsgedanken zu fassen:

10.3 Die Funktion der Letztbegründung im Gottesdiskurs

- Formal gesehen ist Theologie durch und durch, aber nicht ausschließlich Hermeneutik, denn:
    - Hermeneutik ist ein auf Endlosigkeit angelegter Prozeß;
    - folglich muß Theologie aus Gründen ihres Sinnanspruches um ihrer hermeneutischen Dimension willen ein Kriterium für die Sinnhaftigkeit ihrer Zeichendeutungen eingestiftet sein;
    - dieses leistet eine erstphilosophische Reflexion als „ancilla hermeneuticae"[188];
    - ebenso ist ein Sinnkriterium im Kommunikationsprozeß nötig, da sonst Kommunikation in wechselseitiger Ernstnahme und Behaftung unter Illusionsverdacht gericte (vgl. oben).
- Aus Gründen der Möglichkeit eines „Angeschlagenseins" der Vernunft findet sich Erstphilosophie zugleich auf Hermeneutik verwiesen:

---

[187] NIETZSCHE, Friedrich: Menschliches, Allzumenschliches. In: KSA 2. 38-40.
[188] VERWEYEN: Gottes letztes Wort. 71.

- Ansprüche von Traditionen, die behaupten, Vernunft erst ganz zu ihr zu bringen (wie das eminent das Christentum tut), kann kritische, also notwendig auch selbstkritische Vernunft nicht apriori ausschließen;
- Selbsterfahrungen der Vernunft – ihre Dialektik und Mißbrauchbarkeit – verbieten das geradezu:

[159] „Ich lüg' gans gern, wenn ich Zeit hab' : die Wahrheit iss so was Gewöhnliches, nich ?"[189]

- Zur christlichen Theologie gehört die Überzeugung von Letztgültigkeit der Offenbarung Gottes in Jesus Christus;
    - die fundamentale Bestreitung dieses Anspruchs muß den Begriff eines letztgültigen Sinnes als unmöglich erweisen;
    - die Bestätigung des Anspruchs macht den Begriff letztgültigen Sinns zum inhaltlichen Implikat christlicher Theologie, und zwar in Gestalt der Doppelaufgabe,
        - daß ein letztgültiger Anspruch geschichtlich ergehen kann;
        - daß im christlichen Ursprungsereignis ein solcher letztgültiger Anspruch ergangen ist;
            - diese beiden Aufgaben fallen in den Bereich der Fundamentaltheologie;
            - die Entwicklung eines Begriffs letztgültigen Sinnes fällt in den Bereich der Philosophie.

- Will oder kann Philosophie dieser Aufgabe nicht angemessen nachkommen, muß eine auf Begründung nicht verzichtende Theologie diese Aufgabe ihrerseits mitübernehmen. Mögliche Ansätze dazu:

- Der Letztbegründungsgedanke wird über die Differenz zwischen der Subjekt-Objekt-Struktur (Zweiheit) der Vernunft und ihrem Identitäts„trieb" (Einheit) angesteuert (H. Verweyen[190]):
    - Wenn Vernunft nicht letztlich absurd, also letztgültigen Sinnes fähig sein soll, muß es eine Vermittlung zwischen Zweiheit und Einheit geben;
    - diese tritt ein, wenn das Objekt der Erkenntnis gänzlich Bild des erkennenden Subjekts wird;

---

[189] SCHMIDT, Arno: Kaff auch Mare Crisium. Zürich 1985. 56.
[190] VERWEYEN: Gottes letztes Wort. – DERS.: Botschaft eines Toten. Den Glauben rational verantworten. Regensburg 1997.

- interpersonal geschieht das im Akt der Anerkennung, an dem schon nach Fichtes Entdeckung das Zu-sich-Kommen von Subjektivität hängt;
- der Gedanke des Bildwerdens mit seiner Aufhebung von Differenz ohne deren Verleugnung leistet ein Dreifaches:
    - Er löst unter interpersonalem Vorzeichen die Aporie erkennender Vernunft;
    - er erlaubt zugleich, das Verhältnis von Absolutem und Endlichem (dieses als Bild von jenem) konsistent zu denken;
    - und verfugt beide Verhältnisse so, daß das Bildsein aller Füreinander sie insgesamt zum Bild des Absoluten macht und damit an diesem partizipieren, also bildhaft das Absolute sein läßt.

- Der Letztbegründungsgedanke wird als Ausweis der Offenbarung Gottes als unbedingter Liebe aus einer Analyse des Freiheitsbegriffs gewonnen (Th. Pröpper[191]):
- Der Begriff der Freiheit faßt ein formal Unbedingtes, das wir nur in bedingter Realisierung kennen;
- gegen den Absurditätsverdacht muß eine Vermittlung von Unbedingtheit und Bedingtheit der Freiheit möglich sein;
- Freiheit ist unbedingte Fähigkeit zur Selbstbestimmung;
    - Selbstbestimmung erfolgt durch die Affirmation eines Inhalts;
    - wirkliche Selbstbestimmung resultiert nur aus der Affirmation eines unbedingten Inhalts;
    - diese Bedingung (unbedingter Inhalt) erfüllt nur andere Freiheit;
- jedoch vermag menschliche Freiheit einen unbedingten Inhalt nur bedingt, symbolisch zu affirmieren, d.h. sie vermag anderes als seinsollend bejahen, ohne diese Absicht realisieren zu können;
- Freiheit ist nur dann nicht letztlich absurd – also letztgültig sinnhaft –, wenn auch die Möglichkeit unbedingter Realisation des unbedingt Affirmierten denkbar ist;

---

[191] Vgl.: PRÖPPER, Thomas: Erlösungsglaube und Freiheitsgeschichte. Eine Skizze zur Soteriologie. München ³1991. – DERS.: Freiheit als philosophisches Prinzip der Dogmatik. Systematische Reflexionen im Anschluß an Walter Kaspers Konzeption der Dogmatik. In: Schockenhoff, Eberhard – Walter, Peter (Hgg.): Dogma und Glaube. Bausteine für eine theologische Erkenntnislehre. FS für Bischof Walter Kasper. Mainz 1993. 165-192. – DERS.: Freiheit als philosophisches Prinzip theologischer Hermeneutik. Bijdragen 59 (1998). 20-40.

- dieser Gedanke verlangt die Verknüpfung unbedingten Affirmierens (Geöffnetseins/unbedingter Liebe) mit Allmacht;
- so ergibt sich der Gottesbegriff als Möglichkeitsbedingung wirklichen Sinnes von Freiheit.

- Der Letztbegründungsgedanke resultiert aus einer sprachanalytischen Rekonstruktion des Selbstbewußtseins (↗Anthropologie) und seiner Auftrittsbedingungen (K. Müller[192]):
    - Der Gebrauch des Indexical „ich" sowie der korrespondierenden Basis-Indikatoren (↗Sprachphilosophie) impliziert eine Unhintergehbarkeit des Wissens um sich selbst;
    - untrennbar verbunden damit ist ein Wissen um die Unverfüglichkeit des eigenen Auftretens;
    - die im „ich"-Sagen vergegenwärtigte Unbedingtheit des Ich-Seins muß mit dieser Kontingenz so vermittelt sein, daß der dafür aufkommende Grund nicht mit der Unhintergehbarkeit des Ichs konfligiert;
        - das ist dann der Fall, wenn dieser Grund als Innengrund unvertretbaren menschlichen Selbstvollzugs gedacht wird, der sich einzig im Auftreten von Selbstbewußtsein zur Geltung bringt;
    - spezifische Potentiale dieses Ansatzes für die Frage einer Theologie der Religionen einschließlich der des christlichen Proprium deutete sich bereits an (vgl. ↗Religionsphilosophie) und bleiben andernorts weiter zu prüfen.[193]

- Alle drei Konzepte
    - entfalten sich vom Subjektbegriff her;
    - tragen der von der Transzendentalpragmatik eingeklagten Berücksichtigung von Intersubjektivität und Kommunikation Rechnung;
    - erinnern in ihrer Hypothetizität an die Grenzen der Vernunft, von deren Auslotung die vorliegende Enzyklopädie philosophischer Grundfragen der Theologie sachlich ihren Ausgang nahm.

---

[192] Vgl. MÜLLER: Wenn ich „ich" sage. – DERS.: Subjektivität und Theologie. Eine hartnäckige Rückfrage. ThPh 70 (1995). 161-186. – DERS.: Subjektprofile. Philosophische Einsprüche in eine überfällige theologische Debatte. ThG 40 (1997). 172-180. – DERS.: Das etwas andere Subjekt. Der blinde Fleck der Postmoderne. ZKTh 120 (1998). 137-163.

[193] Vgl. MÜLLER, Klaus: Konstrukt Religion. Religionsphilosophischer Vorschlag zur Behebung eines religionstheologischen Defekts. In: Quitterer, Josef – Schwibach, Armin (Hgg.): FS Carlo Huber. [im Erscheinen]

> *Testfragen:*
>
> 1. *Welche Fragestellung verfolgen Letztbegründungsprogramme?*
> 2. *Welche Paradigmata Erster Philosophie lassen sich unterscheiden?*
> 3. *Wie können auch noch letztbegründete Prinzipien destruiert werden? Was folgt daraus, daß es eine solche Destruktion de facto gibt, erkenntnistheoretisch? Was könnte ihr jedoch nochmals entgegengehalten werden?*
> 4. *Welche Doppelfunktion erfüllt philosophische Letztbegründung im theologischen Diskurs?*
> 5. *Welche Varianten erstphilosophischer Letztbegründung werden derzeit in der Theologie erprobt? Wovon gehen sie jeweils aus, und welche Grundbegriffe kennzeichnen ihre Perspektive?*

Münsteraner Einführungen: Theologie

Andreas Leinhäupl-Wilke;
Magnus Striet (Hrsg.)
Katholische Theologie studieren: Themenfelder und Disziplinen
Rätseln, "warum Gott die Menschen niemals in Ruhe läßt, umgekehrt auch nicht" – dies gehört, so Hans Magnus Enzenberger, zur "Tagesordnung" des Menschen. Tagesordnung der Theologie ist es, dies in geordneten Bahnen zu tun. Doch gibt es heutzutage noch eine Ordnung in der Theologie? Ist diese in der Vielfalt der historischen, exegetischen, systematischen und praktischen Fächer und ihrer jeweiligen Methoden noch zu identifizieren? Gerade im Studium und in der Bildungsarbeit fällt es immer schwerer, noch die Theologie in der Theologie zu finden, das Spezifische des jeweiligen Faches, seine Notwendigkeit und Einordnung in das Gesamt der Theologie zu verstehen. Der von Münsteraner Theologinnen und Theologen verfaßte Band versucht, diesem Suchen nach Orientierung nachzukommen, ohne die Theologie als Gebrauchsware zu degradieren. Er eröffnet Perspektiven für das eigene Fragen und Denken und für das gemeinsame Suchen nach tragfähigen Antworten.
Bd. 1, Herbst 2000, 300 S., 39,80 DM, br., ISBN 3-8258-4381-5

Franz Furger; Andreas Lienkamp;
Karl Wilhelm Dahm (Hrsg.)
Einführung in die Sozialethik
Diese Einführung entstand aus einem praktischen Bedürfnis: Die schreienden Ungerechtigkeiten in der politischen und wirtschaftlichen Weltordnung fordern engagierte Christen zunehmend in Theorie und Praxis heraus. Gleichzeitig aber scheint die "klassische" Soziallehre der katholischen Kirche, die sich vor gut 100 Jahren zur Bewältigung der sog. "Sozialen Frage" herausgebildet hatte, angesichts der neuen Herausforderungen keine hinreichende Hilfe zu bieten.
Mit dem II. Vatikanischen Konzil (1962–65) zeichnet sich jedoch in der diese "Lehre" tragenden Kirche selber, und zwar gerade auch hinsichtlich der gesellschaftlichen Probleme, ein neuer Aufbruch ab, dem auf evangelischer Seite ebenfalls verschiedene Neuansätze gegenüberstehen. Dieses Studierenden nahezubringen, ist das erste Ziel dieser Einführung.
Wer hingegen von der Sozialethik zeitübergreifende Patentrezepte erwartet, wird enttäuscht werden. Er riskiert sogar, neu entstehende Fragestellungen erst gar nicht richtig wahrzunehmen. Denn das Ziel jeder Ethik ist, Menschlichkeit aufbauen und Unmenschlichkeit tunlichst verhindern zu helfen, anstatt möglicherweise sogar latentes Unrecht zu stabilisieren.
Ethik als konstruktive Entscheidungshilfe erfordert ein zur Veränderung offenes Selbstverständnis und eine ordnende, für neue Problematik offene Systematik. Eine solche Grundlage wird zwar in den sozialethischen Curricula der meisten Hochschulen stets auch, so oder anders, vermittelt.
Wo sich aber Studierende mit unterschiedlichen Vorstudien und oft – glücklicherweise – auch aus verschiedenen Fachrichtungen gemeinsam mit sozialethischen Fragen (etwa aus den Fachgebieten der Wirtschaft, der Medizin, der Technologieforschung) auseinandersetzen wollen, ist eine Klärung unerlässlich. Sie geschichtlich wie systematisch aufzuzeigen, ist damit das zweite Ziel dieser Einführung. Eine brauchbare Orientierung für Studium und Beruf, für Schule und Gemeinde, für Wirtschaft und Politik.
Bd. 3, 1996, 160 S., 24,80 DM, br., ISBN 3-8258-2267-2

Münsteraner Einführungen: Theologische Arbeitsbücher

Frank Matheus
Einführung in das Biblische Hebräisch: Studiengrammatik
Die Studiengrammatik bemüht sich, die Hebräische Bibel mit den Augen der Anfängerinnen und Anfänger zu sehen, die durch die erste Begegnung mit dieser neuen und fremden Welt in Verwirrung und Verwunderung gestürzt werden. Diese Gefühle in Staunen und Bewunderung und Fremdheit in Nähe zu wandeln, ist das Ziel dieser Grammatik; sie will die Eindrücke und Fragen strukturieren und ordnen helfen und so ein Mittel an die Hand geben, das die Schönheit, Tiefe und Prägnanz der hebräischen Sprache erschließen hilft. Sie verzichtet deshalb bewußt auf eine sprach- und lautgeschichtliche Detaildarstellung, die die Studierenden in der Anfangsphase eher überfordert denn zur Klärung führt.
Grammatik ist nichts anderes als ein Beschreibungssystem, das ordnend und strukturierend Beobachtungen der Sprachwirklichkeit wiedergibt. Grammatik ist nicht kreativ, sie stellt keine Regeln auf, nach denen die Sprache sich zu richten hätte. Ihre Aufgabe ist allein passiv, nachvollziehend. Die hebräische Studiengrammatik bemüht sich deshalb, Beobachtungen der Studierenden aufzugreifen und zu systematisieren. Zusammenhänge zu erschließen und den Fragenden neue Perspektiven zu eröffnen. Sie möchte die Begegnung der und des einzelnen mit der Hebräischen Bibel moderieren und dabei selber im Hintergrund bleiben – also kein klassisches Lehrbuch sein,

LIT Verlag Münster – Hamburg – London
Bestellungen über:
Grevener Str. 179 48159 Münster
Tel.: 0251 – 23 50 91 – Fax: 0251 – 23 19 72
e-Mail: lit@lit-verlag.de – http://www.lit-verlag.de
Preise: unverbindliche Preisempfehlung

das "Lernstoff" bietet und abfragbares Wissen produziert, welches aber nicht unbedingt von Einsicht und Verstehen zeugt. Auch die beigefügten Paradigmen wollen nicht verstanden werden als auswendig zu lernende Tabellen, sondern als Anregung, eigene Parallelen zu ziehen und Analogien zu erkennen. Die hebräische Studiengrammatik bietet sich besonders für das gemeinsame Lernen in kleinen Gruppen an, in denen gefragt und diskutiert werden kann, ist aber auch für das Selbststudium geeignet.

Bd. 1, 1997, 108 S., 29,80 DM, br., ISBN 3-8258-3171-x

Frank Matheus
Einführung in das Biblische Hebräisch: Studienbuch für das Gruppen- und Selbststudium

Mit dem Studienbuch wird nun der zweite Teil der Einführung in das Biblische Hebräisch vorgelegt. Es möchte den Studierenden ergänzend zu ihren Kursen und Veranstaltungen an Schule oder Universität ein Mittel an die Hand geben, allein und in kleineren Gruppen den Umgang mit biblischen Texten einzuüben.

Das Studienbuch ist so konzipiert, daß nach dem (vorausgesetzten) Erlernen von Schrift- und Lautzeichen die Begegnung mit der Hebräischen Bibel im Mittelpunkt steht. Für Anfängerinnen und Anfänger ist der erste Teil gedacht; anhand eines kürzeren Psalmtextes wird Stück für Stück der Blick geöffnet für die sprachlichen Phänomene, die hier begegnen.

Im zweiten Teil finden sich neun biblische Texte, die sprachlich erschlossen werden sollen; sie sind in etwa so lang, wie es die meisten Prüfungsordnungen vorsehen. Diese Texte eignen sich hervorragend zum Selbststudium, da das gesamte Vokabular am Ende aufgeführt ist; alle schwierigen Formen sowie theologische Aspekte werden in Anmerkungen besprochen, und Wortanalysen, die zum tieferen Verstehen beitragen können, werden in reichem Umfang geboten. Formen, die die Lernenden nicht erkennen, werden durch ein Verweissystem entschlüsselt. Diese neun Texte bilden einen Arbeitsstoff, den man in einer Gruppe oder allein in einem Semester bewältigen kann, wobei einem vertiefenden Weiterlesen der Texte in der Bibel mit Hilfe des Lexikons nichts im Wege steht.

Bd. 2, 1997, 128 S., 34,80 DM, br., ISBN 3-8258-3172-8

Thomas Meurer
Einführung in die Methoden alttestamentlicher Exegese

Das Studium der zur Auslegung alttestamentlicher Texte notwendigen Methoden gehört in den meisten Fällen zu den Teilen des Theologiestudiums, denen ein nicht gerade begeisternder Ruf vorauseilt. Als voraussetzungsreich und schwierig gelten die exegetischen Methoden, als langweilig und wenig praxisbezogen. Für Studierende, die angetreten sind, engagiert über Theologie zu diskutieren, erscheint das tägliche Brot der Bibelwissenschaftler allzuoft als Erbsenzählerei im Elfenbeinturm.

Diese Hinführung zu den Methoden alttestamentlicher Exegese gründet auf einer über mehrere Semester hin erprobten Handreichung für Studierende, die sich am Anfang ihres Theologiestudiums im Wald der Methodik der Bibelwissenschaft zurechtfinden müssen. Bewußt als Arbeits- und Studienbuch angelegt, will sie nicht in Konkurrenz zu den zahlreichen Methodenbüchern treten, sondern leistet es sich, auszuwählen, Schwerpunkte zu setzen, ein Grundgerüst zu bieten, einen ersten Überblick zu verschaffen. Im Verfolgen dieser Ziele richtet sie sich nicht nur an Theologiestudierende, sondern an alle, die alttestamentliche Texte neu und anders lesen lernen wollen.

Bd. 3, 1999, 128 S., 24,80 DM, br., ISBN 3-8258-4408-0

LIT Verlag Münster–Hamburg–London

Bestellungen über:
Grevener Str. 179 48159 Münster
Tel.: 0251 – 23 50 91 – Fax: 0251 – 23 19 72
e-Mail: lit@lit-verlag.de – http://www.lit-verlag.de

Preise: unverbindliche Preisempfehlung

Religion – Geschichte – Gesellschaft
Fundamentaltheologische Studien
herausgegeben von Johann Baptist Metz (Münster / Wien),
Johann Reikerstorfer (Wien)
und Jürgen Werbick (Münster)

Johann Baptist Metz; Johann Reikerstorfer;
Jürgen Werbick
Gottesrede
Bd. 1, 1997, 96 S., 19,80 DM, br., ISBN 3-8258-2470-5

Jürgen Manemann
"Weil es nicht nur Geschichte ist"
Die Begründung der Notwendigkeit
einer fragmentarischen Historiographie
des Nationalsozialismus aus politisch-
theologischer Sicht
Bd. 2, 1995, 320 S., 58,80 DM, gb., ISBN 3-8258-2345-8

José A. Zamora
Krise – Kritik – Erinnerung
Ein politisch-theologischer Versuch über das
Denken Adornos im Horizont der Krise der
Moderne
Bd. 3, 1995, 512 S., 78,80 DM, gb., ISBN 3-8258-2389-X

Martha Zechmeister
Gottes-Nacht
Erich Przywaras Weg negativer Theologie
Bd. 4, 1998, 344 S., 78,80 DM, gb., ISBN 3-8258-3105-1

Gabriele Grunden
Fremde Freiheit
Jüdische Stimmen als Herausforderung an
den Logos christlicher Theologie
Bd. 5, 1996, 276 S., 58,80 DM, gb., ISBN 3-8258-2572-8

Ottmar John
"... und dieser Feind hat zu siegen nicht aufgehört" (W. Benjamin)
Die Bedeutung Walter Benjamins für eine
Theologie nach Auschwitz
Bd. 6, Herbst 2000, 480 S., 58,80 DM, br.,
ISBN 3-8258-2705-4

Hans-Gerd Janßen
Dem Leiden widerstehen
Aufsätze zur Grundlage einer praktischen
Theodizee
Bd. 7, 1996, 112 S., 24,80 DM, br., ISBN 3-8258-3012-8

Dieter Henrich; Johann Baptist Metz;
Bernd Jochen Hilberath;
R. J. Zwi Werblowsky
Die Gottrede von Juden und Christen unter den Herausforderungen der säkularen Welt
Symposion des Gesprächskreises "Juden und
Christen" beim Zentralkomitee der deutschen
Katholiken am 22./23. November 1995 in der
Katholischen Akademie Berlin
Bd. 8, 1997, 104 S., 24,80 DM, br., ISBN 3-8258-3192-2

Ulrich Engel
Umgrenzte Leere
Zur Praxis einer politisch-theologischen
Ästhetik im Anschluß an Peter Weiss'
Romantrilogie "Die Ästhetik des
Widerstands"
Bd. 9, 1998, 472 S., 79,80 DM, gb., ISBN 3-8258-3444-1

Reinhold Boschki; Dagmar Mensink (Hrsg.)
Kultur allein ist nicht genug
Das Werk von Elie Wiesel –
Herausforderung für Religion und
Gesellschaft
Bd. 10, 1998, 432 S., 69,80 DM, br., ISBN 3-8258-3576-6

Johann Reikerstorfer (Hrsg.)
Vom Wagnis der Nichtidentität
Johann Baptist Metz zu Ehren
Bd. 11, 1998, 184 S., 34,80 DM, br., ISBN 3-8258-3767-x

Jürgen Manemann;
Johann Baptist Metz (Hrsg.)
Christologie nach Auschwitz
Stellungnahmen im Anschluß an Thesen von
Tiemo Rainer Peters
Bd. 12, 1998, 176 S., 29,90 DM, br., ISBN 3-8258-3979-6

Karl Rahner Akademie (Hrsg.)
Geschichte denken
Mit Beiträgen von H. M. Baumgartner,
K. Flasch, J. Maier, J. B. Metz, A. Schmidt,
H. Schnädelbach und H. Schweppenhäuser
Bd. 13, 1999, 128 S., 29,80 DM, br., ISBN 3-8258-4176-6

Johann Reikerstorfer (Hrsg.)
Zum gesellschaftlichen Schicksal der Theologie
Ein Wiener Symposium zu Ehren von
Johann Baptist Metz (November 1998).
Mit Beiträgen von E. Jüngel, J. B. Metz u. a.
Bd. 14, 1999, 176 S., 39,80 DM, br., ISBN 3-8258-4175-8

LIT Verlag Münster – Hamburg – London
Bestellungen über:
Grevener Str. 179 48159 Münster
Tel.: 0251 – 23 50 91 – Fax: 0251 – 23 19 72
e-Mail: lit@lit-verlag.de – http://www.lit-verlag.de
Preise: unverbindliche Preisempfehlung